AV

Veröffentlichungen der Literaturkommission für Westfalen

Band 68

Herausgegeben
von der Literaturkommission für Westfalen

Vom Heimatroman zum Agitprop

Die Literatur Westfalens 1945–1975

118 Essays

Herausgegeben von

Moritz Baßler, Walter Gödden, Sylvia Kokot
und Arnold Maxwill

AISTHESIS VERLAG

Bielefeld 2016

Abbildung auf dem Umschlag:
Die Literatur Westfalens 1945–1975 als Buchcovercollage
Gestaltung: Germano Wallmann, www.geisterwort.de

Die Veröffentlichung erfolgt mit freundlicher Unterstützung durch:

LWL
Für die Menschen.
Für Westfalen-Lippe.

Bibliografische Information der Deutschen Nationalbibliothek
Die Deutsche Bibliothek verzeichnet diese Publikation in der Deutschen Nationalbibliografie; detaillierte bibliografische Daten sind im Internet über http://dnb.ddb.de abrufbar.

Idee: Walter Gödden, Arnold Maxwill
Konzept: Arnold Maxwill, Sylvia Kokot
Projektkommunikation: Claudia Ehlert

Lektorat und Redaktion:
Sylvia Kokot, Arnold Maxwill

Postfach 10 04 27, D-33504 Bielefeld
Druck: docupoint GmbH, Magdeburg
Satz: Arnold Maxwill, Dortmund

ISBN: 978-3-8498-1184-6
www.aisthesis.de

Inhalt

1958

1959

1962

1963

1968

1969

1970

1975

Vorwort

Dieses Buch lässt dreißig Jahre westfälischer Literaturgeschichte Revue passieren: die ereignisreichen Jahre zwischen 1945 und 1975. In diesem Zeitraum vollzieht sich ein grundlegender Paradigmenwechsel. Auf der einen Seite begegnen uns Autorinnen und Autoren, die sich ab 1933 mit den neuen Machthabern arrangiert hatten und nach 1945 schnell wieder im literarischen Betrieb Fuß fassten. Auf der anderen Seite kamen neue Namen ins Spiel, die den Älteren ihre NS-Vergangenheit vorwarfen und eine neue Literatur im Sinne der *Gruppe 47* forderten. Der Wendepunkt lässt sich für Westfalen mit dem Jahr 1956 genau terminieren. Damals trafen beim Schmallenberger Dichtertreffen beide Autorengenerationen aufeinander. Es kam zu einer heftigen Debatte, die über Jahre, ja Jahrzehnte die westfälische Literatur beschäftigte und die konservativen Altlasten einer postulierten »westfälischen Mentalität« deutlich werden ließ. Das Schmallenberger Ereignis verhalf letztlich der damaligen Gegenwartsliteratur in Westfalen und ihren Vertretern wie Ernst Meister, Paul Schallück und Hans Dieter Schwarze zum Durchbruch.

In den 1960er Jahren kam mit der *Dortmunder Gruppe 61* der Schwerpunkt »Arbeiterliteratur« hinzu, der wiederum zu einer stärkeren Politisierung führte, wie sie im *Werkkreis Literatur der Arbeitswelt* Anfang der 1970er Jahre Programm wurde. Die Literatur differenzierte sich in jenem Jahrzehnt in zunehmendem Maße aus: Popliteratur wurde rezipiert, auch der amerikanische Underground, während auf der Theaterbühne versucht wurde, ein politisches Volkstheater zu etablieren.

Daneben sind die vielen Einzelgänger zu nennen, deren Schreiben sich nicht an gängigen Strömungen orientierte und die sich entsprechend schwieriger einordnen lassen. Die literarischen Qualitäten eines Ernst Meister oder Peter Rühmkorf stehen dabei außer Frage. Sollte man auch den brillanten Stilisten, aber politisch belasteten Friedrich Sieburg hinzuzählen? Oder den höchst originellen Otto Jägersberg? Die Antwort auf solche Fragen bleibt dem Leser und der Leserin überlassen, die im Buch immer wieder dazu aufgerufen werden, westfälische Kontexte in größere Zusammenhänge einzuordnen – ganz im Sinne der Herausgeber, denen nicht daran gelegen ist, literarische ›Kleinstaaterei‹ zu betreiben.

Bei vielen Autorinnen und Autoren lohnt ein zweiter Blick, der möglicherweise zu neuen Bewertungen führt. Darüber hinaus dürften manche Entdeckungen zu machen sein. Besondere Aufmerksamkeit widmet der vorliegende Band beispielsweise dem Werk der jüdischen Autorin Jenny Aloni – sie wanderte nach Palästina aus, wurde Soldatin, hörte aber nie auf (auf Deutsch) zu schreiben. Reinhard Döhls *missa profana* löste seinerzeit einen Skandal aus, der erst in höchster Instanz vom Bundesgerichtshof entschieden wurde. Ein juristisches Nachspiel hatten auch Thomas Valentins Roman *Hölle für Kinder* und Ulrich Schamonis *Dein Sohn lässt grüßen*, wobei die »Freiheit der Kunst« dafür sorgte, dass die Autoren keine Repressalien zu erleiden hatten. Nicht zu vergessen sind Lyriker wie Erich Jansen, Eckart Kleßmann und Harald Hartung oder auch der Liedermacher Franz Josef Degenhardt.

Auf der politischen Seite sind die moralischen Streiter Paul Schallück und Josef Reding neben dem umtriebigen literarischen Entdecker und Netzwerker Hugo Ernst Käufer zu nennen – allesamt in ihrer Zeit viel beachtet, aber heute weitgehend vergessen. Sollte man sie deshalb ad acta legen? Wir meinen: Nein. Auch (oder vielleicht sogar gerade) weil die vermeintlichen poetae minores Kronzeugen ihrer Zeit sind und durch ihr Werk Einblicke in den literarischen Markt gewähren.

In der Frage, wer überhaupt als Westfale firmieren kann, darf, soll, sind wir großzügig verfahren. Im Falle Peter Rühmkorfs, des »Elbanakreon«, wird eine solche Zuschreibung z. B. immer wieder problematisiert, da der Autor zwar in Dortmund geboren wurde, aber nur eine kurze Zeitspanne dort lebte. Gleichwohl hat er diese Lebensetappe später immer wieder selbst angesprochen und als wichtige herausgestellt. 1979 wurde dem Autor der *Annette von Droste-Hülshoff-Literaturpreis* zuerkannt. Hätte man Rühmkorf also nicht behandeln sollen? Wir haben den Autor (gern) berücksichtigt, weil wir eine dogmatische Zuschreibung des ›Westfälischen‹ ablehnen und letztlich auch für nicht praktikabel halten.

Angestrebt war kein Handbuch oder enzyklopädisches Kompendium. Vielmehr wollen wir einen locker komponierten Sammelband in Form von Kurzessays vorlegen. Querverweise innerhalb der Texte laden dazu ein, in anderen Essays weiterzulesen. Der Band orientiert sich mit seinem Zeitraum (1945–1975) an der ebenfalls in diesem Jahr vorgelegten *Chronik der westfälischen Literatur*. Im Rahmen der Chronik konnten die Titel nur kurz vorgestellt werden: Hier nun werden sie zum Gegenstand eingehender Interpretationen.

Wir haben Literaturwissenschaftlerinnen und Literaturwissenschaftler, aber auch Autorinnen und Autoren, die sich seit Jahren mit dem Gebiet der westfälischen Literatur beschäftigen, sowie Promovierende und Studierende angesprochen, sich an dieser Spurensuche zu beteiligen. Fast alle Anfragen um Mitarbeit wurden positiv beantwortet. Dafür ein großes Dankeschön!

Ausdrücklich nicht beabsichtigt war eine ›Leistungsschau‹ nach dem Motto: Schaut her, so bedeutsam ist die westfälische Literatur. Das wäre unangemessen, denn die Literatur Westfalens ist nicht besser oder schlechter als die anderer Regionen. Es ging vielmehr darum, eine historische Zeitspanne anhand ihrer literarischen Erscheinungsformen zu würdigen und neugierigen Leserinnen und Lesern in angenehmer Form zugänglich zu machen.

Die Herausgeber hoffen, dass von der vorliegenden Essaysammlung der Anreiz ausgeht, sich erstmals oder erneut mit der westfälischen Literatur der Jahre 1945 bis 1975 zu befassen. Es dürfte für jeden etwas dabei sein!

Bochum, Dortmund, Münster im Juli 2016

Moritz Baßler
Walter Gödden
Sylvia Kokot
Arnold Maxwill

Vom Heimatroman zum Agitprop

Die Literatur Westfalens 1945–1975

118 Essays

Widerstandskampf
Eduard Claudius: *Grüne Oliven und nackte Berge. Roman* (1945)

Im ersten Buch seines Romans zeigt uns der Autor Eduard Claudius ein Schiff auf Südwestkurs im Mittelmeer, an Bord achthundert Freiwillige, die meisten einfache Arbeiter, Handwerker; sie kommen aus Italien, Deutschland, Frankreich, Polen, England, Israel und anderen Ländern. Was sie verbindet: der antifaschistische Kampf, den viele von ihnen schon in ihrer Heimat aufgenommen hatten, wegen »illegaler Parteiarbeit« waren sie verhaftet und verhört worden, wie Jak Rohde, Mitte zwanzig, in dem man schon bald den Verfasser selbst erkennen wird.

Das Schiff stampft innerhalb der Dreimeilenzone der spanischen Küste entlang, lässt Barcelona Steuerbord achteraus, steuert nach Stunden in den Hafen von Valencia, wo es von Tausenden Menschen begrüßt wird. Während die Freiwilligen von Bord gehen, schrillen Fabriksirenen. Frauen bringen Blumen. Bauern reichen Körbe mit Obst, Säcke mit Brot, reichen Wein und Reis. Ein Taumel von Singen, Lärmen und Lachen hält sie umfangen auf ihrem Weg durch die Stadt zu den Quartieren. Tags darauf mit dem Zug nach Albacete, ins Zentrum der Internationalen Brigaden; dort werden Gruppen gebildet, Züge, Kompanien.

Eduard Claudius (1911–1976, eigentl. E. Schmidt) aus Buer (Gelsenkirchen), Maurerlehre, ist von 1928 bis 1932 auf Wanderschaft in Frankreich, Spanien, Italien und der Schweiz, kehrt schließlich ins Ruhrgebiet zurück und schließt sich der Kommunistischen Partei an; wegen illegaler Arbeit einige Male verhaftet. Er emigriert 1934 in die Schweiz, betätigt sich auch dort politisch und wird eingesperrt. Nach seiner Flucht nach Spanien schließt er sich 1936 den Internationalen Brigaden an, wird 1938 nach erneuter Verwundung als kriegsuntauglich nach Frankreich entlassen. Anfang 1939 reist er unerlaubt in die Schweiz ein, wird aufgegriffen und in ein Internierungslager gebracht, wo er, auf Notizen zurückgreifend, die ersten Seiten des Romans zu schreiben beginnt.

Grüne Oliven und nackte Berge erzählt vom Krieg gegen Franco, vom Freiheitskampf der Internationalen Brigaden während des Spanischen Bürgerkriegs. In den Büchern zwei und drei nimmt uns Claudius mit an die Front, erster Kampfeinsatz in den Schützengräben vor Madrid, manche lernen erst im Graben, wie man ein Gewehr bedient. Wir rennen an seiner Seite zur Hacienda im Casa del Campo und befinden uns, ohne dass wir es wollten, plötzlich in einem Häuserkampf, der mit dem Bajonett und hauptsächlich mit Handgranaten geführt wird: »Albert der durch ein Mauerloch in den Hof schießt [...] im Treppenflur sieht Jak einen Klumpen, der gebildet wird aus Kämpfenden, mit Bajonett und Messer versuchen sie einander zu töten [...]. Albert wartet, nimmt dann eine Handgranate und wirft sie in das kämpfende Gewühl.«

Ein wichtiges Konstruktionselement stellen die Rückblenden dar, ob im schlammigen Graben, in verlauster Unterkunft, ob beim Sturm auf die Höhe 1102 oder bei einer Lagebesprechung, immer wieder greift der Autor darauf zurück. Das äußere Geschehen wird

Anlass und Projektionsfläche, um innere Konflikte darzustellen. Eine Struktur entsteht, die sich hier allerdings anbietet. Denn wer Angst hat, versucht zuweilen, sich abzulenken, sich zu beruhigen, sich zu schützen, indem er redet, anderen erzählt. Das heißt, die Handlung wird notwendigerweise unterbrochen durch Rückerinnerungen, z. B. an die verkorkste Kindheit oder an erfahrenes Unrecht im Arbeitsleben. Man kämpft auch dafür, dass man so etwas nie mehr wieder erleiden muss.

Der Leser erkennt so, warum Albert Kühne, Vater von zwei Kindern, nach Brüssel, Paris emigrieren musste, um sein Leben zu retten, warum er sich dem antifaschistischen Kampf angeschlossen hat. Uns beschleicht ein Grauen. Es ist nicht nachzuvollziehen, was Albert im Konzentrationslager erlebt hat, oder warum Jak Rohde klar geworden ist, dass er das Gewehr nehmen muss, »als er Turowski aus dem Fenster des Polizeipräsidiums in Buer fallen sah, gestoßen von den Händen derer in den schwarzen Uniformen«. Wenn man anderen erzählen kann, wird die Angst kleiner – man weiß nicht, ob man in einer Stunde noch lebt.

Der Autor lenkt unseren Blick in die Augen der Kämpfer, immer öfter ist Verzagtheit in ihnen zu sehen. Selten verfügen die Interbrigadisten über Artilleriegeschütze und Panzer. Die Übermacht der faschistischen Einheiten, die von Deutschland und Italien über portugiesische Häfen mit schweren Waffen, auch mit modernen Panzern, unterstützt werden, lässt so manchen Kämpfer verzagen. Beispielsweise am Mueleton im Winter, Höhe 1102. Jak Rohde, inzwischen Kriegskommissar, nimmt eine Abkürzung die Berge hinunter, fängt zwei Deserteure ab; wütend war er losgegangen, um die beiden, die müde, erschöpft und verzweifelt waren, zu erschießen; er überzeugt sie, mit ihm zurückzugehen.

Noch einmal zu den erwähnten Rückerinnerungen – die propagandistisch gefärbten bleiben meist blass, überzeugen nicht. Sicher, ich, der Nachgeborene, kann schlauer sein als Albert Kühne, der oft an seine zwei kleinen Kinder denken muss, und schlauer als Juan vom Dorf am Ufer des Alamo, der im Sommer austrocknet, und auch schlauer als Samuel Fischbein, dem ehemaligen Traktorenführer auf einer Farm bei Tel Aviv, und schlauer als Jak Rohde, dem Kriegskommissar aus Gelsenkirchen. Sie kämpften für ein demokratisches Spanien und damit auch gegen Hitler-Deutschland und den nahenden Weltkrieg.

Der Autor führt uns mitten ins Getümmel einander abschlachtender Menschen, der Widersinn des Krieges wird nicht harmonisiert. Geschildert wird der Kriegsalltag, präzise und drastisch, er macht gut die Hälfte des Buches aus, nichts wird romantisiert. Krieg ist quälende Arbeit, unendliche Last und Mühe; es umpanzert die Seele, den anderen zu töten und das eigene wie das Leben seiner Kameraden zu erhalten versuchen.

Mir ist der Roman beim erneuten Lesen ein Buch geworden, das zu klären versucht, ob der Mensch ein Recht auf Widerstand hat, das soweit geht, den anderen zu töten. Haben wir – wenn es unbedingt sein muss – ein Recht zu töten? Diejenigen, die in den Gräben gelegen haben vor dem (zerfetzten) Wald bei Las Rosas und zu jeder Minute mit dem Tod zu einem Stelldichein verabredet waren, vor lauter Angst viel geredet und viel Kognak getrunken haben, sie alle haben – fast religiös eifernd – geglaubt, sie kämpften einen gerechten Krieg, sie dürften töten, weil sie fest davon überzeugt waren, sie kämpften für eine bessere Zukunft aller.

Es gibt ihn also, den gerechten Krieg? Die gute Sache, für die man auch töten darf? »Im Zusammenhang mit Krieg sollte man nicht von Menschlichkeit sprechen. Es gibt Kriege für die Menschheit und Menschlichkeit, aber die Kriege selbst sind nie menschlich.« Aber Claudius schreibt über den Krieg auch: »Wir haben alles verloren, was den gewöhnlichen Menschen ausmacht. Eine Küche, ein Bett, die Frau, die irgendwo lebt, aber wir haben doch etwas gewonnen, was den Menschen erst ausmacht: den Willen zum unerbittlichen Kampf.« Ist Krieg also erst mal entbrannt, geschieht Unrecht. Auf beiden Seiten geschehen Gräuel. Das muss man wissen, bevor man sich entscheidet.

Rainer W. Campmann

Eduard Claudius: *Grüne Oliven und nackte Berge. Roman* (1945)

Das Surren –, wie lange währt das schon? Es schlägt in die Ohren, auf die Augen, setzt sich von dort wellenartig und heiß wie siedendes Wasser durch den Körper fort und klammert sich im Herzen und in den Gedärmen fest. Es ist wie ein neu auf die Erde gekommenes Tier, das sich unsichtbar in einen hineinfrißt. Heute frißt es sich nur in die Menschen, die an den spanischen Fronten und in den spanischen Städten sind. Für alle übrigen Europäer lauert es noch hinterm Horizont, und sie wollen es nicht beachten, aber bald werden auch sie es kennen.

Sind es Stunden, sind es Tage, daß es so in einen hineinbraust? Jak hat das Gefühl, es seien Ewigkeiten. Er sieht nach der Uhr. Eine Stunde. Eine Stunde kann tausend Ewigkeiten in sich bergen, wenn feindliche Flugzeuge über dir kreisen.

Vor ihm liegt ein dicker Stein; er hat schon einige Einschläge von Maschinengewehrkugeln, ist aber immer noch, wie er war, kalt, ungerührt. Der Stein erscheint ihm groß, mächtiger als ein Massiv ferner Berge, denn der Stein ist nah, und man kann sich hinter ihm verbergen. Er ist jetzt mehr Schutz für ihn, als ihm in seinem Leben je etwas Schutz war.

Die Flugzeuge haben sich wohl getrennt, um von verschiedenen Seiten auf die vielen, in den Erdlöchern versteckten Leiber schießen zu können. Aus allen Richtungen des Himmels schmettert das Brausen. Kommt denen da oben je zum Bewußtsein, daß sie auf Menschen schießen? Haben sie nicht den Eindruck, als machten sie Jagd auf Karnickel?

Das Denken verschwimmt. Es ist, als wachse in diesem Brausen ein Nebel in einen hinein und man würde von diesem Nebel fortgetragen, im Mund den Geschmack der empörten Gedärme.

Jak sucht nach Albert. Versucht den dicken Klumpen von Fernandos Körper zu sehen, aber im Augenblick, da er sich aufrichtet, prasselt eine Serie Schüsse in seine Nähe. Einen Moment lang sieht er einzelne Körperteile, Kleiderbündel, Rucksäcke, Brotbeutel, die matten Läufe der Gewehre. Eine Kompanie auf dem Marsch, wie ein Haufen Hühner vom Habicht überrascht, so haben sie sich in alle Löcher verkrochen.

Das Surren scheint schwächer zu werden, sich zu entfernen. Einmal werden sie ja die Maschinengewehrgurte leergeschossen haben. Einmal müssen doch ihre Benzinkanister wieder gefüllt werden!
Er dreht sich auf den Rücken, wagt hochzusehen. Ein blauer Vormittagshimmel, fern im Osten dünne, weiße Streifen. So still ist der Himmel, als habe er nie von Jagdfliegern und Bombern gedröhnt. Die Welt beginnt sich wieder zu weiten; es gibt doch noch mehr in Jaks Leben als diesen Stein.
Er springt hoch.
»Albert!« beginnt er zu schreien, »Albert!«
»Was schreist du so?« rührt die ruhige Stimme Alberts ihn an. In der Nähe liegt er mit grauem Gesicht. Seine Augen sind noch nicht da. Er hält Jak die Feldflasche hin.

Eduard Claudius: *Grüne Oliven und nackte Berge. Roman.* Zürich: Steinberg 1945, S. 206–208

Straßenclique und Lesewut
Erich Grisar: *Kindheit im Kohlenpott* (1946)

Heutzutage würde man dem Ich-Erzähler wohl Streetcredibility attestieren: Da werden Bauplätze ausgekundschaftet, Feuer gelegt und »Straßenschlachten« geschlagen, letztere mit dem Ziel, zum »Kotenkönig« aufzusteigen. All diese Aktivitäten stoßen bei den schwer schuftenden Eltern selbstverständlich auf Ablehnung. Und so ist Grisar (1898–1955), dessen Werdegang mit dem des Protagonisten deckungsgleich scheint, wiederholt gefordert, sich Euphemismen für väterliche Prügel einfallen zu lassen, wobei der »in allen Farben des Regenbogens« schimmernde Hintern zu den besseren gehört. Eskaliert der Jähzorn, schreitet die rührige Mutter ein; zugleich versucht sie ihrem Sohn am Beispiel des beliebten SPD-Politikers Konrad Haenisch einen Weg aus den prekären Lebensverhältnissen aufzuzeigen: »De hätt freuher auk nix gehatt.«

Immer dann, wenn Streiche nicht mehr ausreichen, um niederdrückende Gedanken abzuschütteln, flüchtet die Clique in eine selbst gegrabene Höhle unweit Dortmunds, wo – wir bewegen uns im frühen 20. Jahrhundert – die seinerzeit äußerst dürftige Sexualaufklärung offenbar wird. Während diverse Sprachverirrungen und Pipi-Kaka-Anekdoten die Lektüre zunächst verleiden, enthält die zweite Hälfte des schmalen Buches durchaus nachhaltige Momente.

Die Höhlen-Passagen wären dazu geeignet, durch Überfürsorge geschädigte Jugendliche endgültig zu traumatisieren. Ebenso wirkungsvoll: die lakonische Schilderung eines Vorfalls, in welcher die martialische Denkweise des Ersten Weltkriegs anklingt: »Einmal fanden wir hinter einem Bahndamm ein blutbeflecktes Hemd, [...] darin eingewickelt ein Kind. Es war tot [...]. Kalle, der dabei war, als wir den Fund machten, wollte es gerade am

Bein packen und wie eine tote Katze durch die Luft schleudern, als uns einfiel, daß es nichts alltägliches ist, wenn man inmitten von Schutt und Asche ein totes Kind findet.«

Nachbarschaftliches Gebaren inspiriert den mittlerweile 13-Jährigen unversehens zu ersten Versen; die meisten sind, wie der Autor eingesteht, allerdings so schlecht, dass es gefährlich sei, sie »mit vollem Magen« zu rezitieren. Parallel entlädt sich seine aufgestaute »Lesewut« an Abenteuer-Romanen von Jules Verne und Friedrich Gerstäcker; bald darauf hat ihn die »Dichteritis« vollends gepackt, er will nun bloß noch schreiben – wartete da nicht die unumgängliche Berufsausbildung. Jenes den Band beschließende Kapitel berührt dann ein zentrales Motiv in Grisars Werk: die Industrie- und Arbeitswelt. In seinen Romanen und Gedichten geht er der Frage nach, ob Leben und Arbeit tatsächlich eins sind.

Martin Willems

Erich Grisar: *Kindheit im Kohlenpott* (1946)

Burgmunda

Wenn ich die Augen schließe und ganz angestrengt zurückdenke, dann taucht von den 14 oder 18 Häusern, in denen ich meine Jugend verbracht habe, das auf, an das meine ersten Erinnerungen zurückreichen. Es ist ein großer vierstöckiger Bau aus dunklen verrußten Ziegeln, mit endlosen Fluren und blankgerutschten Treppengeländern. Hinter dem Hause ist der Himmel von zahllosen Wäscheleinen zerschnitten, die von den Fenstern des Hauses zum Dach des niedrigen Schuppens herüber gespannt sind, in dem die Bewohner des Gebäudes sich ihre Kaninchen halten. Manchmal riecht es nach Fäkalien. Dann liegt ein dicker Schlauch im Hof. Wie ein Lindwurm, der die Abortgruben leer trinkt, deren Inhalt in einem großen Faß zu den Gärten gefahren wird, die damals noch überall da sich befanden, wo heute endlose Häuserblocks sich erheben.
Dieses Haus war eine der ältesten Mietskasernen meiner Vaterstadt und wurde, weil es so groß war, im Volksmund die Burgmunda genannt. Manche nannten das Haus auch nur die 88, nach der Hausnummer, die es trug. Das Leben in diesem Hause war das elendste und erbärmlichste, das sich denken läßt; aber wenn meine Mutter in späteren Jahren von der Zeit sprach, da sie in diesem Hause gewohnt, sprach sie nur von den schönsten Zeiten in der 88. Sie war jung gewesen in diesem Hause. Und das hatte ihr dieses Haus und seine Bewohner verklärt.
Jetzt ist die 88 lange abgerissen. Ein modernes Wohnhaus steht da. Mit grauem Putz und Stuck vor den Fenstern. Unten ist eine Wirtschaft darin, ein Kaffeegeschäft und ein Blumenladen. Oben, ungefähr da, wo ich meiner Mutter, die die Stube schrubbte, direkt in den Besenstiel lief, an welchen Vorfall heute noch eine Narbe erinnert, die meine Stirn und meinen Steckbrief ziert, wohnt heute ein Landtagsabgeordneter, woraus man sehen kann, was für ein feines Haus das geworden ist. Damals jedoch war es noch die Burgmunda.

Erich Grisar: *Kindheit im Kohlenpott.* Karlsruhe: Volk und Zeit 1946, S. 5f.

Hellsichtige Analysen des Politischen
Erik Reger: *Zwei Jahre nach Hitler. Fazit 1947 und Versuch eines konstruktiven Programms aus der zwangsläufigen Entwicklung* (1947)

Erik Reger, geb. 1893 in Bendorf am Rhein, gest. 1954 in Wien, berührte nur für einige Jahre westfälische Böden und Wirkungsflächen. Allerdings war dies eine bedeutsame Phase in seinem Leben, arbeitete er doch von 1919 bis 1927 im Pressebüro der Friedrich Krupp AG. Hier hatte er unmittelbaren Einblick in zentrale wirtschaftliche Prozesse der Weimarer Republik und erlebte hautnah mit, wie das deutsche Großunternehmertum sich sukzessive Hitler annäherte und so das »Dritte Reich« mit ermöglichte. Genau diese Thematik verarbeitete er in seinem großen Roman *Union der festen Hand* (1932), mit dem er weithin bekannt wurde. Unter den Nationalsozialisten war das Buch verfemt und fiel der Bücherverbrennung anheim. Heute gilt *Union der festen Hand* als maßgeblicher Wirtschaftsroman, als repräsentatives Beispiel der Neuen Sachlichkeit zudem.

Weniger bekannt als diese literarischen Meriten sind seine publizistischen: Reger war auch ein prominenter Journalist. Schon 1945, unmittelbar nach dem Zusammenbruch des NS-Regimes, wurde er Lizenzträger, Mitherausgeber und Chefredakteur des Berliner *Tagesspiegels*, bis heute wichtigstes Presseorgan der Hauptstadt. Das Buch *Zwei Jahre nach Hitler* enthält eine Sammlung politischer Essays, die als Reihe von Juni bis Juli 1947 in dieser Zeitung erstveröffentlicht worden waren. Sie zeigen ihren Autor als scharfsichtigen, klugen und unbestechlichen Beobachter des sich gerade neu organisierenden Deutschlands.

Nicht desillusioniert, aber illusionslos skizziert Reger die Situation während des Wiederaufbaus. Ihm ist klar, dass es nicht von heute auf morgen möglich sein wird, eine Demokratie auf deutschem Boden zu installieren – deshalb richtet er sein Augenmerk und seine Hoffnung auf die »Kinder«. Im gleichnamigen Artikel betont er, dass die Generation der 15- bis 30-Jährigen bereits verloren sei, sie seien bereits durch die Gehirnwäsche des nationalsozialistischen Erziehungssystems gegangen und demnach demokratieunfähig, auch die 10- bis 15-Jährigen seien noch gefährdet (und gefährlich). Erst an der Generation der 1947 fünf Jahre alten Kinder werde sich Deutschlands Schicksal, insbesondere seine Regenerationsfähigkeit, erweisen. Ihm ist klar, dass dies kein Selbstläufer sein wird, denn »diese Kinder haben in der Mehrzahl nationalsozialistische oder nationalistische Eltern«. Doch hofft er auf den Kindern innewohnende Rebellionsgedanken gegen die Väter.

Wenn man das heute liest, erstaunt diese geradezu prophetische Hellsichtigkeit doch etwas. Tatsächlich war es just diese Generation, die 1968 gegen die Nazi-Altlasten auf die Straße ging und – wie immer man zu den Ergebnissen dieser Protestzeit steht – unleugbar ein anderes Deutschland mit größeren Mitbestimmungsmöglichkeiten hervorgebracht hat.

Weitere Punkte, die Reger hier als günstige Bedingungen anführt, mögen eine Rolle dabei gespielt haben, dass die Geschichte sich so und nicht anders zugetragen hat, z.B. dass diese Kinder ohne Militär aufwuchsen (zumindest bis zur Gründung der Bundeswehr 1955). Die Besatzer seien, so Reger, nur uniformierte Zivilisten, die zudem aus anderen

Ländern stammten; dadurch werde den Kindern im neuen Deutschland der Kontakt mit fremden Völkern natürlich. Da um sie herum ohnehin nur Ruinen und Zerstörung sich befänden, binde sie nichts an die Vergangenheit. Und: »Deutschland erscheint ihnen nicht mehr als ein selbstherrliches Gebilde, das internationale Gepräge wird ihnen zur zweiten Natur.«

Diese nüchterne und klare Perspektive, in der sich vielleicht noch die literarische Ideologie der Neuen Sachlichkeit wiederfindet (oder spiegelte umgekehrt Regers spezifische Neue Sachlichkeit seine journalistische Betrachtungsweise?), diese Perspektive legt er auch bei seinen anderen Themen an, z.B. in seinen Gedanken über eine mögliche deutsche Wiedervereinigung (»Westdeutschland muß handeln«). 1947 stand die Regierung des Alliierten Kontrollrats mehr und mehr unter dem Einfluss des aufkommenden Ost-West-Konflikts – Reger diskutiert hier erste Überlegungen zur Vereinigung der drei Westzonen. Kritiker halten dem entgegen, dass die Teilung Deutschlands in Ost und West damit unvermeidlich würde. Reger argumentiert, die Spaltung existiere ohnedies und werde sich auf dem Verhandlungswege auch nicht mehr rückgängig machen lassen. Vielmehr werde die Vereinigung – gerade auf Basis eines vereinten Westdeutschlands – in der Zukunft erst durch die normative Kraft der wirtschaftlichen Fakten möglich: »Einem prosperierenden Westen wird der Osten, der isoliert nicht prosperieren kann, in der Gesetzmäßigkeit wirtschaftlicher Logik und Selbstverständlichkeit nationaler Zusammengehörigkeit zufallen.« Dafür allerdings gebe es drei Voraussetzungen: a) Russlands Politik, b) die Zustimmung der Westmächte, c) Prosperität.

Auch wenn es noch ganze 43 Jahre dauerte, bis die deutsche Einheit Realität wurde, ist es bemerkenswert, wie deutlich Reger ihre Bedingungen im Jahr 1947 formulierte: Alle diese Punkte sind in der Tat einzulösen gewesen, bis am 20. September 1990 der Einigungsvertrag unterzeichnet werden konnte.

So sehr er sich an dieser Stelle zum Anwalt Deutschlands macht – wohlgemerkt eines Deutschlands, das unter wirklich demokratischen Bedingungen zu einer neuen Struktur finden kann –, so eindeutig fällt sein Urteil gegen jegliches Relativieren der NS-Vergangenheit aus. Strikt wendet er sich etwa gegen die verbreitete Auffassung, es müsse mit der Entnazifizierung nun einmal Schluss sein. Tatsächlich, kritisiert er, habe die Entnazifizierung auf halben Wege Halt gemacht: »Aus einem Akte der Gerechtigkeit ist eine Aktion des ›Eine Hand wäscht die andere‹ geworden. Statt der Sühne ist Reinwaschung das Ziel.« So gelänge es alten Nazis, die sich Regers Ansicht nach unverhohlen in der Öffentlichkeit breitmachten, die demokratischen Prozesse zu torpedieren: »Während Parteiredner tönende Monologe sprechen, ist alles gesellschaftliche Zusammensein von der breiten Selbstsicherheit der Nationalisten so beherrscht, dass jedem anderen der Laut in der Kehle erstickt.« Auch die Wirtschaft habe darunter zu leiden: »Denn diese Protagonisten in den Ämtern wollen ja Politik machen, nicht Wirtschaft. Wirtschaft erst dann, wenn sie der Politik gewiß sind.«

Daher plädiert Reger vehement dafür, die Schwerindustrie zu entpolitisieren und insbesondere die Verflechtungen der großen Ruhr-Konzerne, die er aus seiner Zeit bei Krupp ja nur zu gut kannte, zu zerschlagen. Er zielt dabei weniger auf die sozialistische Variante einer Vergesellschaftung ab, die ja zur damaligen Zeit von allen deutschen Parteien, selbst der CDU, erwogen wurde, sondern spricht zunächst einmal politisch neutraler von einer »Entprivatisierung«, die den Westmächten abzuringen sei, da »es in erster Linie die rheinisch-westfälische Montanindustrie war, die in Deutschland die gefährlichste anonyme politische Macht, den Staat im Staate, verkörperte«. Diese Macht im Staat, die durch Scharen williger Erfüllungsgehilfen getragen wurde, gelte es zu brechen: »Selbst wenn man alle Besitzer der Werke, nicht nur diejenigen, die Verbrechen gegen die Menschlichkeit begangen haben, entschädigungslos enteignete, bliebe das kompakte Heer der Prokuristen, Betriebsleiter, Syndizi, der kaufmännischen, technischen, juristischen Berater, der ›Manager‹, die mitunter weit mehr als die verschiedenen Individualitäten an der Spitze Träger der machtpolitischen Tendenzen und Verbreiter des entsprechenden nationalistischen Geistes sind. Alle diese Halb-, Ganz- und Vierteldirektoren, meist junge SS-Typen – wir sagen: Typen –, in den Bergen der britischen Zone kann man sie sehen, wo sie sich von den Strapazen der Entnazifizierung erholen. Der Weltanschauungskonzern, den sie bilden, übertrifft an Gefährlichkeit den Industriekonzern, der außer auf persönlichem Ehrgeiz und persönlicher Gier schließlich auch auf unumgänglichen technisch-organisatorischen Bindungen beruht.«

Diese komplizierte Gemengelage, die eine Entflechtung der Konzernmacht fast unmöglich zu machen scheint, würde nach Reger dadurch zu lösen sein, dass man allen Industriellen und leitenden Angestellten jegliche politische Betätigung untersage: »Unter das Verbot würden auch Zuwendungen an die Parteien fallen, ferner Beteiligung an Zeitungen, Verlagen und sogenannten Kulturinstituten (die meist nur ein verschleierter ideologischer Apparat sind).« Um das zu gewährleisten, müssten die Finanzen aller Parteien beständiger Kontrolle unterstehen. Nun, wir wissen, dass sich Regers Vorschläge hier leider nicht durchgesetzt haben; Verflechtungen von Wirtschaft und Politik sind weiterhin an der Tagesordnung.

Doch vielleicht liefern seine Essays auch die Gründe dafür mit: Ebenso wie die halbherzige Entnazifizierung hat wohl auch die mangelhafte Ausmerzung nationalsozialistischen Gedankenguts dafür gesorgt, dass die herrschenden Kartelle nicht allzu sehr in ihrer Machtausübung beeinträchtigt wurden. Das bewirkte, so Reger, die Auflösung des Staates Preußen, den der Alliierte Kontrollrat durch sein Kontrollratsgesetz Nr. 46 vom 25. Februar 1947 zerschlug, wo doch gleichzeitig alte nazistisch besetzte Begriffe beibehalten wurden: »Der Schaden, der dadurch entsteht, daß der Deutsche fast täglich durch wörtliche Erinnerung an das ›Reichsleistungsgesetz‹ oder das ›Kriegswirtschaftsgesetz‹ zum Empfinden einer Kontinuität gebracht wird, die es gerade zu brechen gilt, läßt sich nicht messen, aber er frißt zweifellos um sich. Das gleiche ist von der Beibehaltung der ›Reichsmark‹, der ›Reichspost‹ (mancherorts noch), der ›Reichsbahn‹ zu sagen; ja selbst, daß die

›Mark Brandenburg‹, die Urzelle Preußens, namentlich sich behauptete, macht die psychologische Wirkung der Auflösung Preußens bis zu einem gewissen Grade illusorisch.«

Regers Essays gestatten einen faszinierenden Einblick in die Tagespolitik, die Diskussionen und Probleme jenes seltsamen Zwischenreiches, dem Deutschland unter dem Viermächte-Status. Gleichzeitig erkennt man die Ableitungen vieler seiner Ideen in der Geschichte der Bundesrepublik und kann ein wenig besser verstehen, wieso die historischen Verläufe und soziologischen Formationen in der BRD ihre bekannten Wege nahmen.

Enno Stahl

Erik Reger: *Zwei Jahre nach Hitler. Fazit 1947 und Versuch eines konstruktiven Programms aus der zwangsläufigen Entwicklung* (1947)

Die Kinder

Wir rechnen fünfzehn bis zwanzig Jahre Vorbereitungszeit für eine deutsche Demokratie. Daß es sich um eine Vorbereitungszeit handelt, kann der Generation zwischen fünfzehn und dreißig nicht oft genug wiederholt werden. Diese Generation kann man im politischen Leben des Volkes nicht einfach ausfallen lassen, und die Rolle, die sie darin zu spielen hat, rechtfertigt Anstrengungen. Dennoch sollte man sich bewußt sein, daß ihre Rolle, was das künftige Deutschland betrifft, nur sekundär sein kann. Sie hat nun einmal das Hitlerische Zeitalter bewußt erlebt, und die Spuren davon werden nie gänzlich zu tilgen sein. Bei den heute Zehn- bis Fünfzehnjährigen steht das in Frage. Sie sind ein unbestimmbares Zwischenreich. Die große Hoffnung ruht auf den Kindern unter zehn Jahren. Blickt die Fünfjährigen an: sie werden in zwanzig Jahren darüber entscheiden, ob die Vorbereitungszeit der Demokratie in Deutschland als beendet angesehen werden darf. Sie werden berufen sein, die Demokratie in Deutschland zur Lebensform zu machen. Bei ihnen handelt es sich nicht um Umerziehung, sondern um Erziehung. Scheitert, wenn sie zwanzig oder fünfundzwanzig geworden sind, die Demokratie in Deutschland, so scheitert sie endgültig. Ihre Entscheidung aber, ihr Vermögen oder Unvermögen, wird die Frucht der Erziehung sein, die wir ihnen in den nächsten fünfzehn Jahren geben.
Gewiß, diese Kinder haben in der Mehrzahl der Fälle nationalsozialistische oder nationalistische Eltern. Aber im Politischen ist das Elternhaus von jeher nur selten ausschlaggebend gewesen. Im Gegenteil, das Übliche war die Opposition der Kinder gegen die Väter; auch Hitler hat in der ersten Zeit und manchmal noch später davon profitiert. Nur dort, wo die Väter ganz große Charaktere waren, wo die Kinder Format und Substanz nachhaltig empfanden, hat ihr Beispiel meistens gewirkt. Was die Kinder vor 1933, wegen der geringeren Verwirrung mehr noch vor 1914, aus dem Elternhause mitnahmen, war ein allgemeiner Eindruck, war etwas Atmosphärisches, des Politischen oder Unpolitischen, je nachdem. Die Kinder des Hitlerzeitalters entbehrten das. Totalitarismus kennt nur Fanatiker, Mitläufer oder Gegner. Er kennt nicht das Zusammenspiel der Kräfte, den Einsatz der Opposition, aus dem Politik entsteht. Er hat kei-

nen Hintergrund, er hat nur Fassade. Die Menschen werfen sozusagen keinen Schatten mehr. Eben das ist das Manko der heute Fünfzehn- bis Dreißigjährigen. Sie sind nicht in einer echten politischen Atmosphäre aufgewachsen, sie haben keinen Hintergrund, sie sind nicht mit ihrem eigenen Schatten verwachsen. Die Schulen Hitlers waren Kasernen, und schlechte dazu. Es war auch einerlei, da ohnehin alles uniformiert war. Vor 1933 aber bedeuteten die Schulen etwas.

Erik Reger: *Zwei Jahre nach Hitler. Fazit 1947 und Versuch eines konstruktiven Programms aus der zwangsläufigen Entwicklung.* Hamburg/Stuttgart: Rowohlt 1947, S. 7f.

Die Poesie verstörender Kargheit
Eduard Claudius: *Gewitter. Erzählungen* (1948)

Während Eduard Claudius (eigentl. Eduard Schmidt, 1911–1976) in der jungen DDR als einer der prägenden Schriftsteller galt, war er – und ist weiterhin – in der Bundesrepublik weitgehend unbekannt. So stellte Hugo Ernst Käufer 1984 die Frage: »Wer war dieser Mann Eduard Claudius? Dieser Kommunist und Propagandist, der Moralist und Idealist, der Partisan und Pazifist, der Antifaschist und Widerstandskämpfer, der Kulturfunktionär und Diplomat, der Arbeiter und Schriftsteller, der Mensch und Freund?«

Die Vita von Eduard Claudius ähnelt mehr dem Drehbuch eines Politthrillers als der Biografie eines Schriftstellers: 1932 Eintritt in die KPD, 1933 Verhaftung durch die Nationalsozialisten, 1934 Emigration in die Schweiz, wo er im antifaschistischen Untergrund aktiv ist. 1936 flieht er nach Spanien, um der Auslieferung an die Nazis zu entgehen, und nimmt dort als Soldat der Internationalen Brigaden am Spanischen Bürgerkrieg teil. Nach seiner Rückkehr in die Schweiz versteckt sich Claudius in einer Irrenanstalt; später wird er u. a. von Hermann Hesse erneut vor der Auslieferung an die Nazis bewahrt. Nach Aufenthalt in verschiedenen schweizerischen Arbeitslagern schließt er sich 1945 italienischen Partisanen an. Zurück in Deutschland wird er Pressechef im Bayrischen Ministerium für Entnazifizierung. Nach der Übersiedelung in die Sowjetische Besatzungszone und spätere DDR arbeitet er dort als Verlagslektor und Sekretär des Deutschen Schriftsteller-Verbandes. Schließlich tritt er in den diplomatischen Dienst der DDR ein und wird zunächst Generalkonsul in Syrien (1956–1959), dann Botschafter in Vietnam (1959–1961). Sein bewegtes Leben hat Claudius in seiner Autobiografie beschrieben, die den bezeichnenden Titel *Ruhelose Jahre* (1968) trägt.

Nimmt man dieses ruhelose Leben als Hinweis auf Claudius' schriftstellerische Tätigkeit, so mag man bereits ahnen: Hier geht es nicht um Heimatromane. Die fünf unter dem Titel *Gewitter* (1948) versammelten Erzählungen nehmen ihre Leserinnen und Leser *nicht* mit auf eine literarische Reise nach Westfalen – nein, sie führen in die kargen Ebenen Spaniens, in die Berge Kroatiens, in die Grafschaft Nassau und ins Nirgendwo der Grenzübergänge. Die Erzählungen sind keine leichte Unterhaltung, kein Entertainment. Vielmehr durchleben die Leserinnen und Leser mit den Protagonisten existentielle Situationen, und zwar solche des Krieges, der Armut und der Heimatlosigkeit. Mit den ›ängstlichen Helden‹ kriechen sie zwischen den Fronten im Spanischen Bürgerkrieg, verüben als Partisanen einen Anschlag, begehren gegen einen Burggrafen auf und werden von Grenzposten hin und her geschoben. All das wühlt auf und macht nicht nur die Helden ängstlich und wütend – doch immer wieder blühen selbst in diesen dornigen Landschaften plötzlich und vereinzelt poetische Blüten auf.

Gerade die frühe Prosa von Claudius ist durch seine eigenen Erfahrungen geprägt, weshalb es nicht verwundert, dass die ersten beiden Erzählungen von *Gewitter* autobiografische Züge tragen und in die kargen Ebenen Spaniens und den dortigen Bürgerkrieg der 1930er Jahre führen (s. S. 32). Der ersten Erzählung (*Das Opfer*) liegt ein für Claudius' Texte zentrales Thema zugrunde, nämlich die soziale Ungleichheit, das Verhältnis von Arm und Reich. Da ist ein junger Schafhirt, der aus Hunger ein Lamm schlachtet, wofür er von seinem brutalen Gutsherrn perfide bestraft wird. So flieht er aus seinem Heimatdorf und den Fängen des Unterdrückers, um sich schließlich nach Jahren der Wanderschaft als Freiheitskämpfer im Spanischen Bürgerkrieg wiederzufinden – und zwar mitten zwischen den Fronten, wo er sich nun selbst für seine Genossen opfern muss. Die Entwicklung vom unterdrückten Schafhirt zum Freiheitskämpfer wird von Claudius u. a. durch den Wechsel von Gegenwartsbeschreibungen und Rückblenden inszeniert.

Solche Rückblenden finden sich auch in der zweiten Erzählung (*Das Maschinengewehr Sowjet*), die ebenfalls im Spanischen Bürgerkrieg spielt. Der Erzähler gehört den Kämpfern an, die Madrid vor den Truppen Francos verteidigen. Auch hier denkt er sich während des Kampfes in die Vergangenheit zurück, wie er über Frankreich nach Spanien kam (so wie Claudius selbst) und erinnert die skeptischen Blicke der Bevölkerung. Dabei wachsen seine Unzufriedenheit und Hoffnungslosigkeit, zumal die Kämpfer nicht nur unerfahren, sondern auch schlecht ausgerüstet sind und daher immer weiter unter Druck geraten. Doch im Moment größter Verzweiflung kommt schlagkräftige Verstärkung, und zwar ausgerüstet von den Sowjets. An dieser Stelle zeigen sich bereits jene propagandistischen Züge, die später Claudius' Werke prägen werden, wie z. B. den 1951 erschienenen Roman *Menschen an unserer Seite*, der als Musterbeispiel des sozialistischen Realismus gilt.

Die großen Ideologien des 20. Jahrhunderts, Kommunismus und Faschismus, stehen bei Claudius wie ›drohende Gewitter‹ am Horizont der Erzählungen. So auch in *Der ängstliche Held*. Hier schließt sich der Protagonist Uros Barorac den kommunistischen Partisanen im Kampf gegen die kroatisch-faschistische Ustaša-Bewegung an, die mit den Nazis kollaboriert, und versucht eine Brücke zu sprengen, um die Versorgung der Feinde zu unterbrechen. Zwar könnten auch in dieser Erzählung autobiografische Züge ausgemacht werden, doch insgesamt sperren sich die Texte von Claudius – wie er selbst – gegen allzu leichte Kategorisierungen. So nennt ihn Marcel Reich-Ranicki etwa einen »proletarische[n] Draufgänger« und »Rebell«, während Hugo Ernst Käufer ihn als einen »etwas schüchtern wirkenden Mann« beschreibt, »der von demonstrativen Auftritten wohl wenig hielt«. Diese Spannung zeigt sich auch in Claudius' Figuren, die keineswegs von Zweifeln befreite draufgängerische Helden sind. Im Gegenteil, Uros Barorac ist zunächst ein »ängstlicher Held«, der zwar von der kommunistischen Sache überzeugt ist, doch zugleich offenbart, welchem Druck das Individuum im Kampf der Ideologien ausgesetzt ist.

Sind es in den übrigen Erzählungen also metaphorische Gewitter, die am Horizont drohen, so ist es in der vierten, titelgebenden Erzählung *Gewitter* ein ›wirkliches‹. Die Erzählung spielt zur Zeit der Amerikanischen Freiheitskriege im 18. Jahrhundert und auch hier stehen die Themen Unterdrückung, Krieg und Freiheit im Fokus. Ein ganzes Dorf von armen Bauern lebt und leidet unter einem Grafen, der sie immer wieder erniedrigt. Als der Graf die Bauern schließlich zur Teilnahme am Krieg gegen die amerikanischen Freiheitskämpfer zwingen will und sie durch seine Soldaten vollends wie Vieh behandelt werden, staut sich die Wut der Unterdrückten wie die hitzig-schwüle Luft immer weiter auf, bis schließlich ein Gewitter und mit diesem die Wut der Bauern losbricht. Claudius' Figuren sind stets die Gezeichneten, Geschundenen und Ohnmächtigen. Ihre unmenschliche Behandlung wird in *Gewitter* auch sprachlich gespiegelt, wenn die Menschen z. B. als »müde, kranke Herde« bezeichnet werden. In derartigen Beschreibungen zeigt sich eine weitere Dimension von Claudius' Literatur. Irgendwann ist ein Punkt erreicht, an dem die Unterdrückung das Maß des Erträglichen übersteigt und eine gewitternde Revolution losbricht – an diesen Stellen beginnt seine Literatur zwischen Politisierung und Propaganda zu oszillieren und manchmal kippt sie ins Pathetisch-Agitatorische: »aber kann man einen Damm, der gerissen ist und den die Wasser überfluten, noch flicken?«

Hinter all dem steht ein weiteres, vielleicht das grundlegende Thema von Claudius' Texten: die Menschlichkeit. Besonders deutlich wird dies in *Mensch auf der Grenze*, dem fünften und letzten Text der Sammlung. In dieser seltsam zeit- und ortlosen Erzählung scheint eine menschliche Behandlung allein von korrekten Papieren abzuhängen. Solche besitzt der Protagonist, der als Emigrant die Grenze überquert hat, nicht. Daher wird er von einem Grenzbeamten wieder zurückgeschickt. Doch auch im anderen Land ist er nicht willkommen und so fängt ein absurdes Hin und Her an. Es endet darin, dass der »Mensch ohne Papiere« brutal über den Stacheldraht der Grenze gezerrt wird, ohne in einem der Länder Aufnahme zu finden. Wenn es natürlich auch hier wieder die Arbeiter und Bauern sind, die als einzige ihre Menschlichkeit zeigen, so macht andererseits Claudius' Sprache gerade durch ihre Einfachheit das Unbegreifliche greifbar.

Claudius' Erzählungen sind sicherlich mehr ›Agitprop‹ als ›Heimatroman‹. Und genau das ist das Faszinierende an *Gewitter*. Die Kargheit, die Leere, die Ideologien – all das scheint uns heute fremd zu sein. Doch Claudius schafft es, seine Leserinnen und Leser in die existentiellen Situationen hineinzuziehen und die Verzweiflung, die Wut, kurz: die elementaren Gefühle der Menschen spürbar zu machen. Die Gefahr für heutige Leserinnen und Leser, der Agitprop in den Texten von Claudius auf den Leim zu gehen, wird wohl als gering einzuschätzen sein. Vielmehr werden sie authentische Eindrücke aus einer fremden Welt erhalten, die sich indes bei näherer Betrachtung als gar nicht so fremd, sondern (leider) höchst bekannt und aktuell erweist. In Anbetracht der gegenwärtigen kriegerischen Auseinandersetzungen und Flüchtlingskatastrophen treffen Claudius' einfache Sprache und die auf den ersten Blick naiven Fragen den Kern der Sache: »Wo soll er denn hin? Er ist doch ein Mensch, irgendwo muß er doch sein!« Die Erzählungen in *Gewitter* besitzen kein Happy End, sie hinterlassen keine klare Nachgewitterluft. Stattdessen sind sie aufwühlend, verstörend und zeigen doch immer wieder eine aufblitzende Poesie. Genau deshalb sind sie lesenswert.

Thomas Kater

Eduard Claudius: *Gewitter. Erzählungen* (1948)

Das Opfer

Zwei Handgranaten. Vor sich das Maschinengewehr. Hinter sich das Leben. Die Wärme der Erde unter der Mittagssonne. Er ist schon weiter vom Leben entfernt, von den Erinnerungen, als noch vor Minuten, denn es ist ihm gelungen, drei Meter vorzukriechen. Es fehlen wenigstens noch dreißig bis dahin, von wo er werfen kann.

Die Schafe blieben eigentlich immer in Klumpen zusammen. Man mußte öfter nach ihnen sehen, aber es gab Stunden, während derer man in den Himmel starren konnte. Wolken, wie Schafherden, gegen den Horizont zu grasend, als seien dort die besseren Weiden. In der Ferne. Schön zu schauen war es, wenn man wußte, daß der Herr seinen Morgenspaziergang bereits gemacht hatte. Nie durfte man von ihm beim Liegen, Träumen und In-den-Himmel-Starren erwischt werden.

Einmal lag er im Schatten und sann den Rissen nach, die die verwachsenen Olivenbäume in der Rinde trugen. Den Rissen der Olivenbäume, der ausgedörrten Erde, den Rissen in der Menschen Gesichter.

Er lauschte auf die Gespräche der Alten. Einige waren über die Grenzen des Gutes hinausgekommen. Da mußten Städte sein. Städte nannten sie es. Viele Häuser standen da beieinander, und sie sollten hoch, zwanzig oder auch dreißig Meter hoch, sein. Er mußte bei diesen offensichtlichen Lügen lachen. Wie können so viele Häuser auf einem Haufen stehen? Es ist ja kein Platz für Ställe, Schafe kriechen doch nicht die Wände hinauf. Es ist ja kein Platz mehr für Olivenbäume, unter denen Schafe weiden können ... Ganz sicher war er sich seines Lachens nicht. Vieles wußten die Erwachsenen, die Männer, die Kraft in den Armen hatten, die Frauen, die Kinder säugen konnten.

Als ihm eines Tages ein Alter erzählte, südlich – und er zeigte mit der ausgemergelten Hand in irgendeine Richtung – liege ein Meer, und im Norden auch, da schwankte sein Vertrauen wieder. Wie konnte das sein? Hier bei ihm, wo er lebte, war nicht einmal das ganze Jahr hindurch Wasser im Bach, und dort, wo das Meer sein sollte, Wasser, Wasser, soweit man sehen konnte ...? Wo es denn herkomme? Irgendwoher. Wo es hinflie-

ße? Irgendwohin. Das war unmöglich. Einzig dies glaubte er: daß es blau sei wie der Himmel über ihm an Tagen, da keine Schleierwolken ihn streifig machten. Einzig das glaubte er.
Und er sann immer wieder den Himmel an. Blau war er. Abends trug er Sterne.
Einmal mußte er dieses Meer sehen. Und seine Sehnsucht wuchs, dies alles, das alte Gut, die Olivenbäume, die elenden Hütten am Weg, die schmale Kost, zu verlassen. Wenn dort draußen in der Welt Bäume waren, auf denen noch andere Früchte wuchsen als Oliven, wenn dort ein Meer war, auf dem Schiffe fahren konnten, die in seinen Träumen die seltsamsten Gestalten annahmen, wenn dort Städte waren, in denen man nicht Schafe hüten mußte und dennoch lebte – dann wollte er hier heraus. Er mußte dieses alles sehen, er wollte mehr zu essen haben als am Morgen eine Rübe, mittags eine Kartoffelsuppe und abends wieder eine Kartoffelsuppe mit Oliven.
Er wird plötzlich aus seinen Erinnerungen gerissen. Etwas hinter den Sandsäcken, bei dem feindlichen Maschinengewehr rührt sich. Erinnerungen, Träume – alles fällt von ihm ab. Er sieht nur noch das Haus, in dem einige Soldaten das feindliche Maschinengewehr decken: er sieht, wie sich drüben plötzlich ein Körper bewegt, aufschnellt, etwas wirft, dann, im Knallen eines Schusses, zusammensackt. Vor ihm, zwanzig Meter vor ihm, platzt eine Handgranate, die ihm galt.

Eduard Claudius: *Das Opfer*, in: ders.: *Gewitter. Erzählungen.* Potsdam: Rütten & Loening 1948, S. 7–26, hier S. 9–12

Durch Entsagung aus dem Dunkel ins Licht
Josefa Berens-Totenohl: *Die Stumme. Roman* (1949)

Die Urteile über Josefa Berens-Totenohls Romane gehen weit auseinander. Während Oda Schäfer empfahl, bei deren Lektüre sicherheitshalber erst einmal einen Steinhäger zu trinken, prophezeite der Publizist Dietmar Rost, eine spätere Zeit werde sie »eher, weil unvoreingenommener, würdigen können«. Darin liegt insofern ein Quentchen Wahrheit, als die Autorin und ihr Werk seit Mitte der 1950er Jahre, genauer: seit dem Schmallenberger Dichtertreffen 1956, vor allem in ideologiekritischer Perspektive wahrgenommen worden sind. Dazu gab schon der Lebenslauf der Dichterin allen Anlass: Die 1891 in Grevenstein (Sauerland) geborene Tochter eines Schmieds besuchte von 1911 bis 1914 (also verhältnismäßig spät) das Königliche Katholische Lehrerinnen-Seminar in Arnsberg, arbeitete zunächst als Lehrerin, zog sich dann nach einer Ausbildung als Malerin in Düsseldorf 1925 wieder in ihre Heimat zurück. Von dem NS-Dichter Richard Euringer ermutigt, errang sie 1934 und 1935 mit den Romanen *Der Femhof* und *Frau Magdlene* große Erfolge. Bereits 1920 hatte sie sich dem völkischen *Sauerländer Künstlerkreis* (bzw. dem *Sauerländer Heimat-*

bund) angeschlossen, der später Alfred Rosenbergs *Kampfbund für deutsche Kultur* angehörte. So war Anfang der 1930er Jahre der Eintritt in die NSDAP nur folgerichtig. Seither betätigte sich die Autorin in der völkischen Szene des Sauerlands und frisierte ihre Biografie entsprechend. Das beeinträchtigte nach 1945 ihren literarischen Ruf zunächst nicht sonderlich, der *Femhof* erreichte 1957 das 275. Tausend, *Frau Magdlene* 1953 das 202. Tausend. So schrieb sie unbeirrt fort, wobei sie nun ihre katholische Bindung herausstellte. Auf dieser Linie liegt auch der 1949 erschienene Roman *Die Stumme*. Erst 1956 geriet sie ins kritische Kreuzfeuer und schnell in Vergessenheit. Unter schweren Depressionen leidend starb sie 1969. Über einer moralischen, ideologiekritischen, manipulationstheoretischen, mentalitätsgeschichtlichen oder regionalspezifischen Interpretation dieser Biografie sollte man deren sozialhistorische Dimensionen nicht außer Acht lassen, denn auf ihrem Grund liegt auch der – in eine fatale Richtung führende – (durchaus nicht individuelle) Versuch, geschlechtsspezifischen Strukturzwängen innerhalb der Gesellschaft des frühen 20. Jahrhunderts zu entkommen. Ob solche Einsichten freilich zu einem höheren Lesegenuss führen, scheint fraglich.

Dass es in *Die Stumme* rustikal zugehen soll, wird dem Leser von Anfang an vor Augen geführt: Schon der von J. P. Paffenholz entworfene, kunstgewerblich anmutende Schutzumschlag verspricht Handgemachtes; der Name der Autorin, Titel und Gattungsbezeichnung sind in einer der spätmittelalterlichen Rotunda nachempfundenen Schrift mit breiter Feder – teils in Blindschrift – prägnant ins Blickfeld gerückt; darunter hockt eine aufs angeblich Wesentliche, nämlich auf ihre schützende Mutterrolle reduzierte Frauengestalt; diese kauert vor einer bedrohlich schwarzen Wand, die allerdings ein breiter ockerfarbener Rahmen schützend einfasst. Am Fuße der Seite signalisiert indes ein nun doch mit Lineal gezogener schwarzer Kasten, in dem sich in Blockschrift der geschäftsmäßige Verlagsname nach vorne drängt, dass es sich hier um ein gewerbliches Produkt handelt; aber die Fraktur (1949!), in der das Buch gesetzt ist, dämpft möglicherweise aufkeimende Befürchtungen.

Die Autorin eröffnet ihren Roman mit einem Gemälde, das wirkt, als sei es aus einem Heimatfilm der 1940er Jahre herausgeschnitten. In ihrer nahezu aufdringlichen Symbolik, ihrer konventionellen Zuordnung der Personen und dem Konflikt zwischen gefestigter Tradition und individuellem Begehren enthalten die ersten beiden Seiten in nuce bereits den ganzen Roman: Was geschehen wird, ahnt ein Leser schon, dessen Erwartungen vom Image der Autorin wie generell durch eine lange Reihe von spätestens seit der Jahrhundertwende als ›westfälisch‹ geltenden Schriftsteller(inne)n vorgeprägt sind. Der Roman spielt während des 19. Jahrhunderts im Sauerland. Dieses wird als ein völlig in sich geschlossener Raum dargestellt (selbst die jungen Männer scheinen hier nicht zum Militärdienst herangezogen zu werden, wo sie jenseits ihrer Berge und Wälder hätten Erfahrungen sammeln können). Nur ein Strahl gereifter Menschlichkeit und ein kurzer Donnerschlag des Bösen dringen in Gestalt eines altersweisen Landstreichers und einer zugewanderten Kräuterhexe in diese abgeschlossene Welt. Zu deren Schilderung bemüht die Erzählerin das Arsenal an Themen und Motiven, das in der Literatur von der Mitte des 18. bis zum Beginn des 20. Jahrhunderts entwickelt worden ist, um ein Bild vom ›natürlichen‹ Landleben zu malen. Das bleibt indes bloße Staffage, denn anders als in den Romanen der Heimatkunstbewegung um 1900 (etwa bei Gustav Frenssen, Wilhelm von Polenz oder Hermann Burte), die oftmals als Vorbilder von Berens-Totenohl beschworen werden, geht es in *Die Stumme* nicht um – wie auch immer zu bewertende – Probleme der Modernisierung einer agrarischen Gesellschaft, sondern ausschließlich um das Konfliktpotential der (klein)bürgerlichen Familie: um Generationskonflikte, Besitzstandswahrung, Ängste vor sozialem Abstieg und vor dem Verlust der Reputation. Agrarische oder wirtschaftliche Probleme spielen keine Rolle. Dementsprechend bestreiten nur wenige, nämlich vier familiär verbundene Personen die Handlung: Elseke, die Altbäuerin auf dem Gossiewekenhof, ihr Sohn Rötger, dessen Cousine Alheit und die Jungmagd Anne. Sie werden mit wenigen schmalen Charakterzügen ausgestattet, die auf ihre Funktion innerhalb der Handlung zugeschnitten sind. Die Altbäuerin, die schon ihren gestorbenen Mann unter dem Pantoffel gehabt hat, ist berechnend, hartherzig und kalt, der ins mannbare Alter vorgerückte Sohn wenig durchsetzungsfähig, aber fleißig und gutherzig, die Cousine empfindsam und aufopfernd, die Jungmagd zwar sinnlich, aber liebevoll. Damit das Geschehen ein wenig Fülle bekommt, ist diesen Personen eine Reihe gleichartiger oder gegenläufiger Figuren beigeordnet, die sie spiegelnd konturieren. Dem unsicheren Sohn stehen ein beherzter Bruder seiner Cousine und ein etwas allotriger Vetter an der Seite, der kalten Bäuerin ein lebenslustiger Schwager und die sorgende, opferbereite Mutter der Jungmagd usw. Würde man ein Soziogramm dieser Konfiguration entwerfen, so stünde zwar ein Mann, nämlich der Jungbauer, im Mittelpunkt, aber die Impulse in diesem Beziehungsgeflecht gehen von den Frauen aus: Die Mutter will ihren Sohn in das Korsett des Hoferben zwängen; dessen Widerstand reicht aber nur soweit, die für ihn entflammte Jungmagd zu schwängern, woraufhin die Alte diese einige Tage vor Weihnachten in die kalte Winternacht hinaustreibt und die angestrebte Heirat mit der begüterten Cousine forciert. Da diese den Sohn aus tiefstem Herzen liebt, überwindet sie sich und willigt schließlich ein. Die in ihrer grenzenlosen Hingabe enttäuschte Magd will die beiden auseinanderbringen und versucht, in der Johannisnacht mit dem Kräuterweib im finsteren Forst eine bannende Wurzel auszugraben, aber ein fürchterlicher Blitz erschlägt die Hexe, raubt der Magd die Sprache und lässt sie vorzeitig mit einem Knaben niederkommen. Die Verbindung des Jungbauern mit seiner Cousine bleibt unterdes kinderlos.

Auf diese Weise hätte die Geschichte an ihr trauriges Ende gelangen können. Damit das aber nicht geschieht, lässt die Erzählerin ihre Protagonisten eine Wendung ins (wie es im Klappentext heißt) »Menschlich-Gültige« nehmen. Während die Altbäuerin in ihrer Gehässigkeit immer mehr versteinert, überwinden die drei anderen, vor allem bewegt durch die verzeihende Duldsamkeit der Cousine, die Verklemmung ihrer Gefühle und nehmen ihr Schicksal an. Am Ende gibt die Magd ihr Kind auf den Hof, so dass dieser das

Erbe antreten, die Magd in die familiale Konstellation eingebunden werden und der Hof in der alten Ordnung bleiben kann.

Zeigte diese bewegende Geschichte nach Einschätzung der Autorin doch zu sehr Züge eines Kolportageromans? Jedenfalls hinterlegte sie sie mit einer dünnen Erinnerung an »Blut-und-Boden«. Die Figuren handeln nämlich im Tiefsten gar nicht aus eigenem Antrieb, vielmehr spielen sie eine alte Konstellation nach; vorzeiten hat schon einmal ein Bauer auf dem Gossiewekenhof eine Magd geschwängert und dann davongejagt. Diese hatte sich aber nicht in ihr Los geschickt, sondern den Hof mit dem Fluch belegt, einstens werde der Sohn einer Magd ihn übernehmen. Und so ist es nun ja auch gekommen. Aber diese Prophezeiung erfüllt sich nicht als Fluch, sondern dank der Überwindung aller inneren Hemmnisse als Segen. So schließt denn die verstummte Magd als Letzte unter den zentralen Personen angesichts einer Schar blühender Nachkommen selig ihre Augen.

Die Autorin mag das als ein gutes Ende angesehen haben, aber der Leser muss doch konstatieren, dass ihre Bemühungen, ihren Figuren (gerade den weiblichen) einen individuellen Handlungsspielraum zu öffnen, fruchtlos bleiben; nur wer sich schickt, gewinnt in der Ordnung ihres Erzählens die Krone des Lebens, und sei es gegen seinen Willen. Oder literarisch gesprochen: Die Figuren sprengen nicht die Klischees, nach denen sie konzipiert sind. Über den (literarischen) Geschmack kann man bekanntlich nicht streiten – was aber mich anlangt, so empfehle ich zum Steinhäger noch einen Espresso.

Uwe-K. Ketelsen

Josefa Berens-Totenohl: *Die Stumme. Roman* (1949)

Es war Herbst. Auf dem Kartoffelacker des Gossiewekenhofes wurde die letzte Fuhre aufgeladen. Sack um Sack brachten die Männer herbei, während die Frauen und jungen Dirnen oben am Waldrande saßen und unter Lachen und Singen den mächtigen Erntekranz banden, den eine beim Nachhausekommen der Frau Elseke, der Gossiewekenbäuerin, feierlich überreichen sollte. Es war die alte Barbara, eine Tagelöhnerin aus dem Dorfe, unter deren Händen ein Gefüge von buntem Laub, von Halmen und Früchten entstand. Anne, die Jungmagd auf dem Hofe, brachte eben eine Handvoll Hagebuttenbüschel herbei, mit roten Beeren vollbesetzt. Die Alte flocht sie mit ein. Anne aber hatte sich beim Abbrechen der Zweige geritzt und wischte ihre blutenden Finger an der Schürze ab. Indem trat Rötger, der junge Gossiewekenbauer, herzu. Er blieb einen Augenblick stehen, betrachtete den Kranz und die Gruppe der Weiber. Er war auf dem Wege zum oberen Kamp, wo sein Lieblingspferd, ein grauer Wallach, graste, der den beiden Braunen vorgespannt werden sollte, wenn der schwerbeladene Wagen vom Acker die Anhöhe heraufgezogen werden mußte. Außerdem gab es einen ziemlich steilen Aufweg vom Dorfe zum hochgelegenen Gossiewekenhofe.
»Wievielmal habt Ihr schon einen Kranz für unsern Hof gebunden?« fragte Rötger die alte Barbara, die mit ernster Miene am Werke war.

»Öfters als du Jahre zählst«, kam die Antwort aus einem breiten Munde. »Als noch kein Mensch an dich dachte, hab ich der Bäuerin selig meinen Spruch aufgesagt, und ich will's mir auch heute nicht nehmen lassen.«
Rötger erwiderte nichts darauf, aber er stand noch einen Augenblick da, sah die Jungmagd an, die ihre Hand in der Schürze barg, und ging zum Kamp hinauf. Sein Grauer hatte ihn gewittert und kam ihm entgegen. Dann gingen sie den Weg hinunter zum Acker. Unterdessen waren auch die Frauen mit dem Kranz fertiggeworden und wiesen mit vielen Worten ihr Werk vor.
»Wenn's darauf keinen ordentlichen Schnaps gibt, dann sollen der Bäuerin die Kartoffeln im Keller faul werden«, sagte die Barbara, und die andern Frauen stimmten ein.
»Und einen Tanz bekommen wir«, sagte Fine, die Großmagd, die sich schon ausgerechnet hatte, daß der junge Bauer sie als erste holen werde. Lebte der alte Bauer noch, so würde dieser kommen und den Abend mit ihr eröffnen, während die Bäuerin den Großknecht Bartel bitten würde. So wollte es der Brauch.
Über Essen und Trinken und über den Tanz schwatzend gingen die Weiber mit dem jungen Bauern, und Rötger konnte erfahren, mit was für Wünschen sie den Abend beginnen wollten. Er fragte, ob vielleicht eine von ihnen sagen könne, daß seine Mutter jemals mit Gaben gekargt hätte, wenn auf dem Hofe Erntefest gewesen. Er hatte sich an die Ute gewandt, welche das Wort führte.
»Das nicht«, erwiderte diese, »aber haben wir's nicht auch verdient? Du solltest meine Knochen spüren, dann fragtest du nicht, junger Bauer.«
»Ihr sollt alle zufrieden werden heute abend; dafür ist gesorgt«, verhieß Rötger und hatte seine Augen wieder auf der Jungmagd, welche bescheiden am Ende der Gruppe ging. Anne trug der Alten den Korb nach, die selber den großen Kranz auf den Armen hatte.

Josefa Berens-Totenohl: *Die Stumme. Roman.* Essen: Spael 1949, S. 5f.

»Ich wurde fruchtbar wie ein Kaninchen ...«
Hans Marchwitza: *Mein Anfang. Erzählungen* (1950)

Der 1950 erschienene Band *Mein Anfang. Erzählungen* über die dichterische Selbstfindung des Hans Marchwitza beinhaltet drei Texte, von denen lediglich letzterer eben jenen beschwerlichen »Anfang« des zukünftigen proletarischen Vorzeige-Schriftstellers der DDR thematisiert. Die ersten beiden Anekdoten, über das Fleischschmuggeln an der deutsch-polnischen Grenze und über das spezielle harte Los der ausgebeuteten jungen Arbeiterschaft unter Tage, scheinen eher jugendliches Vorgeplänkel für die ›wahre‹ Bestimmung des 1890 als Sohn von Bergleuten in Oberschlesien geborenen Marchwitza zu sein. Dieser Prozess der ›Literarisierung‹ nimmt den größten Teil des 63 Seiten starken Bändchens ein.

Marchwitza kam 1910 als Bergarbeiter ins Ruhrgebiet. Er kämpfte im Ersten Weltkrieg, wirkte 1920 als Teil der Ruhrarmee bei der Bekämpfung des Kapp-Putsches mit und trat schließlich in die KPD ein. In den 1920er Jahren aufgrund der Streikbeteiligungen teils arbeitslos, kam er endlich zum Schreiben und veröffentlichte erste Beiträge. Nach der Machtergreifung der Nationalsozialisten exilierte er in die Schweiz, dann nach Ausweisung über die saarländischen Gebiete nach Frankreich. Er kämpfte im Spanischen Bürgerkrieg, wurde später in Frankreich interniert und konnte 1941 in die USA fliehen. 1946 kehrte er nach Deutschland, schlussendlich in die Sowjetische Besatzungszone, zurück, war 1950 Gründungsmitglied der *Akademie der Künste der DDR*, Kulturattaché in Prag und wurde mehrfach mit dem *Nationalpreis der DDR* ausgezeichnet, bevor er 1965 in Potsdam starb.

Die Erzählung *Der Anfang* schildert den Beginn einer Schriftstellerbiografie, die an einigen Stellen so ungewollt skurril wie plump daherkommt. In einer beengten Arbeiterwohnung lebt Marchwitza mit seiner Frau, die er nur »die Frau« oder »eine bittere Frau« nennt, sowie seiner Tochter, letztere »zum Frohsinn veranlagt, [...] aber durch die oft verstimmten und gehetzten Eltern und überhaupt durch unsere ganze Misere sehr am eigenen Flug gehindert«. Täglich heimgesucht von Verwandten und Nachbarn, allen voran von Schwägerin Marie, der er immerhin – im Gegensatz zu seinem »Mädel« – einen Namen und eine Beschreibung zugesteht, denn sie ist »eine dicke, immer verknurrte und gallige Frau, die sich ›ausschimpen‹ kam«. Stellvertretend wundert sich diese über die Schreibambitionen des arbeitslosen Marchwitza, sind es doch in ihren Augen Spinnereien am Rande des Wahns, die eher den zu erbringenden Unterhalt für die Familie gefährden als ihn zu sichern: »Wat schriewt he denn, der Verrückte?«, denn für sie ist das »völlig ungewohnte[s] ›Spintisieren‹«.

Ein wehleidiger Geselle ist dieser Marchwitza obendrein, wie er da in der Küche hockt und den Lärm der Verwandtschaft und Stubenhocker und Kinder kaum zu ertragen weiß. Und so kennzeichnet auch Marcel Reich-Ranicki frühe Erzählungen und Skizzen als »teils rührend und bescheiden, teils unerträglich rührselig und pathetisch« (*Ohne Rabatt. Über Literatur aus der DDR*. 1993). Marchwitza ist stets der Außenseiter, der Spinner. Und jammern kann er gut: als hätten sich die Angst und Panik in als lebensbedrohlich empfundenen Situationen, die in den ersten beiden Erzählungen zu Tage treten, zu Selbstmitleid und Selbstüberschätzung verstiegen. Niemand versteht ihn, seine Texte, sein Bedürfnis zu schreiben. Seine Frau ist misstrauisch und »scheu«, beobachtet ihn mit »mißmutigen Augen«, vermutet sie doch, dass das Schreiben dem Haushaltseinkommen eher ab- als zuträglich ist. Der Unverstandene unterstellt ihr dann auch einen »Haßton« und »verborgene Feindschaft«. Schwägerin und Schwager halten ihn eh für verrückt.

Nur in zwei Momenten taucht Verständnis auf: Die Nachbarin, die vom Schlagen auf der Schreibmaschine wachgehalten wird, erkennt die Dringlichkeit des nächtlichen Schreibens und Klopfens und die Bagage verstummt bei der Küchenlesung eines ersten Textes. Denn der werdende Dichter schreibt Arbeitergeschichten nieder, Geschichten aus dem Leben der Kleinen und Unterdrückten und Hilflosen und Ausgebeuteten. Und dennoch bleibt der Graben zwischen ihm und den anderen, denn anders will er sein. Das Lob des Redakteurs scheint ihm mehr wert als das Verständnis seiner Frau. Dies alles entbehrt nicht einer teilweise unfreiwilligen Komik, beispielsweise wenn der verzweifelte Poet sich nachts einer Katze nicht erwehren kann, die sich in die Schublade des Küchentischs geflüchtet hat, ihn daraus ›wild anfunkelt‹ und er sich schließlich gezwungen sieht, seine Schreibstatt samt Katze ins Treppenhaus zu verbannen. Vielleicht ja ein Wiedergänger der Poe'schen *Black Cat*, die ihm hier zusetzt? An anderer Stelle gerät ihm eine Analogie zwischen Dichter und Tier allzu anschaulich, wenn er stolz notiert, in einer Schreibphase mit nahendem Redaktionsschluss »fruchtbar wie ein Kaninchen« geworden zu sein.

In einem Punkt wäre sich Marchwitza sogar mit Reich-Ranicki einig geworden, denn »[e]in guter Redner war ich nie, aber die Überfülle an Erlebtem nährte in mir ein starkes Mitteilungsbedürfnis«. Letzterer hätte ihn dann aber doch gefragt, warum er ihn und uns dennoch mit seinem Geschreibsel belästige. Denn obwohl Marchwitza zum Kanon der großen Autoren der DRR gehört, spricht Reich-Ranicki ihm den Status als Schriftsteller ab. Marchwitza, so der Literaturkritiker, spiele lediglich naiv diese Rolle, nur er selber wisse es leider nicht und erkenne nicht, wie er als »Renommierproletarier« der »jüngeren Generation [in der DDR als] [...] ein vorbildlicher, im Kampf ergrauter proletarischer Schriftsteller vorgeführt werde[]«. Zugunsten einer Legendenbildung habe man »einen Popanz« aus ihm gemacht, »[e]ine Propagandakomödie«, die laut Reich-Ranicki in den 1960er Jahren ihresgleichen sucht und in der Ostzone auf diesem Niveau kein zweites Mal zu finden sei. Beate Messerschmidt vertritt die Ansicht, Marchwitza habe selbst bewusst zu dieser Legendenbildung beigetragen, indem er sein Schreiben bereits in den 1930ern nachträglich an die parteipolitisch geförderten Statuten des sozialistischen Realismus angepasst habe. Er diene, so Messerschmidt, »geradezu als Musterbeispiel für den seinerzeit von der [Kommunistischen] Partei geförderten Entwicklungsweg eines Arbeiterkorrespondenten zum Arbeiterschriftsteller« (*Sozialistische Literatur im Exil. Das Beispiel Hans Marchwitza*, in: *IASL* 12 [1987]). So erscheint das Bild, das Marchwitza in *Mein Anfang* von sich als Dichter gibt, mehrfach ambivalent.

Sein Porträt wirkt auf der einen Seite als Wiederholung des vom sozialistischen Realismus als bürgerlich verachteten Genie- und Dichtergeists, der sich für sein Schreiben verzehrt, der nicht anders kann, den es überkommt zu schreiben: »Es zwang mich, aufzustehen. Ich setzte mich in die Küche und schrieb. Es sah wirklich wie der Anfang einer größeren Sache aus. Nach einigen acht Nächten, denn ich wollte jetzt mit weniger Störungen durchschreiben, wurden es etwa fünfzig handgeschriebene Blätter. Meine Ausdauer versagte endlich. Bleich, wild, nervös lag ich herum, alles war wieder abgerissen. [...] Doch nächste Nacht zog es mich wieder hoch, und ich schrieb mehrere Blätter.« Immer hohlwangiger, eingefallener, schlafloser und verrückter wird er über den Buchstaben, die mehr schlecht als recht zu Papier gebracht werden wollen, ob mit der »Klopfmaschine« oder mit dem Bleistift.

Dem widerspricht auf der anderen Seite seine Inszenierung als Schreiber zum Zweck des Broterwerbs, als Bittsteller in der Zeitungsredaktion, dem der Ausdruck von Kunst und Genie völlig abgeht – obwohl er, wie oben beschrieben, das Klischee wunderbar bedient. Schreiben ist eben die Arbeit, von der Marchwitza am liebsten leben würde. So hängt er am Rockzipfel des Redakteurs und schreibt »in seinem trüben Zustand Witze« auf Zuruf, ebenso eine Weihnachtsgeschichte und wartet gespannt und demütig auf das Urteil des Zeitungsmenschen, ob sich aus seinen Texten denn »etwas Größeres zwingen« lassen könne. Der Redakteur hat offensichtlich etwas anderes in ihm gesehen, mehr Potential, als Reich-Ranicki ihm in den 1960er Jahren zugesprochen hat, schreibt dieser doch vom mühsamen Ringen »nicht nur mit Stoff und Thematik, sondern auch und vor allem mit der Grammatik und mit der Syntax, mit elementaren Sprachregeln, die ihm jetzt offenbar nicht geringere Schwierigkeiten bereiten als vor vierzig Jahren. Dennoch produziert er – von Sekretären und Lektoren unterstützt und kontrolliert – weitere Bücher, die niemand lesen und niemand besprechen will.«

Doch es gibt es auch Passagen bei Marchwitza, die aufhorchen lassen, in denen er sich als genauer Beobachter seiner Umgebung zeigt und die Enge in der Stube, die Nöte der Arbeiter und Arbeitslosen in den 1920er Jahren wenig subtil, aber bissig hervorzubringen weiß: »Die meisten unserer Leute waren durch die lange Krise in einen Zustand geraten, der einen des anderen Last und Teufel sein ließ; so waren es nicht immer freundliche und erbauliche Gespräche. Man zankte, redete schreiend und wütend und einander überhastend, dann wurden die vorher noch glücklich Gestorbenen beneidet, dann flossen Tränen, dann wurde die Beschaffung des Fraßes und die Kochkunst für den nächsten Tag durchberaten, wie man aus Wunsch und Nichts Nahrhaftes und Sättigendes zusammenbratschen könnte.« Und vielleicht gelingt ihm, dem »Renommierproletarier«, gerade in ein paar dieser wenigen Zeilen eine allgemeingültige Aussage über die innere Zerrissenheit von Schriftstellern in der Auseinandersetzung mit ihrer Umgebung, die man so nicht vermutet hätte, die aber noch heute relevant scheint: »Dieses wilde Rennen [als Hausierer] brachte mich vollständig von meinem Schreiben ab. Ich trauerte: Es wird unter diesen Umständen nichts mehr daraus werden! Was mich am meisten stacheln konnte, war, daß meine Gesellschaft durch mein Rennen beruhigt war und Zufriedenheit zeigte.«

Sylvia Kokot

Hans Marchwitza: *Mein Anfang. Erzählungen* (1950)

Der Anfang

Das Warten auf neue Mißhelligkeiten und Störungen hatte mich kopfscheu und müde gemacht. Und las ich das Geschriebene wieder durch, stieg meine Unzufriedenheit und Beklemmung; ich schaffte es nicht, wie man es von mir verlangte. Ich hätte weinen können, als ich mich erschöpft aufs Bett warf. Auch mußte ich daran denken, daß ich mein ›Rennen‹ nicht vernachlässigte. Die acht Mark reichten gerade für einen Teil der Miete. Ich müßte dies einmal beschreiben, dachte ich, das ist gewiß hart und grausam. Ob sie so was nähmen?

Und plötzlich nahm mich der Einfall so stark in Anspruch, daß ich schnell aufstand, Papier und Bleistift holte und eilends zu schreiben begann. Ich raste jetzt. Manchmal fiel eine Träne auf das Blatt. Wut zischte aus mir. Demütig und vor Kälte schlotternd, klopfte mein ›Mann‹ die Türen ab, hinter denen Zank und Flüche und gegenseitiges Schlagen zu hören waren. – »Was? Sie wollen Geld holen? Bringen Sie uns lieber was herein. Da, alles abgelumpt bis zum letzten Faden.« Und mit Schrei und Fluch auf den eigenen, in sich verkrochenen Kerl: »Such endlich Arbeit, sonst zieh zum Teufel. Unsereins wird dann mit dem Haufen Krabben noch Erbarmen finden ...« Ich schrieb, heulte, wischte Tränen der Verzweiflung und des Hasses ... und schrieb, schrieb.
In der Küche tobte die Gesellschaft. Lange Streiterei wegen einer Schürze, wegen ein paar Lappen, lange Litaneien um das nächste Fressen.
Marie stieß die Tür auf, steckte einen Augenblick ihr rotes Gesicht herein: »He, du doller Mensch, schriewst du nich mehr op dem Klapperding? Schon leid geworden! Höhö, wie he mich ankiekt ... Herrgott, der frißt einen ja bald auf. Ich zieh ja schnell wieder ...«
Draußen schimpfte sie: »Hier ist es doch gar nicht mehr gemütlich wegen dem!«
Meine Geschichte war sozusagen fertig. Ich mußte sie nur, gleich unter welchen neuen Schrecken, auf der Maschine durchschlagen. – ›Arbeitslos‹ wollte ich sie betiteln.
Als es draußen ruhig geworden war, ging ich hinaus. Es war schon dunkel. Meine Frau beobachtete mich heimlich, frage dann schließlich unruhig: »Du willst doch wohl nicht heute nacht wieder klopfen?«
»Ich muß vielleicht.«
»Guter Gott, was werden nur die Leute sagen?«
»Ich werde was drunter packen, vielleicht ein Kissen, dann haut es nicht mehr so stark.«
»Du hockst dann aber gewiß wieder die ganze Nacht daran. Und du siehst schon wie ein Geist aus, kannst einen erschrecken mit deinem Aussehen!«
Ich probierte, mit einer dicken Unterlage zu tippen. Das Schlagen war noch zu hören. Schnell schlang ich das mir hingelegte Stück Brot herunter, trank meinen ›Kump‹ Kaffee aus und machte mich an die Arbeit.
Ich klopfte noch immer, als es im ganzen Haus schon lange still geworden war. Diese Stille bedrückte mich und machte mich scheuer, je länger ich klopfte. Auch bumste es von unten mehrere Male gegen die Decke wie gestern. Bei einem zagen Nachschauen in der Kammer nebenan stellte ich fest, daß meine Frau wach lag. »Willst du damit nicht bald aufhören?« sagte sie. »Das Klopfen dröhnt doch durch das ganze Haus. Und dann solltest du lieber an die nächsten Tage denken ...«
»Ich denke dran ...«
Ich mußte fertigschreiben, eben wegen der nächsten Tage. Und ich klopfte, bis das graue Licht des Tages hereinschlich und ich die blakende Lampe ausblasen konnte.

Hans Marchwitza: *Der Anfang*, in: ders.: *Mein Anfang. Erzählungen*. Potsdam: Rütten & Loening 1950, S. 21–63, hier S. 41–43

Das Motiv der Verwundung
Paul Schallück: *Wenn man aufhören könnte zu lügen. Roman* (1951)

Schallücks Debütroman *Wenn man aufhören könnte zu lügen* erzählt die Geschichte einer Studentenclique. Sie bildet so etwas wie eine Schicksalsgemeinschaft. Der Student Thomas, ein charismatischer Typ und Frauenschwarm, ist mit Bärbel liiert und lebt meist in den Tag hinein. Die Erfahrungen des Krieges haben aus ihm einen Nihilisten und Existenzialisten gemacht. Das Germanistikstudium bedeutet ihm nichts. Ebenso wenig das bürgerliche Leben, das ihn anödet. Überall erkennt er nur Mittelmaß, Verlogenheit und »Hurerei«. Vor den Kulissen von »Trümmergassen« und »modernen Gräberstraßen« diskutieren Thomas und sein Mitbewohner, der Medizinstudent und Opportunist Albert, nächtelang über den Sinn des Lebens. Man raucht, trinkt, verführt Studentinnen und geht, um sich abzulenken, ins Kino. Man empfindet sich als Teil einer intellektuellen Bohème und spottet über Kleingeister und Philisterseelen.

Als Thomas die attraktive Marion kennenlernt, verlässt er Bärbel. Marion umweht etwas Unnahbares. Thomas versucht, ihr Geheimnis zu ergründen. Sie offenbart ihm, dass sie sich, um ihr Studium zu finanzieren und ihre alkoholabhängige Mutter zu unterstützen, von Männern aushalten lässt. Im Gegensatz zu Thomas ist sie keine intellektuelle Grüblerin, sondern lebt für den Augenblick. Dies zeigt u. a. eine Szene, in der sie sich in einem Tanzlokal von ihrem Universitätsprofessor küssen lässt. Ihr derzeitiger Kavalier ist der sehr viel ältere Teppichhändler Alex, der die Dreistigkeit der Schieberwelt verkörpert. Seiner Besitzgier ist jede Menschlichkeit abhanden gekommen. Thomas will Marion ›retten‹. Doch seine Versuche, Geld aufzutreiben, scheitern kläglich. Sie nennt ihn deshalb später einen Schwächling. Er sei, auch wegen seiner krausen Weltuntergangsphilosophie, nicht stark genug gewesen, der Beziehung Halt zu geben.

Die Handlung nimmt eine Wende, als Thomas erfährt, dass Marion schwanger ist. Im letzten Moment kann er sie von einer Abtreibung abhalten. Doch dann wird offenbar, dass das Kind nicht von ihm, sondern vom Teppichhändler ist. Gleichwohl wollen Marion und er zusammenbleiben und einen neuen Anlauf versuchen. Nach einem sinnlosen Streit, bei dem Thomas Marion unter anderem als Hure beschimpft, begeht Marion Selbstmord. Thomas will es ihr gleichtun, gibt sein Vorhaben jedoch im letzten Moment auf.

Paul Schallück (1922–1976) erzählt die Geschichte nicht linear, sondern filmisch, mit vielen Cuts und Rückblenden. Der Leser muss sich das Puzzle selbst zusammensetzen. Das fällt oft schwer, da sich mehrere Handlungsstränge überlagern und erst allmählich und zum Teil auch nur notdürftig zusammenfinden. So handelt das einleitende Kapitel von Albert, der mit Thomas' früherer Freundin Bärbel zusammentrifft, die an einer mysteriösen Krankheit leidet. Woran sie erkrankt ist, erfahren wir erst sehr viel später, lediglich in einem Nebensatz: Sie wurde von einem Syphiliskranken vergewaltigt. Letztlich ist Bärbel aber nur eine Randfigur unter vielen. Eine zweite Handlungsebene führt zu Carla, einer jungen Frau vom Lande. Sie leidet an ihrer unterdrückten Sexualität. Vergeblich erwartet sie die Rückkehr ihres im Krieg verschollenen Mannes und flüchtet sich dabei in immer neue Trugbilder. Auch ihr Schicksal hängt erzähltechnisch einigermaßen in der Luft. Dass es sich bei diesem Kriegsheimkehrer, wie wir ganz am Schluss erfahren, um den erwähnten Teppichhändler handelt, wirkt arg konstruiert und nicht sehr überzeugend.

Alle Protagonisten verbindet jedoch das Gefühl der Erschöpfung, Müdigkeit und Enttäuschung. Sie sind dem Leben nicht gewachsen und verstecken sich hinter Scheinbarem: »Die Maske ist unser wahres Gesicht«, heißt es an einer Stelle. Jede Figur des Romans hat eine »verunglückte« Vergangenheit. Schuld daran ist u. a. der Krieg, der die Kraft der Träume zerstört hat. Nun steht stattdessen Egoismus auf der Tagesordnung, das Sich-Gegenseitig-Quälen.

Wenn man aufhören könnte zu lügen ist ein Roman der Scheiternden: Marion begeht Selbstmord, ihre Mutter erliegt dem Suff, Bärbel ist unheilbar krank und seelisch zerstört, Carla wird von Raserei- und Wahnsinnsanfällen heimgesucht. Allein die Liebe gewährt noch Hoffnung, doch bietet sie nur flüchtiges und zudem unberechenbares Glück. Schallücks Zeitgemälde ist desillusionierend und unpoetisch. Was zählt das Dasein überhaupt? Albert vertritt die Auffassung: »Der Mensch ist eine physiologische Tatsache, sonst nichts. Knochen, Fleisch, Drüsen, ein bißchen Gehirn, ein paar Liter Blut und einige Nervenstränge. Mach mir doch nichts vor. [...] Man muß das mal nüchtern betrachten, das mit der Liebe.« Der Idealist Thomas sieht das anders. Der von ihm angestrebte Neubeginn gelingt ihm jedoch nicht. Er dringt allenfalls zu einer Analyse der »kranken« Gegenwart vor und behauptet: »Wir haben keine Antenne mehr für die Dinge.« Angetrunken – es wird überhaupt sehr viel Hochprozentiges konsumiert – bezeichnet er seine Mitmenschen als »Ahnungslose« und vergleicht sie mit Tieren. Im Tohuwabohu konkurrierender Weltentwürfe erkennt er keinen roten Faden. Am Schluss ist Thomas innerlich gereift, es bleibt jedoch unklar, ob er ›durchhalten‹ wird.

Für den Schriftsteller Fred Viehbahn ist *Wenn man aufhören könnte zu lügen* »die Geschichte einer verlorenen Generation, für die es keine moralischen Wahrheiten mehr gibt, nur Trieb, Trug und Enttäuschung.« Er konstatiert: »Die Sehnsucht nach Mitmenschlichkeit ist übermächtig da, doch wie kann sich nach ihrer radikalen Zertrümmerung Mitmenschlichkeit wieder entwickeln? Wer verstehen will, warum existentialistische Philosophien einen so großen Einfluß auf viele junge Intellektuelle nach dem Zweiten Weltkrieg hatten, dem bietet dieses Buch einige Erklärungen« (*Kritisches Lexikon der deutschen Gegenwartsliteratur*, 1982). Christian Ferber schrieb in seiner 1952 in den *Frankfurter Heften* erschienenen Rezension: »[D]ie Zeiten bespiegeln sich in Geistern, denen es ernst ist, und die vor keiner Aussage mehr zurückscheuen. Die inneren Hemmnisse und äußeren Vorschriften, die im ersten Jahrfünft nach dem Krieg noch manchen Mund versiegelten, sind verschwunden.« Dem Kritiker Roland H. Wiegenstein blieb diese »Studentengeschichte aus dem Schwarzmarkt-Deutschland« aufgrund des dargestellten »Leidens an der Zeit« im Gedächtnis, »ein Leiden freilich, das sich nicht ausreichend zu artikulieren wußte«.

Schallück selbst charakterisierte seinen Roman im *Nachruf zu Lebzeiten* (*Vorletzte Worte. Schriftsteller schreiben ihren eigenen Nachruf.* Frankfurt 1970) mit den Worten: »›Wenn man aufhören könnte zu lügen‹ [...] besagt schon im Titel, in welcher Spur er läuft. Die vielfach erfahrene und erlittene Lüge, das eigene, ins Unbewußte und Automatische abgetriebene Lügen haben die Figuren dieses Romans, vor allem die Studenten der Nachkriegszeit, die zum Bewußtsein ihrer Situation gelangten, besonders die Hauptfigur, lebensgefährlich verletzt [...]. Unverkennbar [...] bleibt [...] das Motiv der Verwundung.«

Als *Wenn man aufhören könnte zu lügen* erschien, war Paul Schallück 29 Jahre alt. Fünf Jahre zuvor war er aus französischer und amerikanischer Kriegsgefangenschaft zurückgekehrt. In Warendorf als Sohn eines deutschen Vaters und einer russisch-sibirischen Mutter geboren, war Schallück nach sechsjährigem Besuch einer Klosterschule (mit dem Wunsch, Missionar zu werden), gleich nach dem Schulabschluss einberufen worden. Mit 22 Jahren erlitt er in Frankreich eine schwere körperliche Verwundung, die ihn zeitlebens behinderte. Nach seiner Rückkehr hatte er 1946 das Studium der Germanistik, Geschichte und Philosophie in Münster aufgenommen. Von 1947 bis 1950 studierte er Theaterwissenschaft, Kunstgeschichte, Philosophie und Germanistik in Köln. Bereits vor Abschluss des Studiums arbeitete er als Theater- und Kunstkritiker. Er machte diese Tätigkeit zu seinem Beruf und wandte sich zugleich eigenen literarischen Produktionen zu (s. S. 84, 140, 259, 275).

In seiner Wahlheimat Köln wurde er Buchautor, Essayist, Journalist und Verfasser zahlreicher Drehbücher für Hör- und Fernsehspiele. Seine Beiträge für den WDR-Hörfunk trugen maßgeblich zu seinem Lebensunterhalt bei. Von 1971 bis 1976 war er zudem Chefredakteur der Zeitschrift *Dokumente – Zeitschrift für übernationale Zusammenarbeit*. Daneben trat er als umtriebiger Organisator auf. 1958 war er Mitbegründer der Kölnischen *Gesellschaft für Christlich-Jüdische Zusammenarbeit* und im Jahr darauf der Deutsch-Jüdischen Bibliothek *Germanica Judaica*. Das alles machte ihn zu einem gefragten und geschätzten Mann in der Polit- und Kulturszene. Mit zahlreichen bedeutenden Schriftstellerinnen und Schriftstellern war Schallück eng befreundet. Zu seinen Briefpartnern zählten Paul Celan, Heinrich Böll, Hans Werner Richter, Ernst Meister, Nelly Sachs, Erwin Sylvanus, Ilse Aichinger, Ingeborg Bachmann und Günter Eich, um nur einige Namen zu nennen.

Wenn man aufhören könnte zu lügen ist ein Dokument der Rebellion. Der Roman bringt das Lebensgefühl einer jungen Generation zum Ausdruck, die geprägt war vom Zweiten Weltkrieg und seinen Folgen. Paul Schallück gehörte dieser Generation an. Er schrieb sich seine eigenen Gewissenskonflikte ungeschminkt von der Seele. In einer dringlichen, impulsiven, oft nahezu ungefilterten suggestiven Sprache. Dass sein Romandebüt dabei manche kompositorische Schwäche aufweist, soll hier nicht unterschlagen werden. Das Drastische, oft Überzeichnete gehört zu diesem Werk, das – verglichen mit Schallücks späteren Romanen und Erzählungen – weniger abgeklärt, weniger professionell erzählt ist. Paradoxerweise aber birgt gerade dieses Unausgegorene, Unfertige die Stärke des Buchs.

Walter Gödden

Paul Schallück: *Wenn man aufhören könnte zu lügen. Roman* (1951)

Wenn man aufhören könnte zu lügen, wenn man den Mut hätte, nicht mehr zu lieben, in keinem Arm zufällige Geborgenheit, in keinem Schoß Heimat für die Dauer der Lust zu suchen, wenn man seine Liebessehnsucht als den Drang der Geschlechtshormone anerkennen würde und als nichts sonst, wenn die Freundschaft vergebens ihre Arme öffnete, wenn man keiner Kameradschaft, keiner Gemeinschaft, keines Clubs und keines Volkes mehr bedürfte, um auf beiden Beinen zu stehen, wenn man den Stolz, ein Europäer, ein Intellektueller, ein gesunder junger Mann, ein Geliebter zu sein, verachten könnte, wenn man nicht mehr betete, um seine Sorgen auf Gott zu werfen, wenn man sich den warmen Wind, die frommen Gedanken verbieten würde, wenn man die Fassadentore des Jenseits abbrechen, jede Hoffnung auf Rettung abwürgen, jeden Trost auslachen könnte, wenn man den Verfall des Fleisches und den langsamen Tod Tag für Tag und unerbittlich in seine Gedanken mischen würde – Schweigen bricht ein in die Abende, die sonst vom Radio zerhackt und vom Kino verdorben werden; die dummen Sensationen, die unaufhörlichen, rauschhaften Zerstreuungen der Großstadt werden entmannt im schonungslosen Verzicht; und Nächte, Nächte ohne Ende, ohne Evipan und Morphium, ohne Wein und Schnaps, fassungslose Nächte, in denen die Zeit sich zurückzieht von der Peripherie der Fern-D-Züge, Kirchturmuhren und Nachtprogramme, in denen sie sich konzentriert und wie eine Eisenwand den gähnenden Schlund umsteht; man müßte darauf verzichten, den Hund unterm Tisch und die Dichter zu befragen, die Philosophen und die Topfblumen auf der Fensterbank, die Eintagsfliegen, die heiligen Schriften, die Sprichwörter, die Sterne am Himmel, die Traditionen, die Geschichte und den gesamten Kosmos nach unserm Wesen zu befragen, darauf müßte man verzichten, ausharren in völliger Unsicherheit, allen lauten und leisen Antworten die Tür vor der Nase zuschlagen – wenn man diesen unmenschlichen Mut aufbringen könnte, zwischen den Eisenwänden der konzentrierten Zeit im engsten Bleiraum einer tödlichen Verzweiflung, mit Bewußtsein stillehalten unter unbekannten Schlägen einer Nilpferdpeitsche, untergehen im Sinnlosen, im echolosen Nichts den Strick um den Hals legen und nicht zuziehen, im Gnadenlosen bis kurz vorm Tode ersticken, ohne an der Oberfläche Luft, blöden, tragischen Sinn zu schnappen, den Aftersinn einer freiwilligen Tat, von der man einen Beweis seiner Existenz erhofft, wenn man sich fallen lassen könnte, fallen, fallen durch die Stockwerke der Leere, hoffnungslos, frierend, allein, fallen und mit der Wucht des Bewußtseins noch nachstoßen – vielleicht, oh verflucht, verflucht ...
Er blieb stehen und zitterte, verdeckte die Augen mit beiden Händen und stöhnte unter schweren Atemzügen.
Vielleicht würde man – wenn das ein Mensch aushalten könnte –, vielleicht würde man dann eines Tages auf den Fußboden der Existenz fallen, vielleicht würde man den Grund erkennen und den eigenen, verkümmerten Anfang erfahren, unbedachte, vergessene, unausgenützte, in sich kreisende Ströme, Urkräfte; vielleicht könnte man aufstehn und die schlafenden Elemente beschießen, die Atome der Existenz spalten und explodieren lassen. Wenn man vom Tode nicht überholt wird, kann man vielleicht diese Aufgabe, diese Arbeit der nächsten Jahrhunderte beginnen.

Paul Schallück: *Wenn man aufhören könnte zu lügen. Roman.* Opladen: Middelhauve 1951, S. 149–151

Der Wald als Gegenhort
Hannes Tuch: *Chronos und der Waldläufer* (1951)

Grünes, grobes Leinen mit Blattgold. Nicht wenig Aufwand. Verlag und Autor schienen sich gewiss zu sein, dass dies kein herkömmliches, gewöhnliches Buch werden dürfte. Von diesem Selbstbewusstsein spricht auch die Präsentation der ganzseitigen Fotografien im Band – wenngleich diese angesichts heutiger Möglichkeiten naturgemäß mangelhaft wirken. Wovon erzählt Hannes Tuch? Eine Werbeanzeige des Verlags im 1952 erschienenen Nachfolgeband *Waldläufer auf lautlosem Pfad* – Indiz für einen Publikationserfolg – fasst es zusammen: »Chronos, die personifizierte Zeit, und der Waldläufer sind Freunde. Beide sind Wesen und Gestalten der Natur, der sie dienen. So gehen beide im Wechsel der Jahreszeiten und der Monde durch das große, erhabene Lebewesen: den Wald. Die Sprache, oft lyrisch beschwingt, verläßt die Bezirke naturalistischer Darstellung, und doch ist das, was in den zwölf Kapiteln des Buches erzählt wird, reale Wirklichkeit.« Diese zwölf Kapitel sind die zwölf Monate; das Buch wagt die Umrundung. Und es ist nicht allein der Marsch durch die Monate, der hier versucht wird – im Hintergrund waltet stillschweigend der Anspruch, Betrachtungen über die Natur und damit indirekt auch für die Frage nach dem zeitgemäß guten Leben (letztgültige) Antworten präsentieren zu können. Nichts weniger als der Sinn des großen Ganzen wird im erzählten Jahr des Waldläufers anvisiert.

Geprägt ist dieses vor allem von einer durchdringenden Verlassenheit: Andere Menschen als der Waldläufer sind nicht zugegen; Dialoge entwickeln sich als Zwiegespräch mit Tieren oder aber mit sich selbst. Und doch ist da keine Einsamkeit: Tuchs Buch suggeriert vielmehr eine tiefe Übereinkunft des Waldläufers mit sich in seiner Abgeschiedenheit: »Draußen ist Winternacht. [...] Chronos schläft. Ich höre seine tiefen Atemzüge im Nachtwinde durch die Baumkronen blasen.« Die umliegende Gegend ist durchzogen von alten Heer-, Wirtschafts- und Wanderwegen, die die Natur im Laufe der Jahrhunderte wieder zurückerobert hat: »Jetzt blockt über allem der dunkle Wald. Er wächst und grünt auf den Trümmern der Jahrhunderte. Chronos drehte seine Riesenzeiger windmühlenflügelgleich über der Landschaft und unter den kreisenden Zeigern versanken die Jahrhunderte in Moos und Moder; nun kreisen die Zeiger über dem Walde und über mir.« Ganz klar: Hier geht es (vordergründig) nicht um Fragen aktueller gesellschaftlicher Relevanz, auch steht keine Diagnostik der noch jungen Bundesrepublik im Vordergrund. Bei Tuch wird direkt das Ewige, Gültige, Endgültige in Angriff genommen. Alles Weitere scheint ausgeschlossen. Es ist ein Buch über die Zeit, das Moor, die Bäume. Was hier so enorm limitiert und überschaubar klingt, ist Basislager für eine Ausfahrt zu größeren Fragen.

Der Waldläufer lebt berufsbedingt abgeschieden, seine Nächsten sind die Tiere. Immer wieder: eine nahezu zeitlos erscheinende Ruhe. Bei Panoramaszenen im Wald kommt es nicht selten zu Erfahrungen von Erhabenheit, die möglichst äquivalent übermittelt werden wollen – und zusätzliche Botschaften (»Erkenntnis der Wunder«) nicht missen lassen. Die Figur des Waldläufers darf dabei – allen Usancen zum Trotz – zum Buchautor (1906–1986) in enge Nähe gesetzt werden: in Meschede geboren, nach ausgedehnten Reisen (Europa, Nordkap, Afrika) als Förster in der Warburger Börde angestellt. Dieser biografische Kontext erklärt ein wenig den teils intimen Charakter des Bandes, der neben allgemeiner gefassten Aufzeichnungen und Naturbeobachtungen durchaus Züge eines Tagebuchs hat.

Alles scheint im Wald, so wird immer wieder deutlich gemacht, in homogener Ordnung zu stehen. Es gibt innere Gesetze und Regelmäßigkeiten, die – so wird suggeriert – nur bei größter Aufmerksamkeit offensichtlich werden: »Hinter den Hecken lagen verstaubte Schneereste. Die Wolken waren trächtig vom Regen. Warmbraun war die dichte Buchenverjüngung, an der ich mich niederließ. Seltsam lebendig erschien mir der Wald und alles war wie tiefatmend und wie in heimlicher Bewegung.« Die »große Einsamkeit« wirkt zuverlässig als Mittel zur anschwellenden Bedeutsamkeit. Die Natur ist hier nicht nur Natur; der Waldläufer weiß Wahrnehmungsdaten in eine höhere Gesetzmäßigkeit zu transferieren: »Gelöst vom warmen Rieselregen stieg ein starker Duft aus dem garen Boden, ein Duft von sprießendem Gras, von umgebrochener Ackerkrume und von keimender Saat. Still am Stumpf des großen Weidenbaumes lehnend, spürte ich den lebendigen Strom, der, vom pochenden Herzen des Frühlings getrieben, alles Leben durchpulste.«

Mit heutigem Blick sind diese Naturbeschreibungen zunächst – ganz unvoreingenommen – ein unverhofftes Geschenk; Tuchs berufliche Nähe zum Sujet, seine Expertise für Flora und Fauna nimmt man dankbar auf. Wie viele Autoren innerhalb der zeitgenössischen Literatur wissen sich erzählerisch schon so unmittelbar in die Natur zu begeben? Es gibt die (im deutschsprachigen Raum kaum verbreitete) Tradition des ›nature writing‹ und es gibt einige gekonnt formulierende Bio-, Dendro- und Geologen. Aber für eine erzählerische ›Ungezwungenheit‹, wie sie in Tuchs *Waldläufer* der Fall ist, finden sich in hiesigen Weiten auf den ersten Blick kaum zwei Dutzend an Büchern als Pendant: »Ich saß dann versteckt hinter Fichtengrün, ganz dem Zauber des stillen Beschauens hingegeben. Ich sah den Schatten des lautlos waldeinwärts streichenden Habichts, wie den heimlich im hohen Gestrüpp schnürenden Fuchs, ich eräugte das Kaninchen in den Brombeeren und die Bewegung der Grashalme, durch die ein dicker Käfer kroch.« Jedoch: Die Lektüre befriedigt nicht zuletzt vermutlich die regressive Sehnsucht nach einer Einfachheit und Natürlichkeit, wie sie das Leben im Wald auf den ersten Blick noch zu versprechen scheint. Die Dinge sind übersichtlich, nachvollziehbar, aufgrund ihrer zyklischen Struktur gar voraussehbar. Das Leben im Wald ist offensichtlich ein ganz anderes: »Zu jeder Stunde, in der ich wach werden wollte, wurde ich rechtzeitig wach. Denn in uns allen liegt ganz verborgen unter alltäglichem Gerümpel noch ein Ahnungsgefühl für den Rhythmus des Zeitablaufes, weil jedes Wesen der Schöpfung an diesen Ablauf gebunden ist.« Spätestens hier, wenn von einem »kosmischen Gefühl« die Rede ist, wird deutlich: Das Heil wird in einer demonstrativen Hinwendung zu Wald und Heide gesehen.

Im *Waldläufer* sind immer wieder Passagen zu finden, die in recht pathetischer Tonlage vom Wunderbaren des Walds Nachricht geben wollen und scheinbar zur Überwältigung eingesetzt werden: »Was war das doch für ein großes, lebendiges Wesen, dieses Wesen

Wald, das atmete, dessen Herz pochte, das laut sein konnte und leise! [...] Ja, was war das nur für ein Geschöpf?« Die Frage ist letztlich rhetorisch, legitimiert aber zur ausholenden Darstellung, was mit Sonnenuntergang ganz hervorragend gelingt: »Wo war ich da hineingeraten? Die Abendfenster im Westen standen wohl weit offen und der Abglanz eines unbegreiflichen Lichtes fiel in den dunklen Wald hinein.« Und wiederum einmal mehr die Überwältigungsstrategie. Dass vom »unbegreiflichen« Licht die Rede ist, darf als symptomatisch gewertet werden: Die Dinge ereignen sich, sie brillieren in ihrer Eigengesetzlichkeit. So weit, so schön. Doch in Tuchs *Waldläufer* wird die Schönheit der Natur an der einen oder anderen Stelle mit einer unnötigen Prise Pathos versehen, die im Hintergrund eine Form von Überzeugungsarbeit zu tätigen scheint: »Der Wald war eine Halle, war ein Dom mit Säulen aus glühroten Baumstämmen. Der Wasserdampf wallte und wogte, das Dunkel der Schatten stand purpurbraun neben dem Rot des Lichtes. Waren das Farben, waren es Töne? Ich weiß es nicht. Ich vergaß, weshalb ich gekommen und war dankbar, daß es mir vergönnt war, in dieses Land einzutreten, zu dem die Stufen so selten zu finden sind.« Was hier stört, ist vor allem die Aura des Numinosen, die bei Tuch meist ziemlich kühn installiert wird. Es ist eine Annäherung an das Eigentliche, das ewig Gültige.

Und im selben Zuge ist der Wald bei Tuch auch Gegenmodell zur Gegenwart: »Dort draußen, fern der lauten Straßen, in den schweigenden Wäldern wiegt über allen Dingen noch der natürliche Rhythmus des Zeitablaufes. Dort scheint allen denen, die dort fremd sind, die Zeit stille zu stehen. Aber sie steht nicht still, nur sind es andere Zeiger, die ihren Ablauf anzeigen, als schrilles Geklingel, blecherne Schläge oder Sirenengeheul.« Doch Tuch ruft trotz Abkehr von Industrialisierung und Urbanisierung keinesfalls zur Rückkehr in die Natur auf (was Voltaire Rousseau boshaft als Verlangen nach einem vierbeinigen Leben auf Bäumen ausgelegt hatte). Tuchs Buch ist auch nicht als Aufruf zu Gegenmaßnahmen oder gar zu politischen Initiativen zu lesen; der *Waldläufer* ist – um noch einmal die Stärken des Buchs in den Vordergrund zu stellen – zunächst als erzählerische Einladung zu einer Andersartigkeit des Erlebens zu verstehen: »Harmonisch spult sich die Zeit ab in Schatten und Lichtern, in Vogelflöten und Tierlockruf, in Blumenblühen und Blumenvergehen, im Wehen des Windes und im Rieseln des Taues, auch im sanften Schwung grüner Hügelwellen und im lautlosen Tanz blitzender Gestirne.« Und bei folgender Passage denkt man unwillkürlich an den späten Adalbert Stifter: »Dann ging an einem späten Nachmittag ein schweres Gewitter mit großer Regenflut über meine Landschaft nieder. Ich stand hinter den Fensterscheiben, an denen der Regen trommelte und sah in die dichten, nassen Vorhänge hinaus, die mir Wald und Welt verhüllten. Ich dachte an den roten Fingerhutgarten, den dunklen Wald daneben und an den roten Rehbock in diesem Walde. Es regnete lang und stark und ich hatte Zeit, über diese drei Dinge nachzudenken.« Der Stifter-Vergleich hat seine Berechtigung und ist zunächst einmal genauso lobend gemeint wie er scheint, denn eine derartige Ruhe und Bedachtsamkeit ist in der deutschen Prosa nach 1945 von nur wenigen Autorinnen und Autoren überzeugend geschrieben worden.

Wo aber liegt das Problem? Die poetische Eigenwilligkeit soll ebenso wenig in Frage gestellt werden wie die erzählerische Grundidee des Buchs. Klar ist, dass die konsequente Abkehr von einer allzu eifrigen Zeitgenossenschaft an sich kein Mangel darstellt. Doch die Abwendung von der eigenen Gegenwart ist bei Tuch eine generalisierte; sie dominiert die Konzeption des Bandes, der damit nicht mehr primär ein literarisches, sondern ein textexternes Modell zur Grundlage hat: Der Wald als andere Ordnung, als Gegenhort. – Es sei auf zwei literarische Ereignisse des Jahres 1951 hingewiesen, um die Distanz zur damaligen Gegenwartsliteratur zu charakterisieren: Es erschien Wolfgang Koeppens Roman *Tauben im Gras*; Heinrich Böll erhielt den Preis der *Gruppe 47*. Was in aller Kürze deutlich wird: Hannes Tuch ist im angezeigten Kontext zweifelsfrei der (in Westfalen weiterhin wirkmächtigen) konservativen Literatur zuzurechnen – das wird abseits seiner eigenen Texte auch durch seine Verehrung für Maria Kahle und Josefa Berens-Totenohl (s. S. 172) ersichtlich. Bleibt weiterhin eine genauere Erörterung der Frage offen: Was will dieses Buch eigentlich, das sein außerliterarisches Anliegen bislang recht gut verdeckt?

Hilfreich ist der Seitenblick auf eine weitere Neuerscheinung des Jahres 1951: Ernst Jüngers *Der Waldgang*. Neben dem ›Arbeiter‹ und dem ›unbekannten Soldaten‹ installiert Jünger hier seine dritte große mythische Figuration: Der Waldgänger ist bei Jünger der Widerständler, der Vereinzelte, der sich von Vernichtung bedroht sieht, als Partisan in den Wald zieht, wo Freiheit in ihrer radikalsten Form immer noch erfahrbar sei. Worin aber besteht die Verbindung zu Tuchs Waldläufer, der ja eindeutig von harmloserer Gestalt zu sein scheint? Es ist die Verknüpfung von Solitärem und Elitärem, das beide Figuren verbindet. Subversiv sind beide, wenngleich das beim Waldläufer offen kaum zu erkennen und auch in weit geringerem Maße ausgeprägt ist. Doch die strikt abweisende Haltung gegenüber Gegenwart und Gesellschaft ist eine deutliche Sprache: Abwendung als Nein, als Ablehnung und Widerstand.

Was sich bei Jünger als Modell metaphysischer Reservoire gegenüber spezifischen Machtkonstellationen erkennen lässt, ist bei Tuch als grundsätzliche Mobilisierung zur Selbstbestimmung abseits neumodischer Konformität zu verstehen. – Und wo ließe sich diese Haltung besser realisieren als im deutschen Wald? Dieser figuriert bei Jünger wie auch bei Tuch als Raum abseits alles Zivilisatorischen: Eine natürliche Freiheit, die nur auf eigene Prinzipien verpflichtet. Was Jünger als provokante Demonstration gegen den Kollektivismus verstanden wissen will – der Waldgänger als Rebell, der zum Partisan wird –, ist bei Tuch von konkreten Ebenen der Politisierung befreit. Dennoch ist Tuchs Waldläufer mehr als eine friedliche Figur des Eigenbrötlerischen. Sie beruft sich zwar nicht explizit auf den nietzscheanischen Freigeist und wirbt auch nicht lauthals für die Erprobung des Aufstands, doch sucht sie – ähnlich wie Jüngers Figuration des Intellektuellen – nach Wegen und Möglichkeiten des konservativen Widerstands, um sich verschütteter Ordnungen zu vergewissern. Und wenn auch nur in Nuancen angedeutet, so ist er doch vorhanden: der Glaube an unverwüstliche Werte, deren Substanz es zu sichern, beschützen gilt.

Nur als Randnotiz: Dass sich Otto Jägersberg für seine 1969 erschienene Erzählung *Der Waldläufer Jürgen* (s. S. 351), die als groteske und äußerst unterhaltsame Abrechnung mit der breitbeinig auftretenden Heimatliteratur Westfalens zu lesen ist, die Figur des Waldläufers ins Visier (bzw. aufs Korn) genommen hat: sicherlich kein Zufall.

Arnold Maxwill

Hannes Tuch: *Chronos und der Waldläufer* (1951)

Nun ist es Zeit, das Haus zu richten

Tapp, tapp, tapp! Was tappt da so in meinen Schlaf hinein?
Tapp, tapp, tapp! Ach, was rennt die Zeit! Eine Uhr klopft beharrlich an die Tür meines Traumes.
Tapp, tapp, tapp! Ja, nun hat's mich wachgekriegt! Der Regen fällt rauschend auf's Dach, rieselt ins Blattwerk der hohen Bäume und fällt in schweren Tropfen ins Laub. Keine Uhr ist's, die in der Stube tickt und tackt. Aber der Tropfenfall des Regens drang durch die Wände meines Schlafes, so daß ich glauben konnte, es wäre der Fall tropfender Sekunden. –
Es regnet im Walde. Nun ist es gut, ein Dach über sich zu haben, darunter dem Regen zu lauschen und die Gedanken hinaus in den Wald zu schicken.
Weißt du noch, so sage ich wohl zu mir selbst, von jenem Baume, der weit von hier, dort hinter der großen Ebene in den Waldbergen stand?
Ja, es wäre wohl nicht gut, wenn ich nicht dann und wann an jenen Baum dächte, so wie man gern an etwas Gutes denkt, das man einmal besaß und das man dadurch ehrt, wenn man seiner gedenkt.
Aber was war denn nun mit jenem Baum? Ich meine, es gibt doch Tausende von Bäumen in jenen Waldbergen?
Ja, tausend Bäume gibt's dort wohl, aber solch einen Baum gab's dort nur einmal. Denn dieser Baum, dieser Fichtenbaum war wie ein Haus. Er war einen ganzen Sommer lang mein Zuhause und ich wohnte so lange darin, bis eines Tages der richtige Eigentümer wieder da war. Dann mußte ich ausziehen.
Jener alte Fichtenbaum war nicht von Menschenhänden gepflanzt worden. Er stammte noch aus alten Tagen, da die Berghänge noch Heide waren, und als man die vielen, dunklen Fichtenbäume dorthin pflanzte, schonte man den alten Recken. Ich habe oft dankbar des unbekannten Forstmannes gedacht, der diesen Fichtenbaum geschont hatte.
Dort stand er, inmitten einer Fichtendickung, von dieser wie von einer Mauer umgeben. Seine mächtigen Äste hingen so tief zur Erde hinab, daß ich ihr duftiges Zweigwerk wie einen Vorhang zur Seite schlagen mußte, wenn ich in den Raum treten wollte, deren Mittelpunkt die dicke, wulstige Stammsäule war. Dieser Stamm war wirklich eine Säule, die über sich das gewaltige Gitterwerk starker Äste trug, die in verwirrender Fülle harzduftig durcheinander hingen. Aber unter diesen Ästen rund um den

Baum war ein Raum, ein wirklicher Raum wie eine Stube mit dichten Vorhängen aus lebendigem Grün und palisadenhaftem Jungfichtenwald rundum.
Selten einmal geschah es, daß Regenschauer durchs dichte Dach der Zweige bis zum weichmulmigen Grunde drangen. Niemals schneite es in jenen Raum unterm Fichtenbaum und kein Wind bewegte die Draperien der grünen Vorhänge.
Wer von uns Menschen hat nicht gern ein Zuhause? Wer von uns sucht nicht nach einem Ort, an dem er unterkriechen kann, wenn er allein sein möchte? Meine Mietsstube war kahl und kalt, unterm alten Baume aber war es wohnlich und warm und deshalb war ich in jener Zeit unter ihm daheim. [...] Ich hätte, so denke ich mir, sogar im Winter dort wohnen können. Aber da war der richtige Eigentümer dieser Stube heimgekehrt und ich mußte sie räumen.
Das war zu der Zeit, als der erste Schnee fiel.
Damals fährtete ich frühmorgens auf wilde Schweine und kam ganz in der Nähe des alten Baumes vorüber. Wie jedes Mal, wenn ich dort vorbei mußte, bog ich auch jetzt in den schmalen, nur mir bekannten Pfad ein, der zur Behausung unterm alten Baume führte. Als ich lautlos vor dem Baumgebäude angekommen war und vorsichtig die grünen Zweigvorhänge zur Seite bog, sah ich im Halbdunkel ein starkes Wildschwein, das langgestreckt in meinem Farnkrautbett lag und schlief. Einen Herzschlag lang stand ich unschlüssig, dann aber schloß ich schnell und behutsam die Vorhangfalten und schritt so leise wie möglich auf den Hauptweg zurück.

Hannes Tuch: *Chronos und der Waldläufer.* Rheinhausen: Verlagsanstalt Rheinhausen 1951, S. 85–87

Traumgestalten
Peter Paul Althaus: *In der Traumstadt. Gedichte* (1951)

Der Dichter Peter Paul Althaus wurde am 28. Juli 1892 in Münster geboren. Natürlich wollten seine Eltern, wie es vielen anderen angehenden Dichtern auch beschieden war, dass er etwas ›Anständiges‹ lerne und gaben ihn bei einem Apotheker in die Lehre. Dem gewitzten Jungen gelang es jedoch, diese durch Ungeschicktheit zu unterlaufen, u. a. indem er eine Flasche mit Schwefelwasserstoff fallen ließ, sodass die Räume noch Tage danach stanken.

PPA, wie er genannt wurde, meldete sich als Freiwilliger zum Ersten Weltkrieg, aus dem er als Leutnant nach Münster zurückkehrte. Über sein wechselvolles Leben schreibt er später: »Ich war nacheinander (zuweilen miteinander) Säugling, Kind, Schüler, Gymnasiast, Apothekeneleve, Soldat, stud. Phil., Pressereferent, Schmierenschauspieler, Herausgeber zweier Zeitschriften, Theaterdramaturg, Soldat, Lektor, freier Schriftsteller.«

1922 wurde ihm, dem Kosmopoliten und Bohemien, das kleine Münster zu eng und er zog nach München, wo er Anschluss an Schwabinger Künstlerkreise fand. Seine Schaffenskraft war unermüdlich, er übersetzte, schrieb eigene Texte, war vorübergehend Dramaturg am Weimarer Nationaltheater, gewann ersten Ruhm mit dem Gedichtband *Jack, der Aufschlitzer* (1924) und arbeitete ab 1928 zunehmend für den Rundfunk. Unzählige Male stand er vor dem Mikrofon, als Moderator, Organisator bunter Abende, Hörspielmacher und als Sprecher in eigener Sache.

1937 trat er, um einer Denunziation zu entgehen, der NSDAP bei. PPA moderierte in jener Zeit eine Kammermusiksendung, in der er auch Sprecher einsetzte, die aus ihrer Abneigung gegen das Regime kein Hehl machten oder auch »jüdisch versippt« waren, wie der Nazisprech diffamierend vermeldete. Auf die Forderung, seine Sendung heroischer zu gestalten, entgegnete er, dass es keine heroische Kammermusik gäbe. Am 1. April 1941 wurde er auf Weisung des Propagandaministers Goebbels aus dem Rundfunk ›entfernt‹. Als Hauptmann einer Transportkompanie in Belgien überlebte er den Zweiten Weltkrieg.

PPA, der zugereiste Münsteraner, blieb der Stadt München und insbesondere dem Künstlerviertel Schwabing auch nach dem Zweiten Weltkrieg treu. Er nahm sein altes Leben als Bohemien wieder auf, gründete das Brettl »Die Schwabinger Laterne«, später das Kabarett »Monopteross« und wurde zu einem der wichtigsten Erneuerer der Schwabinger Bohème. 1951 erschien im Stahlberg Verlag der Gedichtband *In der Traumstadt*, 1952 *Dr. Enzian* (s. S. 62), 1953 *Flower Tales* (s. S. 77). Diese drei Bände legten den Grundstein für seinen späteren Ruhm. 1965 starb PPA in München.

In der Literatur der 1950er Jahre war der Traum eine feststehende Größe und ein beliebter Topos bei Autorinnen und Autoren. Es entstanden so unterschiedliche Arbeiten wie Wolfgang Borcherts *Draußen vor der Tür*, Günter Eichs *Träume*, Dylan Thomas' *Unter dem Milchwald*, Thornton Wilders *Wir sind noch einmal davongekommen* oder Eugène Ionescos *Nashörner*. Der Zweite Weltkrieg hatte tradierte Normen und Formen hinweggefegt und ließ eine Gesellschaft mit neuen Werten entstehen. Die ›Traumdichtungen‹ führten dem Leser, Hörspielhörer, Theatergänger die neu entstehende Gesellschaft mit sicherem Gespür für ihre außergewöhnlichen Details vor Augen, immer eingedenk des bitteren Erbes, das die Nachfahren im Rucksack trugen. In den Texten war ein mehr oder weniger deutlich warnender Unterton zu hören, es nicht zu einer neuerlichen Katastrophe kommen zu lassen.

In der Morgenschlummerzone der *Traumstadt* des Peter Paul Althaus wandeln schillernde, vieldeutige Gestalten umher, die ein merkwürdiges, seltsam somnambules Leben führen. Ein Schneider vermietet Kleider, damit die im Traum nackt durch die Straßen spazierenden Bewohner nicht das Straßenbild verschandeln. Ein Mohr, schwärzer als die Nacht, schenkt ein verlorenes Kind an eine weibliche Chlorodont-Reklame. Ein junger Dichter sitzt in seiner Mansarde und schreibt Regengedichte, weil er ein Wasserdichter ist. Eine Hure und ein Leichenkutscher treffen sich zu einem letzten Rendezvous vor Sonnenaufgang. Ein Engel bringt einem träumenden Kaplan ein frisch gewaschenes Hemd mit den besten Grüßen der heiligen Katharina von Siena, der Heiligen der Wäschermädchen.

Eine Buche erhält jeden Abend zärtlichen Besuch von einem Abendwind. Und auf dem Hügel vor der Stadt, wo früher der Galgen stand und der Richtblock, stehen jetzt eine Kirche und Buden mit Zuckerwerk, doch in zehntausend Jahren träumt hier vielleicht jemand von Seetang und Algen. Alles verändert sich. Nichts bleibt, wie es ist.

Mit der *Traumstadt* und ihren Bewohnern schuf der Dichter als stiller Anarchist eine Gegenwelt, in der nicht Eindeutigkeit, sondern Mehrdeutigkeit als Wert im Zentrum stand. Die linksbündig stehenden oder auf Mittelachse gesetzten Reimgedichte haben einen sehr eigenen Rhythmus, in dem sich Langzeilen und Kurzzeilen auf überraschende Weise abwechseln und den Gedichten eine besondere, sehr eigene Musikalität verleihen.

Mit dem letzten Gedicht des *Traumstadt*-Bandes zeigt sich PPA noch einmal von seiner meisterhaftesten Seite. Der Blick des traurigen Zigeunermädchens, von dem der Autor verfolgt wird, ist ein Rätsel mit überraschender Lösung. Dem Dichter gelingt das schier Unmögliche, nämlich ein Spagat zwischen Ringelnatz und Baudelaire.

Ralf Thenior

Peter Paul Althaus: *In der Traumstadt* (1951)

Baudelaire, der Dichter der Blumen, der verruchten,
und sein grün angestrichenes Lämmchen, sein berühmtes, versuchten
auf einer Sonntagswiese um die österliche Zeit,
als man in den Kirchen die Palmkätzchen geweiht –
(das Lämmchen mit Schnuppern und Springen,
der Dichter mit einem silberbeknauften Stöckchen)
die ersten Schneeglöckchen
zum Klingen
zu bringen.
Doch wie sie sich auch bemühten,
sie klangen nicht, die Schneeglöckchenblüten ......
...... und da war der Konditor Beaune
aus der Rue de la Reine,
der hatte schon
lange zuvor,
lange vor Ostern
in der Madeleine
zwischen zwei Paternostern
eine Vision
im Ohr
ge- (was?)
– sehn?
– hört?
vernommen!
Und so war es gekommen:

In seinen Konfisereien
hörte man Klöpplein schwingen
und Glöcklein klingen,
hörte man sogar Schalmeien – –
– – und zuckerne Hirten
führten
Lämmlein von Tragant
auf österliches Weideland
aus Schokoladeguß
und Kokosnuß
und knusprigem Krokant,
umgeben von Schneeglöckchen
aus Marzipanflöckchen ......
...... und als der Dichter Baudelaire
wie von ungefähr
durch die Rue de la Reine nach Hause zurückkehrte
und in dem Konditorladen das Kunstwerk sah und die Glöckchen hörte,
da packte ihn auf die Kunst ein tiefer Haß.
Und daheim auf dem Montparnasse
färbte er sein grünes Lämmlein von Kopf bis Steiß
um
auf Weiß.

Peter Paul Althaus: *In der Traumstadt. Gedichte.* Karlsruhe: Stahlberg 1951, S. 73f.

Die Mädchen haben die Hosen an

Ursula Bruns: *Dick und Dalli und die Ponies. Die Geschichte zweier handfester Mädchen und eines Jungen, aus dem auch noch etwas wurde* (1952)

Die Attribute ›rebellisch‹ und ›reformerisch‹ kommen einem nicht unbedingt in den Sinn, wenn man an Ursula Bruns *Dick und Dalli und die Ponies* denkt, schon gar nicht beim Gedanken an die berühmte Verfilmung: *Die Mädels vom Immenhof* (1955). Das Kinderbuch erschien 1952 erstmalig im Herder Verlag und wurde ein absoluter Erfolg. Bis 1991 wurden allein in diesem Verlag 30 Auflagen herausgegeben, bei dtv erschienen zehn Auflagen und 2008 veröffentlichte der Ravensburger Buchverlag die Geschichte nochmals unter dem Titel *Dick und Dalli und die Ponies: Ferien auf Immenhof.*

Was passiert in diesem anscheinend zeitlosen Kinderbuch-Evergreen? Die titelgebenden »handfesten Mädchen« Dick und Dalli sind 13 und 10 Jahre alt und leben als Waisenkinder bei ihrer Großmutter und ihrer Tante Mathilde auf dem Immenhof, wo sie tatkräftig bei der Zucht und Ausbildung von Shetland- und Islandponys mit anfassen. Der Alltag der beiden klingt für jedes pferdebegeisterte Kind absolut traumhaft und idyllisch: Morgens wird angeschirrt und mit der Kutsche zur Schule gefahren; der Nachmittag gehört ganz den Ponys und der Stallarbeit. Dick und Dalli entsprechen sicher nicht dem Bild eines braven Mädchens in den 1950er Jahren: Jeden Morgen wird sich im Schnee draußen mit Morgengymnastik abgehärtet – die beiden wollen starke Wikingerfrauen werden –, die Haare sind zerzaust, getragen wird geflickte, schafswollene Kleidung, und zum Händewaschen müssen sie regelmäßig angehalten werden. Diese Freiheit und Selbstständigkeit wird von ihrer Großmutter unterstützt. Als strenge aber großherzige Matriarchin legt sie zwar darauf Wert, dass die Mädchen gute Umgangsformen (morgendlicher Knicks und Handkuss) haben und auch regelmäßig Handarbeiten verrichten, gleichzeitig wehrt sie aber die Vorwürfe der Tante Mathilde ab, dass es nicht gut für Dick und Dalli sei »dauernd in Hosen herumzulaufen und Männerarbeit zu tun«. Die Kinder sollen, so die Großmutter, nicht »verpimpelt« werden und für eine anständige Gesundheit brauche es nur »schafswollene Wäsche, heiße Milch mit Honig, viel Schwarzbrot und noch mehr frische Luft«.

Nun steht großer Besuch an, der für Unruhe sorgt: Ethelbert, der 14-jährige Cousin der Mädchen, kommt aus der Stadt für längere Zeit auf den Immenhof. Dick und Dalli kennen ihn noch nicht, stellen sich im Vorfeld bei dem Namen Ethelbert aber einen starken Wikinger vor, mit dem sie wilde Pony-Abenteuer erleben werden. Die Enttäuschung ist groß: Ethelbert entpuppt sich als arroganter feiner Pinkel, dazu noch kränklich und hypochondrisch. Bezeichnenderweise halten Dick und Dalli ihn bei der Ankunft am Bahnhof zunächst für eine feine junge Dame. Natürlich kann er als Pferdereiter Ponys nur lächerlich finden und zieht damit den Zorn der Mädchen auf sich. Sicher: Er ist (anfangs) ein unangenehmer Zeitgenosse, aber es kommt hier auch ein Konzept von Männlichkeit zum Tragen, das heute überholt ist. So wird es ihm eben als unmännlich ausgelegt, dass er bei körperlichen Arbeiten nicht sehr geschickt ist, Wert auf sein Äußeres legt und häufig in Tagträumen versinkt.

Nach vielen Missgeschicken, die Ethelbert zumeist aus falschem Stolz passieren, sind es dann neben den bewährten Hausmitteln der Großmutter und der Ehrlichkeit der Mädchen vor allem die Ponys, die zu einem Sinneswandel bei ihm führen. Nachdem das Shetland-Fohlen Sarotti von einem Hund schwer verletzt wird, wacht Ethelbert mehrere Tage an dessen Krankenlager. Am Ende ist das Fohlen wieder gesund und das vormals arrogante Stadtkind dreckig und geläutert durch die Erfahrung, sich um ein anderes Lebewesen als sich selbst zu sorgen. Eine schöne und wahrhaftig zeitlose Moral: Sich selbst und materielle Werte nicht so wichtig zu nehmen, sondern zu schauen, wie man anderen helfen kann. Dazu wird mit der finanziell eigenständigen Großmutter und den »Wikingerbräuten« Dick und Dalli ein für die Zeit äußerst progressives Frauenbild gezeigt. Und das bereits lange vor der Frauenbewegung der 1970er Jahre und dem noch heute andauernden Prozess, dass Gleichberechtigung auch bedeutet, alte Konzepte von Männlichkeit zu hinterfragen.

Und dieses progressive Frauenbild ist nun das unerwartete rebellische und reformerische Element im Buch? – Auch, aber nicht nur. Denn es findet sich tatsächlich auch in den Passagen über die vierbeinigen Freunde. So wird immer wieder der Gegensatz zwischen Ponys und Pferden thematisiert: Ethelbert findet die Island- und Shetlandponys zottelig und ungepflegt und kann nicht glauben, dass es gut für sie sei, bei Wind und Wetter draußen auf der Weide zu leben. Dick und Dalli hingegen halten ihren Nachbarn Herrn von Roth, der Reitferien für Städter auf Großpferden anbietet, für einen Tierquäler, da er seine Pferde ausschließlich im Stall hält. Heute erscheint dieser Disput etwas merkwürdig, kann man doch überall Ponys und Pferde in Offenstallhaltung sehen. 1952 jedoch war die Ständerhaltung (Pferde werden angebunden in ihrem Stand gehalten) noch die Norm. Dies ist heute in den meisten Bundesländern verboten. Die Bereitschaft zur Offenstallhaltung setzte sich ab den 1970er Jahren erst langsam durch. Vorrangig auch durch das Engagement von der 1922 in Bocholt geborenen und 2016 in Reken verstorbenen Ursula Bruns. Sie schrieb nicht nur über Ponys, sie lebte mit ihnen und war eine anerkannte Pferdefachfrau und Pionierin: für die erwähnte artgerechte Haltung von Pferden, aber auch für die Disziplin des Freizeitreitens.

Heute ist es selbstverständlich: Menschen halten sich ihr Pferd, um mit ihm partnerschaftlich umzugehen und die Natur zu erleben, ohne auf Turnieren Leistung erbringen zu müssen. 1952 war dies noch anders. Bis in die 1920er Jahre war Reiten den Reichen vorbehalten, nur Offiziere waren zu Reitturnieren zugelassen. Während der Weltkriege waren die Truppen hauptsächlich mit Pferden für das Transportwesen ausgestattet und nicht motorisiert. Hier zählten der Gehorsam und die Disziplin der Tiere. Dass sich in der Nachkriegszeit mit Ursula Bruns eine Frau für eine partnerschaftliche Beziehung zwischen Pferd und Reiter und eine Demokratisierung und Öffnung des Reitsports für alle Bevölkerungsschichten einsetzte, führte vorerst nur zu Befremden und Ablehnung. Doch Bruns' Hartnäckigkeit sowie der Erfolg ihrer Kinderbücher gaben ihr Recht. *Dick und Dalli und die Ponies* ist insofern auch reformerisch, als dass es die erwähnten Islandponys zu diesem Zeitpunkt in Deutschland noch gar nicht gab. Heute lebt die größte Population an Islandponys außerhalb ihrer Heimat mit ca. 60 000 eingetragenen Tieren in Deutschland. Bruns stieß bei einer ihrer zahlreichen Reisen auf diese Rasse, die u. a. durch die zusätzlichen Gangarten Tölt und Pass besticht, und machte sie durch ihr Kinderbuch einer großen Öffentlichkeit bekannt. Für die berühmte Verfilmung *Die Mädels vom Immenhof* sorgte die Autorin dafür, dass erstmals Isländer importiert wurden und – nach einiger Ablehnung – ihren Siegeszug durch ganz Deutschland antreten konnten.

Dieser erste Auftritt von Islandponys in *Die Mädels vom Immenhof* war dann aber auch das einzig revolutionäre Element des brav-sauberen Heimatfilms, der sich in Handlung und Aussage signifikant vom Buch unterscheidet. Im Film gerät der Immenhof in finanzielle Schwierigkeiten und die Großmutter von Dick und Dalli findet keinen Ausweg aus der Misere. Da schreitet der Nachbar Herr von Roth (gespielt von Paul Klinger) ein – der im Film eine weitaus größere Rolle als im Buch hat – und kauft ihr seinen, an ihn nur verpachteten Hof ab und wendet somit den drohenden Verkauf des Immenhofs ab. Dadurch verschwinden die Ressentiments, die die Großmutter gegen von Roth hegte: Er erhält die Zustimmung, Angela, die ältere Schwester von Dick und Dalli, zu heiraten. Ein Schelm, wer da an ein Brautgeld denkt. Offensichtlich durfte es in den 1950er Jahren noch keine finanziell unabhängigen Frauen im deutschen Heimatfilm geben; wenn die Frau den Karren vor die Wand gefahren hatte, musste ein Mann als Retter in der Not eingreifen.

Dick (gespielt von Angelika Meissner) und Dalli (gespielt von Heidi Brühl) sind auch im Film pferdebegeistert und zu Streichen aufgelegt, ansonsten aber adrette und saubere junge Damen. Dick ist dann auch den Großteil des Filmes damit beschäftigt, die Liebe Ethelberts zu gewinnen, auch wenn sie Angst hat, nicht fein genug für ihn zu sein. Hier sind nun wirklich keine Wikingerbräute in Sicht. Ethelberts Wandlung geschieht im Film auch nicht allein durch die Ponys und eine klare Ansage von Dick. – Nein, auch hier muss Herr von Roth eingreifen und ihm »von Mann zu Mann« ins Gewissen reden. Zu allem Übel singen Dick und Dalli ständig Heimatlieder – es ist zum Gruseln.

Ursula Bruns sagte 1986 gegenüber der Wochenzeitung *Die Zeit* in einem Interview: »Ich bin ein nüchterner Mensch und Kaufmann. Ich bin kein Sentimentalist. Wir hängen nicht von morgens bis abends am Pferdehals. Oh, das ist wichtig, das ist mir immer vorgeworfen worden. Dieser Weiberhaufen! Diese Sentimentalisten. Aber ich bin auf der anderen Seite der absoluten Überzeugung, daß die Zeit des rein männlichen Handelns und Denkens, der rein männlichen Weltschau, vorbei ist. Ich bin der Überzeugung, daß die zum erstenmal finanziell selbständige Frau eminent viel beitragen kann zu einer Veränderung dieser Welt. Aber auch die Männer haben sich ja geändert. Sie erkennen Schutzgefühle in sich an für Tiere und Pflanzen, das ist eine Veränderung der Welt, die mir in der Nase gelegen hat, bevor sie überhaupt da war.«

Schade, dass ihre progressive Weltsicht nicht in die Verfilmung eingeflossen ist. Dies beweist aber einmal mehr, dass Ursula Bruns ihrer Zeit in einigem weit voraus war.

Fiona Dummann

Ursula Bruns: *Dick und Dalli und die Ponies. Die Geschichte zweier handfester Mädchen und eines Jungen, aus dem auch noch etwas wurde* (1952)

»Ethelbert wird die frische Luft auch guttun. Der arme Junge ist seit Tagen kaum vor die Tür gekommen.«
Das stimmte. Der arme Junge hatte kein Verlangen danach verspürt, mit Mans und den beiden Mädchen Ritte zu unternehmen. Bei denen man sich nur die Knochen wundscheuerte und obendrein ausgelacht wurde. Andererseits war die Langeweile beinahe unerträglich, und so nickt er fast freudig.
Dick lud sich zum viertenmal Sauerkraut auf den Teller, nagte ihre Rippchen so blank, daß für Lord fast nichts mehr übrigblieb und schielte träge zu Ethelbert hinüber. Wer Dick kannte, wußte, daß sie jetzt scharf nachdachte. Je träger und dümmer sie aussah,

um so schärfer dachte sie gewöhnlich nach. Für das dumme Aussehen konnte sie nichts, das kam dabei ganz von selbst.
Als Großmama ihren Rohrstuhl zum Mittagsschläfchen in die spärlichen Sonnenstrahlen am Fenster gerückt hatte, war Dick mit Denken fertig. In ihrem alleralltäglichsten Ton sagte sie »Na – denn man hopp zum Putzen! Ich nehm' Hatschi und Mottchen, du nimmst Teifi und Troddel, und Ethelbert lassen wir Plümmel und Herkules. Da ist zwar am wenigsten Arbeit dran, aber schließlich ist er ja auch noch krank.«
Ethelbert zuckte zusammen. Er sollte – putzen? Diese schmuddeligen Ponies reinigen? O pfui!
Dick grinste wie ein Schaukelpferd. Dalli wackelte vor Vergnügen mit den Ohren.
Das entschied die Angelegenheit. Ein Gentleman gibt kleinen Mädchen niemals Gelegenheit, sich über ihn zu amüsieren. Und so zwei Zwerge zu putzen, war schließlich die Welt nicht.
Mit zusammengebissenen Zähnen und hochmütig gesenkten Lidern schritt er über den Hof.
Auf der Stallgasse wölkte der Staub auf. Dick und Dalli erzeugten ihn, und Ethelbert wurde damit bedeckt. Sie machten es bereits seit zwanzig Minuten so. Die grüne Wildlederweste war inzwischen grau geworden. Kein Wunder.
Troddel auf der einen und Hatschi auf der anderen Seite schielten unter dichten Schöpfen zu Herkules hin, der am mittleren Ring angebunden war und sich Ethelberts Putzkünste gefallen lassen mußte. Er war ganz offensichtlich mächtig böse. Unter grollendem Prusten hieb er mit den Vorderhufen auf die Steine, daß die Funken stoben. Er war ein gutmütiger Ponyhengst und ließ sich weiß Gott allerhand gefallen, aber was dieser ungeschickte Junge da mit Striegel und Bürste auf seinem Fell anstellte, hätte selbst aus einem Pony*engel* einen rasenden Roland gemacht!
Ethelbert schwitzte Blut. Vor Angst, vor Hilflosigkeit und vor Mitleid mit sich selber. Er hatte keine Ahnung, wie man Pferde putzt, aber fragen? Er diese Mädchen fragen? Nein! Wie kam er überhaupt dazu, sich hier als Stallbursche mißbrauchen zu lassen? Hatte er das etwas nötig? Schließlich war er zur Erholung hier, und sein Kopf schmerzte schon wieder, und der Staub würde bestimmt seiner Lunge schädlich sein und ...
»Au! Uuuuh!« schrie er schmerzlich, hielt sein linkes Bein fest und vollführte auf dem anderen einen wilden Tanz. Herkules hatte prächtig gezielt.
Sogar Hatschi und Troddel warfen die strubbeligen Köpfe hoch und wieherten schadenfroh. Wenigstens hörte es sich für Ethelbert so an.

Ursula Bruns *Dick und Dalli und die Ponies. Die Geschichte zweier handfester Mädchen und eines Jungen, aus dem auch noch etwas wurde.* Freiburg (Br.): Herder 1952, S. 72f.

Ein Schnapsdoktor
Peter Paul Althaus: *Dr. Enzian. Gedichte* (1952)

Peter Paul Althaus (1892–1965), PPA genannt, schrieb über sein wechselvolles Leben später: »Ich war nacheinander (zuweilen miteinander) Säugling, Kind, Schüler, Gymnasiast, Apothekeneleve, Soldat, stud. Phil., Pressereferent, Schmierenschauspieler, Herausgeber zweier Zeitschriften, Theaterdramaturg, Soldat, Lektor, freier Schriftsteller.«

1922 wurde ihm, dem Kosmopoliten und Bohemien, das kleine Münster zu eng und er zog nach München, wo er Anschluss an Schwabinger Künstlerkreise fand. Seine Schaffenskraft war unermüdlich, er übersetzte, schrieb eigene Texte, war vorübergehend Dramaturg am Weimarer Nationaltheater, gewann ersten Ruhm mit dem Gedichtband *Jack, der Aufschlitzer* (1924) und arbeitete ab 1928 für den Rundfunk. Unzählige Male stand er vor dem Mikrofon, als Moderator, Organisator bunter Abende, Hörspielmacher und als Sprecher in eigener Sache. 1937 trat er, um einer Denunziation zu entgehen, der NSDAP bei. PPA moderierte in jener Zeit eine Kammermusiksendung, in der er auch Sprecher einsetzte, die aus ihrer Abneigung gegen das Regime kein Hehl machten oder auch »jüdisch versippt« waren, wie der Nazisprech diffamierend vermeldete. Auf die Forderung, die Sendung heroischer zu gestalten, entgegnete er, dass es keine heroische Kammermusik gäbe.

PPA blieb der Stadt München und insbesondere dem Künstlerviertel Schwabing auch nach dem Zweiten Weltkrieg treu. Er nahm sein altes Leben als Bohemien wieder auf, gründete das Brettl »Die Schwabinger Laterne«, später das Kabarett »Monopteross« und wurde zu einem der wichtigsten Erneuerer der Schwabinger Bohème. 1951 erschien im Stahlberg Verlag der Gedichtband *In der Traumstadt* (s. S. 54), 1952 *Dr. Enzian*, 1953 *Flower Tales* (s. S. 77). Diese drei Bände legten den Grundstein für seinen späteren Ruhm.

Dr. Enzian stelle ich mir als einen Mann mit hoher Denkerstirn und schnapsgeröteter Nase vor. Er ist der Held (wenn es denn in der Lyrik so etwas gibt) eines ganzen Gedichtbandes, der seinen Namen trägt. Gereimt und meist auf Mittelachse gesetzt mit unterschiedlich langen und manchmal ganz besonders langen Zeilen sprechen die Gedichte von seinen Schrullen, grotesken Einfällen und Schnurrpfeifereien. Ausgestattet mit einer Haushälterin, der Witwe Winter, und einem Diener namens Anatol lebt Dr. Enzian das komfortable Leben eines Bohemiens, der bei eben diesem Wort sofort auf dessen böhmischen Ursprung zurückverweisen würde, und zwar in launig gereimter Form. Natürlich ist auch dieser Doktor ein Bewohner der Traumstadt und man ist sich als Leser nicht sicher, ob die beiden immer wiederkehrenden Nebenfiguren nicht ebenfalls Abspaltungen des Persönlichkeitskerns des Dichters sind wie der Doktor selbst. So oder so geben der Diener und die Haushälterin kleine Kommentare zu den Einlassungen ihres Herren und Meisters, und zwar nicht nur in Worten, sondern auch in symbolischen Taten.

In den Gedichten finden sich Sprachspiele, Doppeldeutigkeiten, Kalauer, Witze, und dies alles vom Feinsten, wie man so sagt. Die kuriosen Einfälle, Ideen, Ein- und Auslassungen beziehen sich auf die sprachliche ebenso wie auf die zwischenmenschliche Ebene.

»Reim-dich-oder-ich-fress-dich« – diese etwas abschätzig gemeinte Rede wird hier wörtlich genommen und zum Stilprinzip erhoben. Der verblüffte Leser stellt fest, dass er selber mit einem Bein in der Luft steht, wenn er sagen sollte, ob diese Kapriolen, Sprünge und irrwitzigen Volten des Autors nun dessen Absicht entspringen oder aus dem verwendeten Sprachmaterial hervorgehen, aus dem der Autor Funken schlägt.

Ralf Thenior

Peter Paul Althaus: *Dr. Enzian. Gedichte* (1952)

Dr. Enzian hat einen Kokosläufer,
und mit diesem läuft er manchmal um die Wette;
doch der Kokosläufer zeigt als Sportler nur geringen Eifer,
lieber liegt er faul und müßig vor dem Bette.

Anatol, des Doctors Diener klopft ihn häufig vorn und hinten,
doch der Kokosläufer will nicht sprinten.

Dr. Enzian besitzt ein außerordentliches Feingefühl
für Entlarvung durch das Mienenspiel,
und er liest, unglaublich, aber wahr
sogar
aus den Mienen
was die Leute monatlich verdienen.

Nur bei seiner eig'nen Köchin, Witwe Winter,
kommt er nie so recht dahinter.

Dr. Enzian, als Existenzialist, beweist
den Begriff des Daseins, daß er nie verreist.
Wenn er reise, sagt er, würd' er fort sein,
und sein Dasein wäre dann ein Dortsein.

Peter Paul Althaus: *Dr. Enzian. Gedichte.* Karlsruhe: Stahlberg 1952, S. 9, 12, 13

Sprachwitz mit Hintersinn
Fred Endrikat: *Sündenfallobst. Verse zum fröhlichen Genießen* (1953)

Als der Berliner Verleger Lothar Blanvalet 1953 aus dem Nachlass Fred Endrikats den Band *Sündenfallobst* herausbringt, ist der Autor bereits seit fast elf Jahren tot. Blanvalet kann sich seiner Sache dennoch sicher sein, zählte Fred Endrikat doch zu den erfolgreichsten Kabarettisten der 1930er und 1940er Jahre: Seine im damaligen Buchwarte-Verlag Blanvalets erschienenen Bücher haben bemerkenswert hohe Auflagen erzielt: *Liederliches und Lyrisches* (1940) erreicht bis 1945 das 173. Tausend (hinzu kommen 53 000 Exemplare der veränderten Nachkriegsausgabe von 1950); die *Höchst weltliche Sündenfibel* (1940) kommt auf 228 000 Exemplare (plus 81 000 seit 1949), und *Der fröhliche Diogenes* (1942) erzielt eine Auflage von 153 000 (zuzüglich 54 000 seit 1950). Und so schafft es auch der Nachkömmling *Sündenfallobst* bis 1969 noch auf 43 000 Exemplare.

Fred Endrikat ist der erste professionelle Kabarettist aus dem Ruhrgebiet, der mit seinen eigenen Texten vor sein Publikum tritt. Seine Stammbühne ist der Münchner »Simpl«. Von hier aus erobert er sich die großen deutschen Kabarettbühnen sowohl als Solist als auch mit seinem eigenen Ensemble, der 1937 gegründeten »Arche«.

Dabei war der Weg zum Erfolg für Fred Endrikat denkbar beschwerlich. Der 1890 geborene Bergmannssohn wuchs in Crange und Holsterhausen (später Wanne-Eickel, heute Herne) auf und begann nach der Volksschule eine Schlosserlehre in Recklinghausen, die er jedoch bald abbrach. Den Jugendlichen zog es stattdessen zur Bühne. In einem Briefgedicht vom 24. Februar 1928 an den Kabarettisten Paul Nikolaus schreibt er über seinen Weg zum Kabarett: »Über einen holperigen Knüppeldamm / stolpern meine Beine. / [...] / Vielleicht finde ich den rechten Weg noch einmal. / Manchmal möchte ich Rotz und Wasser heulen, / manchmal finde ich den Zustand ideal.« Auf dem »Knüppeldamm« gelangte Fred Endrikat nach Abstechern in den Bergbau über zahl- wie namenlose Kneipen und Varietés schließlich zum »Simpl« und bis zum renommierten Berliner »Kabarett der Komiker«, das sich, als Endrikat dort gastierte, allerdings schon sehr mit dem nationalsozialistischen Zeitgeist arrangierte.

Auf ähnlich mühsamem Weg verlief auch seine Autorentätigkeit. Mit der Anfang der 1920er Jahre im Recklinghäuser Iris-Verlag publizierten Broschüre *Der Narrenspiegel* erreichte er kein Massenpublikum. *Liederliche Lieder* produzierte er Mitte der 1920er Jahre im Selbstverlag. *Der Endrikatechismus* war ein ebenfalls im Selbstverlag herausgekommenes Heft, das sich, wie die Umschlagzeichnung erkennen lässt, an die Besucher seines 1937 gegründeten Tournee-Ensembles »Die Arche« wandte. Einzig *Die lustige Arche* stellte einen ersten, wenn auch noch nicht auskömmlichen Bucherfolg dar: Der Münchner Hirth-Verlag produzierte zwischen 1935 und 1939 in fünf teils unterschiedlich umfangreichen und ausgestatteten Auflagen immerhin 11 000 Exemplare. Eine Schriftstellerexistenz ließ sich damit aber nicht begründen.

Angesichts dieser finanziell wenig einträglichen Versuche, Texte nicht nur aufs Brettl, sondern auch an den Leser zu bringen, mag man dem 1960 zum 70. Geburtstag Fred Endrikats in verschiedenen Zeitungen abgedruckten Erinnerungsbericht des Kabarettisten Robert T. Odemann Glauben schenken, dass Fred Endrikat seine Manuskripte bereitwillig und ohne große Erwartungen dem Verleger Lothar Blanvalet überlassen habe: »›Warum wollen Sie absolut Ihr Geld verlieren!‹«, soll er gesagt haben, und: »›Doch nehmen Sie meinetwegen den ganzen Krempel mit und sehen Sie zu, was Sie damit anfangen können.‹«

Blanvalet kann was damit anfangen, und es beginnt Fred Endrikats Erfolgsgeschichte als Autor. Sein letztes Buch zu Lebzeiten, *Der fröhliche Diogenes*, erscheint 1942 nur zwei Monate vor seinem Krebstod. Sehr bald wirbt der Verleger in den Neuauflagen seiner Endrikat-Titel mit der Ankündigung: »Sein Nachlaß erscheint in meinem Verlag«.

Was Lothar Blanvalet aus dem Endrikat-Nachlass in seinem Besitz herausgibt, ist zum größeren Teil unveröffentlicht; ein kleinerer Teil der Texte aber ist den Büchern *Die lustige Arche* und *Der Endrikatechismus* sowie Zeitschriften entnommen. Darunter befindet sich das Gedicht *Am Spitalfenster* aus dem *Kladderadatsch* von 1942. Das lässt aufhorchen, denn der *Kladderadatsch* dient zu dieser Zeit der nationalsozialistischen Propaganda. Auch Fred Endrikat hat für dieses Blatt unzweideutig propagandistische Verse geliefert, daneben jedoch auch sich unpolitisch gebende Gedichte, die in einem streng ideologisch konzipierten Blatt zweifelsohne eine politisch-propagandistische Funktion haben. Die Umstände, die ihn zur Mitarbeit an diesem Blatt bewogen haben, lassen sich nicht zur Gänze aufklären: In der Erinnerung von Kakuwo (d. i. Karl Kurt Wolter) haben Fred Endrikat ständige Konflikte mit der »Staatspolizei« zermürbt. Der Fotograf und Endrikat-Porträtist Josef Breitenbach hingegen will im Exil erfahren haben, Fred Endrikat habe sich als Sympathisant der NSDAP betätigt. Beide Sichtweisen lassen sich nicht zweifelsfrei belegen. Für die Darstellung Kakuwos spricht indes, dass einige deutlich regimekritische Texte Fred Endrikats überliefert sind, die zum Teil auch in ideologisch entschärften Versionen vorliegen – was man als Resultat der von Kakuwo angesprochenen Konflikte deuten mag.

Ein politisch und moralisch so integrer Kabarettist wie Werner Finck jedenfalls hat kein Hindernis gesehen, in seiner 1947 publizierten Anthologie *Kavaliere. Käuze. Kerle* Fred Endrikat breiten Raum einzuräumen. Und acht Jahre nach dem Ende des Zweiten Weltkriegs trifft das *Sündenfallobst* offenkundig den Lesenerv des Publikums. Erfolgsgarant für diesen Nachlassband sind der hintergründige Humor Fred Endrikats und seine Sprachspiele: »Wo ein Mat ist – ist auch ein rose. / Wo ein Wind – ist auch eine Hose« (*Gedanken beim steifen Grog*). Endrikats Dekompositionslust kennt keine grammatischen Grenzen. Sein Sprachspieltrieb kann geradezu anarchische Züge annehmen: »Die Wühlmaus nagt von einer Wurzel / das W hinfort, bis an die -urzel.« Der Wortnager beißt sich weiter durchs Wort, bis am Ende »nur noch ein --rz--« sich nachgerade amputiert der Artikulation entgegenstellt (*Die Wühlmaus*). Solche Verse lassen unschwer erkennen, dass sie auf der Bühne vorgetragen oder besser noch: vorgespielt werden wollen. Gleichwohl teilt sich ihre Komik auch dem Leser mit. Das gilt für Reimspielereien wie »Niemand störet mich in meiner Ruh. / Gut Nacht! Bis morgen in der Fruh.« (*Stachelferkels Abendgebet*) und Gedichte im (imitierten) Ostpreußisch: »De Sterche un de Schwalben ziehn / zum Sieden, wo de Palmen blihn« (*Der Zäisg aus der kalten Häimat*).

Neben solch spielerischen Kabinettstückchen sind es die alltagsphilosophisch anmutenden Gedichte, die Fred Endrikat einen festen Platz im zeitgenössischen Kabarett geben. Oft hat er seine Lebensklugheiten in die Tiergeschichte der *lustigen Arche* verpackt. So werden der »Müßigkriecherin« im Gedicht *Die arbeitsscheue Ameise* nicht nur »die bürgerlichen Ehrenrechte« abgesprochen, sondern sie wird »von der Klasse A in die B-Klasse«, zur »Bemeise« degradiert. Betrübt geht die Ameise ins Kloster, »bewährt« sich als »Ameisenmissionar bei den abessinischen Termiten« und wird prompt sogar zur »Ia-Ameise« befördert. Was auf den ersten Blick kaum mehr als ein lustiges Tiergedicht erscheint, wird durch ein Epimythion, das ein seit dem frühen 17. Jahrhundert (von Georg Henisch) überliefertes Sprichwort variiert (›Disteln und Dorn stechen sehr, falsche Zungen noch viel mehr.‹), zu einer Fabel, die das Streben nach dem vermeintlich Höheren aufs Korn nimmt: »Dornen und Disteln stechen sehr, / aber Orden und Titel noch viel mehr.«

Das Gedicht *Hunde hinter dem Zaun* setzt Alltagsweisheit ins Bild: »[...] hinter jedem Zaune bellt ein Hund / ganz ohne Grund. // Du lockst ihn freundlich, damit du seine Sympathie gewinnst, / der Hund kläfft noch mehr, er ist im Dienst.« Damit ist das Stichwort gefallen, das die Sachebene klärt – die Sentenz des Gedichts, das schon im *Endrikatechismus* stand, möchte für sich eine die politischen Systeme übergreifende Gültigkeit beanspruchen: »Es ist kein Grund, sie darum zu hassen – / Hunde im Dienst soll man bellen lassen.«

Den politischen Machthabern gegenüber halten die *Sündenfallobst*-Gedichte Distanz, ohne dabei selbst eine erkennbare Position zu beziehen. Eine Ausnahme bildet lediglich das *Elefanten-Schlummerlied* mit einer beiläufigen Kritik am Völkerbund: »Schlaf wie der Völkerbund.« Im Gedicht *Löwe hat Zahnschmerzen* zeigt sich das tierische Volk »teils schadenfroh, teils mitleidweich«, was jedoch denselben Effekt zeitigt: »So hat ein kleines Loch im Zahn / den ganzen Nimbus abgetan.« An anderer Stelle (*Man liegt im Gras*) preist Fred Endrikat die Idylle: »[...] Politik paßt nicht ins grüne Gras. / Viel schöner ist's, müßig und barfuß dazuliegen«. Einen Grundzug der Lyrik Fred Endrikats demonstriert das Epigramm *Berg- und Talbahn*: »Noch stehst du da und dünkst dich groß als Held, / schwangst hoch empor dich an des Lebens Leiter. / Gleich purzelst du. Trotzdem geht fort die Welt, / ein andrer klimmt an deiner Stelle weiter.«

Erfolge, Auszeichnungen, Leistungen – für Fred Endrikat ist all solches der Vergänglichkeit anheimgestellt. Seine durchgeschüttelten *Sprichwörter* nehmen's mit Humor: »Ein Gutes kommt niemals allein, / und alles Unglück kommt von oben. / [...] / Dem Glücklichen gehört die Welt. / Dem Mutigen schlägt keine Stunde.« Mit dieser Tonlage hat Fred Endrikats Lyrik ihre Leserschaft in vordemokratischen Zeiten wie in der Nachkriegsära erreicht. Ihr Sprachwitz sichert ihr einen Platz in der Geschichte der deutschen Kabarettliteratur.

Joachim Wittkowski

Fred Endrikat: *Sündenfallobst. Verse zum fröhlichen Genießen* (1953)

Der Zäisig aus der kalten Häimat

Der Haerbst is da. Ojeh – ojeh.
De Blaetter fallen un der Schnee.
Das is fir mich de schlimmste Zäit,
waenn's hier im Walde friert un schnäit.
Ich pfäif schon immer läiser,
bald bin ich schon ganz häiser.
De Bäinchen sind ganz stäif un starr,
ich läide so am Brustkatarrh.
Ich armer, kläiner Zäisig
bin hintenrum ganz äisig.
De Sterche un de Schwalben ziehn
zum Sieden, wo de Palmen blihn.
Se kommen wieder erst im Mäi,
doch ich bläib mäiner Häimat treu.
Äin altes, gutes Sprichwort lehrt:
»Äin äigner Herd is Goldes wert.«
Bäi mir is das jrad umjekehrt.
Der wäiß, wer kalte Bäinchen kennt,
was nidzt äin Herd, wenn er nich brennd?
Nu sitz ich da im Kummer
un warte auf den Summer.

Gedanken beim steifen Grog

Wo ein Grog ist – da ist auch ein Keller.
Wo eine Zeche – ist auch ein Preller.
Wo ein Tsching – da ist auch ein Bum.
Wo ein Kümmel – da ist auch ein Rum.

Wo ein Mat ist – ist auch ein rose.
Wo ein Wind – ist auch eine Hose.
Wo ein Luv ist – ist auch ein Lee.
Wo ein W – da ist auch ein C.

Wo eine Ana – ist auch die lyse.
Wo eine Kom ist – ist auch die büse.
Wo ein Kauta – da ist auch ein bak.
Wo ein Dudel – da ist auch ein Sack.

Wo ein Säbel – da ist auch die Scheide.
Wo ein Schorf ist – da ist auch die Heide.
Wo ein Labs ist – da ist auch ein kaus.
Wo eine Freude – da ist auch ein Haus.

Wo ein Stein ist – da ist auch ein häger.
Wo ein Schorn – ist auch ein steinfeger.
Wo ein Kampf ist – da ist auch ein Sieg.
Wo eine Jungfer – da ist auch ein Stieg.

Wo ein Amboß – da ist auch ein Hammer.
Wo eine Katze – ist auch ein Jammer.
Wo eine Hexe – da ist auch ein Schuß.
Wo ein Kurz ist – da ist auch ein Schluß.

Die Wühlmaus

Die Wühlmaus nagt von einer Wurzel
das W hinfort, bis an die -urzel.
Sie nagt dann an der hintern Stell
auch von der -urzel noch das l.
Die Wühlmaus nagt und nagt, o weh,
auch von der -urze- noch das e.
Sie nagt die Wurzel klein und kurz,
bis aus der -urze- wird ein -urz--.

Die Wühlmaus ohne Rast und Ruh
nagt von dem -urz-- auch noch das u.
Der Rest ist schwer zu reimen jetzt,
es bleibt zurück nur noch ein --rz--.
Nun steht dies --rz-- im Wald allein.
Die Wühlmäuse sind so gemein.

Fred Endrikat: *Sündenfallobst. Verse zum fröhlichen Genießen.* Berlin: Blanvalet 1953, S. 22, 14, 32

Mystifizierungen, abermals
Josef Bergenthal (Hg.): *Westfälische Dichter der Gegenwart. Deutung und Auslese* (1953)

3000 Exemplare innerhalb weniger Monate vergriffen, im Jahr darauf die zweite Auflage – das Bedürfnis nach einer »Deutung und Auslese« der westfälischen Literatur scheint Anfang der 1950er Jahre enorm groß gewesen zu sein. Es hängt (wie so häufig) natürlich auch am Namen des Herausgebers: Josef Bergenthal (1900–1982) hatte sich bereits im »Dritten Reich« als Kulturfunktionär, Jurymitglied und Chefredakteur einen Namen gemacht, sich als wortmächtiger Aktant im Literaturbetrieb etablieren können. Doch um den Erfolg dieser Anthologie sowie Bergenthals ausgiebige Beschäftigung mit dem Westfälischen (s. S. 87) etwas näher beleuchten zu können, muss auch ein sozialpsychologisches Moment hinzugezogen werden: Die Nöte und Mängel der unmittelbaren Nachkriegsjahre sind 1953 soeben überstanden, die Schrecken vergessen und verdrängt, abgelöst durch die freudig erwartete Ankunft einer stabilen, konsumfreudigen Volkswirtschaft. Nun war der ›kleine Luxus‹ nach und nach für jedermann erreichbar. Das große Glück: der eigene Kühlschrank. Später dann: das erste Fernsehgerät. Man durfte und wollte sich plötzlich wieder der eigenen Gegenwart versichern – und ›kulturelles Kapital‹ war damals noch von großer Bedeutung und genoss uneingeschränkte Reputation. Dabei zog nun neben dem klassischen Bildungsbürgertum die aufstrebende Mittelschicht nach; auch diese wollte sich kundig geben in bildender Kunst, in Musik und Literatur. In dieser Phase der Orientierungsneugier (die zugleich auch eine Phase der Orientierungsbedürftigkeit war) kam Bergenthals Anthologie *Westfälische Dichter der Gegenwart* gerade richtig.

Doch der heutige Leser ist beim Blick ins Inhaltsverzeichnis zunächst einmal irritiert: August Stramm findet man ebenso wenig wie Else Lasker-Schüler – beides Personen, deren Texte zum festen Bestand des Kanons gehören und der Literaturgeschichte Westfalens zuzuordnen sind. Auch Paul Zech und Elisabeth Hauptmann fehlen – zwei weitere Kandidaten, die bis heute im Kulturgedächtnis situiert sind und Beachtung durch Rezitationen, Ausstellungen, Hörbücher etc. fanden. Es sind also durchaus keine kleinen Mängel, die Herausgeber Bergenthal vorgeworfen werden müssen. Zumindest Stramm und Zech waren auch in den 1950er Jahren schon als arrivierte Autoren derart unverrückbar in den literarischen Diskurs eingeschrieben, dass sie zu ignorieren nicht als Versehen oder Unachtsamkeit, sondern als gezielte kulturpolitische Entscheidung zu werten ist.

Und die Liste der missachteten und übergangenen Autoren lässt sich munter fortführen: Zwar werden seitens der Arbeiter- und Industriedichtung Josef Winckler, Wilhelm Vershofen und Otto Wohlgemuth ins Feld geführt und mit Textabdrucken sowie Kurzvorstellung bedacht, doch damit ist nur ein ganz spezifisches Spektrum der Arbeiterliteratur berücksichtigt: Es fehlt vollständig die proletarische Literatur, es fehlen auch sämtliche Autoren, die dem linkspolitischen Spektrum – sozialdemokratisch bis kommunistisch – zuzurechnen sind, namentlich Hans Marchwitza (s. S. 40) und Erik Reger (s. S. 28), letzterer

Kleistpreisträger (und somit eigentlich unübersehbar). Und es fehlen in *Westfälische Dichter der Gegenwart* auch zahlreiche abseitigere Autorinnen und Autoren, die sich einem individuellen Schreiben verpflichtet wussten, aber immerhin eine Gemeinsamkeit aufwiesen: Sie alle waren zweifelsfrei nicht der Heimat- und Volksliteratur zuzurechnen (auch wenn ihre Texte durchaus in Westfalen situiert sind). Zu nennen wären hier etwa Hertha Koenig und Gustav Sack. Und gänzlich raus fallen ebenfalls die avantgardistischen Strömungen, neben August Stramm vor allem der Dadaist Richard Huelsenbeck (s. S. 121).

Bergenthals Auswahlkriterien lassen sich bereits jetzt – bevor auf die im Band präsentierten Autorinnen und Autoren überhaupt eingegangen wurde – ex negativo konturieren und als extrem konservativ charakterisieren. Indizien hierfür liefert auch ein Blick auf die Biografien und Lebensdaten: Von 29 im Buch versammelten Gegenwartsautorinnen und -autoren ist zum Zeitpunkt der Veröffentlichung bereits die Hälfte gestorben bzw. stirbt innerhalb der nächsten zwei Jahre. Das Durchschnittsalter (!) aller durch Bergenthal im Band mit Kurzdarstellung und Textauszug aufgenommenen Personen liegt bei 69 Jahren; Walter Vollmer als jüngster Autor ist bereits 50 Jahre alt. Was in Bergenthals Anthologie mit dem Titel *Westfälische Dichter der Gegenwart* also eindeutig fehlt, ist genau dies: die jüngere und jüngste Gegenwart und ihre literarisch relevanten Aktanten. Weder Heinrich Schirmbeck (s. S. 115) noch Erwin Sylvanus (s. S. 155), weder Paul Schallück (s. S. 45, 84, 140, 195, 275) noch Hans Dieter Schwarze (s. S. 93, 413) – alle mit höchst unterschiedlicher schriftstellerischer Ausrichtung – sind in der Anthologie vertreten; sie alle publizierten bereits in den 1940er bzw. frühen 1950er Jahren und waren durch lobende Besprechungen über Westfalen hinaus in der Literaturlandschaft bekannt geworden. Bei Bergenthal werden die jüngeren Schriftsteller Westfalens in seinem ausführlichen Vorwort von knapp 70 Seiten nicht einmal namentlich kurz erwähnt. Ja, es verhält sich geradezu gegenteilig: Der Herausgeber nutzt das erste Kapitel, um sich ganz und gar der Literatur des 19. Jahrhunderts zu widmen. Bergenthals Anthologie zur westfälischen Gegenwartsliteratur stellt zunächst Levin Schücking, Ferdinand Freiligrath, Karl Arnold Kortum, Friedrich Wilhelm Grimme und Annette von Droste-Hülshoff vor.

Was verrät dies nun über die Konzeption des Bands, über die Intention des Herausgebers? Es ließe sich zunächst ganz nüchtern konstatieren, dass die Gegenwartsliteratur nie ohne die Altvorderen funktioniert, dass alle Literatur stets (ungewollt) im Raum der Literaturgeschichte und -tradition steht und dort agiert, sich anlehnt, abstößt, sich positioniert. In diesem Sinne wäre ein Rekurs auf die unmittelbar vorangegangene Literatur durchaus denkbar – doch so verhält es sich bei Bergenthal nicht: Kein kluges Erinnern an die Schultern der Riesen, auf denen man steht, wird hier vorgeführt. Vielmehr bewegt sich Herausgeber Bergenthal insgesamt in einem kulturideologischen Raum, der als Denksphäre 1953 eigentlich schon der Vergangenheit angehören sollte. Das zeigt sich sehr schön daran, dass die Anthologie von einem Autor eröffnet wird, der bei Erscheinen des Bands bereits nahezu vierzig Jahre tot ist: Hermann Löns. Der mit 48 Jahren im Ersten Weltkrieg gestorbene Natur- und Heimatdichter war in den 1910er Jahren mit nationalistisch-heroischen

Gesängen bekannt geworden und wurde dafür später vom NS-Regime zum ›Vordenker‹ stilisiert und entsprechend heroisiert. Die angezeigte restaurative Tendenz lässt sich mühelos mit weiteren Indikatoren belegen: Mit Karl Wagenfeld, Otto zur Linde, Karl Röttger, Augustin Wibbelt, Max Bruns und Karl Linzen sind Autoren vertreten, die viele Jahre vor oder nur wenige Jahre nach 1945 starben und deren Wirken vor allem in den beiden ersten Dekaden des 20. Jahrhunderts zu verorten ist. Bergenthals Setzung in dieser Anthologie bleibt in jedem Fall – vor dem Hintergrund der ausgegrenzten Autoren – fragwürdig.

Doch die wirklich heiklen Probleme, die Bergenthals Anthologie mit sich bringt, sind vielleicht doch ganz woanders gelagert: Der Titelzusatz »der Gegenwart« hat Schwächen und Lücken, ganz offensichtlich – wie aber sieht es mit den »westfälischen Dichtern« aus? Bergenthal markiert forsch, in welche Richtung sich sein Begriffsverständnis bewegt: »Das Eigenschaftswort westfälisch ist seit je im Sinne kerniger Stammesechtheit gebraucht. Literaturkritik und Literaturwissenschaft pflegen die westfälische Herkunft eines Dichters an seinem Werk zu empfinden und besonders hervorzuheben.« Das ›Westfälische‹ scheint also eindeutig identifizierbar zu sein, es zeichnet sich offensichtlich als unverrückbar und stabil, die historischen Zeitenwenden mühelos überdauernd aus. Dass Bergenthal 1953 noch unverfroren (oder unbedacht?) von »Stammesechtheit« spricht, ist in diesem Zusammenhang allerdings so bezeichnend wie entlarvend. Hier wird wie selbstverständlich das Vokabular des Nationalpatriotismus des frühen 20. Jahrhunderts verwendet, dass durch den Ersten Weltkrieg martialisch umgebogen und ideologisch aufgeladen wurde und nach der militärischen Niederlage im Kontext der daraufhin erstarkenden Heimatbewegungen auf das Stammesgeschichtliche neu ausgerichtet wurde. Allerspätestens durch die völkisch-rassistischen Umdeutungen der Nationalsozialisten hat sich dieses Vokabular als höchst problematisch erwiesen und für jede weitere Verwendung eigentlich diskreditiert.

Bergenthals Anthologie bediente 1953 das Bedürfnis nach regionaler und heimatlicher Selbstverständigung – die als Ersatz zu einer offensichtlich unerwünschten nationalen Identifikation zu verstehen ist – und verknüpfte die Fragen nach Selbstverständnis, Herkunft und Eigenwahrnehmung mit einer entsprechenden Forderung an die Literatur: Das ›Westfälische‹ sei die einzige Konstante in dieser gegenwärtigen Phase der Umbrüche. Herausgeber Bergenthal konstatiert leichthändig eine Überzeitlichkeit, die alle mit »Stammesbewußtsein« agierende Literatur auszeichne: Von Menschentum, Überlieferungen und Wurzeln (Verwurzelungen) ist die Rede; auch von »Erbmasse« und »Artung« spricht Bergenthal. – Man kann nur staunen, was 1953 ungehindert durchs Verlagslektorat ging und auch in der öffentlichen Wahrnehmung (zunächst) kaum zu Einsprüchen führte.

Wie aber werden nun in der Einleitung die im Band aufgenommenen Autorinnen und Autoren präsentiert? Der erwähnte Hermann Löns (1866–1914) eröffnet den Band; seinen Naturschilderungen wird eine poetische »Schlichtheit und Wahrhaftigkeit« attestiert. Die Romane, Novellen und Balladen von Lulu von Strauß und Torney (1873–1956) hingegen beschreibt Bergenthal als »aristokratisch-herb und heroisch-sieghaft«; die Ordnungen des Lebens stünden im Mittelpunkt, insbesondere das Volksleben des Bauerntums würde durch die literarischen Figuren verkörpert, Schicksal und Untergang heroisch überstanden. Auch Margarete zur Bentlage (1891–1954) stelle, so Bergenthal, in ihren Romanen »uraltes Bauerntum, das in Heide, Moor und Bruch auf einsamen Höfen sitzt und ein naturhaftes Leben führt« in den Fokus; von »Lebensdichte und Gestaltenfülle« will der Herausgeber dort einiges bemerkt haben und berichtet von Mägden, Knechten und Hoftöchtern in Holzschuhen auf »moorigem Grund«. Es seien, so Bergenthal, oftmals Figuren, »die sich lieber ausschweigen als aussprechen und außergewöhnliche Schicksalsbahnen meiden«.

Hier sind sie also, all die Klischees, die Westfalen seit langer, langer Zeit zugesprochen werden: Kargheit der Landschaft, der Lebensbedingungen, Kargheit auch des gegenseitigen Austausches: verschwiegene, misstrauische Bauern, die ebenso verhärmt wie diszipliniert, ebenso wortkarg wie fleißig, traditions- und selbstbewusst sind. Auch bei Margarete zur Bentlage zeigt sich eine Verfasstheit von Mensch und Landschaft, deren sozioökonomische Struktur wie kulturelle Formierung spätestens nach Verlust des Kaiserreichs, dem Weltkriegsdebakel und der weiter fortschreitenden Modernisierung nach und nach ad acta gelegt wurde. Bergenthals Erläuterung, in den Büchern zur Bentlages wehe eine »herbe Luft«, nicht die Verherrlichung des Bauerntums stünde im Vordergrund, im Gegenteil, hier werde gezeigt, »was morsch und brüchig an ihm ist«, kann nichts mehr retten. Die Gegenwart bleibt hier (auch literarästhetisch) ausgespart – als fände sie einfach nicht statt.

Margarete Windthorst (1884–1958) schließlich wird lobend ein »westfälische[r] Realismus« attestiert, in dem »der bäuerliche Mensch in den Gesetzen und Bindungen seines Lebens und seiner Sitte dargestellt« sei. Auch hier also die unumschränkte Fixierung auf Stamm, Heimat, Genealogie und höhere Schicksalsmächte. »Mystischer Seelenflug und erdhafte Naturgebundenheit« sind die Schlagworte, die Bergenthal als professioneller Redakteur und routinierter Rezensent in den Raum wirft; »[t]iefe Gedanken menschlicher Selbstoffenbarung und Selbstverwirklichung, dunkle Bilder und Klänge mystischer Innenschau und Versenkung« meint er in Windthorsts Romanen und Erzählungen wiederzufinden. Auch Heinrich Luhmann (1890–1978) reiht sich in die bislang skizzierte Charakterisierung der von Bergenthal offenkundig favorisierten Literatur nahtlos ein: »Die Großväter und Erzählmütter sind von Anfang an seine Freunde gewesen. Er liebt die Versonnen und Altgewordenen, die in den Stuben sitzen, die Eigenbrötler und Einsiedler, [...] die harmlosen Sonderlinge und seltsamen Käuze, die ein gutes Herz haben, wenn es auch unter rauhem Kittel verborgen ist.« Luhmann, so Bergenthal unverdrossen weiter, sei eine »Erzähler schwerer Bauernschicksale«; »der düstere Nebel schicksalhafter Schuld« sei in seinen Romanen ebenso wichtig wie das »Mysterium des Schuldigwerdens«; auch »dämonische Gewalten« usw. – alles das finde sich, so Bergenthal, bei Heinrich Luhmann.

Diese Sichtung der Einleitung *Westfälische Dichter der Gegenwart* ließe sich mühelos fortsetzen: Immer stehen Schicksal und Schuld, Wallhecken und Dorfeinsamkeit, Sünde und Sühne sowie dunkle Ahnen und Zweigesichtigkeit im Zentrum. Das Leben der literarischen Figuren ist stets »[e]rnst und schwer« und von Entbehrungen gezeichnet, die jedoch »hart und unbeugsam« erduldet und überstanden werden. Die Figuren stehen permanent in einem »Schicksalssturm«; sie seien, so Bergenthal, »gezeichnet, aber nicht gebrochen«. – Man sieht und liest: Der Herausgeber variiert ab einem gewissen Punkt nur noch eigene Phrasen und Floskeln und trägt so beachtlich zu einer (weiteren) Mystifizierung bei.

Eine prominente Gegendarstellung zu Bergenthals *Westfälischen Dichtern* muss erwähnt werden: 1956, drei Jahre nach Erscheinen der Anthologie, störte sich Clemens Heselhaus, Germanistikprofessor an der Universität Münster, auf dem zweiten westfälischen Dichtertreffen im sauerländischen Schmallenberg sehr vehement an den von Bergenthal kolportierten Klischees sowie an den in der Gesamtkonzeption des Bands deutlich werdenden Voranahmen. In seinem Referat fragte Heselhaus: »Was ist das eigentlich Westfälische an der westfälischen Literatur?« Im Grunde handelte es sich hier um das konsequente Gegenprogramm zu Bergenthal: Es gäbe, so Heselhaus, keine größeren Gemeinsamkeiten zwischen den Schriftstellern aus Westfalen, es handele sich bei ihnen keineswegs um ein repräsentatives Aushängeschild für eine stammesgeschichtliche Literaturgeschichte. In all diesen Punkten irre der Herausgeber und Literaturfunktionär Bergenthal fundamental. In seiner ausdauernden Rede vom ›Westfälischen‹ schwinge nicht nur viel Ungenauigkeit, sondern auch ein falsches Pathos mit, das sich aus einer kruden Mischung von Geschichte, Mystik, Bauerntum und sowie weiteren konservativ-restaurativen Verbindlichkeiten zusammensetze. Letztlich – und dies löste nicht zuletzt den Eklat um Heselhaus' Vortrag aus – sei in der von Bergenthal favorisierten Figuration westfälischer Gegenwartsliteratur immer noch der altvertraute Geist von »Blut und Boden« enthalten. Bergenthals Darstellung sei, so Heselhaus, keine adäquate Herangehensweise an literarische Texte, sondern nur die allzu bekannte Narration der Literaturgeschichte als völkische Stammeskunde, wie sie schon Josef Nadler erfolgreich betrieben hatte. – Die sich anschließenden Debatten des »Schmallenberger Dichterstreits« waren schließlich konstitutive Initiationsmomente für eine schrittweise Veränderung der westfälischen Literaturlandschaft.

Arnold Maxwill

Josef Bergenthal (Hg.): *Westfälische Dichter der Gegenwart. Deutung und Auslese* (1953)

Josef Bergenthal
Westfälische Dichter der Gegenwart

Als Hermann Löns zu dichten begann, gaben die Naturalisten den Ton an. Aber Löns wandte sich bald vom »hochgepriesenen naturalistischen Quarks« ab. »Nicht der ist Realist, der so schreibt, wie es ist, sondern der, der den Leser zwingt, das zu sehen, was er erzählt, der des Lesers Einbildungskraft Augen, Ohren, Nase und Gefühlsnerven gibt, daß die erzählte Welt sie sinnlich trifft. Heute wollen wir keinen Realismus mehr, heute wollen wir Poesie.« Nach und nach fand er einen eigenen Ton. Deutlich hebt er sich von der zeitgenössischen Literatur ab. Vieles, was er geschrieben hat, ist Stimmungsfeuilleton aus romantisch-impressionistischem Empfinden. Manches ist flüchtig, unfertig, skizzenhaft. Seine Lieder sind zwar volkstümlich geworden bis zur Namenlosigkeit des Volksliedes, bei dem man weder fragt noch weiß, von wem es ursprünglich geschaffen ist. Als lyrische Gebilde haben sie keinen entsprechenden Rang. Und doch bleibt aus seinem reichen Schaffen viel Schönes und Wertvolles. Wie Josef von Eichendorff den Wald für die Dichtung entdeckt hat, so Hermann Löns die Heide. Er war Jäger, nicht um zu töten, sondern um die Natur, Landschaft und Tier, zu erleben. Der durchaus originale Charakter seiner Heide- und Tierdichtung ist unverkennbar. Seine Naturschilderungen, Tiergeschichten und Märchen (»Lüttjemann und Püttjerinchen«) haben in ihrer poetischen Schlichtheit und Wahrhaftigkeit nicht ihresgleichen. Nicht umsonst war dieser Dichter auch ein großer Naturwissenschaftler und Zoologe. In der Natur fand er die Ordnungen und Gesetzmäßigkeiten, nicht in der Gesellschaft der Menschen. Und doch danken wir ihm auch gültige Gestaltungen niederdeutschen Menschentums. Sein Liebesroman »Das zweite Gesicht« freilich leidet zu sehr unter subjektiver Psychologie und der Pseudolegitimation individualistischen Künstlertums. Aber in dem Roman eines Dorfes »Die Häuser von Ohlenhof« und vor allem in der Bauernchronik »Der Wehrwolf« hat er echte epische Dichtung zu schaffen vermocht. »Der Wehrwolf« ist die ergreifende Chronik schwerer Notzeit niederdeutschen Bauerntums, das im Dreißigjährigen Krieg die eigene Scholle mit Hof und Herd verteidigt gegen die Brandstifter und mordende Söldnerhaufen, einerlei welchem Kriegsherrn sie zugehören. [...] Hermann Löns' Dichtungen sind in den Besitz des deutschen Volkes eingegangen. Viele seiner Werke sind auch in fremde Sprachen übersetzt worden. Seine Lieder werden in vielen Vertonungen gesungen. Sein Werk hat ihn bereits vier Jahrzehnte überlebt. »Man brauchte nur diesen scharf geschnittenen Kopf mit den wasserklaren, fast visionären Augen in irgendeinem Kreise zu sehen, um sofort zu wissen, hier ist etwas, das über dem Durchschnitt steht.« Mit diesen Worten hat Lulu von Strauß und Torney ihren Landsmann charakterisiert.

Josef Bergenthal: *Westfälische Dichter der Gegenwart*, in: ders. (Hg.): *Westfälische Dichter der Gegenwart. Deutung und Auslese.* Münster: Regensberg 1953, S. 11–78, hier S. 17f.

Poetik eines Vergessen(d)en
Werner Warsinsky: *Kimmerische Fahrt. Roman* (1953)

»›Und wer bist du?‹ [...] › Ich weiß genau, wer ich heute morgen beim Aufstehen war, aber inzwischen bin ich dauernd etwas anderes geworden.‹«
Lewis Caroll, *Alice im Wunderland*

In eine surreale Welt, die vom »phosphorene[n] Geisterblau« einer unwirklichen Sonnenscheibe an einem kränklich gelb-grünen Himmel erfüllt wird, die den Leser »dunstig und dämmerig trübe« begrüßt und in der blaue Sonnenblumen die kältestarrende Aura ihrer Licht- und Lebensquelle reproduzieren, bevor sich eine blutrote Nacht senkt, wird der

Leser der *Kimmerischen Fahrt* schon auf den ersten Seiten versetzt. Ein Blick auf eine phantastische, düstere, traumatische Welt – das finstere, um vieles komplexere Modell eines Carollschen Wunderlandes – scheint sich vor dem inneren Auge aufzutun.

Werner Warsinsky (1910–1992), ein bis 1953 der literarischen Öffentlichkeit unbekannter Arbeiter aus Lünen, wurde mit seiner kaleidoskopartig-vielschichtigen Identitätserzählung, welche die »Unheimlichkeiten des Krieges« (Jürgen P. Wallmann) in sprachliche Form zu bringen versucht, durch die Auszeichnung mit dem *Europäischen Literaturpreis* »von einem Tage zum andern ein preisgekrönter Dichter« (*Westfalenspiegel*). Die Laudatio auf Warsinsky hielt damals Jurymitglied Gottfried Benn. Obschon dem ausgebildeten Opernsänger »vielfältige[] musisch-künstlerische Begabungen« (Jochen Grywatsch) attestiert wurden und die Literaturkritik ihm eine ungewöhnliche »Macht der Phantasie« (Wolfgang Grözinger) bescheinigte, folgten der großen öffentlichen Aufmerksamkeit für den wenige Monate darauf erscheinenden Roman keine rekordverdächtigen Auflagen – tatsächlich verschwand das Buch schon nach verhältnismäßig kurzer Zeit von der Bildfläche. Weder mit dem 1958 folgenden Gedichtband *Lunatique* noch der 1970 erschienenen Märchenerzählung *Legende vom Salz der Tränen* konnte Warsinsky an den Erfolg seiner kryptisch-düsteren Heimkehrervision anknüpfen. In den Annalen der Literaturgeschichte ist sein Name nicht zu finden.

»Was draußen, was drinnen? Ort und Zeit, Wert und Bedeutung meiner Wahrnehmungen waren plötzlich wie aus- und umgewechselt – in eine fremde Währung, deren abenteuerliche Münzen man mir vorzählt, und ich erfasse nichts und klimpere verständnislos mit Zahl und Gewicht, Geld und Größe eines Systems, das sich dem üblichen Einmaleins des Denkens entzieht.« Der zu Beginn der Erzählung namenlose Erzähler versetzt den Leser – mit die eigenen Wahrnehmungen und Aussagen immer wieder hinterfragenden Schilderungen der in einem Zwielicht verharrenden Umwelt – in den Vorraum der in der ersten Kapitelüberschrift (»Grenzübertritt«) angekündigten Transition. Dieser Übergang nimmt mit der Begegnung mit dem mysteriösen Omega seinen Anfang und führt über eine stillgelegte Bahnstrecke, an der Hieronymus Knopfloch, ein Grenzwächter, der – eigenen Gesetzen der Zeit und der Kausalitäten folgend – »imaginären Dienst« tut. Ein im Carollschen Sinne weißes Kaninchen, das ohne einen Beitrag zur Plausibilität der (zerbrechenden) Gesetzmäßigkeiten von Raum und Zeit zu leisten, den Weg in eine Welt weist, in der diese Brüche der Gesetzmäßigkeiten – auf Ebene der Diegese wie auch der erzählerischen Kontingenz – selber zu geltendem Gesetz werden. Nach Übertreten der Grenze nach »Kimmerien« – eine Anspielung auf das Niemandsland Homers in der Nähe des Hades – wechselt das erzählende Subjekt. Alpha Rommé bzw. Alfred Rommel wird zum Medium Omegas auserkoren, wird Sprachrohr für dessen grotesk-finstere Rückkehr in die Kriegsvergangenheit, in Szenarien der Gewalt, des marionettenhaften Erlebens der abstrakt und doch körperhaft anwesenden Macht des Krieges. Zurück in der Zwischenwelt Kimmeriens, im »Land der Träume oder gar des Todes«, begibt Alfred sich nach seinem Erinnerungsexkurs durch gleichsam »minotaurische Labyrinthe« auf die Suche nach dem verschwundenen Omega, um nach einem Irrlauf durch die Gebäude Kimmeriens, durch »Eingeweide[] der Gedanken« zu dem für die *Kimmerische Fahrt* programmatischen Schluss zu kommen: »Was aber Traum und was Leben sei, die feinen Unterscheidungen des Vorzeichens, an denen ich die Wirklichkeit meiner Existenz sonst abgelesen hatte, dessen sollte ich nie mehr ganz sicher werden.«

Das »Stigma der Scheinbarkeit« wird der sich im Erzählprozess immer deutlicher zeigenden Danaidenarbeit der Erinnerungskonstruktion aufgeprägt. Alfred findet schließlich in eine mäßig stabile Realität, an einen Ort zurück, der für den Roman nachfolgend den stetigen Referenzpunkt bilden soll: Das »Sanatorium zur guten Hoffnung« wird zum Ausgangspunkt der Rekonstruktion der eigenen Vergangenheit angesichts seines sich nur peu à peu offenbarenden Gedächtnisverlust; seine Identität dort ist die des Reinhard Niemann – oft Herr Niemand genannt. Leonore, Gattin Prof. Dörings, des leitenden Arztes im Sanatorium, nimmt in diesem Erinnerungsprozess eine besondere Rolle ein, meint der Protagonist sie doch aus einem früheren Leben zu kennen, obschon eine noch unerklärte Sehnsucht ihn nach einer Frau namens Alexandra und einem Kind mit dem Namen Traumvogel suchen lässt. Nach Besserung seines Zustandes beim Pförtner des Sanatoriums und dessen Frau aufgenommen, berührt er nach und nach die immer noch losen Fäden seiner Erinnerung, bestehend aus einzelnen Wahrnehmungen, Gedanken, Träumen. Durch das narrative Wechselspiel verschiedener Bewusstseinszustände gestaltet er die Crux und die Faszination von Erinnerung performativ aus. Über eine Vermisstenliste, die Mutter eines gefallenen Kameraden und einen alten Schulfreund, der ihn erkennt, findet er den Weg zu seiner eigenen, vergessenen Lebensgeschichte, zu seiner Identität als Albrecht von Kaun, um bei Ankunft am Wohnsitz seiner Familie festzustellen, dass seine Eltern in der Zwischenzeit verstorben sind und den Platz neben seiner Frau ein anderer eingenommen hat.

Dem Zyklopen eines tiefsitzenden Traumas hat er wertvolle Bruchstücke eines früheren Lebens abgerungen – ein Ergebnis, das Alfred mit dem Schmerz und der wiederkehrenden Instabilität seiner mühsam zusammengetragenen Identität erkauft, wie die neuerlichen Visionen Kimmeriens und eine erneute Begegnung mit Omega deutlich machen. Abgefangen wird der drohende Zusammenbruch zunächst noch einmal durch Leonore, zu der sich ein Verhältnis entspannt, das vom gemeinsamen »Lustspiel der Selbstflüchtigkeit«, von Selbstzerfleischung und dem Versuch, »Funken aus unseren toten Herzen zu schlagen«, geprägt ist und in dem das Thema des Selbstmordes immer wieder aufscheint. Diesem neuerlichen Verlust von einer wenigstens annähernd stabilen Verbindung zu der ihn umgebenden Welt folgt ein letztes als ›Traum‹ bezeichnetes erzählerisches Inferno an phantastischen Visionen und Eindrücken der Vergangenheit unter Aufbietung aller vom Protagonisten als verloren geglaubten Personen. Die Beschreibung einer mystisch-sakralen Zeremonie, in welcher der Protagonist auf den Scheiterhaufen seiner Existenz geführt wird, endet mit dem Entschweben desselben. Zuvor hat er auf einem Obelisken den Weg von seiner Identitätslosigkeit zur Identität als eine Art negativen Besitz buchstäblich mit den Namen »Niemand« und schließlich »Einer ich« in Stein gemeißelt, um in einer letzten, die Welt seiner Gedanken und Erinnerungen überfliegenden Vision, schließlich in einem Konglomerat sprachlicher Leerstellen zu vergehen. Das letzte Kapitel (»Gräber«) weiß aus der Perspektive des Pförtners nur noch vom verstörten Verhalten und vom Sterben des identitätslosen Reinhard Niemand zu berichten.

Wohin führt die Odyssee, die Alfred in Begleitung seines posttraumatischen Alter Egos Omega stetig in eine nach kryptischen Gesetzmäßigkeiten rotierende, verzerrte Welt versetzt, deren Stürze durch diverse erzählerische Ebenen man miterlebt und durch die man mit einem Gefühl der Unwirklichkeit zurückbleibt? Aus »Kimmerien«, dem Land aus Illusionen, Erinnerungen und Phantasie, gibt es kein Zurück, weil es für den Kriegsheimkehrer Kaun keine Rückkehr zu einem früheren Sein, einem Sein ohne die Erkenntnisse, Erfahrungen und Erinnerungen des Krieges mehr gibt. Die Heimkehr Odysseus' bietet hier die grundlegende Struktur, auch wenn es in Warsinskys Roman keine Reise geografisch messbarer Dimensionen ist, sondern diese sich vielmehr in den paradoxen, ort- und zeitlosen Topografien der Erinnerung und Halluzination bewegt. Es ist der Sturz durch das Kaninchenloch seines Bewusstseins, das nicht mehr mit der Realität kooperiert, sondern diese in Bildern der surrealen Reflexion auflöst und so für sich kommensurabel macht – eine Reise ins Zurück, zum Alter Ego eines früheren Ich-Zustandes. Anders als Carolls Alice, die dem kuriosen und schließlich bedrohlichen Wunderland entwächst und durch Erwachen den Weg zurück in die Realität findet, entledigt sich Alpha Rommé / Alfred Rommel / Reinhard Niemand / Albrecht von Kaun seiner Leserschaft. Ohne die friedenstiftende Erkenntnis einer final erreichten Identitätskonstruktion verschwindet er einfach, entsagt durch die brutale Leerstelle des platzhaltenden Gedankenstrichs. Warsinsky aber führt auf diese Weise erzählerisch durch Prozesse des Vergessens, des Verdrängens, des aufarbeitenden Erinnerns, die für das Deutschland der Nachkriegszeit hier ihre ganz eigene, poetische Form gefunden haben, eine Weise, die ohnegleichen und ebenso spannend wie verstörend ist.

Eva Poensgen

Werner Warsinsky: *Kimmerische Fahrt. Roman* (1953)

Die Schwelle

So stießen chaotische Trümmer, auf dunklen Flüssen treibend, noch oft gegen die künstlich errichteten Pfeiler der Brücke, die ich zu schlagen begonnen hatte, und brachten ein mühsam errichtetes Werk ins Wanken. Über Nacht stürzte es ein und hinab in die Tiefe. Der nächste Morgen fand mich wie je hilflos und verlassen, zwischen Welt und Unwelt trieb ich in meiner Anonymität dahin. Ich mußte wiederum ganz von vorne beginnen, ich war der Verzweiflung nahe. Womit, fragte ich mich, soll ich eigentlich bauen? Was hält denn stand, da alles Denkbare schlecht ist, morsches Holz, und die Dämonen des Nichts ihre schrecklichen Ziele erkennen lassen? Wo ist ein Herz-

schlag, ein Seelenton in dieser Qual, daß ich ihn brüderlich nennen könnte? Ich wollte doch das Menschsein wieder erlernen; aber ich fand nur Ödnis und Abgrund.
Daß man mich meiner seltsamen, im übrigen gar nicht so seltenen Krankheit wegen als eine Art Zirkusnummer oder auch als Versuchskaninchen würdigte, erkannte ich bald, und das rührte nicht nur aus der Überempfindlichkeit des Kranken. Außer mit waren gerade damals zwei ähnliche Fälle von Gedächtnisschwund, und zwar bei Frauen, bekanntgeworden, bei denen wahrscheinlich Verbrechen zugrunde lagen. Mich las ich im Lokal-Anzeiger als Kriegsversehrten bedauert. Mein Gott, in welch einem Tonfall! Döring hatte Abschnitte dieses Inhalts für mich aufbewahrt. Demzufolge war ich im Kellerloch einer Hausruine für tot aufgefunden worden. Man führte mich dorthin, ich erkannte nichts wieder und besann mich auf nichts. Andre sprachen von einem Verkehrsunfall, und das schien mir wahrscheinlicher. Tatsächlich entdeckte ich am Oberschenkel gelegentlich beim Baden die ziemlich große Vernarbung einer Schußverletzung. Woher diese, nebst den übrigen, besonders die am Kopfe, rührte, wußte ich natürlich ebensowenig zu sagen wie meinen Namen. Mir kam es darüber hinaus manchmal so vor, als wäre ich eigentlich ein anderer, hätte mit meiner eigenen Materie nur die lockere Verbindung einer zufälligen Sympathie und würde eines Tages als der Andere aufwachen und diesen wüsten Traum zu vergessen haben. [...]
Wie beneidenswert dünkte mich der Seelenfriede des Arglosen, der einst auch ich gewesen sein mußte! Und was hatte ich erreicht? Die Unsicherheit und Gefahr einer ungenauen Existenz – des Bergsteigers oder, wenn man will, des Tiefseetauchers: Adler – Delphin. Ich schwebte, ich war ohne Standpunkt. Mein Denken löste sich von allen Notwendigkeiten, aus deren schmerzhaften Lehren ich solide Nutzanwendung hätte zimmern können. Worte, Begriffe, schmolzen wie Dunst im Azur eines ausgeleerten Himmels. Ob ich im Verlangen nach den Gründen aller Höhe und den Erlösungen aller Tiefe auch litt – immer hatte ich diese farbigen Bilder des Trugs vor Augen, das schöne Nichts prismatischer Träume. Und dahinter gähnte mich's an, verschlingend.

Werner Warsinsky: *Kimmerische Fahrt. Roman.* Stuttgart: Deutsche Verlags-Anstalt 1953, S. 99f., 101

Sprechende Blumen
Peter Paul Althaus: *Flower Tales. Laßt Blumen sprechen. Gedichte* (1953)

Der Dichter Peter Paul Althaus, 1892 in Münster geboren, wurde von allen nur PPA genannt. 1922 wurde ihm, dem Kosmopoliten und Bohemien, das kleine Münster zu eng und er zog nach München, wo er Anschluss an Schwabinger Künstlerkreise fand. Seine Schaffenskraft war unermüdlich, er übersetzte, schrieb eigene Texte, war vorübergehend Dramaturg am Weimarer Nationaltheater, gewann ersten Ruhm mit dem Gedichtband *Jack, der Aufschlitzer* (1924) und arbeitete ab 1928 zunehmend für den Rundfunk. Unzählige Male stand er vor dem Mikrofon, als Moderator, Organisator bunter Abende, Hörspielmacher und als Sprecher in eigener Sache. 1937 trat er, um einer Denunziation zu entgehen, der NSDAP bei. PPA moderierte in jener Zeit eine Kammermusiksendung, in der er auch Sprecher einsetzte, die aus ihrer Abneigung gegen das Regime kein Hehl machten. Auf die Forderung, seine Sendung heroischer zu gestalten, entgegnete er, dass es keine heroische Kammermusik gäbe. Am 1. April 1941 wurde er auf Weisung des Propagandaministers Joseph Goebbels aus dem Rundfunk ›entfernt‹.

PPA blieb der Stadt München und insbesondere dem Künstlerviertel Schwabing auch nach dem Zweiten Weltkrieg treu. Er nahm sein altes Leben als Bohemien wieder auf, gründete das Brettl »Die Schwabinger Laterne«, später das Kabarett »Monopteross« und wurde zu einem der wichtigsten Erneuerer der Schwabinger Bohème. 1951 erschien im Stahlberg Verlag der Gedichtband *In der Traumstadt* (s. S. 54), 1952 *Dr. Enzian* (s. S. 62), 1953 *Flower Tales*. Diese drei Bände legten den Grundstein für seinen späteren Ruhm.

Letzerer ist für mich der liebste Band der frühen 1950er Jahre, Gedichte, in denen die verschiedensten Blumen von ihren merkwürdigen, herzergreifenden und kuriosen Schicksalen berichten. Wobei Peter Paul Althaus nicht, wie man meinen könnte, die »Flower Power« der späten 1960er Jahre vorweggenommen hat, dazu war er seiner Zeit und der Reklame (auch als Kunstform) zu sehr verpflichtet; ich vermute kühn, er hat einen Floristen-Slogan der damaligen Jahre wörtlich genommen: Lasst Blumen sprechen. Was er denn auch auf seine berühmte und beliebte, das Kuriose und Bizarre in den Vordergrund stellende Art und Dichterweise geschehen ließ.

Auch hier bei diesen zumeist erschröcklichen und traurigen Lebensgeschichten der Blumen gewinnt der erstaunte Leser schnell den Eindruck, den Boden unter den Füßen zu verlieren, da Absicht und Reimzwang sich aufs Innigste vermischen und das eine nicht mehr vom anderen zu trennen ist: »Ich bin ein Maiglöckchen – / und ich fand / mich unter dem Unterröckchen / einer Maid mit roten Bäckchen / aus Ungarland / im Strumpfenband. / Mehr sage ich nicht. / Langt das zu einem Gedicht?«

So sprechen die Blumen in der Ich-Form über ihr kurzes Leben; der Flieder, das Gänseblümchen, die Lilie, die Kaiserkrone, die Taubnessel, die Gardenie, die Rose, die Tulpe und viele mehr, ja sogar ein Büstenhalter auf der Wäscheleine ist dabei, versehentlich von einem Schmetterling umgaukelt, der ihn für eine Blume hält.

Das klingt, und hier beziehe ich die Gedichte aus *Die Traumstadt* und *Dr. Enzian* mit ein, von heute aus gesehen, inhaltlich vielleicht schon etwas zu nett und harmlos, ändert aber nichts an der Tatsache, dass wir es hier mit einem genuinen Dichter zu tun haben, dessen Reime innovativ sind und dessen poetische Wendungen voller Überraschungen stecken. Bei allem Witz und allem Hintersinn, kommen diese Gedichte ganz ohne Boshaftigkeit daher, sind freundliche Nasenstüber für das verehrte und geschätzte Publikum.

Peter Paul Althaus, der seine Heimatstadt Münster noch ein, zwei Mal besuchte, zog es vor in Schwabing zu bleiben, obwohl er mit leichter Resignation feststellen musste, dass das Schwabing seiner Jugendjahre sich zunehmend veränderte und die Bewohner der

Traumstadt welkten und verblichen und von schärfer konturierten Gestalten ersetzt wurden. PPA, ein Bohemien der alten Schule, starb 1965 und wurde in einem Ehrengrab der Stadt München auf dem Nordfriedhof unter großer Anteilnahme seiner Freunde beigesetzt.

Ich bin sicher, im Himmel, wenn es denn einen gibt, trifft er sich im Wirtshaus mit Wilhelm Busch, Paul Scheerbart, Christian Morgenstern, Joachim Ringelnatz und Eugen Roth am Stammtisch zum Mau-Mau, um dabei ordentlich Bier zu trinken und Dönekes zu erzählen bis in alle Ewigkeit.

Ralf Thenior

Peter Paul Althaus: *Flower Tales. Laßt Blumen sprechen. Gedichte* (1953)

Ich bin eine japanische Kirschblüte;
ich nicht sprechen gut deutsch.
Excuse me, Sir.
Die Blütenblätter von allen meinen Schwestern
gestern
schon gefallen in den heiligen Teich der Sieben
Schwäne
zwischen der Fahrradfabrik und der Pagode
des Yakushiji
und als Schiffchen schwimmen
für kleine Käferlein.
Meine Blütenblätter morgen fallen;
aber dann kleine Käferlein
alle schon Schiffchen haben.
What a pity! N'est-ce pas?

Peter Paul Althaus: *Flower Tales. Laßt Blumen sprechen. Gedichte.* Karlsruhe: Stahlberg 1953, S. 17

So gibt »Brecht wieder einmal ein Exempel«
Gerd Semmer: *Der Deutsche Michel. Humoristisch-satirische Blätter* (1953–1957)

»Als Michel seinen Lebenslauf begann, / Da hieß er Michel und nichts weiter. / Er hängte sich kein Von und Zu daran. / Den sanften Glanz der Himmelsleiter / Vor Augen war er froh und heiter.« – So beschreibt Gerd Semmer, einer der Redakteure und Autoren, die Anfänge der Zeitschrift *Der deutsche Michel*, die zunächst – beginnend mit dem Werbe-exemplar vom August/September 1953 – unter dem Namen *Michel* im Progreß-Verlag von Johann Fladung in Düsseldorf-Derendorf herausgegeben wurde. Im März 1954 wurde sie umbenannt in *Der neue Michel. Humoristisch-satirische Blätter* und hieß schließlich ab November 1954 *Der Deutsche Michel. Humoristisch-satirische Blätter.* Zu den Namensänderungen hatte ein Prozess des Michael-Verlages gegen den Progreß-Verlag geführt. Im November 1954 informiert die Zeitschrift ihre Leser: »Auf dieser Seite werden die Titelblätter einiger früherer Hefte des Neuen Michel wiedergegeben. Neu hinzugekommene Leser haben Gelegenheit gegen Voreinsendung von 50 Dpf. je Heft in Marken diese Hefte nachzubestellen. Abonnieren Sie den Deutschen Michel bei Ihrem Buch- und Zeitschriftenhändler oder direkt beim Verlag. Es wünscht auch mit neuem Namen Ihr alter Freund zu bleiben DER DEUTSCHE MICHEL«. Gerd Semmer, der unter dem Titel *Der Kampf mit dem Engel* die Ballade zu den Namensänderungen schreibt, endet mit der Strophe: »Erz-Jacob, der mit seinem Engel catchte, / Auch hinkend war er froh und heiter. / Als der Hallodri ihm die Hüfte quetschte, / Stieg er gesegnet auf die Himmelsleiter. / So, deutscher Michel, steige weiter!«

Der Michel also, ob neu, ob deutsch, macht weiter, lässt sich aus dem deutschen »Blätterwald« nicht vertreiben und will hoch hinaus. Er ist, wie in den 1840er Jahren, ein aufmüpfiger Michel, der manchmal auch eine phrygische Mütze trägt und nennt, wenn auch vom Prozess etwas angeschlagen, so Gerd Semmer, »beim Namen«, was er anzuprangern weiß. Die Zeitschrift erscheint zunächst monatlich, seit dem 6. November 1955 vierzehntäglich, »jeden 2. Sonntag«. Chefredakteur und verantwortlich für den Inhalt ist Heinrich Arndt, zu den ständigen Mitarbeitern gehören u. a. Richard Ebert, Siegfried Einstein, Irmgard Keun, Hans Müller-Schlösser, Hans Reimann, Harry Reuß-Löwenstein, Hans Scherer, Anton Schnack, Heinz Strix, Adolf Uzarski. Acht Jahre nach Kriegsende wird geschrieben und gezeichnet für eine kritische neue deutsche Demokratie in West und Ost, für die Aufarbeitung der NS-Zeit, gegen die Wiederaufrüstung, gegen Atomwaffen.

Adolf Endler, 1930 in Düsseldorf geboren, dichtet im Mai 1955 (*Ein Mann des öffentlichen Lebens*): »Mal zeigt er sich mit preisgekrönten Ferkeln, / auf die er brüderlich die Hände legt. / Mal sieht man ihn in Hintergärtchen werkeln, / – ›ein Mann, der Kohl anpflanzt und Rosen pflegt!!‹ / Kurz: ›Staatsmann, der doch schlicht blieb‹ führt er auf. / Da bebt die Psyche jungfräulicher Tanten. / O ›ehrlicher Beamtenlauf!!‹ / O ›Freund der Kinder!!‹ und – / der Waffenfabrikanten.«

Karl Schwesig, 1898 geboren, Mitglied der Künstlervereinigung *Das junge Rheinland* und von den Nationalsozialisten Verfolgter, der im Juni 1955 starb, zeichnet auf derselben Heftseite über Endlers Gedicht ein unheimliches Szenario nicht möglichen heimischen Glücks. Versteinert sitzt ein Ehepaar am kargen Esstisch in der finsteren Stube, während die einzige Lichtquelle, das kleine Fenster, ganz ausgefüllt wird von einem eindringenden bedrohlichen Militärgesicht. Redakteur Gerd Semmer (1919–1967), geboren in Paderborn, schreibt dazu unter dem von seiner Brecht-Verehrung zeugenden Pseudonym »Moritz Messer« das Gedicht *Am 30. Mai ist der Weltuntergang* und warnt vor atomarer Aufrüstung. Das Titelblatt der Nummer zeigt unter der Überschrift *Bundesrepublikanischer Kindermund* Konrad Adenauer, der den deutschen Michel reitet, und ergänzt die Verse: »Hoppe, hoppe Reiter, / wenn er fällt, dann schreit er. / Fällt er in den Graben, / fressen ihn die Raben!«

Der deutsche Michel mit seiner Zipfelmütze als Verkörperung des Deutschen lässt sich regieren, aber wehe dem Reiter, der fällt. Adenauer als Personifikation einer Ära unkritischen Wiederaufbaus nach dem Nationalsozialismus, des bundesrepublikanischen Wirtschaftswunders wird gewarnt: »Kindermund tut Weisheit kund«.

Gerd Semmers Frau, Else Semmer, erinnert sich in ihren autobiografischen Aufzeichnungen: »In dieser Zeit [1953] gab Gerd seinen Promotionsplan [über Bertolt Brecht] auf und nahm in Düsseldorf die Stelle bei der neugegründeten Zeitschrift ›Michel‹ – später ›Der Deutsche Michel‹ – an, die ihm ein Freund vom ›Kulturbund‹ vermittelt hatte. Dieser Freund, damals noch Student, später Studienrat, promoviert, war Sekretär des Kulturbundes für Hochschulfragen und fungierte beim ›Michel‹ als ›Sitzredakteur‹, d. h. er war als Student bereit, anstelle von älteren und nicht entbehrlichen Redakteuren oder anstelle von Johannes Fladung, dem Gründer des Progreßverlages und Herausgeber des ›Michel‹, zu ›sitzen‹, wenn aufgrund von Ermittlungen des Verfassungsschutzes eine Gefängnisstrafe verhängt werden sollte. Johann Fladung, ehemaliger Abgeordneter des Preußischen Landtags, von den Nazis als Kommunist im Widerstand furchtbar mißhandelt, hatte nach England fliehen können, wo er mit anderen zusammen während des Krieges die ›Free German League for Culture‹ gründete, deren Arbeit er nach 1945 in Deutschland im ›Demokratischen Kulturbund Deutschlands‹ fortsetzte. Nur in Nordrhein-Westfalen war dieser ›Kulturbund‹ verboten. Er galt hier als kommunistisch beeinflußte Tarnorganisation.«

In der Tat gibt es Prozesse gegen den Herausgeber Johann Fladung ebenso wie gegen den verantwortlichen Redakteur Heinrich Arndt. Ein Beispiel, das Arndt selbst im Heft vom 10. Februar 1957 explizit diskutiert, sei erwähnt, dokumentiert es doch die gesellschaftliche Relevanz der politischen Satire. Mit einer Karikatur hatte die Zeitschrift die Verbrechen des Nationalsozialismus und deren mangelnde Aufarbeitung angeprangert. Arndt zitiert aus dem Strafbefehl: »Am 20.11.1955 veröffentlichten Sie als verantwortlicher Redakteur der in Düsseldorf erscheinenden Zeitschrift ›Humoristisch-satirische Blätter. Der deutsche Michel‹ eine Karikatur, auf der unter der Überschrift ›Schwurgericht Ansbach‹ vier Personen in richterlicher Kleidung dargestellt sind, die einer mit der Uniform der früheren Waffen-SS bekleideten Person Stiefel, Hakenkreuzbinde und Koppelschloß küssen«. Wegen Beleidigung der Justiz wird Arndt zu einer Geldstrafe von 500 Deutsche Mark oder zu einer Gefängnisstrafe von 50 Tagen verurteilt. Die Beleidigung sieht Arndt indes, so teilt er seinen *Michel*-Lesern mit, in dem Ansbacher Freispruch eines ehemaligen Generalleutnant der Waffen-SS, »eine schändliche Beleidigung all derer, die unter dem Faschismus gelitten haben, ganz zu schweigen von jenen, die erschlagen, gehängt, vergast worden sind.« Der Ansbacher Freispruch wurde durch ein Urteil des 1. Senats des Bundesgerichtshofes wieder aufgehoben.

Der Deutsche Michel mischt sich also ein, ist ein kämpferisches Blatt voller Überzeugung, mit den Mitteln von Kunst und Literatur etwas bewegen zu können. Unter der Rubrik »Moritz Messers Schmöker-Ecke« bespricht Gerd Semmer neu erschienene Literatur und Neuauflagen etwa von Bertolt Brecht, Karl Kraus, Adolf Glasbrenner und Ludwig Thoma. Auszüge aus Werken von Heinrich Heine, Christian Morgenstern, Erich Mühsam, Wilhelm Busch, Heinrich Mann, Anton Tschechov, Jacques Prévert, Erich Kästner und anderen werden abgedruckt. Man vertraut auf die Kraft des Wortes und der Bilder. So schreibt Semmer auch satirische »Messer-Verse« zu zeitkritischen Grafiken, z. B. zu den Zeichnungen von Richard Ebert ein kleines Gedicht (*Was sie auch bauten ...*) im Brecht-Ton: »Und wieder bauen wir ein neues Haus. / Was wird es sein? / Eine Schule? / Eine Kaserne! / Hinter der Laterne. / Weit dahinter – / Für euch und die Kinder. / Werft doch das Geld nicht zum Fenster hinaus! / Werft es herein.«

Die Wiederbewaffnung ist ein Thema, das Gerd Semmer zutiefst beschäftigt. Nicht nur *Der Deutsche Michel* ist überzeugt, dass die Wiederaufrüstung die Hoffnung auf ein Leben in Frieden gefährdet. Es ist das ureigene Anliegen des Dichters Semmer; in der Weihnachtsnummer 1956 – Franz Josef Strauß hatte im Oktober den Posten des Verteidigungsministers übernommen – schreibt er: »Bei Direktor Strauß von der Abendland-AG / Ißt man fromm. Da tut's kein Gänsebraten / Und kein Puter. Sie rupfen weiß wie Schnee / Einen Weihnachtsengel – und war gut geraten.«

Die dazugehörige Grafik von Richard Ebert zeigt Familie und Gäste am festlich gedeckten Tisch. Weihnachtsbaum, Kerzenständer und Tannengirlande verbreiten Stimmung. In der Bildmitte – schockierend groß – liegt auf überdimensionaler Platte, frisch zubereitet, ein Engelsbraten: Der Weihnachtsengel, der Friedensbote ist geschlachtet. Else Semmer erzählt in ihren Aufzeichnungen: »Die Arbeit beim ›Deutschen Michel‹ gab Gerd Gelegenheit, eigene Gedichte und satirische Verse zu veröffentlichen. Oft, wenn es Ärger in der Redaktion gegeben hatte, schickte man ihn nach Hause [...] mit dem Auftrag, zu irgendeiner Graphik ein paar Verse zu schreiben, [...] scharf, witzig, die Tagespolitik und Politiker aufs Korn nehmend.«

Eine Anregung zu solchen Vierzeilern mag auch Brechts *Kriegsfibel* (1955) gewesen sein, über die Semmer 1956 im *Deutschen Michel* berichtet hatte. Brecht habe die Fotos aus Zeitungen herausgeschnitten, zusammengeklebt »und schrieb Vierzeiler darunter. Diese Bilder sind nicht einfach Anlaß zu Gedichten, sie spiegeln, gesehen von einem Dichter ein Stück Weltgeschichte«: »Und die Verse sind mehr als Erklärungen, sie klären auf über das, was diese Blätter enthalten. So gibt der Lehrende Brecht wieder einmal ein Exempel.« Auch nach der gescheiterten Promotion bleibt Brecht für Semmer ein Vorbild für Inhalt und Form seiner eigenen Dichtung.

Die letzte *Michel*-Nummer erscheint am 6. Oktober 1957. Manche der Gedichte, die Semmer für den *Deutschen Michel* geschrieben hat, übernimmt er später in seine Gedichtbände *Die Engel sind müde* (1959) und *Widerworte* (1965), so auch das satirische Gedicht *Düsseldorf an der Düssel*, das mit den selbstironischen Versen endet: »So steht es, und das Leben wäre heiter, / Gäb's nicht noch immer Volksverleiter. / Doch wird es unaufhaltsam stetig besser. / Denn endlich wohnt in Düsseldorf auch Moritz Messer.«

Karin Füllner

Gerd Semmer (Red.): *Der Deutsche Michel. Humoristisch-satirische Blätter* (1953–1957)

DÜSSELDORF an der DÜSSEL

Hier lebten die Neandertaler nicht.
Hier war nur Sumpf und oben grünes Licht.
Und da uns Chlor im Wasser wenig schmeckt,
Hat Köbes hier das Düssel-Bier entdeckt.

Die Stadt von Ata, Imi und Persil
Liegt nicht an Mississippi, Oder, Nil,
Jedoch am wunderschönen deutschen Rhein,
Und Heine wollte hier geboren sein.

Er ließ an diesem Ort sich nicht begraben,
Weil sie ihn vorher noch vertrieben haben.
Sie kauften ihm, mit rheinischem Charme,
Als Monument ein Mädchen ohne Arm.

Hier ist dir alles teuer: Kleider, Schuh —
Europas Tochter gibt den Senf dazu.
So über Kö, Kom(m)ödchen und Corneliusplatz
Verkaufte sich schon mancher liebe Schatz.

Das beste ist die Altstadt, Klein-Paris,
Das Wellem auf dem Hottepferd uns ließ.
Hier gab es Heine, Immermann und Grabbe
Und Schneider Wibbel mit der großen Klappe.

Die Wurstmaschine der Bürokrati•

Das ist die eine Seite. Nun zur andern,
Wo in dem Sumpf die Krokodile wandern.
Hier siedelte sich bald der Haifisch an,
Weil er auf fette Happen hoffen kann.

Die großen Röhren werden hier gebaut,
Durch die der kleine Mann so oft geschaut.
Dem Panzer-Meyer schenkte DKW
ein Auto für das rote Blut im Schnee.

Die Leute sind hier wundervoll gekleidet,
Den Armen haben sie die Stadt verleidet.
Sie leben in dem Bunker eingesperrt,
Weil Armut heute sich nicht mehr gehört.

So steht es, und das Leben wäre heiter,
Gäb's nicht noch immer Volksverleiter.
Doch wird es unaufhaltsam stetig besser.
Denn endlich wohnt in Düsseldorf auch
Moritz Messer.

Moritz Messer [d. i. Gerd Semmer]: *Düsseldorf an der Düssel*, in: *Der Deutsche Michel.* 2. Jg., Juni 1955, S. 17

Gegen die deutsche Vergesslichkeit
Paul Schallück: *Die unsichtbare Pforte. Roman* (1954)

Veröffentlicht in einem Jahr, in dem der Zweite Weltkrieg noch nicht einmal zehn Jahre zurückliegt, zeichnet Schallücks Roman das Bild einer Welt, in der Bruchstücke aus dieser jüngsten Vergangenheit wieder in Erscheinung treten. Symbolisch wird dies durch eine Beschriftung der Mauer verdeutlicht, die die im Text zentrale Heil- und Pflegeanstalt umgibt: Unter den Sprüchen »›Wählt die Christliche Union‹« und »›Wählt Kommunisten‹« scheint »in einer noch immer tadellosen Haltung« die Parole »›Räder müssen rollen für den Sieg‹« hindurch. Auch im Leben einiger Menschen gibt es diese Bruchstücke, kleine körperliche und seelische Splitter, die auf den ersten Blick nicht sichtbar sind, aber den Menschen in unterschiedlicher Stärke zusetzen. Von außen betrachtet geht es vielen von ihnen zunehmend besser: Das Deutschland der 1950er Jahre befand sich im Wiederaufbau; die Arbeitslosenquote sank, die Wirtschaft erlebte einen enormen Aufschwung. Rundfunk und Fernsehen erfuhren einen starken Aufstieg. Aber die inneren wie äußeren Wunden des Kriegs verheilten nur langsam und verblassten nie vollständig.

Auch Paul Schallück (1922–1976) gehört zu den Verwundeten des Zweiten Weltkriegs: Er litt bis zu seinem Tod unter einer körperlichen Behinderung, die auf eine Verletzung als Soldat in Frankreich zurückzuführen ist. Diese Verwundung kann als »grundlegendes Thema« (Kay Alexandra Bühler) in den Werken Schallücks bezeichnet werden. Seine literarische Karriere begann erfolgsversprechend: Mit 33 Jahren erhält Schallück 1955 den *Annette-von-Droste-Hülshoff-Preis*; bis dahin hatte er das Hörspiel *Gericht über Kain* (1947) sowie die drei Romane *Wenn man aufhören könnte zu lügen* (1951; s. S. 45), *Ankunft null Uhr zwölf* (1953) und *Die unsichtbare Pforte* (1954) veröffentlicht. Neben weiteren Romanen wie z. B. *Engelbert Reinecke* (1959; s. S. 140) umfasst sein Werk Erzählungen (s. S. 275), Statements, Pamphlete, Leserbriefe und kritische Leitartikel (s. S. 195).

Schallück ist ein Autor der ›Trümmerliteratur‹, die sich kritisch mit den restaurativen Tendenzen in der westdeutschen Gesellschaft auseinandersetzte. Er war Mitglied der *Gruppe 47*, an deren Tagungen er von 1952 bis 1964 regelmäßig teilnahm. In seiner Rolle als Gesellschaftskritiker schrieb er gegen das Vergessen der nationalsozialistischen Vergangenheit Deutschlands an und kritisierte ein gesellschaftliches System, in dem Verwundungen verschiedenster Art möglich gemacht und hingenommen wurden. Sein Werk lasse, so Walter Gödden in seinem Aufsatz *Rebellion der Söhne. Westfalens Aufbruch im Roman der 1950er Jahre*, »einen regelrechten Wahrheitsfanatiker« erkennen, der seine Unzufriedenheit und seinen Widerspruch hinsichtlich »der gesellschaftlichen und politischen Entwicklung der jungen BRD [...] offensiv und beredt kundtat«. Wie viele der zeitgenössischen Schriftsteller zielte Schallück nicht darauf ab, dass, so Bühler, »die Gräueltaten der Nazi-Vergangenheit unablässig vergegenwärtigt werden«; seine Texte forderten lediglich dazu auf, die Vergangenheit unverfälscht anzunehmen. Mit seiner offensiv vertretenen Haltung wurde Schallück einem Großteil des deutschen Publikums mehr und mehr zum unbequemen Störenfried; deutlich wird dies z. B. in der Kritik an seinem 1956 veröffentlichten Text *Von deutscher Vergeßlichkeit*, der die Blindheit gegenüber der nationalsozialistischen Vergangenheit verurteilt.

Die unsichtbare Pforte entwickelt eine Geschichte vom Kampf gegen die Folgen der Vergangenheit, von der Auseinandersetzung mit den eigenen Problemen und der Suche nach dem inneren Frieden. Im Mittelpunkt steht Ulrich Bürger, ein »Mann aus dem Volke, ein Mensch wie wir alle«; doch Ulrich ist nicht wie alle. Anders als viele andere schafft er es nicht, dauerhaft einen normalen Alltag zu leben. Schuld ist seine Tablettensucht, Folge eines Lungensteckschusses, der ihm im Krieg zugefügt worden war.

Bereits im ersten Kapitel taucht der Leser in Ulrichs Welt ein, die geprägt ist durch den ständigen Kampf gegen seine Sucht, durch das Betteln um Geld und den Versuch, möglichst viele Stücke seines immer wieder zerbrechenden Alltags aufzufangen. Frieden und ein Gefühl von Sicherheit scheinen für ihn im gesellschaftlichen Leben unerreichbar zu sein. Der Ort, an dem er »die schönsten Zeiten seines Lebens« erfahren durfte, liegt außerhalb der Gesellschaft: die Heil- und Pflegeanstalt. Doch der Weg hinein ist mühsam. Bereits zwei Mal hat Ulrich es durch das Tor der Heil- und Pflegeanstalt geschafft und im Inneren der »Hülle« Frieden gefunden; dieser dauerte jedoch nie lange an.

Der Roman setzt an einem Punkt in Ulrichs Leben ein, an dem es wieder einmal soweit ist: Er kann nicht mehr kämpfen, will sich freiwillig in die Anstalt einweisen. Dabei schien diesmal vorher alles darauf hinzudeuten, dass er es schaffen würde: Er war in einer Buchhandlung angestellt und hatte sich sogar mit Christa Rött, einer Arzttochter, verlobt. Doch wieder war sie stärker, die Sucht, die Ulrich alles um sich herum vergessen lässt.

Ulrichs Versuche, dem Pförtner seinen Einweisungsschein zu überreichen, scheitern mehrfach. Immer wieder hält ihn etwas ab, obwohl er jedes Mal entschlossen ist, es beim nächsten Versuch wirklich durchzuziehen. So fällt ihm z. B. am Pförtnerhäuschen wieder ein, dass er eigentlich mit seiner Verlobten in den Urlaub fahren wollte. Bevor er sich in die Anstalt einweisen lassen kann, möchte er ihr persönlich Bescheid geben. Doch wo ist Christa? Die Suche nach ihr führt zu Begegnungen mit Menschen, die einmal Teil seines Lebens waren oder es immer noch sind.

Auf einnehmende Weise werden Ulrichs innere Kämpfe mit sich selbst offen gelegt, seine Verzweiflung und Hilflosigkeit, seine starken und seine schwachen Phasen. Metaphern und Vergleiche vermitteln dem Leser eine Vorstellung davon, was die Sucht mit Ulrich macht, wie sehr sie sein Leben beeinflusst. Dieses Leben wird im Verlauf der Erzählung immer wieder mit dem Leben anderer Personen kontrastiert, die es geschafft haben, aus den Bruchstücken des zerstörten Deutschlands einen scheinbar funktionierenden Alltag für sich aufzubauen: Ulrichs Verlobte Christa, Ulrichs Mutter, Christas Tante Josepha oder auch der Arzt Dr. Leisten. Was nach außen den Anschein einer heilen Welt erweckt, entpuppt sich bei genauerer Betrachtung jedoch als ihr Gegenteil; dies gilt besonders für Dr. Leisten, der ebenso wie Ulrich krank ist. Anders als Ulrich ist er aber zu schwach, um seine Ängste und seinen Stolz zu überwinden und eine Kur zu machen. Ob Ulrich es am Ende schafft, die ›unsichtbare Pforte‹ zu durchschreiten, bleibt ungewiss.

Verschiedene Hinweise formen den historischen Kontext der 1950er Jahre: Es entsteht ein Bild, das einer Beschönigung als ›gute Zeit‹ vehement zuwiderläuft. Schallücks Roman markiert seinen Widerspruch gegenüber dem Übermalen des Vergangenen mit den grellen Eindrücken der ›Wirtschaftswunder‹-Zeit. In diesem Sinne lässt Schallück seinen psychisch wie physisch verwundeten Protagonisten handeln: Die Entscheidung für die Anstalt ist eine Entscheidung gegen ein nur oberflächlich heiles Leben und eine Entscheidung für die Auseinandersetzung mit Problemen, deren Ursprung in der von vielen totgeschwiegenen Vergangenheit liegt. Gegen das Verdrängen leistet Ulrich persönlichen, stillen Widerstand.

Valerie Buntenkötter

Paul Schallück: *Die unsichtbare Pforte. Roman* (1954)

Monologe

›Was soll ich tun?‹ fragte er, ›was soll ich denn jetzt tun?‹
›Denk an etwas anderes‹, sagte Clemens.
›Woran soll ich denken, woran denn?‹
›Denke ...‹, sagte Clemens, ›denk an etwas anderes.‹
›Es dauert eine Ewigkeit‹, stöhnt Ulrich Bürger, schwermündig, schleppend und todmüde, die Ellbogen auf den Tisch gestützt, die feuchten Schläfen zwischen den Fäusten, und in den Fäusten klopfte das Blut. Er saß in der zweiten Wirtschaft, die an seinem langen Wege zu Christa Rött lag. In der ersten Wirtschaft hatte er gebebt. Es war ihm zu voll dort. Er war scheu und fand keinen geeigneten Tisch, an dem er allein sein und ungestört seine Tabletten hätte schlucken können. Er schämte sich und trank rasch einen Doppelkorn, der ihm sofort den Kopf erhitzte, und schwankte wieder hinaus auf die Straße, in die erleuchtete Nacht, die ihn peinigte mit ihren Lichtern, und dann in diese Wirtschaft, in der er nun allein an einem Tisch hockte.
»Es dauert eine Ewigkeit, bis der Kellner das Wasser bringt«, brummte er. Seine Zunge war schwer, dick angeschwollen, ausgedörrt, dennoch bewegte er die Lippen. Die Augen lagen in grauen Höhlen, seine Nase wurde zusehends weiß und spitz: er glich einem Sterbenden.
›Es dauert eine verdammte Ewigkeit, und du sagst, ich soll an was anderes denken. An was? An den Mond, ja? Soll ich an den unsichtbaren Säbelmond denken, den noch keiner gesehen hat? An eine gelbe Schachtel, mitten auf einer Straßenkreuzung bei Nacht, von Scheinwerfern herausgehoben aus dem schwarzen Asphalt, wie Polizisten rot anlaufen vor Wut, und die Autos leise in die Seitenstraßen ausweichen? Soll ich an den Duft eines wurmstichigen Pfirsichs denken? Sag doch, Clemens, woran soll ich denken? Los, sag! Oder an ein Paar weiße Damenschuhe, die in einer schwarz gekachelten Wanne baden? Wenn ich die Tabletten geschluckt habe, kann ich dir die Geschichte jener Tonvase erzählen, die fünfundzwanzig Jahre lang ohne Blumen in einem Schaufenster stand

und dann fortgeworfen wurde, weil sie verrottet war. Aber woran soll ich jetzt denken, Clemens? Weiß, klein, rund: meine Tabletten? Verstehst du, meine kleinen Hostien? Es dauert eine Ewigkeit!‹

›Denke …‹, sagte Clemens, ›denk an etwas anderes.‹

›O Clemens! Du hast es gut. Du spürst nichts mehr und bist glücklich. Du bist fein raus. Du spürst deinen Kopf nicht mehr und deine Knochen nicht mehr. Du hast es unwahrscheinlich gut, Clemens. Du spürst schon seit Jahren nichts mehr, nichts, überhaupt nichts. Vielleicht kannst du dich nicht einmal mehr daran erinnern, wie das ist, etwas zu spüren. Das muß herrlich sein. Es dauert eine verdammte Ewigkeit, bis der Kerl das Wasser bringt. Ich kann das Zeug so nicht schlucken. Ich hätte es längst getan. Es ist zu trocken in der Kehle, auf der Zunge eine rissige Pappschicht, ich verdurste. Du hast keinen Durst mehr, Clemens, wie? Du weißt nicht mehr, was das ist. Du brauchst auch nicht mehr zu schlucken, schlucken, schlucken, immer wieder schlucken: Staub, Ärger, Scham. Du hast nichts mehr zu tun, nur das eine noch: tot sein. Das ist schön, wunderschön. Seit Jahren bist du der Glücklichere von uns beiden. Ich beneide dich, Clemens, entschuldige.‹

›Denk an etwas anderes‹, sagte Clemens.

›Woran soll ich denken? An das Gebrüll drüben in der Wirtschaft? Sie standen an der Theke und unterhielten sich. Ich hörte nur Gebrüll, in der ganzen Kneipe ein einziges Gebrüll. So geht es mir immer. Ich konnte dort nicht bleiben. Sie sahen mich alle an, ich habe es gespürt, alle, von der Theke her und von den Tischen her. Aber ich sah keinen, ich sah nur weiße Flecke, so geht es mir immer, Clemens. Die weißen Flecke, das müssen ihre Gesichter gewesen sein. Sie waren angewidert, als sie mich sahen, ich weiß es. Ich weiß auch, warum sie angewidert waren, als sie mich sahen.‹

Paul Schallück: *Die unsichtbare Pforte. Roman.* Frankfurt am Main: S. Fischer 1954, S. 67–69

Was ist westfälisch?
Josef Bergenthal (Hg.): *Sonderbares Land. Ein Lesebuch von westfälischer Art und Kunst* (1955)

Was ist gut, was ist schlecht? Was ist deutsch, was westfälisch? Wer sind und wer waren wir? Manche Fragen bleiben scheinbar immer aktuell. Fragen der Selbstvergewisserung, Fragen der Selbstverortung – im individuellen wie auch im gesellschaftlich-politischen Sinne. Vor allem in letzterer Dimension werden sie immer dann virulent und drängend, wenn (vermeintliche) Krisen drohen. In diesem Kontext ist auch Josef Bergenthals Anthologie *Sonderbares Land. Ein Lesebuch von westfälischer Art und Kunst* zu verorten; die konkreten Verunsicherungen werden vom Herausgeber im Vorwort benannt: Bergenthal identifiziert 1955 den Eintritt in ein »Zeitalter planetarischen Denkens«. Das ›poetisch-fromme‹ werde von einem ›naturwissenschaftlich-nüchternen‹ Denken abgelöst: Der Mond sei nicht länger Objekt idyllischer Projektionen und Sehnsüchte, sondern ein kalter staubiger Planet im Weltall. Bergenthals Anthologie gibt sich hier zu Beginn offensiv gegenwärtig und stellt kritisch die Relevanz des eigenen Publikationsprojekts in Frage; der Herausgeber attestiert sich selbst forsch, ein »unzeitgemäßes Unterfangen« zum Abschluss gebracht zu haben. Doch dieser rhetorisch versierte Angriff ist natürlich nur ein vorgetäuschter, damit die elegante Entgegnung möglichst wirkungsvoll daherkommen kann: »Ist es nicht ein Widerspruch in sich, von Weltraumphantasien zu phantasieren und gleichzeitig mit Herz und Hand den vertrauen Garten der Stammeslandschaft zu hegen und zu pflegen? Es scheint wohl so, aber der Schein trügt. Denn mag der Mensch mit seinen Gedanken auch die Räume der Planeten durchmessen – er ist weder gewillt noch imstande, die Räume seines Menschseins: Heim und Heimat, Familie und Gesellschaft aufzugeben.«

Bergenthal ist sich also sicher, dass aller planetarischen Phantastik zum Trotz letztlich »das menschliche Verlangen nach mehr Heimat und mehr Geborgenheit« obsiegt. Damit scheint die Relevanz des publizistischen Unternehmens erst einmal ausreichend gesichert. Doch Bergenthal denkt in weitaus größeren Dimensionen und will dem Heimatbewusstsein als *dem* Eigentlichem wieder Bedeutung zukommen lassen. Die Dringlichkeit dieses Bedürfnisses steht für ihn ganz außer Frage. Und hier kommen noch einmal die erwähnten Verunsicherungen ins Spiel, die eine derartige Rückbesinnung heraufbeschwören: »Es geht eine große Heimatlosigkeit durch unser Jahrhundert. Millionen Menschen haben keine Heimat mehr. Sie haben sie nicht wie etwas Überwundenes leichten Sinnes hinter sich gelassen. Man hat sie ihnen genommen. Sie wurden auf die Landstraße geschickt und mußten ein ungewisses Schicksal annehmen, ob sie wollten oder nicht.«

Es ist hier von den sogenannten Heimatvertriebenen aus den ehemaligen Ostgebieten des Deutschen Reichs die Rede, die nach dem Sieg über den deutschen Faschismus ihre Wohnstätten in Ost- und Westpreußen, in Pommern, Posen, Schlesien, im Sudetenland etc. verlassen mussten, vertrieben und drangsaliert wurden. Bergenthal ist klug genug, dies im Vorwort so verallgemeinernd wie nur möglich darzustellen; an keiner Stelle wird er konkreter, um nicht den Verdacht einer politisch intrikaten Dimension auf seine Anthologie zu lenken. Seine Perspektive ist in der Sache gleichwohl richtig: Die Heimatlosigkeit der Vertriebenen weckte Heimatbewusstsein, rief die Sehnsucht nach Heimat hervor – paradoxerweise vor allem bei jenen, die weder den Verlust ihrer Heimat noch Einbußen in materieller oder mentaler Hinsicht zu fürchten hatten. Dennoch wurden die politischen Unruhen als unmittelbare Bedrohung des Eigenen und Eigentlichen wahrgenommen.

Dass die in den 1950er Jahren propagierten ›Heimat‹-Narrative seit langer Zeit existierende Denkmodelle von Nation und Zugehörigkeit bedienten bzw. auf diese rekurrierten, wurde kaum reflektiert. Bergenthal will dies in Bezug auf sein Publikationsprojekt auch nicht so recht zugeben; das der Nachkriegsgesellschaft attestierte Bedürfnis nach Stabilität, Sicherheit, Vertrautheit und Tradition wird im Akt der Zuschreibung als ein Wunsch der Vertriebenen gewissermaßen externalisiert: »Heimatlosigkeit wurde zu Heimatverlangen und steigerte sich zu Stammesbewußtsein.« Spätestens hier schrillen die internen Alarmglocken. Wenn 1955, ein Jahrzehnt nach dem Faschismus, von »Stammesbewußtsein« und »Stammesart« die Rede ist, sollte dies Grund genug sein, etwas genauer hinzuschauen.

Was Josef Bergenthal im Vorwort seines Lesebuchs mit nur wenigen Sätzen wieder auferstehen lässt, ist letztlich der nationalistisch-patriotische Effekt, wie er bereits 1813, 1870/71 sowie 1914/18 glänzend funktioniert hatte: unmissverständliche Identifikation durch Exklusion; Agitation für das Eigene durch Abgrenzung. Wenn vom »Lebenswert« und von »Heimatverlangen« die Rede ist, mag es sich auf den ersten Blick um ›harmlose‹ Leitlinien handeln, doch muss – nicht zuletzt aufgrund Bergenthals beachtlicher Karriere als Kulturfunktionär während des »Dritten Reichs« – stets nach der ideologischen Grundierung und Begriffsgeschichte gefragt werden. Eine wohlwollende Nachsicht und falsch verstandene Kontextualisierung, die dem Wunsch nach Verständnis nachgibt, wäre hier ebenso falsch wie die streng hypersensible dogmatische Lesart, welche bei jeder fragwürdigen Vokabel sofort das Nazistische bzw. Völkisch-Rechte ausmachen will.

Was aber deutlich geworden ist: Das *Lesebuch von westfälischer Art und Kunst* wurde vor allem aufgrund des Bedürfnisses nach gesellschaftlicher (bzw. völkischer) Selbstversicherung – dem Zeitgeist als mentale Disposition unterstellt – initiiert. Die zahlreichen Neuauflagen bestätigten das Kalkül von Verlag und Herausgeber in den nachfolgenden Jahren. *Sonderbares Land* steht von Beginn an in der Gewissheit, dass das Westfälische ganz fraglos existiert, dass es munter pulsiert und gerade aufgrund seiner begrifflich kaum fassbaren ›Eigengesichtigkeit‹ weiterhin fortbestehen wird. Das Westfälische scheint – bei Karl Wagenfeld, Augustin Wibbelt, Walter Vollmer, Maria Kahle, Josefa Berens-Totenohl etc. ist es en détail nachzulesen – eine zeitlose Dauerhaftigkeit sein Eigen nennen zu können.

So mürrisch, karg und zäh Mensch und Landschaft – so die immer noch gern kolportierte Vorstellung –, so auch scheinen sich für Bergenthal die Narrative über Westfalen zu gebären: »Vielleicht darf es sogar als Beispiel einer Stammeslandschaft gelten, die in allen Stürmen und Fluten der Gezeiten ihre Eigenart entfaltet und bewahrt hat bis auf den heutigen Tag.« Kriege, Krisen und nicht minder Anekdoten prägen die westfälische Region – aber gehen anscheinend nur unwesentlich in die interne Matrix der »Stammesart« ein. Doch Bergenthal ist durchaus bewusst, dass man sich den Entwicklungen der letzten Jahrzehnte (Industrialisierung, Motorisierung, Verstädterung etc.) nicht gänzlich verschließen kann: »Es ist gewiß nicht alles beim alten geblieben. Das Leben erneuert und verwandelt sich immer wieder. Und doch: Westfalen ist noch immer westfälisch, auch wenn heute Mensch und Vieh nicht mehr unter einem gemeinsamen Dach wohnen.«

Der Nachsatz ist ebenso kurios wie symptomatisch: Der Geist, in dem dieser Band konzipiert, zusammengestellt und auf dem Buchmarkt angepriesen wurde, steckt letztlich noch tief im frühesten 20. Jahrhundert bzw. in einer idyllischen Ländlichkeit, die die Modernisierung nicht erlebt hat. 1955 hausen Mensch und Vieh tatsächlich nicht mehr unter einem gemeinsamen Dach, auch die Generationen einer Familie wohnen nicht mehr zwangsläufig beieinander; eine allgemeine Diversifizierung setzt sich in der Gesellschaft durch und geht mit einem nicht enden wollenden technologischen Fortschritt einher, wovon in Bergenthals Vorwort eigentlich nichts gewusst werden will. Dass solch eine eigentümliche Frontstellung gegenüber der eigenen Gegenwart derart beliebt und gut verkäuflich war, ist kein Indiz für eine grenzdebile Verirrung ins Anachronistische, sondern liefert hilfreiche Hinweise zur Kartierung der mentalen Konstitution der 1950er Jahre in Westdeutschland: Trümmerberge, Wohnungsnot und Hungergefühl sind noch nicht ganz vergessen, doch das sogenannte Wirtschaftswunder zeigt erste wirklich für jedermann spürbare Resultate und lässt auf weitere Prosperität hoffen. Inmitten dieses Terrains öffnet sich allerdings mehr und mehr eine Schneise, die nach valider Orientierung verlangt. Und da erinnert man sich gern des Lokalen und Regionalen, der Pflege der Heimat als eigentlichem Hort des Guten, Schönen und Wahren. Das hatte in Westfalen bereits nach dem Ersten Weltkrieg, dem Ende der Monarchie ganz hervorragend funktioniert: Der heroische Geist des Kämpferisch-Nationalen wurde umgeleitet zur Verteidigung des Heimatgefühls.

Doch die spezifische Eigenart des Westfälischen, die so unbedingt schützenswert und besonders sei, wird vom Herausgeber Bergenthal nicht näher konkretisiert: »Das Westfälische ist eine schwer faßbare Gegebenheit, die geworden ist aus Landschaft, Menschenschlag und Geschichte – eine Wirklichkeit mit Atmosphäre. Sonderbares Land! hat Immermann gesagt, als er mit offenen Augen und empfänglichen Sinnen Westfalen erlebte. Darin kommt echte staunende Bewunderung zum Ausdruck für das Land, in ›welchem alles ewig zu sein scheint‹.« Genau diese immerwährende Unveränderlichkeit des Westfälischen möchte Bergenthal mit seiner Lese aus fünfhundert Jahren Kultur- und Geistesgeschichte belegen. Die Klassiker der deutschen Literatur (Goethe: *Begegnung in Münster*, Annette von Droste-Hülshoff: *Bei uns zu Lande auf dem Lande*) werden ebenso herangezogen wie zunächst eher abseitiger erscheinende Stimmen (Georg Christoph Lichtenberg, Heinrich Heine). Doch Bergenthals Auswahl will nicht nur ein Kompendium des Schöngeistigen sein; zitiert werden ebenso Werner Rolevinck (*Westfalen daheim und in der Ferne*), dessen »Lob auf Westfalen« erstmals 1471 erschien, Fabio Chigi (*Ländliches Münster*), der zum Westfälischen Friedenskongress entsandte Diplomat, und Otto von Bismarck.

Bergenthals Auswahl zeugt von Kenntnis und Belesenheit; er weiß die einzelnen Textspuren gut miteinander in Beziehung zu setzen und so ein ansprechendes Porträt Westfalens zu erstellen. Dass im Band tief in die Historie zurückgeblickt wird, ist nachvollziehbar und nicht zu beanstanden: Das Lesebuch ist ja nicht an einer gegenwärtigen Diagnostik interessiert. Frei nach dem Motto ›je vergangener, desto besser‹ führt Bergenthal neben den Genannten auch Personen wie Friedrich den Großen, Justus Möser, Friedrich Wilhelm Grimme und Karl Lebrecht Immermann an; vor allem das 19. Jahrhundert ist sehr gut vertreten. Und es gibt auch Kandidaten im Band, deren Auswahl nach der vorangegangenen Ausführungen kaum noch überrascht: Man trifft nicht nur auf die »große Dichterin Westfalens« und Levin Schücking, den »Polyhistor unter den westfälischen Schriftstellern«, sondern auch auf Karl Wagenfeld (*Urväter Hausrat*), den »eigentliche[n] Erwecker der westfälischen Heimatbewegung«, sowie auf Hermann Löns (*Die Wallhecke*), den nimmermüde verehrten Autor »heimatlicher Naturbilder«, und, natürlich, auf Josef Winckler

(*Wat stööt he mi?*), in dem, so Bergenthal, »alle guten und bösen Geister des Westfalentums: das Heidnische und das Christliche, das Laute und das Stille, das Derb-Realistische und das Hintergründige« spuken. Dass auch Josef Nadler, fanatischer Verfechter einer stammesgeschichtlich-völkischen Literaturgeschichte, im Band vertreten ist, überrascht nicht.

Ob die im Band versammelten Stimmen endgültig klären können, was nun das Westfälische ist? Bergenthal selbst ist sehr zurückhaltend: »Was ist westfälische Stammesart? Es gibt Fragen, auf die wir gefühlsmäßig die richtige Antwort zu wissen glauben, aber dann werden wir plötzlich nachdenklich und geraten ins Stocken. Man stößt auf etwas Unsagbares, das man nur andeutend zu umschreiben versuchen könnte.« So ungenau bleibt es dann leider auch. Fehlen dürfen in der Darstellung Bergenthals natürlich nicht – obwohl vordergründig als überwunden dargestellt – die sattsam bekannten Klischees: »Da stellen sich zu simple und plumpe Vereinfachungen ein. Oder verbrauchte Gemeinplätze bieten sich an wie stur und bodenständig, hintersinnig und schweigsam, dickköpfig und schwerfällig, grob und unzulänglich bis zu dem sagenhaften Sack Salz, den man angeblich erst mit einem Westfalen gegessen haben muß, wenn er hinter der Wallhecke seines Mißtrauens hervorkommen soll.« Bergenthal vermittelt, dass *Sonderbares Land* mit dieser reduktiven Unterkomplexität der »verbrauchte[n] Gemeinplätze« aufräumen und ihnen ein endgültiges Ende bescheren werde. Den einzelnen Beiträgen des Lesebuchs wird somit eine nicht unproblematische Beweisführung zugemutet; doch Bergenthal gibt sich im Vorwort aller Widersprüchlichkeiten zum Trotz hinsichtlich einer klärenden Lektüre, die die Inkohärenzen sichten, gewichten und letztlich tilgen wird, optimistisch: »Die einen sagen mit Begeisterung ja, die andern mit Spott und Hohn nein, Lob und Tadel, Verherrlichung und Verlästerung stehen neben- und gegeneinander. Wer hat recht? Sie heben sich nicht immer auf. Oft ergänzen sie sich von verschiedenen Enden zu einer wahrhaftigeren Aussage.«

Die Probe aufs Exempel, ob es Bergenthals Lesebuch gelingt zu klären, was denn das Westfälische nun sei, führt schnurstracks zu Josef Wincklers Beitrag *Wat stött he mi?*, der die im restaurativen Diskurs vorhandenen Phrasen fröhlich vermengt, um sie als gültige (endgültige) Erzählweise festzuschreiben: »Des Westfalens schöpferisches Wesen ist entgegen gemeiniglicher Ansicht kein sinnig träumerisches, sondern ein orgiastisch formloses, ein tief heidnisches. Nirgends wie ›hier auf dem Lande‹ sind Reste uralter Vorzeichen erhalten in Blut, Sitte, Christentum. Darum: Roheit, nüchternste Werktätigkeit, kaufmännisches Rechnen, lärmendes Behagen, Charakterstärke mischen sich mit Innigkeit, Weltflucht, Bescheidenheit, Wortkargheit, Frommheit; ein gewaltig Erbe.« – Sicher, es gibt in *Sonderbares Land* auch moderatere Positionen. Doch Wincklers Perspektive, im Oktober 1933 in der *Westfälischen Landeszeitung* erschienen, ist hier durchaus symptomatisch und liegt verdächtig nahe an den von Bergenthal im Vorwort extemporierten Annahmen. Letztlich, so das knappe (und ein wenig verkürzte) Fazit, feiern hier noch einmal die völkisch-reaktionären Positionen fröhlich Urständ. Nicht zuletzt dies bildete die problematische Ausgangslage, die beim Treffen der westfälischen Schriftsteller im April 1956 den »Schmallenberger Dichterstreit« ermöglichten (bzw. provozierten).

Josef Bergenthal garniert seine Überlegungen zur Frage nach dem Westfälischen in typischer 1950er-Manier mit einer vor allem irritierenden Launigkeit: »Was also ist westfälisch? Die Antwort ist schwer. Einen westfälischen Schinken für eine gute Definition dessen, was westfälisch ist!« Nein, bitte nicht. Nicht einmal geschenkt.

Arnold Maxwill

Josef Bergenthal (Hg.): *Sonderbares Land. Ein Lesebuch von westfälischer Art und Kunst* (1955)

Josef Bergenthal
Sonderbares Land

Es geht eine große Heimatlosigkeit durch unser Jahrhundert. Millionen Menschen haben keine Heimat mehr. Sie haben sie nicht wie etwas Überwundenes leichten Sinnes hinter sich gelassen. Man hat sie ihnen genommen. Sie wurden auf die Landstraße geschickt und mußten ein ungewisses Schicksal annehmen, ob sie wollten oder nicht. Es blieb ihnen keine Wahl. Aber dieses Schicksal der Heimatlosigkeit, das Millionen bereitet wurde, hat in den Betroffenen das Bewußtsein eines unersetzlichen Verlustes geweckt. Aus der Tiefe der Erinnerungen stieg die Erkenntnis des verlorenen Lebenswertes. Heimatlosigkeit wurde zu Heimatverlangen und steigerte sich zu Stammesbewußtsein. Stärker als vor der Vertreibung empfanden und empfinden sie, daß sie Schlesier oder Pommern, Ost- oder Westpreußen sind.
Es gibt glücklichere Menschen und Stämme, die nicht erst durch schmerzlichen Verlust sich des Wertes der Heimat bewußt geworden sind. Westfalen gehört zu ihnen. Vielleicht darf es sogar als Beispiel einer Stammeslandschaft gelten, die in allen Stürmen und Fluten der Gezeiten ihre Eigenart entfaltet und bewahrt hat bis auf den heutigen Tag. Es ist gewiß nicht alles beim alten geblieben. Das Leben erneuert und verwandelt sich immer wieder. Und doch: Westfalen ist noch immer westfälisch, auch wenn heute Mensch und Vieh nicht mehr unter einem gemeinsamen Dach wohnen.
Was aber heißt westfälisch? Was ist westfälische Stammesart? Es gibt Fragen, auf die wir gefühlsmäßig die richtige Antwort zu wissen glauben, aber dann werden wir plötzlich nachdenklich und geraten ins Stocken. Man stößt auf etwas Unsagbares, das man nur andeutend zu umschreiben versuchen könnte. Die Frage: Was ist westfälisch? bereitet solche Bedenken und Schwierigkeiten. Da stellen sich zu simple und plumpe Vereinfachungen ein. Oder verbrauchte Gemeinplätze bieten sich an wie stur und bodenständig, hintersinnig und schweigsam, dickköpfig und schwerfällig, grob und unzulänglich bis zu dem sagenhaften Sack Salz, den man angeblich erst mit einem Westfalen gegessen haben muß, wenn er hinter der Wallhecke seines Mißtrauens hervorkommen soll. Was also ist westfälisch? Die Antwort ist schwer. Einen westfälischen Schinken für eine gute Definition dessen, was westfälisch ist!
Die Antwort sei niemand vorweggenommen. Das Westfälische ist eine schwer faßbare Gegebenheit, die geworden ist aus Landschaft, Menschenschlag und Geschichte – eine Wirklichkeit mit Atmosphäre. Sonderbares Land! hat Immermann gesagt, als er mit offenen Augen und empfänglichen Sinnen Westfalen erlebte. Darin kommt echte stau-

nende Bewunderung zum Ausdruck für das Land, »in welchem alles ewig zu sein scheint«. Ähnlich haben viele empfunden, die Westfalen für sich entdeckten: die Landschaft oder den Menschenschlag, seine Geschichte oder die Werke seiner Kunst. Aber nicht alle empfanden so. Groß ist die Zahl derjenigen, die völlig andere Eindrücke erhielten und andere Urteile fällten.
In diesem Buch gilt nicht eine Antwort allein, und es soll nicht etwa nur die gern gehörte Meinung zu Wort kommen. Mit westfälischer Art und Kunst haben viele sich befaßt und auseinandergesetzt. Die einen sagen mit Begeisterung ja, die andern mit Spott und Hohn nein, Lob und Tadel, Verherrlichung und Verlästerung stehen neben- und gegeneinander. Wer hat recht? Sie heben sich nicht immer auf. Oft ergänzen sie sich von verschiedenen Enden zu einer wahrhaftigeren Aussage. Denn mag das Lob noch so hoch gestimmt sein, der Tadel noch so boshaften Zungenschlag verraten – ein Körnchen Wahrheit ist meistens doch darin verborgen.

Josef Bergenthal: *Sonderbares Land*, in: ders. (Hg.): *Sonderbares Land. Ein Lesebuch von westfälischer Art und Kunst.* Münster: Regensberg 1955, S. 13–16, hier S. 14f.

»Susamo remo mordo korbi la«
Hans Dieter Schwarze: *Tröste, blasse Straße. Gedichte* (1956)

Früher musste ich Deutschlehrer, der ich war: bin: bleiben werde, die Abiturthemen selber aussuchen und begründen und der Behörde unterbreiten und bewilligt bekommen. Für einen Leistungskurs im Jahr 1999, fünf Jahre nach Hans Dieter Schwarzes Tod, habe ich einem Privatdruck von Jürgen P. Wallmann, der leider auch schon tot ist, ein Gedicht von Hans Dieter Schwarze entnommen und als eine der vier Aufgaben eingereicht: Vergleichen Sie Andreas Gryphius' *Thränen in schwerer Krankheit. Anno 1640* und Hans Dieter Schwarzes *Sonett. Nach der barocken Weise des Andreas Gryphius*! Meine damalige Begründung: So verwandt die beiden Gedichte in ihrer äußeren Form und auch in ihrem inhaltlichen Schwerpunkt seien (und so ostentativ sich Schwarze auch auf Gryphius beziehe!) – eine sorgfältige Analyse werde schon die Abweichungen in Titel und Untertitel zu registrieren und zu reflektieren haben: Bei Gryphius möge die Jahresangabe autobiografisch sein, dennoch sei von diesem Datum der Dreißigjährige Krieg nicht zu abstrahieren. Schwarze gebe lediglich eine weltanschaulich und lebensgeschichtlich neutrale Gattungsbezeichnung an und wolle per Untertitel Gryphius ausdrücklich mitgelesen wissen –: einerseits der kollegiale Respekt für jemanden, der auf Leben (und Tod) mit anspruchsvoller Literatur ›geantwortet‹ hat, andererseits auch so etwas wie eine illusionslos kritische, nämlich heils-›un‹gewisse Fortschreibung. Das saloppere Verhältnis des modernen Gedichts zu Form- und Registervorschriften solle ebenso gesehen werden wie sein selbstbewusstes Traditionsbewusstsein, das sich etwa in der ›barockisierenden‹ Metaphorik äußere. Andererseits solle das individualistische Lebensgefühl abgegrenzt werden von einer (mittels der zeittypischen Vanitas-Topoi vorgetragenen) Auffassung, die mehr im Auge habe als die eigene Vergänglichkeit.

Das Gryphius-Gedicht kennt jede(r), und so zitiere ich hier nur Schwarze, nicht das ganze *Sonett*, sondern lediglich den »Abgesang«: »Soll man in Trance noch Widerrede geben? / Nach Bildern, die in Kürze fliehen, langen? / Im Schluck von säuerlichen Schlehen // Hab ich mein Gaumensegel abgehangen. / Kein Abschied, Leute, weil da nie wat war / Und sollte Gott wat SEIN – na wunderbar.«

»Gaumensegel« ist ein fachterminologisch korrekter Begriff, aber metaphorisch bezeichnet Hans Dieter Schwarze nicht nur seine finale Erkrankung, die Zerstörung seines Mundraumes, sondern auch den Verlust (nicht seines Sprach-, aber) seines ›Sprech‹vermögens, im engeren Sinne: seiner Möglichkeit, sprechend Segel zu setzen. Mit anderen Worten: Sein Gedicht ist ein stummes Soliloquium, im Titel des *Sonetts* beginnt nicht nur die Präposition »nach«, sondern auch das Substantiv »Weise« zu fluoreszieren. Und/aber jetzt wo ich den »Abgesang« abschreibe, kann ich mich nicht daran hindern, das Gedicht von Hans Dieter Schwarze, Jahrgang 1926, die Schülerinnen und Schüler, die ich nicht mehr habe, vergleichen zu lassen mit *Vonne Endlichkait* von Günter Grass, Jahrgang 1927: »Nu war schon jewäsen / Nu hat sech jenuch jehabt / Nu is futsch un vorbai. / Nu riehrt sech nuscht nech. / Nu will kain Furz nech. / Nu mecht kain Ärger mähr / un baldich bässer / un nuscht nech ibrich / un ieberall Endlichkait sain.«

Alles was recht ist, Hans Dieter Schwarzes leibeigenes Gedicht muss sich zwischen Gryphius und Grass weiß Gott (?) nicht verstecken, aber was hat das jetzt alles mit *Tröste, blasse Straße* zu tun, dem frühen, dem vierten Gedichtband von Hans Dieter Schwarze, erschienen 1956, im janusköpfigen Todesjahr von Gottfried Benn und Bertolt Brecht, dem Jahr, als der erste Gedichtband von Günter Grass erschien: *Die Vorzüge der Windhühner*? Mehr als man denkt. Denn Schwarzes Gedichtband hat vier Abteilungen, die erste heißt »Spuren falten sich auf« und enthält – ein Jahrbuch – 12 Monatsgedichte, das erste Wort des Januar-Gedichts ist »Krankenhauslandschaft«, und der 30-jährige Hans Dieter Schwarze, der es geschrieben hat, war ja auch da schon der Mann, der mit gut Mitte 60 – viel zu früh – sterben würde. In Wirklichkeit ist es ein winterliches Landschaftsgedicht, nur sieht das Bewusstsein, das die besagte winterliche Landschaft wahrnimmt, die Landschaft nicht, wie ›sie‹ ist, sondern wie ›es‹ (ES) ist: Von einem düsteren Basso continuo vibrieren viele seiner frühen und viele seiner späten Gedichte, auch – dialektisch – seine Liebesutopien. Und jetzt muss ich auf die *Quersumme* zu sprechen kommen, den 1952 erschienenen allerersten Lyrikband von Hans Dieter Schwarze. In ihm gibt es ein Gedicht mit dem Titel *Winter*. Und wenn ich meine Schülerinnen und Schüler, die ich nicht mehr habe, dieses Winter-Gedicht mit jenem Januar-Gedicht vergleichen ließe, würden sie unschwer herausfinden, dass beide Gedichte mit dem gleichen Material arbeiten, bis hin zu wortwörtlichen Entsprechungen, und/aber die guten Schülerinnen und Schüler würden sich darüber wundern, ›dass‹, und die sehr guten sogar darüber nachdenken, ›warum‹ Hans Dieter Schwarzes früheres Gedicht sich moderner anhört als das spätere (und die einsame eine – Annette S. – würde an Schuberts *Winterreise* denken ...). Ich zitiere aus dem frühen Gedicht die erste Strophe: »Krankenhauslandschaft: / Kalkweiße Wände beengen, / innerer Mörtel ist Schweigen. / Büsche, / wie linnenbezogene Figuren, / rieseln Metaphern am Wegrand. / Gleich bist Du tot, / ziehst Du den Schal nicht fester!«

Gar nicht schlecht – Transsubstantiation! –, wie hier aus Sprache Wirklichkeit wird, aus der Metapher Kälte strömt! Und jetzt aus dem späteren Gedicht (dessen Zeilenfall im Druck allerdings nicht sehr eindeutig ist), die erste Strophe, die den Lakonismus des frühen Gedichts klassizistisch, sozusagen hexametrisch zurücknimmt: »Krankenhauslandschaft: die kalkweißen Wände beengen und innrer / Mörtel ist Schweigen. Schau: huschen nicht, wenn du hier gehst, / linnenbezogene Büsche und rieseln gespenstige Sprache; / schneidend schnürt deinen Hals frostiges Schaltuch des Winds.« An klassische Muster lässt später auch das Jahresend-Gedicht denken: »unter den Wurzeln des Dunkels / hocken geborgen und bleiben / wir Liebenden alle und flicken / zwischen den Schauern der Erde / mit Gras den geborstenen Mond«: amor vincit omnia!

Das Titelgedicht der zweiten Abteilung – und auch des Gedichtbandes – gilt einer juvenilen, man möchte sagen: hofmannsthalesken Empfindsamkeit, das der dritten – »Blätter flüchten mir vor die Füße« – lässt ein lyrisches Ich Mitleid haben mit frierenden Bäumen: »Kommt mit mir nach Hause, / ich leg euch in mein Buch / zu den Gedichten« (verstehe: embedded reality!). In der vierten Abteilung präsentiert Hans Dieter Schwarze eine lyrische Erzählung: *DIE REISE AUF DER FENSTERSCHEIBE. Sonette einer verliebten, phantastischen Ausfahrt* (merke: Das Komma steht für ein ›und also‹!). Tatsächlich sind es 15 Sonette, so viele, wie sie auch ein Sonettenkranz enthält, dessen ausgeklügelter ›Formforderung‹ Hans Dieter Schwarze – »König des Verzichts« – nicht willfahren muss. Zum Ausgleich ist seinem Poem ein lautpoetisches »Motto« (?) vorangestellt: »SUSAMO REMO MARDO KORBI LA«, so suggestiv dunkel wie bei Gottfried Benn dann und wann das buddhistische »tat-twam-asi«. Zwei Liebende überqueren auf einer Mansardenscheibe, die sich »an die Dunkelheit« gelehnt hatte, ins Waagerechte »gefallen« und zu einem »gläsernen Boot« – einem Luftschiff jean-paulinischer Provenienz – geworden war, ihre nächtliche Stadt, gar nicht so ganz anders als die Kraniche bei Bertolt Brecht, die »im Fluge beieinander liegen«. Ein aeronautischer Nachtgesang, von der ich nur die letzten beiden Strophen des 15. Sonetts – die Rückkehr – zitiere: »Das Fenster lehnt sich an die Morgenfrühe. / Die Bäume leuchten kühn im satten Grün. / Der Himmel wölbt sich zart und ohne Mühe. // Von Tau und Sonnenglast die Knospen sprühn: / Susamo remo mordo korbi la – / Reist weit, ihr Liebenden, bleibt euch nur nah!« Was die vorletzte Zeile bedeutet, singe und sag ich nicht, aber wenn ich noch der Lehrer wäre, der ich war: bin: bleiben werde, würd ich meinem Literaturkurs ein multimediales Projekt vorgeschlagen: Bertolt Brechts *Die Liebenden* (aus Abhärtungsgründen vielleicht die abturnende CD, auf der Reich-Ranicki es spricht), Hans Dieter Schwarzes *Reise auf der Fensterscheibe*, Ulrich Schamonis *Alle Jahre wieder*, und, Goetz sei Dank: Wandas »Wenn jemand fragt, wofür du stehst ...«.

Hermann Wallmann

Hans Dieter Schwarze: *Tröste, blasse Straße. Gedichte* (1956)

Oktober

Stoppeln und Erntekränzen
entgleitet
das Märchen von der Gestalt.

Alles will sich ergänzen
und überschreitet
Trost und Gewalt.

Regenzerflederte Fuhren
schweigen im Feld;
Himmel wurzelt im Land.

Es lösen sich alle Spuren,
und wir nehmen weiter die Welt,
als hätten wir sie erkannt.

Tröstliches Gesicht

Es hat ein Zitronenfalter
mein Auge betupft.
Aus Gottes Antlitz wuchs
das Echo seines Flügelschlags,
und eine gelbe Wolke,
ach, so feinen Staubes
besänftigte den Tod.

Verregnete Straße

Tröste, blasse Straße,
mit deinen schimmernden, feuchten
Augen,
in denen ein Junge steht,
der Schiffchen fahren läßt.
Bäume, rissige Arme,
reckst du gegen gefleckten Himmel.
Kleines, fächelndes Grün umhüllt sie,
spielt vor ernsten Astfingern
über den gelben Laternenköpfen.

Liebe Straße,
in steinerne Borden gekleidet,
von blinkenden Schienen geschnürt –
schon schläfst du.
Und über mich hin
beugt sich der Wind vom Himmel nieder,
um Zärtliches,
Blasse,
mit dir zu besprechen.

Susamo remo mardo korbi la

11

»Susamo remo mardo korbi la« –
durchpulst vom Blute unbekannter Mächte
erzählen unsre Sterne in die Schächte
der Nacht, was ihnen dermaleinst geschah.

»Susamo remo mardo korbi la« –
als ob die Erde an das Märchen dächte,
regt sie sich leis, als ob ihr jemand brächte,
was sie in großer Ahnung wachsen sah.

Zehn Sterne summen leise an den Borden
der Fensterscheibe, drauf wir beide sitzen.
Es ist ein wundersames Tönen, Blitzen,

ein gleitender, verlorner Liebesorden.
Susamo remo mardo korbi la –
O Seligkeit, Vollendung – Du bist da!

Hans Dieter Schwarze: *Tröste, blasse Straße. Gedichte.* Emsdetten: Lechte 1956, S. 19, 25, 38, 73

Wie kann ich Jenny Aloni begegnen?
Jenny Aloni: *Gedichte* (1956)

Sie, die 1993 in Israel starb, als ich gerade anfing literarisch tätig zu sein, die sich selbst fremd blieb und in vielerlei Gedichten dieses Fremdsein beschwor. Wie kann ich da vertraut sein?

In der Sprache begegnen wir uns und in meinem Wunsch, eine Überlebende der Shoa und ihre Rolle als Schriftstellerin beim Aufbau des Staates Israel zu verstehen. Ich erinnere die staubigen Wege durch die Negev-Wüste auf meiner Israelreise. Steine und Staub, Felsen, um die der Wind fuhr, in der Ferne Fellachen, eingehüllt in Tierfelle, Schafe vor sich hertreibend. Jenny Aloni war die Wüste so fremd wie mir. Sie reflektiert die Fremdheit in ihrem Gedicht vom Wüstenwind, erzählt in ihren Tagebuchnotizen vom Blick auf die Felsen und die Schafe treibenden Fellachen. Es weckt bei mir Erinnerungen, wenn sie schreibt: »Wüstenwind tanzt / Auf grauen Tamariskenzweigen«.

Aus Paderborn als Jenny Rosenbaum vertrieben, kam sie 1939 mit 22 Jahren nach Palästina. Ihr Gedicht *Nach der Ankunft in Israel* bezeugt ihre tiefe Fremdheit in diesem Land, die lange andauerte. Sie beklagt, nicht zu wissen, woher die Steine stammen, und wenn die Sonne den Tag ankündigt, dann, so schreibt sie, »spür ich erst, wie fremd ich ihnen bin, und westwärts schickt, obgleich er es nicht sollte, / ein Mensch den ruhelosen Sinn. / Und nah ist fern und fern, was nah sein sollte.« Sie ist nicht nur eine Fremde, sie ist sich selber fremd geworden.

Ihre Zerrissenheit ist doppelter Natur: Sie fühlt sich als Andere und zugleich wirft sie sich die Fremdheit vor wie ein Versäumnis. Denn eigentlich müsste sie sich als die Gerettete doch heimisch fühlen. Was hindert sie daran? Da ist die Sprache, die sie in Ansätzen schon in Deutschland, als Vorbereitung auf die Ausreise, gelernt hatte. Doch fast nie wird sie in Iwrit, wie das Neuhebräisch genannt wird, dichten. Dazu bleibt sie zu sehr außen in dieser neuen Welt Israels. Aber die Verstörung geht tiefer. Da ist die ungelöste Schuld, gegangen zu sein, ohne die Eltern und Schwester mitnehmen zu können. Bei ihrem ersten Aufenthalt nach dem Kriegsende in Paris schreibt sie: »Auf meiner Stirne brennt das Mal / der großen Schuld. / Ich wurde schuldig, da ich sie verließ / Und meiner Wege ging. / Sie blieben für die Gase und die Öfen, für Hunger und für Mord. [...] / Buße ohne Sinn. / Buße ohne Ende.«

Die tiefe Verzweiflung über den Tod der Eltern und der Schwester in Theresienstadt und Auschwitz, die sie als eigene Schuld und ihr Versagen versteht, lässt sie erst langsam wieder zum Schreiben gelangen. Eigentlich hatte sie schon als junges Mädchen geschrieben, schon mit zehn Jahren die ersten Gedichte verfasst, und ihre Lehrerin, Margarete Zander, hatte sie gefördert und ihre Gedichte aufgehoben, als sie die Heimat verlassen musste. Ein Gedicht, das in der Erstausgabe von 1956 noch nicht enthalten ist, aber in die *Gesammelten Werke* aufgenommen wurde, heißt *Nach dem Sturm* und verrät durch das Datum der Entstehung (13.11.1938), welches Ereignis Anlass für dieses Gedicht war. Zunächst ist alles wie immer, der Herbst und die Tändeleien der Liebesleute, die Häuser und das Spiel der Kinder. Und dann heißt es: »nur dass die Kugeln heute silbern sind / Und gestern noch in einem Bethaus lagen / Auf heilgen Rollen in geweihtem Spind«. Fast beiläufig erinnert sie damit an die Zerstörung der Synagogen, an die mörderische Hetzjagd auf Juden in Deutschland am 9. November, an den Pogrom.

Jenny Aloni dichtete in schwieriger Zeit. Erste Gedichte, die später in die *Gesammelten Werke* aufgenommen wurden, schrieb sie 1936. Da war sie 19 Jahre alt. In Paderborn umgibt sie eine zunehmend antisemitische Stimmung, die Abwendung der Mehrheit von der schutzlosen Minderheit, die sich nach 1933 zum mörderischen Judenhass steigert. Nur kurz kann sie im Ausbildungscamp für Auswanderer eine harmonische Gemeinschaft finden. In Palästina ist das Land in großer Sorge vor dem näher rückenden Krieg, dann umtriebig beschäftigt mit dem Aufbau eines Judenstaates für die Überlebenden des Holocaust. Deren unbewältigter Kummer interessiert nicht. Es gilt, die militärische Verteidigung des Staates Israel zu leisten. Jenny Aloni meldet sich zum Militärdienst, trotz ihres Pazifismus. Sie will dabei sein, sich wehren. Da ist wenig Raum für Dichtung, schon gar nicht für die Erprobung neuer Formen weiblichen Schreibens. Eine Generation später, noch zu Lebzeiten Jenny Alonis, beklagen bekannte jüdische Dichterinnen, dass sie sich als Autorinnen herabgewürdigt, wenig verstanden, verniedlicht, wie auf »einer geistigen Frauenempore« fühlen. Man(n) nimmt sie nicht ernst, traut ihnen nicht zu, Wichtiges zu den drängenden Problemen des Landes sagen zu können.

Ich habe in Israel eine ähnliche Erfahrung gemacht: Als ich auf einer Rundreise dem sonst so welterfahrenen Guide von Else Ury und ihrem Tod in Auschwitz berichtete, zog er ungläubig seine Stirn in Falten, sagte: Eine Kinderbuchautorin, vergast in Auschwitz? Das kann nicht sein. Als ich ihm dann in Yad Vashem Else Urys Unterlagen zeigte, zuckte er nur mit der Schulter. Frauen hatten in seiner Vorstellung (und wohl nicht nur in seiner) bei der Shoa keine Rolle zu spielen. Das schien einzig Männersache zu sein.

Jenny Aloni scherte sich nicht um Vorurteile und Ausgrenzung. Sie gab 1980 einen Gedichtband mit dem Titel *In den schmalen Stunden der Nacht* im Selbstverlag heraus. Er ist »dem Andenken meiner Eltern und Schwester, umgekommen in Theresienstadt und Auschwitz« gewidmet. Darin ruft sie sich in bewegender Weise auf, die Gespenster zu verjagen, nicht nur die heutigen, sondern auch die der nächsten und übernächsten Nacht und fragt sich gleichzeitig, ob sie das denn eigentlich will und ob sie es kann, »wenn sie es wollen würde«. Wir können sie bei ihrer Suche nach Vertrautem in Paderborn begleiten, wenn sie den alten Laden, die nächste Gasse, die alte Buchhandlung sucht und nicht findet und doch immer weiter auf der Suche sein wird.

Sie versuchte mittels der Gedichte, die oft, wie sie selbst sagt, rhythmisierte Prosa sind, sich die Welt nach der Shoa neu zu erklären und ihr Dabei-Scheitern in Worte zu fassen. Sie ist ganz in ihr Schicksal eingebunden, wenn sie schreibt: »Am Anfang war das Wort, / am Anfang war das Licht / am Anfang war die Tat, / sagen sie. / Am Anfang war der Zufall, / der Schicksal wurde, / sage ich.« Der Gedichtband von 1980 besteht aus drei Teilen und präsentiert die 1956 von ihr selbst eingerichtete Sammlung ebenso wie neu zusammengestellte Texte, die vor allem den Ermordeten ihrer Familie gewidmet sind. Der dritte Teil, die Gedichte in chronologischer Reihenfolge (1936–1993), sind von Hartmut Steinecke zusammengestellt worden. Thematisch stehen Gedichte zu Naturphänomenen neben Gedichten und Notaten zum Problem des Vergessens und der Schuld im Vordergrund.

Wir wissen, dass in Israel lange Zeit die deutsche Sprache verpönt war und niemand sie öffentlich sprach. Das stellte für Aloni ein großes Problem dar, denn um sie herum wurde Iwrit und Englisch gesprochen; ein lebendiges und modernes Deutsch der Nachkriegsgesellschaft hörte sie nur bei ihren wenigen Aufenthalten in der Bundesrepublik. Besonders die späten Texte zeugen von einer äußersten Verknappung im Stil. Oft sind es lyrische Tagebuch-Notate, lakonische Kommentierungen ihres Alltags und ihrer Gedanken. Manche Gedichte verstehe ich als Selbstvergewisserung der Autorin, in einem Land zu leben, das nicht mehr so fremd ist wie es anfangs schien, und ihr trotz allen Schmerzes seine eigene Schönheit offenbart.

Wichtig wurde für ihre Entwicklung zur Schriftstellerin die Freundschaft mit Heinrich Böll. Zwar hat sie immer geschrieben, aber ihre Zweifel an ihrem Talent saßen tief. Da musste erst ein Böll kommen, um ihr Mut zu machen und ihr damit zu ermöglichen, ihr Talent weiter zu entfalten (Jenny Aloni / Heinrich Böll: *Briefwechsel. Ein deutsch-israelischer Dialog*, Bielefeld 2013). Der Kontakt zu ihm wird von der so aktiven Förderin Margarete Zander betrieben. Sie hatte für die *Frankfurter Allgemeine Zeitung* eine ausführliche Darstellung von Jenny Alonis Leben und Schreiben durchsetzen können und als Heinrich Böll 1959 die Germania Judaica, die Bibliothek zur Geschichte des deutschen Judentums, in Köln eröffnete, legte sie ihm Jenny Aloni ans Herz und Böll griff zu. Er hatte über andere Autoren reden wollen, sprach dann aber ausführlich über Jenny Aloni, hatte ihren ersten Brief an Frau Zander über ihren Lebensweg von Paderborn nach Israel vorliegen und las daraus, denn besonders die Briefe hatten für ihn »als Prosa ihren Rang«, wie er sagte. Wenig später trafen sie sich in der Wohnung Bölls und es wurde daraus eine tiefe Freundschaft für das ganze Leben. Böll notiert, er habe selten »eine so offene, herzliche Frau kennen gelernt«.

Es entwickelte sich ein Dialog zwischen einer nicht religiösen Jüdin und einem kirchenkritischen Christen, aber auch eine Begegnung von Menschen in ganz privater Weise. Die Briefe sind vor allem das »Dokument einer Freundschaft«. Für Jenny Aloni war Böll wichtig als Kontakt zu einem Intellektuellen in Deutschland. Ihr Verhältnis zu ihrer alten Heimat blieb distanziert; er wurde das positive Gegenbild. Für Böll war die Beziehung wichtig, weil er sich mit niemandem sonst unbefangen über deutsch-jüdische und deutsch-israelische Fragen austauschen konnte. Das ging nur bei Aloni und, wie er betont, auch nur in wenigen Momenten der Begegnung.

1991 wurde Jenny Aloni mit dem Meersburger *Droste-Preis* ausgezeichnet. Schon vorher hatte sie den Kulturpreis ihrer Heimatstadt Paderborn bekommen. Preisträgerinnen des *Droste-Preises* in Meersburg waren u. a. auch Nelly Sachs (1960) und Hilde Domin (1971), ebenfalls Dichterinnen jüdischer Herkunft. Sie befand sich also in guter Gesellschaft. Bei der Dankesrede sagte sie: »Die Sprache ist ein Werkzeug, das stimmt. Aber ein Werkzeug besonderer Art, das man pflegen und vor Verrohung bewahren muss, wie es die Vergangenheit beweist. [...] Meine Augen sind auf die Zukunft gerichtet, und ich hoffe, dass ich zur Verständigung zwischen Deutschland und Israel beitragen darf.«

Marianne Brentzel

Jenny Aloni: *Gedichte* (1956)

Hochsommer in israelitischer Landschaft

In eines Mittags Gluten stehn die Lüfte
heiß über braun gebacknen Distelwüsten,
die Wiesen waren, ehe sie verbrannten.

Lang sind des Winters Regen schon verronnen,
und wo des Lenzes bunte Auen grüßten
verdorrten alle Farben, alle Düfte.

Es starb der Wind im heißen Hauch der Sonnen
auf den Gerippen, die einst Blumen hielten.
In dem Gemäuer kahler Felsen kauern
die Vögel. Käfer, die mit Gräsern spielten,
suchten Versteck in dunklen Erdenspalten.

Selbst jene Eichenbäume, die uralten,
die schon Jahrhunderte von Dürre kannten,
harren, daß sich des Tages Stunden neigen,
um mit dem Tau der Nacht an ihren Zweigen
den sommerlichen Tod zu überdauern.

Ramat Gan-Kirjat Borohov, 5.8.1955

Jenny Aloni: *Gedichte*. Ratingen: Henn 1956, S. 33

»im Abflußrohr der Zeit«
Peter Rühmkorf / Werner Riegel: *Heiße Lyrik* (1956)

In dem nur 30 Seiten umfassenden Band *Heiße Lyrik* präsentieren Peter Rühmkorf (1929–2008) und Werner Riegel (1925–1956) jeweils 14 Gedichte, die zwischen 1953 und 1955 entstanden. Die Rühmkorf-Gedichte erscheinen unter dem Titel »Song deiner Niederlagen«; Riegels Beitrag zur *Heißen Lyrik* ist mit »Feldweg hinter Sodom« überschrieben.

Nachdem im Entstehungszeitraum gemeinsam die selbst produzierte Zeitschrift *Zwischen den Kriegen* (*ZdK*) herausgegeben wurde, stellt *Heiße Lyrik* für beide Dichter die erste ›offizielle‹ Veröffentlichung in einem Verlag dar. Während es für Werner Riegel die einzige Publikation zu Lebzeiten blieb – er starb 31-jährig an einem nur wenige Wochen vor seinem Tod diagnostizierten Gehirntumor – bildet *Heiße Lyrik* für Rühmkorf den Ausgangspunkt eines umfangreichen Werkes und einer so erfolgreichen wie konsequent nonkonformistischen Existenz als Schriftsteller (s. S. 158, 304, 495).

Die ›Vorgeschichte‹ zur *Heißen Lyrik* führt in ein fast vergessenes Kapitel des literarischen Untergrunds in Hamburg und erscheint, da die Projekte *Zwischen den Kriegen* und *Heiße Lyrik* so eng verknüpft sind, unbedingt erzählenswert. In den Jahren vor Riegels Tod waren die Autoren der *Heißen Lyrik* ein eingeschworenes sympoetisches Zweiergespann, wie Rühmkorf in *Die Jahre die Ihr kennt* (1972) berichtet: »Hingen allmählich zusammen bis tief in das gemeinsame Pseudonym John Frieder und waren einer des andern unschlagbare Rückendeckung.« Wie hier angedeutet wird, fungierten Riegel und Rühmkorf in *Zwischen den Kriegen* über weite Strecken als alleinige Autoren und riefen, um dies zu verschleiern, eine Vielzahl an Pseudonymen ins Leben. Der Begriff »Rückendeckung« ist treffend, insofern Rühmkorf und Riegel mit einer kämpferischen und streitlustigen Mischung aus Lyrik, Literaturkritik und politischem Essay aufwarteten. Die Zeitschrift, die den Untertitel *Blätter gegen die Zeit* trägt und den Nährboden für den später gegründeten *Studenten-Kurier* bildete, lässt noch viel von der Polemik des Expressionismus erkennen, als dessen legitime Erben sich Riegel und Rühmkorf sahen. Überhaupt, so bemerken die Herausgeber, dürfe man als Leser von *Zwischen den Kriegen* nur keine Angst vor Ismen haben: »Auch Sie, lieber Freund moderner Literatur, bedauern schon lange, daß nach Expressionismus, Futurismus, Dadaismus nichts mehr kam. Nun, hier geschieht endlich wieder etwas, hier wird provoziert, gelästert, geflucht und gebetet wie in den Zeiten der Toller, Tucholsky, Klabund, Huelsenbeck, Mühsam«, heißt es auf der letzten Seite der Ausgabe 4 vom März 1953.

Das Lästern richtete sich gegen die etablierte Literaturszene der Nachkriegszeit, namentlich die *Gruppe 47*, deren Mitglieder, so Riegel, »über ihr schlechtes Leben stöhnen und sich gegenseitig Literaturpreise verleihen«. Man spottete über »Schwabings Amerikanoide« und deren bestsellerträchtige Vorbilder, einen »enormen Mailer« oder einen »Oberst Hemingway« (*Proklamation des Hektographismus*, in: *ZdK* 2, Januar 1953). Gegenüber der Nachkriegsavantgarde der *Gruppe 47* verstanden sich Rühmkorf und Riegel als Gegen-Avantgarde – dies unter Berufung auf die noch lebenden Vertreter der historischen Avantgarde, deren Kontakt und Kollaboration man suchte. So ziert das in schwarz-weiß gehaltene Cover von *Heiße Lyrik* eine abstrakte Grafik von Hans Arp. Auch entstand eine intensive Freundschaft zu dem gut vierzig Jahre älteren Kurt Hiller, der Mitte der 1950er Jahre aus dem Londoner Exil zurückkehrte und in die gerade errichteten Hamburger Grindelhochhäuser einzog.

Das beschriebene Erbe antretend, brachten Rühmkorf und Riegel in Abgrenzung zum Literaturbetrieb das Hektografiergerät in Stellung. Dem eher primitiven Herstellungsverfahren mit Hilfe einer Matrize kam bei der Produktion von *Zwischen den Kriegen* vielfach programmatische Funktion zu. Das *Hekto*grafieren wurde wörtlich verstanden, insofern Rühmkorf und Riegel nur für wenige Leser in einer Auflage von 100 bis 200 Exemplaren produzierten: »Zwischen den Kriegen der organisierten Barbarei halten wir eine kleine Zisterne offen für ein paar hundert Dürstende, mehr können wir nicht tun«, erklärt Riegel (*Abendländische Elegie*, in: *ZdK* 3, Februar 1953). Man wolle nicht mehr überzeugen und schreibe lediglich für die wenigen Überzeugten. Auf diese Weise wurden zwischen 1952 und 1956 26 Ausgaben veröffentlicht, die von literarischen Persönlichkeiten wie Arno Schmidt, Gottfried Benn, Alfred Andersch, Heinrich Böll, Max Brod, Alfred Döblin und Hans Henny Jahnn rezipiert wurden. Obwohl Riegel und Rühmkorf bei dieser exklusiven Leserschaft auf Anklang stießen, lassen sich in der Arbeit an *Zwischen den Kriegen* wahrlich keine karrieristischen Anstrengungen erkennen, im Gegenteil: Die beiden Herausgeber machten sich mit ihrem ohnehin eingeschränkten Wirkungsradius überwiegend Feinde. Die kühne publizistische Selbstermächtigung des Hektografierens setzt sich auf inhaltlicher Ebene fort. Insbesondere Riegels Essays bestehen aus gelegentlich megaloman anmutender, wenn auch reflektierter und selbstironischer Eigenwerbung. »Große Worte auf schlechtem Papier« nannte Rühmkorf die Selbststilisierung Riegels im Nachwort zu dessen *Gedichte und Prosa* (1961) und markierte damit einmal mehr das (gewählte) Außenseitertum.

In ihrer radikalen politischen und ästhetischen Haltung – und nicht zuletzt in ihrer Vorliebe für expressionistische Programme – erfanden Rühmkorf und Riegel den »Finismus«. Dabei handelte es sich um eine literarische Bewegung, die versprach, »den Schlußpunkt hinter alle Ismen mit dem endgültig letzten Ismus zu setzen«, so Rühmkorf im erwähnten Nachwort. Die Überzeugung, man befinde sich »zwischen den Kriegen«, d. h. zwischen Zweitem und Drittem Weltkrieg, erklärt den radikalen und bisweilen existenzialistischen Duktus der Finisten in ihrer Lyrik und Prosa. *Zwischen den Kriegen* als »erste und einzige finistische Literaturzeitschrift« antizipierte das Ende der Dinge und sah die westliche Welt in die finale Phase vor der atomaren Apokalypse eintreten. »Gegen die Zeit« zu schreiben bedeutet aus dem Blickwinkel des Finismus, Wiederaufbau, Wiederbewaffnung und Kalten Krieg als Teil eines Kontinuums der bisher geschehenen Katastrophen des 20. Jahrhunderts zu erachten. Die Hitze des atomaren Feuerballs ist in der *Heißen Lyrik* sozusagen spürbar. Doch relativiert Werner Riegel die Negativität des Finismus, bemühe er sich doch um die »Objektivation des intakten Individualismus am Ausgang einer von allen Geistern verlassenen Epoche« (*Vorwort zum Finismus*, in: *ZdK* 9, September 1953). Wie im Fin de siècle gehe es beim Finismus zwar auch um Niedergang und Verfall, doch wo um die Jahrhundertwende Neurosen kultiviert wurden im Sinne von »Resignation, Ergebung, Entsagung, Verzicht, Abdankung«, kämpfe der Finismus, so Riegel, »mit dem Rücken zur Wand um eine endgültige Position«. So lässt sich Finismus als Selbstvergewisserung des, wenn nicht ›gesunden‹, so doch wenigstens poetisch handlungsfähigen Künstler-Ichs verstehen, das seine Neurosen lieber extern attributiert.

Nicht zuletzt nahm das Szenario des nuklearen Holocausts denn auch produktive Züge an, wovon der hier diskutierte Lyrikband Zeugnis ablegt. Riegel bezeichnet das finistische Gedicht als »lyrische Lust am Rande der Finsternis« (*ZdK* 20, Dezember 1954). Dabei bleibt die Lust am Lyrischen im Selbstverständnis der Finisten an eine politische Wirksamkeit gekoppelt. Bei dem von Rühmkorf und Riegel geprägten Konzept der »Schizographie« handelte es sich um den Versuch einer Trennung von lyrischer Artistik und engagiertem Schreiben, die dafür sorgen sollte, die Gedichte von der dogmatischen Kunstfeindlichkeit des Agitprop frei zu halten. Das funktionierte in *Zwischen den Kriegen* etwa so, dass die sozialistische Forderung eines Titelblattes neutralisiert wurde durch eine »kraß individualistische Lyrik, die den Ausnahmemenschen gegen die stupide Masse ausspielt« (*Politik und Individuation*, in: *ZdK* 16, Juli 1954). Eine politische Instrumentalisierung ihrer Lyrik war für beide Dichter ein unerträglicher Gedanke. Schnell werde, so Riegel weiter, die propagandistische Durchdringung des Gedichts zur »Durchseuchung«, das Kunstwerk werde »in die Rolle des politischen Haushaltsgegenstandes gezwungen, man wertet es nach dem politischen Nutzeffekt, nicht als Kunstwerk«. Andererseits erzeuge die fehlende Wirksamkeit des L'art pour l'art »des Dichters Missvergnügen an sich selbst«. Aufgelöst wurde der Konflikt des »Dichter-Politikers« eben in der Gründung einer Zeitschrift, »in der sich seine Produktivität und die weniger Freunde entfalten darf. Ein radikales Blatt tritt in Erscheinung, radikal in Form und Inhalt, rücksichtslos gegenüber der Zeit«. Allerdings gewinnt der Rückzug aus der sozialen Sphäre – wenigstens in der Lyrik – die Oberhand (weswegen sich Rühmkorf und Riegel auch mit dem Aktivisten Hiller überwarfen). Die Tendenz zur absoluten Lyrik wie auch zu Motiven der Apokalypse und der Vanitas überschattet letztlich Moral und Argumentation im engagierten Sinne. Ein »latenter Pessimismus«, so Riegel in einem Brief an Heinz Kosters vom 19. Juli 1953, stehe dem politischen Aktivismus eigentlich entgegen. Es überrascht nicht, dass die schizografische Arbeit an *Zwischen den Kriegen* mit einem Band, der Lyrik in Reinform enthält, endete.

Trotzdem die *Heiße Lyrik* tendenziell eine Hinwendung zum Ästhetischen bedeutet, soll im Blick auf die oben dargestellte Vorgeschichte der Versuch angestellt werden, das nachfolgend abgedruckte Rühmkorf-Gedicht im eher konkreten Kontext einer Dichterfreundschaft zu lesen. So wird dem Text, der die Ortsangabe »Deutschland« enthält, das realweltliche Setting einer abendlichen Redaktionssitzung in der Haynstraße 7 zugeordnet, wo Werner Riegel mit Frau und Kind in einer Einzimmer-Wohnung lebte. Abseits des Literaturbetriebs »wildern« die hektografierenden Finisten hier »im Abflußrohr der Zeit«. Letzteres verweist nicht nur auf ihren marginalen Status innerhalb der Literaturszene, sondern auch auf das Lebensgefühl der Nachkriegszeit insgesamt. Die Wendung, man habe sich »etwas Größe unter den Nagel gerissen« bezeichnet eine offenbar illegitime Selbstermächtigung (durch hektografisches Publizieren?). In der Tradition Gottfried Benns verweist der »Nagel« auf die Kreatürlichkeit der Dichter-Figuren, die aber, so scheint es, erfolgreich transzendiert wird, denn in der Sphäre des Ästhetischen gelingt es – hier der selbstreferentielle Bezug auf *Heiße Lyrik* –, »etwas Vollkommenheit« zu erlangen.

»Wir haben um neunzehn Uhr Syringen gebrochen« – »wir«, das könnten Riegel und Rühmkorf nach Dienstschluss im offiziellen Berufsleben sein (Riegel als Bürobote, Rühmkorf als Student), wobei die Syringen (Flieder) als Metapher für literarisches Leben stehen. Der Abend bringt den Einbruch des Literarischen mit sich, der Mond geht auf, der Gram wird durch Geselligkeit gebrochen. Das Brechen des Flieders bringt zugleich etwas hervor – Duft. Im nachfolgend abgedruckten Gedicht von Werner Riegel wird in einem ähnlichen Szenario auf die sinnliche Wahrnehmung des lyrischen Ichs verwiesen: »Hebt sich der Mond im Rauch, / Wir saufen Kartoffelsprit; / Stark duftet der Lauch, / Und die Welt geht verschütt.« Der (synästhetische) Rausch der Dichtung, der mit einem Weltverlust einhergeht, wird in *Heiße Lyrik* konsequent durch bewusstseinsverändernde Substanzen befeuert – nicht nur alkoholische. Immerhin heißt »Syringe« auf Englisch »Spritze«, was als Anspielung auf Heroinkonsum gelesen werden kann, der im Untergrund der zeitgenössischen Jazz-Szene weit verbreitet war (Rühmkorf hat später in seiner Kollaboration mit Michael Naura und Wolfgang Schlüter die Nähe zum Jazz gesucht; Riegel hat die Idee der *Heißen Lyrik* mit den Verfahren des Jazz in Verbindung gebracht, vgl. *ZdK* 12, Januar 1954).

In der zweiten Hälfte des Rühmkorf-Gedichts wird dann so etwas wie eine finistische Stimmung beschworen. Die Dichter sind abseits jeder Realpolitik von »Wind und Schein verführt«, greifen nach den Sternen, jedoch in dem Bewusstsein, früher oder später »abserviert« zu werden. In beiden Gedichten folgt auf sinnlichen Genuss – bei Rühmkorf: literarisch, bei Riegel: sexuell – Katastrophe und Agonie. Der »Schotter des Schicksals über die Fläche gestreut« lässt sich als atomare Druckwelle denken, und auch Riegels lyrischem Ich bleibt am Ende neben der Kastration die Luft weg (»Lungen- und Hodenschuß«). Finito.

Till Huber

Peter Rühmkorf / Werner Riegel: *Heiße Lyrik* (1956)

Peter Rühmkorf
Wildernd im Ungewissen

Wildernd im Ungewissen,
Im Abflußrohr der Zeit,
Etwas Größe unter den Nagel gerissen,
Etwas Vollkommenheit.

Wir haben um neunzehn Uhr Syringen gebrochen
Und brachen Duft und Gram;
Flieder, mein lieber Mann, wir haben Flieder gerochen,
Wenn der Mond über Deutschland kam.

Im wenig Dauerhaften
Von Wind und Schein verführt –
Weiß ich, ob wir die Sterne verkraften
Bis man uns abserviert?

Bis daß wir abtreten müssen,
Schotter des Schicksals über die Fläche gestreut –
Etwas Größe unter den Nagel gerissen,
Etwas Vollkommenheit.

Peter Rühmkorf: *Wildernd im Ungewissen*, in: Werner Riegel / ders.: *Heiße Lyrik*. Wiesbaden: Limes 1956, S. 4

Werner Riegel
Hebt sich der Mond im Rauch

Hebt sich der Mond im Rauch,
Wir saufen Kartoffelsprit;
Stark duftet der Lauch,
Und die Welt geht verschütt.
Es wird sich alles finden,
Was hierher paßt,
Wenn eine Hand von hinten
Dir zwischen die Beine faßt.

Hebt sich dein scharfer Akt
Nun ins Ultramarin,
Damit ist nichts gesagt,
Morgen zerreißt man ihn.

Dieser Abend, Selene,
Dein letzter Versuch:
Das wundervoll Obszöne
Im Holundergeruch.

Nimm noch einen Schluck
Von dem elenden Zeug.
Wirf den gebrauchten Überzug
Hinters Gesträuch.
Jasmin und Juniperus –
Was wird später sein?
Lungen- und Hodenschuß,
Und nach Wasser schrein.

Werner Riegel: *Hebt sich der Mond im Rauch*, in: ders. / Peter Rühmkorf: *Heiße Lyrik*. Wiesbaden: Limes 1956, S. 28

Bekenntnis zu den Missachteten
Josef Reding: *Nennt mich nicht Nigger. Geschichten* (1957)

»24 realistische Erzählungen aus USA und Mexiko, die in moderner mitreißender Sprache das Problem des leidenden, verachteten Menschen behandeln«, so der Klappentext des 1957 im Paulus-Verlag erschienenen Bandes *Nennt mich nicht Nigger*. Der junge Stipendiat Josef Reding schrieb die Kurzgeschichten während seines Studiums an einer US-Universität.

Shortstorys waren als literarische Gattung vor dem Zweiten Weltkrieg in Deutschland kaum bekannt. Falls doch, wurden die realistischen Kurzgeschichten, die sich im »Feindesland« so großer Beliebtheit erfreuten, in Hitler-Deutschland verpönt und als »dekadent«

und »minderwertig« verachtet. Als amerikanische Besatzungssoldaten sie in ihrem Gepäck nach Deutschland brachten, fand vor allem die junge Generation nach ihrer von den Nazis verratenen und missbrauchten Kindheit rasch Zugang zu dieser neuen Form von Literatur. So auch der aus einer Arbeiterfamilie stammende Josef Reding, der 1945 als 16-jähriger Schüler im Ruhrgebiet im Kriegseinsatz war und in amerikanische Gefangenschaft geriet. Darüber und über seine Haltung zur Kurzgeschichte, berichtet Reding in seinem *Bekenntnis zur Kurzgeschichte.* »Als 16jähriger hatte ich diese literarische Form zum ersten Mal kennengelernt: bei den amerikanischen Soldaten, die mich gefangen nahmen. Sie hatten Zeitschriften und Taschenbücher mit Storys von O'Henry, Hemingway, Saroyan und Caldwell dabei. Mein Lesehunger drückte sich offenbar noch leidenschaftlicher aus als meine Sehnsucht nach Brot; jedenfalls vergaßen meine Bewacher von Zeit zu Zeit das Fraternisierungsverbot und überließen mir ihre Lektüre. Mich begeisterte die Ökonomie der Kurzgeschichte, die Einfachheit, die Klarheit der Sprache. Mich faszinierte der Anspruch, dem Leser nur zwei Daten zu überlassen in der Zuversicht, dass er genug Kreativität besitzt, um selbst zum Datum drei bis neun zu kommen. Heute bin ich sicher, daß mein spontaner Aufgriff der Kurzgeschichte auch mit der Ausdrucksweise der Menschen zu tun hat, unter denen ich aufgewachsen bin: den Menschen des Ruhrgebiets. In dieser Landschaft herrscht im sprachlichen Umgang das Knappe vor, eine anziehende Sprödigkeit des Ausdrucks. Der Gesprächspartner, der Kumpel, bekommt nur weniges mitgeteilt und muß sich auf manche karge Anspielung seinen ›eigenen Reim‹ machen, muß also mitdenken, mitdichten.«

In der *Deutschen Allgemeinen Sonntagszeitung* würdigte Werner Schulze-Reimpell Redings Verdienste um die Kurzgeschichte folgendermaßen: »Kurzgeschichten fassen in einem Augenblick ein ganzes Leben wie unter einem Brennglas zusammen, bannen in eine einzige Situation ein Lebensschicksal. Diese Literaturgattung hat hierzulande wenig Tradition, ist eigentlich eher in den angelsächsischen Ländern beheimatet. Ein in unserer Gegenwartsliteratur schier vergleichsloser Meister dieser Form ist der Westfale Josef Reding. Redings Short-Stories werden gänzlich unprätentiös erzählt, ohne formale Verfremdung und aufdringliche Literarisierung, dafür mit einem hohen Maß von Authentizität, wie unmittelbar vor Ort recherchiert. Vor allem stimmen seine Menschen, ihre Sprache, ihre Art, sich zu geben und zu reagieren.«

Reding erzählt auch von ersten Erfahrungen und Erfolgen als Autor. So schickte er zu Beginn der 1950er Jahre von seinem Studienort im amerikanischen Mittelwesten zwei Kurzgeschichten an die *Frankfurter Hefte.* Er erwähnt den »wohlwollenden Umgang« des Redakteurs Egon Kogon, der seine ersten Erzählungen uneingeschränkt akzeptierte. Reding merkt bei aller Dankbarkeit aber auch an, dass die Veröffentlichung in den *Frankfurter Heften* für ihn natürlich ein Erfolg, aber auch kein Zufall gewesen sei: »Jahrelange ›Fingerübungen‹ auf dem Gebiet der Kurzgeschichte waren vorausgegangen.«

Nicht unerwähnt lässt er, dass es »Schwierigkeiten bei der Veröffentlichung« seines Kurzgeschichtenbandes im Paulus-Verlag gab: »Die Herren Verlagsleiter hatten starke

Bedenken, die fast bis zur Weigerung gingen, das Buch überhaupt anzubieten. ›Wer liest denn hierzulande so was Ungewohntes wie Kurzgeschichten?‹ ›Und dann dieser angreiferische Titel! Wir haben unsere eigenen Probleme, da brauchen wir nicht noch mit denen der Neger bepackt zu werden!‹«

Die Titelgeschichte und die meisten anderen Texte des Bandes schrieb Reding in den USA, wo er mit Farbigen zusammenlebte und engen Kontakt zur Bürgerrechtsbewegung um Martin Luther King hatte. Darüber berichtet er im Zusammenhang der Veröffentlichung: »Ich gehöre einer Generation an, die vier Jahre alt war, als Hitler zur Macht kam, und die sechzehn Jahre alt wurde, als der Diktator Selbstmord beging. Wir waren zu jung, um für das Emporkommen dieses Mannes verantwortlich zu sein. Aber wir waren alt genug, um bewußt die Verfolgung von Mitmenschen um ihrer Abstammung erlebt zu haben. Wir klagten unsere Eltern, unsere Lehrer, unsere Geistlichen an, als wir aus den Lagern nach Hause kamen. Wir klagten die Älteren an, weil sie geschwiegen hatten, als in ihrer Nähe Menschen um ihrer Rasse willen unterdrückt, verschleppt, gequält und getötet wurden. Diese Anklage war lautstark und selbstsicher. Wenige Jahre später kam ich als Fulbright-Student in die USA. Und jetzt wurden in meiner Umgebung Menschen wiederum aus rassistischen Gründen wie ›underdogs‹ behandelt. Und ich wußte, daß meine Anklagen von 1945 nichtig waren, wenn ich nicht jetzt handeln, Flagge zeigen würde. Vor dem Hintergrund dieser Solidarität ist der Titel ›Nennt mich nicht Nigger‹ konkret gemeint. Aber es wäre ein Mißverständnis, wollte man ihn nur auf die Situation der rassischen Minderheiten in den USA beziehen. Der Titel steht auch für andere Mitmenschen, die um ihrer Rasse, um ihres politischen Bekenntnisses, ihrer Herkunft, ihrer Religion willen verfolgt werden.«

Schon in jungen Jahren hat sich Josef Reding mit Haut und Haar der Kurzgeschichte verschrieben, mit ihr und durch sie wurde er ein anerkannter Autor. Er blieb dem Genre bedingungslos treu verbunden, man darf ihn getrost einen Meister der Kurzgeschichte nennen. Darüber hinaus hat er viele exzellente Gedichte geschrieben, doch nie zu Romanen und längeren Formen gefunden.

Sein tiefes Mitfühlen und sein hoher literarischer und handfest praktizierter Einsatz für Minderheiten, Missachtete und Benachteiligte zeigte sich ebenso durchgängig wie sein *Bekenntnis zur Kurzgeschichte*. Josef Reding wusste seine Haltung auch in späteren Texten, die nicht mehr in den USA, sondern in Lateinamerika, Asien, Afrika und natürlich auch in Deutschland spielen, stets eindringlich und ehrlich zu vermitteln. In seinen Worten: »Die menschenunwürdige Behandlung eines Gastarbeiters bei uns wiegt nicht leichter als die Diskriminierung eines Farbigen in anderen Regionen.«

So bleiben viele Geschichten Redings, die er unter dem Titel *Nennt mich nicht Nigger* über zwei Jahrzehnte lang in stets anderer Zusammenstellung und jeweils umfangreich erweitert (bei einer Reihe anderer Verlage) veröffentlichte, nicht nur für die Dekaden von 1955 bis 1975 hochaktuell. Weit darüber hinaus bleiben die Shortstorys realistisch und authentisch, bleiben parteiergreifend, ehrlich, berührend, eindringlich und leider zeitlos aktuell. Es sind literarische Zeugnisse für die Einsicht, dass Missachtung und Unterdrückung viele Farben und Facetten hat und dass zu allen Zeiten an allen Orten »der Sprachlose des Sprechers bedarf«, wie Josef Reding es formuliert.

An exponierter Stelle demonstrierte er dies immer wieder: Nach dem Aufenthalt in den USA arbeitet Reding 1955 ein Jahr freiwillig im Grenzdurchgangslager Friedland, wo er zum Chronisten der Schicksale der Spätheimkehrer wurde, danach drei Jahre in Lepra-Gebieten Asiens, Afrikas und Lateinamerikas. Später war Josef Reding Mitglied der Gemeinsamen Synode der Bistümer der Bundesrepublik.

Nicht nur in seinen Kurzgeschichten, auch wenn es um die eigene Person und das Selbstverständnis als Autor geht, zeigt Reding große Bescheidenheit und Dankbarkeit. Das Exemplar, einer späteren, 58 Erzählungen umfassenden Ausgabe von *Nennt mich nicht Nigger* trägt die Widmung: »Für Fritz Hüser mit Dank!« In einem späten Interview erwähnt Reding die *Dortmunder Gruppe 61*, der er angehörte, wobei er sich bescheiden in einer Nebenrolle sieht. Gleichwohl hat er sich große Verdienste erworben, auch als engagiertes Mitglied und langjähriger Sprecher des Schriftstellerverbandes. Die Erstausgabe, aber auch die 1978 unter dem gleichen Titel im Bitter-Verlag erschienene Sammlung von *Kurzgeschichten aus zwei Jahrzehnten* widmete er in Dankbarkeit seinen Lehrern Dr. Walther Küper und Alfred Reinholdsmann.

Johannes Rau erwähnte in seiner Laudatio zum *Comenius-Preis*, den Reding 2001 erhielt, dass es »die Menschen im Schatten« seien, von denen er »einfühlsam, doch nie sentimental; nüchtern, aber nie ohne eine Spur von Hoffnung und immer mit leisem Humor« erzähle. Zum 85. Geburtstag 2014 würdigte ihn die Stadt Dortmund mit der Äußerung, sein Werk stehe in engem Zusammenhang mit den sozialen und gesellschaftlichen Realitäten und sei immer begleitet von einem Appell an das soziale Gewissen.

Gerd Puls

Josef Reding: *Nennt mich nicht Nigger. Geschichten* (1957)

Jerry lacht in Harlem

Du kannst von der Freiheitsstatue aus mit der Kamera New York ins Bild nehmen. Das New York, das du kennst. Das Lesebuch-New-York: Empire State Building und Radio City Music Hall, Manhattan und den Broadway.
Jetzt schwenke die Kamera nach links. Acht Zentimeter nach links nur. Dann bekommst du Harlem in den Sucher. Harlem ist auch New York. Aber Harlem ist das andere New York. Das schwarze New York. Das New York des Drecks. Das New York der Slums. Das New York der Neger.
Setze ein Teleobjektiv auf deine Kameralinse. Schau hindurch. Du siehst Harlems 135. Straße. Ein paar verrostete Fords stehen herum. Das Füllstroh einer zerborstenen Apfelsinenkiste ist über den Asphalt verstreut. Drüben, einsam, ein Polizist, wie alle Polizisten in Harlem zu Pferde. Zwei Negerfrauen streiten sich, keifen. Ein Shoeshineboy

zählt ein paar Kupfermünzen. Ein Betrunkener erbricht sich vor Tressfields Drugstore. Ein Zeitungsblatt, fettig, schaukelt träge aus einem Dachfenster. Am Bordstein sitzen zwei Jungen. Sie singen: »As I walked out in the streets of Laredo ...!«
Das ist Harlem. Und hier spielt unsere Geschichte.

Josef Reding: *Jerry lacht in Harlem*, in: ders.: *Nennt mich nicht Nigger. Geschichten*. Recklinghausen: Paulus 1957, S. 7–14, hier S. 7

Nennt mich nicht Nigger

Bethlehem Long kannte den »Jack-and-Jill«-Keller in Harlem. Er wußte: dort kamen die Weißen hin, die den Nigger kennenlernen wollten. Den Nigger, wie sie sich ihn vorstellten. Wenn Bethlehem Long zu »Jack-and-Jill« ging, haßte er beide Rassen. Vorerst die Weißen, die da in gut gebügelten Flanellhosen, in Nylonhemd und mit selbstgefälligem Lächeln den Kabarettdarbietungen der black boys zuschauten. Und dann seine eigenen schwarzen Brüder, weil sie für einen Dollar sich hinhockten und die Zehen hinter die Ohren legten. Weil sie für einen Dollar ein Whiskyglas auf ihrem Schädel zerschlagen ließen und breit dazu lachten. Weil sie für einen Dollar die Spirituals für die Weißen verjazzten. Und weil die schwarzen Mädchen sich für einen Dollar verkauften.
Bethlehem Long aber haßte am meisten Luigi Pronco, den schmutzigen Italiener, den Eigentümer von »Jack-and-Jill«. Pronco erfand immer »neue Einlagen«, wie er es nannte, um den weißen Besuchern, die zumeist aus fremden Ländern in die Stadt kamen, reiche Augenweiden zu bieten. Oh, Luigi Pronco war geschäftstüchtig. Und nicht etwa, daß die Neger bei ihm nicht auch ihr Teilchen abbekamen! Er traktierte sie mit scharfen Mixturen und gab ihnen manchmal ein Vierteldollarstück ab, wenn die Besucher besonders viel Beifall spendeten und seine Kneipe »wärmstens empfehlen« wollten. Und diese Spenden waren Grund genug für viele Harlemer, sich am Abend in Proncos Kneipe zu begeben.

Josef Reding: *Nennt mich nicht Nigger*, in: ders.: *Nennt mich nicht Nigger. Geschichten*. Recklinghausen: Paulus 1957, S. 82–88, hier S. 88

Erste leichte Dissonanzen
Hans Thiekötter (Hg.): *Neue Lyrik in Westfalen* (1957)

Wer liest heute noch Lyrik? Mit dieser Frage eröffnet Hans Thiekötter sein Vorwort zu dem von ihm zusammengestellten Bändchen *Neue Lyrik in Westfalen*, das als Heft 15 der Gruppe VI (*Westfälische Dichter und Erzähler*) in der *Kleinen Westfälischen Reihe*, herausgegeben vom Westfälischen Heimatbund, erschienen ist. Thiekötter, zugleich einer der Reihenherausgeber, geht aber noch weiter und fragt, wer denn überhaupt noch Gedichte auswendig lerne – hier zeigt sich der historische Index des Bändchens, das vor knapp 60 Jahren erschienen ist. Gerade heute ist die Frage nach dem Gegenstand ›Lyrik‹ vielleicht so produktiv wie schon lange nicht mehr. Doch Hinweisen auf die Dynamik dieser Gattung – und darin unterscheiden sich heutige Befunde kaum von Thiekötters Annahmen aus dem Jahr 1957 – geht stets ein Hinweis auf die Randlage der Lyrik, ihre Minorität vorweg, sobald es um die Frage nach deren Stellenwert innerhalb der Ökonomie der Aufmerksamkeit geht. Thiekötter hat dies sehr schön bereits im Titel seines Vorworts aufgegriffen: *Lyrik?* heißt es da so schlicht wie provokant. Man sieht: Diskussionen über die Bedeutung der Lyrik, ihre Zeitgenossenschaft, ihre Selbst- und Fremdwahrnehmung etc. waren damals ebenso wie heute immer schon in einer Logik von Relevanz und Marktwert gefangen.

Herausgeber Thiekötter fühlt sich entsprechend veranlasst, sein Publikationsprojekt zu erläutern – was einer Rechtfertigungsbemühung gleichkommt. Er attestiert mit hörbarem Bedauern, dass der Lyrik »im Übermaß des Schrifttums unserer Zeit« nur ein »bescheidene[r] Platz« eingeräumt werde. Wie kann dies, so fragt Thiekötter, angehen, handelt es sich bei ihr doch um die »vornehmste und älteste unter den Künsten«. Er macht verschiedene Indizien aus, freilich ohne dass damit bei ihm eine Form von Schuldzuweisung verbunden ist (was ja ebenso naiv wie töricht gewesen wäre). Es liegt, so Bibliotheksdirektor Thiekötter, »zum Teil am veränderten Wesen der Menschen, die ein Kunstwerk wohl schauen, aber immer weniger betrachten. Ein Gedicht aber muß man so innig betrachten, wie man ein Bild betrachtet, wenn man den Sinn seiner Sprache und seiner Form verstehen will.« Das ist im Duktus beinahe eine fortgeschriebene Form frömmelnder Kunstreligion. Doch man kann (und sollte) Thiekötter hier wohlwollender lesen. Dichtung, Verdichtung. Es braucht Einlassung und Zeit, möchte man mit sich Kunst auseinandersetzen. Von ›inniger Betrachtung‹ würde man heute nicht mehr sprechen wollen, auch jede andere Form von Demut und Erhabenheitsschauder sollte erst einmal nüchtern beiseite gestellt werden. Und auch Thiekötters manifester Wille zum Verständnis scheint aus heutiger Perspektive nicht zwingend zielführend bzw. der (lustvollen) Rezeption nicht unbedingt förderlich.

Was aber zu konstatieren ist: Das Bändchen von 1957 weiß um die Forderung nach Neuerung und Veränderung, möchte die Kunst gegenwärtig bleiben. Die »klangvollen Reime und die schönen Kompositionen nach den metrischen Maßen der Harmonie« hatten ihre Zeit und wurden abgelöst durch eine immer noch andauernde (strenggenommen auch keinen Endpunkt erreichende) »Suche nach neuen Gesetzen«. Thiekötter befürwortet – und dies ist bemerkenswert – das Experiment mit »Disharmonien« und ist neugierig auf die »Rhythmen der menschlichen Wirklichkeit«. Dass dies Ende der 1950er Jahre nicht nur billige Phrasen sind, sondern als ein Mentalitätswechsel innerhalb der westfälischen Kulturlandschaft wahrgenommen werden darf, der sich um eine adäquate Auseinandersetzung mit den außersprachlichen Phänomenen der Gegenwart bemüht, zeigt auch Thiekötters selbstbewusste Replik auf die immer wieder gern gestellte Frage, wie es um die Bedeutung von ›Heimat‹ in der Kunst stehe. Er konstatiert zunächst einen historischen Wandel; das Konzept ›Heimat‹ sei keineswegs unveränderlich: »Zur menschlichen Wirklichkeit gehört zu allen Zeiten die Heimat. Aber unsere Heimat ist heute anders, als die hochverdienten Verkünder des Westfalenbewußtseins sie vor fünfzig oder hundert Jahren sahen und sehen mußten.« Aber Thiekötter wird noch deutlicher; Heimat sei heute »keinesfalls mehr Selbstzufriedenheit im Waldwinkel. Das sagt nichts gegen den begehrenswerten Frieden im Waldwinkel, das sagt auch nichts gegen Westfalen, wie es heute wirklich ist. Wie es ist: mit der Lieblichkeit seiner Wälder und Felder, die dennoch von geschäftigen Autobahnen durchschnitten werden, mit seinen stolzen Bauernhöfen, die dennoch Eintracht sind mit den zweckschönen Stahlbetonbauten der in das Land wachsenden Städte [...].«

Wie es heute wirklich ist. Thiekötter fordert einen ernstzunehmenden Realismus ein – nicht als Stil und Bekenntnis, sondern im Sinne einer Berücksichtigung der permanenten Veränderung. Die heimatliche Landschaft des 19. Jahrhunderts existiert nicht mehr; die langtradierten Denkmuster zu ›Westfalen‹ sind klischiert und obsolet geworden. Damit einher geht natürlich ein Personalwechsel innerhalb der Regionalliteratur. Auch wenn Thiekötter sich einfühlsam bemüht, diese Neuerungen nicht als »Abkehr von der Verehrung unserer bewährten Dichter« verstanden zu wissen und die Gültigkeit der Jüngeren und Altvorderen am liebsten ungestört nebeneinander existieren sehen möchte: Ein Bruch ist in jedem Fall da. Das Bändchen *Neue Lyrik in Westfalen* hat einen programmatischen Anspruch und darf als ein Element der paradigmatischen Veränderungen innerhalb der Literaturlandschaft Westfalens verstanden werden. Was sonst gern und ausschließlich mit dem »Schmallenberger Dichterstreit« von 1956 in Verbindung gebracht wird, zeitigt hier, ein Jahr später, erste Resultate. So wird man die Namen der von Josef Bergenthal in seiner 1953 erschienenen Anthologie *Westfälische Dichter der Gegenwart* (s. S. 68) hier vergebens suchen: Kein Karl Wagenfeld, kein Augustin Wibbelt. Weder Maria Kahle noch Josef Winckler, auch keine Spur von Hermann Löns (allein Gottfried Hasenkamp ist auch bei Bergenthal schon vertreten). Stattdessen sind es zahlreiche junge Lyriker, die sich hier einem größeren Publikum präsentieren dürfen – doch die das Nadelöhr der Kanonisierung letztlich kaum passiert haben. Das aber muss ja nicht zwangsläufig gegen die Texte sprechen. Gleichwohl: Nicht alle im 40 Seiten starken Bändchen aufgenommenen Gedichte überzeugen heute noch. Wenn es bei Bernd Fischer heißt »düster die nacht / hilflos und leer / müde laternen wanken / vom wind bewacht / hin und her« dann ist dies zwar Lyrik, die sich schon aufgrund der konsequenten Kleinschreibung der literarischen Moderne zugeordnet wissen möchte, die allerdings darüber hinaus in ihren knappen Versen mit einem Vokabular operiert, das (gerade angesichts des engen Textraums) nicht sonderlich gut ausgewählt scheint. Die kurz darauf aufgefahrene Metaphorik hingegen will durch einen Griff in die Bild- und Motivgeschichte der Lyrik beeindrucken: »am seichten teich / liegt tot ein schwan / umhockt von nackten weiden / vom dürren gezweig«.

So viel gewollte Bedeutsamkeit ist in Gottfried Hasenkamps Gedichten nicht zu finden; in ihnen scheint eher die Frage des Lebensvollzugs im Gang der Jahreszeiten im Fokus zu stehen: »Ihr sonnbeschenkten Hänge voller Trauben, / Nun ist es Zeit, daß man die Lese halte / Und Fleiß wie Heiterkeit im Weinberg schalte, / Indes so leicht das Jahr entschwingt wie Tauben.« Bereits hier merkt man auf und möchte die biblischen Anleihen gerne ein wenig genauer betrachten um abzuwägen, welche Funktion sie haben. Wie immens wichtig der christliche Denkraum für Hasenkamp ist, zeigt sein *Abendgebet*: »Der schöne Tag und auch das Kind / Zusammen beide müde sind. / Doch wenn, o Gott, die Nacht anbricht, / Geht unter Deine Sonne nicht.« Auch wenn die kindlich-naive Perspektive im Vordergrund steht, die das Gute möchte und das Unglück gebannt wissen will: Abgeschwächt wird das Religiöse als Denkhorizont in Hasenkamps Lyrik damit nicht.

Als deutlich alltagsnäher erweisen sich die Gedichte von Franz Pöggeler. Keine Transzendenz, keine metaphysische Erprobung auf unbekanntem Gelände. Erkundet wird die unmittelbare Wirklichkeit qua Sprache: »Der Nebel leiht den leeren Häuserquadern / sein graues, nasses Leinentuch. / Die Straßen spreizen ihre Schienenadern / empor als krummen, kalten Fluch.« Auch hier: Ohne den Endreim scheint es nicht zu gehen; und doch wirken Pöggelers Versuche der Annäherung produktiver und vielversprechender, weil sie der Sprache eine Darstellungsdimension zutrauen, die nicht zuletzt über ein eigenwilliges metaphorisches Sprechen funktioniert. Seine Gedichte bewegen sich dabei oft im Raum eines lyrischen Sprechens, das bereits vor den Weltkriegen gängig war: »Wie bunte Tafeln sind die Fluren / bis an den Horizont gespannt, / dazwischen eines Weges Spuren / voll grünem Sand. // [...] // Die Stürme haben freies Jagen. / Die alten Mühlen gehen schnell. / Im stillen Tun von allen Tagen / singt ein Gesell.« Doch es finden sich bei Pöggeler ebenso Beispiele für eine überraschend aktuelle Auseinandersetzung mit der eigenen Gegenwart, wie *Sonntag am Hellweg* demonstriert: Ist zunächst noch von »Platanen« und »überreifem Holunder« die Rede, so wird spätestens mit »Benzin« deutlich, dass hier nicht traditionelle Naturlyrik produziert wird, sondern die vom Menschen vernutzte Landschaft der Nachkriegszeit im Fokus steht: »An den Autos haftet Erwartung. Die Ferne / hat in den Schildern ihre Verlockung / ausgesetzt. Das alte Soest / reicht eben zum Tanken / und einer Coca Cola. // Die Dörfer am Weg verleugnen sich / im grünen Einerlei der Wiesen. Die Kühe / liegen im Dunst und können nicht schlafen. / Hier gilt / nur Straße.« Eine derart geschickt mit Zeilenbrüchen operierende und keineswegs parolenschwer daherkommende Kritik an der Jetztzeit findet sich in *Neue Lyrik in Westfalen* allerdings bedauerlicherweise an keiner zweiten Stelle.

Bei Elisabeth Poganiuch-Flören ist es hingegen einmal mehr der *Wald im Dämmer*, der im Zentrum der poetischen Aufmerksamkeit steht; eine (beinahe epigonalen) Naturanrufung: »Stumm liegt der Wald im Dämmerlicht, / geheimnisgrau sein Urgesicht, / mit dunklen Traumgewittern. / Die Winde greifen eigen bang, / die Steine glimmen blind am Hang, / im Busch geheimes Knittern.« Auch Albert Arnold Scholl bedient sich eines lyrischen Tons, der durchaus noch ›angespannt‹ auf einer gewissen Höhe weilt, jedoch um Verunsicherungen weiß und somit von einer gewissen Wehmut und Dissonanz getragen ist: »Da an gekälkten Mauern / ein Abendhauch / wächserne Äpfel / sanft aneinanderklirrt // und ein Himmel im Knabenalter / strukturenwandelnd und wachsend, / raketen weit aus zersprengten Fassungen / Sterne über den Einsamen wirft –« (*Diskontinuität*). Mit Gedichten wie diesem weiß Scholl sich im breiten Konsens lyrischer Stimmen der 1950er Jahre – was keineswegs so despektierlich gemeint ist, wie es sich vielleicht lesen mag.

Auch Hans Dieter Schwarze (s. S. 93, 413) bediente als Lyriker schon sehr früh eine gewisse Zwiespältigkeit, die bei ihm freilich meist ein wenig spöttischer, leichter, weniger getragen und reflektierter als bei Scholl erscheint: »Blüten bröckeln vom Flieder, / Und auf dem Asphalt tasten zertreten Sohlen / im Takte der Herzen gelber Guitarren. // Die Tankstellen duften / nach Fernweh und großen Maschinen« (*Mainacht*). Es setzt ein wohlwollendes Spiel mit lyrischen Traditionen ein, die Schwarze sich geschickt zunutze zu machen versteht. *Nacht im Sauerland* ist vor Textfolien der Naturlyrik zu lesen (um die Nuancen und Abweichungen mitzukriegen): »Schwarz ragen die Profile / der Tannengipfel. / Den Mond umkauern / alle geflüchteten Träume, / in wollige Wolken gehüllt. // Fern wird ein kurzer Zug / von seinem Glöckchen / durch das Tal gehetzt. / An Felsen läßt ein Omnibus / den schweren Schatten tanzen.« Deutlich wird natürlich auch: Das Fort- und Wegschreiben von gewissen Traditionen braucht Zeit, ist mühsam – und vielleicht auch nicht immer erstes Ziel. Doch Schwarze versteht sich als Lyriker sehr gut in diesem Changieren, das Natur und Sentiment gegeneinander prallen, oftmals im Unentschiedenen lässt.

Doch diese innere Spannung will als literarische Form ja erst einmal gekonnt sein. Erwin Sylvanus liefert in dieser Hinsicht enttäuschende Ergebnisse: Der Jüngling in seinem Gedicht *Die Nachtigall* geriert sich auf eine schwärmerisch-gefühlvolle Art und Weise, dass beinahe schon der Verdacht der Parodie im Raum steht (nähme sich der Text nur nicht selbst so furchtbar ernst): »Aufschluchzt plötzlich sein Herz, das sich nicht fassen kann, / wild und klagend und keusch, saglos erfüllt von Lust, / die unstillbar sich sammelt / in den Träumen der Jünglingsnacht.« Dass es Sylvanus auch in anderer Weise nicht gelingt, sich von lyrischen Vorbildern, Stimmen und Eindrücken freizumachen, eine eigene Nuance zu entwickeln, zeigt sich im Gedicht *Krug* (»Krug / nur Krug / soll jetzt genug sein«) unübersehbar deutlich: »Krug / ist Sammeln, Bergen, Schenken. / Krug / ist Wein. / Komm. / Noch ist Krug. Noch. / Laß uns / beginnen erneut / mit / Nächten, Tränen, Seligkeiten.« Die Form der Beschwörung des Nichts, die Sylvanus hier erprobt, ist derart nah an Ernst Meisters Lyrik, aber auch an einigen (von Meister sehr geschätzten) Gedichten Celans und Hölderlins, dass eigentlich nur noch von imitatorischer Nacheiferung die Rede sein kann, der Versuch einer eigenständigen Fortentwicklung in jedem Fall nicht geglückt ist.

Versöhnlicher stimmt da schon wieder Hugo Paul Uhlenbuschs *Wie diese Landschaft* – nicht unbedingt, weil es über die Maße gut gelungen oder außerordentlich bemerkenswert ist, sondern weil es den entscheidenden Fehler von Sylvanus nicht begeht: Keine allzu dichte Imitation, sondern ein Vertrauen auf die eigenen Mittel, den Anspruch dichterischen Sprechens: »Oh, sein wie diese Landschaft ist: gelassen / sich breiten können auf gedehntem Raum / und in den Wind sich lehnen wie der Baum / und lichten Blickes in den Himmel fassen.« Das mag heutigen Ohren sehr geruhsam und allzu meditativ klingen, doch muss in diesem Fall im Kontext der Nachkriegsgesellschaft gelesen werden: »Oh, wie die Landschaft tut: aus Überflüssen / des Lebens Unzugänglichkeiten überdauern.«

Literarische Vielfalt ist Thiekötters *Neue Lyrik in Westfalen* in jedem Fall zu attestieren. Manches mag den ›Test der Zeit‹ nicht unbeschadet überstehen, anderes vielleicht gerade aufgrund seiner Betulichkeit heute schon wieder aufregend erscheinen. In jedem Fall ist mit Erleichterung zu konstatieren, dass hier – ganz im Gegenteil zu Bergenthals ungleich prominenterer Anthologie *Westfälische Dichter der Gegenwart* (s. S. 68) – eine Literatur vorliegt, die sich tatsächlich von jener folkloristisch ummantelten Ideologisierung und abermaligen Bedienung restaurativ-reaktionärer Klischees kategorisch verabschiedet hat. Die Lyrik Westfalens war tatsächlich im 20. Jahrhundert angekommen.

Arnold Maxwill

Hans Thiekötter (Hg.): *Neue Lyrik in Westfalen* (1957)

Hans Dieter Schwarze
Jahrmarkt

Straßen verrutschen vom Lichte,
Rätsel sind heiß, explosiv:
Jahrmarkt kranker Gesichte,
wuchernd, was lange schlief.

Braune, duftende Mandeln
knistern auf weißem Tisch.
Schemen und Schatten verwandeln,
Begegnung verzaubert dich frisch.

Blumen werden geschossen,
sie winseln nicht, machen nur knack.
Und über verstopften Gossen
spiegelt des Schreiers Frack.

Die runden Formen der Acht,
mit rotweißen Hölzern gelegt –
weiblich-gefahrvolle Pracht,
kreischend, lockend, gepflegt.

Blaß über allem erhebt sich
der Abglanz, grünlich und fad.
Der Wolkenhimmel verklebt sich
knapp über dem Riesenrad.

Franz Pöggeler
Münsterland

Wie bunte Tafeln sind die Fluren
bis an den Horizont gespannt,
dazwischen eines Weges Spuren
voll grünem Sand.

Und dann und wann ein Streifen Heide
und vieler Schafe grauer Trott.
Ein alter Hirte in seinem Leide
spricht still mit Gott.

Tief schwebt des Himmels weite Grenze –
tief auf der Erde braunem Rand,
die dünne, weiße Wolkenkränze
zur Höhe spannt.

Die Stürme haben freies Jagen.
Die alten Mühlen gehen schnell.
Im stillen Tun von allen Tagen
singt ein Gesell.

Im Wald, von Teichen grün umzogen,
träumt schwer ein felsener Koloß
im Schnörkelspiel barocker Bogen –
ein altes Schloß.

der Wälder dunkeldichte Mauern
stehn leicht am Hügel angelehnt,
wo sich die neue Saat des Bauern
nach Sonne sehnt.

Hans Thiekötter (Hg.): *Neue Lyrik in Westfalen.* Münster: Aschendorff 1957, S. 26, 21

Negative Utopie
Heinrich Schirmbeck: *Ärgert dich dein rechtes Auge. Aus den Bekenntnissen des Thomas Grey. Roman* (1957)

1957 erschien Heinrich Schirmbecks Hauptwerk, der Roman *Ärgert dich dein rechtes Auge. Aus den Bekenntnissen des Thomas Grey.* Er wurde ins Englische und 1961 separat ins amerikanische Englisch übertragen. Vor allem in den USA wurde das Werk als literarisch anspruchsvollster deutscher Roman seit Thomas Manns *Zauberberg* gefeiert. Die Aufnahme des Buches in Deutschland war zwiespältig – es löste einerseits hymnische Begeisterung nicht zuletzt bei Autorenkollegen und Literaturkritikern aus (Karlheinz Deschner: »ein belletristisches Meisterwerk«, Karl August Horst: der einzige Wissenschaftsroman von »literarischem Rang« in Deutschland usw.), während etwa *Der Spiegel* ätzte: »Berge an Seelenunrat«, »abenteuerlich aufgeputzte Intrigen« und »krauser Bildungszauber« (5.3.1958).

Der Roman beginnt sein erstes Kapitel unter dem Titel »Die Überfahrt« mit dem Satz »Ich entstamme einer Familie begüterter Seidenhändler.« Der Clan der Greys aus der Stadt Antares, die an Marseille erinnert, hat »das Gebaren einer Dynastie«, hortet seinen Reichtum und schafft es trotz einer hochmütigen Ablehnung alles Modernen erfolgreich, sich in der kapitalistischen Wirtschaft zu behaupten. Allerdings hat schon Thomas Greys Vater als der Sucht verfallener »Abtrünniger« diese Welt des großen Geldes und der großen Traditionen verlassen, um schließlich als Laborant in einem algerischen Provinzhospital Unterschlupf zu finden. Dort wird sein Sohn geboren und in einer katholischen Schule erzogen. Als dieser acht Jahre ist, wird er zu seinem Onkel Bernard nach Antares zurückgeschickt. Kaum ist der Junge dort angelangt, wird die Stadt für ihn aus einem Wunschtraum zu einem Schreckensbild: Er hat »das Gefühl einer unheilbaren Verwesung« und meint, »den süßlichen Geruch des Verfalls« zu spüren. Für die meisten seiner Verwandten wiederum ist er »nichts als ein kleiner Bastard«. So verwundert es nicht, dass er seine Jahre in Antares als »Hölle von Samt und Seide«, als »drückende[n] Traum« erlebt – in einer Familienatmosphäre, die von bigotter Frömmigkeit und unterdrückter Begierde bestimmt ist.

Thomas Grey zweifelt sehr früh schon »an der Realität der Dinge und Menschen, die [ihn] umgaben«. Dies sieht er als Neurose, als »psychologische Entwicklungsstörung«, als »Daseinsentfremdung«, aber gleichzeitig will er unbedingt »dem Komplexen verhaftet bleiben, dem Zwielichtigen und Polaren«. Vor einer ihn verstörenden Liebesbeziehung zu einem Mädchen, von dem er nicht weiß, dass sie in Wirklichkeit seine Halbschwester ist, flüchtet Grey nach »Sybaris« (Paris), wo er in die künstlerische Bohème eintaucht, aber auch in politische Intrigen gerät, bis er schließlich, verwirrt und erschüttert von einer Verkettung seltsamer Geschehnisse, Landesverrat begeht.

Der Roman, eine negative Utopie, spielt in der Zeit nach dem Zweiten Weltkrieg. Er kreist im Schatten der Atombombe zwischen tiefstem Pessimismus und der Hoffnung des Trotz-Alledem um den Konflikt zwischen den modernen Wissenschaftssystemen und den uralten Mächten des Lebens, zwischen den Versprechungen des Fortschritts und dem

»Horror vor den Maschinen« und ihren im Nebel der Zukunft liegenden Folgeerscheinungen. Während die westliche Demokratie den östlichen Diktaturen immer ähnlicher wird, droht die Selbstabschaffung der Menschheit. Die Waffen des heraufziehenden Untergangs aber stammen aus den Gehirnen von Physikern, die den Zumutungen borniert-aggressiver Politiker wehrlos gegenüberstehen. Im Roman zieht sich der Prinz de Bary, ein nach dem historischen Vorbild des Atomphysikers Louis-Ferdinand Duc de Broglie gestalteter »Grandseigneur der Physik«, am Ende aufs Land zurück, um nachzuforschen, wo der »Same des Samens«, der Ursprung der Apokalypse, sich verbergen könnte, und wie es möglich war, dass die »Saat der Roboter« die Welt überwuchert hat. Schirmbeck greift hier zurück auf den Konflikt zwischen Blaise Pascal, dem Erbauer der mechanischen Rechenmaschine Pascaline, und seiner Schwester, der Nonne Jacqueline, die ihn warnt, »andere werden kommen und Maschinen erfinden, die die deinige an Schnelligkeit und Vielseitigkeit übertreffen. Und diese Maschinen werden dazu dienen, neue Maschinen zu bauen, und das Herz des Menschen wird sich von diesen Maschinen einnehmen lassen und selber zum Maschinenherzen werden, und statt die Erbärmlichkeit seines Denkens zu erkennen, wird der Mensch mehr und mehr von seiner Selbstherrlichkeit überzeugt sein. Er wird eine Schöpfung um sich herum aufbauen, die er der göttlichen Schöpfung entgegenstellt.«

Unter diesen Vorzeichen verknüpft der Roman Fragen der Atomphysik und Kybernetik, der Psychoanalyse, der Psychologie, der Ethik, der Politik, der Medien und der Reklame mit der religiösen Konzeption einer Lichtmystik, die das Sehen als Verführung zur Sünde verdammt. Immer wieder porträtiert Schirmbeck reale Figuren der Geistesgeschichte – etwa im Hauptmann Moras den Wehrmachtsoffizier und Schriftsteller Ernst Jünger, dessen kalte Unbeteiligtheit einen eindeutigen Gegenpol zur mitfühlenden Grundhaltung des Autors bildet. Die statisch-starre, überindividuelle Kontur- und Wesenlosigkeit der Figuren dieses Romans, korrespondierend zu der Entsinnlichung und Technisierung aller Lebensverhältnisse in der modernen Gesellschaft, steht im deutlichen Gegensatz zu der präzisen psychologischen Charakterisierung des Personals in den Schirmbeckschen Erzählungen (s. S. 308) oder in seinem zweiten Roman *Der junge Leutnant Nikolai* (1958). Es handelt sich also hier nicht um gestalterisches Unvermögen, sondern um den planmäßigen Einsatz stilistischer Mittel – vergleichbar einem Meister der Abstraktion, der zwar exakt naturalistisch malen könnte, aber bewusst davon absieht.

Thomas Grey, ein junger Naturwissenschaftler, zieht in einer Art Lebensbeichte, die er als dichterisches Werk im Gefängnis verfasst, die Bilanz seiner inneren und äußeren Entwicklung. Dieser Zerrissene und Gespaltene, der sich zwischen Mystik und Mathematik, sadistisch-sexuellem Taumel und der unerfüllbaren Sehnsucht nach der wahren einzigartigen Liebe aufreibt, sucht nach einer Brücke zwischen Forschung und Dichtung, ja er will sogar »an den bestürzenden Offenbarungen der modernen Physik zum Lyriker werden. Ein abstruses, ein phantastisches Vorhaben, ich wußte das!« Er flüchtet in Abstraktionen und Weltformeln und scheitert zugleich im alltäglichen Leben. Seine erotischen Beziehungen zu der Tänzerin Moira, der Ärztin Patrizia und anderen Frauen sind von vornherein unglücklich. Seine Geistesfreundschaften zu seinem Mentor, dem Prinzen de Bary oder zu Leister Gracq, dem literarisch ambitionierten Lehrer seiner Kindheit, befeuern und befruchten zwar sein Nachdenken, aber treiben ihn noch mehr in seinen tragischen Lebenskonflikt hinein, in dem sich die Atomspaltung mit der Spaltung der eigenen Persönlichkeit verbindet.

Die Forschungen über die Doppelnatur des Lichts als Welle und Teilchen, die Thomas Grey gemeinsam mit dem Prinzen de Bary durchführt, haben fatalerweise große Bedeutung für die Entwicklung von Kernfusionswaffen und finden deshalb vor allem Interesse beim »Amt für strategische Informationen«, einem gigantischen Staatssicherheitsdienst, dessen Mitarbeiter allen »überlebten Vorstellungen [...] von der Unverletzlichkeit des Individuums oder der Freiheit der Forschung« den Krieg erklären und das Individuelle nur noch als »Maschinenfunktion« akzeptieren. Dem Staat genügt dabei nicht die naturwüchsig und krankhaft sich herausbildende Gespaltenheit der Menschen, sondern er setzt gezielt die medizinisch-neurochirurgische Methode der Lobotomie ein, um mit einer Hirnoperation Unzufriedene und Kritiker als Persönlichkeiten auszuschalten. Durch Trennung der Nervenbahnen zwischen den emotionalen Zentren werden so »seelisch vollkommen verstümmelte Personen« geschaffen. Das Buch endet mit den Sätzen: »Für mich aber gibt es keine Zuflucht. Ich darf das Auge, das mich ärgert, nicht ausreißen; denn die Welt bestehen, heißt ihr ins Antlitz sehen.«

1957 widmete Heinrich Schirmbeck (1915–2005) in der Erstauflage den Roman »Meiner Mutter in Dankbarkeit«. Später ersetzte er diese Widmung durch »Für die kommenden Generationen«. Man sollte dies nicht als platten Euphemismus missverstehen, sondern den drohenden Unterton mithören: Dieses Kassandra-Buch enthält Hoffnungen auf Rettung, aber es warnt auch vor dem potentiellen Ende aller Dinge.

Rolf Stolz

Heinrich Schirmbeck: *Ärgert dich dein rechtes Auge. Aus den Bekenntnissen des Thomas Grey. Roman* (1957)

Die Physik von heute war die Geschichte von morgen. Die einsamste Idee im Elfenbeinturm des Forschers erschütterte wenig später bereits das Leben der Massen. Wissenschaftler gingen ins Kloster, weil sie sich fürchteten, die Verantwortung für die Wirkung ihrer Gedanken länger zu tragen. Die Schönheit einer Idee schützte sie nicht davor, ins Verbrecherische zu entarten. Das Schöne war vielleicht nur des Schrecklichen Anfang. Was hatte in mir die Liebe zur Literatur entflammt? Das Buch eines theoretischen Physikers, eines Mannes der mathematischen Abstraktion. Der Fürst de Bary hatte seine Wellenmechanik, die Erkenntnis, daß das, was wir als Stoff, Masse, Materie bezeichnen, sich in gewissen Situationen der Beobachtung auch als Welle, als Form unkörperlicher Energiefortpflanzung offenbaren kann, und daß umgekehrt alle Arten von Wellen, darunter auch das Licht, unter gewissen Umständen in körperhafter Struktur auftreten können, er hatte diese sonderbare Zweideutigkeit, ja gegenseitige Auswech-

selbarkeit der beiden physikalischen Grundwesenheiten, Licht und Materie, in einer Sprache zum Ausdruck gebracht, die mich zu höchstem Entzücken hingerissen und Verlangen in mir hatte entstehen lassen, ähnliches zu schreiben, das Streng-Elegante der Mathematik mit der Sensibilität des Lebens und des Geistes zu vereinen, die Glut einer intellektuellen Mystik in eine Sprache von strenger Symbolkraft zu bannen. Pascal, Valéry und nun der Fürst de Bary waren meine Führer auf diesem Weg. Ich wollte an den bestürzenden Offenbarungen der modernen Physik zum Lyriker werden. Ein abstruses, ein phantastisches Vorhaben, ich wußte das! Ich hätte mich nicht getraut, mit einem normalen Menschen darüber zu sprechen. Aber ich wußte, daß ich eine Botschaft hatte, und ich wollte mich jetzt durch nichts mehr hindern lassen, diese Botschaft auszusprechen und zu ihren berufenen Empfängern zu bringen.
Hatte ich gefürchtet, daß es schwer sein würde, meinen Onkel von der Richtigkeit meiner Vorsätze zu überzeugen, so täuschte ich mich. Er schien schon seit einiger Zeit mit meinem Kurswechsel gerechnet zu haben; jedenfalls war er weder erstaunt noch erbost, als ich ihm meinen Entschluß mitteilte. Er hörte mich mit lächelnder Resignation an.
»Es ist das beste, was du in der augenblicklichen Situation tun kannst. Ich beglückwünsche dich.«
»Diese Ironie hätte ich nicht erwartet, Onkel Bernard. Ich wünschte, ich hätte dich nicht zu enttäuschen brauchen. Du warst ja immer gut zu mir.«
»Ach, Faxen! Handle nur so, daß du nicht eines Tages von dir selber enttäuscht bist; das ist deine einzige Verpflichtung. Um alles andere kümmere dich nicht.«

Heinrich Schirmbeck: *Ärgert dich dein rechtes Auge. Aus den Bekenntnissen des Thomas Grey. Roman.* Darmstadt: Schneekluth 1957, S. 106f.

Mitgefühl für die Schwächeren
Heinrich Maria Denneborg: *Jan und das Wildpferd* (1957)

Die Herde im Merfelder Bruch ist europaweit einzigartig: Nur gut 20 Autominuten vom nördlichen Ruhrgebiet entfernt leben mehr als 300 ›Dülmener Wildpferde‹ in einem rund 400 Hektar großen Reservat des Herzogs von Croy nahe der münsterländischen Stadt Dülmen. Und das schon seit Jahrhunderten, bereits 1316 wurden sie erstmals urkundlich erwähnt. Literarisch haben die halbwilden Tiere längst ein Denkmal gesetzt bekommen – in zwei Jugendbüchern des aus Gelsenkirchen stammenden Autors Heinrich Maria Denneborg. *Jan und das Wildpferd*, 1957 im Dressler-Verlag erschienen mit Illustrationen von Horst Lemke, erhielt 1958 den *Deutschen Jugendbuchpreis*, der Nachfolgeband *Das Wildpferd Balthasar* schaffte es 1960 auf die Auswahlliste für die renommierte Auszeichnung.

In den beiden Büchern erzählt Denneborg (1909–1987), der vielreisende Schriftsteller, Bibliothekar und Puppenspieler aus dem Kohlenpott, eine anrührende Geschichte um den

Bauernsohn Jan. Der Fünfjährige lebt mit seiner Familie auf einem Hof bei Dülmen, inmitten der idyllischen Moor- und Heide-, Wälder- und Felderkulisse des Münsterlands. Sein bekanntester Nachbar ist der Herzog von Croy. Auf dessen Land leben die Wildpferde, von denen der Junge fasziniert ist. Gleich zu Beginn der Geschichte ist Jan ausgebüchst. Beim Abendessen wird er vermisst, bis ihn später der ältere Knecht Natz findet, gefangen im Wildpferdezaun.

Natz, ein verschrobener Kauz und zugleich ein uriges Original mit struppigen grauen Haaren und trockenem Humor, ist der einzige auf dem Hof, der Verständnis für Jans Pferdeleidenschaft aufbringt. Natz ist selbst ein »Pferdeversteher«, weiß fast alles über die Tiere. Mit Jan verbringt er viel Zeit an dem Zaun, der die Herde umgibt. Von dort beobachten sie die Pferde und klettern sogar verbotenerweise über den Zaun hinüber, um den Tieren näherzukommen, sehr zum Unmut des in der Nachbarschaft wohnenden Försters. Besonders angetan sind Jan und Natz von der Wildpferdstute Bella und ihren zwei Fohlen, von denen eines, das pechschwarze, hinkt. Sie geben ihm den Namen Balthasar.

Bald darauf, am letzten Samstag im Mai, findet der jährliche Wildpferdefang statt, ein bestens besuchtes Spektakel, bei dem die einjährigen Hengste von jungen Männern gefangen, aus der Herde herausgeholt und anschließend versteigert werden. Dabei erfahren Natz und Jan zu ihrem Entsetzen, dass Balthasar zum Pferdeschlachter soll, weil er lahmt. Doch nachts verschwindet das Fohlen plötzlich – und schon bald besucht ein Gendarm Jans Familie auf ihrem Bauernhof, weil er nach dem Pferdedieb fahndet. Der Ermittler bekommt Essen und Korn angeboten, findet das verschwundene Pferd aber dennoch später im Stall der Familie. Natz wird daraufhin angezeigt und muss sich vor Gericht verantworten, entgeht jedoch einer Verurteilung, weil er das Pferd einfach kauft.

Natz ist neben Jan der große Sympathieträger in der Geschichte, ein Naturbursche, der gemächlich Pfeife raucht und Tierstimmen täuschend echt nachahmen kann. Der Knecht hat allerdings ein Laster: Er trinkt heimlich Hochprozentiges aus einer im Stall versteckten Flasche. Jan beobachtet ihn einmal zufällig dabei und kostet später ebenfalls neugierig davon – was üble Folgen hat und Natz zutiefst bekümmert.

Jan und Natz sind Verbündete, Brüder im Geiste, gerade was ihre unbedingte Tierliebe angeht. Zum gemeinsamen Feind der beiden wird z. B. der »Karussellonkel« auf der Kirmes, der Betreiber des Kinderkarussells, der sich als Wildpferdeschinder herausstellt. Als Jan bemerkt, dass ein Wildpferd das schwere Karussell ziehen muss, vergällt das ihm den weiteren Kirmesbesuch – er will sofort nach Hause.

Denneborg wehrt sich zu Beginn von *Jan und das Wildpferd* gegen die Klischees über seine Heimat: »Es ist nicht wahr, daß man in Westfalen nur von Korn, Schinken und Pumpernickel lebt.« Die Eigenarten der Region beschreibt er dennoch liebevoll und mit viel Zeit- und Lokalkolorit: die Dorfkirmes, das Wirtshaus, die Mühle, das einfache ländliche Leben mit Holzschuhen und Lodenjoppe, Streuselkuchen, Mettwürstchen, Buchweizenpfannkuchen und Apfelkompott. Denneborg erzählt aus einer unschuldigen »guten alten Zeit«, in der zwei Weltkriege, die gerade erst seit zwölf Jahren beendete unselige Ära des Nationalsozialismus und auch sonst die große Politik keine Rolle zu spielen scheinen. Und doch ist das Buch alles andere als unpolitisch.

Denneborgs heimliche Hauptfigur Natz ist ein Freidenker, der sich wenig um Konventionen schert und bei jeder Gelegenheit von seinem imaginären Freund Knipperdolling schwärmt, eine Art couragiertes Über-Ich des braven Knechts.

Mit ihrem Einsatz für das von Auslese und Tod bedrohte Fohlen Balthasar stehen Jan und Natz gegen Jans eher pragmatisch denkende Bauernfamilie. Und vor allem gegen Autoritäten wie den Förster, der sich in Jans Traum verächtlich über das »Hinkebein« Balthasar äußert. Gegen den Lehrer, der im Unterricht erzählt, dass alles Schwache in der Natur ausgelöscht werde. Und gegen den Tierinspektor, der Balthasar nach dem Wildpferdefang indirekt zum Tode verurteilt: »Ein lahmer Hengst! Sofort aus der Bahn mit diesem Pferd. Gar nicht mehr erst ins Revier hineinlassen. Am besten mit ins Forsthaus nehmen. Beobachten. Und wenn es nicht besser wird, weg damit.«

Natz begeht mit seinem Pferdediebstahl eine Straftat, weil er es moralisch wichtiger findet, ein bedrohtes Lebewesen zu schützen als sich an Gesetze zu halten: »Wo kommen wir denn hin, wenn wir alle Schwachen einfach auslöschen wollen«, lässt Natz seinen ›Freund‹ Knipperdolling energisch sagen. An der Figur des Natz verdeutliche Denneborg, »dass ein Gewissen haben, ein situationsbedingt richtiges Handeln im Sinne des Eintretens für die anderen ermöglicht, was wiederum Grundlage einer jeden menschlichen Gesellschaft ist«, schreibt Dagmar Olasz-Eke im Nachwort des *Lesebuch Heinrich Maria Denneborg* (2015). Nur knapp mehr als ein Jahrzehnt nach dem Ende der Morde an körperlich und geistig beeinträchtigten Menschen durch die Nationalsozialisten darf man Denneborgs Geschichte als Statement für ein Lebensrecht der Schwächeren deuten. Und als Aufforderung, für dieses Recht mit allen ethisch vertretbaren Mitteln einzutreten, notfalls auch gegen das Gesetz.

Jan und das Wildpferd war nicht nur als Buch ein großer Erfolg: Denneborgs Roman wurde 1958 als Hörspiel vertont und 1967 vom WDR verfilmt. Das Buch und die Fortsetzung *Das Wildpferd Balthasar* (1959) erschienen in mehr als 15 Sprachen.

Martin Zehren

Heinrich Maria Denneborg: *Jan und das Wildpferd* (1957)

Das Versteck auf dem Heuboden

»Mein Balthasar ist gestohlen«, klagte Jan immer wieder. »Gestohlen und dann ausgelöscht. Sie haben ihn getötet.«

»Beruhig dich endlich, mein Junge. Ich glaube ganz bestimmt, daß Balthasar lebt«, tröstete Natz, der endlich wieder heruntergekommen war.

Aber Jan ließ sich nicht beruhigen.

»Der Förster hat es selber gesagt. Balthasar ist nicht mehr auf der Wildbahn. Oder wollen wir einmal nachsehen?« Jan zog seinen Freund mit sich fort.

»Es hat keinen Zweck«, knurrte Natz. Aber Jan ließ nicht locker.

Als sie die Umzäunung der Wildbahn erreicht hatten, knurrte der Alte: »Ich sage noch einmal, es hat keinen Zweck. Ich weiß ganz genau, daß Balthasar nicht mehr auf der Wildbahn ist.«
Jan zitterte.
»Ich weiß aber auch ganz genau, daß Balthasar lebt«, versicherte Natz.
Jan blickte ihn ungläubig an.
»Du glaubst mir nicht? So wahr ich Natz heiße, dein Balthasar lebt.« Dabei hatte der Alte seine Finger wie zum Schwur erhoben. Dann senkte er die Stimme und fuhr etwas leiser fort: »Es ist wahr, daß Balthasar gestohlen wurde. Aber nicht, um ihn auszulöschen. Er wurde gestohlen, damit er weiterleben kann.«
Noch immer blickte Jan mit ängstlichen Augen auf den alten Knecht.
»Ich weiß, wer das Wildpferd Balthasar gestohlen hat. Soll ich es dir verraten?«
»Wer hat es gestohlen?«
»Knipperdolling!«
»Knipperdolling?« fragte Jan und schaute sehr erstaunt drein.
»Hab ich dir nicht erzählt, daß Knipperdolling kein Unrecht in der Welt leiden kann? Er hatte von mir erfahren, daß man Balthasar auslöschen wollte. Da hättest du Knipperdolling aber sehen sollen! Du kennst ihn ja in seinem Zorn. Schau meine Narbe an. Er hat mit der Faust auf den Tisch geschlagen und gesagt: ›Wo kommen wir denn hin, wenn wir alle Schwachen einfach auslöschen wollen?‹
Ich habe Knipperdolling gut zureden müssen. Er wollte sogleich zum Herzog. Ich dachte an meine Narbe und hielt ihn zurück. Ich versuchte, ihm alles zu erklären und sagte: ›Mein lieber und guter Freund Knipperdolling, das ist nun einmal in der Wildpferdezucht Gesetz. Gewissermaßen ein Naturgesetz. Nur das Starke bricht sich Bahn!‹
›Denk an deine drei Narben!‹, warnte mich Knipperdolling. ›Du redest diesen Unsinn doch nur nach. Im Grunde deines Herzens liebst du die Schwachen genauso wie ich auch. Jedenfalls sage ich dir das eine: Dieses hinkende Wildpferd Balthasar wird leben!‹ – Mit lauter Stimme rief er: ›Leben, leben, leben!‹«

Heinrich Maria Denneborg: *Jan und das Wildpferd.* Berlin: Dressler 1957, S. 123–125

Existenzialistischer Dadaismus

Richard Huelsenbeck: *Mit Witz, Licht und Grütze. Auf den Spuren des Dadaismus* (1957)

Während der Lektüre folgt man Richard Huelsenbeck (1892–1974) auf einer Spurensuche mit vielen assoziativen Nebenwegen. Huelsenbeck spürt einer Vergangenheit nach, die seine persönlich-biografische und zugleich die des Dadaismus in seiner Entstehungsphase ist. Gemeinsam mit vielen literarischen und bildenden Künstlern findet er eine zeitgemäße, eine dadaistische Haltung: »Wir suchten, was man nicht definieren kann, das Wesen, den Sinn, die Struktur eines neuen Lebens. Und so wurden wir Dadaisten.«

Während ihm der Identitätsentwurf als Dadaist anscheinend leicht über die Lippen geht, wartet man vergeblich auf eine konkrete Definition dessen, was den Dadaismus als Kunstrichtung, als Lebensphilosophie kennzeichnet. Vielmehr, darauf weist schon der Titel hin, weiß die Dada-Ästhetik Huelsenbecks verschiedene Haltungen zu vereinen: Demnach ist der Dadaismus witzig (*Witz*), aufklärerisch (*Licht*) und gleichzeitig sinnfrei (*Grütze*). Insofern sollte man es vielleicht auch unterlassen, den Text in Gänze einordnen zu wollen. Er besitzt vielmehr Züge verschiedener Genres: die persönliche Note der Autobiografie, den energischen Duktus eines Manifestes, das nüchterne Rekapitulieren einer Chronik.

Huelsenbeck gilt neben Hugo Ball als einer der bedeutendsten Mitbegründer der dadaistischen Kunst in den Zentren Zürich und Berlin und schildert in seiner autobiografisch gefärbten Revue wichtige Ereignisse und Begegnungen von Beginn des Medizinstudiums 1912 bis zur Nachkriegszeit als Emigrant in den USA. Huelsenbeck flüchtete 1914 zunächst von seiner Heimatstadt Dortmund aus nach Berlin, 1916 aufgrund des Ersten Weltkrieges weiter nach Zürich, wo er mit Hugo Ball und Emmy Hennings im *Cabaret Voltaire* auf der Bühne stand. Er unternahm viele Reisen, wobei in *Mit Witz, Licht und Grütze* nur ein paar Besuchsreisen nach Paris, Italien, Tessin und nicht seine Fernreisen nach Asien oder Afrika angeführt werden. Er berichtet von seinen beruflichen Wandlungen als Mediziner, Künstler, Journalist und Psychologe und wir erfahren von seinen zahlreichen Freundschaften und Begegnungen. So unterhielt er regen Austausch mit dem bildenden Künstler Hans Arp, dem rumänischen Schriftsteller Tristan Tzara, dem russischen Maler Marcel Słodki und dem rumänisch-israelischen Künstler Marcel Janco. Vor allem mit Arp verband ihn eine lebenslange Freundschaft, die sich auch auf künstlerischer Ebene niederschlug, wie z. B. in Illustrationen zu Huelsenbecks Veröffentlichungen.

»Frauen gab es wenig im Kabarett. Es war zu wild, zu rauchig und zu seltsam.« – Emmy Hennings, die in den Beschreibungen Huelsenbecks stets zerbrechlich wirkt, war Sängerin und bot im verrauchten und stürmischen Cabaret den trinkfreudigen Studenten Stirn und Stimme. Gleichzeitig war sie eine wichtige Stütze für Hugo Ball, war seine Muse und starke Schulter. Im *Cabaret Voltaire* sammelte Huelsenbeck seine ersten literarischen Bühnenerfahrungen. Der »Trommler des Dadaismus«, wie Ball ihn nannte, trug dort seine *Negergedichte* vor, brüllte »Umba, umba« ins Publikum oder rezitierte sein bis heute wohl wichtigstes Gedicht *Schalaben, Schalaben, Schalamezomai*. Diese erste Zeit in Zürich schien intensiv zu sein und Huelsenbeck auf der Suche. Gemeinsam mit Ball, Arp und Hennings philosophierte er über das Leben als Künstler, über die Ausrichtung des Dadaismus. Und als Huelsenbeck seine ganz eigene Philosophie des Dadaismus immer besser greifen konnte, da erschienen ihm die Lautgedichte Hugo Balls, die dieser mit spitzem Papphut und großem Gestus performte und die zur Befreiung der Sprache ihren Beitrag leisten sollten, zunehmend primitiv und verkrampft intellektuell. Auch von Kurt Schwitters distanzierte sich Huelsenbeck schließlich in aller Form. Denn, und das scheint wichtig, für Huelsenbeck war Dada mehr als reine Ästhetik und literarisches Handwerkszeug für (simple) Wortspielereien.

Für Huelsenbeck ist der Dadaismus eine Lebensphilosophie, deren semantischer Gehalt nicht aufgrund von Trivialität, sondern bewusst und konfrontativ ins Nichts läuft. Nur im Zustand jenes »Nichts«, so Huelsenbeck, wird der schöpferische Einzelmensch einer allzu konformistischen, technisch und medial gesteuerten Zeit auf sich als Individuum zurückgeworfen. Dass der Einzelmensch bei Huelsenbeck im Fokus steht, erhält vor dem Hintergrund seiner Flucht vor den Nationalsozialisten 1936 eine zusätzliche gesellschaftspolitische Dimension.

»Es war das Sein, das uns am Herzen lag, nicht die Kunst. So waren wir Phänomenologisten und Existenzialisten, und Sartre hat einmal von sich gesagt: ›Moi, je suis le nouveau Dada‹.« – Der Atheist Huelsenbeck referiert in seinen Überlegungen immer wieder auf Sartre und rückt die Lebensphilosophie ›Dadaismus‹ nah an den Existenzialismus heran. So erscheint jenes konfrontative Nichts als eine destruktive Kraft, die bestehende sprachliche und gesellschaftliche Ordnungen produktiv zerstört. Produktiv insofern, als dass ein solches Zerstören zu Neuorientierung auffordert – im anthropologischen Sinne bezüglich der eigenen Wesensbestimmung, im künstlerischen Sinne bezüglich eines Arrangements semantischer Bezüge, dem Spiel mit Assoziationen, Klang und Rhythmik. Herrschende Ordnungen werden in Frage gestellt – eine alte bürgerliche Ordnung ebenso wie die Ordnung durch einen absoluten Gott und, in der Konsequenz, die Ordnung der Sprache. Ihre poetische Funktion wird einer Sinnhaftigkeit (im konventionellen, referenziellen Sinne) gegenüber bevorzugt.

Jene Haltung des Dadaismus sieht Huelsenbeck vor allem im zeitgenössischen Kontext begründet, im Aufkommen der Kinos als »Tempel der Ruhelosen«, die den Niedergang der Literatur initiieren, welche ohnehin schon durch Unterhaltungstricks verdrängt werde. Den Reiz und die Provokation durch Sprache, die einer mediatisierten Unterhaltung entgegenlaufen, habe nur zur Zeit des *Cabaret Voltaire*, habe nur in der spontanen Zusammenkunft jener Künstler seine explosive Kraft entfalten können.

Dada als Provokation gerät bei Huelsenbeck zu einem historischen Ereignis. Ein leises Seufzen, eine Sehnsucht nach der guten alten Zeit und auch ein gewisser Kulturpessimismus begleiten seine Erinnerungen. Huelsenbecks grundsätzlich chronologisch angelegten Schilderungen in *Mit Witz, Licht und Grütze* werden immer wieder von Zeitsprüngen, unverhofft neu beginnenden Absätzen, assoziativen Plaudereien und plötzlichen Themenwechseln durchkreuzt. Zwischen den Absätzen finden sich eher selten Ein- oder Überleitungen, etwa wenn er plötzlich von der Schilderung eines Besuches bei Hans Arp in Paris zu einigen Gedanken über den Zeitgeist nach Kriegsende, zur Person des Malers Willi Baumeister und wieder zu einem Besuch André Bretons springt. Mitunter erweckt der Stil Richard Huelsenbecks den Eindruck einer Collage, die seine Erinnerungen zusammenhält: mit Witz, mit Licht und mit Grütze.

Kerstin Mertenskötter

Richard Huelsenbeck: *Mit Witz, Licht und Grütze. Auf den Spuren des Dadaismus* (1957)

»Meine Damen und Herren (meine Höflichkeit war betont, meine Stimme geziert) ... Wenn Sie glauben sollten, wir sind hierhergekommen, Ihnen etwas vorzusingen, zu spielen oder zu rezitieren, sind Sie in einem bösen Irrtum befangen. Es wäre dann besser für Sie, diesen Saal mit dem nächsten Kino zu vertauschen ...«
Wenn sich im Publikum nichts regte, wurde ich ein wenig aggressiver. Ich sprach kritisch über Leute, die die Kunst als Nachspeise ihrer bürgerlichen Existenz benutzen, und mit der falschen Innigkeit eines Pastors appellierte ich an das Gewissen derjenigen, die glauben, die Kunst sei für etwas Besseres da.
Auf das Schweigen im Anfang folgte mehr oder weniger laute Proteste. Man rief, man wolle Dadaismus sehen.
»Dadaismus ist nichts«, sagte ich, »wir selbst wissen nicht, was Dadaismus ist ...«
Jemand schrie: »Betrüger, wir wollen unser Geld zurückhaben«, andere nahmen die Sache scherzhaft und versuchten sich der Stimmung anzupassen. Es gab aber immer viele, die sich beleidigt und betrogen fühlten, so wie Herr I. B. Neumann in Berlin.
Jemand schrie: »Man muß die Polizei holen ...« (à la Neumann) »Meine Damen und Herren«, sagte ich, »auch die Polizei kann nicht ändern, daß wir Ihnen keine Unterhaltung vorsetzen wollen, wie Sie sie im Kino oder im Theater zu finden gewöhnt sind ...«
Es wurde nun lauter und lauter, und schließlich tobte der ganze Saal. In Prag, in der Produktenbörse, hatten wir einige tausend wütende Gäste. Es war wie der Ausbruch einer Revolution, der Mob schrie nach Gewalt. Man verlangte nach Haudegen, Stuhlbeinen und Feuerspritzen. Es war das heisere Schreien einer aufs äußerste erregten Masse.
Jetzt hatten wir sie da, wo wir sie haben wollten. Es galt nun Öl auf die Wogen zu gießen. Ich breitete meine Arme aus, als sollte ich gekreuzigt werden. Ich erkletterte einen Stuhl und schrie mit gemachter Verzweiflung:
»Nur einen Augenblick bitte ... nur einen Augenblick ... seien Sie gerecht und geben Sie uns Gelegenheit, Ihnen zu zeigen, was wir sind und was wir tun ...«
Manchmal (hauptsächlich in kleineren Sälen und vor einer kleineren Zuhörerschaft) gelang es, die Leute zu beschwichtigen, manchmal aber, wie in Leipzig und Prag, artete es von Anfang an in eine Rauferei aus.
Wenn wir nicht in persönlicher Gefahr gewesen wären, so hätte sich uns auf diese Weise eine glänzende Gelegenheit geboten, Massenpsychologie zu studieren. Massen, so fand ich, bestehen immer aus einer Truppe und einer kleinen Schar von Vorkämpfern. In unserem Fall fingen die Vorkämpfer an, uns mit harten Gegenständen zu bewerfen. Das war dann das Signal für eine Schlägerei der Leute untereinander. Männer nahmen für und wider uns Partei, Frauen warfen ihren Männern vor, sie mitgenommen zu haben. Literaten fühlten sich persönlich beleidigt, Pastoren glaubten, Dada sei eine Beleidigung Gottes, Kaufleute sahen unsere Angriffe auf die approbierte kommerzielle Ordnung mit Grauen und Ressentiment.

Richard Huelsenbeck: *Mit Witz, Licht und Grütze. Auf den Spuren des Dadaismus.* Wiesbaden: Limes 1957, S. 115f.

Klamauk statt Komik
Rolf Thiele: *Der tolle Bomberg. Spielfilm* (1957)
(nach dem gleichnamigen Roman von Josef Winckler)

»Eine üble geschmackliche Entgleisung«, schimpfte die Katholische Landjugendbewegung des Bistums Münster 1958 über den Spielfilm *Der tolle Bomberg*. Der Film war kurz zuvor, 1957, in der Schauburg in Münster uraufgeführt worden. »Was hier als Kostprobe westfälischen Humors verkauft wird, ist geistige, technische und schauspielerische Schluderarbeit, die beim normal veranlagten Filmbesucher Übelkeit verursacht«, zitiert die Zeitschrift *Westfalenspiegel* eine Erklärung der Landjugend. Doch woher rührte die scharfe Kritik? Eigentlich sprach vieles dafür, dass der *Bomberg*-Film ein Publikumsliebling hätte werden müssen.

Als Vorlage der Literaturverfilmung diente der ›westfälische Schelmenroman‹ des aus Rheine stammenden Zahnarztes und Schriftstellers Josef Winckler (1881–1966) aus dem Jahr 1923: *Der tolle Bomberg*, ein wahrer Longseller. Das Buch stand an der Spitze der Bestsellerliste, bis es 1929 von Erich Maria Remarques *Im Westen nichts Neues* abgelöst wurde, so informiert das *Westfälische Autorenlexikon*. Der Roman habe eine Auflagenhöhe von über 750 000 Exemplaren erreicht und Winckler zum literarischen Durchbruch verholfen; er bescherte ihm finanzielle Unabhängigkeit. Auch die Filmwirtschaft interessierte sich schon bald für den Stoff: 1932 wurde *Der tolle Bomberg* von dem aus Russland stammenden Regisseur Georg Asagaroff das erste Mal verfilmt.

1957 erfolgte dann die zweite Verfilmung, produziert von Gero Wecker und der Arca-Filmproduktion GmbH, ein Team, das zuvor mit den *Mädels vom Immenhof* einen großen Erfolg gelandet hatte. Der neue *Bomberg*-Regisseur Rolf Thiele war seit den 1950er Jahren ebenfalls gut im Geschäft, er drehte mit Walter Giller, Nadja Tiller, Ruth Leuwerik, Rudolf Platte, Paul Hubschmid, Romy Schneider, Curd Jürgens und anderen Größen des deutschsprachigen Films.

Auch bei der Besetzung des *Tollen Bombergs* wurde nicht mit prominenten Namen gegeizt: Hans Albers übernahm die Titelrolle des Barons von Bomberg, Paul Henckels – Generationen von Studenten aus den Hochschulkinos als *Feuerzangenbowle*-Pauker in Erinnerung (»Wat is en Dampfmaschin?«) – spielte den engen Baron-Freund Landois. Marion Michael (*Liane, das Mädchen aus dem Urwald*) und der junge Harald Juhnke mimen das Liebespaar Paula Mühlberg und Dr. Roland, Gert ›Goldfinger‹ Fröbe ist als Paulas neureicher Vater zu sehen. Gedreht wurde u. a. auf Schloss Vinsebeck, einem barocken Wasserschloss im ostwestfälischen Steinheim, und in der pittoresken Altstadt des lippischen Lemgo. Kurzum: Es sind die Zutaten für einen Kassenschlager.

Im Film geht es wie in der Buchvorlage um den Baron von Bomberg, einerseits einer der reichsten Männer Westfalens, mehrfacher Schlossbesitzer und vom alteingesessenen Adel, andererseits ein fröhlicher, zechfreudiger Lebemann, der gerne Schabernack treibt und anderen Streiche spielt. Seit 14 Jahren ist Bomberg mit Adelheid von Twacken verlobt, die hofft, den Baron jetzt, nach seinem Abschied aus der Armee, endlich heiraten zu können, um mit ihm ein ›vernünftiges‹ ehrbares Leben zu führen. Doch der Baron denkt gar nicht daran: Als ihn seine Verlobte und die Verwandtschaft überraschend auf seinem Schloss Bullbergen im Münsterland besuchen, schiebt er den ungeliebten Gästen bei einem spontan ausgerichteten Fest Flöhe unter, was bei den Betroffenen – juckreizbedingt – zu absurden Verrenkungen im Tanzsaal führt. So wird die Ehe abgesagt.

Der empörte Familienrat plant stattdessen, den »tollen Bomberg« zu entmündigen bzw. (wie es im Film heißt) »der schwachen Seele die Bürde der Verantwortung zu nehmen«. Sie schleusen dazu den jungen Nervenarzt Dr. Roland bei Bomberg ein. Roland gibt dort an, Anthropologe zu sein, und gewinnt bald das Vertrauen des Barons. Zugleich bemühen sich Bombergs neue Nachbarn, der Kommerzienrat Mühlberg und seine Gattin, ihre Tochter Paula mit dem Baron zu verkuppeln, um ihre Familie in den Adel einzuheiraten. Sogar einen Pfarrer spannt Mühlberg ein, der den Baron bei einem Besuch von der Heirat überzeugen soll, doch einige Schlucke Wein und leicht bekleidete Tänzerinnen im Garten des Barons lenken den Kleriker von seinem Vorhaben ab.

Paula liegt eh nichts an einer Ehe mit Bomberg, vielmehr verliebt sie sich in Dr. Roland und er in sie. Bomberg hilft Roland, Paula aus einem Pensionat für vornehme Töchter zu befreien, indem er sich als Krankenschwester verkleidet und im Internat vorgibt, Paula wegen eines grassierenden »siamesischen Schnupfens« mitnehmen zu wollen. Er wird jedoch enttarnt, lässt rasch einige weiße Mäuse frei, was bei den Internatsbewohnerinnen allgemeines Gekreische provoziert, und kann in dem allgemeinen Trubel mit Paula fliehen.

Als er kurz darauf im Übermut vor gebannten Zuschauern mit einem aufgespannten Schirm von einem Hausdach springt, wird er verhaftet und landet im Gefängnis. Klar, dass der Teufelskerl dort nicht lange bleiben muss. Es gibt später noch ein – allerdings manipuliertes – Pistolenduell mit Mühlberg, bei dem Bomberg den Anschein erweckt, erschossen worden zu sein, danach eine inszenierte Trauerfeier mitsamt ›wundersamer‹ Auferstehung von den Toten, eine überraschende Familienzusammenführung – Dr. Roland entpuppt sich als Bombergs Sohn – und am Ende ein Hochzeitsfest mit Tanz und Feuerwerk.

Historisches Vorbild der Film- wie auch der Romanfigur ist der vermögende Freiherr Gisbert von Romberg II. (1839–1897) aus Buldern bei Dülmen. Abgesehen von seinem Reichtum, dem Hang zu Eulenspiegeleien und alkoholischen Gelagen und einem von der Verwandtschaft angestrengten Entmündigungsprozess gegen Romberg gibt es nur wenige Gemeinsamkeiten zwischen der historischen Person und dem Filmhelden. Selbst von den zahlreichen Anekdoten um Romberg/Bomberg aus Wincklers Erfolgsroman gelangten nur wenige in die Filmhandlung.

Der Film schafft es nicht, das westfälische Lokalkolorit, das Wincklers Geschichten ausmacht, zu transportieren – gerade das könnte auch die Landjugend damals enttäuscht haben, die vernichtend urteilte: »Mit der gleichen Frechheit, mit der man bisher vorwiegend süddeutsches Milieu in ›Heimatfilmen‹ verzerrte, versehen diese Volkstumsfalschmünzer ihre neueste Blüte mit einem westfälischen Stempel. An diesem Film ist alles billig.«

Billig im Sinne von banal wirkt leider aus heutiger Sicht auch der Humor des Films. Vieles ist abgedroschen, überzogen, überdreht. Und nein, Filmfiguren sind nicht schon alleine deswegen lustig, weil sie betrunken sind. Bei der Kunst, Pointen zu setzen, die auch Jahrzehnte später noch amüsieren, mit feiner oder bissiger Ironie zu erzählen und überhaupt klug zu unterhalten, waren andere Filmemacher der 1940er und 1950er Jahre wie Ernst Lubitsch, Billy Wilder, Alfred Hitchcock oder auch Alexander Mackendrick (dessen zeitlos gute Komödie *Ladykillers* kurz vor dem zweiten *Bomberg*-Film entstand) deutlich weiter. Sprüche wie »Herr Baron, wir sind umzingelt – die Verwandtschaft kommt« oder »Wenn ich schon mal ein Kindel find', dann ist es gleich ein Findelkind« sind eher Klamauk als große Komikkunst.

Dass die ›Action‹-Filmszenen – ein von Paula gefahrenes Auto gerät außer Kontrolle und landet im Heuberg – wegen ihrer holprigen Machart heute unfreiwillig komisch wirken: geschenkt. Dass das Frauenbild des Films arg rückständig daherkommt – zu erwachsenen jungen Frauen sagt Bomberg zum Beispiel gerne »mein Kind« oder »Du dummes Kind!« – ist wohl dem damaligen Zeitgeist geschuldet – und dennoch aus heutiger Sicht befremdlich.

Zugutehalten kann man dem Film dagegen, dass er zu vermitteln schafft, warum der wohlhabende Adelige mit dem derben Humor zum Volkshelden werden konnte: Weil er sich nicht scheute, seine Späße und Narreteien auch und gerade gegen damalige Autoritäten zu richten. Ihnen hält Bomberg nur allzu gerne einen Spiegel vor und entlarvt Standesdünkel und Popanz, Gier und Heuchelei. Ob Militär, Kirche, der Adel oder die bürgerliche Oberschicht – sie alle bekommen ihr Fett weg.

Der Film polarisierte, auch die Kritiker waren gespalten. Das *Hamburger Abendblatt* befand: »Im meist ach so tristen deutschen Filmwald ein rundes Schau-Stück zum Lachen.« Doch *Der Spiegel* urteilte: »Der Knabeneifer, mit dem hier ein Alter Herr derbdreiste Streiche ausheckt, vermag nicht nur den Akteur, sondern zuweilen auch sein Publikum zu rühren. Aber die Autoren Hans Jacoby und Per Schwenzen und der Regisseur Rolf Thiele haben dem bejahrten Draufgänger ein allzu dürres, plattes Feld bereitet. Vorgestriges Schalksgebaren und der Schwachsinn neuzeitlicher Kinoschwänke sind vereint, um den Beschauer zu vernichten.« Egal, welcher dieser so gegensätzlichen Positionen man eher zustimmt, auf diese Aussage dürften sich die meisten Filmzuschauer einigen: Hans Albers, Gert Fröbe und Harald Juhnke haben bessere Filme gemacht als *Der tolle Bomberg*.

Martin Zehren

»Ich war eine Herde / und rupfte Erfahrung«
Ernst Meister: *Zahlen und Figuren. Gedichte* (1958)

Es dürfte wohl eher selten sein, dass Verse aus sogenannter hermetischer Dichtung zum festen Bestandteil des eigenen Sprachschatzes werden und sich in bestimmten Alltagssituationen reflexartig einstellen. So ist es mir mit den Anfangszeilen des Gedichts *Ich war eine Herde* ergangen, die ich wie ein Echo vor mich hin spreche, wenn das Geräusch einer weidenden Schafherde an mein Ohr dringt. »Ich war eine Herde / und rupfte Erfahrung«.

Die beiden Verse besitzen für mich eine sprachliche Eindringlichkeit und sinnliche Evidenz, die unabweisbar sind. Sie können zudem in Kernbereiche von Meisters Dichtung führen. Zum einen sprengt der erste Vers sofort die Begrenztheit des Ichs – und das in einer radikalen, den Anthropozentrismus überschreitenden Form. Denn das Ich begreift sich nicht als ›Herdentier Mensch‹, sondern identifiziert sich mit der Gras rupfenden Schafherde. Dass es sich um eine solche handelt – ohne dass der Gattungsname ›Schaf‹ irgendwo fiele –, legt die Einführung der Gestalt eines Hirten in der dritten Zeile nah. Darüber hinaus wird selbst dem flüchtigen Leser von *Zahlen und Figuren* nicht verborgen bleiben, dass die Dichtung Ernst Meisters (1911–1979) in vielfältiger Form aus der Vorstellungs- und Bilderwelt der Bibel gespeist wird. Die Metapher von Hirte und Schafsherde für die Konstellation von Christus und gläubiger Gemeinde ist im Neuen Testament ein stehendes Motiv.

Es wird aber durch einen ergänzenden Blick auf das Gedicht *Das Ich* sofort deutlich, dass Meister über die neutestamentliche Bildlichkeit hinausgeht. Die zweite Strophe dieses nur sechs Zeilen umfassenden Gedichts lautet: »Das Ich dünkte sich / Hirte und Hund und / wandernde Herde zugleich.« Die Hinzunahme des Hundes in diese aufgefächerte Identität des Ichs lässt die religiös tradierte Metaphorik hinter sich. Der Akzent liegt hier eher auf dem Modell einer dynamischen Einheit, die polare Elemente in sich vereinigt. Diese Sichtweise bestätigt der Fortgang des Gedichts *Ich war eine Herde*. Des Hirten Stab tippt Sterne (Himmel) und Gräser (Erde) an, unter dem Rand seines Huts wohnt der Schatten (Nacht, Tod), während um seine Hände einer Aureole gleich das Licht spielt (Tag, Leben). Unter den Gräsern weist er seine Herde besonders auf »das bittere Beste« hin, das zugleich »das Grünste« sei. Das lässt sich so verstehen – und erinnert damit an die Funktion des ›bitteren Krauts‹ bei Kafka –, dass die Einverleibung des Tödlichen den größten Aufschluss über das Lebendige gewährt.

So weit kommentiert, kann man zwei Fundamente von Meisters Dichten und Denken erkennen. Das eine ist die auf Heraklit zurückgehende Vorstellung von der Einheit der Gegensätze, die zu dem abendländischen dualistischen Denken, das die Welt in Subjekt und Objekt trennt, eine Alternative darstellt; das andere ist ein Sprechen aus dem Bewusstsein der eigenen Vernichtbarkeit heraus, ein Dichten und Denken vom Tode her, das man ›Thanatopoesie‹ nennen könnte. Schon in *Zahlen und Figuren* finden sich dafür sprachlich eindrucksvolle Fügungen wie etwa »Verbrieft ist Moder«, die Meisters sentenzhafte Verkündigungen des Todes in seinem Spätwerk der 1970er Jahre antizipieren.

Ich möchte noch einmal auf die eingangs zitierten Verse zurückkommen und auch dem zweiten – »und rupfte Erfahrung« – etwas nachsinnen. Wenn wir gesehen haben, dass das Ich hier als eine kollektive Existenzform verstanden werden kann, umfasst die Erfahrung folglich eine Art von Gattungswissen, die aufgespeicherte Erkenntnis der vorangegangenen Generationen. Das Motiv des Grases zieht sich vom ersten Gedicht an wie ein roter Faden durch *Zahlen und Figuren* und wird von Meister häufig im Anschluss an den biblischen Sprachgebrauch als Synonym für das menschliche Leben verwendet. Insofern ist das ›Rupfen der Erfahrung‹ eine Form der Aneignung des Wissens vergangener Generationen. Entscheidend scheint mir dabei aber auch die Art der Aufnahme, also das Rupfen als eine Aneignung in Gestalt einer Einverleibung. Damit kommt die sinnliche Komponente von Meisters Dichtung in den Blick.

Bei aller denkerischen, intellektuellen Anstrengung, die Meister sich und auch dem Leser abverlangt (»Sein Gedicht verrät, was er weiß. Es fragt dich danach, was du weißt«, heißt es in einem poetologischen Selbstkommentar von 1962), ist nicht zu übersehen, dass seine Gedichte Zeugnisse scharfer Beobachtung und wacher Sinne sind. Als Beispiel dafür könnte man etwa das Gedicht *Antiquitäten* anführen, das wie eine Filmkamera durch den Bestand eines Trödelladens schwenkt. Es zählt die Terrinen, es beschreibt die Figuren eines barocken Engels oder eines Tiroler Genrebildes. Hier wird auch greifbar, in welcher Weise Ernst Meister das Begriffspaar ›Zahlen und Figuren‹ transformiert. Die Wendung entstammt einem berühmten Gedicht aus dem *Heinrich von Ofterdingen* von Novalis, in dem die Zahlen und Figuren als Entstellung des wahren Wesens der Welt denunziert und durch die Entdeckung des ›einen geheimen Worts‹ gut romantisch vertrieben werden sollen. Bei Meister sind ›Zahlen und Figuren‹ keine Indikatoren für ein unzulängliches Weltbild, sondern Medien ihrer konstellativen Erschließung.

Man könnte in diesem Sinne etwa den Titel des zweiten Gedichts des Bandes verstehen, der *7. VII. 1957* lautet. Die Zahlen bilden ein Datum, das eine zentrale Figur in Ernst Meisters geistiger Sphäre betrifft. Es ist der Todestag von Gottfried Benn, dem wohl wichtigsten Dichter für seine eigene poetische Entwicklung. Das Gedicht nennt den Namen nicht, und seine Bildlichkeit liefert auf den ersten Blick kaum Anhaltspunkte für den Bezug auf Benn. Doch näher betrachtet, liest es sich als Einladung an die anderen Toten, gemeinsam mit dem im Leben Verbliebenen im Werk des Verstorbenen zu lesen – vielleicht in seinem Gedichtband *Söhne* (1913) – und daraus Trost und Einsicht in die Endlichkeit der Existenz zu ziehen. Es scheint mir für Ernst Meister (und für wesentliche Teile der modernen Lyrik) typisch, dass die Bildlichkeit am ganz konkreten Erleben ansetzt, hier der Situation des im Juli bei offenen Fenstern und Türen Lesenden, wenn das künstliche Licht die Nachtfalter anzieht.

Gottfried Benn ist überhaupt in etlichen Texten von *Zahlen und Figuren* spürbar präsent. So wirkt etwa das kurze titellose Gedicht mit dem Wortlaut »Manchmal / blickt Gallert hin, /

Auge des Todlosen, / ob ein Wesen / noch da ist« wie eine Reprise von Benns »Klümpchen Schleim in einem warmen Moor« aus seinem legendären Gedicht *Gesänge*, das den Zustand vor der dem Schmerz verfallenden Subjektwerdung preist. Bei Meister freilich treffen wir die für ihn signifikante Verschiebung auf die Todesthematik an, denn die Gallerte (der Schleim) wird nicht durch ihre vorbewusste Existenz, sondern durch ihre vom Fehlen der Individuation bedingte potentielle Unsterblichkeit charakterisiert. Weiterhin ziehen einige von Benns Leitvokabeln wie ›Hirn‹ oder ›Rosen‹ durch *Zahlen und Figuren* ihre Spur.

Implizite Anspielungen gibt es aber nicht nur auf Benn, sondern etwa auch auf Nietzsche, den zweiten von Ernst Meisters ›Säulenheiligen‹. Das Gedicht *Gesprächspunkte* setzt mit den Zeilen »Auf dem Rücken eines Tigers / im Traume hangen« ein und zitiert damit Nietzsches Bild vom Menschen, der »in der Gleichgültigkeit seines Nichtwissens und gleichsam auf dem Rücken eines Tigers in Träumen hängend« ruht. Es stammt aus der Schrift *Über Wahrheit und Lüge im außermoralischen Sinne* von 1873.

Bei einem poeta doctus wie Ernst Meister ist es nicht überraschend, dass sich zahlreiche intertextuelle Bezüge auffinden lassen. Die genannten ließen sich leicht vermehren, wobei daran erinnert sei, dass das Neue Testament sicher den wichtigsten Referenztext bildet. Zuweilen stellt Meister selbst explizit Verbindungen zu anderen Dichtern her, indem er seine Texte mit Widmungen versieht. So finden sich etwa Dedikationen an Emil Barth, Gerhard Nebel oder Erwin Sylvanus, und es wäre reizvoll – was hier nicht geschehen kann – diesen Winken zu folgen.

Um die Koordinaten des künstlerischen Ortes von Meisters Dichtung im 20. Jahrhundert zu bestimmen, ist es erhellend, sein Werk auch in den Kontext der Malerei zu rücken. Als Ernst Meister 1932 seinen ersten Gedichtband mit dem Titel *Ausstellung* eröffnete, legte der Titel nahe, dass man seine Art zu schreiben mit Parallelen aus der zeitgenössischen Malerei zu charakterisieren versuchte. Entsprechend prägte ein Rezensent das Etikett einer ›Kandinsky-Lyrik‹, das bis heute an ihm haften blieb. Es ist auch nicht falsch, insofern es einen gewissen Zug der abstrakten Farbgebung in seinen Gedichten erfasst. Auch in *Zahlen und Figuren* ließe sich mit dem Gedicht *Wenn aufgrünt Grauen* ein Text anführen, der wie nach dem Modell des Ittenschen Farbkreises komponiert ist.

Aber daneben finden sich ebenso Gedichte, die symbolistische oder surreale Bildwelten assoziieren lassen. Das Gedicht *Tote Münder*, das mit den Versen »Wisse doch, / über die Gräber stelzt / in steter Maske / der EINE HERR« in einer geradezu aggressiv-plastischen Form die Gestalt des Todes aufruft, klingt, als sei es die Ekphrasis zu einer Zeichnung von Alfred Kubin. Etliche Sprachbilder – die im Meer stakenden Speere oder die als Steuermänner angeheuerten Hähne – ließen sich als Sujets auf Gemälden von Edgar Ende vorstellen, so auch die Szenerie, die das großartige Gedicht *Zeigen* entwirft. Dieses Gedicht gehört zu den zahlreichen Texten, in denen Meister eine nautische Metaphorik verwendet. Das seit der Antike geläufige Bild vom Leben als Meerfahrt gehört zu seinem Repertoire, zumal es auch im Neuen Testament vielfach variiert wird. Eng verbunden ist es bei Meister mit der Anspielung auf die biblische Metaphorik des Fisches, die überleitet zu der von Lamm und Wolf.

Mit dem Hinweis auf ein Gedicht, das ebenfalls im Zeichen der nautischen Bildlichkeit steht, möchte ich schließen, weil es ein schönes Beispiel für die Vielschichtigkeit von Meisters Sprache ist. Jedenfalls kann ich nicht umhin, den Text *Küste*, jenseits aller metaphysischen Reflexionen, als ein wunderbares Liebesgedicht zu lesen.

Jürgen Egyptien

Ernst Meister: *Zahlen und Figuren. Gedichte* (1958)

Ich war eine Herde

Ich war eine Herde
und rupfte Erfahrung.

Des Hirten Stab,
Sterne antippend

und Gräser: da,
die sind

das bittere Beste,
das Grünste.

Und Schatten
unter dem Rand seines Huts

und Licht um die Hände
des Hirten

und ich eine Herde
mit rupfenden Zungen.

Das Ich

Die Nacht war Geduld,
ein einziger langer
Ton der Geduld.

Das Ich dünkte sich
Hirte und Hund und
wandernde Herde zugleich.

Zeigen

Da war,
da war doch,
vom Wassertode gefangen,
ein Schiffer.

Vom Wassertode gefangen,
stieß er
durch den Spiegel der Wasser
und zeigte uns,
zeigte uns fahrenden Schiffern

eine Handvoll
Graues vom Grunde.

Küste

Kehr dich
zu meinem Mund.
Ich sage dir
ein Schifferlied
unter die Wimpern:

Daß wir segeln
mit den Augenlidern
den Faden
der Küste entlang,
mit dem Licht im Gespräch.

Ernst Meister: *Zahlen und Figuren. Gedichte.* Wiesbaden: Limes 1958, S. 99, 14, 106, 36

Gegen das Vergessen und die Gleichgültigkeit
Hugo Ernst Käufer: *Wie kannst du ruhig schlafen ...? Zeitgedichte* (1958)

Als sich Hugo Ernst Käufer (1927–2014) mit dem Gedichtband *Wie kannst du ruhig schlafen ...?* (so der Einbandtitel seiner ersten selbstständigen Verlagspublikation, die Titelei verzichtet auf das Fragezeichen) zu Wort meldet, trifft er sogleich die Stimmungslage seiner Zeit. Die Ungeheuerlichkeiten des sogenannten Dritten Reichs, des Zweiten Weltkriegs, der Shoah bestimmen die politische wie die kulturelle und damit auch die literarische Diskussion.

Hugo Ernst Käufer hatte gemeinsam mit dem späteren Filmemacher Paul Karalus zwar bereits 1952 eine Broschüre mit Gedichten herausgebracht; diese *Poemes* betitelte Broschüre verdankte sich allerdings dem Selbstverlag. Daneben gab es einige Gedichtpublikationen in Anthologien, Zeitschriften und Zeitungen. Für die Gewerkschaftszeitung *Welt der Arbeit* schrieb Hugo Ernst Käufer seit 1954 regelmäßig Rezensionen, daneben Berichte über den jährlich stattfindenden »Kongreß deutscher Bibliothekare«, schließlich auch einige Gedichte. Hugo Ernst Käufer hatte sich mit kleinen Schritten zielstrebig in die literarische Szene hineingeschrieben.

Heinrich Böll, mit dem ihm seit seinem bibliothekswissenschaftlichen Studium in Köln (1954–1957) eine Freundschaft verband, hatte ihn nicht nur an die *Welt der Arbeit* vermittelt, sondern wurde ihm mit seinen aus der Erfahrung des Kriegsgrauens gespeisten moralischen Impetus zum Vorbild. Der Titel dieser »Zeitgedichte« Käufers, *Wie kannst du ruhig schlafen ...?*, erinnert in seinem fragenden Ton wohl nicht zufällig an Bölls Romantitel *Wo warst du, Adam?* (1951).

Die Zeitgenossenschaft dieses Gedichtbandes zeigt sich schnell bei einem Blick auf die Themen. Es geht um die Auseinandersetzung mit der deutschen Geschichte, um die Kritik an der trotz der Erfahrung des Zweiten Weltkriegs bestehenden politischen Akzeptanz von Kriegen, um Gesellschaftskritik mit Blick auf restaurative Tendenzen in der noch jungen Bundesrepublik, um das Eintreten gegen Rassismus und Gleichgültigkeit.

Die in den Nachkriegsjahrzehnten nicht selten geführten Alltagsdebatten finden ihren Widerhall: Die Widerstandskämpfer des 20. Juli, so der »auf Parkbänken« erhobene Vorwurf, wären »Verräter« gewesen. Hugo Ernst Käufer greift die Vokabel auf und wendet sie gegen ihren Gebrauch durch die Unverbesserlichen und Ewiggestrigen: »Verräter? / Gewiß: Sie verrieten / die Ungerechtigkeit des Krieges / das Menschenmorden, / die Knechtschaft, / den Untertanengeist« (*20. Juli*). Der wie für ein Denkmal in Versalien gesetzten Formel für den Soldatentod »ER STARB FÜR DEUTSCHLANDS EHRE ...« setzt er eine biblisch-mythische Erkenntnis entgegen, die zur Mahnung gerät: »›Hier liegt dein Bruder Abel, ... Kain‹« (*Ein Grab in Frankreich*). Und mit Blick auf das 1950 in deutscher Übersetzung erschienene *Tagebuch der Anne Frank* formuliert er eine Hommage an »das Kind«, »stärker als Herodes, als der schwarze Tod von Belsen« (*Anne Frank*).

Die Auseinandersetzung mit der deutschen Geschichte sollte für Hugo Ernst Käufer zeit seines Lebens von zentraler Bedeutung bleiben. Seine grundlegende Haltung bleibt dabei konstant und zeigt sich bereits in seinem Gedicht *Deutscher Geschichtsaufsatz 1958*. Das achtstrophige Gedicht rekapituliert die Redeweise in einem deutsch-national, ideologisch gar reaktionär ausgerichteten Geschichtsunterricht im Spiegel eines Schüleraufsatzes: Kaiser Wilhelms Flottenbau, die »Vorsehung« an der Seite Hitlers am 20. Juli, die »tapferen Soldaten gegen die Horden aus dem Osten« – die Propagandasprüche der Vergangenheit hallen im Geschichtsunterricht nach und wirken auch noch über das Jahr 1958 hinaus: »die Horden aus dem Osten drohen immer noch«, heißt es in der siebten Strophe, bevor die letzte verkündet: »In sechs Jahren werden wir auch Soldat, / und der Lehrer ermahnt uns immer, wir sollen viel turnen, / damit wir starke Muskeln und Glieder kriegen.« Käufers kritische Einstellung zur 1955 erfolgten Gründung der Bundeswehr wird deutlich. Und die behält er, der den Zweiten Weltkrieg bewusst erlebt hat, bei, wie die Wieder- und Weiterverwendung des Gedichts in späteren Büchern zeigt: Um das Gedicht dem aktuellen politischen Kontext der Wiederbewaffnung zu entziehen und ›nutzbar‹ zu halten, lässt Hugo Ernst Käufer in den 1977 von Frank Göhre kompilierten *Stationen* die Jahreszahl in der Überschrift fortfallen. 2006 nutzt er diese Version als Baustein für das Melodram *Im Zeitspalt*, in dem er zudem Gedichte aus *Kartoffelkrautfeuer* (1991) aufnimmt, einem »Stück Heimatkunde«, wie es im Untertitel heißt. In einer anderen Zusammenstellung ist das Gedicht *Deutscher Geschichtsaufsatz* dann 2006 (und 2007 in einer erweiterten Version) Teil der *Wir marschierten stramm im Quadrat* betitelten »Wittener Schulgeschichten«. Jetzt, fast 50 Jahre nach dem Erstdruck, hat der Autor sein Gedicht um die siebte Strophe gekürzt – die »Horden aus dem Osten« und der »Bundeskanzler in Bonn« passen nicht mehr in das erste Jahrzehnt des 21. Jahrhunderts. Dass Hugo Ernst Käufer einen bereits veröffentlichten Text zum Zweck der Einbettung in neue Textzusammenhänge überarbeitet, ist kein Einzelfall und darf als eine Eigenart seiner Arbeitsweise angesehen werden.

Neben weiteren Gedichten, die restaurative Tendenzen im Nachkriegsdeutschland zur Sprache bringen (*Der neue Kurs*, *Die Ewig-Gestrigen*, *Zum neuen Jahr*), befinden sich unter den 23 Gedichten dieses Bandes auch solche, die ihre Stimme dagegen erheben, dass »der Tod der Millionen« im Krieg allüberall auf der Welt »schnell vergessen« wird (*»Vergessen ist Schuld«*). Hugo Ernst Käufer konkretisiert das Kriegsleid, seine Absurdität und Schuldverstrickung in ebenso plakativer wie eindringlicher Weise: Das Heinrich Böll gewidmete Erzählgedicht *Die Begegnung danach ...* greift dafür das Motiv des Brudermords auf und führt es in die Gegenwart des Korea-Kriegs: Erzählt wird die Geschichte eines Südkoreaners, der Suizid beging, nachdem er unwissentlich seinen Bruder erschoss, der eine nordkoreanische Schule besucht hatte und unglücklich in die Frontlinie geriet.

Käufer warnt vor dem »Zugriff der Gleichgültigkeit«: »Wir«, heißt es im Gedicht *Nachrichten*, »übersehen, daß im zerstörten Korea / viele Menschen erbärmlich verhungern«. Und er nimmt Partei: »Sie haben lange genug dich Nigger genannt, zu lange schon« (*Schwarzer Mann, mein dunkler Bruder*). Auch dieses Thema liegt auf der Linie der engagierten Literatur seiner Zeit – schon ein Jahr zuvor, 1957, hatte Josef Reding, der wie Hugo Ernst Käufer aus dem Ruhrgebiet stammt, mit seinen Kurzgeschichten *Nennt mich nicht Nigger* (s. S. 105) von sich reden gemacht, deren Titel als Parteinahme für alle steht, die diskriminiert und unterdrückt werden.

Zehn Jahre, nachdem Günter Eich mit seinem Gedicht *Inventur*, das zum Inbegriff der Trümmerliteratur geworden ist, den Blick lakonisch und sprachlich verknappt auf das Wenige gerichtet hat, was den Überlebenden, den Kriegsgefangenen nach dem Kriegsende geblieben ist, präsentiert auch Hugo Ernst Käufer eine literarische *Inventur*. Im Unterschied zu Eich aber geht es ihm um die Moral in der Politik: in der jüngeren nationalsozialistischen Vergangenheit Deutschlands ebenso wie im Algerien-Krieg oder im Ungarn-Aufstand und seiner Niederschlagung. In prosanahen, geradezu hypotaktisch gebauten Sätzen fasst Hugo Ernst Käufer die Motive der Mörder und Folterknechte »in allen Kerkerzellen / der nackten Diktatur« zusammen, wenn er »Blut für Ware und Ware für Blut« als die geltende Währung in der Welt der Diktatur benennt. Auch wenn es unbedacht erscheinen mag, das Unvergleichliche der nationalsozialistischen Gräueltaten mit den Gräueltaten anderer Regime zu vergleichen – Hugo Ernst Käufers *Inventur* ist vor allem Ausdruck der Sorge, dass die Lehren aus der NS-Diktatur, dem Zweiten Weltkrieg, der Shoah nicht gezogen werden.

In der vermutlich frühesten Rezension dieses Gedichtbands und eines Käufer-Titels überhaupt, einem anonym in der Wanne-Eickeler Ausgabe der *Westdeutschen Allgemeinen Zeitung* vom 10. Oktober 1958 unter der Überschrift *Der zornige junge Mann* erschienenen Artikel, mutmaßt der Rezensent: »Vielleicht experimentiert Käufer noch, aber er bemüht sich [...] um eine neue Sachlichkeit in der Dichtung.«

In der Tat suchen die Gedichte dieser Sammlung ihren Stil. So ist die Sprache in manchen Gedichten noch deutlich am Rhythmus der Prosa orientiert: »Das kleine nationale Geschäftchen, / der Profit für die eigene Staatskasse, / das Gefühl der gelungenen Repräsentation / sind euch wichtiger als die Wahrheit / der klärenden Rede, die den Menschen auszeichnet / und den Nachbarn versöhnt.« (*Manifest*) Andere dieser »Zeitgedichte« aber zeichnen sich durch eine freie Rhythmik aus und sind sprachlich verknappt bis zur Ellipse des Prädikats, die für die spätere Lyrik Hugo Ernst Käufers charakteristisch ist: »Letzte Botschaften, / vor der Hinrichtung / in die Wand geritzt / für trauernde Nachlebende.« (*Gedichte*) Noch lenkt die Interpunktion den Leseprozess. In späteren Jahren, in denen Hugo Ernst Käufer auch seine »Zeitgedichte« *Wie kannst du ruhig schlafen ...?* überarbeitet hat, wird die sparsame, meist bis auf einige wenige Frage- und Anführungszeichen reduzierte Interpunktion, die dem Leser eine erhöhte Aufmerksamkeit abverlangt, zu einem Kennzeichen seiner zunehmend sprachlich verknappten Lyrik.

Man kann dem anonymen Rezensenten der *Westdeutschen Allgemeinen Zeitung* mithin zustimmen: *Wie kannst du ruhig schlafen ...?* zeigt hinsichtlich der lyrischen Sprachgebung noch keine unverkennbare Signatur. Sein thematisches Interesse aber und seinen lebenslangen Antrieb zu schreiben hat Hugo Ernst Käufer bereits gefunden. Karl Krolow, dem er auf

Anraten Friedrich Rasches, des Feuilletonredakteurs der *Hannoverschen Presse*, ein Exemplar geschickt hat, bringt es in seinem Antwortbrief vom 20. Oktober 1958 auf den Punkt: »Sie zeigen – unverstellt, unmaniriert – ein Stück unserer Wirklichkeit, unserer Misere. [...] Sie sagen, wo es dreckig ist, und können doch recht zart sein [...].«

Joachim Wittkowski

Hugo Ernst Käufer: *Wie kannst du ruhig schlafen ...? Zeitgedichte* (1958)

Deutscher Geschichtsaufsatz 1958

Kaiser Wilhelm baute viele Schiffe,
die in der Nordsee Heringe fangen sollten,
weil die Engländer auch schon welche hatten.

Nach dem Ersten Weltkrieg putschten Kommunisten
und Sozialisten in den Städten des Ruhrgebietes,
weil sie nicht gerne zur Arbeit gingen.

1933 mußten dann alle wieder arbeiten,
die Wirtschaft bekam wieder Kohlen und Geld,
die Jugend kam von der Straße, und der Krieg fing an.

Mitten im Krieg wollten die Leute am 20. Juli
Adolf Hitler umbringen, weil er immer schimpfte,
aber die Vorsehung rettete ihn noch einmal.

Gestern erzählte uns unser Lehrer von dem Widerstand
unserer tapferen Soldaten gegen die Horden aus dem Osten
und daß sie immer Feldpostpakete bekommen hätten.

Nach dem letzten Krieg war Deutschland kaputt,
aber unser Lehrer sagte neulich: »Die Deutschen
waren um Auswege noch nie verlegen.«

Jetzt haben wir einen Bundeskanzler in Bonn,
viele Soldaten in Andernach und anderen Städten
und die Horden aus dem Osten drohen immer noch.

In sechs Jahren werden wir auch Soldat,
und der Lehrer ermahnt uns immer, wir sollen viel turnen,
damit wir starke Muskeln und Glieder kriegen.

Hugo Ernst Käufer: *Wie kannst du ruhig schlafen ...? Zeitgedichte.* Bochum: Kleff 1958, S. 39

Stilbildendes Kulturchristentum
Friedrich Sieburg: *Chateaubriand. Romantik und Politik* (1959)

»Friedrich Sieburg hat den Linken, die ihn perhorreszieren, den Witz entwendet: Das ist es, was ihn in deren Optik zur Gegenfigur der deutschen Nachkriegsliteratur macht.« So bringt Wolf Jobst Siedler die bis heute höchst umstrittene Wirkung dieses großen Literaturkritikers aus dem märkischen Altena auf den Punkt. Sein immer noch lesenswertes *Plädoyer für einen linksschreibenden Rechten* war zu dessen 70. Geburtstag am 17. Mai 1963 in *Die Zeit* erschienen. Weiter heißt es dort: »Gegen die Gegner Sieburgs nimmt nichts so sehr ein wie ihre Unfähigkeit zu artistischer Heimtücke und heiterer Verschlagenheit [...]. Ihre standpunktfrohe Ernsthaftigkeit ennuyiert selbst die, die ihrer Meinung sind.«

Gleichzeitig ist Sieburg (1893–1964) für Siedler »der linke Literat, nur daß er rechts schreibt.« Das steht mitnichten im Gegensatz zum Titel des Aufsatzes, sondern entlarvt den Gesinnungs- und Tugendterror rechter wie linker Couleur, welcher bis heute zunehmend in Form von politischer Korrektheit und babylonischer Sprachverwirrung gepflegt wird.

Sieburg hatte sich von derartiger mentaler Selbstzensur und kollektiver Bemaulkorbung innerlich freigehalten; Gründe hierfür dürften ihm die Begegnung mit Friedrich Gundolf und Max Weber in seiner Heidelberger Studentenzeit reichlich geliefert haben. Die 1935 in seiner *Robespierre*-Biografie enthaltene Analyse eines klassischen Terrorregimes mit »Wohlfahrtsausschuß« lässt sich durchaus als Spiegel analoger Zeiterscheinungen lesen, wie die *Napoleon*-Biografie von 1956 den Aufstieg und Fall eines charismatischen Diktators und militärischen Führers nachzeichnet.

Wie Sieburg zum französischen Revolutionär und dem ihm folgenden Diktator auf Distanz ging, so hat er auch vom Führer des deutschen Volkes keinesfalls Heil erwartet, sondern sich mit den Umständen bestmöglich arrangiert, sich im diplomatischen Dienst zur Beförderung der französischen Kollaboration sogar öffentlich über das »Dritte Reich« lustig machen können. Den Machthabern ist er als potentieller Dissident stets verdächtig geblieben, sein 1933 zur Machtergreifung publiziertes Werk *Es werde Deutschland* wurde wegen der darin propagierten Ablehnung des Antisemitismus verboten.

Literarisch wie politisch ging es Sieburg ausschließlich um Traditionsbildung und -bindung; leider war er in einem Sprachbereich heimisch, welcher nach einem bösen Wort Hofmannsthals nur »Goethe und Ansätze« hervorgebracht hatte. Die Nachkriegsverhältnisse empfand Sieburg fast ausnahmslos als *Abmarsch in die Barbarei* – unter diesem Titel wurden 1983 Auszüge aus *Es werde Deutschland* (1933) und *Die Lust am Untergang* (1954) nebst einigen Aufsätzen mit Sieburgs Gedanken über Deutschland postum veröffentlicht.

Sein Blick ging nach Westen, seine Liebe gehörte der französischen Kultur. Mit Chateaubriand hatte er seiner deutschen Leserschaft einen der wirkungsmächtigsten Schriftsteller vorgestellt, dessen Einfluss sich nicht nur auf die französische Romantik erstreckte, sondern in den Dichtern des Ästhetizismus, der Dekadenz, des Symbolismus, der Rénouveau catholique wie Barbey d'Aurévilly, Bernanos, Claudel oder Montherlant, aber eben auch bei Chauvinisten wie Maurice Barrés und Verfechtern des Vichy-Regimes wie Robert Brasillach lebendig blieb.

Sieburg stellte das Leben Chateaubriands in 13 Kapiteln, chronologisch geordnet, dar. Er verzichtete auf Kenntlichmachung der Quellen und wissenschaftlichen Apparat. Das Fehlen jedweder philologischer Selbstinszenierung kommt der Lesbarkeit sicherlich zugute. Bei der im Nachwort des etwas über vierhundert Seiten starken Werkes erwähnten Literatur dürfte es sich um die Spitze eines Eisbergs handeln; Belesenheit und Kenntnis der unermesslichen französischen Literatur des 17., 18. und 19. Jahrhunderts sind immens, die Behandlung des vielschichtigen Stoffes souverän.

Siegburg reizte die Verbindung zwischen Traditions- und Nationalbewusstsein sowie der Modernität, deren Fehlen in Deutschland er beklagte und nur selten bei Autoren wie Benn, Jünger oder Thomas Mann konstatierte. Für ihn begründete Chateaubriand eine über hundertjährige literarische und politische Tradition. Der immer wieder angestrengte Vergleich zu Goethe – sinnigerweise nicht zur deutschen Romantik – verdeutlicht bei Sieburg den je unterschiedlichen Zuschnitt beim Weimarer Duodezminister und Geheimdienstchef, der einen Herder wie Studenten in Jena bespitzeln ließ, und dem französischen Außenminister, welcher den Bourbonen als Legitimist die Treue hielt, sich hingegen mit dem ›juste milieu‹ des Bürgerkönig nicht arrangieren mochte.

Aus deutscher Perspektive ist der Vergleich zwischen Goethes *Werther* und Chateaubriands *René* eines der interessantesten; Empfindsamkeit und subjektiver Weltschmerz Goethes werden vom Franzosen aus der persönlichen Enge herausgeführt und im wahrsten Sinne des Wortes salonfähig gemacht, besteigen als kolossale Selbstdarstellung die europäische Bühne und wirken u. a. auf Benjamin Constant, Byron, Leopardi, Lenau und Heine.

Geboren war dieser ›mal de siècle‹ in der Einsamkeit des bretonischen Schlosses Combourg, geprägt vom Überdruss an einer geistvollen, ja frivolen Aufklärung, vor allem aber vom Schockerlebnis des revolutionären Terrors, der enge Verwandte und Freunde des Dichters aufs Schafott schickte, während dieser in der neuen Welt und im englischen Exil schon über *Atala* und *René* brütete. Das Ende des ›ancien régime‹ und die Sehnsucht nach Rechtssicherheit und Ordnung ließen ihn kurzzeitig zum Mitstreiter Napoleons und nach der Ermordung des Herzogs von Enghien (1804) zu dessen Gegner werden.

Immerhin reichte ihm die kurze Zeit, um mit seinem Buch *Le Génie du christianisme* (*Der Genius des Christentums*, 1802) »die Kirchen Frankreichs wieder geöffnet zu haben«. Diese Äußerung Chateaubriands bezieht sich nicht nur auf das Konkordat zwischen Frankreich und Rom aus dem Jahr zuvor, sondern auf seinen durch zahlreiche Vorveröffentlichungen bekannten großen Wurf eines »Kulturchristentums« jenseits von Dogmatik und doktrinärer Enge, welche das französische Volk und seinen Kaiser überhaupt erst wieder zu einer positiven Würdigung des Katholizismus' befähigte. Chateaubriand vermochte die Religion als ästhetisches Phänomen neu zu würdigen.

Sieburg erklärt die Offenheit der römisch-katholischen Kirche für das kühne Konzept Chateaubriands aus ihrer Notsituation heraus, dürfte dabei aber auch die restaurativaugustinischen Tendenzen der beiden deutschen Großkirchen der Nachkriegszeit im Visier gehabt haben: Diese bekämpften im Zeichen der Dialektischen Theologie jedweden Kulturprotestantismus und Kulturkatholizismus und verschlossen dem Kirchenvolk durch starrsinnige Rechthaberei wieder die von Chateaubriand neu geöffneten Kirchentüren.

Der westfälische Biograf Chateaubriands verstand es, dessen Wiederentdeckung der Religion als ästhetischen Erlebnisraum in knappen Worten darzustellen. Sie ist vielleicht noch mehr als dessen ›mal de siècle‹ für die gesamte westeuropäische Literatur programmatisch und richtungsweisend gewesen und hat über Stefan George und dessen Kreis auch unmittelbar auf Sieburg gewirkt. Ein weiterer Höhepunkt des Buches ist die historisch korrekte und feinsinnige Unterscheidung zwischen dem Absolutismus des ›ancien régime‹ und dem von Chateaubriand vertretenen Legitimismus der Restauration. Letzterer beruht nach Sieburg auf Rechtssicherheit. Mit seiner Darstellung liefert er gleichzeitig die Gründe für das Scheitern der bourbonischen Herrschaft: »Die Ehre zwingt ihn [Chateaubriand], Königen zu dienen, die von Freiheit nichts verstehen und nicht imstande sind, die Majestät des Gesetzes zu begreifen. Was er in England fast widerwillig lernt, macht ihn in den kommenden Jahren zum Außenseiter und zur großen Figur der Restauration, deren innere Widersprüchlichkeit ihm vollkommen klar ist und der er doch dient um der Heiligkeit der Krone willen.«

Die französische Restauration der Bourbonen funktionierte ebensowenig wie die der Stuarts in England oder die der bis zum Ende des Ersten Weltkriegs künstlich am Leben erhaltenen Kleinstaaten des deutschen Reiches inklusive Preußens. Letzteren fehlte – was Sieburg erkennt – im Gegensatz zu den westlichen Nachbarn die Anmut des Scheiterns als stilbildende Kraft. Diese gehört – was Sieburg verkennt – niemals den strahlenden Siegern, sondern stets den unterlegenen Kräften, in Deutschland also den Opfern der verunglückten Revolution von 1848.

Die von Sieburg so schmerzlich vermisste öffentliche Literaturtradition in Deutschland hat es gegeben; sie ist im Gegensatz zur französischen nur abgespalten und verdrängt worden und tut sich bis heute schwer, in den reaktionär dominierten Kanon der ›Klassiker‹ zu gelangen. Erst nach zwei verlorenen Weltkriegen und dem biologischen Abtreten der Ewig-Gestrigen konnten die Autoren der Volksaufklärung und des Vormärz langsam Gehör finden und eine deutsche Universität nach Heinrich Heine benannt werden.

Es ist bezeichnend, dass der ansonsten so geistreiche, witzige, stilsichere und geschmackvolle Kritiker Sieburg angesichts erster einschlägiger Probebohrungen und Exhumierungen von Arno Schmidt, dem Wiederentdecker von Brockes, Schnabel, Wezel, Moritz, v. Müller, Gutzkow und anderer, mit völliger Verständnislosigkeit reagierte. Dass der Literaturkanon etwa durch das *Bibliographische Handbuch zur Popularisierung aufklärerischen Denkens im deutschen Sprachraum bis 1850* oder diverse Publikationen des *Forum Vormärz-Forschung* weiter unterminiert und sehr stark ins Wanken gebracht wurde, sei nur am Rande erwähnt.

Die Chateaubriand-Biografie Sieburgs bleibt dennoch auch heute ein lesenswertes Buch, das den Blick über die engen deutschnationalen Grenzen der Literaturgeschichte hinweg schärft. Ihm ist es maßgeblich zu verdanken, dass man bei dem Namen des großen Franzosen nicht nur an den sprichwörtlichen Ochsen denkt, von dem lediglich ein anständiges Stück Fleisch zu erwarten sei.

Frank Stückemann

Friedrich Sieburg: *Chateaubriand. Romantik und Politik* (1959)

Die Erschütterung, die ihn überkommt, stammt aus den tiefsten Tiefen seiner Treue, seiner Treue zur Familie, zum Wappen, zur Tradition. Er wird gläubig aus Ritterlichkeit, wie er Legitimist und Diener der Könige aus Ritterlichkeit wird. Das eigentliche religiöse Element, das sich theologisch fassen ließe, ist daneben von viel geringerer Kraft. Ja, man muß sagen, daß die Erschütterung, die das Zeitalter durch das Buch erfuhr, durchaus nicht gleichbedeutend mit der Rückkehr zur Religion ist. Die christlichen Tugenden werden zwar gefeiert, aber nicht zur Grundlage des menschlichen Zusammenlebens gemacht. Der Mann, der sagte: »Wenn man Ihnen einen Backenstreich gibt, so geben Sie vier zurück, ganz gleich, auf welche Wange!«, fühlte nicht den Beruf in sich, die christliche Demut zu predigen. Während er sein Werk schreibt, ist er sich bewußt, mehr für die Gesellschaft als für die Lehre Christi zu tun.

[...]

Rom ist in diesen Jahren in schwere machtpolitische Kämpfe verwickelt, es ist in der Wahl seiner Bundesgenossen nicht heikel; die Kirche kann es sich nicht leisten, sich auf das Gebiet des reinen Glaubens zurückzuziehen und dies mit strengster Konsequenz zu verteidigen. Sonst würde sie Chateaubriands Konstruktion eines Kulturchristentum kaum dulden; sie würde geltend machen, daß die Wahrheit der Dogmen auch ohne die wunderbaren Zeugnisse des christlichen Genius, in deren Aufzählung der Dichter so beredt ist, ihre volle Verbindlichkeit hat. Aber während die Feder über die Seiten wandert, tagaus, tagein, und die Blätter sich füllen und der Zeiger der Zeit auf das Ende der Siebzehnhundert zu rückt, fühlt Chateaubriand sich nicht nur als Christ, der sich wiedergefunden hat, nicht nur als Katholik, der sich seiner Treuepflicht gegen die Kirche aufs neue bewußt geworden ist, er fühlt sich auch als Franzose, also als Angehöriger eines Landes, das sich von jeher die älteste Tochter der Kirche genannt hat und das »mit einem Minimum an Religion« sein Christentum treu bewahrt. [...] Chateaubriands großes Werk stellt die Frage nach der Religion als einer bloßen Lebensform – und zwar, wie der Dichter nachweisen will, nach der schönsten, großartigsten und festesten Lebensform aller Zeiten und Völker – mit einer solchen fast provozierenden Eindringlichkeit, daß sie nie wieder verstummen und Rom eines Tages zwingen wird, ein Halt zu rufen. Das aber liegt noch im Schoß der Zeiten.
Der Dichter wird von seiner Arbeit wie von einem Strom getragen, er schreibt von den Sakramenten, dem klösterlichen Leben, den Prozessionen, den Bußübungen, dem Mysterium der Messe; er unternimmt – mit unzureichendem Rüstzeug – eine Apologetik, die theologisch höchst anfechtbar ist, dafür aber in Stimmungen, Eindrücken und Bil-

dern ein bewegtes Bild vom Ich des Verfassers gibt. Er ahnt nicht, daß er das Modell für einen religiösen Stil schafft, der sich länger als ein Jahrhundert hält und die Menschen so ermüdet, daß ihr Überdruß schließlich auf das Vorbild zurückfällt. Aber der dritte Teil seines Werkes, der sich mit den schönen Künsten und der Literatur befaßt, wird auf eine weniger ermattende Weise zum Vorbild für die kommende Ästhetik und Kritik. Hier werden Maßstäbe gesetzt und Elemente eingeführt, die aus der künstlerischen Betrachtung nicht mehr zu entfernen sind. Das Phänomen der Geschichte betritt machtvoll die Bühne der kritischen Weltschau, ein pathetisches, fast gereiztes Zeitgefühl tritt auf und erzeugt eine überraschende Tiefenwirkung. Soviel Ironie und verstimmende Nachahmung Chateaubriands Umgang mit historischen Stätten, Ruinen, ja Friedhöfen und Grabsteinen auch hervorruft, so offenbart sich doch darin ein neues Verhältnis zum zeitlichen Ablauf, das nicht mehr aus der Welt zu schaffen ist. Und schließlich ordnet Chateaubriand die Vergangenheit, wenn auch einstweilen nur unter ihrem christlichen Aspekt. Er gründet den Vorrang des 17. Jahrhunderts und löst dessen scheinbare Einheit mit dem 18. Jahrhundert auf. Die Allmacht des eben zu Ende gehenden Säkulums wird von Chateaubriand gebrochen.

Friedrich Sieburg: *Chateaubriand. Romantik und Politik.* Stuttgart: Deutsche Verlags-Anstalt 1959, S. 139–142

Ein Tag der Entscheidung
Paul Schallück: *Engelbert Reineke. Roman* (1959)

> »Alles war gegenwärtig, nichts war vergangen, Windstille über den Bäumen. Die Zeit war aufgerissen wie eine Wand. Nichts war zukünftig, alles war gegenwärtig.«

An eines erinnere ich mich sicher: *Engelbert Reineke* von Paul Schallück habe ich als Schüler gelesen, aber es war keine Schullektüre. Das Buch habe ich weder im Deutsch- noch im Geschichtsunterricht kennengelernt. Dabei war es doch ›meine‹ Schule, das altehrwürdige Gymnasium Laurentianum in Warendorf, das mehr als nur die Kulisse des Romans abgegeben hatte. Und der Autor war auch nicht irgendwer: Paul Schallück (1922–1976), Mitglied der *Gruppe 47*, ausgezeichnet u. a. mit dem *Annette-von-Droste-Hülshoff-Preis* (1955) und dem *Nelly-Sachs-Preis* (1973). Eben dieser Paul Schallück zählte in den Nachkriegsjahren zu den Großen der Literatur (s. S. 45, 84, 195, 275, 438). Er war in Warendorf geboren und hatte das Gymnasium Laurentianum besucht. Längst also hätte er den Stolz der Schulgemeinde auf sich ziehen können. Doch umgab, als ich in den 1970er Jahren Schüler eben dieses Gymnasiums war, noch immer Schweigen seinen Namen.

Der Roman *Engelbert Reineke* war bereits 1959 erschienen, gleichzeitig mit Heinrich Bölls *Billard um halbzehn*, Günter Grass' *Blechtrommel* und Uwe Johnsons *Mutmaßungen über Jakob*. Mit diesen drei Titeln habe die Bundesrepublik in jenem Jahr – nach einem vielzitierten Diktum Hans Magnus Enzensbergers – »das Klassenziel der Weltkultur« erreicht und sich »wenigstens ästhetisch auf der Höhe der Zeit« befunden. Diese Einschränkung bezog sich auf die politischen Zustände, insbesondere auf das Schweigen über die NS-Barbarei und ihre Täter, von denen nicht wenige sich an den Schaltstellen der Macht in Politik, Wirtschaft und Kultur neu eingerichtet hatten.

Um dieses Generalthema, aber auch um die Selbstfindung eines jungen Erwachsenen in der konfliktträchtigen Atmosphäre zwischen Diktatur und Demokratie dreht sich Schallücks Schlüsselroman. Er erschien im renommierten Verlag S. Fischer gleich als Taschenbuch und, ebenso ungewöhnlich, in einer opulent hohen Startauflage von 40 000 Exemplaren. Damit wollte der Verlag, wie es hieß, den Verdrängungsversuchen von Tätern und Mitläufern entgegenwirken.

Das alles konnte ich nicht wissen, als ich eine halbe Generation später, als 16-, 17-jähriger Gymnasiast, den Roman erstmals in die Hände bekam. »Lies das mal, es geht um unsere Schule«, so oder ähnlich lautete die Botschaft, die die Wanderschaft des abgegriffenen Papierbündels von Schülerhand zu Schülerhand begleitete. Die Botschaft klang verschwörerisch, als handelte es sich um ein Stück Untergrundliteratur. Auch 1976 noch umgab den Roman eine Aura des Unerhörten und Unerwünschten . Denn Schallück erzählt von Geschehnissen in der Nazi-Zeit in der fiktiven Kreisstadt Niederhagen und seinem altehrwürdigen Gymnasium.

Niederhagen ist Warendorf, das Gymnasium ist ›unser‹ Laurentianum – so lasen wir Schüler den Roman. Die Promenade mit ihren Lindenbäumen, die Post, der Marktplatz, vor allem aber der gymnasiale Ziegelsteinbau mit »dem rötlichen und nun schon fast hundertjährigem Gemäuer«: Es passte alles und war (fast) noch so, wie Schallück es 1959 beschrieben hat. An anderer Stelle hat er erklärt, dass »die Emssiedlung selbst ein Modell für die Topographie dieses Romans hergegeben« habe. Wenn es eine faktische Vorlage gab, was war dann von den Personen und Ereignissen zu halten, von denen Schallück erzählte?

Der Roman spielt an einem einzigen Ort und an einem einzigen Tag, irgendwann im ersten Nachkriegsjahrzehnt, irgendwann im Frühsommer – »im Duft der Linden, die unserer Promenade den Schatten geben«, heißt es zu Beginn. »Der Duft der Lindenblüten war gesättigt von Hoffnung und Erwartung.« Es ist ein Tag der Entscheidung für die Titelfigur, den jungen Physiker und Studienassessor Engelbert Reineke. Nach Soldatenjahren und Kriegsgefangenschaft ist er auf Bitten seiner Mutter in den Heimatort Niederhagen zurückgekehrt. Dort arbeitet er just an der Schule, an der sein Vater Dr. Leopold Reineke in der NS-Zeit unterrichtet hatte.

Dieser Dr. Leopold Reineke wird zur eigentlichen Hauptperson des Romans. In einem Geflecht assoziativer Rückblenden, Erinnerungen und Gespräche entsteht das Bild eines aufrechten Mannes, der Jahre zuvor »mit wachsendem Eifer immer neue Möglichkeiten ersann, unter die Braunhemden Juckpulver zu blasen«. Die meisten seiner Schüler, die ihm den Spitznamen »Beileibenicht« gegeben hatten, verehrten ihn für seine widerständige Haltung. Doch das schützte ihn nicht. Der Nazi-Schuldirektor und einige seiner Kollegen wirkten an einer Intrige mit, der Leopold Reineke zum Opfer fiel. Er wurde von der Gestapo verhaftet, ins KZ Buchenwald verschleppt und dort erschlagen.

Dieser Lebensgeschichte des Vaters begegnet nun der Sohn auf Schritt und Tritt. Engelbert Reineke geistert an diesem Frühsommertag durch Niederhagen, getrieben von der Frage: Kann er leben in einer Kleinstadt, kann er arbeiten in einer Schule, wenn die Schuldigen an der Ermordung des Vaters, wenn die Täter und Mitläufer unbehelligt weitermachen, als wäre nichts geschehen? Die Älteren in der Schule und in der Kleinstadt sehen sich allein durch die Wiederkehr des Sohnes, durch seine Anwesenheit herausgefordert. »Mein Schweigen wurde ihnen unheimlich«, räsoniert Engelbert Reineke. »Sie dachten an List und Hinterhalt, an eine Fallgrube, die ich im Dunkel auf ihren Wegen ausgeworfen hätte. Und ich mußte allmählich einsehen, daß mein Strich, mein Schweigen, eine Leimrute mit betäubenden Duft wurde, der sie anlockt.«

Die Täter und Mittäter von einst retten sich in Ausflüchte, in Heimattümelei oder in ungestümem Werkeln am Wirtschaftswunder. Angewidert will Reineke mit seiner Verlobten, der Tochter des einstigen Nazi-Schuldirektors, das Weite suchen. Doch beide werden von August Lehmköster, einem früheren Kollegen und einem der wenigen Verbündeten des Vaters, zurückgehalten. Lehmköster weist sie auf das Erbe des Dr. Leopold Reineke hin: »Wer wahrhaftig ist, der sagt frei, was Recht ist, aber ein falscher Zeuge betrügt. Du, Engelbert, du betrügst durch Schweigen; du schweigst deinen Vater tot und betrügst alle, die seinen Namen hören sollten. [...] Er hat euch vertraut, den Jungen, und dadurch allein Wirklichkeit werden lassen, vor euch und in euch. Weil er euch vertraute, weil er im Vertrauen bei euch war, brauchtet Ihr keine Angst zu haben. Er hat euch sogar vertraut, daß ihr nach und nach zu unterscheiden lerntet zwischen dem, was die Pauker, die Jugendgruppen, der Staat, die Partei mit dem gewaltigen Propagandaworten aus euch machen wollten, und dem, was er in euch hervorzurufen sich vorgenommen hatte, damit euch die Welt gegenwärtig werde.« Nach dieser Mahnung entscheidet sich Engelbert Reineke zu bleiben, gemeinsam mit seiner Verlobten und einem jungen Kollegen, mit dem er sich verbündet. Der Roman schließt mit diesem – eher leise angedeuteten – Aufbruch der jungen Generation.

Den Schluss nimmt das achte Kapitel bereits vorweg. Es ragt aus den 15 Romankapiteln nicht nur wegen seiner Mittelposition heraus, sondern vor allem auch aufgrund seiner Form. Während alle anderen Kapitel in Prosa erzählt werden, ist das achte Kapitel ein Sprechstück mit verteilten Rollen. Im »Dialog unter der Stehlampe« umkreisen Engelbert Reineke und seine Verlobte einerseits, ihr Vater, der einstige NS-Schulleiter sowie dessen windig-geschäftiger Bruder andererseits die zentrale Frage: Wer hat Dr. Leopold Reineke seinerzeit an die Gestapo ausgeliefert? Doch es ist kein Dialog, der da stattfindet. Der anfängliche Austausch wandelt sich zu einem Verhör – und zu einem Machtspiel: Die Nachgeborenen befragen die Täter, die Jüngeren die Älteren.

Diese Schlüsselszene kreist um die Frage von Schuld, Mitschuld und Wegschauen. Sie fasst das Hauptthema des Romans bündig zusammen: das Ineinander von Verstrickung, Verleugnung und Verdrängung in einer (selbst-)verwundeten Nachkriegsgesellschaft, die glaubt, »den Traum von der bieder-ständigen Redlichkeit des Bürgers in Niederhagen, den Traum von der Verkettung eines Gespenstes mit anderen Gespenstern, den Traum von der Ordnung im Schatten des Kirchturms« leben zu können.

Diese in Unwahrhaftigkeit erstarrte Atmosphäre wird durch die Erinnerung aufgebrochen. In Rückblenden und episodischen Szenen zeichnet der Roman den Alltag der NS-Diktatur in der Kleinstadt in vielen Schattierungen nach. Erzählt wird von Propagandaschlachten in der Schulaula, vom angeordneten Hissen von Parteifahnen, vom verweigerten Hitlergruß, vom Sportunterricht eines Herrenmenschen-Pädagogen, von der Umdeutung Schillers und anderer Klassiker, von der Manipulation der Schulnoten zugunsten parteitreuer Hitlerjungen, vom Belauern oder von unbedachten Bemerkungen, die Gefängnishaft oder Tod bringen.

Besonders eindrucksvoll werden die Geschehnisse der Novembernacht 1938 erzählt, als die Synagoge des Ortes brennt, als der entfesselte braune Mob die Häuser der Juden demoliert und ihre Bewohner niederschlägt. Die Bürger Niederhagens greifen nicht ein, sondern verstecken sich: eingeschüchtert und ängstlich, ignorant oder gar in klammheimlicher Freude über das Geschehen. Lediglich ein Arzt kümmert sich um einen verletzten Juden und antwortet, vom Vater Leopold Reineke nach seinem wagemutigen Handeln befragt: »Warum nicht, Herr Reineke? Ich bin Arzt, wie Sie wissen.«

Als ich diesen Text erneut lese, erinnere ich mich, ähnliches vor geraumer Zeit schon einmal gelesen zu haben. Paul Spiegel, Sohn eines Warendorfer Viehhändlers, von 2000 bis zu seinem Tod 2006 Vorsitzender des Zentralrates der Juden in Deutschland, berichtet in seinen Lebenserinnerungen (*Wieder zu Hause? Erinnerungen*, 2001), ein Dr. Gronover habe als einziger den Mut aufgebracht, seinen in der Pogromnacht schwer misshandelten Vater zu behandeln. Auf den Hinweis, er behandele Juden und bringe sich deshalb in Lebensgefahr, habe Gronover unwirsch reagiert: »Ich bin Arzt. Ich habe den Eid des Hippokrates geleistet, jedem Menschen in Krankheit und Not beizustehen. Egal, ob er Christ oder Jude ist. Ihr Mann braucht meine Unterstützung, also helfe ich. So einfach ist das.«

Auf eine andere Parallele zwischen tatsächlichen historischen Ereignissen und Szenen im *Engelbert Reineke* hat Klaus Gruhn vor geraumer Zeit hingewiesen. Die Figur des Lehrers August Lehmköster weist demnach ebenfalls ein historisches Vorbild auf: den Warendorfer Zeichenlehrer Hans Maria Rosenstengel, der seinen Schülern mitten in den Kriegsjahren den damals verbotenen Antikriegs-Roman *Im Westen nichts Neues* zur Lektüre gab.

Nicht nur aus historischer, auch aus literarischer Perspektive wird Schallücks *Engelbert Reineke* hohen Ansprüchen gerecht. Der Roman ist raffiniert gebaut, eindringlich erzählt, spielt geschickt mit den Zeitschichten und wartet mit sorgfältig herausgearbeiteten Szenen und Charakteren auf. In Thomas Mannscher Manier setzt Schallück gezielt Leitmotive ein. Die goldene Uhr Leopold Reinekes etwa erinnert an dessen individuelle Ethik und symbolisiert die ineinander geschichteten Zeiten. Das Motiv des Schachspiels, um ein weiteres Beispiel zu nennen, weist auf das Gegeneinander und Ineinander-Verkeilt-Sein der handelnden Figuren, aber auch auf ihre unterschiedlichen Rollen im Erzählgefüge.

Ist Schallücks Roman nun Enzensbergers Reihe der »Weltliteratur« des Jahres 1959 zuzurechnen? Ich vermag das nicht zu entscheiden. Einige gute Gründe gäbe es. Sicher aber ist eines: Der Roman spiegelt die Zeit der 1950er Jahre zwischen Erstarrung und Aufbruch, zwischen Vergessenwollen und Erinnern, zwischen Alten und Jungen. Und erst jetzt, beim erneuten Lesen, wurde mir klar, dass Schallück mit seiner überzeugend vorgetragenen Botschaft bereits 1959 den gesellschaftlichen Konflikt in (West-)Deutschland erzählerisch vorweggenommen hat, der heute gemeinhin mit dem Umbruchjahr 1968 in Verbindung gebracht wird.

Im Buchhandel ist *Engelbert Reineke* seit 20 Jahren nicht erhältlich. Die bislang letzte Ausgabe erschien 1997, versehen mit einem Geleitwort von Siegfried Lenz. Er urteilt darin: »So direkt, so ungeduldig und anklägerisch hat wohl kein anderer Schriftsteller der deutschen Nachkriegsliteratur nach dem Verbleib der Wahrheit gefragt.«

Gisbert Strotdrees

Paul Schallück: *Engelbert Reineke. Roman* (1959)

Beileibenicht begann, den Dichter Heinrich Heine, einen Verbotenen, zu behandeln. Siegfried wollte schon aufbrausen, als nur der Name dieses »liberal-jüdischen Intellektuellen« mit artistischer Hervorhebung so ausgesprochen wurde, daß unentschieden blieb, ob sie Hochachtung oder zeitgemäße Mißbilligung ausdrücken sollte. Der Name eines »den Volksgeistströmungen und dem Heimatlich-Stammestümlichen entwurzelten, die volkshaft-arteigenen Kräfte der Landschaft besudelnden jüdischen Asphaltliteraten«. Aber Beileibenicht enttäuschte Siegfrieds heißhungrige Wachsamkeit. Nachdem der Name gebührend lange im Raum gestanden hatte, las er mit einstudierter Selbstverständlichkeit aus einer Literaturgeschichte vor:
»Der Anreger des Jungen Deutschlands, der gute Heinrich – Verzeihung – der Jude Heinrich Heine, hat durch seine das deutsche Volkslied plündernde Lyrik der Romantik das Grab bereitet. Sein Schlagwort hieß: Emanzipation, oder Rehabilitierung des Fleisches, weiterhin Emanzipation der Frau. Emanzipation des Menschen: Freiheit des Subjekts, Loslösung vom alten Glauben, politische und wirtschaftliche Freiheit und so weiter. Der frappierende Stil – bitte um Entschuldigung – der papierne Stil dieser vom jüdischen Feuilletonismus beherrschten Richtung hat keinerlei dauernde Kunstwerke hervorgebracht.«
Siegfried war mit dieser Wendung ins Zeitgerecht-Verfemende einverstanden. Jedenfalls kritzelte er emsig in seine Kladde, was da vorn Hetzerisches diktiert wurde. Dann

schrieb Beileibenicht ein Gedicht an die Tafel, vorgebend, er müsse uns nun den papiernen Stil demonstrieren, das Gedicht »Nachtgedanken«, das mit dem Vers beginnt:

Denk' ich an Deutschland in der Nacht,
Dann bin ich um den Schlaf gebracht.

In solch zweideutigen Spielen hatte uns Beileibenicht nach und nach bekannt gemacht mit allen vom Regime verfemten Dichtern deutscher und gelegentlich auch fremder Zunge. Er zitierte sie, er nannte ihre Werke, erzählte deren Inhalt, analysierte die Form und interpretierte ihre geistigen Wesenheiten, die ja genau das Gegenteil von dem ausdrückten, was die Propagandaposaunen der gegenwärtigen Heilsbotschaft verkündeten. Er warf in seiner gerundeten Schrift Prosastellen und Gedichte an die Tafel und empfahl uns, die Zitate in unsern Heften aufzubewahren. Nachdem wir Bekanntschaft oder gar Freundschaft geschlossen hatten mit den Verfemten, fiel Beileibenicht über die so Vorgestellten her mit den vorgekauten Verdammungsphrasen. Dabei verließ er gewöhnlich das Pult und marschierte, die Sätze mit paradeähnlichen Stechschritten taktierend, vor der Klasse auf und ab. Er sprach aber, tönte die verurteilenden Dummheiten so arrogant, so pathetisch aufgeblasen, daß wir uns aufgefordert fühlten, Bleistift oder Federhalter abzulegen und seinem Parademarsch mit chorischen Kopfbewegungen zu folgen.
Anfangs schrieb auch Siegfried die Verse Heinrich Heines in sein Heft. Dann aber wurde er unruhig, blickte auf, überlegte, kaute am Zeigefinger, trommelte und sagte schließlich: Wozu sollen wir eigentlich diesen Dreck abschreiben?
Beileibenicht belehrte ihn geduldig, daß man sich nur vor dem zu bewahren vermöchte, was man kenne, und daß wir um so weniger diesen verderbenden, volksfremden Einflüssen erlägen, je besser wir die Machwerke im Kopfe hätten.
Er schmunzelte dabei, blinzelte unvorsichtig und kniff ein Auge zu. Und hinter mir begann jemand zu kichern, neben mir begann jemand zu feixen. Diese Vergnüglichkeit war gefährlich. Sie mußte Siegfried beleidigen. Ich sah, wie er den Kopf hin- und herdrehte und Erklärungen suchte.
Was soll das! schrie er. Es war der zeternde Befehlsschrei eines Mannschaftsführers, der sich von seinen Leuten nicht ernst genommen weiß. Idioten! Blödes Volk! Was wird hier eigentlich gespielt, Herr Studienrat? Sagen Sie mir sofort, warum Sie uns dies semitische Dreckzeug einpauken. Das müßte man mal ...
Sondermann. Ich habe es Ihnen soeben auseinanderzulegen versucht. Sperren Sie gefälligst die Ohren auf. Ich kann nicht jeden Satz wiederholen!
Werde darüber mal mit meinem Bannführer sprechen!
Bitte, laden Sie Ihren Führer zu uns ein, damit wir uns gemeinsam über diesen strittigen Punkt unterhalten.

Paul Schallück: *Engelbert Reineke. Roman*. Frankfurt am Main: Fischer-Bücherei 1959, S. 129–131

Erkundung einer Landschaft
Helmut Domke: *Feuer, Erde, rote Rose. Westfalen und Land an der Ruhr* (1959)

Was liegt vor? Es ist kein Roman, kein Band mit Berichten. Auch die Bezeichnung ›Reisereportage‹ ist wohl zu unspezifisch; dass der erzählerische Anteil keinesfalls gering ist, macht bereits das den drei »Büchern« (Sauerland, Ruhrgebiet, Münsterland) vorgeschaltete Eingangskapitel deutlich: »Nun aber lag ich im Heidekraut, unter dunklem, an den Rändern schon ausblassendem Himmel; einer der Augenblicke kam auf mich zu, die uns für vieles entschädigen. Ein eigentümliches Rauschen, ein sich unablässig verstärkender Ton riß mich aus Halbschlaf und Wachträumen, bis ich aufsprang und ihm entgegenlief – den dämmernden Sandweg entlang, an Stangenholz vorüber, wo es neben dünnem Geäst zu blänkern und der Grund zu schwanken begann.« Ganz unvermittelt findet man sich in dieser frühmorgendlichen Aufbruchssituation wieder: Die Schleier der Nacht verschwinden langsam, geben mehr und mehr Konturen frei. Das Ungefähre wird konkret; kurz darauf setzt das schrille Konzert der Möwen und Stare ein. Die Situation ist elementar und existenziell. Domke macht bereits zu Beginn klar: Dieses Buch ist kein gängiger Touristenbegleiter durch die Landschaft, kein Buch der Kunstdenkmäler und ebenso wenig eine Kulturgeschichte für alle Daheimgebliebenen. Es ist all dies zwar in Teilen, nicht zuletzt aber aus persönlichem Entdeckerbedürfnis entstanden und in Angriff genommen worden.

Der Erzähler ist ein Wandernder, der zugleich auch versiert ist als Beschreibender und Recherchierender, der interessiert ist an historischen Spuren der jeweiligen Gegend. Denn neben der Aufnahme von Flora, Fauna und Stadtlandschaft erschließt sich der Charakter eines konkreten Raums ebenso durch eine Lektüre der eingelagerten Bestände von Erfahrung und Historie, von denen in Erkundungen und Nachforschungen mehr zu erfahren ist. All dies beherrscht Helmut Domke (1914–1986), der nach dem Studium der Philosophie, Kunstgeschichte und Literaturwissenschaft zunächst als Dramaturg, später als Literaturkritiker und seit 1948 als freier Schriftsteller tätig war, sehr gut, wie die 370 Seiten des Buches belegen. Und doch ist dem Verfasser zunächst daran gelegen, mittels der intimen Situation im Heidekraut die im Hintergrund waltende Motivationslage deutlich zu kennzeichnen: Hier zog einer aus, der die Landschaft der eigenen Herkunft nochmals (und erstmals genauer) erkunden möchte. Was genau Domke letztlich zum Aufbruch bewogen haben mag, ist aber irrelevant. Das Buch liegt vor; der Text ist das Ergebnis dieser Exploration ins Unbekannte: »Als die Stadt zu Ende war, kamen Vororte; auf die Vororte folgten die Felder. Überall umgrünten sich die Büsche und stieg der Duft des frühen Tages. [...] Und ich beschloß fortzugehen, weiter zu laufen, immer weiter, bis ich alles in diesem Lande erneut erfahren hatte, seine Bitternis und seine Süße, seine Fron und seine Qual, seine Gewalt, seine Größe und seine Stille, die mächtigen, endlosen Städte, die zu ihm gehören, und die Herrlichkeit der Kirchen.«

Domke möchte das Charakteristische dieser Landschaften im Sauer-, im Münsterland und im Ruhrgebiet erkunden: Bauwerke, Stätten und Ereignisse werden dabei ebenso detailliert in den Fokus genommen wie historische Figuren, denen Domke ohnehin viel abgewinnen kann. Das Kapitel zum in Detmold geborenen und verstorbenen Christian Dietrich Grabbe ist in dieser Hinsicht ein gelungenes Beispiel für das Ineinanderweben aufwendiger Recherche und erzählerischer Freiheit. Erst in der Kombination von Faktenwissen und situativen Beschreibungsmomenten, von Imagination und Interpretation, kann – wie der Textauszug zeigt – ein Porträt entstehen, das sich als schriftstellerische Fabrikation durchaus kenntlich macht und eben aufgrund dieses Mehrwerts gegenüber jeder historiografischen Abhandlung den Vorzug erhält. Dass Domke in seinen atmosphärisch meist dichten Schilderungen auch mit Meinungen aufwartet und die Darstellung den eigenen Wertschätzungen und Empfindungen unterliegt, macht sich in der Lektüre als sympathischer Zug bemerkbar. Man mag zwar Domkes Sichtweise nicht immer teilen – doch das kann ja auch ein produktiver Zugewinn sein. Was allerdings spätestens hier ins Gewicht fällt, ist das Alter des Buches. Zur Erinnerung: Im selben Jahr erschienen Bölls *Billard um halb zehn*, Uwe Johnsons *Mutmaßungen über Jakob* sowie, last but not least, Grass' *Blechtrommel.* Auch wenn das weiterhin fest im Kanon verankerte Werke sind: Das ›Romanjahr‹ 1959 ist schon seit langer Zeit historisch, die Texte kaum mit unserer Gegenwart kompatibel.

Weshalb lohnt es eventuell dennoch, Domkes Buch zu lesen? Einerseits ist es durchaus der zeitliche Abstand, das historisch zu nennende Moment, was eine Annäherung interessant macht und zum Abgleich mit zeitgenössischen Fragestellungen herausfordert. Andererseits zeigt sich bei Lektüre, dass aufgrund der stets von Domkes Wahrnehmungen ausgehenden Beschreibung sich ein unmittelbarer Zugang zu dieser fußläufigen Erforschung der Region ergibt. Und obwohl sich der Band insgesamt maßgeblich aus wohldosierten, elaborierten Darstellungen von Kunst-, Kultur- und Lokalgeschichte speist: Seinen Anfang nimmt die Lektüreneugier bei individueller konturierten Momenten: »Es war stets noch sehr früh, wenn ich umherzog. Darüber vergaß ich zumeist die Unruhe, die mich trieb – Unruhe ohne besonderen Anlaß, Unruhe an sich. So oft ich saß, stand, blieb, sang das Lied der Unruhe in mir, und ich war zufrieden, wenn ich ging und ging, die Frühlerche stieg, und im Sonnendunst über dem Nebelschleier der Kiebitz schrie.« Der Schreibende ist zunächst ein Gehender; dem stundenlangen Sitzen geht der Aufbruch, das tagelange Umherschweifen voraus. Die Lust an Entdeckung ermöglicht erst die spätere Verschriftlichung.

Was in manchen Textpassagen aber auffällt, ist das Pathos, dem Domke an der einen oder anderen Stelle zuneigt. So wie sich in den historischen Exkursen eine für heutige Aufmerksamkeitsspannen störende Ausführlichkeit zeigt, findet sich in Abschnitten, die Domkes eigenes Wohlgefallen zum Ausdruck bringen sollen, eine Emphase, deren Hang zum Erhabenen stets kurz vorm kritischen Kippmoment steht. Doch es wäre unangebracht, dieses Vokabular, das bei heutiger Lektüre ein wenig fremd im Raum steht, dem Buch zum Vorwurf machen zu wollen, zumal Domke derartige emphatische Ausbrüche meist unmittelbar darauf durch andersartig gelagerte Erfahrungen zu brechen und irritieren weiß: Auf Kirchenkunst, Wasserburgen und Dorfidylle folgt immer wieder die Nahsicht auf Landwirtschaft, Verkehr und Fabrikanlagen. Die Landschaft ist eben vor allem von extensiver Nutzbarmachung geprägt; Domke versteht es, diese heterogenen Eindrücke der industrialisierten Gegenwart jeweils zu ihrem Recht kommen zu lassen: »Als ich von Iserlohn nach Westen zog, ging ich eine Straße der Qual. Lastwagen schepperten an mir vorbei, Personenautos jagten einander. Fabriken folgten sich. Rechts öffnete sich eine riesige Wunde im Berg, ein Kalksteinbruch. Die Dechenhöhle, Letmathe folgten.«

Dabei schlägt sich Domke im Zweifelsfall eher auf die Seite des Ideellen anstatt des Materiellen; wenn er ›kulturarchäologisch‹ aufmerksam wird, so immer auch als Anwalt des Marginalisierten, des beinahe schon Verschwundenen, fast vollständig Vergessenen. Und hierin zeigt sich ein weiterer guter Grund, das Buch zur Hand zu nehmen: Es ist ein Ort der Aufbewahrung; nicht nur Wissens-, vor allem Erfahrungs- und Wahrnehmungsbestände, die kaum mehr zugänglich sind, finden sich hier versammelt. Domke wusste um die Flüchtig- und Veränderlichkeit der von ihm beschriebenen Phänomene; das machen auch seine Streifzüge durchs Ruhrgebiet deutlich: »Städte, die weder beginnen noch aufhören. Allenthalben Kanäle, Eisenbahnbrücken, Vorstädte mit Lichtreklamen, deren blitzende Kaskaden auf kahle Baulücken niedersprühen. Wohnstraßen, grau und endlos, steingewordene Hoffnungslosigkeit, durchtost vom Hornissenlärm der Straßenbahnen und dem Schnarchen der Lastwagenmotoren. Hinterhöfe aus schmutzig-rotem Backstein, um die sich, Stockwerk auf Stockwerk, von allen Seiten die Brutkammern eines Ameisengeschlechtes drängen.« Er widmet sich Alltäglichkeiten, denen seitens seiner Zeitgenossen kaum mehr Aufmerksamkeit geschenkt wird. So legt er nicht nur ein Inventar einer Region an, verfrachtet einzelne Bilder, Momente, Eindrücke ins kollektive Gedächtnis, sondern vergewissert sich auch immer wieder seines eigenen Projekts: eine Darstellung der Landschaft, ihrer Menschen und den je spezifischen Eigenheiten. »Dann steigt das Werk über den jagenden Lichtern der Autostraßen, hinter den dunklen, geduckten Häuserzeilen der Vorstädte oder den Lauben der Schrebergärten, den Klippen der Abraumplätze wie eine Gralsburg aus Nebel und Dunst, geprägt von ragenden Essen, wuchtigen Kühltürmen und kubischen Werkshallen, flammensprühend oder schweigend, immer durch mächtige Ausdehnung gekennzeichnet und fast immer von pathetischen Schwaden umwölkt.«

Domke steht der massiven Präsenz der Industrie im Ruhrgebiet letztlich aber skeptisch gegenüber; er, Kulturmensch mit dem Glaube an Differenz und Vielfalt, bedauert die unumschränkten Übergriffe der Fabriken und Zechen: »Eine Landschaft, die, zum Objekt des technischen Spieles und der Spekulation geworden, ihren Höllensturz hinter sich, ihr Personales, ihr Unverwechselbares eingebüßt und gegen ein zernarbtes Angesicht eingetauscht hat, das wohl eindeutig – ach, allzu eindeutig, nämlich von unendlicher Wiederholung erfüllt ist!« Dieser Protest gegen eine monotone Funktionalisierung zeugt von Anteilnahme und macht deutlich: Domkes Einlassungen schreiben sich an dieser Stelle von einer Kontrastfolie, von eigenen Kindheitserinnerungen her: »Wir aber, am Nordrande des Reviers aufwachsend, genossen noch immer die Freiheit der westfälischen Weite, deren schwere, lehmige Äcker manchmal von einer niedrigen Feldmark unterbrochen waren, Gruppen von Bergarbeiterhäuschen aus rotdunklem, fast schwarzem Backstein, mit Pfützen von Seifenwasser in den tristen Höfen.« Was für einen Kontrast stellen hierzu die wuchernden Wohn- und Werkgebiete des Reviers da: »Die Vorstadt, sie ist alles hier. Von Zentrum zu Zentrum die Vorstadt, die Krebskrankheit der Städte, Straßenwucherung; noch inmitten der Felder, eines, zwei aneinandergebaute, mehrstöckige Häuser, die den Horizonten ihre Brandmauern hinhalten. Kein Beginnen, kein Aufhören; das ganze Land ist mit solchen Straßenzeilen übersponnen.« Was bei diesem Abgleich mit der Landschaft als Kindheitserinnerung mit Verwunderung registriert werden muss: ein nicht geringes konservatives Element. Zumindest an dieser Stelle macht sich eine Mischung aus Verbitterung und kulturpessimistischer Tragik breit, der in Domkes sonstigen Ausführungen derart nicht zu vernehmen ist. Seine Betrachtung der Vorstädte scheint von vornherein unter einer unzweifelhaften Wertung zu stehen: Diese »Krebskrankheit« ist für ihn eine katastrophale Fehlentwicklung, die die bisherige Landschaft mehr und mehr vernichtet, Raum frisst und anstelle einer Form von Ordnung nichts weiter als amorphe Baumasse bietet, regiert allein vom Pragmatismus. Domke streift durch die Wohnlandschaften zwischen Stadtkern und Werksgelände und konstatiert missmutig »ihre fade Wesenslosigkeit«.

Was ihm vorschwebt, ist eine ganz spezifisch konturierte Landschaft, welche sich aus mehreren, miteinander im Zusammenspiel befindlichen Elementen zusammensetzt. Neben der unausweichlich notwendigen Industrie (die »Arbeitslandschaft« möchte Domke gern am Rand verortet wissen), sind es insbesondere historische Gebäude und Elemente der Stadt (»die heroischen Erinnerungen«) sowie die Parkanlagen und Wälder (»die Erquickungen einer unversehrten Natur«), die er lobend hervorhebt. In der Stadt Essen – und damit meint er insbesondere den Süden rund um den Baldeneysee – meint er solch eine ideale Landschaft ausgemacht zu haben. Einmal mehr verschränken sich die Perspektiven: Die Lust des Bildungsbürgers an Dokumenten der Historie soll ebenso befriedigt werden wie dessen Verlangen nach ›unberührter Natur‹; dass dies in Ballungsräumen wie dem Ruhrgebiet sowie allgemein im Zuge der expansiven Motorisierung Ende der 1950er Jahre nicht mehr unbedingt machbar war, dass alle Landschaft ebenso von Industrie wie Mobilität geprägt und nutzbar gemacht wurde, hätte auch Domke eigentlich bewusst sein dürfen. Hier zeigen sich Facetten des Kulturmenschen, der sich aller offenen Zugewandtheit und Neugier zum Trotz eigenen Grundannahmen und Überzeugungen nicht gänzlich entziehen kann. Und vereinzelt macht sich – als Verdachtsmoment – auch eine mitschwingende Sehnsucht nach Liebreiz, nach Schönheit und Unvergänglichkeit bemerkbar.

Doch findet sich immer wieder eine Zuwendung zum Konkreten, die sich so unvoreingenommen wie möglich den Phänomenen widmen möchte, und die – neben Domkes Formulierungskunst – zu den Stärken des Bandes zu rechnen ist. Die Besuche der Schwerindustrie zeigen eine Faszination für diese »Gewalt und Maßlosigkeit«, die Domke vor dem Hochofen hautnah zu spüren bekommt: »Dort drinnen waberte, tobte, explodierte es, als sei die Welt in das Anfangsstadium ihrer Entstehung zurückversetzt.« Der Erzähler scheint derart beeindruckt, dass die sprachliche Vermittlung des Erlebten nicht so recht zu gelingen scheint; er flüchtet sich notgedrungen in den Topos des Unsagbaren: »Was hier geschah, hatte nichts mit Pathos, nicht mit Schönheit, nichts mit Empfindungen zu tun. Es entzog sich dem. Es war ein Geheimnis wie der Ausbruch eines Vulkans.« Beim Besuch einer Fabrik scheint sich Domke hingegen für eine genaue Protokollierung der Tatbestände entschieden zu haben: »Ich starrte auf öltriefende, blanke Laufschienen, Steuergeräte, Lämpchen, Handräder und Schrauben. Die Apparate schwiegen mich genauso an wie ich sie.« Gegenüber den technischen Apparaturen, deren Mechanik und Eigenlogik verborgen bleibt, ist ein unauflöslicher Rest an Unbehagen spürbar; die vom Mensch konstruierte Technologie wird fremd, ist allein über ihren Nutzen und Zweck noch ›lesbar‹.

In seiner Betrachtung des Münsterlands kann sich Domke hingegen vermehrt (und offensichtlich mit Freude) kulturhistorischen Belangen widmen: Es folgen Exkurse zu Annette von Droste-Hülshoff, Anton Mathias Sprickmann, Amalie von Gallitzin, Justus Möser, Johann Conrad Schlaun, Hermann Landois etc.; auch Jan van Leiden und ähnliche Episoden dürfen natürlich nicht fehlen, ebenso wenig die Abrisse zur Stadtgeschichte, wie sie auch schon für Hagen, Essen, Paderborn usw. geliefert wurden. Hier zeigt sich Domke einmal mehr als der versierte Schreibende, der er auch in seinen späteren Büchern war: Nach *Feuer, Erde, rote Rose. Westfalen und Land an der Ruhr* folgten in den kommenden Jahren in ähnlicher Aufmachung u. a. *Provence* (1962), *Burgund* (1963), *Flandern* (1964), *Santiago* (1967). Domke bemüht sich um die Vermittlung von Kunst- und Kulturgeschichte, weiß das Wissenswerte geschickt zu vermitteln, gibt sparsam und nuanciert Wertungen, überfordert aber angesichts der Fülle an kulturhistorischen Details nur selten mit dem Angelesenen. Gleichwohl: Gegenüber den Episoden, die eigene Erlebnisse und Erfahrungen wiedergeben, sind diese von einer professionellen Routine präformiert, die bei Lektüre auf Dauer keinerlei Überraschung und Irritation mehr aufkommen lassen. In diesem Fall blättere man ohne schlechtes Gewissen ein paar Seiten weiter.

Arnold Maxwill

Helmut Domke: *Feuer, Erde, rote Rose. Westfalen und Land an der Ruhr* (1959)

Grabbe
Oder das Unheil des Daseins

Im Detmolder Schloßteich träumte das Wasser undurchsichtig und trüb; Blätter schwammen darauf, ein Hauch Moderluft wehte, der mir wie das, was die Dichter des Sturmes und Drangs Grabesluft nannten, erschien. Doch dachte ich kaum an Friedhofsgerüche dabei, vielmehr an eine Art Hausgeruch, der das Entrückte, gleichgültig ob Mensch oder Ding, immer umzieht. Ich dachte an das Hingesunkene und Gewesene dieser Stadt, vor allem natürlich an ihre Menschen. An Johannes Brahms, der Detmold streifte, und Lortzing, der lange verweilte. Gut, an Freiligrath auch, diesen Allzuberühmten des Vormärz, von dem so wenig geblieben ist – er kam hier zur Welt. Besonders aber an einen, dessen ich immer gedenke, wenn der Name Detmold genannt wird, so daß ich manchmal glaube, seinem Nachruhm eigne die Eigenschaft, in anderen

Menschen wie eine Wunde, ein Schmerz zu wohnen. In Studienzeiten waren seine Dichtungen mir viel gewesen. Jetzt spürte ich das Geheimnisvolle, das man Begegnung nennt, greifbar nahe. Sein Antlitz tauchte vor mir herauf, die zu früh vom Haar entblößte, merkwürdig hochgewölbte Stirn, die eher kleine Nase, der sensitive, sehr feine Mund und die freundlichen Augen, nicht zu vergessen die schmale, fast zarte Statur, und wie stets schien es mir, dieser Mensch hätte einen guten Kameralienassessor abgegeben. Doch einen tragischen Dichter, in manchem vergleichbar mit Kleist? – Allein, dies war er, Christian Dietrich Grabbe, am 11. Dezember 1801 in Detmold geboren und dortselbst am 12. September 1836 zur Ruhe gekommen.
Ich weigere mich, in den Chor der Entrüsteten einzustimmen, der Dichter habe getrunken. Ach, die Ahnungslosen, was wissen sie schon! Daß einer ausgebrannt dasaß und das Rinnen der Stunden nicht mehr ertrug, weil der Kopf erschöpft, die Sinne taub geworden waren und Verzweiflung wuchs – wie sollten sie's auch verstehen, die in jedem Menschen nur ein Stück fleischerne Langeweile erblicken?
Es ist wichtig, von den Zeugnissen seines Lebens und Sterbens nichts auszulassen, um Grabbe ein wenig näherzukommen. Da ist das Geburtshaus, wo sich an der Dielentür noch immer der kindliche Namenszug findet, den der Knabe einst in dunklem Verewigungsdrang eingekerbt hat. Eine Stiege hoch liegt die Elternwohnung, in der heute ein ehrbarer Schneider haust; Schneiders Eheweib kochte im schrägen Küchlein grade das Pflaumenmus ein; das Haus roch herrlich danach! Abermals höher der weite Dachboden, noch aus den breiten, schweren Dielen gefügt. wie man sie früher brauchte. Ein Paradies zum Spielen! – Nein, nicht das, kein Paradies. Die ehemalige Bestimmung liegt vom Parterre bis zum Dachfirst wie ein Schatten über dem Bauwerk, wenn auch der Name Zuchthaus, den es einst von Amts wegen trug, heute einen anderen, allzu makabren Klang besitzt. Stockhaus, das ließe sich sagen. Natürlich ist nicht mehr zu erkennen, wo einmal die Männer, die Weiber hockten, die hier ihre Strafe verbüßten, nicht mehr, wo sie geprügelt wurden. In den Introduktionen zu Grabbes Leben und Schreiben steht hinreichend zu lesen davon. Aber die Wohnung, die Vater Grabbe mit seiner Familie behauste, ist ziemlich die gleiche geblieben. Darin gibt es ein Zimmer, das unter allen Hinweisen vielleicht den tiefsten Einblick in des Dichters Jugend gewährt. Heute näht der Schneidermeister in diesem Gemach angesichts friedlicher Bäume seine Röcke und Hosen. Vor rund hundertfünfzig Jahren, als der sehr pflichtgetreue Vater Grabbe strengen Auges sein Haus kommandierte und die gütige Mutter dem zarten Knaben ein Lächeln zuwarf, wenn er sie ängstlich ansah – damals blickte man aus diesem Fenster in zwei Welten, von denen jede für Grabbe, den jungen, Schicksal bedeutet hat. Sie gleichen aufs Haar den Divergenzen, dem tiefen Zwiespalt in seinem Wesen.

Helmut Domke: *Feuer, Erde, rote Rose. Westfalen und Land an der Ruhr.* München: Prestel 1959, S. 35–37

Dualistische Gesellschaftskritik
Gertrud von Le Fort: *Die Frau und die Technik* (1959)

Mit *Die Frau und die Technik* erschien 1959 eine Kompilation von Essays und Aufsätzen aus der Feder Gertrud von Le Forts (1876–1971), die erstmals vermutlich zwischen dem Ende der 1940er und Mitte der 1950er Jahre veröffentlicht worden waren. Thematisch reiht sich hier Technik- und Gesellschaftskritisches (*Die Frau und die Technik*, *Der Mensch in dieser Welt*), Autobiografisches (*Autobiographische Skizzen I + II*), Literaturkritisches und Kunstverständiges (*Über den historischen Roman*, *Mosaiken*, *Rom*) aneinander und dies im Duktus und mit den Wertvorstellungen einer theologisch und kulturgeschichtlich hochversierten Autorin. Obwohl die Texte ein breites Feld an kultureller Auseinandersetzung bieten, vereint sie vor allem die Rückbesinnung auf einen tief verwurzelten und entschiedenen Katholizismus.

Im titelgebenden Essay *Die Frau und die Technik* konstatiert die Autorin eine zunehmende Technisierung und gleichzeitige Entmenschlichung der westlichen Welt. Denn entgegen technikeuphorischen Ansätzen sieht sie den Menschen nicht als Herrscher über sondern als Beherrschten durch die Technik. Diese böte zwar auch neue Freiheiten, zugleich warnt Le Fort jedoch vor »gespenstischen Schatten aus vermeintlich längst vergangenen Tagen« und vor der Abspaltung des Menschen von seiner Natur. Dies führt in ihren Augen lediglich zu unzumutbaren Grausamkeiten und Qualen. Le Forts Kritik dürfte dabei auch heute noch für einen gewissen Zuspruch sorgen, wendet sie sich doch u. a. gegen die atomare Aufrüstung und gegen Tierversuche. Und auch die Feststellung, die – in ihren Augen durch die zunehmende Technisierung des Haushalts ermöglichte – Berufstätigkeit der Frau befördere das Schicksal einer vereinsamten Jugend, klingt nicht allzu fremd in unseren Ohren.

Der Aufsatz hieße jedoch nicht *Die Frau und die Technik*, wenn »die Frau« nicht eine weitere wichtige Funktion in diesem Zusammenhang einnehmen würde: »Nur der Einsatz höchster Menschlichkeit könnte die Gefahr bannen – sie ist denn auch das eigentliche Thema dieser Zeilen. / Unwillkürlich richtet sich der Blick hier auf die Frau [...]«. Von Natur aus schwach, kann sie in der Auseinandersetzung mit der Technik nicht obsiegen. Und doch bildet gerade diese Schwäche, die Befähigung zum Leiden und zum »kreatürliche[n] Erbarmen«, die Pietà den Gegenpol zur entmenschlichten Technik.

Le Forts Argumentation verläuft anhand altbewährter Dualismen, wie sie heute zwar als obsolet oder (zumindest teilweise) überwunden gelten und dennoch in diversen Diskussionen immer wieder Verwendung finden: Die Natur wird gegen die Technik ins Feld geführt, handwerkliche Herstellung als ursprünglicher, ehrlicher und authentischer als die industrielle Herstellung von Gütern ausgestellt, der rationalistische Grundzug des Männlichen wird gegenüber dem Mysterienverbundenem des Weiblichen in Opposition gebracht. Doch so einfach wie diese Muster sich hier aufzählen lassen, so vielschichtig kulturell unterfüttert gerät die Darlegung bei Le Fort. Eine Erzählung des Daoismus wird beliehen, wenn sie das »Maschinenherz« als »die eigentliche Gefahr unseres technischen Zeitalters« anführt. Sie setzt sich – nicht nur in diesem Text – mit Zeitgenossen aktiv auseinander und schreibt sich so zugleich in eine christlich-philosophische kulturelle Tradition ein: Der russische Philosoph Nikolai Berdjajew wird ebenso zitiert wie das naturreligiöse Werk Jean Gionos und der dem Renouveau catholique angehörende Paul Claudel. Allein erfolgt Le Forts Bezugnahme zu diesen Autoren nicht als einfaches Namedropping, vielmehr fügt sie zu den jeweilig Genannten eigene Lesarten bzw. Interpretation der für sie maßgeblichen Texte bei.

Ähnlich verfährt sie in ihrer Rezension zu Hans Zehrers *Der Mensch in dieser Welt* (1948). Es zählt für Le Fort »zu den bedeutungsvollsten Büchern unserer Zeit«. Für Zehrer stellt sich die gegenwärtige Entwicklung des Menschen, vor allem auch in seiner Technikfixierung – und damit stimmt er mit Le Forts Zeitdiagnose überein – als negativ heraus, als Lösung von Gott. »Besinnung« und das Gewissen des Einzelnen scheinen ihm die einzige Möglichkeiten, auf den Weg zurück zu Gott zu gelangen. Sowohl die Geschichts- als auch die Naturwissenschaften tragen seiner Meinung nach die Verantwortung für die verheerenden Erfindungen: »ihr Anteil [der Wissenschaft] besteht darin, daß sie eine Erkenntnis ohne Liebe schuf und darum heute vor der erschütternden Tatsache steht, daß es eine Atombombe gibt.« Einziger Kritikpunkt für Le Fort ist Zehrers Verharren in einer ausschließlich protestantischen Haltung, wohingegen sie die Trennung des Christentums angesichts dieser Gemengelage als durchaus für überwindungswürdig hält und damit einen Diskurs bedient, der auch heute noch nichts an seiner Aktualität verloren hat.

Die *Autobiographischen Skizze II* erscheint – neben einem Schnelldurchlauf durch Le Forts Publikationsgeschichte – vor allem in Bezug auf ihre Poetik interessant, stellt sie doch hier explizit aus, dass sie den Dichter als Sprachrohr versteht, der die Dichtung unbewusst und von etwas (Göttlichem), das außerhalb seiner selbst liegt, empfängt: »[Die Dichtung] empfängt ihr Gesetz noch immer von der Muse und ausschließlich von ihr. Man kann sie weder herbeirufen noch sie abwehren, man kann nur für sie bereit sein.« Die von Le Fort bevorzugte Gattung ist der historische Roman, wie auch ein kurzer Text in dem Band (*Über den historischen Roman*) und ihre eigenen literarischen Produktionen belegen. Dieser ermögliche es, gegenwärtige Fragestellungen durch den Blick in die Vergangenheit klarer zu erkennen.

Der 1959 erschienene Sammelband verschafft in seiner Knappheit von nur 71 Seiten einen Überblick über theologische und kulturelle Grundlagen und Auseinandersetzungen in Getrud von Le Forts Werk. Auch wenn ihrer Wertvorstellungen – vor allem bezüglich der Rolle der Frau, deren Befähigung zur Erduldung von Leid und zum Erbarmen – heute in weiten Kreisen als überholt gelten dürften, erscheint gerade ihre Technikkritik (trotz des Drifts in den Technikpessimismus), wenn sie sich gegen atomare Aufrüstung und Tierversuche richtet, ungeahnt aktuell.

Sylvia Kokot

Gertrud von le Fort: *Die Frau und die Technik* (1959)

Unwillkürlich richtet sich der Blick hier auf die Frau – ihr wurde das Leben in einem viel unmittelbareren Sinn anvertraut als dem Mann – derselbe Berdjajew, der vom »Sturz des menschlichen Bildes« spricht, weist auf die »unendlich bedeutungsvolle Rolle« hin, welche die Frau in den letzten Jahren zu spielen begonnen habe. »Die Frau«, so sagt er, »hat sich auf einer größeren Höhe gezeigt als der Mann – sie ist enger mit der Weltseele und den Urwesenheiten verbunden. Die männliche Kultur ist zu rationalistisch, zu weit entfernt von den unmittelbaren Mysterien des kosmischen Seins. Durch die Frau allein kann der Mann zu ihnen zurückkehren«.

Nun hat tatsächlich unsere Zeit für die Frau ganz neue, ihr bisher verschlossene Möglichkeiten des Wirkens gegeben – sie ist in vielen Berufen sichtbar geworden, die ihr bisher verschlossen waren, aber bedeutet dieses Sichtbarwerden auch ein Wirksamwerden? Hat die Frau den Sturz des menschlichen Bildes aufzuhalten vermocht – wie steht sie zur modernen Technik? Kein Zweifel, gerade sie hat ihr vieles zu danken: das heutige Berufsleben, auch der verheirateten Frau, wäre undenkbar ohne die Erleichterungen, welche die moderne Technik dem Haushalt zur Verfügung stellt. Was aber hat nun diese Entwicklung für den geistigen Einfluß der Frau bedeutet?

Man kann diese Entwicklung begrüßen oder bedauern – beides zu recht. Sie bedeutet eine große Möglichkeit, aber ihr begegnet auch ein schwerer Einwand im Blick auf die Familie. Die Kinder der verheirateten berufstätigen Frau wachsen ohne jene zärtliche Geborgenheit des Elternhauses auf, aus der frühere Generationen lebenslang physische und seelische Kraft schöpften. Die Einsamkeit der heutigen Jugend redet eine erschütternde Sprache. Hier ist der weibliche, echt mütterliche Einfluß nicht gestiegen sondern zurückgegangen. Auch Berdjajew kennt die Schranken seiner Konzeption. »Die wachsende Bedeutung der Frau«, so sagt er, »hat aber nichts mit der modernen Emanzipation zu tun, das ist eine antihierarchische und nivellierende Bewegung«. Dennoch besteht kein Zweifel, daß die Frau, auch in den ehemals nur dem Manne geöffneten Berufen, Kräften dienen konnte, die dem vollen Einsatz ihrer Weiblichkeit entsprachen und der Gefahr des Maschinenherzens ein Menschenherz entgegensetzten. Allein der volle Sieg ihrer weiblichen Kräfte über eine nach Berdjajew allzu einseitige männliche Welt ist nicht erfolgt – die Zeilen des großen Russen sind nach dem ersten Weltkrieg geschrieben – die Frau hat den zweiten nicht verhindern können, sie wird auch den dritten, wenn er zur Diskussion stünde, nicht verhindern. Denn die Hoffnung auf die Frau verlangt ja immer auch die Bereitschaft des Mannes: nur im harmonischen Zusammenwirken der polaren Kräfte erfüllt sich das Gesetz eines geordneten Kosmos.

Gertrud von le Fort: *Die Frau und die Technik.* Zürich: Arche 1959, S. 12–14

Verantwortung und Wahrheit
Erwin Sylvanus: *Korczak und die Kinder. Ein Stück* (1959)

Die von Erwin Sylvanus 1957 in Krefeld uraufgeführte Geschichte um Janusz Korczak ist schnell erzählt: Ein jüdischer Arzt betreut Kinder in einem Waisenhaus und soll einem SS-Offizier bei der Deportation der Waisen Hilfestellung leisten, indem er die Kinder über das Ziel ihrer Fahrt belügt und sie so in Sicherheit wiegt. Obwohl Korczak die Zusicherung erhält, selbst mit dem Leben davon zu kommen, entscheidet er sich dafür mit den Kindern in den Tod zu gehen.

Mit diesem Schauspiel wurde Sylvanus, dessen literarisches Schaffen bereits in den 1930er Jahren begann, weit über Westfalen hinaus bekannt: *Korczak und die Kinder* zählt mit Übersetzungen in elf Sprachen und Aufführungen in 16 Ländern zu den meistgespielten Stücken der deutschen Nachkriegszeit.

Soweit zu Inhalt und Autor des Stückes, welches der Verfasser »nicht erfunden« hat: »Er hat es nur aufgeschrieben.« Der Vorsatz vermittelt den Eindruck, es handele sich um die Schilderung einer wahren Begebenheit, die die Thematik des Holocaust mit gebührendem Respekt behandelt. Umso erstaunlicher wirkt es, wenn in der Rahmenhandlung die engagierten Schauspieler ihrem Überdruss an eben dieser Thematik Ausdruck verleihen und sich darüber beschweren, da diese ihnen nicht die Gelegenheit biete, sich und ihre Fähigkeiten darzustellen. Überhaupt drehen sich die ersten beiden Abschnitte des Stückes um Kontext und Art der Aufführung; diese Diskussion um die Inszenierung wird auf der Bühne dargestellt, zugleich wird mit dem Publikum darüber interagiert. Dieses Vorgehen sowie das minimalistische Bühnenbild und Hinweise der Regie zu Beginn, auf Kostüme und Pausen zu verzichten, lassen an das epische Theater nach Bertolt Brecht denken, das für den Anspruch steht, die Menschen zum Nachdenken anzuregen statt sie sich in einem Illusionstheater amüsieren zu lassen.

Vor dem Hintergrund des epischen Theaters werden auch viele andere Eigenheiten des Stückes, die bei der ersten Lektüre befremdlich wirken mögen, verständlich und verschaffen einen Überblick im komplexen Geflecht der verschiedenen Ebenen des Stückes, welches von einem Sprecher, zwei Schauspielern und einer Schauspielerin bestritten wird. Diese treten in ihren Rollen als engagierte Schauspieler sowie in den Rollen, die sie in der Erzählung um Korzcak einnehmen, auf, wobei nicht nur zwischen den Ebenen, sondern auch innerhalb der Ebene der Korczak-Handlung die Rollen gewechselt werden. Der Wechsel der Ebenen und die direkten Ansprachen an das Publikum dienen offenkundig dazu, ein Versinken der Zuschauer in die Handlung zu vermeiden und sie immer wieder zur Reflexion des Gesehenen anzuregen. Des Öfteren wird auf diesen Anspruch explizit verwiesen, was auch die anfänglichen Warnungen des Sprechers an das Publikum erklärt, das sich vor dem Stück noch durch Verlassen des Raumes aus der Verantwortung stehlen könne. Doch aus welcher Verantwortung eigentlich?

Hauptanliegen des Schauspiels ist das Erkennen der Wahrheit; es soll etwas Wirkliches gezeigt werden, das, was sich hinter den Kulissen befindet. Damit entspricht das Anliegen des Stücks seinem Aufbau, da auch die Theaterarbeit ›hinter den Kulissen‹ auf der Bühne inszeniert wird; dementsprechend werden auch die Protagonisten der Erzählung, Korczak und der SS-Offizier, hinter den Kulissen ihrer gesellschaftlichen Rollen gezeigt. Beiden wird Raum zugestanden, ihre eigene Biografie zu erläutern, um zu rechtfertigen, warum sie sind, wer sie sind. Dabei wird die Intention, Menschen im Kontrast zu oder hinter ihren Rollen darzustellen, besonders am SS-Offizier deutlich, der als liebender Vater mit seiner Familie gezeigt wird und zugleich seine Existenz als Offizier durch Entwicklungen in seiner Kindheit zu rechtfertigen versucht.

Im Zentrum der Frage nach der Wahrheit steht auch die Eigenschaft Korczaks, nie gelogen zu haben. Das dient den Schauspielern auf der einen Seite dazu, das Stück als ein ›Tendenzstück‹ zu persiflieren, unterstützt aber auf der anderen Seite die Forderung nach Wahrheit und Wirklichkeit, auch oder gerade hinter Rollen, die Menschen annehmen. Somit lässt sich die Suche nach den Strukturen der Wahrheit als eine Art Prinzip verstehen, das auf verschiedenen Ebenen deutlich werden kann, und zwar in der Wahrheit gegenüber sich selbst, indem man seine Entwicklung nachzeichnet, aber auch in der Wahrhaftigkeit der eigenen Aussagen, die der (subjektiven Wahrnehmung von) Realität entsprechen. Die Geschichte um Korczak dient der Exemplifizierung einer Suche nach der Wahrheit sowie ihrer Bedeutung und auch einer Suche nach dem Menschen an sich.

Mit der Determinierung der Persönlichkeit durch Umstände und Ereignisse wird auch die Schuldfrage unter verschiedenen Perspektiven beleuchtet: Die auch von dem Offizier bemühte Rechtfertigung, man habe nur Befehlen gehorcht und sei für alles weitere nicht verantwortlich, wird regelmäßig im Keim erstickt und als Ausrede entlarvt, die nicht gelten kann. Was jedoch zugestanden wird, ist die Erläuterung der eigenen Entwicklung, zu der allerdings auch das Eingeständnis des eigenen Hasses und der Eifersucht gehören. Als Offenbarung einer subjektiven Wahrnehmung kann diese zwar nicht als Entschuldigung, aber immerhin doch als Erklärung akzeptiert werden. Damit lässt sich auch die Frage nach der Verantwortung der Zuschauer klären: Sie stehen vor der Aufgabe, den hier offenbarten Strukturen der Wahrheit zu folgen und sich selbst bezüglich ihrer eigenen Schuld zu befragen. Insofern greift das Schauspiel die allgegenwärtige Schuldfrage auf, thematisiert sie aber nicht plakativ, sondern vor dem Hintergrund der Frage nach Wahrheit und Lüge.

Der exemplarische Charakter des Stückes sowie seine leicht verständliche Sprache sorgen dafür, dass die Lektüre aktualisierbar bleibt. Die Frage nach der Wahrheit und ihren Bedingungen besitzt andauernde Relevanz, gerade im Zusammenhang mit der Schuldfrage hat sie nie an Aktualität verloren: Immer noch wird der Umgang mit dem Holocaust kontrovers diskutiert, vielfach werden Stimmen laut, die fordern, die Angelegenheit hinter sich zu lassen und mit der Geschichte abzuschließen. Dass aber aus den historischen Ereignissen eine grundlegende Erkenntnis über Wahrheit und Lüge und über Menschlichkeit abgeleitet werden kann, steht solchen Forderungen entgegen und sollte gerade in Anbetracht der Flüchtlingskrise keinesfalls aus den Augen verloren werden.

Aufgrund der allseits bekannten Thematik könnte Überdruss eventuell auftreten, doch dem ist nicht so: *Korczak und die Kinder* verarbeitet die Ermordung der europäischen Juden nicht in Form einer erzählten oder dargestellten Handlung, sondern vielmehr in der Diskussion darüber und trägt sie über den Dialog mit dem Publikum an dieses weiter. Somit wird das Schauspiel auch dem Anspruch des epischen Theaters gerecht und kann heute noch als attraktives Lektüreangebot eines kritischen Autors betrachtet werden.

Laura Deuper

Erwin Sylvanus: *Korczak und die Kinder. Ein Stück* (1959)

XI.

[...]

SCHAUSPIELERIN *aufstehend:* Hier fehlt abermals eine Szene, die wir schon gespielt haben. Drei Sätze schon würden genügen. *Kommt näher.*

SPRECHER *steht auf:* Sie haben das Spiel unterbrochen. Gerade an dieser Stelle, da ich atemlos zuhörte ...

SCHAUSPIELERIN *erstaunt und zornig:* Atemlos? Vielleicht empfanden Sie sogar einen Nervenkitzel? Das kann nicht Aufgabe dieses Spieles sein. Es ist besser, in diesem Augenblick nachzudenken und zu schweigen.

Sprecher setzt sich wieder. Einige Sekunden lastendes Schweigen.

XII.

ERSTER SCHAUSPIELER *in das Schweigen:* Schweigen. Stille. Sie sagen, Sie wollen keinen Nervenkitzel. Aber auf Spannung verstehen Sie sich nicht schlecht. Schweigen ... als Vorbereitung für die nächste Szene, in der Janusz Korczak wiederum ein Fragender ist. Jeder hier im Raum weiß, was für Janusz Korczak das frühe Gespräch mit dem Rabbi bedeutete, wie es ihn formte für sein Leben. Niemand fragt jedoch, was ich für Antworten erhielt, damals, bevor die Entwicklung begann und alles so kam.

SCHAUSPIELERIN Sie wollen sich verteidigen?

ERSTER SCHAUSPIELER Ich erinnere mich an ein Gespräch mit meiner Mutter. Ich war damals sechszehn Jahre alt.

SCHAUSPIELERIN Sie meinen, man gewinnt in Deutschland immer Ansehen und hat die Gefühlvollen für sich, wenn man von der eigenen Mutter spricht?

ZWEITER SCHAUSPIELER Ich meine, wir sollten ihn nicht schon wieder dazu bringen, daß er sich schämt. Wir wollen ihn berichten lassen und zuhören.

ERSTER SCHAUSPIELER *unsicher:* Unbegreiflich, daß gerade Sie das sagen.

SCHAUSPIELERIN Können Sie diese Szene allein spielen?

ERSTER SCHAUSPIELER Nein. Denn ich brauche jemanden, der zuhört. *Erregt.* Setzen Sie sich dorthin. Sie sind die einzige Frau in unserem Spiel. Lassen Sie mich für einige Augenblicke »Mutter« sagen.

SCHAUSPIELERIN Ja. *Setzt sich.* Und nun: berichten Sie.
ERSTER SCHAUSPIELER 1933. Ich bin vor zwei Jahren konfirmiert worden. Ich habe nichts dabei verspürt, obwohl der Pastor ein berühmter Prediger und Redner war. Er sprach oft im Rundfunk. Und man sagte, für einen Rundfunkvortrag über die Bergpredigt erhalte er 250 Mark. Aber das hat natürlich nichts mit der Szene zu tun, die ich jetzt spielen will. Obwohl Christus kein Geld für seine Predigten nahm. Vielleicht habe ich wegen dieser 250 Mark nichts gespürt. Zudem war es die Zeit, in der alles gleichgeschaltet wurde. Die Jugendverbände wurden gleichgeschaltet. Die Lehrerverbände wurden gleichgeschaltet. Bei denen ging es vielleicht am leichtesten. Die alten Griechen waren auf einmal die Vorläufer des Dritten Reiches. Selbst Homer wurde zum Sänger der Einmannherrschaft. Selbst Homer! *Herausfordernd in den Zuschauerraum hinein.* Meine Herren Studienräte! Erinnern Sie sich, wie wir Aufsätze schreiben mußten über den herausgeklaubten Satz »Nicht bringt Segen die Herrschaft vieler ....« Ich kann es Ihnen noch in einwandfreiem Griechisch vortragen. Oja, man hat Sie dafür in Ehren pensioniert. Und wir – wir sollen schuld sein, daß alles schief ging ...
SPRECHER Nicht wegen des Schief-Gehens lassen wir Sie hier berichten. Den Keim der Lüge suchen wir – gemeinsam.
ERSTER SCHAUSPIELER Den Keim der Lüge? Was soll diese verbohrte Frage nach der Lüge? Ist denn dies ein Stück über die Lüge?
SPRECHER Über die Lüge unserer Zeit.
ERSTER SCHAUSPIELER Quatsch! Ich sagte bereits, wir wollen von Fakten reden. Zu Beginn unseres Spieles sagte ich es, als ich mein Leben berichtete.

Erwin Sylvanus: *Korczak und die Kinder. Ein Stück.* St. Gallen: Tschudy 1959, S. 32–34

Meridian und Müllabfuhr
Peter Rühmkorf: *Irdisches Vergnügen in g. 50 Gedichte* (1959)

Peter Rühmkorfs Lyrik in einer Anthologie zur *Literatur Westfalens 1945–1975* zu behandeln, ist keinesfalls selbstverständlich. Sie in einer Publikation zur norddeutschen bzw. hamburgischen Literatur zu finden, wäre weitestgehend überraschungslos. Seit seinem Studium (Germanistik, Kunstgeschichte, Pädagogik, Psychologie) Anfang der 1950er Jahre lebte der im niedersächsischen Stade aufgewachsene Rühmkorf in Hamburg – der Stadt, in der er unter dem Pseudonym Leslie Meier im *Studenten-Kurier* und der weitaus bekannteren Nachfolgezeitschrift *konkret* als Kommentator zeitgenössischer Lyrik und Verfasser linkspolitischer Artikel auf sich aufmerksam machte. Auch die Gedichtsammlung *Irdisches Vergnügen in g* erscheint 1959 in der Hansestadt und bringt dem ›Elbanakreon‹ eine Stelle als Lektor im Rowohlt Verlag ein.

»Warum also Westfalen?«, fragt sich Rühmkorf in seiner Olsberger Rede anlässlich der Verleihung des *Annette-von-Droste-Hülshoff-Preises* durch den Landschaftsverband Westfalen-Lippe im Jahr 1979. Die ›notwendige Bedingung‹ der Preiswürdigkeit, geborener bzw. wohnhafthaltender Westfale zu sein, dokumentiert – ein schnoddriger Vorausblick auf die spätere Verleihung – der Beginn der autobiografischen Skizze *Die Jahre, die Ihr kennt* (1972): »Geboren am 25. Oktober des Jahres 1929 als Sohn der Lehrerin Elisabeth Rühmkorf und des reisenden Puppenspielers H. W. (der Name ist dem Verfasser bekannt) in Dortmund. Die Stadt soll ruhig mal was springen lassen.« Für die Geburt des unehelichen Sohns, aus Sorge vor »konkrete[m] Schimpf und sehr reale[r] Schande«, verlässt Rühmkorfs Mutter Niedersachsen und begibt sich ins westfälische »Exil«, wie es in der Rede heißt. In Münster freundet sie sich mit dem evangelischen Moraltheologen Karl Barth an, der der Patenonkel des Kinds wird und Elisabeth Rühmkorf somit rehabilitiert. Auf diese Weise verbringt der spätere Hamburger seine ersten beiden Lebensjahre im »flüchtigen und dennoch wichtigen Westfalen«. Wichtig wird die Region, indem Rühmkorf – nicht ohne Preisredenpathos – den Weg der Mutter als Ausgangspunkt seines nonkonformen, gegen die bürgerliche Sitte gewendeten Denkens, Schreibens und Handelns stilisiert. Wenn das »innere Rechtsgefühl« (ein Wort, das er der Droste entlehnt) durch »konformistisches Maßnehmen und borniertes Regelrechnen in Frage gestellt wird, regt sich bei mir ein über das normale Rechtsempfinden hinaus gehender Rachedurst, der den Konformkopf seinerseits in seine Engigkeitsschranken zurückzuweisen sucht. Ob das nun westfälische Dickschädeligkeit oder eine spezialgefertigte Spitzschädeligkeit ist, wage ich nicht zu entscheiden. Es ist mir auch ziemlich egal, solange ein eingeborenes oder in die Wiege gelegtes oder über den langen lernpsychologischen Weg trainiertes Gerechtigkeitsverlangen mir eine Rechtssache vor allen anderen lieb und teuer macht: das ist das Schutzbedürfnis der gesellschaftlichen Abweichung und des seelischen Sonderfalles, das ist der Ausnahmewert des abweichenden Charakters und der minderheitlichen Aberration, das ist am Ende die menschliche Köstlichkeit einer illegitim verfaßten und gegen die herrschenden Strömungen abgesetzten Persönlichkeit.«

Der (autobiografische) Nonkonformismus, den Rühmkorf im Zuge seiner institutionellen ›Westfalisierung‹ in Position bringt (gewiss nicht zum ersten Mal), ist gleichermaßen von zentraler literarischer Relevanz.

Jenseits etablierter Tendenzen der Nachkriegslyrik, etwa der Hermetik und Naturlyrik, weist sein Gedichtband *Irdisches Vergnügen in g* eine Reihe singulärer, gegenläufiger Charakteristika auf: Benn-Nachfolge und ihre Relativierung im *Lied der Benn-Epigonen*, Identitätsreflexion, Alltags- bzw. Vulgärsprache und Fachtermini, kolloquialer Witz und Wortpreziosen, die parodistische Auseinandersetzung mit der literarischen Tradition und zeitgenössischen Strömungen sowie ungewöhnliche Reime, die Gegensätzliches zusammenbringen, kennzeichnen den Band. Politische und gesellschaftskritische Versatzstücke bleiben ein Aspekt unter zahlreichen, z. B. im Gedicht *Wes Pfeil?*, das auf selbstironische, lyrische Distanz zur Agitprop geht: »Wie mir vergorenes Gold um meine Schnauze brandet, / die Zungenspitze, rot von Agitprop – ! – / Zwei-drei verschrobene Gedanken angelandet / in meinem Di-Da-Durchschnittskopp.« Mit Hilfe solch sprachlicher Kontrastierungen und Brechungen – man beachte die expressionistische Metaphorik sowie die an Benn erinnernde Interpunktion – entzieht sich Rühmkorfs Lyrik merklich einer tendenziösen Indienstnahme. Sein Neologismus ›Schizographie‹, der eine Unterscheidung von lyrisch-artistischem und essayistisch-politischem Schreiben meint, weist auf ebendiesen Umstand hin. Das Image des ›roten Romantikers‹ bzw. des ›roten Rühmkorf‹ – ein Name, den Rolf Dieter Brinkmann als Widmung in seinem ersten Gedichtband *Ihr nennt es Sprache* (1962) verwendet – entsteht weniger durch die Lyrik, sondern durch Beiträge in der *konkret* sowie seine Textsammlung *Über das Volksvermögen. Exkurse in den literarischen Untergrund* (1967; s. S. 304).

Artistik äußert sich im *Irdischen Vergnügen in g* in Formvirtuosität und -vielfalt. Lieder, Hymnen, Oden und gereimte Langzeilengedichte, die am erkennbarsten den ›Finismus‹ der *Heißen Lyrik* (1955; s. S. 100) aufgreifen, reimlose Texte, Selbstporträts, persiflierte Volkslieder, Antiqua- und Frakturschrift sowie das Mittelachsenverfahren des Naturalisten Arno Holz sorgen für Texte, die ein elaboriertes Verhältnis zur Literaturgeschichte darlegen ohne sich epigonal zu ihr zu verhalten (s. S. 495). Die Gedichte pflegen einen ungenierten, produktiven Umgang mit der Tradition und distanzieren sich dezidiert vom Traditionalismus, von den restaurativen Literaturströmungen der 1950er Jahre. »Rühmkorf gelingt selbst die Feststellung des Elementarsten nicht ohne Persiflage. Descartes muß dran glauben. Dieser Leslie Meier kann nur existieren, wenn er andere schlachtet oder ausschlachtet. Das ist nicht unbedingt ein gutes Zeichen«, so 1961 das besorgte Fazit Arnfrid Astels in der Zeitschrift *Christ und Welt*. Helmut Heißenbüttel, dessen konkrete Poesie ein gänzlich anderes Programm verfolgt, äußert sich ebenfalls verhalten, Rühmkorf sei zwar ein »sprachrhythmischer Imitator von verblüffender Fertigkeit«, folge aber lediglich einer »Mode des Shocking« – dabei seien die Gedichte »nicht einmal unanständig«.

›Shocking‹ oder zumindest provokativ wirkt in der christlich-demokratischen Bundesrepublik hingegen ein Titel wie *Irdisches Vergnügen in g*. Er persifliert den Zyklus *Irdisches Vergnügen in Gott* (1721–1748) des Hamburger Amtmanns Barthold Heinrich Brockes (1680–1747), der zwischen Barock und Frühaufklärung in neun Bänden das Werk Gottes in lyrischer Theodizee preist. Brockes folgt der Physikotheologie seiner Zeit, einer rationalistischen Lehre, die Naturwissenschaft und Theologie verbindet und die Natur als vollkommene Schöpfung betrachtet. Betrachtung ist als präzise Wahrnehmung von Tieren (Frösche, Ameisen etc.) und vor allem Gärten in Brockes' Gedichten wörtlich zu verstehen; nicht selten sind es gerade technische Apparaturen wie Perspektive, mit denen der Gottesbeweis in der Detailbeobachtung erfolgt (siehe hierzu Martina Wagner-Egelhaafs Aufsatz *Gott und die Welt im Perspektiv des Poeten. Zur Medialität der literarischen Wahrnehmung am Beispiel Barthold Hinrich Brockes* [1997]). Rühmkorfs Titel schrumpft Gott nun auf ein ›g‹, das zugleich das physikalische Symbol für die Fallbeschleunigung frei fallender Körper darstellt. Dieser Rekurs ist nicht zu vernachlässigen, liefert er doch einen maßgeblichen Hinweis auf das Verfahren von Rühmkorfs Lyrik. Während nämlich Brockes' Gedichte von der Immanenz (den Gegebenheiten der Natur) aus zur Transzendenz (zum Göttlichen) streben, schlagen Rühmkorfs Texte gleichsam die umgekehrte Richtung ein. Zu erkennen ist diese Materialisierung der Lyrik etwa in den alltagskulturellen Elementen der Gedichte: Antithetisch wenden sie sich gegen die naturlyrische Bedeutungshuberei, die beschworene Tiefe in Texten der ehemaligen *Kolonne*-Autoren und -Autorinnen wie Peter Huchel, Elisabeth Langgässer, Günter Eich oder Horst Lange und werden so zum Referenzpunkt alltagsnaher Lyrik der 1960er Jahre.

Das Gedicht *Was seine Freunde sagen* ist ein anschauliches Beispiel für diese Überlegungen. Von den Freunden als Sänger adressiert, trägt Leslie Meier ein Lied vor, das durch die formale Klarheit und den Duktus (»Stirne aus Eternit«, »Meridian«, »Sonnensegel«) der Originalitätsforderung zunächst nur bedingt nachkommt. Leslie Meier, das journalistische Pseudonym des *Lyrikschlachthofs*, ist in Rühmkorfs Gedichten regelmäßig präsent, auch diese fungieren als parodistische Kommentare auf die Nachkriegsliteratur, als Texte, die Formen aufgreifen und nachbilden, diese aber mit kontrastiven Inhalten füllen. Ab Strophe vier dominieren die ironische Stilisierung des lyrischen Ich als poeta vates mit göttlicher Sehhilfe (»sechs Dioptrien, / […] den Göttern entliehen«) und wie Vokabeln wie »Teenager[]« das Gedicht. In der letzten Strophe wird in finistischer Manier »alle[n] Hoffnungen« die Absage erteilt. Auch die transzendenten, lyrischen ›Hoffnungen‹ werden weggefegt – sie landen beherzt im Abfall (!): »Ich fege alle Hoffnungen von unserm Tisch / zehn Jahre nach Oradour / Ich sitze in meinem Sessel aus grünem Plüsch. / Ich besinge die Müllabfuhr.« Der Grund für dieses rigorose Vorgehen ist gleichermaßen ästhetisch und politisch, wie der Hinweis auf das Massaker von Oradour in Frankreich (10. Juni 1944) verdeutlicht, mit dem Adornos Frage, wie nach 1945 zu dichten sei, auf den Plan tritt. Aus Rühmkorfs ›Schizografie‹ resultiert also nicht die strikte Trennung von politischer Essayistik und artistischer Lyrik, sondern ihre subtile Durchdringung – Rühmkorfs Gedichte sind artistische Zeitgedichte.

Philipp Pabst

Peter Rühmkorf: *Irdisches Vergnügen in g. 50 Gedichte* (1959)

Was seine Freunde sagen

Meine Freunde sagen: Leslie Meier, sing uns ein Lied,
das uns so leicht keiner singt!
So hebe ich also meine Stirne aus Eternit
sicher und unbedingt.

So hebe ich meinen Kopf in der für mich bezeichnenden Art –:
Ich für meine Person
rechtfertige schließlich allein meine Gegenwart,
aber wer bin ich schon?

Durchgetretene Füße und ausgeleierte Schuh,
so lieg ich träge quer über dem Meridian;
bald schnüre ich meinem Gehirn die Kehle zu,
dem gefräßigen Kormoran.

Doch im Juli, unter dem Sonnensegel,
verweilt einen Augenblick.
Dort les ich den Teenagers aus den Därmen der Vögel
ein dürftiges Geschick.

Ich blicke ernsthaft durch meine Brille, sechs Dioptrien,
in den pompösen Verfall ...
Dies Auge, auf Abruf von den Göttern entliehn,
mißtraut dem Sonnenball.

Ich fege alle Hoffnungen von unserm Tisch
zehn Jahre nach Oradour.
Ich sitze in meinem Sessel aus grünem Plüsch.
Ich besinge die Müllabfuhr.

Peter Rühmkorf: *Irdisches Vergnügen in g. 50 Gedichte.* Hamburg: Rowohlt 1959, S. 26 (© Rowohlt Verlag)

Für die Freiheit der Kunst
Reinhard Döhl: *missa profana* (1959)

Was darf Satire? Sie darf alles, sagt man. Was darf die Kunst? Die Kunst ist frei, das steht irgendwie auch im Grundgesetz. In der Bundesrepublik Deutschland des 21. Jahrhunderts scheinen diese Aussagen – zumindest dem Grundsatz nach – gesellschaftlicher Konsens zu sein. Was aber als ein fundamentaler Gewinn für eine pluralistische Demokratie gelten durfte, wird inzwischen durch Drohungen und Gewalt wieder in Frage gestellt. Religiöse und nationalistische Paranoia attackiert die Zivilgesellschaft und sehen in Satire und Kunst einen Feind. Für viele Menschen ist der rüde bis drohende Tonfall überraschend. Doch: Schon Kant sprach nicht von der aufgeklärten Gesellschaft, sondern von einer Gesellschaft in Aufklärung, ein Dauerlauf also, wenn man es einmal auf eine moderne, sportliche Formel bringen will.

In den 1960er Jahren, in meiner Kindheit, nervte im Bürgerpark der Stadt Bielefeld, der uns Jungen eigentlich einen großartigen Rasen zum Fußball spielen bot, der Grünschutz. Das war ein Kriegsversehrter mit einer grünen Binde, die ihm Macht über uns gab:

»Runter da!«, hieß es. Und der Mann konnte wirklich unangenehm werden. Warum bringe ich das Beispiel? Weil es mir den damals typisch deutschen Ordnungswahn vor Augen stellt, den ich als kleiner Junge überall im Alltag erfahren habe. In jenem Klima postnazistischer Kleinkariertheit ging es allerdings anderen, älteren als ich noch ganz anders an den Kragen. An solch ein unwürdiges Politschauspiel möchte ich erinnern.

Reinhard Döhl (1934–2004), der später ein wichtiger Autor und Förderer der deutschen Literatur wurde, veröffentlichte 1959 als Student die erste Fassung eines Gedichtes mit dem Titel *missa profana* in der Göttinger Studentenzeitschrift *prisma* (online verfügbar: http://reinhard-doehl.de/gedichte2_9.htm). Dieses Gedicht war vielen ein Ärgernis. Im Studentenrat kam es zum Eklat, weil Studierende mit Hinweis auf den Frevel des Gedichtes den Zuschuss zur Zeitschrift in Frage stellten (siehe: http://www.reinhard-doehl.de/doehlmissa.htm). Die *missa profana* sei gegen die guten Sitten und eine der »schmutzigsten Diffamierungen nicht nur der katholischen Kirche, sondern jedes Christen«.

Döhl nahm in der Tat in seinem Gedicht kein Blatt vor den Mund, um eine drastische literarische Wirkung zu erzielen. Die Schilderung der heiligen Maria unterstellt eine Art Tempelprostitution und damit subkutan der katholischen Kirche wenig schmeichelhaft den Betrieb eines Seelenbordells: »die hochgeschlagenen mantelkragen im oktober / beweisen die notwendigkeit der wärme // aus leergetrunkenen brunnen / die leergetrunkenen gläser füllen EX / einmal wöchentlich in den bordells / eine gastrolle geben MARIA VIRGINE / bei den versuchen bleiben / eine einfache melodie zu singen // ich liebe die schöne frau / nicht zuletzt um ihrer dummheit willen / mit der sie sich verhökert / für talmi und sprüche / liebe ich die schöne frau / nicht zuletzt für den augenblick // wenn die kirchturmglocken / zu allen möglichen anlässen schlagen // ich habe deine worte satt / und deine lippen MARIA VIRGINE / schmecken mir längst nicht mehr / ich rülpse und gehe EX MARIA V.«

Explizit oder nicht, dies empfanden viele als Gotteslästerung. Studenten einer anderen Universität sowie der stellvertretende Generalvikar der Diözese Hildesheim erstatteten Anzeige. In der Folge bekam der Student Döhl einen Verweis seiner Universität und die Studentengruppierungen führten untereinander heftige Kämpfchen wegen des Gedichtes. Bis in die 1. Große Strafkammer des Landgerichts Göttingen brachte es die Angelegenheit schließlich. Heinrich Böll, Hans Magnus Enzensberger und andere sahen sich genötigt, Verteidigungsschriften zu schreiben. Der Staatsanwalt brachte gegen die literarische Prominenz der Republik das religiöse Empfinden beleidigter Katholiken ins Spiel, und das Gericht verhängte brav eine Geldstrafe. – »Runter da!« Der Grünschutz lässt grüßen.

Aber die Bundesrepublik war nicht das »Dritte Reich«. Und daher durfte das Gedicht vor dem Bundesgerichtshof erscheinen. Allen Beteiligten ging es immer noch ums Große und Ganze. Der BGH aber sprach Döhl frei und verdonnerte den Staat, die Kosten des Verfahrens zu tragen. Dieses Urteil war epochal und eine eindeutige Güterabwägung zugunsten der Freiheit der Kunst. Es war ein bedeutendes Stoppschild für Geschmacksurteils-

Juristerei. So wurde Döhls *missa profana* zu einem Meilenstein auf dem Weg der Bundesrepublik Deutschland in eine liberale, pluralistische Demokratie.

Doch was hatte Döhl da eigentlich fabriziert? Die *missa profana* war eben kein journalistischer oder propagandistischer Text, sondern es ist ein filigranes ästhetisches Gebilde, das, vielleicht nicht immer gelungen, sprachlich dem Absurden der Nachkriegsgesellschaft nachspürt. Sprachliche Dissonanzen einerseits und rhythmische Gliederung von bekannten Tatsachen sowie pointierten Thesen andererseits wurden in dem Text zu einem Mittel, ein trostloses und absurdes Lebensgefühl auszudrücken: »im stall der nach ammoniak riecht / steht der bauer bei einer werfenden kuh / im haus nebenan / träumt das letzte dienstmädchen / von liebe // zur gleichen zeit / baut die welt atommeiler / gegen arterienverkalkung / caesar verheiratet die vestalinnen / und der papst spricht / seinen vorgänger heilig // *heilig ist der herr* // morgen wissen es die zeitungen / übermorgen haben es die menschen vergessen // *ach wie gut daß niemand weiß / daß ich rumpelstilzchen heiß* // in den riesigen wäldern der rocky mountains / stellt ein indianer verwundert fest / daß die sonne im westen aufgeht / in asien glauben ein paar yogis / immer noch an nirwana und der fakir / feilt die nägel seines brettes / etwas spitzer.«

Was war, das fragen wir uns heute verwundert und ratlos, an all dem schlimm? Wir fragen uns deshalb, weil wir vergessen haben, dass es einen Dreißigjährigen Krieg gab und einen Westfälischen Frieden, dass es auf dem Territorium, das wir gemeinhin Deutschland nennen, chauvinistische und imperiale Feudalrabauken gab, dass es nicht nur in der Frühen Neuzeit Bauernopfer für Königsmacht gab, sondern dass Menschen mehr oder weniger willig in den Schützengräben des Ersten Weltkrieges für eine Idee von Größe verheizt wurden und sich verheizen ließen. Wir haben vergessen, dass die KZs zuerst für die Deutschen gebaut wurden, für Kommunisten, Sozialdemokraten, Homosexuelle, »Zigeuner« und viele anders Denkende und anders Lebende, die die Nationalsozialisten nicht ertragen konnten. Und wir haben den Grünschutz vergessen, dies Gängelmännchen, der jedes Betreten der Grünflächen unterband. Seien wir daher dankbar, dass auf den gleichen Flächen heute Grillfeste gefeiert werden und kleine Kinder unbeschwert spielen dürfen. Gedenken wir aber auch jenen, die all dies für uns erkämpft haben. Reinhard Döhl ist stellvertretend so einer, der uns daran erinnert, weiterhin beharrlich aufzuklären: »aber schnee fällt / auf pompeii herculaneum / auf hiroshima fiel / schwarzer schnee / und die vögel unter dem himmel / waren fremd und ohne lieder«.

Thomas Strauch

Reinhard Döhl: *missa profana* (1959)

[4. Strophe; Auszug]

ET INCARNATUS EST
DE SPIRITU SANCTO
ET HOMO FACTUS EST

er soll sein urteil haben
der landfremde
wird es annehmen
ohne berufung

nicht einmal der selbstmörder
der an das wehr treibt
ändert etwas an diesen gesetzen

die geschworenen erkannten
nach langer beratung
einstimmig auf tod

blicke der vorübergehenden werden ihn entdecken
stangen der flußwächter werden ihn herausziehen
fische werden um ihre nahrung kommen und
der boden um fruchtbarkeit und verwesung
wenn im leichenschauhaus die schritte in den gängen sind

was denn
fragt ein kind
hat er getan
niemand antwortet

lockere erde wird auf das holz fallen
klagelieder haben stumme zeugen
in den bäumen bleiben
die sprüche der bibel
bis der rauch aus den kaminen
sie vergessen macht

alle versuche
mit rauch zeichen
in die luft zu geben
wird der wind vernichten

die hochgeschlagenen mantelkragen im oktober
beweisen die notwendigkeit der wärme

aus leergetrunkenen brunnen
die leergetrunkenen gläser füllen EX
einmal wöchentlich in den bordells
eine gastrolle geben MARIA VIRGINE
bei den versuchen bleiben
eine einfache melodie zu singen

ich liebe die schöne frau
nicht zuletzt um ihrer dummheit willen
mit der sie sich verhökert
für talmi und sprüche
liebe ich die schöne frau
nicht zuletzt für den augenblick

wenn die kirchturmglocken
zu allen möglichen anlässen schlagen

ich habe deine worte satt
und deine lippen MARIA VIRGINE
schmecken mir längst nicht mehr
ich rülpse und gehe EXMARIA V.

die friedensglocken (hiroshima)
nach sieben jahren strontium
harakiri

mein haß ist
das brot das ich esse
ich trinke den ausfluß
der liebe für wein
zeige ich daß ich blute

Reinhard Döhl: *missa profana*, in: *prisma* 4 (1959) [http://reinhard- doehl.de/gedichte2_9.htm]

Prägnanz und Paradoxie
Ernst Meister: *Die Formel und die Stätte. Gedichte* (1960)

Dichten und Denken sind hier identisch, fallen in eins. Doch wie diese Einheit zustande kommt, also »inwiefern das Denken seinen Körper im Gedicht erhält«, das blieb auch Ernst Meister (1911–1979) ein Rätsel, wie er 1978 in einem Gespräch mit Jürgen P. Wallmann gestand. In der öffentlichen Wahrnehmung und auch in der literaturgeschichtlichen Rezeption blieb der »Hermetiker aus Hagen« (Wolfgang Werth) trotz bereits nicht weniger zuvor veröffentlichter Gedichtbände über lange Jahre erstaunlich unbekannt, erfuhr dann in den 1960er Jahren eine sehr plötzlich einsetzende Popularität, die (leider) nahezu immer mit dem Etikett ›Gedankenlyrik‹ verbunden war. Dass gerade das bewusst verklärende Operieren mit schwergewichtigen Begriffen dem Lyriker ein Graul war, wurde bei der Lektüre allzu oft übersehen. Die Gefahr des Missverständnisses traf auch Meisters zehnten Gedichtband *Die Formel und die Stätte*: Die »Formel« wurde meist als Wunsch interpretiert, die Phänomene der Welt auf einen klaren Begriff, einige griffige Kürzel zu bringen. Doch gerade diese intellektualistische Reduzierung der Welt, ihrer Gegebenheiten und Möglichkeiten widerstrebte Meister. »Formel« und »Stätte« – dies ist vielmehr der Versuch, eine gleichwertige Verbindung zwischen dem Begrifflichen und dem Naturbild, zwischen dem Wort und dem Augenblick, zwischen Philosophem und Erlebnis zu ermöglichen.

In Meisters Gedichten stehen nicht zuletzt Fragen nach Wirklichkeit, Fragen nach Gegenwart, nach dem Gemeinsamen im Vordergrund. Aber natürlich auch immer wieder: die Kenntnis um die »metaphysische Unbehaustheit des modernen Menschen« (Reinhard Kiefer). Hier kam Meisters intensive Auseinandersetzung mit Mythen, mit Philosophie und Theologie zum Tragen; doch sollten diese Kenntnisse kein Selbstzweck, kein in sich zurückgenommenes Murmeln sein. Was Meister in *Die Formel und die Stätte* (wie auch in anderen Gedichtbänden) beschäftigte, waren Phänomene, die potentiell in jedem Lebensentwurf von Relevanz sind. Das betonte auch Nicolas Born zu Beginn seiner Laudatio auf Ernst Meister anlässlich des an ihn verliehenen *Petrarca-Preises* 1976; dabei schob sich das freundschaftliche Verhältnis, das Born mit dem 26 Jahre Älteren als einem für ihn wichtigen Mentor verband, in den Vordergrund: »Anfang der sechziger Jahre habe ich von Ernst Meister etwas über die Genauigkeit und die Unsicherheit der Sprache gelernt, und, was noch wichtiger war, er hat mir damals klargemacht, daß die Poesie mit meinem Leben zu tun hat und nicht etwa ein entlegener Bereich für irgendeine scheinhafte Kreativität ist.«

Was Born im Geiste eines vor allem auf Individualität, Subjektivität und Politisierung gegründeten Literaturverständnisses der 1970er Jahre mit Blick auf Meisters Gesamtwerk formulierte, war für diesen – philosophisch vor allem durch Heidegger, aber auch Nietzsche, lyrisch durch Hölderlin und Benn geprägt, aber auch an Zeitgenossen wie Celan und Eich interessiert – eher mehr von einer existenzialistischen Note geprägt, die weniger das Alltägliche, sondern die generelle Verfasstheit des menschlichen Lebens in den Mittelpunkt stellen wollte. Vor allem der Tod als Kontrapunkt, als unablässig mitschwingender Hintergrund zur Erfahrung einer intensiven Gegenwart ist in vielen Gedichten Meisters ein wichtiges mitprägendes Moment. Doch die Endlichkeit wird bei Meister nicht als Schrecken, Fluch oder Strafe dämonisiert, im Gegenteil: Erst vor dieser Folie gelingt mitunter die Wahrnehmung bzw. der Vollzug der Gegenwart. Wunderbar nachlesen lässt sich dies etwa im Gedicht *Bezirk*: »Licht / der Kamille, falben / Unkrauts Arom, / Iris, ein Strauß, / vergor / zwischen Aschen. // So rosen wie grünes / Verdorbenes quoll, / überwälzend / Nesseln, // als auch aus / Rotem, beflecktem / Roten sich stülpte / gähnendes Gras.« Es ist eine lichtvolle, mit Wahrnehmungen gesättigte Poesie der Nahsicht, gänzlich frei von Hermetik. Es ist aber zugleich eine Poesie, die sich von aller Hektik des Politischen fernhält, die das Ideologisch-Engagierte ebenso wie die Oberflächen des Aktuellen zu meiden versteht. In *Bezirk* wird – wie in zahlreichen anderen Gedichten auch – »eine höchst intensiv erfahrene Sinnlichkeit gegenwärtiger Augenblicke« (Axel Gellhaus) spürbar, die das Gedicht jedoch nicht als ›Transportmittel‹ benutzt und auch nicht als Erlebnisbericht verstanden wissen will. Meister gelingt es vielmehr, aus der Betrachtung des Konkreten qua Sprache – Begrifflichkeit und Komposition – ins Allgemeine, in die stets mitschwingende philosophische Dimension überzugleiten. Dabei ist die Knappheit und Geschlossenheit seiner Gedichte von größter Wichtigkeit; erst in diesen auf den ersten Blick karg und sperrig daherkommenden Wortkonstellationen kann der fließende Übergang zwischen Realität und Reflexion, zwischen Sinnlich- bzw. Stofflichkeit und dem philosophischem Begehren stattfinden. Dabei wird der Verzicht auf große Emotionen ebenso zur Voraussetzung wie die Distanz aller forcierten Metaphorik gegenüber.

Was Meister anstrebte, lässt sich am ehesten als eine Form von ›lyrischer Reflexion‹ begreifen. Das Ganze ist dann allerdings weder hermetisch noch dunkel, weder abstrakt noch spröde. Meister schrieb und arbeitete in diesen tastenden Bewegungen in einem ungeschützten Raum – trotz durchaus vorhandenem nachdenklichen Selbstbezug – nicht zuletzt am Dialogischen, wie das Gedicht *Einfache Schöpfung* zeigt: »Mit Singen eines / Vogels schwankt / ein Zweig / vor allem Tag, / und einfach ist / der Plan / von Lied und Zweig. // Den Plan, den sing. / Du wirst erspähn / den Lidspalt dessen, / der sich selbst / höchst wundernimmt, / obwohl / aus diesem Lidspalt / Tiere hungrig stürzen, // Wölfe, / deren jeder sich / mit eigenem Fange / auffrißt / in dem Lauf. / Da bleibt nur übrig: / Haar, das schwebt, / und Chiffren.« Das »Du« ist ebenso Selbstansprache wie Aufgang zum Anderen; die sprachlich zumindest für den Moment fixierten Umkreisungen bestechen durch »äußerste Konzentration« und »innerste Reichweite«, wie der Germanist Clemens Heselhaus es damals nannte – sie sind nicht zuletzt aufs Außen gerichtet, auf eine genaue Wahrnehmung des Moments. Das »Menschendasein«, so Meister im Gespräch mit Jürgen P. Wallmann, sei aufgrund der Endlichkeit »ein unwahrscheinlich riskantes, aber dann eben doch letzten Endes durch Sprache auszudrückendes Abenteuer«. Eben diese Überzeugung ist es, die den Lyriker Meister immer und immer wieder neu Fassungen anfertigen lässt. Das wäre ohne ein grundsätzliches Vertrauen in die Sprache, in die Ausdrucksvielfalt der Poesie, ihre Bild- und Darstellungsmöglichkeiten kaum machbar. Ernst Meister besaß dieses Vertrauen, allem stets mitziehenden Zweifel, allen Selbstprüfungen als Lyriker zum Trotz (oder vielmehr: gerade deshalb).

Insbesondere im Gedicht *Vogelwolke* wird deutlich, wie sehr Meister – der zugleich als bildender Künstler tätig war und über 500 Zeichnungen, Aquarelle und Gouachen hinterließ – immer wieder auf der Suche nach einem poetischen Modell war, das eine Einheit von Bild und Begriff darstelle: »Ein Abend, / starrend von Staren ... / und wärs auch / Wortspiel, es schafft sich / Wahrheit, / so schwarzes Gezwitscher, / ein unerhörtes Labyrinth. // Das muß / der Herbst sein. Er / runzelt die Braue: / die Vogelwolke / steigt auf aus / besudelten Wipfeln // und nimmt nach / Norden / unverständliche Richtung.« Das (auf den ersten Blick) Unverständliche ist in der Lyrik Meisters also unvermeidlich – es ist schließlich eine Fahrt ins Offene. Keine fixen Grenzen und keine stabilen, gesicherten Zonen: nicht in Zeit und Raum, nicht in Empfindung und Erkenntnis. Und dies muss sich natürlich zwangsläufig auch auf der sprachlichen Ebene niederschlagen. In Meisters Gedichten ist es neben dem bewussten Verzicht auf Metaphern, der ungemein dichten Kompression der Worte, die teils allein einen Vers darstellen, sowie der Reduktion auf tentative Versuche nicht zuletzt der »sperrige, widerständige Rhythmus« (Walter Helmut Fritz), der die stetigen Bemühungen, das Bleibende zu stiften, abbildet. Das mag gelegentlich ins Abseitige gehen, das mag in der Lektüre teils als eigenwillig-sperrig erlebt werden – und doch: Meister sollte konzediert werden, dass seine Gedichte (angesichts der Komplexität, die das Wirkliche, das Imaginäre und die Philosophie nun einmal ausmachen) sich durchaus um Nachvollzug bemühen, dass sie keineswegs willentlich einen Kommunikationsabbruch herbeiführen, wie manches Mal verärgert behauptet wurde. Mit einer rein deskriptiv-metaphorischen Verfahrensweise wäre Meister der von ihm für möglich gehaltenen Symbiose von Dichten und Denken kaum einen Schritt näher gekommen.

Die Intensität der lyrischen Bilder ist ebenso wie der hohe Abstraktionsgrad oftmals notwendiges Moment bei Meister; erst in deren Verschränkung öffnen sich die avisierten Denkräume, die abseits des Plan- und Feststellbaren liegen. So entstehen im Gedicht *Ich sage Ankunft* eigentümliche, durch Sprache realisierte gedankliche Fügungen und Verbindungen, die ebenso rätselhaft wie evident erscheinen, die für den Moment eine ebenso kryptische wie klangliche Schönheit besitzen: »Ja, das Licht / aufrecht / über dem Abgrund. // Wer spielt / seine Weisheit, / wer weiß / die Fülle seiner Torheit? // Ich sage / Ankunft / hier bei des Lichtes / wirklichem Schilf.« Wirklich ist für den Augenblick das Schilf, und wirklich sind auch Meisters immer wieder in den Vordergrund tretenden Betrachtungen spezifischer Weltausschnitte; diese suchen unmittelbar Resonanz im Bewusstsein des Dichters; es entsteht ein nicht enden wollender Wechsel. Die Prägnanz des Ausdrucks sträubt sich hierbei erfolgreich gegen jede bedeutungsschwere Symbolik, folgt gern jeder aufscheinenden Paradoxie – und nimmt die nicht unbedingt erleichterte Zugänglichkeit bereitwillig in Kauf. Dass diese Paradoxien nicht rein zufällig aufscheinen, sondern durch Meisters Schreibweise – die gezielte Verkürzung, Verdichtung und Verknappung – aufwändig ermöglicht, ja provoziert werden, wird bei Lektüre augenblicklich deutlich. Was sich inhaltlich als ein dichtes Netz von Gedanken und Gesehenem darstellt, ist auf textueller Ebene ein Spiel von Perspektiven, in dem Geschlossenheit und Offenheit eine permanente Beweglichkeit im Gedicht garantieren. Dies alles findet auf engstem Raum, in kurzen Versen und wenigen Strophen statt; die Sprache ist kein sicher in der Hand liegendes Werkzeug, sondern ein immer neu erprobtes Mittel. Eine Artikulationsform, die hinsichtlich der anthropologischen wie existenziellen Grundlagen stets im Ungefähren bleiben muss: fragend, erprobend – doch keineswegs unsicher, zurückhaltend oder scheu.

Dass es Meister seinen Leserinnen und Lesern nicht immer einfach macht, betonte auch Schriftstellerkollege und Jurymitglied Erwin Sylvanus in seiner Laudatio anlässlich der Verleihung des *Annette-von-Droste-Hülshoff-Preises* 1957 in Iserlohn. Meisters Gedichte, so Sylvanus, »sind das Gegenteil romantischer Idylle, sie verherrlichen auch keine subjektiven Gefühle oder Gefühlchen. Sie sind von einer gewissen Härte und Unbedingtheit, um das Neue sagen zu können. Sie schenken keine Ruhe und Beschaulichkeit. Aber – die

Formeln des Atoms schenken auch keine Ruhe und Beschaulichkeit.« Sylvanus sucht hier Anschluss an die Gegenwart und ruft die zeitgenössische Ungewissheit angesichts des kaum noch überschaubaren technologischen Fortschritts auf. Dass er im Folgenden von der »Ungeheuerlichkeit der möglichen Zerstörung« spricht, ist vor einer gesellschaftlichen Matrix, die vom Atombombenabwurf zwölf Jahre zuvor ebenso geprägt ist wie vom Ost-West-Konflikt, nur verständlich. Wenn Sylvanus allerdings kurz darauf Meisters Gedichten attestiert, eben diese Unsicherheit »geistig vorweggenommen« zu haben, erweist er der Lyrik keinen sehr guten Dienst und instrumentalisiert, löblichen Absichten zum Trotz, den literarischen Text – eine Form von Pragmatisierung, die Meister vehement als Verkennung der Sprachkunst und ihrer Eigengesetzlichkeit abgelehnt hatte. Dass Sylvanus anschließend den experimentell-offenen Charakter im Schreiben Meisters hervorhob, dies aber mit dem »Einsatz der innersten und geheimsten Persönlichkeit« des Lyrikers begründete, dürfte Meister ebenfalls eher befremdet haben: Zwar gingen zweifellos persönliche Erlebnisse und Erfahrungen in die Gedichte Meisters ein, waren oftmals auch Initialmoment fürs Schreiben, doch war das rein Biografische für seine Gedichte, lagen sie denn erst einmal fertig vor, irrelevant: ein absolut unnötiges Störgeräusch.

Meister machte zu Beginn seiner Dankrede auf den immensen Einschlag, den dieses Interesse an seiner Person anlässlich der Verleihung des *Droste-Preises* für ihn bedeutete, aufmerksam: »Gegen die Einsamkeit, die, wie jedes Ding auf Erden, ihr Phlegma wie ihren Trotz hat, weil auch sie nicht von sich selber lassen will, gibt es Attentate, von denen sie überwältigt werden kann. Es versteht sich, dass so etwas dichterischem Tun keineswegs immer zum Vorteil gereicht.« Meister bleibt vorsichtig, reklamiert einen geschützten Raum für sich: Nicht seine Person, sondern seine Gedichte sollten doch bitte im Vordergrund stehen. Was Meister in seiner Rede betonte – und dies sei eine abschließende Notiz wert –, ist die Zugewandtheit seiner Lyrik: Nicht der Monolog, sondern »die Sprache vom Gemeinsamen, die Sprache vom Gesetz, unter dem wir stehen« sei es, die er anstrebe, die es immer und immer wieder neu zu finden (zu erfinden) gälte. Und wie lautet dieses Gesetz? Meister, der ehemalige Theologiestudent, formuliert es als das Gebot, »auf einem Stern unter Sternen ein Versuch Gottes zu sein«. Das mag auf den ersten Blick nach schwerer Gedankenkost und angestrengter Abstraktheit klingen – aber nichts von alledem: Meister wusste 1957 um die Querelen der Rezeption und wies eindrücklich auf die Feier des Moments und des Miteinanders hin: »Wir sind und bleiben alle miteinander Gras und sollten lediglich mit ein wenig mehr Freude grünen und lebendig sein, ehe wir Heu sind. Lebendigsein – das heißt aber: man läßt nicht etwa das Leben von ungefähr an sich geschehen, sondern läßt es sich erfüllen durch Mut zum Werden, aber auch durch die Fähigkeit, etwas in sich zu überleben. Der ›Geist der Schwere‹ ist hierbei als Widersacher stets anwesend.« – Dieser »Mut zum Werden«, der die Kraft zur Veränderung, zur Abwehr und Umkehr benötigt, der Mut, der die innere Ortung, Befragung und das Aushalten aller Verunsicherung ermöglicht, lässt sich in den Gedichten Meisters entdecken, fortführen.

Arnold Maxwill

Ernst Meister: *Die Formel und die Stätte. Gedichte* (1960)

Der Grund kann nicht reden

Der schreibt kein Tagebuch,
Grund, der aus Totem und Toten steht,
der die Säulen aus Wasser trägt
und die immer
geschlagene Flotte der Worte ...

Er, behäuft mit Verrott und Dunkel,
kehllos Ohnsilbiger unter
rudernden Flossen, fahrenden Kielen!

Stoß ich hinab?
Ich griffe im Finstern wohl
wie faulen Zunder
phönizischen Kindes Gewand,
gelöstes Lotblei,
irrendes Echo, des
Wrack einer Laute ...

Tauche ich?
Ich suchte mit Lampen, ich fände
ein Logbuch, welches jedoch
von des Totseins Bewandtnis
nicht spricht, sondern allein
von des Unterganges Beginn:
WIR SINKEN. WIR
WERDEN GRUND.

Einfache Schöpfung

Mit Singen eines
Vogels schwankt
ein Zweig
vor allem Tag,
und einfach ist
der Plan
von Lied und Zweig.

Den Plan, den sing.
Du wirst erspähn
den Lidspalt dessen,
der sich selbst
höchst wundernimmt,
obwohl
aus diesem Lidspalt
Tiere hungrig stürzen,

Wölfe,
deren jeder sich
mit eigenem Fange
auffrißt
in dem Lauf.
Da bleibt nur übrig:
Haar, das schwebt,
und Chiffren

Unter anderen

Stark von Vergessen
genährt
aus dem Trug und dem
Krug, den
keiner austrinkt,

vom ganz Offenen, in dem
Krug und Trank
endlos fallen, getrennt
durch Schwärme
fliegender Samen – ich sag

so oder erwähne
den Grashalm,
der sich beträgt
stillmeinenden Atemzugs

unter anderen Halmen.

Ernst Meister: *Die Formel und die Stätte. Gedichte.* Wiesbaden: Limes 1960, S. 9, 27, 29

Stilisierte Eigentlichkeit
Josefa Berens-Totenohl: *Die heimliche Schuld. Roman* (1960)

Die heimliche Schuld – was darf man erwarten, wenn eine Autorin, deren Erfolgshöhepunkt in der Nazizeit lag, Jahre danach, im Alter von 69 Jahren, einen Roman mit diesem Titel vorlegt? Josefa Berens' Karriere ist typisch für die Autorinnen und Autoren der Heimatkunst in der Mitte des 20. Jahrhunderts, deren regionale, sprachlich wenig anspruchsvolle Texte in einem archaisch-ländlichen Milieu karger Höfe und wortkarger Menschen angesiedelt waren (in diesem Fall des Sauerlandes, aber man findet nahezu Identisches von Dithmarschen bis in die Steiermark). So etwas wurde immer gern gelesen, aber niemand hielt es für große Literatur, bis die Kulturpolitik der Nationalsozialisten diese regionale Nischenliteratur zur großen völkischen Epik hochstilisieren wollte und das vermeintlich Sauerländische (bzw. Dithmarsische, Steiermärkische …) plötzlich synekdochisch für das Deutsche schlechthin stehen sollte. Berens' Publikumserfolge *Der Femhof* (1934) und *Frau Magdlene* (1935, beide erschienen bei Eugen Diederichs) boten sich da geradezu an, und so erhielt die Autorin, die auch als Malerin und Weberin heimatkünstlerisch tätig war, 1935 den gerade neu geschaffenen *Westfälischen Literaturpreis* und wurde – wenngleich unter Vorbehalten – zur Nachfolgerin der Droste-Hülshoff im 20. Jahrhundert hypostasiert. Was Wunder, dass Berens, die sich den Beinamen Totenohl selbst zulegte, auf diesen Erfolgszug aufsprang und mit Schriften wie *Die Frau als Schöpferin und Erhalterin des Volkstums* (1938) der NS-Ideologie auch explizit Vorschub leistete.

Nach 1945 kroch diese Literatur dann wieder in die regionalen Nischen zurück, aus denen sie gekommen war, blieb dort jedoch ungebrochen produktiv und behielt ihre Leser und ihre Funktion noch lange Zeit bei. Berens-Totenohl, in der Entnazifizierung zunächst als »NS-fördernd«, dann nur mehr als »Mitläuferin« eingestuft, wurde in ihrem Heimatort Gleierbrück (heute Lennestadt) mit Straßennamen, Gedenktafeln und -stätten geehrt, was erst jüngst (2014) rückgängig gemacht wurde. Noch 1956 feierte Ministerpräsident Steinhoff (SPD) die Autorin zu ihrem 65. Geburtstag; im gleichen Jahr wandten sich allerdings die jungen westfälischen Autoren auf dem Schmallenberger Dichtertreffen, an dem sie teilnahm, offensiv vom »Blut-und-Boden«-Erbe ab. Berens-Totenohl zog sich zurück – und schrieb weiter.

Auch *Die heimliche Schuld* spielt, selbstredend, in jenem vormodern-archaischen, stark von den Jahreszeiten geprägten Sauerland zwischen Wäldern, Bauern, Schenken und Mühlen, in jener stilisierten Eigentlichkeit also, die den kleinsten gemeinsamen Nenner aller Heimatkunst bildet. Es geht um Brot, Treue und Verrat (alles mit rollendem »r«, sozusagen), und es geht titelgemäß um Schuld, und zwar – hier horchen wir auf! – in einer Nachkriegszeit, wenngleich vorsichtshalber der des Dreißigjährigen Krieges. Der Roman evoziert – so der Klappentext unter einem Foto, auf dem die Autorin aussieht wie Martin Heidegger in seinen besten Jahren – eine »Zeit, die längst versunken ist und doch mit der unseren so viel gemein hat!« Demnach wäre die Frage nach den Aktualitätsbezügen der

›heimlichen Schuld‹ also keineswegs bloß Ausdruck einer »Hermeneutik des Misstrauens« (Gadamer) – der Roman selbst will so gelesen werden.

Worin also besteht diese Schuld? Tja, wenn das so einfach zu sagen wäre! Ein Müller kauft in besagten schweren Nachkriegszeiten einem dubiosen Niederländer namens Jan de Groth Korn ab, ohne nach der Herkunft der Ware zu fragen. »Aber wer will von Kriegszeiten aus urteilen? Wir alle haben Brot vom geraubten Korn gegessen, wenn wir es auch bezahlten. Nur haben wir nicht gewußt, daß es kein ehrliches Brot war. Wo ist da Schuld?« So beurteilt der Gastwirt des Dorfes die Lage; insgesamt präsentiert der Roman verhältnismäßig wenig Handlung, dafür aber jede Menge Reflexionen der Charaktere sowie kollektive Gerüchte und Meinungen, die sich freilich weder sprachlich noch inhaltlich wesentlich von der auktorialen Position des Erzähltextes unterscheiden. Welche hier lautet: Keine Kollektivschuld! – Auch wenn die Grenze zwischen Davon-gewusst- und Davon-nicht-gewusst-Haben eine schmale ist: »Alle ehrlichen Leute sind längst verhungert und tot. Seien wir wenigstens in dem einen Punkte ehrlich, das zu wissen!«

Nun gäbe das vielleicht einen Thesen-, aber noch keinen Heimatroman ab. Also nimmt der bald nach seiner ›Verschuldung‹ schrecklich verunglückende Müller seiner Tochter Agathe sterbend das Versprechen ab, Jan zu heiraten, wofür diese schweren Herzens ihren Kindheitsfreund Christian preisgibt. So pflanzt sich die Schuld fort. Hier greifen noch einmal die alten poetisch-realistischen Klischees: Der Ausländer Jan (auch mal als »Zigeuner« beschimpft) ist mobil, ökonomisch und sexuell aktiv (alles negativ), Schmiedechristian dagegen der treu arbeitende westfälisch-autochthone Schweiger, der sich aus seinem Dorf nicht wegbewegt (positiv). ›Natürlich‹ hält es Jan nicht lange in der Mühle (die ehrliche Arbeit machen ohnehin die Frauen und der taubstumme Knecht); zwar entgeht der ehemalige Räuber und Mörder dem Gericht, doch ereilt ihn schließlich das Schicksal als Schmuggler an der niederländischen Grenze. Als er nach verbüßter Haft als Krüppel zu Weib und Kind zurückwill, lässt Agathe ihn per unterlassene Hilfeleistung im Mühlgraben ertrinken. Schuld? – Eher: gerade nochmal gutgegangen. Der Knabe gerät, Gott sei Dank, ganz nach der Mutter, und ihr Verhältnis zu Christian, ihrem »ewigen Bräutigam«, bleibt eines keuscher Entsagung.

Die Leserin soll zweifellos mit Agathe fiebern, eine jener starken Frauen, die auch für die früheren, erfolgreicheren Romane Josefa Berens-Totenohls charakteristisch sind. Zwei Steinfiguren in einer Mauernische der Mühle allegorisieren ihr Schicksal: die Hl. Agathe und ein Drache. »Sie stehen seit Urzeiten da und werden wohl etwas zu bedeuten haben. Einmal hat die Heilige einen Vorsprung, das andere Mal der Drache, oder, wie Ihr sagt, der Teufel.« Dabei ist in Berens-Totenohls Romanen, trotz Sauerlandes, nichts im engeren Sinne christlich konzipiert, so wie ja auch die Hl. Agathe in der Ikonografie sonst nichts mit Drachen zu tun hat (sie trägt vielmehr ihre Brüste auf einem Tablett vor sich her). Die »Urzeiten« verweisen auf die Sinnschwere ewiger Probleme, Gut und Böse, Mann und Frau, solche Dinge. Frei von Schuld bleibt dabei niemand, der handelt (oder gar Sex hat); wirklich gut sind im Roman nur die gänzlichen passiven Mütter der Elterngeneration und der taubstumme Kaspar. Schmiedechristian und seine Schwester Sanna kommen dem Ideal immerhin schon sehr nahe (»Sannas Tag war klar und wahr«), wie überhaupt das Heimatprinzip Garant des Guten ist: »Was ehrlich auf dem Acker wächst, läßt den Menschen ohne Schuld leben.« Ehrlich auf dem sauerländischen Acker wachsende Leute wie Sanna erleben allerdings auch keinerlei Anfechtungen und sind daher als Hauptfiguren ungeeignet und manchmal sogar innerhalb der Erzählung selbst nur beschränkt einsatzfähig, denn: »Wer im Glück sitzt, versteht nicht zu trösten.«

Agathe aber befindet sich in beständigem Ringen mit sich und den Umständen. Ihr ist wichtig, dass der Ruf der Mühle bei den Dorfleuten intakt bleibt, dass sie ihr dem Vater gegebenes Versprechen hält, aber auch, dass der Vater ihres Kindes nicht am Galgen endet (wie es rechtens hätte geschehen müssen) und der Sohn optisch und charakterlich nichts von diesem erbt (wie es biologisch doch naheläge, aber keine Sorge – alles gut). Kurz, das Zurückdrängen des drohenden Untiers der Schuld ist bei der weiblichen Hauptfigur immer auch eng mit der Wahrung des eigenen Ansehens verbunden, Scham- und Schuldkultur sind hier intrikat vermischt, und das weltliche Recht wird der Komplexität der Sache ohnehin nicht gerecht: »Immer wieder fiel ein Wort von Schuld und Schuldigwerden, und daß es den Menschen fast unmöglich sei, Irrtum und Schuld sauber zu trennen. Vieles bringt schon das Kind mit ins Leben. Wer will da richten? Es war Agathe, die das fragte.«

»Ja«, sagt uns die Autorin durch ihre Figur, »wir alle verirren uns«. »Wo ist da Schuld?« »Wer will da richten?« – Man mag aus diesem Mantra des Romans auch die Irritationen und Ressentiments einer zeitlebens gefeierten Schriftstellerin herauslesen, die im Alter erleben muss, wie man sie in Autorenvereinigungen wie der *Kogge* nicht dabeihaben will und wie die junge Generation sich von ihr und ihrer ganzen Art von Literatur anklagend abwendet (noch dazu in Schmallenberg, in ihrem Sauerland!). Wie in den Kapiteln, die an der niederländischen Grenze spielen, geraten ihr dabei die Zöllner und die Sünder gleichermaßen ins Zwielicht. Die intendierte Bedeutung des Romans wird – ob die Handlung tatsächlich in der Lage ist, sie zu tragen oder nicht – dem Leser immer wieder vorformuliert: »Es wurde offenbar, wie unzulänglich alles Menschenwesen ist, wenn es um Recht und Gerechtigkeit geht.« – Die wahre Schuld bleibt heimlich.

Moritz Baßler

Josefa Berens-Totenohl: *Die heimliche Schuld. Roman* (1960)

»Woher kommt Ihr? Eure Sprache ist nicht hiesig.« Zweifel klang aus den Worten heraus.
»Ich stamme aus den Niederlanden, bin durch den Krieg hierher verschlagen worden und will nun hier im Lande bleiben. Ich suche Arbeit und Brot, und ich weiß um die Wege des Brotes, wenn Ihr es mir erlaubt, daß ich sie zu Euch hinlenke.« Er hielt inne.
»Wege wißt Ihr?« fragte der Müller. Ein ungläubiges Lächeln trat hervor, das aber rasch verschwand. Dann war Bastians Gesicht wieder hart. Sein Blick war urplötzlich nach

innen gerichtet, so als sei der fremde Gast nicht vorhanden. Als verhandele er mit irgendeinem Menschen, der unsichtbar neben ihm stünde, so schien es dem Fremden, der schon halb gewonnen zu haben glaubte. Es war aber nicht zu erkennen, welcher Gedanke den Müller Bastian überfiel, bis er endlich wieder zu sich selber erwachte und den andern ansah, prüfend noch, als müsse er zweifeln.
»Wege wißt Ihr also?« fragte er noch einmal. »Wir leiden Not, das Dorf hungert. Ihr kommt als Versucher. Nach Ehrlichkeit will ich Euch nicht fragen.«
»Sind Kriege ehrlich?« fragte der Fremde. »Sind die Friedensverträge ehrlich, an denen jetzt herumgeschneidert wird in Münster und Osnabrück? Alle ehrlichen Leute sind längst verhungert und tot. Seien wir wenigstens in dem einen Punkte ehrlich, das zu wissen!«
»Hm! Unrecht möget Ihr darin nicht haben«, sagte der Müller, »aber was kann unsereins dabei tun? Hier gibt es nicht einmal mehr etwas zu stehlen, viel weniger zu kaufen.« Er wies auf die Gerste. »Wißt Ihr, woher die stammt?«
»Nein.«
»Der Herrgott im Himmel hat uns vergessen, und da müssen wir uns wohl an seinen Gegner halten, an ihn in der Hölle, der ist großzügiger in seiner Hilfe.« Also der Müller.
»Ihr gefallt mir, Müller Bastian«, sagte der Fremde, »ich hätte nicht gedacht, daß Ihr es mir so leicht machen würdet. Als ich auf Euer Haus zuging, sah ich über der Haustür ein Zeichen, das Ihr mir deuten müßt. Ist's nicht eine Heilige und ein Teufel? Wie kommen die beiden zusammen?«
»Sie stehen seit Urzeiten da und werden wohl etwas zu bedeuten haben. Einmal hat die Heilige einen Vorsprung, das andere Mal der Drache, oder, wie Ihr sagt, der Teufel. Jetzo ist er's mal wieder, das kann einer wohl merken. Die Zeiten sind danach.«
Als der Müller diese Worte sagte, trat die Tochter Agathe ein. Der Fremde sah sie an. Er war überrascht über die Gestalt des Mädchens und hatte nicht sogleich eine Antwort auf die Rede des Müllers.
»Du hast Besuch, Vater?« sagte die Tochter und zog sich wieder zurück.
»So ist's hier in der Mühle«, sagte Bastian, »ich schwöre auf den Drachen, meine Frau und meine Tochter halten zu der Heiligen, aber sie essen, was ich ihnen verschaffe, und fragen nicht, woher es kommen mag. So ist das Leben. Und dann sprechen sie von den Kanzeln herab über Schuld und Schuldigwerden. Wo ist da eine Grenze, wenn nicht einmal die Notdurft ihr Genügen hat? Das Mitgeben ist ganz aus der Welt verschwunden.«
»Ich sah Euren Knecht draußen. Er sei taubstumm, hat man mir gesagt. Zu welcher Gruppe gehört er?« fragte Jan de Groth.
»Er gehört zu beiden Gruppen. Er betet und arbeitet und ißt mit, was wir essen. Er kann gar nicht einmal fragen, woher das Brot kommt. Ich denke, Kaspar ist von uns allen der Glücklichste.«

Josefa Berens-Totenohl: *Die heimliche Schuld. Roman.* Balve: Zimmermann 1960, S. 14f.

Eine späte Entdeckung
Jenny Aloni: *Zypressen zerbrechen nicht. Roman* (1961)

Jenny Alonis erster Roman von 1961 (2. Aufl. 1962) ist das erstaunliche Buch einer deutschen Jüdin, die sich 1939 mit 22 Jahren allein, ohne Partner, ohne den Rest der Familie, auf die ›aktive‹ Flucht begibt und sich – obwohl überzeugte Pazifistin – in Palästina freiwillig den britischen Truppen der Anti-Hitler-Koalition anschließt. Es handelt sich um eine spezielle Einheit jüdischer Frauen und das Buch endet mit der Entscheidung der Hauptfigur Hagar, ihr Studium abzubrechen, das Berufsziel aufzugeben und sich von dem geliebten Mann zu trennen, um Soldatin zu werden. Nun könnte man meinen, es handele sich um ein weibliches Heldenepos – aber weit gefehlt. Die Autorin beschreibt präzise die seelischen Verstörungen ihrer ›Heldin‹ und bettet sie ein in einen intensiven Bericht über die Pionierzeit im Land der Zuflucht, »Eretz Israel«.

Ich habe die Schriftstellerin Jenny Aloni erst spät für mich entdeckt. Offenbar war sie lange Zeit – und heute noch? – eine literarische Randfigur, von der man im literaturwissenschaftlichen Studium nichts erfuhr, obwohl ich in München 1966 ein Seminar zur Exilliteratur belegt hatte – in den damaligen Vorlesungsverzeichnissen ein rares Angebot.

In Israel – die deutsche Sprache war dort lange Zeit verpönt – mochte man die Hebräisch sprechende, aber auf Deutsch schreibende Autorin nicht, die der neuen Heimat illusionslos genau auf die Finger schaute, und in Deutschland mochte man die jüdische Autorin nicht; nur wenige wollten mit dem, was sie zu erzählen hatte, konfrontiert werden. Der Zeitgeist hieß Vergessen und Verdrängen, von Erinnerungskultur konnte noch keine Rede sein.

Die Studentenrevolte schrieb 1968 dann ein neues Kapitel der Nachkriegsgeschichte und forderte von der Elterngeneration die Aufarbeitung der nationalsozialistischen Verbrechen. Andererseits sympathisierten die meisten linken Studenten nicht mit dem Staat Israel, schon gar nicht nach dem für Israel so unerwartet erfolgreichen Sechstagekrieg im Juni 1967. Ergebnis waren die besetzten Gebiete, die Israel nur im Austausch für die Anerkennung als Staat und für die Zusage zukünftigen Friedens wieder herausgeben wollte.

Mir scheint, Aloni saß als Schriftstellerin zwischen den Stühlen. »Alle meine Bücher sind Ausdruck der Zugehörigkeit und doch nicht Zugehörigkeit dort u. hier«, schreibt sie 1970 an Heinrich Böll. Max Brod, Kafkas Weggefährte, hatte in einer Rezension der *Zypressen* (»ein aufrichtiges, tapferes Buch«) darauf hingewiesen, dass Aloni, der man in Israel mangelnden Patriotismus vorwarf, bei aller Kritik an den Zuständen in ihrer neuen Heimat zutiefst loyal war. Erschwerend kam hinzu, dass weiblichen Schriftstellern in Israel lange Zeit die ›Frauenabteilung‹ zugewiesen und ihre Literatur als minderwertig und zweitrangig eingeschätzt wurde – entsprechend den Frauen auf der Empore, die nur passiv am Gottesdienst in der Synagoge teilhaben (vgl. Anat Feinberg im Vorwort zu ihrer Anthologie *Rose unter Dornen. Frauenliteratur aus Israel*, 1993).

Von der (west-)deutschen Literaturszene war Aloni ebenfalls abgeschnitten. Die Richtungsdebatten um eine gesellschaftspolitisch engagierte Literatur vs. ästhetisch-formale Experimente, der Boom christlich-restaurativer sowie angepasster ›Freizeitliteratur‹ – und bei alldem die antisemitischen Untertöne, das Nicht-wissen-wollen und das Desinteresse an den Exilautoren: Das waren nicht (mehr) Alonis Themen. Ihre Kontakte zu Vertretern des Literaturbetriebs blieben spärlich, ihre Manuskripte wurden zumeist abgelehnt. Ihr wohl einziger freundschaftlicher Kontakt in deutschsprachige Kollegenkreise war der zu Heinrich Böll. Ein umfangreicher Briefwechsel (1960–1985, 2013 veröffentlicht) dokumentiert den gedanklichen Austausch zwischen den beiden, die sich entwickelnde Freundschaft, aber auch die Einseitigkeit, denn den ausführlichen Briefen Jennys und den häufig ausgesprochenen Einladungen der Böll-Familie nach Israel entsprach allzu oft ein längeres Schweigen mit Hinweisen auf Arbeitsüberlastung, Auslandsaufenthalten oder gesundheitlichen Problemen aufseiten Bölls. Der Kontakt zu Aloni und ihrem Werk war dennoch für Böll und seine Auseinandersetzung mit der deutschen Vergangenheit und der restaurativen Gegenwartskultur wesentlich. Kritische Werk-Kommentare und gegenseitige praktische Unterstützung gingen Hand in Hand, wie die Korrespondenz dokumentiert. Böll schrieb beispielsweise: »[S]o finde ich in Ihrer Prosa [...] die Größe jenes Deutschland, das es nicht mehr gibt, den Idealismus, die Gedanklichkeit – aber auch die Schwächen, etwas vollkommen Unsinnliches, Unkonkretes ...« Er gibt ihr unter Hinweis auf seine eigenen anfänglichen Mängel und Schwächen auch Ratschläge: »Auch Sie sollten – so glaube ich – die Aussage mehr für etwas selbstverständlicher nehmen, erst *auf* ihr zu arbeiten beginnen, dem einzelnen Stück mehr, viel mehr Zeit widmen.« Aloni wiederum korrigiert Vorurteile Bölls: »Mein Judesein kann für mich nicht, wie Sie meinen, Religion bedeuten, denn ich habe keine Religion [...]. Es haftet mir an wie mein Menschsein, fraglos und unabänderlich ... hier ist das einzige Land – überrascht es Sie, wenn ich das sage? – wo ich vergessen kann, dass ich Jüdin bin.« In dieser Briefpassage geht es auch um die Hauptfigur Hagar aus *Zypressen zerbrechen nicht*, sodass man sagen kann, dass dieser Briefwechsel mit Sicherheit für beider Werk und ästhetische Reflexion fruchtbar war.

Viel später, 1993, schrieb dann die *Neue Zürcher Zeitung*: »Es ist unbestritten: die überragende deutschsprachige Schriftstellerpersönlichkeit im heutigen Israel ist eine Frau – Jenny Aloni.« Und ich kannte sie immer noch nicht, obwohl ich längst ein Bewusstsein für vergessene, unterschätzte und vom Literaturbetrieb ignorierte Literatinnen entwickelt hatte. 2012 war es endlich soweit: Ich stolperte und staunte über das *Jenny Aloni Lesebuch* aus der *Kleinen Westfälischen Bibliothek*, weil ich bereits seit einigen Jahren auf der Suche bin nach Exilautorinnen, die ich in der Lesereihe zum jährlichen Gedenken an die Bücherverbrennung der Nazis in der Dortmunder Steinwache vorstellen kann.

Der Ausgangspunkt ihrer Literatur scheint mir nicht die originäre Faszination durch Sprache oder die Kunst des Schreibens zu sein, sondern die persönlich erlebte und erlittene Zeitgeschichte. Aber vielleicht ist das eine anmaßende Vorstellung, denn wie will man das bei solch einem Schicksal auseinanderhalten? Hartmut Steinecke, der sich um die Entdeckung dieser Autorin große Verdienste erworben hat, spricht von der »Literarisierung einer Lebensentscheidung«.

In *Zypressen zerbrechen nicht* finde ich eine autobiografisch-dokumentarische Autorin, eine Chronistin der Pionierzeit vor der israelischen Staatsgründung. Sie beschreibt Erfahrungen, die sich bei aller bitteren Ähnlichkeit doch auch deutlich unterscheiden von denen der Emigranten. Von Nazi-Deutschland aus betrachtet, ist sie eine jüdische Emigrantin des Jahres 1939. Dennoch ist sie keine typische Exilautorin. Aloni ist eine sensible Berichterstatterin der schmerzlichen Heimsuchungen am bewusst gewählten Zielort, der neue (alte) Heimat werden soll (s. S. 97, 246). Neue Landschaft, Natur, Klima gehen mit den Seelenzuständen eine unlösbare Verbindung ein. Hagar (Jenny) nimmt die Jugenderlebnisse der Ausgrenzung mit, das Gefühl, Eltern und Schwester im Stich gelassen zu haben, und kann dem Wissen um die systematische Vernichtung der Juden im geliebten Europa nicht entfliehen. Schwere Schuldgefühle, typisch für viele Überlebende, bis hin zu Suizidgedanken lasten auf ihr und führen zu seelischen Krisenzuständen und zum Zusammenbruch. Eine dieser Krisen schildert sie im Roman.

Jenny Aloni (1917–1993) reist später mehrfach nach Europa und Deutschland und schreibt 1963 an Heinrich Böll: »Ich weiß jetzt, daß ich an ihm [Deutschland] krankte. Es war wie eine Wunde in mir, die sich nicht schließen wollte. Ich hing an Deutschland gegen meinen Willen.« Sie bekennt, dass es Zeiten gegeben habe, in denen sie alles darum gegeben hätte, hassen zu können. Aloni entwirft ein stummes, vereinsamtes Seelenbild ihrer Hauptfigur Hagar, die eigentlich Helga heißt und (wie die meisten Verfolgten) sich bei der Ankunft in Palästina einen hebräischen Namen gibt, um einen Schnitt zu machen. Hagar kämpft darum, vergessen zu können. Aloni nimmt hier ihr eigenes Tagebuch als Studentin der Universität Jerusalem, die sich mühselig durch Putzen und niedere Hilfsdienste materiell über Wasser hielt, zum Ausgangsmaterial für ihren ersten Roman. Da sie auf Deutsch schreibt, trägt die Sprache naturgemäß dazu bei, dass sie eine Gefangene der Vergangenheit bleibt. Über eine *PEN*-Mitgliedschaft versucht sie sich literarische Anregungen und Erfahrungsaustausch zu organisieren, doch anscheinend ohne nennenswerten Erfolg.

In *Zypressen zerbrechen nicht* meine ich einige Schwächen des Erstlings ausmachen zu können, manches ist unausgearbeitet. Erotische Anziehung, Eifersucht, Freundschafts- bzw. Liebesgefühle zu dem Mann Assaf, von dem sie sich am Ende (vorübergehend?) trennt, weil sie zur Armee geht, bleiben undifferenziert und blass, die Dialoge sind mitunter sprachlich recht konventionell gestaltet, manchmal fast trivial. Vielleicht auch aus der Scheu heraus, zu viel von sich, der Autorin preiszugeben. Das Buch endet mit einem gedämpften Happy End. Hagar hat die existentielle Krise überstanden.

Die autobiografischen Elemente sind im Debüt nicht so kunstvoll verfremdet und sprachlich-stilistisch durchgearbeitet wie im späteren Roman *Der Wartesaal* (1969; s. S. 360). Doch einen Vorgeschmack auf diesen großen Roman zum Thema der Shoah und ihrer Folgen für die Überlebenden liefert die denkwürdige Episode mit Abschalom, dessen Nähe Hagar in ihrer abgründigen Desorientiertheit aktiv sucht und dabei einer Vergewaltigung zwei Mal nur knapp entkommt. Die krass geschilderte Verstörung gibt *Zypressen zerbrechen nicht* Tiefe.

Eine spannende Frage zum Schluss wäre, inwiefern die literaturwissenschaftliche Theorie der postkolonialen Hybridität hier zum Verständnis beitragen könnte; ob und – wenn ja – wie aus den Schädigungen und Negativbrüchen der Figur bzw. der Autorenpersönlichkeit im Laufe der Jahre eine Bereicherung, ein Plus an kultureller Mehrfarbigkeit und komplexer künstlerischer Entwicklung zu beobachten ist – oder ob nur Narben bleiben.

Ellen Widmaier

Jenny Aloni: *Zypressen zerbrechen nicht. Roman* (1961)

Jedesmal hatte sie sich geschworen, nie mehr zu ihm zu gehen, nie mehr seinen unreinen Atem auf sich zu spüren, und jedesmal hatte sie diesen ihren Schwur gebrochen. Sie strich in weitem Bogen um den Platz herum. Sie schweifte bis zu den entlegensten Ausläufern der Stadt, nur um am Ende doch wieder hier an dieser Stelle zu stehen, hier gegenüber dem Lagerhaus, der letzten Station ihres Zögerns.
Ja, sie gestand es sich ein, er stieß sie ab, aber er zog sie auch an. Mit den scharfen Zähnen seines eisigen Verstandes zermahlte er alle Werte. Auch Schuld und Angst wurden unter seinen Worten belanglos und verloren die Fähigkeit, sie zu quälen.
»Guten Abend«, grüßte sie befangen, als sie unter dem eisernen Vorhang hervorkroch.
»Guten Abend«, Abschalom blickte von seinem Buche auf und begrüßte sie so selbstverständlich, als hätten sie diesen Besuch verabredet. Wenn er etwas anderes dachte, so ließ er es doch nicht merken.
»Es regnet«, sagte sie, als erkläre das ihren Besuch.
»Tut es das?«
»Es regnet und es ist naßkalt, sogar hier drinnen.«
»Ist es das?« fragte er gleichmütig, und es war keine Frage.
»Du lernst?«, sie zeigte auf sein Buch.
»Ich habe gelernt«, verbesserte er sie.
»Das heißt, ich störe dich«, bemerkte sie unsicher.
»Du kannst mich nicht stören. Ich habe dir das schon einige Male erklärt«, überheblich wies er sie zurecht.
»Ja, du hast es schon einige Male gesagt«, gab sie zu wie ein gescholtenes Kind. Sie schwiegen, schwiegen lange Sekunden, welche sie nicht zu überbrücken wußte.
»Warum stehst du«, sagte er endlich.
»Weil ich nicht sitze«, sie kämpfte gegen die Kälte an, welche von ihm ausströmte.
»Warum setzt du dich nicht?« verlangte er streng.
»Du hast mir keinen Stuhl angeboten«, trotzte sie.
»Wartest du immer, bis man dich einlädt?« höhnte er.
»Soll ich fortgehen?« forschte sie gekränkt.
»Das kannst du tun, wie es dir gefällt. Du kannst gehen oder bleiben.« Er vertiefte sich wieder in sein Buch.

Sie rührte sich nicht. Was war es, das sie hielt? Was wand sich um sie wie Spinnweben und fesselte sie wie eine Fliege ins Netz? Es war nicht sein Geschlecht, denn der Mann in ihm stieß sie ab. Jeder körperlichen Berührung mit ihm wich sie aus. Der Gedanke schon ließ sie vor Abscheu erbeben. Auch was er sagte, konnte es nicht sein, denn sie vermochte es nicht, seine Überzeugungen zu den ihren zu machen. Vielleicht lag der Zauber, die Macht, die er über sie ausübte, in der unbekümmerten Art, in der er überliefertes Ideengut von sich schleuderte, sich zum Herrn der Werte krönte und sie formte, ohne Rücksicht auf andere, so wie es ihm paßte, nach eigenem willkürlichen Gutdünken. Aber vielleicht war es auch das nicht. Vielleicht war es nichts als die eine nackte Tatsache, daß er einfach da war, Abend für Abend hier in dem kalten, ungeheizten Lagerhaus. Vielleicht war es nichts anderes für sie als diese Möglichkeit, durch ihn dem erstickenden Alleinsein zu entgehen und sei es auch nur durch eine vorgetäuschte Gemeinschaft, durch eine Gemeinschaft, die keine Verbundenheit war.

»Nun, was beschließt du?«, fragte er mit hochmütigem Spott, der schon wußte, daß sie blieb. »Setz dich«, fügte er hinzu, ohne ihre Antwort abzuwarten.

Sie setzte sich. Immer folgte sie seinem Befehl. Gegen ihren Willen folgte sie ihm. Er schwieg. Er hatte die Lektüre wieder aufgenommen. Aber dann bemerkte sie, daß er nicht las. Die Pupillen seiner Augen bewegten sich nicht die Reihen der Worte entlang. Sie hafteten an einem Fleck.

Warum schwieg er? Worauf wartete er? Warum sprach er nicht zu ihr? ›Sag etwas‹, schrie es in ihr, ›sprich mit mir. Laß mich nicht so allein. Laß mich nicht allein in dieser Einöde des Schweigens.‹ Aber wen meinte ihr stummes Flehen? Wußte sie denn nicht, daß er kein Erbarmen kannte, es nicht kennen wollte, daß er sich bemühte, noch den letzten Funken einer menschlichen Regung, einer Schwäche, wie er es nannte, auszumerzen?

Jetzt hob er den Kopf, klappte das Buch zu und stand neben ihr. Der muffige Geruch seines ungelüfteten Anzugs, der scharfe Dunst seines Leibes umfing sie.

Jenny Aloni: *Zypressen zerbrechen nicht. Roman.* Witten/Berlin: Eckart 1961, S. 177–180

Autorität, Härte und Verdrängung
Thomas Valentin: *Hölle für Kinder. Roman* (1961)

Die 1950er und 1960er Jahre waren eine Zeit der Weichenstellung und Polarisierung. In vielen Bereichen der Kultur artikulierten sich radikale Aufbruchstendenzen. Der Protest der jungen Rebellen ging einher mit einer teilweise leidenschaftlich vorgetragenen Kritik an konservativ-vermieften Zuständen, wie sie in Westfalen in ganz spezifischer Ausprägung anzutreffen waren. Das Kriegsende 1945 war bekanntlich keine ›Stunde Null‹. Das galt auch für Westfalen. Viele NS-belastete Funktionsträger bestimmten auch weiterhin die Literatur- und Kulturpolitik. Entsprechend ihrer konservativen Weltanschauung versuchten sie, den Status quo zu zementieren und Neues im Keim zu ersticken. Westfalen wurde zu einem »sonderbaren Land« verklärt (s. S. 87), das fern der großen Welt eine Art Sonderstatus beanspruchen könne.

In der jungen Autorengeneration regte sich immer entschiedenerer Widerstand gegen ein derart verengtes Weltbild. Man forderte eine radikale Abkehr von der in Westfalen noch immer dominanten Heimatliteratur, der Bauernfolklore und dem Dönekes-Erzählen. Literatur, Film und bildende Kunst sollten sich akuten Problemen der Gegenwart zuwenden und den Anschluss an die internationale Moderne suchen. Mit der Generation der Väter gingen die Umstürzler hart und kompromisslos ins Gericht. Ein wichtiger Kristallisationspunkt des Protests war das Schmallenberger Dichtertreffen 1956. Es endete mit einem Eklat. Westfalen wurde einmal kräftig durchgerüttelt – mit kontroversen Diskussionen über »das Westfälische in der Kultur«. Das Ergebnis der emotional aufgeladenen Debatten: Es fand eine literarische Umorientierung statt mit überraschenden, vielleicht unerwarteten Ergebnissen. Neue Autoren und Themen kamen ins Gespräch, eine progressive Autorengeneration konnte Fuß fassen.

Dieser Paradigmenwechsel lässt sich am Beispiel von Thomas Valentins Romandebüt *Hölle für Kinder* deutlich nachzeichnen. Valentin wurde 1922 in Weilheim an der Lahn geboren, studierte in Gießen und München Germanistik, bevor er sich in Lippstadt niederließ. Dort war er von seinem 25. bis 40. Lebensjahr Volksschullehrer. In dieser Zeit begann und verfolgte er seine literarische Laufbahn. Er trat u. a. mit Heinrich Böll und Hermann Hesse in Briefwechsel, wobei ihn letzterer nachhaltig zum Schreiben ermutigte. Hesse hatte auch maßgeblichen Anteil daran, dass *Hölle für Kinder* zum Druck gelangte. Er hatte der *Bild am Sonntag* auf die Frage, welcher der jungen deutschen Schriftsteller ihm besonders nahe stehe, geantwortet: »Thomas Valentin«. Das war der Türöffner.

Hölle für Kinder – der Titel sagt schon alles. Wir haben es mit einer groß angelegten Abrechnung mit der Elterngeneration zu tun – einem Leitmotiv, das in den hier vorgestellten Romanen immer mal wieder begegnet. In *Hölle für Kinder* geschieht das auf so krasse Art und Weise, dass später von einem »Schocker« die Rede war und das Buch auf den Index gelangen sollte. Valentin rekurrierte in *Hölle für Kinder* auf eigene Kindheits- und Jugenderfahrungen, ohne diese freilich 1:1 autobiografisch zu übertragen. Es handelt sich vielmehr um ein, wie Valentin es nannte, »Planspiel mit eigenem Lebensmaterial«. *Hölle für Kinder* zeigt deshalb auch kein Einzelschicksal, sondern steht exemplarisch für das Aufwachsen in der Weimarer Republik und die Aufarbeitung des Nationalsozialismus nach 1945.

Hauptfigur in *Hölle für Kinder* ist der Allerweltstyp Manfred Klewitz, ein 39-jähriger Handelsvertreter für Tiefkühltruhen. Geboren wurde er, wie Valentin, 1922 und auch andere Bezüge lassen auf Parallelen zwischen Romanheld und Autor schließen. Der Roman spielt 1961, also in der sogenannten Wirtschaftswunderzeit. Die Geschäfte laufen gut, Klewitz kann sich in dieser Hinsicht nicht beklagen. Der Typus des Handelsvertreters begegnet einem in vielen Texten jener Jahre, u. a. auch in Schallücks Roman *Ankunft null Uhr zwölf* (1953). Der Vertreter verkörpert einen Emporkömmling in Zeiten des Wirtschaftsbooms und steht zugleich für eine verlorene, entwurzelte Persönlichkeit. Er reist durch die Lande und hockt abends in kalten, muffigen Hotelzimmern. Er hat Affären und besucht Stripteaselokale, trinkt viel Alkohol und raucht Kette. Seine Beziehungen sind – ob verheiratet oder nicht – zerrüttet oder quasi nicht existent. Er sucht Trost in schnellen, billigen Affären oder bei Prostituierten. Frauen sind lediglich Sexualobjekte, über die man schamlose Witze reißt. Alles ist käuflich, auch die Moral. Ablenkung bieten Surrogate wie »Schlagermist« oder exotischer Tingeltangel. Der Umgangston der Handelsvertreter untereinander ist unfassbar grob, vulgär, zotig. Sie bilden, wie deutlich wird, eine eigene Welt. Hierzu gehört auch ihre Meisterschaft im Lügen. Zu Hause, bei ihren Ehefrauen, haben sie das Macho-Gehabe abgelegt und spielen den sorgenden Familienvater, ganz wie es der gesellschaftliche Status verlangt.

Klewitz ist Teil dieses Räderwerks. Doch irgendwann, wie aus heiterem Himmel, bekommt er einen »Knacks«. Er beginnt nachzudenken, über sich, seinen Beruf, sein ganzes Tun. Er erkennt: »Ich komme nicht mehr klar mit mir. Das Geschäft läuft weiter, das ist Routine, aber während ich durch die Stadt fahre und mit den Kunden verhandle, ist immer noch eine andere Stimme in meinem Kopf, die redet ununterbrochen von etwas ganz anderem, die erzählt mir entsetzliche Geschichten [...].« Wir ahnen schon die sich anbahnende Katastrophe. Klewitz' Traumata verselbständigen sich, nehmen immer akutere Formen an. Er ist immer rastloser auf der Flucht vor sich selbst und seiner Vergangenheit. Wovor genau, erfahren wir nach weiteren 15 Seiten. Womit wir bei der Komposition des Buchs sind. *Hölle für Kinder* besteht aus zwei Erzählsträngen, die in der Mitte des Buchs zusammenlaufen. Bis dahin fragt man sich, wie das zusammenpasst: Die – aus auktorialer Perspektive erzählte, immer wieder mit Szenen und Dialogen angereicherte – Erzählung aus Klewitz' beruflichem und privatem Alltag und die in der Ich-Form erzählten Geschichten eines Jungen, der Episoden aus der Kindheit und frühen Jugend mitteilt. Am Schnittpunkt beider Erzählstränge erfahren wir, dass es sich bei den Mitteilungen des Jungen um Klewitz' eigene, unbewältigte Vergangenheit handelt, um jene Stimmen also, die sich in sein Unterbewusstsein drängen. Was wir aus Klewitz' Adoleszenz erfahren, ist krass und drastisch geschildert. Der kleine Junge musste sich fortwährend als »Ferkel« und »Schwein« beschimpfen lassen und wurde willkürlich vom ständig betrunkenen Vater und seiner Mutter geschlagen und gedemütigt. Die Eltern liegen unablässig im Streit, dem die Scheidung folgt und zuletzt ein Selbstmordversuch der Mutter, nachdem diese zuvor eine Beziehung mit einem ehemaligen SA-Mann eingegangen war. Sie landet schließlich in der Psychiatrie.

Auch in der Schule wird der junge Klewitz misshandelt und von Mitschülern und Lehrern verstoßen. Es ist ein klassischer ›Opfertyp‹. Pubertärer Sex ist im Spiel, homophile Neigungen und die »Gier nach dem ekstatischen Spiel« der Selbstbefriedigung. Sexualität ist ausschließlich negativ konnotiert, hat mit Schmerz und Leiderfahrung zu tun. Als das

Kind einmal zu spät zur Schule kommt, hält es der Lehrerin »nach altem Ritual« seine »frostblauen Finger« hin.

Auch die NS-Zeit spielt in den Roman hinein. Klewitz' Vater war strammer NS-Anhänger, Klewitz selbst von 1942 bis 1947 in Russland, was aber nicht näher ausgeführt wird. Seine Hölle ist anderswo zu lokalisieren, in der eigenen, zerrütteten Familie. Nach seinem »Knacks« kommt Klewitz immer schlechter in der Gegenwart zurecht. Er liefert selbst die Stichworte für seinen Zustand: Trostlosigkeit, Entmutigung, Aggression, Leere. Als er anderen von seiner Krise erzählt und Hilfe erbittet, reagieren diese abweisend und hilflos: Ein Arzt rät ihm zu heiraten, um auf andere Gedanken zu kommen, und verschreibt ihm Schlaftabletten. Sein Chef verspottet ihn wegen seiner »Kinkerlitzchen«. Widerwillig gewährt er ihm ein paar Tage Urlaub. Klewitz kauft sich ein Buch über Yoga, das jedoch ungelesen bleibt. Er konsultiert die Telefonseelsorge – auch dies ohne Erfolg. Geradezu grotesk mutet an, dass er die Polizei darum bittet, in Schutzhaft genommen zu werden; er befürchte, dass sonst etwas Schreckliches passiere. Auch dort hält man ihn für hoffnungslos überspannt und weist ihn ab.

Im letzten Teil des Buchs spitzt sich die Handlung zu und entwickelt sich zu einem Kriminalroman. Klewitz ist im Begriff, nach Jugoslawien zu reisen, um dort seine Psyche zu beruhigen. Zufällig sieht er an einer Kreuzung einen neunjährigen Jungen, der, wie sich herausstellt, Angst hat, nach Hause zu gehen, wo ihm Schläge drohen. Klewitz erkennt in dem Jungen, der ihm wie aus dem Gesicht geschnitten ist, sein früheres Ebenbild. Er nimmt ihn mit auf die Reise und verwöhnt ihn fürsorglich, damit dem Jungen ein ähnliches Schicksal wie ihm seinerzeit erspart bleibt. An der österreichischen Grenze ruft Klewitz jenen Pfarrer an, bei dem er früher seelsorgerischen Rat gesucht hatte und bittet ihn – inzwischen ist eine großangelegte Fahndungsaktion im Gang – den Eltern mitzuteilen, dass es ihrem Sohn gut gehe. Kurz darauf stürmt ein Polizeitrupp das Zimmer. Klewitz tötet den Jungen, ohne es zu wollen.

Ein dramatisches Ende mit einer nachdenklichen Pointe: Gefragt wird nach den Voraussetzungen für eine kriminelle Handlung und der Pathologie eines Mörders, der nicht nur Täter, sondern auch Opfer ist. Aus solchem Blickwinkel rollt das Buch eine Tat auf, die sich, wie es in der *Neuen Zürcher Zeitung* hieß, »überall auf der Welt täglich tausendfach« ereigne. Valentin schildere einen »herausgehobenen Einzelfall, der dem Leser im Gedächtnis bleibt«. Klewitz verkörpere einen Menschen, der mit der Geisteskrankheit ringe und versuche, sich mit ihr auseinanderzusetzen.

Hölle für Kinder war ein Erfolgsbuch. Es wurde ins Niederländische und Französische übersetzt. In Deutschland erschienen drei weitere Ausgaben, zuletzt 1998 im Rahmen einer Valentin-Werkausgabe im Igel Verlag. Es gab auch Pläne zu einer Verfilmung, die sich jedoch zerschlugen. *Hölle für Kinder* ist sicherlich kein ›großes Buch‹, wenn man diese angestaubte Kategorie bemühen möchte. Aber es ist – auch für den heutigen Leser – ein eindringlicher Text, der unter die Haut geht. Valentin trägt, zugegeben, gelegentlich dick auf, aber das ist Mittel zum Zweck, um den Leser emotional herauszufordern. Dies gelingt ihm im vorliegenden Roman wie auch in vielen weiteren Romanen, Erzählungen und Drehbüchern (s. S. 201, 220, 290, 443).

Hölle für Kinder fand bei der Kritik große Beachtung. Beim NDR wurde der Roman ›Buch des Monats‹. In den großen Feuilletons erschienen ausführliche Besprechungen. Herausgestellt wurde der Mut des Autors, bislang respektierte Grenzen zu überschreiten und zu neuen Themen vorzustoßen. Die konservative Literaturkritik (Friedrich Sieburg) fühlte sich hingegen geradezu angeekelt von all dem Schmutz, der durch den Roman aufgewühlt werde. Auch andere Kritiker hatten mit dem populistischen Roman ihre Probleme. Aus dieser Richtung stammt auch der Pornografie-Vorwurf gegen *Hölle für Kinder*. Das Buch sollte wegen »Aufreizung gegen die Autorität in Schule und Elternhaus und schmutzige Sexualität« verboten werden, ein Prozess wegen Jugendgefährdung wurde angestrengt. Jener zog weite Kreise. Unter den Verteidigern des Buchs war u. a. der damalige Landtagsabgeordnete und Vorsitzende des Jugendausschusses des NRW-Landtages, Johannes Rau, damals Verlagsbuchhändler bei der evangelischen Zeitschrift *Jungenwacht*. Auch Siegfried Lenz und Heinrich Böll sprachen sich gegen ein Verbot aus.

Wir halten fest: *Hölle für Kinder* ist ein provozierendes Buch. Es zeigt die Folgen einer Erziehung, die auf Autorität, Härte und Verdrängung ausgerichtet ist. Valentin hat seinen Stoff in der Realität angesiedelt, ungeschönt, naturalistisch und darauf abzielend, Schein und Verlogenheit zu desavouieren. Von hier aus ergeben sich Parallelen zum Romanwerk Paul Schallücks, besonders zu *Wenn man aufhören könnte zu lügen* (1951; s. S. 45). In beiden Fällen wird dem Deutschland der Restaurationszeit auf drastische Art und Weise ein kritischer Spiegel vorgehalten.

Walter Gödden

Thomas Valentin: *Hölle für Kinder. Roman* (1961)

Der dünne Junge, der jetzt zwischen Mutter und Eisenberg sitzt, bin ich. Mein Geruchssinn für Zwetschenkuchen ist nicht schlechter entwickelt als die Pünktlichkeit Baldurs, und meine Stelzen kennen noch keinen Schlendrian, außer auf dem Schulweg; meine nie sehr sauberen Hände sind hinter allem her, was eßbar sein könnte, mein Magen hat den doppelten Boden der Vierzehnjährigen. Also bin ich nolens volens mit von der Partie.

Mutter ißt nicht viel. Sie sieht neuerdings lieber zu, wenn Baldur ißt. Ich esse äußerst unmanierlich, weil ich immer Hunger habe; das wirkt peinlich auf Mutter, und mitunter schickt sie mich deswegen in den Garten, damit ich dort in mich gehe. Ich gehe nicht gern in mich.

Eisenberg ißt appetitlich. Er spreizt seinen kleinen Finger mit dem nagelneuen Ring und nimmt nur ganz kleine Bissen. Er hat Zeit, denn meine Stücke sind gezählt, fünf; das ist ein unumstößliches Gesetz, das mir wöchentlich ein- bis zweimal eingebleut wird.

Diesmal wage ich es trotzdem, nach dem sechsten Stück zu greifen, doch meine Hand verdorrt unterwegs unter Mutters sengendem Blick. Ich stecke sie in die Tasche und schäme mich fürchterlich, daß ich Hunger habe.
Urplötzlich lasse ich einen Wind streichen. Kurz und bündig. Ich habe nicht aufgepaßt dabei. Der Schuß ist von selbst losgegangen. Ich erschrecke zu Tode.
Eisenberg sagt nichts. Er bläht nur die Nasenflügel und spreizt den kleinen Finger mit Mutters Ring noch vornehmer ab. Der Appetit ist ihm offensichtlich nicht vergangen.
Mutter steht wortlos auf und packt mich am Arm. »Geh ins Bad, du Schwein«, sagt sie vor der Tür und stößt mich auf den Flur. Ihr Gesicht flammt in Weißglut.
Im Bad drehe ich die Hähne über der Wanne weit auf, ziehe mich aus und warte.
Mutter kommt, als die Wanne schon fast vollgelaufen ist, und schließt die Tür ab. Sie hat jetzt rote Flecken am Hals. Ihre Augen sind hart wie Steinkugeln.
Ich sitze nackt auf dem Badewannenrand und betrachte meine Füße. Sie sind schmutzig.
Der erste Schlag wirft mich zurück, aber ich kann mich mit beiden Händen fest an die Kante klammern. Ich habe keine Chance mehr, fortzulaufen, so dicht hintereinander prasseln mir die Schläge ins Gesicht. Ich sitze da, wie angeschnallt, und Mutter haut abwechselnd rechts und links in mein Gesicht. Sie heult vor Wut dabei. Wir heulen beide.
Sie schließt das Fenster. Der Balkon ist nicht weit. Jetzt schlägt sie mit dem Handtuch, das in die Wanne gefallen war.
Als ich wieder allein bin, betrachte ich im Spiegel mein Gesicht. Es ist aufgedunsen. Mutters zehn Finger sind anschaulich in diesem häßlichen, geschwollenen Gesicht abgemalt, blau und rot.
Ich steige in die Wanne und tauche mein Gesicht ins Wasser. Es brennt, es kühlt nicht.

Thomas Valentin: *Hölle für Kinder. Roman.* Hamburg: Claassen 1961, S. 145–147 (T. V.: *Hölle für Kinder. Roman.* Oldenburg 1998 © Igel Verlag)

Handwerk und Geheimnis
Hans Bender (Hg.): *Mein Gedicht ist mein Messer. Lyriker zu ihren Gedichten* (1961)

Über 60 Jahre ist sie alt, die Ausgabe der von Hans Bender erstmals 1955 herausgegebenen Essay- und Poesiesammlung *Mein Gedicht ist mein Messer.* Nur wenige der 15 Beiträge dieser Erstausgabe muten frisch an, aktuell. Vieles dagegen scheint von heute aus gesehen fremd, bieder, ja geradezu verschlissen, nur aus den Abgründen der Nachkriegszeit heraus zu verstehen.

Selbst der Klappentext der erweiterten Taschenbuchausgabe von 1961 (mit sieben Beiträgen mehr) tönt noch verstörend hohl. Mit Erstaunen liest man von der unerbittlichen Zuversicht, dem Lesevolk das Verstehen moderner Lyrik beibringen zu können: »[U]m die so schädliche Diskrepanz zwischen den neuen und neuesten Gedichten und manchen zeitgenössischen Lesern – schädlich für beide, für die Leser und für die Lyriker – zu verringern, ja, vielleicht sogar zu beseitigen, hat Hans Bender eine ganze Reihe gegenwärtiger deutscher Gedichtemacher [...] gebeten, sich darüber zu äußern, wie sie es denn mit den Gedichten hielten, das heißt, sie selbst mit ihren eigenen Gedichten.«

»Schädlich«, »beseitigen« – 16 Jahre nach Ende des Nationalsozialismus klingt dieses Vokabular immer noch abstoßend. Die Sprache des »Dritten Reiches« scheint fortzuwirken, sogar in einem Band zur literarischen Gattung Lyrik, von der es im Buch explizit heißt: »Dichtung ist, nach Lessings schöner Formulierung, die ›vollkommen sinnliche Rede‹, also ein Modus des Sprechens, der sich von jeder anderen Ausdrucksweise [...] kategorial unterscheidet« (Hans Egon Holthusen).

Der Klappentexter der Ausgabe von 1961 allerdings scheint nichts davon zu wissen, dass gerade die Kluft, die Unstimmigkeit zwischen Gedicht und Leser genau jenes Wunderbare sind, das immer neues Lesen und Verstehen ermöglicht. Verstehen und Geheimnis schließen sich nicht aus, bedingen sich vielmehr, liefern geradezu den Anreiz für jede neuerlich-neugierige Lektüre. Grotesk der Wunsch, jedes Missverhältnis vollständig »beseitigen« zu wollen. Gedichte, die ganz und gar im Leser-Verstehen sich auflösten, dürften mehr lyrische Brühwürfel sein als Poeme. Leser, die ganz im Gedicht aufgingen, wären nicht klüger als Flauberts Madame Bovary.

Ungleich gelehrter sind Hans Bender selbst und viele seiner Autoren. In seinem Vorwort rekurriert Bender fragmentarisch auf die Geschichte aller ars poetica seit Horaz und zitiert als Motiv für seine Herausgeberschaft auch die Frage S. T. Coleridges, die dieser 1817 in seiner *Biographia Literaria* gestellt hatte: »Was tue ich, wenn ich ein Gedichte schreibe?« Bender fächerte diese Frage für seine Autoren so auf: »Der Lyriker sollte sich äußern zu seinem Gedicht, zur Form, zum Stil, zum Vorbild, zu seiner Entstehung, seinem ›Handwerk‹, seiner Absicht, zu Metapher, Reim und Rhythmus.«

Dieser Aufgabe sind zur Erstausgabe 1955 nicht alle Wunschautoren nachgekommen. Günter Eich schickte eine Absage, weil er sich »seine Gedichte ›nicht durch das Nachdenken über das Wie verderben‹« wollte. Auf die neuerliche Anfrage Benders anlässlich der Taschenbuchausgabe ließ er sich dann doch ein. Nur Paul Celan verweigerte sich beharrlich – und doch nur halb. In der Sammlung von 1961 findet sich *Ein Brief* aus Paris mit Datum vom 18. Mai 1960. Dort lässt er Bender wissen: »Handwerk ist, wie Sauberkeit überhaupt, Voraussetzung aller Dichtung. *Dieses* Handwerk hat ganz bestimmt keinen goldenen Boden – wer weiß, ob es überhaupt einen Boden hat. Es hat seine Abgründe und Tiefen [...].«

20 weitere Lyriker – unter ihnen auch Grass und Härtling – und nur eine Lyrikerin, Marie Luise Kaschnitz, lassen sich 1961 dagegen ein auf Benders Fragen und tun dies oft auch abseits aller schon damals sattsam bekannten Scheinkontroversen zwischen Anhängern der Genieästhetik hie und denen des literarischen Handwerks da.

Die genieästhetische Seite kämpft dabei seit jeher mit (disparaten) Argumenten, die ausgeliehen sind bei Kant, beim Sturm und Drang, bei der Romantik oder später bei Benn und seiner Beschwörung der »tragische[n] Erfahrung des Dichters an sich selbst«, des dumpfen »schöpferischen Keim[s]«. Auch Bender zitiert den berühmten Satz Benns »Ein Gedicht entsteht überhaupt sehr selten – ein Gedicht wird gemacht«, doch vergisst er zu erwähnen, dass Benn 1951 in seinem großartigen Vortrag *Probleme der Lyrik* zwar vorgab, den »Vorgang vom Entstehen eines Gedichts« zu erhellen, ihn dabei aber im Kern eher virtuos verdunkelte. O-Ton Benn: »[D]as Verhältnis zum Wort ist primär, diese Beziehung kann man nicht lernen. Sie können Äquilibristik lernen, Seiltanzen, Balanceakte, auf Nägeln laufen, aber das Wort faszinierend ansetzen, das können Sie, oder das können Sie nicht.« »Artistik«, so Benn zuvor, »ist der Versuch, gegen den allgemeinen Nihilismus der Werte eine neue Transzendenz zu setzen: die *Transzendenz der schöpferischen Lust.*«

In der Anthologie ist es dann Hans Egon Holthusen, der den dichterischen Schöpfungsakt (weit unter Benns Niveau) aus unbestimmter Transzendenz ins religiös Jenseitige katapultiert, lyrisches Schaffen flott an den Schöpfer koppelt – und sich so gleich selbst zum lyrischen Propheten macht. Holthusen sieht Gedichte auch als Erkundung des Göttlichen und vice versa als dessen Epiphanien im Diesseits: »In meinem Falle: ich kann das Wort ›Gott‹ nicht gut weglassen, ich gehöre zur Rasse der Transzendentalisten, das heißt zu einer Art von Menschen, die immer etwas ›hinter‹ den Erscheinungen des irdischen Zustandes suchen müssen, die das Diesseits immer nur im bewußten Gegensatz zum Jenseitigen erleben können.«

Die Partei des Handwerks dagegen, der literarischen Ingenieure gar, berief und beruft sich gern auf Edgar Allan Poes *The Philosophy of Composition*, auf Valéry, auf Pound, auf Majakowskis *Wie macht man Verse* oder die Gruppe *Oulipo (Ouvroir de Littérature Potentielle)* um Georges Perec, Italo Calvino und andere, die versuchten, literarische Produktionsverfahren unterschiedlicher Literaturepochen zu systematisieren. Im Zusammenhang all der essayistischen Versuche, das Schreiben von Gedichten zu entmythologisieren, gehört zu den meistzitierten Autoren Edgar Allan Poe. Poe wählte sein berühmtes Gedicht *The Raven* aus, um den »Modus Operandi« vorzuführen, »nach dem eines meiner eigenen Werke zustande kam. [...] Meine Absicht ist, deutlich zu machen, dass sich kein einziger Punkt in seiner Komposition auf Zufall oder Intuition zurückführen lässt: dass das Werk Schritt um Schritt mit der Präzision und strengen Folgerichtigkeit eines mathematischen Problems seiner Vollendung entgegenging.«

Einen pointiert-bitteren Seitenhieb auf heruntergekommene Gedichte-Macher, denen dann als pragmatische Mitläufer wirklich alles machbar erscheint, findet man in der Ausgabe von 1961 in Celans Brief: »›Wie macht man Gedichte?‹ Ich habe es vor einigen Jahren eine Zeitlang mit ansehen und später aus einiger Entfernung beobachten können, wie das ›Machen‹ über die Mache allmählich zur Machenschaft wird.«

Die auch in Benders Sammlung überall schwelende Frage, ob Genie *oder* Handwerk (Inspiration *oder* Kalkulation, Intuition *oder* Komposition, Rausch *oder* Arbeit, Magie *oder* Rhetorik) die Entstehung von Poesie begünstige, war nicht nur damals, sie ist bis heute schlichtweg falsch gestellt und führt in die Sackgasse. Unbestritten, Benns ›schöpferische

Lust‹ vermag die Grenzen der Erfahrung, des Bewusstseins zu überschreiten und so auch Kunst zu schaffen. Exotischer aber mutet – 65 Jahre nach Benns Sätzen – immer noch an, was innerhalb der Grenzen von Erfahrung und Bewusstsein über das Spiel und die Arbeit mit Lauten, Worten, Sätzen zu entdecken wäre. Immer noch wird zu wenig von der Transparenz der schöpferischen Lust gesprochen, wird jenes nicht durchsichtiger gemacht, das rund ums literarische Schaffen sich durchsichtiger machen ließe.

Die schönsten Sätze der Anthologie schrieb in diesem Zusammenhang Peter Rühmkorf (s. S. 100, 158, 304, 495) in seinem Beitrag *Paradoxe Existenz*: »Dabei hieß das Problem immer: Wie mache ich Widersprüche dichterisch homogen, ohne die Spannungen zu verschleifen, wie halte ich Heiß und Kalt, wie Affekt und Intellekt in der Waage, wie kreuze ich Reflexion und eingeborene Sangeslust, wie vereinige ich den Trieb zu trällern und den Zwang zu Denken so, daß beide Tendenzen sich voll entfalten können, und trotz aller Dissoziation schließlich ein organisches Ganzes entsteht.«

Andere Mini-Poetiken bieten profaner zeilengenaues Herleiten der Entstehung eines Gedichts (Wolfgang Weyrauch), Tipps für die Motivwahl oder die Warnung vor dem leidigen lyrischen Genitiv. Sie empfehlen körperliche Lockerung vor oder beim Schreiben, verraten Details zu persönlicher Arbeitsatmosphäre und Zeitökonomie, entwerfen eine kurze Metaphernkunde (Karl Krolow) oder raten zum Streichen, überhaupt zur Reduktion. Karl Schwedhelm etwa schreibt: »Für mich bleibt eine der wesentlichsten Werkstattaufgaben bei der Entstehung eines Gedichts der unbarmherzige Abbau des Entbehrlichen.« Und noch mehr Gemeinsamkeiten und Gemeinplätze gibt es: Fast alle Autoren betonen die notwendige (zeitliche) Distanz zwischen dem »Blitz des Einfalls« (Krolow), dem ersten Auftauchen einer Idee, eines Themas, eines Motivs und der Ausarbeitung, der Gestaltung, »Formwerdung« eines Gedichts.

Dass Benders Sammlung vom Zeitgeist der 1950er Jahre geprägt ist, spürt der Leser immer da, wo die leidige Form-Inhalt-Debatte aufgegriffen – oder schlimmer noch die Front zwischen Experiment/Struktur/reiner Form und ›Inhaltismus‹ beschworen wird. Dort blitzt sie auf, die Konfrontation jener, die sich ganz dem Material Sprache zuwenden (z. B. Helmut Heißenbüttel und Claus Bremer), mit jenen, die in ihren Gedichten der Welt als Ganzer zur Sprache verhelfen möchten. Solch dogmatischem Diskurs entzieht sich neben Rühmkorf elegant ein zweiter neuer Stern am Lyrikhimmel, Hans Magnus Enzensberger, in seinem Beitrag *Scherenschleifer und Poeten*: »Das Material des Gedichteschreibers ist zunächst und zuletzt die Sprache. Aber ist die Sprache wirklich das einzige Material des Gedichts? Und an diesem Punkt erlaube ich mir, einen Begriff ins Spiel zu bringen, [...]: den des Gegenstandes. Auch der Gegenstand, jawohl, der vorsintflutliche, längst aus der Mode gekommene Gegenstand, ist ein unentbehrliches Material der Poesie. Ich kann, wenn ich einen Vers mache, nicht reden, ohne von etwas zu reden. Und dieses Etwas, so gut wie die Sprache, die davon spricht, ist mein Material.«

Gerd Herholz

Hans Bender (Hg.): *Mein Gedicht ist mein Messer. Lyriker zu ihren Gedichten* (1961)

Peter Rühmkorf
Paradoxe Existenz

Wenn ich hier ein Gedicht mit Fußnoten und Hinweisen versehe, so weniger, weil ich einem sinndunklen Gewerbe nachgehe, das der Erläuterung und Dechiffrierung in jedem Falle bedarf – eher, um einen Gedicht-Typus ins rechte Licht und in die rechte Lage zu jonglieren, dessen Habitus auf den ersten Blick schlicht genannt, dessen vordergründige Verhaltensform als »muntere Leichtsinnigkeit« bezeichnet werden könnte. Es ist ein Gedicht aus einer Kategorie von Liedern, der ich den Titel »Volks- und Monomanenlieder« gab, und ich glaube, daß es gut und fruchtbar ist, auch diesem Etikett einige vorausdeutende Bemerkungen zu gönnen. Hier kommt nämlich etwas mit dem verqueren Anspruch, schlichter Sing-Sang zu sein, geselliges Lied – gleichzeitig aber exklusive Kunstform, an der vornehmlich der differenzierte und zugespitzte Kopf sein Vergnügen findet. Man verstehe: Da wird mit Vorbedacht zween Herren gedient und mit gespaltener Zunge gesungen, da machen Strophen sich die Zwielichtigkeit zum Programm, und besondere seelische Ambivalenzen versuchen, sich in ästhetischen Mischeffekten, Reibetönen und Interferenzen darzutun. Dabei hieß das Problem immer: Wie mache ich Widersprüche dichterisch homogen, ohne die Spannungen zu verschleifen, wie halte ich Heiß und Kalt, wie Affekt und Intellekt in der Waage, wie kreuze ich Reflexion und eingeborene Sangeslust, wie vereinige ich den Trieb zu Trällern und den Zwang zu Denken so, daß beide Tendenzen sich voll entfalten können, und trotz aller Dissoziation schließlich ein organisches Ganzes entsteht.
[...] Wendet man es auf Heine an und auf ihn als den Vertriebenen, Umgetriebenen, oft Hungernden, von Staat und Familie Bemißtrauten, schäbig Enterbten, am Ende über Jahre Gelähmten, so nehme man Schläue als seine Fähigkeit, das Bittere auf die leichte Vaganten-Zunge zu nehmen, Niederlagen in Witz aufzuwiegen und den Gram über die gesellschaftliche Misere Possen reißen und Verse summen zu machen.
[...] Extreme Polaritäten, weil – weil der Verfasser das Gegeneinander seelischer Energien und denkerischer Tendenzen als vornehmliches Merkmal nicht nur seiner selbst, sondern als Merkmal seiner und seiner Vorgänger Kunstepoche erkannt zu haben glaubt und – weil er die Mehrzahl unserer großen Ambivalenzen bereits und zuerst in Heinrich Heine angelegt sieht. Heinrich Heine, meine Damen und Herren, fühlte alle Antinomien seines Saekels und, darüberhinaus, den tragenden Stich des kommenden Jahrhunderts, in seiner Schizographenbrust. Alles, was seine Zeit an unlegierbaren Antithesen auftischte, alles, was sich zwischen Idealismus und Materialismus, zwischen aristokratischem Lebensgefühl und revolutionärem Sozial-Elan, was sich zwischen Spiritualismus und Sensualismus, zwischen Artistik und Veränderungswillen zu Extremen ausgewachsen hatte, alle Zweischneidigkeiten und Widersprüche einer Umwälzungsepoche wurden hier von einem widersprüchlich organisierten Charakter bewußt gemacht, gestaltet, erlitten, auf seltsame Art genossen und ausgetragen.
[...]

Das bedeutet aber nun leider auch, daß ein Gedicht nicht von seinen Hoffnungen auf Veränderung und politische Wirksamkeit leben kann. Wenn wir nämlich fragen, ob ein Poem fähig sei, etwas Außerpoetisches, Gesellschaftliches hervorzurufen, soziale Prozesse anzukurbeln, Revolutionen vorzuwärmen, Bomben später oder langsamer fallen zu machen, so bleibt uns als Antwort nur ein bedauerndes Nie-und-Nimmer. Denn, daß es ausdrückt allein ist sein Wert und seine Grenze, und daß es den für Poesie Empfindlichen anrührt, ist sein Vermögen und sein Basta. Was wiederum nicht, was nun andersherum niemals heißen soll, daß Poesie ohne Wirklichkeit im weiteren, ohne sozialen, ohne politischen Bezug im engeren Sinne auskommen kann. Weil? Weil wir tausend und mehr lyrische Belege zeitgenössischer Zeitflüchter haben, die uns deutlicher als alle windigen Theorien dartun, daß das Gedicht ohne Spannung, ohne Widerstand, ohne Korrelationen zur naturalen und sozialen Wirklichkeit verödet, versteint, verledert. Daß eine Isolation, daß die Quarantäne jenseits der naturalen Wirklichkeit und abseits vom gesellschaftlichen Wohl oder Übel, die Dichtkunst über das Absolute sehr glatt in die absolute Sterilität führte.

Peter Rühmkorf: *Paradoxe Existenz*, in: Hans Bender (Hg.): *Mein Gedicht ist mein Messer. Lyriker zu ihren Gedichten.* 2., erw. Auflage. München: List 1961, S. 149–155, hier S. 149–151, 153f.

Wider die fromme Wohlanständigkeit
Ulrich Schamoni: *Dein Sohn lässt grüßen. Roman* (1962)

Ein veritabler Literaturskandal. Da schreibt sich ein 20-Jähriger ein Wut-Buch vom Herzen: Provokant, zynisch, entlarvend. Laut und grell und randalierend. Als dieser Roman 1962 unter dem vollen Namen des Jungautors erscheint, der inzwischen als Regieassistent bei Rudolf Noelte arbeitet, ist ihm öffentliche Aufmerksamkeit sicher. Ein Buch, das bald von sich reden macht. Aber es sind nicht nur der raue Grundton und die schnörkellose nihilistische Ansprache, die aufhorchen lassen, es ist auch die Verortung des Handlungsgeschehens. Das ist nämlich unverkennbar – auch wenn die Stadt im Roman »Kloster« heißt – im sittenfesten, tief katholischen Münster angesiedelt, also in der Stadt, in der Ulrich Schamoni prägende Jugendjahre verbrachte. Ein Ego-Dokument also?

Ein Buch, mit heißem Atem geschrieben: Ein Lost-Generation-Roman – und, das muss gesagt sein, kein besonders guter. Doch der so maß- wie ruchlose Erstling berührt ein seinerzeit aktuelles Thema, nämlich die Sprachlosigkeit zwischen dem alten, saturierten Nachkriegsdeutschland und seinen aufmüpfigen Kindern vor dem realen Milieuhintergrund einer bürgerlich geprägten Provinzstadt. Ein Roman eben, der mitten in den schönsten Wirtschaftswunderjahren die aktuellen Spannungen zwischen Vätern und Söhnen thematisiert. Hier die rein gewaschenen Altnazis und Mitläufer, Wendehälse und neuen Geschäftemacher, die ihre braune Vergangenheit scheinheilig unter dem Deckmäntelchen christlicher Wohlanständigkeit verstecken, dort eine desillusionierte, zynische Jugend, die an nichts mehr glauben mag und die an Amoralität ihren Eltern in nichts nachsteht. Lüge und Verlogenheit allenthalben, geistiger Stillstand. Provokant gewiss – aber ein Skandal?

Der Roman entstand 1959 innerhalb kurzer Zeit in Berlin und erschien drei Jahre später im Herbig-Verlag ebenda. In der alten Reichshauptstadt war Ulrich Schamoni 1939 als vierter und jüngster Sohn des Filmwissenschaftlers und -regisseurs Viktor Schamoni und seiner Frau Maria, die selbst Drehbücher schrieb, geboren worden. Der Vater, als bekennender Katholik kein Freund des NS-Regimes, fiel 1942 in Russland. Die junge Witwe wurde mit ihren vier Kindern in den letzten Kriegsjahren nach Ostpreußen evakuiert und floh 1945 von dort nach Westfalen. Später erinnerte sich Ulrich Schamoni so an diese Jahre: »Münster, die Stadt der drei Ks: Kino, Kneipen, Kirchen. Ich habe alle drei Ks genossen, denn es gibt kaum eine Kirche in Münster, in der ich nicht wenigstens einmal bei der Messe gedient hätte.« Zudem gab es besagte »Kinos in Münster, viele Kinos, und es gab den Filmclub ... Aber vor allem gab es den Gertrudenhof mit Mutter Eckelkamp an der Kasse. An ihr schlichen wir vorbei, um den ›Andalusischen Hund‹ zu sehen oder ›Das Spiel ist aus‹« (LWL-Begleitheft zu *Alle Jahre wieder*, 2007).

So erhielt die Liebe zum Film, die die vier Jungen als elterliches Erbe gewissermaßen mitbekommen hatten, neue Nahrung. Peter, der 1954 ein Studium in Münster begonnen hatte, wechselte ein Jahr später nach München und feierte bald erste Erfolge als Regisseur und Produzent prämierter Kurzfilme. Auch Victor und Thomas zog es dorthin, um beim Fernsehen Karriere zu machen. 1957, ein Jahr vor dem Abitur, brach Ulrich frustriert den Besuch des Gymnasiums ab und folgte seinen Brüdern in den Süden. In München nahm er Schauspielunterricht, besuchte nebenbei Vorlesungen der Theater- und Zeitungswissenschaft und arbeitete bald als Assistent mit renommierten Regisseuren wie William Dieterle, Hans Lietzau oder Jürgen Goslar.

Wohl schon 1959 wechselte er (auch um der Bundeswehr zu entgehen) nach Berlin. Hier fand er als Assistent des Theaterregisseurs Rudolf Noelte ein neues Betätigungsfeld. Erste Drehbücher, Kurzgeschichten und Beiträge fürs Fernsehen entstanden in dieser Zeit. Nebenher schrieb er sich seinen Roman von der Seele, in den Selbsterlebtes, Gehörtes und Gesehenes einfloss. Eine Abrechnung mit der Provinz, ihrer Selbstgerechtigkeit und ihrer Bigotterie, ihrem Muff und ihrer verlogenen Moral. Schlussstrich und Neuanfang. Ein Akt der Befreiung. Noelte las den Text und ermutigte ihn als Mentor und Freund zur Veröffentlichung. Zugleich regte er eine Drehbuchfassung als Handlungsgrundlage eines gemeinsamen Spielfilms an. Tatsächlich legte der Roman selbst mit seiner konkreten Sprache, seiner in Bildern gedachten Dramaturgie und den situativen Perspektivwechseln eine Verfilmung nahe. Bald war man sich hinsichtlich der Buchausgabe mit dem renommierten Herbig-Verlag einig. Im Sommer 1961, während in Berlin die Mauer gebaut wurde, feilten Schamoni und Verleger Walter Kahnert an der Endfassung, wobei

Kahnert immer wieder provokante Szenen glättete (»um den Kadi nicht auf den Plan zu rufen«). Im Mai 1962 erschien der Roman.

Was in diesem Buch im Einzelnen erzählt wird? Hinter der frommen Fassade der Stadt Kloster – also Münster – sind Durchstechereien, Doppelmoral und Heuchelei an der Tagesordnung. Eine allgegenwärtige Verquickung von Katholizismus, Baukorruption und NS-Vergangenheit. Der Unterprimaner Josef Hauptmann, Sohn des städtischen Theaterintendanten, beobachtet im Beisein seiner 25 Jahre älteren Geliebten Elisabeth von Bentlow (die später ein Kind von ihm bekommen wird) die alljährliche Fronleichnamsprozession. Später vergewaltigt er Elisabeths 15-jährige Tochter. Josef gehört einer exklusiven Schülerclique an, die sich »Die Brüder« nennt. Die Honoratiorensöhne hören Cool Jazz, lesen Henry Miller, rauchen Kette, verführen Mädchen, verprügeln Ausländer und camouflieren ihren Lebensüberdruss als Existenzialismus. Ihre ganze Verachtung gilt der Elterngeneration, die, nur auf Geschäftemacherei bedacht, ihre moralische Haltlosigkeit hinter einer Fassade frommer Wohlanständigkeit verbirgt. Es gibt keine Helden in dieser Geschichte des Schweigens und Verschweigens, nur Verlierer. Am Ende begeht Hellmuth, einer der jugendlichen Protagonisten, Selbstmord. In seinem Abschiedsbrief an den Vater schreibt er: »Es ist nicht ein Mangel an Objekten, es ist meine eigene Gleichgültigkeit, Unfähigkeit, die ich nicht ertrage. Vielleicht ist es der winzige Rest von dem, was man Liebe nennt – zu schwach zwar, um etwas gegen die Gleichgültigkeit und Langeweile zu vermögen –, aber noch gerade stark genug, gerade jetzt noch, um der Welt das Ärgernis eines weiteren lebenden Leichnams, wie es so viele gibt, zu ersparen. Ich habe einfach keine Lust mehr. Das ist alles. Keine Lust mehr, einfach zu wenig Trieb. Ich war schon tot geboren. Ich berichtige nur einen Fehler. Leb wohl! Dein jetzt schon toter Sohn Hellmuth.«

Kein optimistisches und gewiss auch kein erbauliches Buch, eher eine sehr gegenwärtige, unbequeme sozialkritische Zustandsbeschreibung im Sinne des literarischen Neorealismus, wie er sich zeitgleich etwa in der *Dortmunder Gruppe 61* formierte. Die Kritik war sich, wie immer, uneins. Manche Rezensenten sprachen von »Kraftmeierei« und »Unreife«, so etwa Michael Lentz in der *Westdeutschen Allgemeinen Zeitung*, der den Roman eine »Pubertätsschwarte« nannte. Aber der damalige Doyen der deutschen Literaturkritik, Friedrich Sieburg, äußerte sich immerhin verhalten positiv. Ebenso der Schriftsteller Hans Hellmut Kirst, der Dramatiker Peter Martin Lampel und der Kulturphilosoph Ludwig Marcuse. Der Verkauf des Romans entwickelte sich zunächst gut; englische, amerikanische und niederländische Ausgaben waren in Vorbereitung. Auch Filmproduktionen meldeten ihr Interesse an diesem Thema an. Dann kam der Eklat.

Das damals christdemokratisch geführte Bundesinnenministerium in Bonn setzte das Buch im Oktober 1962 auf die Liste der jugendgefährdeten Schriften und verbannte es damit aus dem Buchhandel, weil, wie es in der Begründung hieß, »zahlreiche sexualbezügliche Schilderungen des in Münster spielenden Buches Bedenken erregten und weil außerdem der Jugend ein einseitiges und verzerrtes Bild der intellektuellen Jugend von heute und der Erwachsenengesellschaft geboten wurde.« Darüber hinaus stellten die Zensoren fest, dass die Darstellung der örtlichen Fronleichnamsprozession das religiöse Gefühl der Leser verletze. Und schließlich sei das Buch gewissermaßen aus niederen Beweggründen geschrieben worden, als Rache des Autors wegen seiner Nichtzulassung zum Abitur. Initiator des Verbots, und das ist interessant, war der katholische Volkswartbund, der seit 1951 auch als Bischöfliche Arbeitsstelle für Fragen der Volkssittlichkeit in Köln firmierte (ihr Vorsitzender wurde vom Erzbischof ernannt). Zwischen 1959 und 1962 hatte dieser klerikale Dunkelmännerverein nicht weniger als 271 Indizierungsanträge in Form anonymer Anzeigen bei der Bundesprüfstelle für jugendgefährdende Schriften eingebracht, von denen 91 erfolgreich waren. Verbotsanträge bezüglich des Satiremagazins *pardon* und der Novelle *Katz und Maus* von Günter Grass waren in Vorbereitung. – Katholische Kleinbürgermoral contra die im Grundgesetz verbriefte Freiheit von Kunst und Kultur?

Aber da vollzog sich ganz unerwartet ein bemerkenswerter und höchst folgenreicher Paradigmenwechsel. Die linksliberale Öffentlichkeit meldete sich zu Wort und legte Protest ein gegen staatliche Bevormundung. Die politischen Leitfiguren dieser Tage, Konrad Adenauer und Heinrich Lübke, sahen plötzlich ähnlich alt aus wie die literarischen: Still und leise verabschiedeten sich die Bergengrüns, Carossas und Wiecherts aus den Regalen der Buchhandlungen und machten Platz für Grass, Lenz, Walser und andere. Eine Gesellschaft geriet in Bewegung. Und so waren es bald nicht mehr das Buch und sein Inhalt, die als anstößig empfunden wurden, sondern die selbsternannten Sittenwächter und Moralapostel. Der hessische Generalstaatsanwalt, Dr. Fritz Bauer, kurz und knapp: »Das Urteil – ein Skandal für die Bundesrepublik!«

Die Zensur hatte Schamoni eine unerwartete Publizität geschenkt, die dem Roman selbst wahrscheinlich so nicht zuteil geworden wäre. Und die nutzte der junge Mann. Er wandte sich jetzt verstärkt dem Film zu, jenem Genre, das er seit Kinder- und Jugendtagen im Auge hatte. Die Hoffnung, den eigenen Roman verfilmen zu können, hatte er aufgrund des Verbots und der damit unrealistischen staatlichen Förderung bald aufgegeben. Der fünf Jahre ältere Bruder Peter gehörte 1962 zu den Initiatoren der »Oberhausener Manifests«, das »Papas Kino« den Krieg erklärte. 1965 wurde Ulrichs Kurzfilm *Hollywood in Deblatschka Pescara* mit dem *Bundesfilmpreis* in Gold ausgezeichnet, und ein Jahr darauf, 1966, gelang ihm mit seinem ersten Spielfilm *Es* der Durchbruch. Der Film, der die Geschichte einer ungewollten Schwangerschaft zum Thema hat, erreichte mehr als 1,2 Millionen Zuschauer und wurde, mit fünf Bundesfilmpreisen prämiert, als offizieller deutscher Beitrag in Cannes gezeigt. Hier fassten Peter und Ulrich Schamoni zusammen mit Drehbuchautor Michael Lentz den Plan, einen Film über die gemeinsame Heimatstadt Münster zu drehen. In diesem Film, *Alle Jahre wieder* (s. S. 301), der 1967 in die Kinos kam, bediente sich Ulrich noch einmal des spezifischen Milieus seiner Heimatstadt. In den Mittelpunkt der Handlung stellte er eine Gruppe 40-Jähriger, ihre Lebenslügen und Versagensängste. Allerdings meldete er sich hier nicht mit schweren Säbeln zu Wort, sondern mit dem ironischen Florett. War der Roman seinerzeit von rechts attackiert worden, wurde der Film fünf Jahre später auf der Berlinale von der dogmatischen Linken als »kommerziell« und »faschistoid« geschmäht. Besser lässt sich der »Strukturwandel der Öffentlichkeit« (Jürgen Habermas) nicht belegen. So hat dieser Roman vielleicht nicht literarisch, aber doch politisch und emanzipatorisch Geschichte geschrieben.

Schamoni hat noch bis in die 1980er Jahre eine Reihe weiterer erfolgreicher Spiel- und Fernsehfilme gedreht, um sich anschließend als Medienmanager einen Namen zu machen. 1994 zog er sich aus allen Geschäftsfeldern zurück. Vier Jahre später ist er, 58-jährig, gestorben. Ein »Meister der leichten Satire«, »einer der Väter des neuen deutschen Kinos«, so hat ihn das deutsche Feuilleton gewürdigt. Ein Enfant terrible, ein Tausendsassa, ein Mann mit vielen Gesichtern, ein Filmemacher in der in Deutschland so seltenen Tradition Billy Wilders, ein Multitalent bis zum Schluss. Wer sich ein Bild von diesem Mann machen möchte, seinem Witz und Humor, der sehe sich den Film *Abschied von den Fröschen*, den seine Tochter Ulrike 2011 aus seinem Videotagebuch kompilierte, an.

Volker Jakob

Ulrich Schamoni: *Dein Sohn lässt grüßen. Roman* (1962)

Fast die ganze Stadt marschierte mit, so gut wie alle, mindestens hunderttausend. Und die nicht mitmarschierten, standen wenigstens am Straßenrand, waren also auch dabei; und die nur gezwungen dabei waren, füllten immerhin die Reihen; und die nicht mitmachten, die waren unwichtig, die sah man eben gar nicht, die durften einfach nicht gesehen werden, um das Ganze nicht zu stören und um nicht gestört zu werden.
Und deshalb blieben sie einfach weg, oder sie schlichen sich davon, sobald es möglich war, sobald alles in Bewegung war; sie drückten sich an den Rand, dann aus der Kolonne der Schreitenden in die Menge der Zuschauenden, in der sie versteckt blieben oder langsam durch sie hindurch ihre eigenen Wege gingen, in leeren Nebenstraßen.
Der ehemalige Stadtrat Heinrich Barweich mußte mitmarschieren, konnte sich nicht davonmachen, wollte es auch gar nicht; er trug die rechte vordere Stange des Baldachins.
Barweich wußte, warum er das tat, er hatte ja auch gewußt, warum er sich in den Stadtrat wählen ließ, damals, als der Wiederaufbau begann.
Barweich wußte eben immer, warum er etwas tat oder nicht tat. Er wußte auch diesmal, daß seine Eminenz, der hochedle Raffael von Bingen, Erzbischof von Kloster, ihn während der ganzen Zeit im Auge hatte.
Der Herr Erzbischof würde sich schon an ihn erinnern, wenn der Bau des neuen Seminars vergeben werden würde.
[...]
Klaus stand etwas abseits, so, daß er noch eben zu ihnen gehörte, aber auch wieder so weit entfernt, daß er nicht mit ihnen identifiziert werden könnte.
Klaus liebte diese Massenveranstaltungen nicht, denn die Masse war vulgär und dreckig. Die Masse will gehorchen, und sie muß es auch, sonst kommt es zur Katastrophe. Man muß ihrer Sehnsucht, etwas glauben zu wollen, nur eine Richtung geben: Nationalsozialismus – Kommunismus – alles ist möglich.

Selbstverständlich muß dieser Glaube eingeschränkt sein, je umgrenzter, desto besser, desto leichter pflanzt er sich fort. Andersdenkende müssen als Ketzer ausgemerzt werden, und zwar durch die Masse selber.
Das ist ja der Fehler Luthers gewesen, deshalb haben sie keine Macht, weil jeder seinen eigenen Verein bildet.
Die Weltgeschichte, die Politik ist durchzogen von solchem Glauben an Unerreichbares, der verkündet wird von Eiferern, die gewöhnlich zu Märtyrern werden, ja werden müssen, um auch von den übrigen, den gleichen opferbereiten Glaubenseifer verlangen zu können: getreu bis in den Tod ...
Die Kirche hat natürlich, sehr klug wie immer, das beste Ziel, weil es von keinem erreichbar ist. Deshalb hat sie sich ja auch so lange gehalten und wird sich immer halten. Da beten sie und singen sie, sie alle, genau wie sie früher »Heil Hitler« geschrien haben.

Ulrich Schamoni: *Dein Sohn lässt grüßen. Roman.* Berlin-Grunewald: Herbig 1962, S. 7f., 27f.

Anstiftung zum Widerspruch
Paul Schallück: *Zum Beispiel. Essays* (1962)

Befragen, hinterfragen. Aus Unmut heraus möchte Paul Schallück (1922–1976) zur Veränderung aufrufen, appelliert an die Vernunft, will Selbstbezichtigung. Ziel ist vor allem der Einstieg in die Erinnerungsarbeit. Denn nichts ist leichter korrumpierbar als das kollektive Gedächtnis. Insbesondere das verdrängungswütige Gebaren der 1950er Jahre in der Bundesrepublik machten Schallück Sorgen. Der Band *Zum Beispiel* versammelt Essays aus acht Jahren; er erschien zu einem Zeitpunkt, da Schallücks wichtigsten Romane bereits veröffentlicht waren und dieser sich generell mehr als publizistischer Akteur verstand und die literarische Produktion mehr und mehr hintenan stellte. Ob dies als eine zwingende Konsequenz seiner gesellschaftskritischen Romane *Wenn man aufhören könnte zu lügen* (1951; s. S. 45), *Die unsichtbare Pforte* (1954; s. S. 84), *Engelbert Reineke* (1959; s. S. 140) zu verstehen ist, bleibt letztlich Spekulation. Fakt ist, dass der Zeitkritiker Schallück schon zu Lebzeiten als »unbestechlicher Moralist« (Walter Gödden) angesehen und entsprechend gewürdigt wurde. Die Publikation einer Auswahl seiner Essays, die einen Einblick in seine unaufhörliche Produktivität als Beiträger (vor allem im Rundfunk) gewähren, ist somit keinesfalls als Nebenprodukt zu betrachten, sondern darf als integraler Bestandteil des Werks angesehen werden. Der Band, aufgeteilt in die Gruppen »Gedanken zur Zeit«, »Gedanken zur Kunst«, »Literarische Porträts« und »Beobachtungen«, macht bei näherer Betrachtung deutlich, dass Schallück sich zu Aufbau und Gliederung durchaus einige Gedanken gemacht hat; die erste Hälfte des 180 Seiten starken Buchs demonstriert eindrücklich, dass er um die Diskussion einiger für ihn und sein schriftstellerisches Werk grundlegenden Fragen bemüht war. Dass diese Beiträge in gewissen Kontexten entstanden – sei es als Auftragsarbeit, sei es auf Anfrage zu einem bestimmten Jubiläum etc. – wird glücklicherweise ausschließlich in den literarischen Porträts (störend) deutlich.

Von deutscher Tüchtigkeit ist die dringend benötigte Auseinandersetzung mit einem »Wesensmerkmal des deutschen Nationalcharakters«, der stärker als alles andere die Entwicklung der gegenwärtigen Gesellschaft zu bestimmen schien. Das (West-)Deutschland des ›Wirtschaftswunders‹ prosperiert in einem unerhörten Maße; eine Dynamik, die sich gewissermaßen selbst beim Wuchern verwundert zuschaut: »[D]a wimmelt und brodelt es, da wird geschafft, geleistet, da ist in Staub- und Schweißwolken die deutsche Tüchtigkeit am Werk. Autos rasen durch die Städte, Häuser schießen aus dem Boden, Straßen werden durchs Land gekerbt«; die Ruinenlandschaften der Nachkriegszeit verschwinden mehr und mehr. Doch was stört Schallück? Was kritisiert er an dieser vordergründig doch zunächst einmal erfreulichen Entwicklung? Sein Unmut generiert sich aus einer sezierenden Sichtung der deutschen Geschäftigkeit: Sie entfaltet nicht nur Eigendynamik, sondern auch krankhafte Züge. Ein schädlicher Ehrgeiz macht sich mehr und mehr bemerkbar. Schallück konstatiert Geltungssucht und Raffgier. Die deutsche Tüchtigkeit der Nachkriegszeit sei ebenso maßlos wie dilettantisch. Es etabliere sich, so Schallück, eine »Gemütsverarmung«, der eine »Lieblosigkeit« des Bürokratischen ebenso entspreche wie eine Gleichgültigkeit im Gesellschaftlichen. Gefährlich sei dieser Schwund des »Liebenswürdige[n]«, weil damit nicht nur eine einseitige Fixierung auf Leistung, Erfolg und Profit einhergehe, sondern ebenso – und dieses wiege besonders schwer – ein Verlust der inneren Freiheit, der individuellen Handlungsräume sowie der »Solidarität« und »Nächstenliebe«. Schallück sieht diese Entwicklung natürlich vor einer historischen Folie: Der militärische Sieg über den deutschen Faschismus liegt beim Schreiben dieses Essays knapp zehn Jahre zurück; und die neuerliche, unermüdliche Tüchtigkeit erzeugt in ihrer »Raserei ohne Sinn« einen Komplex aus »Angst und Leere«, der einerseits eine gefährliche Eigendynamik entwickelt, andererseits als eine »Kompensation von Minderwertigkeitskomplexen oder verklemmtes Machtstreben« dechiffriert werden kann. Die Tüchtigkeit der Deutschen ist, so Schallück, ein »unsinniger, seelenloser Betrieb«, der die Schäden des Faschismus und Bombenkriegs nur auf materieller Ebene zu beheben, die seelischen und ideologischen Katastrophen jedoch weniger eindeutig zu benennen weiß, nicht wirklich genau kennen lernen will.

Von deutscher Vergeßlichkeit ist eine konsequente Fortführung und Spezifizierung des geäußerten Unbehagens: »Mir ist nicht wohl in unserer westdeutschen Gegenwart.« Schallück tritt bereits mit dem ersten Satz ins Schmerzzentrum. Zwar rechtfertigt er sich im Folgenden, weshalb die »schönen, weit ausschweifenden, aber ansonsten unverbindlichen Redefloskeln« nicht länger zur Verfügung stehen, doch dies wäre eigentlich gar nicht erforderlich gewesen. Der Unmut ist da, und es ist kein überstrapaziertes empfindsames Subjekt, was sich hier bemerkbar macht: »Wir leben und tun immer mehr so, als sei nichts geschehen, als seien Trümmer und Massengräber lediglich die Folgen eines Orkans, einer

Naturkatastrophe und nicht eines nationalsozialistischen Verbrechens, eines lange vorbereiteten und schließlich verlorenen Krieges.« Schallück analysiert die Bequemlichkeit des Geistes; die Toten werden zwar betrauert, doch die Strukturen des Unrechts und Terrors werden als solche sehr bald schon wieder vergessen und verdrängt.

Schallück geht dem in *Von deutscher Resignation* genauer nach und liefert für die von ihm konstatierte Resignation empirische Daten (Beobachtungen in Gesprächen mit Nachbarn, Freunden, Fremden): »Am auffälligsten zeigt sie sich vor der Auseinandersetzung mit unserer jüngsten Vergangenheit: mit Hitlerdiktatur, Antisemitismus, Konzentrationslager, Gasöfen, Krieg, Niederlage und Nachkriegszeit. Zwischen dem Felsen einer konsequenten, aktiven Besinnung und dem Felsen einer chauvinistischen aktiven Geschichtsfälschung liegt das breite Tal der Resignation. In ihm lebt ein großer Teil unserer Mitmenschen, der größte.« Wie lässt es sich im »Tal der Resignation« leben? Schallück kommt hier noch einmal auf seine Diagnosen der Gegenwart zurück: Ist etwa das Tempo der Tüchtigen, der ewige Konkurrenzkampf nur auf diese Weise auszuhalten? Doch wie hat sich dies denn entwickelt? Kann sich wieder beklagt werden in Deutschland, ohne das geringste Maß an Verantwortung übernehmen zu müssen? Er fragt ganz direkt: »Sind wir ganz schuldlos, daß sich die Staatsmaschinerie so sehr kompliziert hat? Haben wir nicht den Staat, die Bürokratie gewähren lassen und uns um unsern Garten gekümmert?« Wofür Schallück – hier wie auch bei zahllosen anderen Gelegenheiten – appelliert, ist eine Zivilgesellschaft, die sich ihrer eigenen Vergangenheit, ihrer historischen Schuld ebenso wie ihrer gegenwärtigen Verantwortung bewusst ist, die sich den Herausforderungen stellt und nicht auf den bequemeren Weg des opportunistischen Mittuns einlässt.

Im Essay *Heimat* wendet sich Schallück einem weiteren urdeutschen Phänomen (und Problem) zu, das sich bezeichnenderweise auch nicht adäquat in andere Sprachen übersetzen lässt. Aufgrund der hochkomplexen Begriffsgeschichte spricht er zu Recht von einem »Zauberkasten«, dem ebenso ungeahnte wie unangenehme Konnotationen entsteigen können: »Viele Herren vieler Zeiten haben den Wagen des Heimatgefühls in ihren Troß aufgenommen, um – besonders in Kriegszeiten – die Untertanen und Söldner von ihm aus verpflegen zu lassen, nicht mit dem Brote, das den Leib kräftigt, sondern mit jener mystischen Speise, die Fahnen und Feuerwerke den Menschen zu reichen vermögen, Stolz auf die eigene Art und Gesinnungen, Bekenntnisse und Verpflichtungen, Verachtung des Fremden und Parolen und vornehmlich das Bewußtsein, für eine gute Sache zu streiten und zu sterben.« Nicht unerwähnt bleiben natürlich die Auswüchse unter den Nationalsozialisten: Heimat, Rasse, Erbteil – Vokabeln, die damals unter dem Firmament einer »Ideologie mit Absolutheitsanspruch« prosperierten. Doch weshalb will Schallück Anfang der 1960er Jahre daran erinnern? Anlass ist ein gegenwärtiger: Der Essayist blickt mit ein wenig Skepsis auf die Vielzahl der Heimatvereine, die »die Sprache eines begrenzten Gebietes, die Geschichte des Heimatraumes, Sitten und Gebräuche lebendig« halten wollen, dabei aber eventuell in der Gefahr stehen, das Heimatbewusstsein zu überhöhen, anderen »Möglichkeiten der Gemeinschaftsbildung« kaum noch Raum und Gelegenheit zu bieten.

Heimat – Schallück sagt es in aller wünschenswerten Klarheit – dürfe »kein Wert über alle[n] Werten« sein. Und fügt hinzu, dass inzwischen eine Vielzahl an Möglichkeiten – »Interessen, Beziehungen, Freundschaften, Berufsgleichheit« – längst die einstige Orientierungsfunktion des Heimatbegriffs übernommen habe.

In *Die falschen Avantgardisten* setzt Schallück sich kritisch mit einem Feind auseinander, den er irritierenderweise niemals genauer beim Namen nennt; im Fokus steht für ihn, so die Begründung, die Auseinandersetzung mit dem Phänomen als solchem. Dabei klärt er zunächst einmal, was den ›richtigen‹ Avantgardisten auszeichnet: »Freiwilligkeit und große Freiheitslust; freiwilliger Verzicht auf Sicherheit; Mut, sogar Todesmut beim Formulieren neuer Wahrheiten, wofür er beschimpft, beim Erproben neuer Formen, wofür er gesteinigt wird; Schärfe, ja Überschärfe aller fünf Sinne und möglichst noch einen sechsten dazu« – und mit spitzer Zunge fügt er hinzu: »Es versteht sich, daß Avantgardisten seltene Erscheinungen sind.« Bereits hieraus wird ersichtlich: Die ›falschen‹ Avantgardisten sind ein Massenphänomen – und somit einer kritischen Auseinandersetzung würdig. Eine weitere Spezifizierung schickt Schallück noch vorweg: »Man darf sie nicht verwechseln mit den Epigonen, den Nachahmern, die vielleicht nicht sehr ehrenwert, aber im Gesamtorganismus des Geistes ebenso unentbehrlich sind wie die Verdauungsorgane im Körper; fast jeder Künstler und Denker beginnt mit der Imitation als einem Versuch der Teilhabe; Nachahmung bedeutet eine Art Bruderschaft.« Das Gefährliche, Anstößige und Unausstehliche am ›falschen‹ Avantgardist sei vor allem sein Anschein der Mitgliedschaft: »Wie er sich räuspert und wie er spuckt, das hat er der Avantgarde abgeguckt.« Und wie äußert sich dies literarisch? Schallück geht in medias res: »Der falsche Avantgardist schreibt Gedichte im modernsten Stil, frappierend auf den ersten Blick, alle Merkmal der großen zeitgenössischen Dichtung verwendend: Dissonanz und Kürze, Abstraktion und Einblendung, Intellektuelles und Surrealistisches, Angst und Absurdität, Realität und Metaphorisches, Gebrochenes und Zeitzertrümmerndes und was sonst noch die Termini zur Markierung der modernen Lyrik sein wollen. Alles ist vorhanden, aber nur als Muster, Formel, Äußerlichkeit, als Peripheres, Fahne, Kennmarke, als Dekoration.« Weshalb diese überraschend heftigen Ausfälle? Es lässt sich nur mit Blick auf Schallücks Literaturverständnis erklären: Kunst ist für ihn Formwille und Phantasie, aber immer auch Aufklärung und Wahrheitsanspruch. Die ›falschen‹ Avantgardisten verfehlen für ihn all diese Ansprüche: Sie erteilen Wahrheit und Aufklärung, ob gewollt oder ungewollt, eine Absage, nicht zuletzt aufgrund ihrer ewigen Äußerlichkeit – was zudem einen ernstzunehmenden Formwillen negiere. – Was hülfe? Aufmerksamkeit, Nachdenklichkeit, Urteilsschärfe. Denn Kunst ist, so Schallück, nicht zuletzt immer auch Impuls fürs »Gespräch unter den Menschen«.

In *Der Glaube an das Dokument* wendet sich Schallück einer weiteren Fehlentwicklung zu, welche sich erst vor dem Horizont seiner eigenen Auffassungen ganz nachvollziehen lässt. Es ist der in den 1960er Jahren mehr und mehr grassierende Glaube ans Dokumentarische, der auch in der Literatur auszumachen ist: Schallücks Erläuterung für die Faszination des Dokumentarischen greift ins Gesellschaftliche aus: Die Notwendigkeit, das eigene Leben zu ordnen, so Schallück, würde durch das Dokument ganz wunderbar geleistet – so zumindest der suggestive Eindruck. Es sei »der erwünschte Griff nach der Wirklichkeit, als das Verbürgte und Gesicherte, als das Unwiderrufliche, als eine Ordnungsmacht, als ein Zeugnis des Lebens und schließlich als das Authentische schlechthin.« In Bezug auf die Kunst bleibt Schallück kritisch; in seinen Augen ist das Dokument »Abgelegtes und Abgelebtes«; es kann für ihn immer nur nachrangig behandelt werden, das Kunstwerk keinesfalls ersetzen. Da sich die dokumentarische Kunst und Literatur dieser Jahre insbesondere auf ihre aufklärerisch-kritische Aufgabe berief, mag die Ablehnung Schallücks zunächst überraschen. Doch erinnern wir uns: Neben Wahrheit und Aufklärung standen für ihn ebenso Phantasie und Formwille im Fokus. Den literarischen Entwicklungen ab Mitte der 1960er Jahre war Schallück tendenziell nicht mehr aufgeschlossen und geriet damit (ungewollt) mehr und mehr ins ästhetische Abseits.

In *Kunst als Protest am Beispiel des Jazz* probiert sich der Schriftsteller auf neuem Terrain; Anlass ist nicht die Profilierung in fremden Gefilden, sondern die Frage, wo sich Kunst noch als Protest – und das ist nach Schallück sui generis jede Form von Kunst – spürbar erleben lässt. Ihm ist an Entwürfen einer »Gegenwirklichkeit« gelegen, die das Kontrafaktische erproben, die kritische Distanz einnehmen, vielleicht gar den utopischen Entwurf skizzieren. Diese Form von künstlerischer Gegenwelt scheint ihm im Jazz, wie ihn die »Neger in den Südstaaten der USA« als Form des Widerstands initiierten, besonders greifbar: »Schaut euch die Musiker an, während ihr sie hört: [...] ihr Biegen und Wippen, ihr Lockern und Spannen, ihr Springen und Zittern, ihre Ruhe und Hektik, ihre Gelassenheit und ihr rhythmisches Atmen, ihr Wiegen und Tanzen; die unermüdlichen Füße, die durch Zeiten und Räume eilen und doch nicht von der Stelle kommen; die übermütigen Gebärden der Arme, die über die gesetzte und zugemessene Zeit hinausgreifen wollen ins Zeitenlose, wo dem Menschen kein Aufenthalt zugestanden wurde.« Man spürt förmlich, wie Schallück sich beim Schreiben von dieser energetischen, impulsiven Musik mitreißen ließ: Eine derartige Emphase und Euphorie ist in den übrigen Essays der Sammlung *Zum Beispiel* nicht auszumachen. Doch Schallück löst sich auch ziemlich rasch von seiner dichten Beschreibungskunst, rettet sich von emphatischer Anteilnahme in intellektuelle Schwerstbegriffe (»Protest des Leibes gegen den Dualismus von Leib und Seele«) und wendet sich generalisierenden Bemerkungen zu: »Das Wesen des Jazz protestiert gegen den organisierten Alltag, [...] rennt an gegen das Arsenal der Instanzen und Organisationen, der Vereinigungen, Gliederungen, Verfassungen, Einrichtungen, Entwürfe und Pläne, die sein müssen; er protestiert gegen [...] gegen die Unfreiheit der Konsumgesellschaft.« Hier wird das ganz große Besteck aufgefahren. Beeindruckte die Darstellung des Jazzspiels vor allem durch ihre (sprachliche) Präzision und Detailgenauigkeit, wird nun im Stakkato von »Instanzen«, »Normen, Notwendigkeiten und Ideologien« geschrieben. Von der Verlebendigung des Individuellen und Freiheitlichen, die Schallück dem Jazz attestiert, ist somit in seiner eigenen Sprachverwendung nunmehr kaum noch etwas zu spüren: statt Improvisation nur Repetition, Rückgriff auf bekannte Formeln, Standards und Begrifflichkeiten.

Das mag als Vorwurf an dieser Stelle inadäquat oder kleinlich wirken, macht aber auf eine grundsätzliche Schwierigkeit aufmerksam, die Schallück in vorangegangenen Essays durchaus gekonnt gemeistert hatte: Der Essay ist – im Gegensatz zum Pamphlet oder Programm – auch eine literarische Form. Er besticht durch eine formale Freiheit, die der Kommentar oder die Kolumne nicht bieten können. Doch diese Freiheit gilt es auch zu nutzen. Die unter den Rubriken »Gedanken zur Zeit« und »Gedanken zur Kunst« versammelten Essays erfüllen diese Anforderungen meist ebenso mühelos wie Schallücks »Beobachtungen«. Von letzteren sind insbesondere die Essays *Daran glaube ich* sowie *Der Platz, an dem ich schreibe* lesenswert; bereits das zweifache »ich« macht deutlich, dass hier das Persönliche öffentlich wird. Schallück zeigt sich in seinen Essays als routinierter Schreiber, der sich in diversen Tonlagen seinem jeweiligen Gegenstand zu nähern weiß. Dass ihm dies in *Kunst als Protest am Beispiel des Jazz* nicht gänzlich überzeugend gelang, hängt weniger mit seiner mangelnden Sachkunde, sondern viel eher damit zusammen, dass er sich an dieser Stelle zu viel vorgenommen hatte. Unter argumentativen Zugzwang gestellt, griff er – was seinen Ausführungen nicht sehr zuträglich war – auf erprobte Begrifflichkeiten zurück, denen die Lebendigkeit vorangegangener Beschreibungen gänzlich abhanden ging.

Siegfried Lenz betonte in seiner Laudatio auf Schallück anlässlich der Verleihung des *Nelly-Sachs-Preises* 1973, kaum ein Schriftsteller der Nachkriegsliteratur habe »so direkt, so ungeduldig und anklägerisch [...] nach dem Verbleib der Wahrheit gefragt und nach den Schlußfolgerungen, zu denen sie uns zwingt.« – Das war natürlich mit Blick auf das belletristische Werk Schallücks formuliert. Gleichwohl lässt es sich auch auf seine in *Zum Beispiel* vorliegende Auswahl an essayistischen Arbeiten übertragen; insbesondere seine »Gedanken zur Zeit« beweisen mit immer noch andauernder Gültigkeit, was politisches Schreiben bedeuten und wie aufklärerische Kritik gelingen kann. Diese Form von Erinnerungsarbeit, die immer wieder auch auf die »Verletzbarkeit des Menschen« (Schallück) hinweist, ist es, die sich in seinen Essays und Romanen finden lässt.

Arnold Maxwill

Paul Schallück: *Zum Beispiel. Essays* (1962)

Heimat

Der Begriff Heimat umschreibt ein Umweltsproblem und zugleich, daß wir es mit einem subjektiven Ereignis zu tun haben. Ich kann mir über die Umwelt meines Freundes, der Wunsiedel, am Rande des Fichtelgebirges, seine Heimat nennt, die genauesten Kenntnisse verschaffen, kann seine Eltern, Geschwister, Freunde, Nachbarn, Bekannten kennenlernen, das Städtchen sympathisch finden, mir die Landschaft einprägen – all das wird mir jedoch über den Inhalt und die Intensität seines Heimatbewußtseins keinen Aufschluß geben; denn ich habe an den subjektiven Erfahrungen nicht teilgenommen, die ihm Wunsiedel zur Heimat machen. Heimat ist ein Symbol für die zumeist in der Kindheit erlebte Umwelt, und die notwendige Konsequenz des Umstandes, daß die

meisten Menschen noch immer den größten Teil ihres Lebens in einer Gemeinde leben. Die Gemeinde kann ein in sich geschlossener Ort sein oder ein Stadtteil. Die Vielfalt großstädtischen Lebens bringt es mit sich, daß die Heimatvorstellung verblaßt, undifferenziert und unwirksam wird. Das Bewußtsein, eine Heimat zu haben, hat vor allem in kleineren Gemeinden noch immer die Funktion, Gemeinschaft zu bilden. In größeren Orten treten an die Stelle des Heimatbewußtseins andere Möglichkeiten wie Interessen, Beziehungen, Freundschaften, Berufsgleichheit, die nicht unter den Begriff Heimat fallen, aber ebenfalls Kommunikationen schaffen.
Heben wir nun den Deckel des Zauberkasten-Wortes an. Sofort springen uns Merkwürdigkeiten entgegen, die Tatsache etwa, daß das Wort Heimat in anderen Sprachen keine definitorische Entsprechung findet. Unsere Nachbarn müssen Heimat mit Vaterland oder Nation übersetzen und sich bewußt bleiben, daß es sich um eine behelfsmäßige Umschreibung des deutschen Wortes handelt. [...]
Heimatgefühl wurde zu einem schwammigen Gebilde. Einen mit großer Raffinesse künstlich hergestellten Geschmack erlangte das Gefühl in der deutschen Romantik. Bei den Burschenschaftlern schmeckte es anders als bei den Dichtern, bei den Frauen anders als bei den Männern, auf dem Lande anders als in der Stadt. Die Volkstümler späterer Jahrzehnte fügten neue Nuancen hinzu, vermischten die Heimat mit dem Vaterland oder der Nation. Bis schließlich die Blut-und-Boden-Mixer über die Retorte kamen, mit groben Schöpflöffeln darin herumrührten, die eigenen braunen Soßen und blutgetränkten Pulver hinzuschütteten, den riesigen Heimatgefühls-Bottich unter feierlichem Geleit der in der Heimat zurückgebliebenen Prominenz bei einem Staatsakt in den heiligen Hain des Vaterlandes und der nordisch-germanischen Götter trugen und uns allen den infernalischen Absud als das allheilende Volksgetränk des Tausendjährigen Reiches anboten und jeden mit dem Tode bedrohten, der sich weigerte, von dem Abwasch der Jahrhunderte zu trinken. Der einfache Heimatbegriff war an Rasse und Erbteil gebunden worden und ein Wert über allen Werten, eine Ideologie mit Absolutheitsanspruch und dem Merkmal des Tabus, ein Haß auf alles Fremde, Heimatlose, und das Triebmittel des militanten Nationalismus.

Paul Schallück: *Heimat*, in: ders.: *Zum Beispiel. Essays.* Frankfurt am Main: Europäische Verlagsanstalt 1962, S. 61–65, hier S. 61–63

Auf der Suche nach dem Ich
Thomas Valentin: *Die Fahndung. Roman* (1962)

Was ist eigentlich das ›Ich‹, was bedeuten Subjekt und Subjektivität, wie kann man sich die Identität einer Person denken? Diese Fragen, die Philosophie und Kunst seit jeher beschäftigen, stehen im Zentrum von Thomas Valentins zweitem Roman *Die Fahndung*. Mit dem Satz »Legans Brief hat mich erschreckt« beginnt diese »Reise zu sich selbst«, wie der

Untertitel der zweiten Fassung lautet. Der Journalist Landolt, Verfasser von Zeitungsreportagen, die unter dem Namen »Porträts am Straßeneck« erscheinen, begegnet in einer verrauchten Kneipe flüchtig einem Fremden mit dem Namen Ernst Legan. Dieser mittlerweile Untergetauchte bittet den Ich-Erzähler Landolt in einem Brief (ein »sonderbares Testament«) darum, hin und wieder dessen Atelier aufzusuchen, das Kapuzineräffchen Klotho zu füttern und diverse Kartons an Empfänger auszugeben, die vorher brieflich benachrichtigt worden sind.

Diese Ausgangssituation nutzt Valentin, um Landolt immer weiter in die Geschichte des Fremden hineinzuziehen. Gleich einer Theaterbühne treten nun die Figuren aus dem Umfeld Legans – Freunde, Bekannte, Weggefährten, Verwandte – auf und ab. Aus diesen Begegnungen entsteht ein kleines Gesellschaftsporträt der Bundesrepublik zu Beginn der 1960er Jahre. Die Schauspielerin Susanne Bongart, der Wirt Theo, Lisa Goll, der Schulrektor Trier: sie bilden ein Figurenkabinett, stehen für verschiedene Lebensentwürfe, Denkweisen und Wertesysteme. Doch ein fester Kern, eine ›Essenz des Daseins‹ des Egozentrikers und Erotomanen Legan entsteht aus diesen Gesprächen nicht – vielmehr verändert die Spurensuche Landolt selbst, führt zu Selbstsuche und Selbstbeobachtung. Von seinem Rechercheobjekt bleibt lediglich das »Fragment einer Skizze«. Die ›Reise‹ endet damit, dass Landolt die Rückkehr des Fremden nicht mehr benötigt, da die ›Fahndung‹ schließlich erfolgreich war und der Prozess der Selbstreflexion abgeschlossen ist: »Ich war nie weiter von Legan entfernt als in dem Augenblick; und doch nur auf der andern Achse der Ellipse.«

Die Zusammengehörigkeit der beiden Figuren Landolt und Legan ist evident, die Distanz zwischen Landolt und dem Fremden, von dem er sich zu Beginn noch Anregungen für eine ›Story‹ erhofft, schwindet immer mehr: »Als ich erwachte«, so Landolt, »wußte ich nicht mehr, ob es Legans Gesicht oder meines war.« Und: »[I]ch glaubte manchmal in Legans Leben die Muster auftauchen zu sehen, nach denen auch mein Schicksal gewirkt ist.« Beide Namen tragen die gleichen Anfangsbuchstaben, der Ich-Erzähler Landolt wird mit den beiden Anfangsbuchstaben »EL« angesprochen. »Legan« ist ein Anagramm von »Nagel« – und Legan lässt sich tatsächlich nicht ›festnageln‹, bleibt eine unverfügbare, unberechenbare, flüchtige und schwer fassbare Figur, die den Journalisten immer weiter in die Selbstanalyse der eigenen beruflichen und privaten Situation treibt.

Das Fluide und die Flüchtigkeit der Identität, die Perspektive des Beobachters, Subjektivität als Einzigartigkeit, das Undurchschaubare der menschlichen Existenz: Das sind die Themen, um die Valentins Roman kreist. Der Text erscheint in einem lakonischen Erzählgestus, in einer detailgetreu-konkretistischen Sprache. *Die Fahndung* inkorporiert eine Vielzahl von Sprachregistern, zu der auch Dialekte und die Nachahmung mündlichen Sprechens gehören. Die Eigenarten der Figuren werden durch ihren sprachlichen Duktus erkennbar; ein wesentlicher Teil des Romans besteht aus Gesprächen und Diskussionen (daher verwundert es nicht, dass sich Valentin später dem Fernsehspiel zuwandte). Das erinnert zuweilen eher an die Texte der sogenannten Neuen Subjektivität der 1970er Jahre oder an Autoren wie Jörg Fauser. Valentin verwendet Elemente des Krimis, insbesondere der Noir-Variante (die Ermittlung, die zum Ermittler zurückführt). Die Form des Episodisch-Assoziativen wird genutzt, um unabhängig von einer mimetischen Repräsentation die Frage nach Identität und Subjektivität performativ zu entfalten.

Literatur ist hier auch kultureller Kommunikationsraum. *Die Fahndung* besteht aus einem dichten inter- und intratextuellen Netz und Verweissystem (»Mann Gottes, Legan verabschiedete sich auf französisch, und ich empfange ihn auf französisch« – der Roman endet mit dem Satz »Je me permets de vous embrasser!«), jedoch nicht als selbstgenügsames oder selbstreferentielles poetisches Spiel oder sentimentalische Belebung des ästhetisch Alten. Der Journalist Landolt forscht ja nicht nur dem mysteriösen Legan nach, er ist auf der Suche nach geeigneten Stoffen für seine »Porträts am Straßeneck«, aus der schließlich Selbsterkenntnis und seine Initiation als Romanschriftsteller resultieren. Das Imaginierbare ist nun denkbar, das Denkbare schreibbar geworden. Landolt kann seinen Wunsch, die Welt erzählerisch zu modellieren, erfüllen (»Ich müßte den roten Faden entdecken«).

Den Prä- und Subtexten kommt eine erhebliche Rolle zu. Valentin nutzt das szenisch-episodische Arrangement des Romans, um literarische Techniken und Ausdrucksmöglichkeiten neu zu befragen, zu modifizieren, zu verwerfen und fortzuführen. Dafür braucht er Versatzstücke aus dem historischen Archiv der Kunst- und Literaturgeschichte. Goethe (*Faust II*, *Italienische Reise*, *Die Wahlverwandtschaften*), Mörike (*Orplid*), Gerhart Hauptmanns *Und Pippa tanzt. Ein Glashüttenmärchen*, die Debatte um abstrakte und gegenständliche Kunst, Buridans Esel, Anspielungen auf Bibel und Mythologie: Die kulturelle Überlieferung ermöglicht eine eigene Art der produktiven Anverwandlung, um dem Ich-Erzähler Landolt ein neues inneres Verhältnis zu sich selbst und zu seinem Schreiben zu ermöglichen, um neue ›Sinnhöfe‹ in der erzählten Gegenwart des Jahres 1962 bilden zu können. »Ulysses« ist das Symbol für den geheimnisvollen Legan (später ersetzt durch »Quichotte«), das Kapuzineräffchen »Klotho« benannt nach einer der drei Moiren, die den Lebensfaden spinnen sollen (in der überarbeiteten Fassung heißt es »Bip«) – man kann hier an Kafkas Affen Rotpeter aus *Ein Bericht für eine Akademie* denken – all diese Anspielungen und Zitate (Prozess kultureller Selbstverständigung) verdeutlichen die Verschiebungen von Wahrheit, die innerhalb der erzählten Welt geschwächt, verfestigt oder aufgelöst werden.

Einen entscheidenden Hinweis für die Deutung des Romans bietet eine Notiz auf der Rückseite eines »Flugblatts einer Waschmittelfabrik«, die Landolt aus einer Ausgabe von Albert Camus' *La Chute* (*Der Fall*), die er auf dem Schreibtisch im Jugendzimmer Legans vorfindet, in die Hände fällt: »*Fahndung* oder *Die Reise zu sich selbst* / Du hast damals, in der Jugend, eine Verabredung mit dir getroffen. Erinnerst du dich? Du hast dich verpaßt. Trab' nur durch die Jahre! Du bist dir weit voraus. Wer ist schneller, der Tod oder du? Darauf kommt es an. Es sei denn, du lernst erneut zu glauben! Dann hast du noch eine Ewigkeit vor dir! Eine Ewigkeit voller Gnade. *Ero ipse tecum!*« – Der Satz des Augustinus aus dem ersten Buch der *Confessiones* (»Und ich werde ich selber sein«) ist der ersten Fassung auch als Motto vorangestellt und wurde später von Valentin gestrichen. ›Der Fall‹ Landolt ist nun gelöst: Er hat wieder zu sich selbst gefunden, die berufliche und private

Krise ist überstanden, er »braucht« keinen »Helden« mehr, »[e]inen, von dem du glaubst, daß er hat, was du haben möchtest«.

Sicher, es weht eine ›existentialistische Aura‹ durch den Roman, man spürt noch den Geist der 1950er und frühen 1960er Jahre – auch in den Erzählverfahren und -techniken, die sich dem Innovationsimpetus der Moderne, vergleicht man den Text etwa mit anderen zeitgenössischen Romanen von Wolfgang Koeppen, Uwe Johnson oder Arno Schmidt, zu entziehen scheinen. Schaut man jedoch auf die gegenwärtigen Debatten um Konzepte eines identischen Subjekts, um offene Subjektivitätsvorstellungen in der postmodernen Philosophie und Literatur, dann wird deutlich, wie früh und eindrücklich Valentin dieses Thema literarisch reflektiert hat.

Man kann den zeitgenössischen, mitunter kritischen Rezensionen in einigen Punkten zustimmen: Der Roman verstößt gegen die Erzählökonomie, die Handlung wirkt konstruiert, von Zufällen bestimmt und mit Symbolik überfrachtet. Und doch: Hier lässt sich ein Autor bei der Suche nach den Repertoires poetischer Gestaltung beobachten. Die Selbstkonstitution und Selbstfindung Landolts als Subjekt ist gleichzeitig poetische Selbstbefragung und Selbstkommentar: Ein Künstler auf der Suche nach sich selbst und das heißt auch, nach einer eigenen poetischen Stimme, nach einem Platz im zeitgenössischen Literaturbetrieb. Das Motiv des Schreibens und die Reflexion über Sprache (»Begriffe machen das Denken brutal«) durchziehen diese ›Fahndung‹, das ästhetische Spiel wird an die autobiografische und autofiktionale Erfahrungswirklichkeit gekoppelt. Moderne heißt, dass es Literatur als Gegenstand nur im Zuge ihrer Reflexion als Gegenstand gibt, dass Kunst die eigenen Verfahrungen und Bedingungen ständig mitreflektiert.

Spätestens der 1963 erschienene Roman *Die Unberatenen* (s. S. 220) machte Valentin (1922–1980) als Schriftsteller bekannt, nicht zuletzt durch die Verfilmung von Peter Zadek unter dem Titel *Ich bin ein Elefant, Madame* (s. S. 330). Die Kinofassung wurde 1969 mit dem *Silbernen Bären* ausgezeichnet. Valentins Frühwerk ist ein gutes Beispiel für die Vielgestaltigkeit der ästhetisch-literarischen Konzeptionen der deutschsprachigen Nachkriegsliteratur (s. S. 180, 290). In den Diskussionen darüber, wann denn genau die deutsche Literatur nach dem Zweiten Weltkrieg wieder Anschluss an ›moderne‹ Themen gefunden habe – mit dem immer wieder genannten ›annus mirabilis‹ 1959 (Grass, Johnson, Böll), dem Literaturgeschichten Schwellencharakter zusprechen – wird Valentins Name leider viel zu selten genannt.

Nils Rottschäfer

Thomas Valentin: *Die Fahndung. Roman* (1962)

Legans Brief kam mit der Nachmittagspost.
Ruth hatte ihn nicht geöffnet. Er lag, als ich von der Redaktion nach Hause kam, mit drei andern auf meinem Schreibtisch. Die Schrift war mir fremd, ein Absender nicht angegeben. Ich ließ ihn bis zuletzt liegen.

Aber auch dann, als ich das Kuvert aufgeschlitzt hatte, las ich noch nicht gleich, sondern betrachtete verdutzt das Briefpapier: zwei Flugblätter, auf der einen Seite mit dem Werbeslogan einer Waschmittelfabrik bunt bedruckt und auf der Rückseite mit Bleistift beschrieben. In einer Schrift, die zu entziffern mich einige Mühe kostete, nicht nur, weil sie winzig, sondern vor allem, weil sie altmodisch, außer Kurs war.
Ich las die zwei Blätter, zunächst ohne jedes Verständnis, ging hinüber in die Küche und las sie Ruth vor.
»Kuriose Zumutung!« sagte sie.
Der Brief ist morgens am Hauptbahnhof eingeworfen worden und lautet:

»Sehr geehrter, lieber Herr Doktor Landolt,
ich bin gezwungen, eine Reise anzutreten, von der ich heute noch nicht weiß, wann sie beendet sein wird. Ich bin nicht einmal sicher, ob ich überhaupt zurückkehren kann. Ihre Freundlichkeit damals in der Kantine ermutigt mich, Ihnen zwei Bitten vorzutragen: Könnten Sie hin und wieder nach meinem Atelier sehen? Bebelstraße 93, Hinterhaus. Ich habe in Ordnung gebracht, was in der knappen Zeit vor meinem Aufbruch noch in Ordnung zu bringen war (Wasser, Gas, Licht etc.).
Und dann – ich weiß, daß ich Ihnen zu viel aufbürde, aber ich habe im Augenblick keinen anderen Menschen, an den ich mich in dieser Angelegenheit wenden könnte –: im Atelier hauste mit mir in den letzten Monaten ein Kapuzineräffchen, ein sauberes und kluges Tier. Ich konnte mich nicht entschließen, Klotho in Pension zu geben; er verträgt die Menschen schlecht. Meine Hauswirtin, Frau Bierbaum, übernimmt die Versorgung. Trotzdem: alles über Fütterung und Pflege finden Sie in einer Broschüre, die ich auf den Schreibtisch gelegt habe! Sollte Ihnen Klotho aber lästig werden, so brauchen Sie nur den Zoo anzurufen: Affenwärter Hellmich. Das Tier wird sofort abgeholt.
Ich bin froh, Ihnen vielleicht auch einen Gefallen tun zu können: in der Truhe (Schlüssel hinter dem ›Ulysses‹) liegen ein paar Kartons. Ich habe die Empfänger gebeten, sie zu einem bestimmten Termin in meiner Wohnung abzuholen. (Liste mit Namen und Daten anbei!) Händigen Sie bitte diesen Nachlaß aus!
Es hat mir leid getan, daß Sie neulich abends nicht auf Ihre Kosten gekommen sind! Die Leute, denen die Kartons gehören, könnten Ihnen das eine oder andere Stück der Geschichte erzählen. Ich hoffe, sie werden uns nicht im Stich lassen!
Vielleicht ist irgend etwas für Ihre Porträt-Serie darunter.
Höchste Zeit! Ich muß fort.
Mit Dank und Gruß: Ernst Legan.«

»Du wirst dich doch nicht darauf einlassen?« fragte Ruth.
»Warum nicht?«
»Reichlich überkandidelt!«
»Für eine gute Geschichte geh ich mit dem Bär aufs Seil!«

Thomas Valentin: *Die Fahndung. Roman.* Hamburg: Claasen 1962, S. 20f. (T. V.: *Fahndung oder Die Reise zu sich selbst.* Roman. Oldenburg 1998 © Igel Verlag)

Keine westfälische Dichtung mehr
Horst Wolff (Hg.): *Lotblei. Junge Autoren* (1962)

Mit *Lotblei. Junge Autoren* erscheint 1962 eine Art Gegen-Anthologie: eine Textsammlung, die so gar nichts mehr zu tun hatte mit *Westfälische Dichter der Gegenwart* (1953; s. S. 68), einem Kompendium, das neun Jahre zuvor erschienen war. Dessen Herausgeber Josef Bergenthal war damals mit dem Anspruch aufgetreten, einen repräsentativen Querschnitt westfälischer »Stammesdichtung« zu bieten. »Blut-und-Boden«-Dichtung feierte fröhlich Urständ, ehemalige NS-Parteidichterinnen und -dichter wurden belobhudelt, als wäre nichts gewesen – ein Kompendium, das prototypisch für den restaurativen Mief steht, der damals das politische und kulturelle Klima Westfalens bestimmte.

Doch damit sollte Anfang der 1960er Schluss sein. Nachdem auf dem Schmallenberger Dichtertreffen 1956 junge Rebellen um Paul Schallück und Hans Dieter Schwarze offen gegen die ehemaligen Nazi-Dichter und deren einseitige Westfalen-Fixierung opponiert und eine grundsätzliche Reform der westfälischen Dichtung gefordert hatten, griffen die vielfach als ›Nestbeschmutzer‹ diffamierten jungen Kräfte zur Selbsthilfe. Unterstützt von der VHS Hagen kam es zu Autorentreffen und Lesungen. Einer der Organisatoren war Horst Wolff. 1962 ließ der damals 39-jährige Bibliothekar und Mitarbeiter des Dortmunder Kulturamts *Lotblei* erscheinen, um auszuloten, was sich alternativ als »Dichtung aus Westfalen« verstehen ließe.

Seine Anthologie stellt den Versuch einer neuen Standortbestimmung der westfälischen Literatur in Buchform dar. Der Herausgeber nahm 18 Autoren auf, von denen lediglich einer, Josef Michels, auch in Bergenthals *Westfälischen Dichter* vorkam. Der Kanon wurde also vollständig neu definiert. Es beteiligten sich Reinhard Paul Becker, Heinrich Maria Denneborg, Bernhard Doerdelmann, Erich Jansen, Hugo Ernst Käufer, Ernst Meister, Josef Michels, Heinrich Ost, Josef Reding, Peter Rühmkorf, Paul Schallück, Heinrich Schirmbeck, Albert Arnold Scholl, Hans Dieter Schwarze, Erwin Sylvanus, Hertha Trappe, Werner Warsinsky und Anneliese Wendt.

Wolff hatte schon drei Jahre zuvor seinen Spürsinn für Literatur bewiesen, als er im Auftrag der Städtischen Volksbücherei Dortmund ein schlichtes Bändchen mit dem Titel *Lyrik unserer Zeit* herausgab. Vertreten waren darin 35 deutsche Gegenwartsautorinnen und -autoren, darunter Günter Eich, Hans Magnus Enzensberger, Günter Bruno Fuchs, Günter Grass, Peter Härtling, Karl Krolow, Christoph Meckel und Wolfdietrich Schnurre. Anders als *Lotblei* verfolgte der Band also kein regionales Anliegen. Immerhin aber bescheinigte eine Kritik, dass hier, fernab des »literarischen Managergewirrs unserer Tage« neue Maßstäbe angelegt worden seien mit dem Ziel, »die Sensibilität, das hellwache Auffassungsvermögen eines breiteren Publikums [...] zu verfeinern« und neue Leser für die Lyrik zu gewinnen. »Es soll Unruhe verbreitet werden, um Entscheidungen herbeizuführen« – so Hans Dieter Schwarze 1958 im September-Heft der Zeitschrift *Westfalenspiegel*.

Lotblei bietet ein breites Sammelsurium literarischer Stilmittel und Anschauungen. Es sind viele Namen darunter, die einem heute kaum oder gar nichts mehr sagen. Einige Beiträger standen noch am Anfang einer später erfolgreichen Laufbahn. Wolff hebt im Vorwort hervor: »Der Band soll weite Lesekreise auf junge westfälische Autoren aufmerksam machen. Ihre Aussagen bestimmen die Gegenwart, oder werden sie in naher Zukunft bestimmen. Die Schriftsteller bemühen sich, mit neuen gemäßen Mitteln ein neues Zeitgefühl, neue Erfahrungen und Erwartungen ins Wort zu nehmen«. Hierauf folgt Programmatik, die sich gegen apolitische, rein aufs Ästhetische bzw. auf »landsmannschaftliche« Positionen richtet: »Einzelne Kritiker monieren die häufige Gestaltung der negativen Seiten unseres Daseins. Sie sprechen von Jonglieren am Abgrund, ohne den ernsthaften Versuch, diese Zeitabgründe zu überwinden. Diese Kritiker übersehen allzuleicht, daß jede Generation ihr Schicksal hat. Das Kreuz der Schriftsteller der Kriegs- und Nachkriegsgeneration ist es, nicht vergessen zu dürfen: ›Vergessen ist Schuld‹.« Und: »Darum kann auch dem Schönen nicht der Platz eingeräumt werden, den wir ihm so gerne geben möchten. Es gibt eben wenig schöne und edle Sachverhalte in Vergangenheit und Gegenwart, und jede Kritik, die einen nur ästhetischen Maßstab an die literarischen Objektivationen unserer Zeit legen möchte, muß deshalb scheitern.«

Die jüngeren Autoren zeichne aus, dass ihre Jugendzeit in die schweren Nachkriegsjahre gefallen sei und sie die »Schattenseiten unseres Daseins zur Genüge« erfahren hätten. Dies hätte ihr neues Lebensgefühl geprägt. Wolff bemüht sogar das Spekulative: »Sie haben ein neues Zeit- und Raumgefühl, ein Wissen von der Unendlichkeit der Räume. Aus Isolierung und Einsamkeit heraus stellen sie Fragen an die Welt, die unbeantwortet bleiben. Viele Autoren sind vom kosmischen Schwindel erfaßt. Sie sind nicht davon überzeugt, daß die Erde eine sichere Zuflucht für das Menschengeschlecht ist. Sie wissen, daß im Falle eines Atomkrieges die Ratten eine weitaus größere Chance zum Überleben haben als der Mensch.« Durch solch gemeinsame Erfahrungen seien die Menschen (und Autoren) näher zusammen gerückt: »Die Horizonte weiteten sich. Westdeutsche Autoren benutzen ähnliche Stilmittel wie die schweizerischen oder die französischen. Sie arbeiten mit Mitteln, die sich die englischen, französischen, amerikanischen aber auch östlichen Literaturen eroberten.«

Es ist also die Weltläufigkeit und nicht mehr in Worte gefasste Heimattreue, die den neuen Maßstab vorgibt. Geradezu provokant fährt Wolff fort: »So gesehen gibt es keine westfälische Dichtung mehr. Aus den Texten ist nur selten herauszulesen, daß es sich um Westfälisches handelt.« Weiterhin hebt Wolff hervor, dass es ihm bei seiner Auswahl nicht um Perfektion gegangen sei; wichtiger seien ihm Autorinnen und Autoren, die um eine eigenen Position ringen: »Neben Dichtern von europäischem Format stehen in diesem Band sehr junge Autoren, die die eigenen Möglichkeiten erkannten, wenn auch noch nicht immer formal beherrschen.«

Auffällig ist, dass Wolff eine Autoren-Gruppierung vollständig ausklammerte: Die Mitglieder der *Dortmunder Gruppe 61*. Diese hatte schon bald nach ihrer Gründung überregional für Schlagzeilen gesorgt, allen voran ihre Galionsfigur Max von der Grün, dessen

Romandebüt *Männer in zweifacher Nacht* (s. S. 216) ebenfalls 1962 erschien. (Dass dem Dortmunder Bibliothekar Wolff das Treiben des Archivars Fritz Hüser, des Inspirators der *Gruppe 61*, verborgen geblieben war, ist auszuschließen.) Ziel der *Gruppe 61* war es, die Arbeitswelt stärker in die Literatur einzubeziehen. Ein solches Bestreben lag Wolff offensichtlich fern. Sein Vorwort schließt eher an intellektuelle Positionen an, wie sie etwa Erwin Sylvanus bei seiner Laudatio auf den Droste-Preisträger Ernst Meister 1957 hatte anklingen lassen. Dort hatte Sylvanus das »gewandelte Lebensgefühl einer jungen Intelligenzschicht« herausgehoben, die sich anschicke, »aktiv die geistige Wirklichkeit mitzugestalten«: »Der Schreiber dieser Zeilen hat die Vermessenheit, zu glauben, daß es die Aufgabe der Dichter ist, die neuen Wirklichkeiten durch das Wort auszusagen und damit zu bannen und zu ordnen«.

Das Erscheinen von *Lotblei* erregte große Aufmerksamkeit. Es wurde – wenig verwunderlich – mit dem noch immer schwelenden Generationskonflikt innerhalb der westfälischen Literatur und dem Thema ›Was ist westfälisch?‹ in Verbindung gebracht. Die beiden größten westfälischen Zeitungen (*Westfälische Rundschau*, *Ruhr-Nachrichten*/*Westfalenpost*) berichteten mehrspaltig, das *Westdeutsche Tageblatt* widmete dem Buch fast eine halbe Seite – Indiz für ein allgemeines Interesse an westfälischer Literatur und ihren ›Grabenkämpfen‹.

Aus der Globalperspektive markiert *Lotblei* einen Wendepunkt innerhalb des damals sehr regen westfälischen Literaturlebens, besonders des Ruhrgebiets. Die Anthologie fungierte als Sprachrohr junger Reformer und weitete den Blick für neue Themen und literarische Formen. Und doch: Nur ein paar Jahre später war all das schon wieder Geschichte. 1967 gründete sich die *Literarische Werkstatt Gelsenkirchen*, 1970 der *Werkkreis Literatur der Arbeitswelt*, beides Institutionen, die – auf Seiten der Verfasser wie des Publikums – mit markigen Worten eine Demokratisierung von Literatur einforderten. Hatte Wolff im *Lotblei*-Vorwort noch gehofft, alle zwei, drei Jahre eine Fortsetzung seiner Anthologie folgen lassen zu können, so nahmen ihm nun andere das Heft aus der Hand. Allen voran Hugo Ernst Käufer, der sowohl in der *Literarische Werkstatt Gelsenkirchen* (*LWG*) als auch beim *Werkkreis* eine exponierte Stellung innehatte. Er brachte eine wahre Flut an Anthologien und Autoren-Editionen heraus. Exemplarisch seien genannt: *Beispiele, Beispiele* (1969), *Revier heute. Neue Texte aus der Literarischen Werkstatt Gelsenkirchen* (1971), *Für eine andere Deutschstunde. Arbeit und Alltag in neuen Texten* (1972). Wiederum kamen neue Namen ins Spiel, beispielsweise die von Frank Göhre, Volker W. Degener und Wolfgang Körner sowie – um endlich auch einmal Autorinnen zu nennen – die von Lilo Rauner und Ottilie Pfeiffer. Um literarische Qualität ging es den erwähnten Anthologien nur in zweiter Linie, wenn überhaupt. Käufer: »Es geht den Autoren und Förderern der *LWG* um eine Demokratisierung der Literatur. Literatur ist für alle da. Literatur dient der politischen, sozialen und gesellschaftlichen Bewußtseinsbildung. In einer Gesellschaft, in einer Welt, in einer Zeit, in der immer noch Unterdrückung und Ausbeutung herrschen, in der an vielen Orten der Mensch keinen Pfifferling wert ist, in einer Welt also, in der die Freiheit des Menschen, sein Anspruch auf Bildung, die Chance seiner Selbstverwirklichung nicht gewährleistet sind, hat die Literatur eine soziale, auf Veränderung zielende Aufgabe. Das Interesse an der Gesellschaft ist für die Autoren der *LWG* kein Tabu. Die Parole lautet: Solidarität mit den Lohnabhängigen.« Der *Werkkreis Literatur der Arbeitswelt* brachte seinerseits eine Taschenbuchreihe mit 60 Titeln mit einer Gesamtauflage von über einer Million Büchern bei Fischer heraus (s. S. 420, 428, 448, 465).

Wie offen sich der literarische Kanon dann Mitte der 1970er Jahre präsentierte, zeigt das Kompendium *Sie schreiben zwischen Moers und Hamm. Bio-bibliografische Daten, Fotos und Texte von 43 Autoren aus dem Ruhrgebiet* (1974). Der Anspruch war wiederum sehr allgemein gehalten: »Der Band hat nichts mit Föderalismus, Regionalismus und Heimatdichtung zu tun. [Er] geht nur bedingt literarischen Ambitionen nach. Vor allem will er sachlich informieren, will Daten und Fakten der nach dem Zweiten Weltkrieg im Ruhrgebiet geschriebenen Literatur dokumentieren.« Herausgeber war einmal mehr Hugo Ernst Käufer und – überraschenderweise – Horst Wolff, der seinen Anspruch einer »Bestenauslese« (vielleicht notgedrungen?) aufgegeben hatte. So ist *Lotblei* aus der Globalperspektive ein Dokument der Übergangszeit und damit Mosaikstein innerhalb der literarischen Roaring Sixties, über die Walter Neumann 1974 im *Westfalenspiegel* bemerkte: »Im Land Nordrhein-Westfalen entwickelte sich in den letzten Jahren eine literarische Aktivität, wie sie in der Bundesrepublik kaum ein zweites Mal anzutreffen ist.«

Walter Gödden

Horst Wolff (Hg.): *Lotblei. Junge Autoren* (1962)

Ernst Meister
Ein Stück Zeitungspapier

Liegt herum, gilb,
wurde gebraucht,
bei Zittergras
räkelt es sich.

Zerknüllt
Nachrichten, Tode,
der Wind beschnuppert sie.

Auch
Fliegen
sind
interessiert.

Hugo Ernst Käufer
Gedichte

Zarte Tapetenmuster,
in den Wind getupft
für freundliche Bürgerstöchter,
die es immer noch gibt.

Harte Knockouts,
in den Sturm gebrüllt
für schwätzende Regierungschefs,
die es immer geben wird.

Letzte Botschaften,
vor der Hinrichtung
in die Wand geritzt
für trauernde Nachlebende.

Stenogramme
zwischen den Feueröfen
der Welt.

Peter Rühmkorf
Lied der Naturlyriker

Anmut dürftiger Gebilde:
Kraut und Rüben gleich Gedicht,
wenn die Bundes-Schäfergilde
Spargel sticht und Kränze flicht.

Abendland hat eingeladen,
Suppengrün und Fieberklee –
Auf die Quendelbarrikaden:
Engagee! Engagee!

Wenn die Abendglocken läuten,
wenn der weiße Flieder blüht,
Lattich den Geworfenheiten.
Pfefferminze fürs Gemüt.

Grille neckt mich, Molch erschreckt mich,
mürber Apfel fällt so dumpf ...
Welche Grund-Lemure leckt mich
nesselscharf am Perlonstrumpf?

Ach, daß erst im durchgepausten
Ahornblatt die Angst verblasse,
und der Gram der Unbehausten
sich in Blüten pressen lasse.

Daß dem bunten Hühnerhofe
das zerstäubte Nichts entfahre,
und die Stroh-, die Stroh-, die Strophe
ein verschnittnes Glück bewahre.

Heitres Spiel gezinkter Karten:
Preisgewächs aus Wachspapier –
Höchstes Heil im Schrebergarten:
Heu und heute, hiii und hier.

Horst Wolff (Hg.): *Lotblei. Junge Autoren.* Emsdetten: Lechte 1962, S. 6, 201, 148f.

Offene Denkräume
Ernst Meister: *Flut und Stein. Gedichte* (1962)

Die Rezeption hat man nicht selbst in der Hand. Den sich zu einer ganz eigenen (und eigenartigen) Erzählung verdichtenden Meinungen steht der Lyriker oftmals verblüfft, verärgert oder verletzt gegenüber. In jedem Fall ist er hilflos in dem Sinne, als dass er die Dekrete der anderen weder spurlos tilgen noch ihnen mit sachkräftigen Argumenten erfolgreich entgegentreten kann. Hat sich erst einmal eine gewisse Nuance, eine gewisse Haltung, Tonlage und Sichtweise als verbindlich bzw. angenehm eingeschlichen, ist es schwer, diese Perspektive auf das eigene Werk grundlegend zu ändern. Kommt noch ein enorm prägnantes Schlagwort hinzu, sind Kampf und Schlacht gleichermaßen verloren. So in etwa erging es Ernst Meister (1911–1979) mit Wolfgang Werths – aufgrund der Alliteration enorm griffiger – Bezeichnung »Hermetiker aus Hagen«.

Lyrik hat es schwer: Immer noch gilt sie als nicht sehr leicht bekömmlich. Derartige Assoziationen verunmöglichen natürlich eine unvoreingenommene Lektüre. Sperrig sei die Lyrik, präzise allein die jene Schwierigkeit markierenden Begriffsetikette. Meister – gerne als der in Hagen-Haspe hausende Eremit dargestellt: ernst und schweigsam – war somit gewissermaßen die Verlebendigung dessen, was man immer schon als Lyrik verstanden wissen wollte. Dass die Verkennung der Person wie seiner Texte in gleichem Maße teils groteske Züge annahm: offensichtlich. Immer wieder sah Meister sich als Dichter dem Vorwurf der Kommunikationsverweigerung ausgesetzt. Seine Gedichte seien in ihrer kargen Gestalt und ihrem erratischen Tonfall eine bewusste Provokation, ein Ausschluss der Leserschaft.

Das ist kein geringer Vorwurf, der Meister sicherlich umgetrieben hat, denn gerade eine mit Kalkül erzeugte Dunkelheit ist es, die er im Gedicht eigentlich streng vermeiden wollte. Der hohe Ton und der Hermetismus: beidem stand er eher mit Skepsis gegenüber. Dass sich seine Gedichte dennoch einer leichten Zugänglichkeit bzw. dem Bedürfnis nach Botschaft verweigern (wollen), stellt keinen Widerspruch dar. Denn die Welt ist ein Ort der Offenheit, der Paradoxien, des Ungeklärten – insbesondere, wenn die Beschäftigung mit den letzten großen Fragen im Fokus steht, wie es bei Meister der Fall war. Dass der Lyriker von seiner Leserschaft eine genauere Annäherung einforderte, ist ebenso naheliegend wie unvermeidbar. Und dennoch: Es handelt sich nicht um genuin schwierige Texte. Meisters Gedichte verlangen nur – wie alle ›gute Kunst‹ – Zeit, Geduld und Aufmerksamkeit. Auch eine Lust am Abschweifenden, ein Interesse am Randständigen, von dem her ein Zugang gelingen kann. Die Präzision der poetischen Bilder, die man findet, ist oftmals überraschend und lässt den Vorwurf des Hermetischen in den Hintergrund rücken.

Dass das »Prinzip Sprache« und das »Prinzip Wirklichkeit« in einem »allernotwendigsten Verhältnis« (Meister) zueinander stehen, zeigt sich beispielsweise in *Vier Zeiten*: »warum / dürre Ruten / des Ginsters, von / Sonnenflammen / durchnestelt, / inmitten / schneienden Grüns? // Die Zeit / peitschen sie nicht, die / zaudernde über / dem Frühlingsboden.« Meisters Wörter machen deutlich, dass er bei aller Skepsis von einem Vertrauen in die Sprache, in ihre Darstellungsmöglichkeit ausgehen konnte. In *Vier Zeiten* ist von konkreten Phänomenen (Regen, Nüsse, Quitten) die Rede; im Gedichtschluss wird deutlich, wie sehr durch die Verschränkung einzelner Wahrnehmungsebenen ein eigenes, bislang unbekanntes Sprechen über Phänomene wie Endlich- und Sterblichkeit, aber auch über die Fülle und Vielfalt der Gegenwart möglich wird: »Schnee blüht / durch des Lichtes Neigung. / In einer Mulde sitz ich / bei purpurnem Schatten. / Gespräch / zwischen Lilie und Aster / hat mich gesponnen. / Wie Äpfel / schmeckt mir / der Schnee.« Bei Meister lässt sich eine Genauigkeit in der Bildfindung feststellen, die immer auch von einer Betroffenheit durch die Wirklichkeit Zeugnis gibt – und eben dies im Wortgefüge sichtbar machen will.

Diese Form der sprachlichen Umsetzung gelingt Meister auch in *Abends*, wo (von einer alltäglichen Situation ausgehend) eine generelle Reflexion beginnt: »Düster der ockerfarbene / Rauch / hinter den Firsten / abends ... wie ists / mit den Himmlischen?« Atmosphärisches weicht in den Hintergrund, Erinnerungen treten hervor: »an gestern denkst du, / wo, vor Nacht, / eine Wolke, / dicht und weiß, / über dich hinging, // Gewicht und Waage, / schwer von Mut.« Diese Schwere ist es, die im zweiten Teil des Gedichts übernommen wird, aber von der visuellen Wahrnehmung schließlich ins akustische Register wechselt: »Tritt du nun ein / (der du weißt, / daß dein eigenes Lid / dir bald fremder / sein wird als / jener Stern), / tritt ein in / das Abendgeläut. // Nicht, was es kündet, / aber die Kerne / des schwingenden Erzes / eigne dir zu, // jetzt und / an allem Abend.« Unverkennbar sind es existentielle Dimensionen, die befragt werden. Poetisch befragt – und nicht erörtert oder thematisiert. Meister nimmt sich die Freiheit, Fragen des Existentiellen und Metaphysischen in Sprache zu verwandeln, ohne sich dabei irgendwelcher Konventionen zu vergewissern. Es ist ein Spiel im ungeschützten Raum. Deutlich wird im zitierten Gedicht bei aller abendlichen Beiläufigkeit und philosophischen Eindringlichkeit die religiöse Grundierung, die an der einen oder anderen Stelle zum Tragen kommt.

Neben der Philosophie ist es in nicht wenigen Gedichten die Theologie, die Meister umtreibt: Ein Gotteszweifel ist für sein Dichten ebenso von Bedeutung wie die unmittelbare Verknüpfung des Dichtens mit dem Denken. In einem Gespräch mit dem Literaturkritiker Jürgen P. Wallmann im Dezember 1978 hat Meister dies zum Thema gemacht und bekannt, dass ihm selbst weiterhin völlig rätselhaft sei, wie diese Einheit zustande kommt, wie also »das Denken seinen Körper im Gedicht erhält«. Worauf Meister Wallmann gegenüber eigens hinweist, ist die tragende Bedeutung des je einzelnen Begriffs, seiner Stellung innerhalb der Textkomposition: »Es ist auf jeden Fall so, daß Bild und Gedanke nicht zweierlei Prinzipien sind – nicht so, daß da ein Gedanke jetzt ausstaffiert würde mit einem Dekor, das Bildlichkeit heißt. Ich kann mir das Entstehen von einem Gedicht nicht anders denken als gesteuert durch den Begriff, der auf Erkenntnis aus ist.« Mit dem Wort ›Begriff‹ ist man schnell verführt, vor allem das intellektuelle Moment in Meisters Lyrik in den Vordergrund zu hieven; damit jedoch tut man sich nicht unbedingt einen Gefallen – und den Gedichten (häufig) eher Unrecht.

Auch wenn Meisters Gedichte sich vor jeder konventionellen Metaphorik hüten und ihre strukturelle Geschlossenheit von Bedeutung ist (was den Zugang naturgemäß ein wenig erschwert): Letztlich sind sie an der Wirklichkeit interessiert. Das trifft natürlich auch dann noch zu, wenn Meister sich dem Skandalon Tod zuwendet; denn dieser verweist ja letztlich wiederum nur auf Lebendigkeit, macht die Intensität der Gegenwart erst deutlich spür- und erfahrbar. Die oftmals herausgestellte »metaphysische Unbehaustheit des modernen Menschen« (Reinhard Kiefer) in der Lyrik Meisters ist – trotz ihres begrifflichen Abstraktionswillens – letztlich ein Phänomen der je eigenen Lebenswelt und Wirklichkeit. In *Flut und Stein* wird die immer wieder bemühte Hinwendung zur Konkretion vor allem dann in den Gedichten ersichtlich, wenn Meister sich – gemäß Titel – Ufer und Meer zuwendet; hier finden sich Zonen des steten Ineinanders, des permanenten Wechsels und Übergangs, die nie ganz genau und nie endgültig zu fixieren sind. In dieser vagen Augenblicklichkeit und fließenden Veränderlichkeit findet Meister poetische Konstellationen, die dem Lebensgefühl »des modernen Menschen« gut korrespondieren.

In *Wirkliche Tafel* macht bereits der Titel deutlich, dass hier philosophische Überlegungen im Vordergrund stehen. Lyrisch relevant wird dies durch die kurze, knappe Form: kleinste poetische Evidenzen, die bei geringstem Wortaufwand eine ganze Strophe tragen können und jeweils ein neues Bild, einen anders ausgerichteten Rahmen aufzumachen wissen: »Wenn die Schieferwand bricht, / gewinn ich / die wirkliche Tafel, // schreibe den Berg darauf, / rieselnden Schieferberg. // Schwalben umstechen ihn / und den wachsenden Wein. // Ihr Nest: / die Achsel / des Herrn auf dem Weinberg, // die Achsel des Bettlers.« Bemerkenswert sind Verse wie die zitierten, weil die vorangegangenen Verschaltungen von Dichten und Denken im Text selbst kaum spürbar werden. Im Fokus steht kein ›Übersetzungsprojekt‹ der Tiefen, Untiefen und Oberflächen des menschlichen Daseins in einen Klartext. Die Begrifflichkeiten im Gedicht wollen nicht deuten – und sollen auch nicht ausgedeutet werden. Sie können als poetische Form bestehen. Dass dabei vereinzelt (vor allem in den späteren Gedichten Meisters) sinnliche Erscheinungen nicht immer plausibel gemacht wurden, sondern diese im sprachlichen Bild hinter Philosophemen zurücktraten, ist zu Recht moniert worden.

Ernst Meister, der genau dreißig Jahre zuvor seinen ersten Gedichtband *Ausstellung* (1932) veröffentlich hatte, erlangte erst mit *Flut und Stein* eine größere Aufmerksamkeit. Weshalb? Es kamen mehrere Faktoren zueinander, die sich teils wechselseitig bedingten, aufeinander einwirkten. Ernst Meister schwieg während den Jahren des deutschen Faschismus, brach seine Dissertation ab, nachdem Karl Löwith ins Exil gezwungen wurde, nahm als Soldat am Zweiten Weltkrieg teil, kehrte schließlich in den väterlichen Betrieb in Hagen-Haspe zurück. Er hatte sich zeitlebens gegen ein allzu aktives Mittun in Dichterverbänden gesträubt – was nicht als Ausweis von Ungeselligkeit verstanden werden darf. Meister missfielen aber jene Institutionalisierungen von Literatur, wie sie im Lauf der Jahre besonders prominent bei den Treffen der *Gruppe 47* zu beobachten waren. Ein weiterer Grund für die späte Öffentlichkeit des Lyrikers: Meisters nach 1945 publizierten Gedichtbände erschienen während der 1950er Jahre allesamt bei Kleinverlagen; hervorzuheben ist seine mehrmalige Zusammenarbeit mit V. O. Stomps in dessen Eremiten-Presse.

Flut und Stein war der erste Gedichtband Meisters, der bei einem renommierteren Verlag (Luchterhand) mit entsprechender medialer Reichweite erschien. Prompt schrieb Walter Jens eine ausführliche Würdigung in der Wochenzeitung *Die Zeit*. Dort heißt es unter der Überschrift *Betroffenheit und schwebende Anmut*, dass Meister eindeutig zu den »Verkannten« gehöre, der schon lange seinen eigenen Ton gefunden habe und seine lyrische Technik mit »souveräner Selbstverständlichkeit« beherrsche. Doch Jens findet nicht nur Lob für dessen Gedichte: »Meisters Lyrik ist anspielungsreich, das gibt ihr eine Spur von Dunkelheit. Manchmal stört zudem ein priesterlicher, allzu feierlicher Ton, der sich vor allem in der Vorliebe für (antithesenreich aufeinander bezogene) Substantive zeigt.« Jens weist aber im selben Absatz darauf hin, dass Meister damit keinesfalls ein »Orakeln« unterstellt werden dürfe. Ganz im Gegenteil: Meisters Sprache, so Jens, gewinne »immer dort an scharfer Prägnanz (und mit der Schärfe auch an Symbolkraft), wenn er der Plastizität der Bilder vertraut [...], wenn er von einfachen Dingen in schlichter Weise erzählt«.

Bestes Exempel für diese zutreffende Beobachtung ist Meisters Gedicht *Jenseits von Jenseits III*: »Der Mond / trat hervor / aus dem Tor, / licht im Erzählen / vom Thymian, vom blauen / Kohl über / Wintergrün, von den / Brunnen, vom / Tagwerk des Maultiers / herum um den Brunnen, von / der ernsten Pinie, vom roten Erdreich und vom / Schweigen seiner / Nacht / über des Eilands / Gehöften, sich kehrend an / den milden Tag, / gekrönt von der goldenen / Orange.« Später ist vom Augenblicklichen der Wolken der Rede – letztlich geht es in diesem Gedicht um die philosophische Reflexion abseits der Oberflächen, fern von Alltag und Politik. Diese kommt durch die Verschränkung mit den Objekten der Beobachtung zum Austausch; jetzt wird der mitlesende Nachvollzug möglich: »So sind mir nicht / die Eingeweide des Denkens / verschlungen / wie dieses Feigenbaums / Gezweig / in steiniger Mulde / am Meer / unterhalb / der gewaltigen Burg / mit dem Mauerriß und / kein Baum / sonst.« Hier gleiten, wie Walter Jens es in seiner Rezension formulierte, »die Assoziationen vom Dinglich-Konkreten in den Raum des Geistig-Bedeutsamen«.

In Clemens Heselhaus' vielbeachteter Monografie *Deutsche Lyrik der Moderne von Nietzsche bis Yvan Goll. Die Rückkehr zur Bildlichkeit in die Sprache* (1961) wird Meister – neben Zeitgenossen wie Paul Celan, Ingeborg Bachmann und Günter Eich – ein eigenes Kapitel unter der Überschrift *Meisters negative Symbolik* gewidmet. Wo Walter Jens vor allem auf das Zusammenspiel von Konkretem und Abstraktem innerhalb der Strophen aufmerksam machte, da weist Heselhaus insbesondere auf die sparsame Behutsamkeit, in welcher die Worte in Meisters Gedichten gesetzt sind, hin: »Ein einziges Wort kann eine Zeile füllen, eine einzige Zeile kann eine Strophe ersetzen: minima lyrica. Die Verkürzung und Verknappung wird bis zu einem eben noch sprechenden Umfang geführt.« Was Heselhaus als Kunstfähigkeit und sprachliches Vermögen innerhalb der Gedichte Meisters nachzuweisen versteht, wurde von anderen mit dem Vorwurf des Hermetismus beiseite gewischt. Heselhaus' Ausführungen richten sich deshalb nicht zuletzt gegen jene Verächter der Verdichtung: »Die Gedanken-Kerne treiben den Geist des Wortes schneller durch die lyrische Dünung. Die äußerste Konzentration verbindet sich mit der innersten Reichweite.«

Etwas nüchterner formuliert: In Meisters Sprachkunst bedingen sich die formale Knappheit und inhaltliche Dimension gegenseitig. Nur innerhalb dieses auf der Textebene enorm limitierten Raums können die für Meisters Gedichte so typischen Paradoxien entstehen, die offene Denkräume mit bislang noch unerschlossenen Perspektiven ermöglichen. – Dass Meister diese Form der thematischen wie stilistischen Stringenz in all seinen Gedichtbänden fortführen, transformieren, variieren und auf die eigenen Lebensumstände jeweils ausrichten konnte, ist eine literarische Leistung, die dem Dichter jenes Maß an Ruhe und Konzentration abverlangte, das der Leser und die Leserin in Form offener Augen und offener Ohren beim Blick in die Texte Meisters zu erwidern gewillt sein sollte. Die Mühe wird belohnt.

Arnold Maxwill

Ernst Meister: *Flut und Stein. Gedichte* (1962)

Anfang

Es war
ein Schlafendes
im Bett der Leere.

Anfang
von Händen war,
von Muttersprüchen, die
sich lallend sprechen lernten,
indem die Hände wuchsen.
(Die Sprüche sprachen
den Händen zu.)

Sie waren fertig, als
ein Spruch gelang.
Sie schmiedeten
mit langer Kraft
das Eis, den Morgen
(der Hammer war
die Leere).

Aufsprang
ein Lichtes endlich
enstandenen Augen
und war zugleich
Sprung eines Tiers,
Tier mit Gehörn.

Jetzt stand es still,
es wandte sich,
war Sonne, blickte;
es fragte unsere Augen,
ob sie es sähen.

Es ist

Es ist
dieser Abend, die
geringe Wacht,
wo einst Meer war,
auf dem großen Riff,

eine Stelle von Tod,
zu bemalen mit Kreide,
mit Ziegelstaub
zu bedecken …

Ein Murmeln
»Quelle des Lebens«
um eines Eilands Fahrt
entlang rieselndem Ufer.

Gräberinsel, vom Ich
stromauf gestakt.
Die Blüte der Gräser:
Schellen der Reise.

Ernst Meister: *Flut und Stein. Gedichte.* Neuwied: Luchterhand 1962, S. 7, 17

Schicksalsgemeinschaft unter Tage
Max von der Grün: *Männer in zweifacher Nacht. Roman* (1962)

Max von der Grüns Romanerstling entstand in den Jahren 1957 bis 1960, in einer Zeit, als der Autor noch im Schichtbetrieb als Grubenlokfahrer auf einem Bergwerk im Ruhrgebiet arbeitete. Er ist das Produkt eines schreibenden Arbeiters, der eigene Erfahrungen und Erlebnisse literarisch verarbeiten wollte. Seit 1959 versuchte Max von der Grün sein Werk bei einem Verlag unterzubringen, erhielt jedoch fortlaufend Absagen. Die Verleger sahen keinen Markt für den Roman: Der Autor war ein literarisch nicht ausgebildeter Arbeiter, dazu absolut unbekannt, der Roman selbst spielt in der von der Literatur fast komplett ausgeblendeten Arbeitswelt; das erschien vielen als ein zu großes Wagnis. Erst als von der Grün in engere Verbindung zu Fritz Hüser trat (und mit ihm die *Dortmunder Gruppe 61* aus der Taufe hob) entstand ein Kontakt zum katholisch ausgerichteten Paulus-Verlag in Recklinghausen, der das Wagnis einer Romanpublikation einzugehen bereit war. 1962 endlich konnte *Männer in zweifacher Nacht* erscheinen. Obwohl der literarische und wirtschaftliche Erfolg bescheiden blieb (nur wenige Tausend verkaufte Exemplare und einige Besprechungen in der regionalen Presse), ist der Roman von grundlegender Bedeutung sowohl für das literarische Schaffen von der Grüns als auch für die Entwicklung der Literatur der Arbeitswelt der 1960er und 1970er Jahre. Es ist eine der ersten veröffentlichten Arbeiten, in der die industrielle Arbeitswelt der Bundesrepublik Deutschland den Rahmen für die Handlung stellt. Der Roman trug mit dazu bei, dass sich zu Beginn der 1960er Jahre eine moderne Literatur der Arbeitswelt entwickelte. Mit der Gründung der *Dortmunder Gruppe 61* und ab 1969 mit dem *Werkkreis Literatur der Arbeitswelt* verfügte diese über organisierte Anlaufstellen, die die Entwicklung begleiteten und vorantrieben.

Männer in zweifacher Nacht beschreibt das Denken, Empfinden und Handeln von auf unterschiedliche Weise miteinander verbundenen Personen nach einem Grubenunglück auf einer Steinkohlenzeche im Ruhrgebiet. Im Mittelpunkt der Handlung stehen die Hauer Stacho Hubalek und Josef Kießling sowie der Werkstudent Johannes Brinkmann. In Folge von Gebirgsschlägen brechen die Firste einer Strecke über viele Meter vollständig ein; Stacho, Josef und Johannes können sich an das weitgehend unversehrt gebliebene Ende der Strecke retten. Der zuständige Steiger Heinisch wurde beim Rückzug in den Ort vom Gestein erschlagen, der Hauer Josef am Fuß schwer verletzt. Den Eingeschlossenen fehlt es an Wasser und Nahrung, später auch an Atemluft, zudem kann der Verletzte medizinisch nicht versorgt werden. Unter Führung des erfahrenen Stacho organisieren sie mehr schlecht als recht ihre Situation, verurteilt zur Untätigkeit und wartend auf die Rettungsmannschaft. Nach fünf Tagen werden die Eingeschlossenen schließlich gerettet; für den Verletzten Josef kommt die Hilfe jedoch zu spät, er ist kurz zuvor an den Folgen seiner Verletzung gestorben. In zwei Nebenhandlungen stellt von der Grün dar, wie Betroffene außerhalb des untertägigen Schauplatzes der Geschehen verarbeiten: der Betriebsführer Weigert, Johannes' Freundin Renate (sie ist zugleich die Tochter des Betriebsführers), seine Mutter und Stachos Ehefrau. Weigert und seine Tochter diskutieren die wirtschaftspolitischen Hintergründe des Unglücks, während durch Frau Hubaleks nächtliche Gespräche mit Johannes' Mutter und Renate die menschliche Seite des Unglücks deutlich wird.

Die Arbeitswelt im Bergbau liefert den Rahmen für die Handlung des Romans: Menschen mit unterschiedlichen Biografien, Lebenskonzepten und Wünschen werden durch den Zwang zum Broterwerb ständig der Extremsituation einer gefährlichen und kräftezehrenden Arbeit unter Tage (ständige Dunkelheit = Nacht) ausgesetzt. Diese an sich schon schwierige Situation wird durch das Grubenunglück nochmals deutlich verschärft: Die Eingeschlossenen sind nicht mehr nur strukturell aufeinander angewiesen, sondern existenziell. Aufgrund der langen Zeit unter Tage verschwimmt die sonst mühsam aufrecht erhaltene Unterscheidung zwischen Tag und Nacht vollständig; auch die nicht mehr zugängliche Welt über Tage versinkt in der Wahrnehmung der Eingeschlossenen in einer »Nacht«, die sie somit als »zweifach« empfinden.

Der wichtigste Ort der Handlung, die Grube mit ihren Schächten, den Strecken und Orten, erscheint weniger als ein von Menschen und Maschinen geschaffener Arbeitsplatz, sondern eher als ein Naturphänomen, das zeitweise ein unkontrollierbares menschenähnliches Eigen-»Leben« entwickelt: »Höhnisch stumme Materie. [...] Tatsächlich, die Stempel tanzten wie Mumien, die plötzlich zu Leben gekommen sind.« Von der Grün greift mit seinen Darstellungen eines übermächtigen Bergs die romantischen Schilderungen der frühen Bergarbeiterliteratur auf: Der Berg erzeugt gleichermaßen Bewunderung und Angst, er bleibt trotz aller Kenntnisse und Fertigkeiten der Bergleute rätselhaft und unberechenbar. Ein »gerechtes« Nehmen und Geben prägt das Verhältnis zwischen Berg und Bergleuten: Der Berg gibt die Arbeitsplätze und den in ihm schlummernden Reichtum, und er nimmt Gesundheit und Leben; die Bergleute bringen dem Berg Wertschätzung entgegen, doch indem sie ihn aushöhlen und Materie entnehmen, berauben sie ihn seiner Stabilität und seines »Wertes«. Religiosität, das Fügen in Schicksalsgemeinschaften und stille persönliche »Abmachungen« mit dem Berg sollen mithelfen, die körperliche und seelische Unversehrtheit zu sichern.

Die beschriebene modern-industrielle Arbeitswelt beschränkt sich jedoch nicht auf die Antagonisten ›Berg‹ und ›Bergmann‹, sondern sie wird durch politische und wirtschaftliche Metastrukturen determiniert und verfügt über interne Architekturen, die in Form von Hierarchiegebäuden, Abhängigkeitsverhältnissen und Solidargemeinschaften in Erscheinung treten. Eine einfache und von der individuellen Lebenswelt geprägte Definition des Begriffs ›Arbeit‹ lässt von der Grün den Hauer Stacho entwickeln: »Für Stacho war Arbeit Schweiß: Schweißgesicht = Arbeitsgesicht, trockenes Gesicht = Faulenzergesicht. Es war ihm unverständlich, wie Menschen sich Arbeiter nennen ließen, die zu Hause saßen ...«

Das Hierarchiegebäude in *Männer in zweifacher Nacht* besteht aus den Hauern (dem Werkstudenten Johannes, dem einfachen Hauer Josef und dem Vorarbeiter Stacho), dem Steiger Heinisch, dem Obersteiger Berg, dem Betriebsführer Weigert und den Aktionären, die innerhalb des »angefaulten Systems« nur auf ihre Dividende achten und denen die

Arbeitsbedingungen gleichgültig sind. Die eingeschlossenen Hauer bilden die Schicksalsgemeinschaft, die trotz aller Widrigkeiten bis zum Schluss zusammenhält, erzwungen durch den Mangel an Alternativen. Insgesamt bilden die Bergleute das letzte Glied in einer langen Kette von Abhängigkeiten und sie erfahren zunehmend ihre soziale Ohnmacht: »Nach und nach werden wir blöde, nach uns fragt niemand. [...] Kumpels sind ja doof, das weißt du doch!«

Ein längerer Abschnitt ist dem Betriebsführer Weigert gewidmet, dem Vertreter der Arbeitgeber auf dem Bergwerk. Weigert lässt sich vom Druck der Aktionäre und der vermeintlich oder tatsächlich geringen Arbeitsmotivation der Arbeiter und Angestellten verschleißen, ohne dass er eine eigene Position findet. Seine Tochter Renate durchschaut, dass die schlechten Arbeitsbedingungen ebenso wie die häufigen Grubenunglücke durch das Profitstreben der Aktionäre mit verursacht werden und dass ihr Vater durch sein Verhalten dieses System stützt.

Solidargemeinschaften der Bergleute wie der Betriebsrat oder die Gewerkschaft spielen in dem Roman merkwürdigerweise so gut wie keine Rolle, obwohl Arbeitssicherheit gerade im Steinkohlenbergbau seit jeher zu den Kernaufgaben von Betriebsräten und Gewerkschaften zählt. Der Betriebsrat findet im ganzen Roman überhaupt keine Erwähnung, die Gewerkschaft steht nach der Darstellung Renates eher auf der Seite der Betriebsleitung als auf der Seite der Bergleute.

Solidarisch handeln dagegen die Frauen der Bergarbeiter, die bei Tag und Nacht zusammensitzen, sich unterstützen und gegenseitig Mut zusprechen. In einer längeren Szene treffen Katharina Hubalek (die Frau Stachos), Frau Brinkmann (die Mutter Johannes' und Frau eines Anschlägers auf dem Bergwerk) und Renate in der Brinkmannschen Wohnung zusammen und sprechen über ihre Sorgen und Nöte. Unabhängig von der Tageszeit und den häuslichen Verpflichtungen findet Frau Hubalek dort Aufnahme und Zuspruch. Sie leidet still mit den Eingeschlossenen und verweigert (zeitweise) Essen und Trinken: »Die da unten trinken auch nicht.«

Alles in allem ist der Roman gut aufgebaut und durchaus spannend zu lesen. Die Figuren wirken realistisch und auch der Handlungsrahmen erschließt sich den nicht mit dem Bergbau vertrauten Lesern. Manche Erklärungsansätze greifen allerdings etwas kurz, wenn z. B. »die Aktionäre« letztendlich die »Schuld« an dem Unglück tragen. Dass bei Darstellung der wirtschaftspolitischen Hintergründe die Arbeitnehmervertretungen Betriebsrat und Gewerkschaften fast vollständig ausgeblendet werden, lässt die Analyse unvollständig erscheinen. Ursache für diesen Umstand ist wohl von der Grüns insgesamt kritische Position gegenüber diesen Kollektivorganen (die in den Folgejahren in einem vollständigen Bruch mit den Gewerkschaften gipfelte). Die angeführten Unvollständigkeiten und Perspektivverkürzungen sind aber sicherlich auch dem Umstand geschuldet, dass er den Roman neben seiner Schichtarbeit und ohne professionelle Unterstützung geschrieben hat.

Volker Zaib

Max von der Grün: *Männer in zweifacher Nacht. Roman* (1962)

Norbert Weigert wanderte im Zimmer auf und ab.
»Manchmal interessiert es mich brennend, was du gerade denkst oder was du dir zusammenreimst.«
»Mich interessiert nur eines: Was wird da unten für den *Menschen* getan? Ihr prahlt so gern mit euren Stachos, aber im Grunde nehmt ihr keinen Anteil an ihnen. Ihr schaut mitleidlos zu, wie sie mit siebzehn unter Tage verschwinden und mit fünfzig kaputt herauskommen.«
»Die Kumpels sollen nicht so viel reden. Klappt mal was nicht, sind wir daran schuld. Schau doch einmal genau hin, wie leichtsinnig sie selbst sind: Lassen stundenlang das Hangende ohne Stempel, und beim geringsten Bruch heißt es ›mangelnde Aufsicht‹. Die Hälfte aller Unfälle geht auf Leichtsinn zurück.«
»Seid froh, daß ihr die Stachos habt. Mußt mal hören, wie die reden, besonders seit der Absatzkrise. Kommißbetrieb soll gar nichts dagegen sein.«
»Absatzkrise! Wenn ich das schon höre«, fuhr Weigert seine Tochter an, »das sind nur Manipulationen. Die Kohle ist der wichtigste Rohstoff unserer Wirtschaft, und sie bleibt es auch. Was du mit Absatzkrise meinst, ist nichts anderes als das dumme Gerede ums Öl. Der Weltvorrat an Öl reicht höchstens noch für fünfzig Jahre. Kohle aber haben wir noch für vierhundert Jahre. Als wenn das Öl uns die ersetzen könnte! Wo gibt es denn so was?«
»Warte mal ab. Was hat es nicht alles an Umwälzungen gegeben: Kunststoff statt Eisen, Glanzstoff statt Seide, selbstwaschbare Hemden statt Popeline. Soll die Kohle da eine Ausnahme machen? Warte mal ab. Ihr gebt euch mitten im 20. Jahrhundert noch wie die alten Kohlenbarone.«
»Das ist doch nur ein Schlagwort. Ich hätte dich für intelligenter gehalten. Inzwischen ist vieles anders geworden. Schau mal allein den technischen Fortschritt unter Tage an!«
»Soo? Was hat denn der Kumpel von diesem Fortschritt? Doppelte Förderung, gewiß, aber auch doppelt so viel Staub in der Lunge! Sind das die Zinsen des Fortschritts? Vor einigen Jahren stand der Bergmann wenigstens an der Spitze der Lohnskala, aber heute? Redet nur nicht so viel von Fortschritt!«
»Du vergißt, daß dein Vater auch mal vor Kohle war.«
»Mir wäre lieber, du wärst jetzt noch da, dann wärst du gerechter in deinem Urteil.«
»Daß ich nicht lache! Sei froh, daß Leute wie ich jetzt in der Betriebsleitung sitzen; wer sollte sonst für die Kumpels sprechen?«
»Und wie du für sie sprichst!«
»Jawohl, ich spreche für sie, und ich tue auch etwas für sie! Aber mehr als immer neue Sicherheitsmaßnahmen, Schwimmbad, Fortbildungskurse und Bücherei kann ich nicht aus dem Boden stampfen. Wenn die Leute diese Gelegenheiten nicht wahrnehmen, ist es nicht meine Schuld. [...]«
Jetzt tut er sich selbst leid, dachte Renate, das ist typisch für ihn. Fortschritt, mein Gott, was ist das schon? Der Bergbau muß sich mitdrehen, wenn er nicht untergehen will. Es wäre doch bestimmt schlimmer, wenn die Welt und die Menschen sich nicht mehr

drehen wollten. Aber was ist eigentlich Fortschritt? Für wen wird er unter Tage eingeführt? Für den Kumpel? Für die Rationalisierung? Für den Aktionär? Natürlich greift eins ins andere, aber die Zinsen des Fortschritts, wer bekommt die?

Max von der Grün: *Männer in zweifacher Nacht. Roman*. Recklinghausen: Paulus 1962, S. 92–94

Notwendige Dinge ungeschminkt sagen
Thomas Valentin: *Die Unberatenen. Roman* (1963)

»Kommen wir im Geschichtsbuch vor?«
»Ich fürchte ja.«

Thomas Valentins Roman *Die Unberatenen* zeigt den Schüleralltag der 1960er Jahre in seiner krudesten Form. Vieles ist aus dem Ruder gelaufen, eigentlich alles. Die Schüler der Realschule einer nicht genannten Stadt »mitten in Deutschland, in mittlerer Entfernung von der Zonengrenze und dem Dritten Reich«, allesamt um die 18 Jahre alt, und das überalterte Lehrerkollegium passen nicht mehr zusammen. Ebenso wenig die Unterrichtsstoffe und die auf »Durchpauken« getrimmte Lehrmethodik. Schüler und Lehrer sprechen nicht mehr dieselbe Sprache. Hier der saloppe Slang der selbstbewussten Teens, die ihren Lehrern teilweise auch fachlich überlegen sind. Dort ein antiquierter Befehlston, der keinen Widerspruch duldet. Die Älteren können mit der Welt der jungen Rebellen nichts anfangen. Und wollen das auch nicht. Ihre Weltanschauung ist zementiert und geprägt von einer gehörigen Portion Selbstherrlichkeit. Die Folge: Auf beiden Seiten haben sich Aggressionen angestaut. Bei der Lektüre spürt man von den ersten Seiten an das sich anbahnende Unheil.

Was von den Sitzungen des Lehrerkollegiums nach außen dringt, ist in hohem Maße skandalös und rüttelt am Bild eines »ehrbaren Berufsstandes«. 15 Jahre nach Ende des Zweiten Weltkriegs sind Antisemitismus, Chauvinismus (gegenüber osteuropäischen Staaten), Verharmlosung des Holocaust, die Verherrlichung autoritärer Staatsstrukturen (bis zum Hitlerismus) an der Tagesordnung und können – nicht minder skandalös – offen ausgesprochen werden. Für die meisten Lehrer war der Nationalsozialismus die prägende Zeit ihres Lebens. Sie verklären oder verdrängen diese Zeit. Eine kritische Distanz ist nicht zu erkennen. »So werden ihre Gespräche in der Klasse und vor allem untereinander zu einem Sammelbecken von Vorurteilen über Juden, Emigranten, Linke, Proleten, Polen, Schüler aus dem Osten, die ›Zone‹« (Hartmut Steinecke im Nachwort der Neuauflage im Rahmen einer Valentin-Gesamtausgabe, 1999).

Doch nicht nur die Lehrer verkörpern das alte Wertesystem, sondern auch die Eltern der Schüler. Das geht bis zum barbarischen Zynismus. Ein Vater verspricht seinem Sohn ein japanisches Transistorradio, wenn dieser 200 Eichmann-Witze sammele. Auch Hitler-Witze sind im Umlauf. Hinter vorgehaltener Hand wird darüber räsoniert, dass Lehrer Groenewold Jude sei. Es regiert allgemein ein Klima der Heuchelei und Verdrängung.

Der Protest der Schüler artikuliert sich zunächst im Geheimen, bei kleinen subversiven Treffen, bevor es zu einzelnen Scharmützeln kommt. Beim üblichen Rekapitulieren des Schulstoffs der letzten Stunde wird das Eingepaukte (bzw. dessen Vermittlung) der Lächerlichkeit preisgegeben (dies sind fast die einzigen Stellen, an denen in diesem manchmal brutal realistischen Roman Humor zum Zug kommt). Nur mit Mühe gelingt es den Lehrern, einigermaßen die Contenance zu wahren. Doch die »6b« belässt es nicht bei solchen Spielchen, die mit Eintragungen ins Klassenbuch und Strafarbeiten ebenso harmlos wie wirkungslos geahndet werden. Eine kleine Gruppe, die ihr Heil im Sozialismus sieht, schmuggelt eine im Westen verpönte DDR-Pädagogik-Fibel in die Briefkästen der Lehrer. Auch zirkuliert die verbotene Zeitschrift »Junge Generation« in den Mappen der Schüler. Später greift man zu härteren Provokationen. Einen Gaskessel will man mit »Jude rein« beschmieren. Auf eine Toilettentür malt man ein Hakenkreuz und versieht es mit dem Spruch »Penne nicht, Penne!« Die Devise lautet: »Stunk um jeden Preis«.

Der Schüler Jochen Rull sympathisiert mit der Gruppe, ist jedoch ein Einzelkämpfer. Er hat sich bereits mehrere Tadel wegen Aufsässigkeit und Widerspenstigkeit eingehandelt. Der Reformlehrer Groenewold, mit dem Rull lange Diskusssionen führt, sieht den Fall jedoch anders. Zwischen ihm und einem Lehrerkollegen entwickelt sich ein Gespräch über die abgesackten Noten Rulls: »›Der Junge macht mir Sorgen‹, sagte Crispenhoven. / Groenewold sah ihn überrascht an. / ›Seien Sie froh, daß Sie ihn in der Klasse haben.‹ / ›Vier Tadel – alle wegen Renitenz.‹ / ›Das verstehe ich nicht‹, sagte Groenewold. ›Der Junge ist nicht renitent. Er ist eigensinnig – das ist eine Tugend, die in der Schule viel zu wenig verbreitet ist. Die Mitläufer sind natürlich bequemer.‹« Rull suche nach einem »Kompaß«, einem Vorbild, einer Antwort auf die Unzahl von Fragen, die ihn bedrängen.

Später erfahren wir, dass sich Rull selbst mit dem Gedanken trägt, den Lehrerberuf zu ergreifen. Diese Perspektive wird ihm aber nach Gesprächen mit dem nihilistischen Biologielehrer Nonnenroth gründlich verleidet: »›Die Welt wird sich nie ändern. Die war, ist und bleibt: beschissen.‹ / ›Ja aber, so kann man doch nicht leben!‹ sagte Rull. / ›Wie kann man nicht leben?‹ / ›So ohne etwas, an das man glaubt – das einem hilft, für das es sich lohnt‹, würgte Rull heraus. ›Gerechtigkeit, Humanität, Freiheit – das haben sie uns doch hier sechs Jahre lang angepriesen. Das kann doch nicht alles –‹ / ›Jetzt will ich dir mal was erzählen, Parzival!‹ sagte Nonnenroth. ›Reiß die drei Wochen hier noch herunter und dann vergiß alles, so schnell du kannst, und werde Autohändler oder stell Kühltruhen auf!‹ / [...] ›Was zählt im Leben, Junge, das ist die Brieftasche! Die Brieftasche und nur die Brieftasche. Alles andere sind Ablenkungsmanöver.‹« Die Vorbehalte gegenüber dem Lehrerberuf werden durch ein Gespräch Rulls mit seinem Vater noch bestärkt: »Das hasse ich an den Schulmeistern am meisten: daß sie jedesmal recht hatten, hinterher. Und ihre Irrtümer, die können die andern bezahlen, die sie mit ihren ›Idealen‹ auf Tour geschickt haben und die dabei übernachten mußten: in Stalingrad oder in Jassy oder auf dem Monte Cassino oder im Reichswald. Nein, mein Junge, daraus wird nichts. Unter diese Rückwärtspropheten wirst du mir nicht eingereiht, du wirst Maschinenbauer, da merkst du im Handumdrehen, wenn du Murks gemacht hast.«

Um dennoch ein Zeichen zu setzen, denkt sich Rull »Anschläge« aus, die ihm den Spitznamen »Little Luther« einbringen. Inhalte sind Zitate aus dem Unterrichtsstoff, z. B. aus Kafkas *Der Prozeß*, die er an die Tür des Direktorzimmers heftet und an die Tafel seiner Klasse schreibt. Einer der Sprüche lautet: »*Du* bekamst für mich das Rätselhafte, das alle Tyrannen haben, deren Recht auf ihrer Person, nicht auf dem Denken begründet ist.« Der Ärger bleibt nicht aus. Rull wird vom Direktor ins Elternsprechzimmer gesperrt und mit übelsten Schimpfvokabeln traktiert: »›Hier bleibst du, bis ich dich mir vorknöpfe, du Halunke!‹ brüllte Gnutz. / ›Deine Tage hier sind gezählt, darauf kannst du dich verlassen! Ich werde dich moralisch zu Kleinholz machen, du Schweinehund.‹ / Rull setzte sich in einen Sessel. / ›Steh auf!‹ schrie Gnutz. ›Ein Lump wie du verdient nicht, in einem anständigen Sessel zu sitzen!‹« Unbeeindruckt hiervon erklärt Rull, dass die Hälfte seiner Klasse ähnlich denke wie er: »wir versauern hier.«

Rull wird schließlich, drei Wochen vor seinem Abschluss, von der Schule verwiesen. Aus dem Lehrerkollegium hält lediglich Groeneworld zu ihm. In einer flammenden Rede will er die anderen Lehrer davon überzeugen, das Rull sogar eine Belobigung verdient habe. Mit seiner Aktion habe er dazu beigetragen, eine seit langem überfällige Diskussion zwischen Schülern und Lehrern zu entfachen. Vergebens. Die Entscheidung gegen Rull fällt fast einstimmig aus. Noch bevor der Verweis öffentlich wird, hat Rull die Schule aus eigenen Stücken verlassen. Er hat sich nach Polen aufgemacht. Dort habe, wie er Groenewold wissen lässt, »ein Deutscher am meisten gutzumachen«. Seine Flucht löst Bestürzung aus. Im Gespräch mit einem Mitschüler Rulls äußert Groenewold: »›Die lassen den noch nicht mal durch‹, murmelte Groenewold. ›Und drüben kann er nicht leben. Da kriegt ein Mensch wie Rull keine Luft, verstehst du –?‹ [...] / Hinter ihm sprang Satemin plötzlich auf. / ›Aber wo kann man denn überhaupt leben?‹ schrie er. ›Wo lohnt es sich noch, jung zu sein? Und zu hoffen, daß es einmal so etwas gibt, wirklich gibt, wie Freiheit, Frieden, Gerechtigkeit?‹ / [...] / ›Satemin: weil es hier vielleicht doch einen Sinn hat, sich zu empören! Gegen das Unrecht, die Lüge, den Zwang. Und für die Gerechtigkeit, die Wahrheit, die Freiheit.‹ / ›Hier, ausgerechnet hier!‹ / ›Rull wird zurückkommen‹, sagte Groenewold.«

Dieser offene Schluss deckt sich mit pädagogischen Maximen Valentins. Dieser litt unter den herrschenden Zuständen, hatte jedoch die Hoffnung auf Veränderung nicht aufgegeben. Die Institution Schule erschien ihm hierzu ein wichtiges Instrument. Ein Selbstkommentar des Autors lautet: »*Die Unberatenen* erzählen von einem Stück heutiger Welt, das Schule heißt und auf dem unversehens Vorentscheidungen fallen, die kaum weniger brisant sind als die Vorentscheidungen auf einem Raketenversuchsgelände. [...] Es muß versucht werden, die kleine Totalität einer Schule wiederzugeben. Dabei wurde es unvermeidlich, auf das innere Thema einzugehen: Maßstäbe des Rechts und der Wahrheit stehen auch in der Schule nicht mehr selbstverständlich zur Verfügung. Sie haben sich verwickelt, entzogen, verteilt. Die Stunde, in der ein Erzieher, ein Lehrer ›alles‹ wußte, ging längst zu Ende. Gewiß, es gibt ihn noch, den Potentaten auf dem Katheder und in den häuslichen vier Wänden, er hat sich erstaunlich frisch über die Katastrophen gerettet und ist dabei oft sogar jünger geworden, aber ein Typ ist er doch wohl nicht mehr, nur eine Type. Nicht wenige Lehrer aber sind, nach ungeheuerem Geschehen, auf die Holzbank zwischen die Unberatenen gelangt, zwischen die Eltern und ihre ›Halbstarken‹. Nur wissen sie es manchmal noch gar nicht. Ein Sprecher, ein Stellvertreter des Autors, der zum guten Schluß doch alles wieder in Ordnung bringt, erscheint im Roman nicht mehr. Wie auch? Die Autoren mit dem olympischen Blick sterben aus. Der Autor sitzt heutzutage mitten unter den Unberatenen, putzt seinen beschlagenen Spiegel – und dreht ihn. Nach mehreren Seiten und mit skeptischer Hoffnung« (zit. nach Hartmut Steinecke).

Wie liest man diesen Roman heute? Er erscheint wie ein Relikt aus alter Zeit. Das politische Bewusstsein der Schüler und die Klärung eigener Positionen sind anderen Denk- und Verhaltensmustern gewichen. Natürlich hat sich auch die Schule gewandelt, ist liberaler, kollegialer geworden. *Die Unberatenen* ist dennoch ein wichtiges Dokument zum Verstehen überkommener Strukturen und der aufkeimenden Protestbewegung der 1968er, die gegen jene verkrusteten Verhältnisse lautstark aufbegehrte. *Die Unberatenen* war Valentins erfolgreichster Roman (s. S. 180, 201, 290, 443). Auf die Erstauflage von 1963 folgten mehrere Neu- und Taschenbuchausgaben. In den großen Feuilletons erschienen ausführliche Besprechungen. Es überwog das Lob. In einer Rezension von Sybil Gräfin Schönfeldt unter dem Titel »Rebellion in der Schule« (*Die Zeit*, 13.12.1963) fällt ein Wort, das die allgemeine Rezeption charakterisiert. Es ist von einem »Schock« die Rede, den der Roman ausgelöst habe: »Die ersten zehn bis zwanzig Seiten wirken wie ein Schock. Sind das unsere Kinder? Sind das die Lehrer? Ist das die Schule, der wir diese Kinder in den entscheidenden Jahren ihrer Entwicklung anvertrauen? / Und dann liest man weiter, fasziniert von den Schrumpfsprachendialogen der Schüler, vom tönenden Gefasel der Lehrer, von der Unsicherheit der Jungen, die hinter Flapsigkeit und Amerikanismen und Flüchen auftaucht, fasziniert von der Unsicherheit der Lehrer, die sich hinter den Phrasen und Maximen aus Kaiser-, Kriegs- und Nazizeiten verbirgt.« Eine andere Besprechung hebt lobend hervor, dass Valentin den Mut aufgebracht habe, »ins Wespennest zu greifen und notwendige Dinge ungeschminkt zu sagen« (Anneliese Dempf, *Die Furche*).

Valentins Roman besteht zum überwiegenden Teil aus wörtlicher Rede. Das erleichterte eine Bearbeitung für die Bühne. Folgenreicher als die Theaterfassung (Uraufführung am Bremer Theater im November 1965 mit Bruno Ganz als Rull) war 1969 die Verfilmung von Peter Zadek (u. a. mit Günter Lüders, Peter Pallitzsch, Tankred Dorst, Margot Trooger, Wolfgang Schneider) unter dem Titel *Ich bin ein Elefant, Madame* (s. S. 330). Der Film wurde bei den Berliner Filmfestspielen mit dem *Silbernen Bären* ausgezeichnet und erhielt zwei *Bundesfilmpreise*. Zadeks Film stellte mehr noch als der Roman einen unmittelbaren Zusammenhang zur 1968er-Protestbewegung her. Am Drehbuch dieser freien Adaption hatte Valentin nicht mitgearbeitet, es stammt von Zadek, Robert Muller und Thomas Menge. Entstanden sei, so Hartmut Steinecke, »ein eigenes, weitgehend selbständiges Kunstwerk«.

Valentin ließ in *Die Unberatenen* viele eigene Erfahrungen einfließen. 15 Jahre lang, von 1947 bis 1962, war er Lehrer in Lippstadt, zunächst an einer Volksschule, dann an einer Realschule. Als er mit seinem Roman begann, war ihm also das Milieu einer Schule, einer Klasse, eines Kollegiums aus langjähriger Erfahrung vertraut. Über jene Zeit liegt ein Zeugnis Ruprecht Pflaumers vor, der sich 1948 mit den Worten an Hermann Hesse wandte: »Er ließ sich zum Volksschullehrer ausbilden und hat in einem gottverlassenen westfälischen Ort inmitten wohlbeleibter, aber geistig ziemlich steriler Menschen seinen anstrengenden, aufreibenden Dienst.« Valentin habe ihm, Pflaumer, geschrieben: »Ich brauche ein Unmaß von Kraft zu den armen Pflichten, die der Tag so abfordert, ja zum Atmen in dieser dünnen, langsam abgesaugten Luft des Nichts, das mich umsaust« (zit. nach Norbert Eke / Dagmar Olasz-Eke [Hg.]: *»Sprache, die so tröstlich zu mir kam.« Thomas Valentin in Briefen von und an Hermann Hesse*, 2011). Valentin hatte sich vermutlich schon vor dem Beginn der Arbeit an seinem Roman entschlossen, den Schuldienst zu quittieren. 1962, inzwischen 40-jährig, verwirklichte er, mitbedingt durch gesundheitliche Probleme, den Plan. Nach kurzer Zeit als freier Schriftsteller nahm er 1964 eine Tätigkeit als Chefdramaturg am Theater der Freien Hansestadt Bremen auf, an dem Zadek damals tätig war.

Walter Gödden

Thomas Valentin: *Die Unberatenen. Roman* (1963)

Beckmann stand im Heizungskeller und beobachtete, wie die Quecksilbersäule im Thermometer langsam hochkletterte. Er überlegte, ob er noch den zweiten Kessel anheizen müsse, schielte durch das schmutzige Kellerfenster hinaus auf den Schulhof, der bereift zwischen den Basaltmauern lag, nahm einen langen Schluck aus der Bierflasche und entschied sich, auf die dünne, zögernde Märzsonne zu hoffen. Micky sah ihm zu, wie er eine Sammlung Kippen aus einer Blechschachtel in den Handteller schüttete, den Tabak herauskrümelte und in die Dose füllte, sich eine fingerdicke Zigarette drehte und ansteckte.

Beckmann hörte Schritte auf dem Hof, sah hinaus, bekam aber nur noch ein Paar haarige, nackte Beine mit, die in aufgerollten Socken und ausgetretenen Mokassins steckten, betrachtete blinzelnd seine Taschenuhr und schüttelte den Kopf.

Er trank den letzten Schluck Bier, wischte mit dem Handrücken den Schaum vom Mund und seufzte. Der Hund saß vor ihm, klopfte mit dem Schwanz auf die Erde und blickte ihn hungrig an.

Plötzlich stellte Beckmann die Bierflasche auf den Beton vor dem Kessel und ging zum Fenster. Das Fenster war nicht geschlossen, nur angelehnt. Beckmann klinkte es ein, öffnete es wieder und betrachtete die Fußspuren auf dem Kellerboden. Die geriffelten Gummisohlen zeichneten sich scharf im Kohlenstaub ab. Beckmann kratzte sich in den

Bartstoppeln, stellte die leere Bierflasche hinter den Heizkessel und stieg ins Erdgeschoß hinauf.
Draußen lag der Schulhof noch immer leer und diesig. Der flackernde Scheinwerfer eines Fahrrads schüttete Lichtpfützen auf die angefrorene Asche. Die Aufsicht hatte ihren Dienst noch nicht angetreten.
Beckmann sah auf die elektrische Uhr, die mitten über dem Flur der Unterstufe hing. Es war zwanzig vor acht. Er schlurfte eine Treppe höher, zog einen dicken Schlüsselbund aus der Tasche und blieb unschlüssig horchend vor der Tür des Direktorzimmers stehen.
Da entdeckte er den ersten Anschlag.
Er war mit einem Reißbrettstift mitten auf die Tür geheftet: ein kleiner Zettel, steif wie eine Spielkarte, auf dem in Schönschrift ein einziger Satz stand. Beckmann schob seine Nickelbrille auf und las:
›Du bekamst für mich das Rätselhafte, das alle Tyrannen haben, deren Recht auf ihrer Person, nicht auf dem Denken begründet ist.‹
Beckmann steckte nachdenklich seine erloschene Zigarette wieder an, las den Satz noch einmal und fing an, versonnen zu grinsen. Er nahm den Reißbrettstift zwischen zwei zerfranste Fingernägel, dachte nach, lachte kurz und meckernd und ließ den Anschlag hängen.
Im Erdgeschoß wurde das Eingangsportal aufgeschlossen.
Beckmann beugte sich über das Treppengeländer.
»Lasse Se die Dier uff«, sagte er gutgelaunt. »Es ist vertel vor acht!«
»Die Schranke war zu!«
Fräulein Chrobock kam müde und mürrisch die Treppe herauf. Sie mampfte einen Schokoladenriegel.
»Wer had Uffsicht?« fragte Beckmann und peilte ungehemmt in Fräulein Chrobocks Blusenausschnitt.
»Herr Groenewold. Ist schon auf dem Hof.«
Fräulein Chrobock ging an Beckmann vorbei, warf die Lippen auf und sagte:
»Sie riechen schon wieder nach Bier!«
»Besser e Fähnche als e Kohlestaublung!« sagte Beckmann. »Is de Chef scho unnerwegs?«
»Der kann in drei Minuten hier sein. Rasieren Sie sich wenigstens.«
Beckmann sah ihr nach, begutachtete ihre Beine und registrierte, daß sie vor dem Anschlag stutzte und stehenblieb. Er grinste gemütvoll, kratzte seinen Bart, drückte mit der Schuhsohle die Zigarette aus, steckte die Kippe in die Blechdose und stieg hinunter ins Erdgeschoß.

Thomas Valentin: *Die Unberatenen. Roman.* Hamburg: Claassen 1963, S. 119f. (T. V.: *Die Unberatenen. Roman.* Oldenburg 1999 © Igel Verlag)

Rosenrauch
Erich Jansen: *Aus den Briefen des Königs. Gedichte* (1963)

Es gibt Gedichte, die sich nach dem frühen Morgen anhören, es gibt Gedichte, die sich nach dem späten Vormittag anhören – und es gibt Hymnen an die Nacht. Es gibt Gedichte, die sich hauptberuflich anhören, und es gibt Gedichte, die sich nebenberuflich anhören. Erich Jansen (1897–1968) ist sein ganzes Leben lang Apotheker gewesen, in Stadtlohn, und hat tagein tagaus ein Auge für seine Kunden gehabt und ein Ohr für die Wörter, die ihn überkamen – und sich aneinander entzündeten – und die er erst nachts – ich will mir das nicht anders vorstellen – zu Papier bringen konnte, gleichsam verblüfft über das, was ihm da alles einfiel (*Annettes Kutsche auf Rüschhaus*): »Wie graue Seide, Rosenrauch, / die Kutsche innen mit der hohen Lehne. / Die Polster träumen noch. / Nicht einer hat davon geschrieben: / wenn sich das Fräulein rückwärts lehnte, / und von Resedenbackwerk / träumte, / gleich einer Puppe, die im Waggehäuse / den Sommernachmittag versäumt. // Im Rüschhaus waren dann die Bilder traurig, / im Garten wurden kaum die Bohnen reif, / und Jenny rief: / das aufgesparte Essen wird verderben. // Noch steht lebendig da die Kutsche / und wartet / wie ein abgedienter Gaul / hart unterhalb Annettes Kammer, / ob sich nicht doch / noch einmal / oben in der Wand / das kleine Fenster öffnet: / ›*Jetzt*, stummer Wagen fahren wir!‹ // ›*Nie!*‹ / sprach der Sonnengott von draußen / auf der Tenne. / ›Die Damen sind doch abgereist; / auch Jenny, / schon vor hundert Jahren!‹«

Polster, die von den zarten Schultern eines Fräuleins träumen! Ein Fräulein, das von Resedenbackwerk – Resenbackwerk?? – träumt! Gleich einer Puppe, die für einen solchen Traum rosenrauchige Sommernachmittage sausen lässt! Bilder, die ›dann‹ traurig sind! Eine verstummte Kutsche, die das Warten von dem abgedienten Gaul gelernt hat, der sie immer gezogen hat! Ein präpotenter Sonnengott, der sich nicht erweichen lässt! – Wo gibt's denn so was! So was gibt es in dem traumstädtischen Reich der Sprache von Erich Jansen. »Statt eines Vorwortes« skizziert Jansen »aus den Briefen eines Königs« den exemplarischen Alltag eines tag- und nachtträumenden – Arno Schmidt hätte von kürzeren oder längeren Gedankenspielen gesprochen – Apothekers, der sich morgens »das Blaue Band vom Haarberger Hof« verleiht, weil er im Backhaus »eine faszinierende Metapher« gefunden hat; der am Nachmittag, einem »Tag der Freude aus Dornen und imaginärer Beglänzung«, einen Spaziergang macht, vorbei an Hasen, die in Reih und Glied vor seinem Hause Aufstellung genommen haben, und der die Nacht im Backhaus bei der schönen Maria verbringt, »die mit violettem Schleier angetan dort in der Fensterrose wohnt im Duft der hundertjährigen Pflaumen«. Lyrikmäßig bin ich kein Sozialist, sondern ein loyaler Royal, und ergo mögen denn ein Brief aus dem Jahr 1843 und eine Ansichtspostkarte aus dem Jahr 1936 mir die Lizenz erteilen, das Annette-Gedicht so zu verstehen, wie mir mein Schnabel gewachsen ist. Ich zitiere aus Annettes Brief an Elise Rüdiger vom 24. Juli 1843: »So steht mein Entschluß fester als je, nie auf den Effekt zu arbeiten, keiner beliebten Manier, keinem anderm Führer als der ewig wahren Natur durch die Windungen des Menschenherzens zu folgen, und unsre blasierte Zeit und ihre Zustände gänzlich mit dem Rücken anzusehn. Ich mag und will jetzt nicht berühmt werden, aber nach hundert Jahren möcht ich gelesen werden, und vielleicht gelingt's mir, da es im Grunde so leicht ist wie Kolumbus' Kunststück mit dem Ei, und nur das entschlossene Opfer der Gegenwart verlangt.« So kalauernd das jetzt ist: Erich Jansen hat eine Nase dafür, dass noch hundert Jahre nachdem Annette und Jenny abgereist sind, die Kutsche »lebendig« ist und – auf synästhetische Weise – doch auch das Werk! (Wobei ich gerne wissen möchte, wann genau und zu welchem Anlass Erich Jansen das Gedicht geschrieben hat, das seinen Band wie ein Portal ins Offene entlässt.) Und jetzt zitiere ich aus einer Ansichtspostkarte, die Gottfried Benn am 24. Juli 1936 an seinen Freund F. W. Oelze geschrieben hat (ein Jahr bevor Erich Jansens *Die grüne Stunde. Pflanzen und Landschaftsbilder* im Deutschen Apotheker-Verlag erschienen ist): »Form nur ist Glaube und Tat, / die erst von Händen berührten, / doch dann den Händen entführten / Statuen bergen die Saat.«

Auch wenn das jetzt ein wenig haarig an dem Ei des Kolumbus herbeigezogen ist: Die vier Zeilen kann man auch lesen mit Blick auf das Handwerk eines Apothekers, vulgo Pillendrehers. Ich aber lese sie als Wirkungsgeheimnis der Poesie. Hundert Jahre nach der ›Entführung‹ von Annette und Jenny bergen noch die Kutsche, Polster und Seide die poetische Saat. Ich würde mir wünschen, dass auch Erich Jansen so etwas wie eine auratische Kutsche hinterlassen hat, oder vielleicht einen Apothekenschrank, oder vielleicht eine Schublade aus diesem Schrank, oder vielleicht irgendwo – als Lesezeichen? – ein Rezept, auf dessen Rückseite in kaum zu entziffernder Frakturschrift das Wort »Rosenrauch« steht. Rainald Goetz hat sich in seiner *Büchner-Preis*-Rede 2015 auch mit der Frage beschäftigt, wie viel Zeit es braucht, um ein poetischer Mensch zu werden, zu sein, zu bleiben, und er hat zu guter Letzt die Schlusswendung aus dem Lied *Bologna* der Wiener Band Wanda nicht nur zitiert, auch nicht gebetet, sondern gesungen: »Wenn jemand fragt wohin du gehst, sag nach Bologna! / Wenn jemand fragt wofür du stehst, sag für Amore, Amore!« Dem Apotheker aus Stadtlohn hätte das – nicht nur Maria zuliebe – gefallen, hätte er sonst über *Die Tochter des Glasbild-Fabrikanten* ein lautpoetisches Notturno wie dieses geschrieben, das erst im Verschwinden begriffen wird? »Immer in der Nacht, / wenn sie in weißer Seide / über das mondne / Katzenkopfpflaster des Innenhofs / schreitet und / alle Uhren im Hause verstummen, / ziehen dreißig Künstler / ihre schwarzen Tellerhüte / und malen ihr Bild / in die Madonnen ihrer Glasfenster; / breitwangig / mit dem Duft hellweißer Oblaten; / die Augen aber, / in Malvenwasser gebadet, / innen ganz blau, / und die Arme malen sie / rund, französisch kalt, / wie auch die Nächte sind, / wenn sie im weißen Kleid / den Innenhof durchschreitet / und zurückschaut. / Sie sieht nicht, / wie am Apfelbaum / das violette Blut entlangläuft.«

Hermann Wallmann

Erich Jansen: *Aus den Briefen eines Königs. Gedichte* (1963)

Frühstück

Wenn der Hahn in der Bläue
seiner Kleider die Trompete bläst,
dann verlöscht das Nachtlicht.
Dann schreien die Mägde,
als habe ein Wind
ihre Zöpfe gepackt.
Die Stimmen der Knechte sind
wie grob gemahlenes Korn
aus der Kleie.
Tausend Milcheimer fallen
vom Himmel.
Die Fliegen sind da
und der Kaffee.
Und die kleinen Heiligen an der Wand
belächeln die Goldleisten ihrer
Bildchen.

Das alte Schloß

Du sitzt immer noch
im Staubstuhl aller Diamanten.
Der Weiher weht
die alten Träume noch.
Und jemand geht durchs Haus,
ein Schatten, Jahre stumm.
An einem Sonntag wird es sein,
an dem ich ende.
Ein brennender Busch
im Licht deines Schritts;
die Asche besungen
von den goldenen Lampen der Spiegel,
vom Stöhnen der Bäume des Parks,
wenn der Herbst sie geschlagen
mit Sterbewind
und die Fenster erblinden
für immer. –
Oh, zum Gespött der Vögel dann
im Bleiturm oben
dein kristallner Rock mit seinen
schweflig-schwarzen Quadern.

Der Besuch

Hülle mich in die
Tücher deiner Gegenwart
bis in den späten
mahagonisüßen Tag.
Deine Fenster haben
die Stadt vergessen,
die Uhren sich im Stein verlaufen.
Ach,
das »welke französische Grün«
deiner Finger,
an denen die Ringe rutschen.
Vorüber die wundervollen Sommerabende.
Damals stand die Zeit still
und die Hagebutten brannten
ihr Feuer ab
im nächtlichen Kamin unseres Herzens.
Jetzt blättert der Stuck von der Decke
und die Glocke läutet
ihr tägliches Sterben
mitten im Apfellicht der alten Kindertage.
So kurz der Schlag der weißen Tennisbälle
bis zu den Rosen
in der Vase von Louis Quinze
mit allem Totengold.

Winterrose

Ein Schrei
aus Turmlicht und
verschmähtem Linnen –
ein Untergang! –
Stolz stehen
deine weißen Fahnen
aufgestockt
im Trauerhaus.
Die kleinen Füße der Eroberer
steif
in den Zinksärgen
an der Wand.

Erich Jansen: *Aus den Briefen eines Königs. Gedichte.* Köln: Kiepenheuer & Witsch 1963, S. 13, 21, 22, 33

Niederdeutsche Wendemarke
Norbert Johannimloh: *En Handvöll Rägen. Plattdeutsche Gedichte mit hochdeutscher Übersetzung* (1963)

»Et is viel Sunne in de Nacht. / Daoch et gif to wäinig Maonde, / Lecht to drinken.« – Als diese Zeilen (*Dunkle Täikens*) 1963 erschienen, fielen sie nicht gerade auf fruchtbaren Boden. Plattdeutsch war damals nahezu flächendeckend noch die gängige Umgangssprache im ländlichen Westfalen (nicht in den Städten), verstanden wurden dort solche Bilder aber nicht. Viel Sonne in der Nacht und zu wenige Monde, die das Licht trinken sollten? – In den damaligen Lesebüchern für die Volksschulen erinnerte man zwar noch an die niederdeutsche Mundart, aber mit einem Kindergedicht von Augustin Wibbelt: »Pöggsken sitt in'n Sunnenschien, / O, wat is dat Pöggsken fien / Met de gröne Bücks! / Pöggsken denkt an nicks.«

Mit solchen Versen sollte (und soll noch immer) nachfolgenden Generationen der Wert und die Schönheit dieser so gänzlich anderen Sprache nahegebracht werden und damals (wie heute) ›westfälische Identität‹ vermitteln, die Eigenarten und Wesenszüge jenes ›Stammes‹, der sich selbst gern als ›knorrig‹, ›ehrlich‹, ›kompromisslos‹ usw. sieht, von außen allerdings eher als ›stur‹ beschrieben wird. Das den Westfalen offenbar eigene Beharrungsvermögen führte auch dazu, dass Johannimlohs neue plattdeutsche Lyrik in der eigenen Heimat (Verl bei Gütersloh) und im Münsterland zunächst nicht in ihrem eigentlichen Wert erkannt wurde und auch dann, als *En Handvöll Rägen* im Norddeutschen sehr viel wohlwollender zur Kenntnis genommen wurde (das niederdeutsche Sprachgebiet umfasst ja den gesamten Norddeutschen Raum bis nach Schleswig-Holstein und Mecklenburg-Vorpommern), in Westfalen noch durchaus kritisch betrachtet wurde. Dennoch steht dieser schmale, im Emsdettener Verlag Lechte erschienene Band am Anfang einer ganz neuen westfälischen Mundartlyrik und – diese persönliche Anmerkung sei hier erlaubt – er war für uns, die wir die niederdeutsche Sprache als literarisches Instrument wiederentdeckten, wegweisend: »Novemberweind / Decket dat Draumdack aff. / Maondlecht out de Rausenteit / Lig up de Tungen« (*Unner Neon-Sternen*).

Sollte man so einem Autor das wertvolle Erbe westfälischer niederdeutscher Dichtung anvertrauen? 1991, als der italienische Übersetzer und Germanist Giovanni Nadiani eine Anthologie zur niederdeutschen Gegenwartsdichtung publizierte (*»Över verlaten Plaasterstraten«. Per abbandonati selciati. Poeti bassotedeschi 1961–1990*, in der 34 Seiten den Gedichten Johannimlohs gewidmet waren, hatte der Autor längst auch im hochdeutschen Literaturbetrieb Fuß gefasst. 1963, beim Erscheinen der Gedichte aus *En Handvöll Rägen*, blieben die Gralshüter ewiger Werte in der Mundartdichtung aber skeptisch, sahen in Johannimloh einen »Neutöner« (die Parallele zur modernen Musik wurde bewusst gewählt). Denn schon seit der Wiedererweckung des Plattdeutschen durch Klaus Groth und Fritz Reuter in der Mitte des 19. Jahrhunderts sowie durch die Niederdeutschen Bewegung, insbesondere in den 1920er Jahren, schwingt bei der Förderung des Plattdeutschen immer auch ein moralischer Unterton mit: Niederdeutsch als das ungekünstelte, unverdorbene

Wort soll für Ehrlichkeit und zeitlose Eigenwerte einstehen. Landsmannschaftliche Interessen mischen sich mit diesem pädagogischen Impetus. Selbst als (vor allem im Norddeutschen) einige niederdeutsche Autorinnen und Autoren zu ganz neuen Formen gefunden hatten und Hochdeutsches mit der Mundart vermischten (je nach Schichtzugehörigkeit ihrer literarischen Figuren), war im *Quickborn*, der wichtigsten niederdeutschen Zeitschrift, 1962 eine wohlmeinende Stellungnahme Hermann Denglers zu lesen, die doch das alte Klischee nicht verbergen konnte: »So kann beides – der Rückgriff auf das vorhandene plattdeutsche Schrifttum wie die Fülle der Neuschöpfungen – als Zeichen und Beweis der dem plattdeutschen Menschen innewohnenden schöpferischen Kräfte gewertet werden.«

Dass Johannimloh – gewiss in einem gänzlich anderen Sinn – zu diesen »schöpferischen Kräften« gehörte, wollte man in Westfalen aber zunächst nicht zur Kenntnis nehmen. Die neue Zeit lief an den alten Vorstellungen vorbei wie das Wiesel an der Schnecke. Die moderne Landbevölkerung bemühte sich, den im Dialekt hörbaren vermeintlichen Mangel an Sprachkompetenz wettzumachen. Lehrer empfahlen Eltern, den häuslichen Gebrauch der Mundart einzuschränken. Das Niederdeutsche war auf dem Weg, eine Domäne der Sprachpfleger, Sammler und Liebhaber zu werden. Trotzig behauptete etwa der norddeutsche Autor Hans Heitmann 1961 den Eigenwert des Mundarthörspiels gegenüber den hochdeutschen Radiodramen: Ersteres habe Sprachpflege zu betreiben und der Erhaltung und Entwicklung des Niederdeutschen zu dienen, es solle zur Festigung des Landschafts-, Stammesbewusstseins und eines echten Heimatgefühls beitragen. Heitmann warnte vor einer Literarisierung des niederdeutschen Hörspiels. Das niederdeutsche Volk gehe nun einmal in Holzschuhen, Stilexperimente seien hier nur mit Vorsicht anzuraten. Im Umfeld solcher Landschafts-, Hof-, ja Stammeshörspiele, mussten die neuen Zwischentöne Johannimlohs auffallen. Sie fielen auch einem auf, der der Mundartszene weit entfernt und damit unverdächtig war: Ernst Meister rühmte Johannimloh als den »jungen Lorca Westfalens«.

Nirgends erscheint in diesen Gedichten das Landleben als Idylle, es lauern Angst und Verrat, das Schöne ist fadenscheinig, die Beziehungen der Menschen untereinander von latenter Gewalt: »Dat Rind stött in de Keien / Un brüllt dump un lang. / Maget louert ächter Gardeinen. / Knächt stäit unnern Päsekenbaume. / Witte Tiane beit in wäiket Fläisch. / Spisse Lippen spigget wäg den Stäin. / Dat Rind brüllt dump. / De rautbroune Hahn / Ritt den witten Houhn / En gedüllige Färdn / Von douketen Halse – / Un spigget se wäg. / En Fühlen weltert sick in Gräse. / Dat Rind brüllt dump un lang« (*Dumpe Stunne*).

Diese Lyrik ist keine Dienstleistung in der Sisyphus-Arbeit zum Erhalt einer sterbenden Sprache. Auch keine literarische Brauchtumspflege, sondern der Versuch die niederdeutsche Sprache an die lyrische Moderne anzuschließen. Darin steckt eine gänzlich andere Weltsicht als in der engen regionalen Idyllen-Lyrik der Vorgänger. Im bedrohten, verlorenen Ich in diesen Gedichten ist das Wissen um die Vergänglichkeit allgegenwärtig, in eher nüchternen Worten erscheinen Bilder von unlarmoyanter Trauer. Das ist weit entfernt von der damals noch üblichen harmlosen Dönekes-Dichtung, zugleich ebenso weit entfernt von den viel radikaleren Versuchen Konkreter Mundartpoesie oder den experimentellen Sprachspielen, wie sie die oberdeutschen Mundartdichter um H. C. Artmann, Kurt Marti u. a. versuchten, aber ein ganz wichtiger Schritt in eine andere, neue Richtung.

»Die Provokation dieser Verse«, schrieb im Nachwort der Autor, Dramatiker und Rundfunkredakteur Konrad Hansen, »liegt darin, daß sie plattdeutsch geschrieben wurden. Hätte sich Norbert Johannimloh der hochdeutschen Sprache bedient – es wäre ein leichtes gewesen, ihn irgendwo zwischen Wilhelm Lehmann und Paul Celan einzuordnen; [...] Vorbilder für diese Gedichte wird man im Plattdeutschen vergebens suchen. Um sie aufzuspüren, müsste man sich schon innerhalb der zeitgenössischen hochdeutschen Lyrik und der anderer europäischer Hochsprachen umschauen.«

Es dauerte eine Weile, bis das Potential dieser Gedichte erkannt wurde und Johannimloh, dieser »Seiltänzer des Wortes, der seine einsame unerreichte Höhe in seinen Gedichten nie verliert« (Ludo Simons, flämischer Literaturwissenschaftler aus Antwerpen), auch in der engeren Heimat Anerkennung fand. *En Handvöll Rägen* markiert einen Wendepunkt in der niederdeutschen Literatur.

Georg Bühren

Norbert Johannimloh: *En Handvöll Rägen. Plattdeutsche Gedichte mit hochdeutscher Übersetzung* (1963)

Upm Müllhaupen	*Auf dem Müllhaufen*
Inkaupstaschen, Bleckbüssen, Leige Flaschen, Unnerrocksrüschen, Gasmaschen Un dotüschen: Rostige Släiwe, Liebesbräiwe, Weihnachtsbaime, Kinnerdraime, Kuok- un Wiggewaterpott, Perlonstrümpe, Souermouskümpe – Aolles Schutt.	Einkaufstaschen, Blechdosen, Leere Flaschen, Unterrocksrüschen, Gasmasken Und dazwischen: Rostige Löffel, Liebesbriefe, Weihnachtsbäume, Kinderträume, Koch- und Weihwassertopf, Perlonstrümpfe, Sauerkrautschüsseln, Alles Schutt.
Unnern aulen Rägenschirm In kaputten Kinnerwagen Sitt en Keind Un drägg in Ame En kläinet Kröiße, – Häölt et wame.	Unterm alten Regenschirm Im kaputten Kinderwagen Sitzt ein Kind Und trägt im Arm Ein kleines Kreuz, – Hält es warm.
De Härgott häff de Krounen awe.	Der Herrgott hat die Krone ab.

In witte Buschweindrausen

In witte Buschweindrausen
Blöiht en rauen Aohm.
En Löit knäit in de Bloumeninsel,
Häölt met lichte Hand
Den witten Kelch
Un winket üöwert graute Water
Den witten Segelschiepen.
Greise Doubmunket dump.
De Hawicht louert in de Krounen.
Üörwer witte Bloumen
Waiht de raue Aohm.

In weißen Buschwindrosen

In weißen Buschwindrosen
Blüht ein roter Atem.
Ein Mädchen kniet in die Blumeninsel,
Hält mit leichter Hand
Den weißen Kelch
Und winkt übers große Wasser
Den weißen Segelschiffen.
Graue Tauben unken dumpf.
Der Habicht lauert in der Krone.
Über weiße Blumen
weht der rote Atem.

Norbert Johannimloh: *En Handvöll Rägen. Plattdeutsche Gedichte mit hochdeutscher Übersetzung.* Emsdetten: Lechte 1963, S. 2f., 66f.

Heimat als Gesinnungsfrage
Walter Vollmer: *Westfälische Städtebilder. Berichte und Betrachtungen* (1963)

Kein unbescheidener Einstieg – seiner »Bestandsaufnahme« stellt Walter Vollmer (1903–1965) ein Zitat des Pädagogen Adolf Diesterweg voran: »Den Boden zu kennen, worauf man steht; zu wissen, was einst gewesen, nun aber verschwunden; einzusehen, warum das gekommen; zu begreifen, was in der Vorzeit wurzelnd noch aufrecht steht – das scheint Anfang und Vorbedingung aller besseren Bildung!« Vollmer geht es also nicht um eine kurzweilige Führung durch westfälische Städte; er versteht sich selbst als kundigen Berichterstatter und sein Buch als ultimative Sammlung: alles Wissens- und Bewahrenswerte über Westfalen, seine Städte, Landschaften, seine Bräuche und Eigenheiten. Dass Vollmer es ernst meint, zeigt bereits der Umfang des Buches: 511 Seiten. Liest man die 95 Städtebilder in einem Parforceritt zur Gänze, bleibt ein zwiespältiger Eindruck zurück.

In seinem siebenseitigen Vorwort – auch dies ein Indiz für die von Vollmer seiner Publikation zugemessene Bedeutung – versucht er sowohl einen kursorischen Überblick zu geben als auch sein Vorhaben zu legitimieren. Er sieht sich als landeskundlich versierten Laienhistoriker, der die vorhandenen Bestände sichtet, wertet und für die Zukunft in Auswahl zusammenstellt. Dass seine Darstellung eine begrenzte Lebensdauer haben wird, ist dem Schriftsteller bewusst: »Morgen kann alles veraltet, überholt und reif für die literarische Makulatur sein. Morgen kann man unsere Städte anders sehen. Es wird auch wohl so kommen. Übermorgen kann dieses Buch ein Anachronismus sein. Es wäre mir ein unerträglicher Gedanke, mit meiner Silhouette den Strahl der Sonne zu verdunkeln, der auf das Papier eines späteren Städteschreibers fallen will. Sieht er Welt, Städte und Menschen in anderem Licht, so ist das morgen sein Recht.« Vollmer fügt aber, fast ein wenig trotzig, hinzu: »Daß ich sie so sehe, wie sie hier dargestellt sind, ist dagegen *heute* mein Recht.« Wie wirkmächtig dabei die Rolle desjenigen ist, der die Daten und Fakten kompiliert und präsentiert, verschweigt Vollmer wohlweislich und spricht davon, dass dieses Buch vor allem dazu gemacht sei, »die Liebe zu unserer westfälischen Heimat anzuregen«.

Verbundenheit mit ›Land und Leuten‹ – vermieden werden soll um jeden Preis der Eindruck, hier habe nur einmal mehr ein Büchermensch sich aus dem geschützten Raum seines Arbeitszimmers über die Region gebeugt und sein wohlformuliertes Urteil gefällt: »Als einfacher Mann, der ich bin, führen mich die Lebensumstände sehr oft in die Gemeinschaft der Schlichten und Namenlosen im Lande, aus deren tieflotenden Gefühlsbereichen erst die Wunderlichkeiten, die Weisheiten und Wahrheiten in die Welt kommen, die denn in der dünneren, schärferen Luft hoher Geistigkeit ihre Deutung finden oder auch nicht finden.« Vollmers Selbstinszenierung kommt in Duktus, Wortwahl und Wahrnehmung aus weiter Ferne daher; es spricht hier das frühe 20. Jahrhundert (in seinen schlechteren, d. h. völkisch-heimatlichen Varianten) zu einer Gegenwart, die es sich im ›Wohlstand für alle‹-Deutschland Ludwig Ehrhards gemütlich gemacht hat. Die Selbstdarstellung ist zudem arg trügerisch: Zwar hatte sich Vollmer bereits vorab mehrfach mit Westfalen, insbesondere mit dem Ruhrgebiet, in Romanen, insbesondere aber in Berichten und Reportagen auseinandergesetzt (z. B. *Land an der Ruhr*, 1935; *Bekenntnis zum Revier*, 1957), doch ändert dies nichts an der Tatsache, dass bei allem Interesse an »Wunderlichkeiten« und »Wahrheiten« der Inhalt dieses Buches neben Reiseerfahrungen und Erinnerungen vor allem aus gut ausgestatteten Bibliotheken sowie eigenen Vorarbeiten zusammengetragen wurde.

Das Anliegen Vollmers soll hier jedoch nicht vollends diskreditiert werden; seine Fragen nach einer Stadtlandschaft, die weiterhin lebenswert erscheint, sind – heute wie damals – hochaktuell: In den 1960er Jahren des weiterhin (wenngleich moderater) anhaltenden ›Wirtschaftswunders‹ wachsen die Industriezentren, steigt der Konsum, erhöht sich rasant die Zahl der PKWs, weiten sich die Wohngebiete immer mehr aus. Die sorgenvolle Frage Vollmers nach der Zukunft der Städte ist somit berechtigt: »Sie werden vielleicht nicht mehr Heimat, Nachbarschaft, Geborgenheit, Schicksal sein, sondern etwas, wofür die Bezeichnung noch nicht gefunden ist. Vielleicht werden sie Arbeitsstätten, Verkaufsstätten, Wohnstätten sein und nicht mehr?« Am Beispiel Hemers lässt sich dieser Konflikt in der Beschreibung Vollmers sehr gut nachzeichnen: »Man kann von hier aus wandern, schön ist die Welt hier immer noch überall, aber es ist wiederum nicht zu leugnen, daß die industrielle Überformung, der Neubau sich weithin lagernden Siedlungen [...] der unberührten Landschaftsromantik einen Teil ihrer weltvergessenen Stille genommen haben. Aber wo gäbe es heute noch Landschaften, die sich nicht den Forderungen des Tages beugten?« Die »Forderungen des Tages« sind von Vollmer auch in anderen Städten beobachtet worden, so z. B. in Herford: »Draußen, wo die Stadt mit Straßen, Siedlungen und Industriebetrieben sich allmählich in der ravensbergischen Hügellandschaft verliert, wo Wasserwerk, Kläranalagen, Sportfelder und Äcker den Übergang vorbereiten, versucht die neue Zeit, sich ihr gültiges Gesicht zu geben. In der Stadt selbst aber sind es noch nicht die überdimensionalen Beton-Glas-Konstruktionen moderner Baugesinnung, sondern die ehrwürdig-kunstträchtigen Zeugen christlicher Glaubenshaltung, die Kirchen und Kapellen, deren Gegenwart den einzelnen Stadtvierteln das jeweils charakteristische Aussehen verleiht.« Hier schreibt ein geübter Beobachter, der die Konflikte und Spannungen der Stadt-Land-Morphologie wortgewandt zu benennen weiß, ohne darüber gleich in ein Lamento auszubrechen. Diese eher nüchterne Beschreibungskunst widerspricht dem überspannten Anspruch des Vorworts – und bleibt leider in der Gesamtperspektive rühmliche Ausnahme im Band. Letztlich überwiegt bei Vollmer das Interesse an einer Wertung der Stadtlandschaft: »Daß ich sie so sehe, wie sie hier dargestellt sind, ist dagegen *heute* mein Recht.«

Über die sachliche Richtigkeit der Darstellungen Vollmers soll kein letztgültiger Befund ausgestellt werden; kritisch zu beäugen sind sie allerdings, da die Skepsis gegenüber der vollindustriellen Gegenwart bei Vollmer durch Rückgriffe auf eine diffuse Konzeption von Heimatbewusstsein realisiert wird: »Natürlich könnte es mit Hilfe der Technik, deren ungeheuer segensreiche Wirkung nur ein Phantast bestreiten kann, den geschwätzigen, superklugen Alles-glatt-Hoblern gelingen, morgen oder übermorgen das noch so herrlich vielfältige Europa in eine Wüste zu Tode organisierter Gleichförmigkeit zu verwandeln. Aber noch sind die Briloner da und mit ihnen Tausende von Menschen in Stadt und Land, die ihnen die Gefolgschaft in die anonymen grauen Kammern der Langeweile verweigern.« Man hört es deutlich rumoren: Vollmer entwickelt vor allem gegenüber einer heterogenen Pluralität des Städtischen ein ungehemmtes Misstrauen; von Anonymität, von Traditionsvergessenheit und dem Verlust der Ursprünglichkeit ist im Band gern die Rede. Und was möchte Vollmer dem entgegengestellt wissen? Natürlich: die störrische Beharrlichkeit des Westfalen, seine verlässliche Widerspenstigkeit, die Treue zur Scholle und Tradition: »Es gibt ein von manchen Leuten bisweilen in Frage gestelltes ›westfälisches Element‹ – nur Voreingenommenheit kann daran zweifeln! –, und in Ahlen ist es eine glückliche Synthese mit fortschrittlich-technischem Denken eingegangen. Diese heute so vielfältig und so energisch industrialisierte Ort atmet immer noch westfälische Geisteshaltung in Arbeit und Leben des Alltags, jene westfälischen Kardinaltugenden (cum grano salis: auch Untugenden), als da sind: berufliche und menschliche Zuverlässigkeit, Werkstreue, Pflege der angestammten Muttersprache, aber auch Hinwendungsfreudigkeit zur bäuerlichen Welt.«

Vollmer beargwöhnt die hektische Evolution der modernen Gesellschaft, die zunehmend fluiden Zustände in allen Bereichen des Alltags. Ganz gleich in welchem Zusammenhang: Er spricht sich für eine Rückbesinnung auf Heimat, Herkunft und Bauernland aus. Am Beispiel der Stadt Menden findet er eine metaphorische Umschreibung, welche sein Unbehagen zu veranschaulichen weiß: »Es gibt leere Städte, historisch ungepflegte, landschaftlich von grauer Langeweile überweht, dennoch betriebsam und laut; man weiß nicht, wie man sie ansprechen soll, da sie nicht antworten. Diesen Städten ohne Echo stehen andere gegenüber, die man nur anzurühren braucht, und schon antworten sie mit dem vollen Klang einer erzenen Glocke.« Den »vollen Klang einer erzenen Glocke« findet Vollmer nur noch in jenen Gemeinden, die zu Beginn der 1960er Jahre noch genügend atmosphärisches Potential aufweisen, um dem Betrachter eine heimelige Urtümlichkeit und unangetastete ›Natürlichkeit‹ zu versprechen. Somit liest man an zahlreichen Stellen im Band ein Lob auf die »Wälder, Felder, Moore« des Münsterlandes, auf Wallhecken und auf einsame Dörfer, auf das Plattdeutsche (das »andernorts unter den Geröllmassen ›moderner‹ hochdeutscher Umgangssprache erstickt ist«), aber auch auf die »Melancholie einer freundlich-ernsten, unpathetischen Landschaft, ganz leicht von einem letzten Schimmer einer bewegten, fast vergessenen Vergangenheit überweht«. Fast vergessen hat Vollmer in derartigen Passagen offensichtlich sein Anliegen: eine Bestandsaufnahme Westfalens. Sobald er selbst affiziert ist, geht die neutrale Wahrnehmung mehr oder minder verloren; exemplarisch lässt sich das am Beitrag zu Arnsberg, Vollmers Wohnort, nachvollziehen: »Arnsberg hat im Konzert der westfälischen Städte eine ausgesprochen muntere Stimme, eine helle Dur-Melodie unter blauem Himmel in grüner Bergwelt, wie ja auch die Bewohner, so sie eingeborene Arnsberger und damit Sauerländer sind, diese Stimme nicht selten lautstark vernehmen lassen. Mit der sogenannten rheinischen Fröhlichkeit hat das nichts zu tun, die ist ganz anders, eher mit der sprudelnden, nüchternen Klarheit der Bergbäche und der lichten Daseinsfröhlichkeit junger Wälder.« Unentschieden bleibt, ob man sich vom pathetischen Lokalpatriotismus, der sich als Lob der Heimat geriert, genervt oder belustigt zeigen soll.

Die eingangs angesprochene Zwiespältigkeit ist deutlich geworden; die verschiedenen Tonlagen und Darstellungsabsichten finden sich in fast allen Städteporträts – teils voneinander geschieden, teils miteinander vermengt. Ein letzter Kritikpunkt: Vollmers (teils schwer erträglicher) Plauderton. Wenn von ruhigen, epischen Flüssen die Rede ist, scheint ganz unverkennbar: so ruhig und zugleich heiter-munter möchte sich auch der Autor der *Städtebilder* rezipiert wissen. Eine stilistisch versierte Kunst der Beschreibung kann man Vollmer, dem routinierten Texter, gar nicht absprechen, doch gerät er in nicht wenigen Städteporträts in eine erzählerisch-dokumentarische Aus- bzw. eher Abschweifung, die dem Gegenstand gegenüber nicht mehr angemessen ist. Was ihm dabei neben seinen privaten Interessen im Weg steht, ist nicht zuletzt der ungeheure Wust an Angelesenem und mühsam Exzerpiertem, den er gern in den Text einfließen lassen möchte – nicht selten eine Fehlentscheidung. An einigen Stellen wird dieses Abschreiben aus Stadtchroniken überdeutlich, so in der Beschreibung Altenas im Jahre 1738: »Es arbeiteten 232 Vorschläger, 39 Stahlschmiede, 77 Drahtschmiede, 132 Bankzöger, 154 Kleinzöger und 186 Winner im Drahtgewebe, mitarbeitende Frauen und Kinder nicht eingerechnet.« Diese positivistische Hingabe ans Detail mag für den Lokalhistoriker von Relevanz sein; in den *Städtebildern* ist sie schlicht überflüssig. Dass Vollmer hier vor einer naturgemäß kaum zufriedenstellend zu bewältigenden Aufgabe stand – Wie soll solch eine Menge Datenmaterial präsentiert werden? –, sei nicht in Frage gestellt. In seiner Beschreibung Burgsteinfurts reflektiert er selbst die seinem Unternehmen inhärente Schwierigkeit: »Das alles sind natürlich nur Stichworte. Aber hinter ihnen verbirgt sich unendlich viel an Geschehnissen, die das Aussehen der alten Stadt geformt haben, ein Stadtgesicht, in vielen Bezügen deutsch, manchmal durchaus westfälisch, hin und wieder übernommene Formen verwandelnd, von heiterer Gelassenheit bis zur ernsten Unnahbarkeit; kurz, eine Skala der Jahrhunderte in ihren vielen Schattierungen.« – Sind aber derartige Gemeinplätze nötig?

Es zeigt sich insgesamt: Es sind die gesellschaftliche Eigendynamik von Vergangenheit, Gegenwart und Zukunft sowie ihr Zusammenspiel in der (Stadt-)Landschaft, die Vollmer beschäftigen; doch sobald sich »Sage, Legende und Geschichte« mit der eigenen Zeitgenossenschaft verbinden sollen, wird deutlich, wie sehr Vollmer selbst eben dieser eigentlich nicht mehr zugerechnet werden kann: Zwei Jahre vor seinem Tod schloss der 60-jährige Schriftsteller seine jahrzehntelange Beschäftigung mit der regionalen Kultur und Natur ab. Einer (selbst-)kritischeren Perspektive auf ›Land und Leute‹ war Walter Vollmer in seiner detail- und informationsreichen Erkundung Westfalens offensichtlich nicht fähig; zu der war er wohl auch nicht gewillt. Seine *Städtebilder* sind letztlich eine recht eigensinnige ›Liebesgeschichte‹ mit Westfalen, eine von heiterer Wehmut sowie skeptischer Nachdenklichkeit, aber auch von teils ganz ungezügeltem Technik- und Fortschrittsoptimismus, nicht zuletzt vor allem von einer Verklärung von Heimat und Herkunft, von Tradition und Erdgebundenheit geprägte Betrachtung, die sich als Metaerzählung erprobt.

Was nicht unerwähnt bleiben darf: Walter Vollmer war – nach beruflicher Erprobung im Bergbau sowie im Journalismus – unter den Nationalsozialisten ein sehr erfolgreicher Autor; seine Beschäftigung mit Westfalen und der »Randwelt des Ruhrgebiets« – so der Untertitel seines populären Romans *Die Ziege Sonja* (1933) – setzte drei Jahrzehnte vor den *Städtebildern* ein und bildete gewissermaßen ein ›Lebensthema‹ Vollmers. 1955 wurde ihm eben für diese langanhaltende Treue zum Thema und seine kulturprovinzielle Produktivität in Sachen ›Heimat‹ der *Annette-von-Droste-Hülshoff-Preis* verliehen – gemeinsam mit dem jungen Schriftsteller Paul Schallück für dessen Roman *Wenn man aufhören könnte zu lügen* (1951; s. S. 45). Hier kollidierte aufs Schönste die noch wirkmächtige Volksliteratur der 1930er und 1940er Jahre mit der kritisch nachfragenden Distanzaktion der Autoren der Nachkriegsgeneration. Dass sich der ›Heimat‹-Dichter Vollmer in seiner Beschäftigung mit ›Land und Leuten‹ allzu gern auf die nebulöse Volkstum-Ideologie der Nationalsozialisten einließ – Vollmer gehörte zu den produktivsten Opportunisten im Schriftstellerkader der NS-Zeitschrift *Heimat und Reich* – sollte also nicht vergessen werden. Ebenso rasch wie er sich bestimmter Floskeln und Phrasen annahm, entledigte er sich nach 1945 ihrer wieder; der salbungsvolle Ton, der der Landschaft Westfalens sogleich eine Seele einschreiben wollte, von geheimnisvoller Vielgesichtigkeit und schwerer Schicksalshaftigkeit sprach, blieb aber allzu oft an seinem angestammten Platz.

Arnold Maxwill

Walter Vollmer: *Westfälische Städtebilder. Berichte und Betrachtungen* (1963)

Beckum

Wenige der Angler, Paddler, Kaffee- oder Badegäste, welche die Werse im Münsterland als guten Sommerfreund loben, wissen, woher sie kommt. Als ruhiger, epischer Fluß strudelt sie nur ungern auf ihrem Weg zur temperamentvollen Ems, die sie nördlich von Münster bei Greven aufnimmt und zur Nordsee mitschleppt, als sei das alles ihr Wasser, das da fließt. Die Werse ist sogar zu bequem, selbst eine Quelle zu bilden, sie überläßt das drei kleinen Bächen, Lippbach, Kollenbach und Siechenbach, die bei Beckum zusammenfließen (freilich, der muntere Kollenbach ist davon ihr eigentlicher Ursprung!). Auf diese Weise entstand nicht nur der Fluß, sondern erhielt auch gleich der Ort seinen Namen »Bikehem« (1134) oder »Bechhem«, woraus dann über einige sprachliche Umwege das heutige *Beckum* geworden ist. Es bedeutet soviel wie »Heim an den Quellen« oder »Bächen«. Das schlichte Stadtwappen zeigt dann auch die drei Wasserläufe, die uns in einem Relief am Rathaus vom Jahre 1506 und in den städtischen Kupfermünzen seit 1595 wieder begegnen.
Wer heute seinen Wagen leicht und pfeilgeschwind auf der die Stadt nördlich umgehenden Bundesautobahn oder auf der Bundesstraße 61 von Hamm nach Wiedenbrück oder auch aus anderen Richtungen durch die etwas schwermütige, gelassene Landschaft steuert, ahnt vielleicht nicht, welch eine Last der Verkehr in früheren Zeiten mit den hier vorhandenen lehmigen Kalkböden hatte. Auch die Staatskarosse, die den französischen Schriftsteller Voltaire, den Gesprächs- und Tafelfreund Friedrichs des Großen, von Potsdam nach Paris bringen sollte, erlitt damals zwischen Beckum und Oelde (oder war es bei Brackwede? Darüber streiten sich die Gelehrten) einen Achsenbruch. Voltaire war zwar ein geistreicher, jedoch kein schöner Mann. Aber daß die Bauern, die seine Kutsche neugierig umkreisten, ihren Insassen für einen Affen hielten, hat er den Westfalen nicht verziehen und in seinem Werk »Candide« keinen Hehl daraus gemacht, wie wenig er seinerseits von ihnen hielt.
Die Beckumer haben übrigens im Jahre 1845 erhebliche Anstrengungen gemacht, die Bahnlinie Köln–Minden an sich heranzuziehen; es ist ihnen aber nicht gelungen. Ahlen wurde Haltepunkt. So half dann 1879 die Stichbahn nach Neubeckum aus der schlimmsten Verlegenheit. Sie wurde 1898 in südöstlicher Richtung nach Lippstadt weitergeführt. Freilich, Straßen hatte man trotz schmalem Geldbeutel im Hinblick auf den großen Handel nach allen Richtungen hin gebaut, aber erst ab 1900 dürften alle Schwierigkeiten überwunden gewesen sein, von denen man heute nichts mehr ahnt.
Man sieht über der Kühlerhaube in nur spärlich bewaldeter Gegend die Stadt am Horizont vor sich liegen. Regnet es zufällig, sollte man sich einmal vorstellen, wie man vor hundert Jahren hier weiterkam, als der Postmeister in Beckum noch 80 (!) Reisepferde im Stall hielt! Dem aufmerksamen Auge wird jener eigentümliche münsterländische Silberglanz nicht entgehen, der, halb Nebel, halb funkelnde Kristallbuntheit, naß, grau und doch voll geheimer Farben über Straßen und Feldern steht. Man braucht nicht mehr besorgt auf den Weg zu achten. Schnell wächst mit Vorstadtbauten das Stadtbild vor einem auf, von recht spitzen Kirchtürmen betont, die irgendwie charakteristisch

sind. Bei Sonnenlicht aber liegt ein leichter, heller Schimmer über Stadt und Landschaft, der offensichtlich von den weißgrauen, etwas klobig wirkenden Industriewerken ausgeht, die auffällig hohe Schornsteine führen. Zementfestungen! Kalkwerke! Weißgrauer Rauch über dem ebenen Land zieht bei Flachlandwind oft waagerecht unter dem Himmel dahin. Kirchtürme einerseits, Schornsteine andererseits, zwei Welten, die das helle Bild der Stadt mit vertikalen Akzenten versehen.

Walter Vollmer: *Westfälische Städtebilder. Berichte und Betrachtungen*. Gütersloh: Bertelsmann 1963, S. 44–46

Kritik der Arbeits- und Alltagswelt
Max von der Grün: *Irrlicht und Feuer. Roman* (1963)

Nach einem halben Jahrhundert stelle ich fest: Max von der Grün war 1963, als *Irrlicht und Feuer* im Recklinghausener Paulus-Verlag erschien, zur richtigen Zeit am richtigen Ort. Mit seinem zweiten und wohl wichtigsten Roman liefert er einen Beweis, dass Literatur durchaus etwas zu bewirken vermag: Mit seiner deutlichen Kritik macht er auf eindringliche Art auf Missstände aufmerksam und löst heftige und weitreichende Diskussionen aus. Seine Rolle als Schriftsteller sieht von der Grün im gesellschaftlichen Kontext. Für dieses literarische Selbstverständnis steht *Irrlicht und Feuer*. Diesem Anspruch und seiner kritischen und zugleich realistischen Haltung bleibt von der Grün in seinen weiteren Romanen treu: »Wir können keine soziale Aufgabe lösen, wir können nur auf die Aufgabe verweisen, wir können keine politische Entscheidung treffen, wir können nur darauf verweisen, daß eine politische Entscheidung not tut, wir können keine betrieblichen Pressionen abbauen, wir können nur aufzeigen, daß es sie gibt, wir können das Kapital nicht umverteilen, wir können nur die Ungerechtigkeit verdeutlichen« (zit. nach Gabriele Wölke: *Arbeiterliteratur*, in: *Beiträge zur Gesellschafts- und Bildungspolitik* 15, 3/1977).

Durch seine brisanten Darstellungen bringt er Arbeitgeber ebenso wie Gewerkschaftler gegen sich auf, sieht sich zahlreichen Repressalien ausgesetzt und muss vor Gericht durch mehrere Instanzen, bevor er Recht bekommt. Das mediale Interesse ist enorm, von der Grün ein gefragter Interviewpartner und rasch in aller Munde. Er verliert seinen Arbeitsplatz im Ruhrbergbau, findet unmittelbar danach auch im Dortmunder Hoesch-Konzern keinen neuen.

Als ich zum 50-jährigen Erscheinen dieses wichtigen und erfolgreichen Romans in einem Dortmunder Kino 2013 noch einmal die beiden Teile des 1966 in der DDR und 1968 in der BRD ausgestrahlten gleichnamigen Fernsehfilms sehe, erinnere ich mich gut: die Bilder, die ich damals als 19-Jähriger auf dem Bildschirm, aber auch täglich in meiner Umgebung sah, waren real: So wie Dortmund sahen in den 1960er Jahren viele deutsche

Großstädte aus, und so wie die Schauspieler im Film agierten, dachten, sprachen und handelten nicht nur die Menschen im Ruhrgebiet. Die Düsenjäger, die im Vorspann im Tiefflug über die Leinwand donnern, gehörten zum Alltag ebenso wie ein immer reichhaltigeres Warenangebot in den Schaufenstern der Geschäfte.

Die 1960er Jahre waren eine beklemmende, restaurativ-konservative, graue und zugleich vordergründig konsumorientierte Zeit, in der kritische Fragen besser nicht gestellt werden sollten; sie zeigen die Bundesrepublik als emporstrebende moderne Industrienation mit Vollbeschäftigung, Wiederaufbau, Wiederbewaffnung, Kaltem Krieg und zunehmendem Wohlstand. Genau hier setzt von der Grün mit seiner Kritik an, genau hiervon handelt *Irrlicht und Feuer*.

Nach mehr als einem halben Jahrhundert kann der Roman aus seiner Entstehungszeit und deren gesellschaftlichen Bedingungen heraus betrachtet werden. Dabei wird mir klar, dass mir von der Grüns kritische Haltung damals als sehr junger Mensch imponiert hat, dass ich gleichzeitig aber auch durch die Handlung fasziniert war. *Irrlicht und Feuer* wurde damals zunächst nicht nach seiner literarischen Qualität beurteilt, sondern vordergründig danach, ob die geschilderten Abläufe und Verhältnisse real und übertragbar seien oder tendenziös und übertrieben. Von der Grün schildert vielschichtig die Arbeits- und Lebensbedingungen des Bergmanns Jürgen Fohrmann im östlichen Ruhrgebiet und beleuchtet gleichzeitig die Rollen von Gewerkschaften, Unternehmern und Betriebsräten. Seine Kritik war absolut unerwünscht und von solcher Brisanz, dass Unternehmen, Arbeitgeberverbände und Gewerkschaften gereizt reagierten und Anklagen und Gerichtsverfahren die Folge waren – vielleicht war *Irrlicht und Feuer* auch deswegen ein sehr erfolgreicher Roman.

Heute frage ich mich: Ist von der Grüns Roman nicht ein zeitlos gültiges Dokument und wichtiges Bekenntnis sozialer Verantwortung geblieben? Ein gutes Beispiel auch deshalb, weil sich, global betrachtet, bei allen Veränderungen von Produktionsabläufen und Arbeitsbedingungen, letztendlich herzlich wenig zum Positiven verändert hat? Dabei geben unzählige reißerische Krimis und Thriller vor, eine Korruption und einen Komplott nach dem anderen aufzudecken. In ihrer Fülle und Beliebigkeit bleibt diese Unterhaltungsliteratur austauschbar, das Publikum wird eingelullt und abgestumpft durch Wiederholung und Gewöhnung.

Mit *Irrlicht und Feuer* lieferte von der Grün alles andere als reißerische Unterhaltung. Ihm ging es in erster Linie um realistische Bilder arbeitender Menschen und ihrer Lebensbedingungen. Seine harsche Kritik an einer verkrusteten und oberflächlichen, zugleich ungerechten und unsozialen Gesellschaft musste automatisch gereizte Reaktionen hervorrufen, galt doch in der Adenauer-Ära bereits geringfügiges Abweichen von Norm und gängiger Meinung als »vom Klassenfeind gesteuert«. Wer sich wie von der Grün so kritisch zu Wort meldete, wurde landauf, landab zwangsläufig als »Nestbeschmutzer« beschimpft, galt als undankbar, machte sich verdächtig.

Wenige Jahre später sorgte die DEFA-Verfilmung seines unbequemen Romans erneut für Zündstoff und Diskussionen. Die große Aufmerksamkeit, die über Jahre anhielt, wurde durch den Film noch einmal gesteigert und breiter gestreut; die im Ost-West-Diskurs erhobenen Propagandavorwürfe waren zwangsläufige Folge. Nach Bericht des *Spiegels* empfahlen Konrad Adenauer und Walter Ulbricht den Roman: »SED-Chef Ulbricht [...] lobte vor den linientreu, aber kaum lesbar ›schreibenden Arbeitern‹ der Zone den Westdeutschen von der Grün als lebensnahen Arbeiterschreiber. [...] CDU-Vater Konrad Adenauer wies seinen geistlichen Sohn Paul und die Minister Blank und Lücke auf Grüns Ruhr-Buch hin: ›Da liest man die Wahrheit, wie es heute in Arbeiterfamilien aussieht.‹ Monsignore Paul Adenauer lud den Arbeiter-Autor zu Tisch« (*Der Spiegel*, 7.10.1964).

Auf dem Schutzumschlag einer späteren DDR-Ausgabe von *Irrlicht und Feuer* lese ich: »Der IG Bergbau-›Chef‹ Heinrich Gutermuth bezeichnete es als gewerkschaftsfeindlich, und ein Münsteraner Domkapitular erkundigte sich, ob der Paulus-Verlag künftig solche Art Literatur pflegen wolle. Was ist an diesem Roman so provozierend und sensationell, daß er derartige Reaktionen hervorrief? Max von der Grün schrieb ein Buch aus dem Leben. Dabei rückte er einem Thema zu Leibe, das für die westdeutsche Literatur bis dahin tabu war. Er sprach aus, daß es in der sogenannten Wohlstandsgesellschaft soziale Probleme gibt, er schreckte in seinen Szenen aus dem Arbeiterleben nicht davor zurück, harte Kritik an Methoden zu üben, die in einem modernen Industriestaat nicht mehr praktikabel sein sollten.«

Mir gefiel *Irrlicht und Feuer* auch aus anderen Gründen. Einen hat Max von der Grün in einem Exemplar, das bei mir im Regal steht, mit Federhalter über seine Signatur gesetzt: »Heeren 4.1.1965«. Heeren – in der Nähe von Dortmund –, mein kleiner, von Bergbau und Landwirtschaft geprägter Wohnort, in dem ich zu dem Zeitpunkt 16 Jahre gelebt hatte. Der Roman zeigte mir vertraute Orte, Straßen, Bahntrassen und Plätze; die Atmosphäre konnte ich greifen, weil sie mir als jungem Menschen vertraut war. Die spannenden Schilderungen der Erwachsenen- und Arbeitswelt machten mich neugierig, berührten und beeindruckten mich. 1951 wurde das Zechendorf Heeren für von der Grün zum neuen Wohn- und Arbeitsort. Obwohl er, um Geld zu verdienen, nur zwei Jahre bleiben wollte, lebte er hier 12 Jahre, bis ihm nach dem Erscheinen von *Irrlicht und Feuer* der Arbeitsplatz gekündigt wurde und er sich in Dortmund niederließ.

Max von der Grün darf man, wie die *Westdeutsche Allgemeine Zeitung* im Frühjahr 2015 in einer Hommage zum 10. Todestag schreibt, getrost als »die bundesweit bekannteste Galionsfigur der Literatur der Arbeitswelt« bezeichnen. Gleichzeitig, so hebt die *WAZ* hervor, war er ein Einwanderer, den es wie viele andere auf der Suche nach Arbeit ins Ruhrgebiet verschlagen hatte: »Seinem Zungenschlag war zeitlebens die oberpfälzische Heimat anzuhören. In der nordbayerischen Kleinstadt, in der er aufwuchs, habe es 7998 Katholiken gegeben, erinnerte er sich später, und zwei Protestanten: ihn und seine Mutter. Er sei ein Einzelgänger, sagten sie schon dort – jene ausgerechnet, die ihn dazu gemacht hatten.«

Als ich bei einer Matinee – ebenfalls anlässlich des 10. Todestages – in der Dortmunder Stadt- und Landesbibliothek meine Sicht auf *Irrlicht und Feuer* vortrage, spricht mich ein früherer Nachbar von der Grüns an: Er erinnerte sich, dass Max in den frühen 1960er

Jahren seine bayerische Herkunft nicht nur in seiner Sprache zeigte; in seiner »Krachledernen« habe er damals einen im Ruhrgebietsdorf durchaus ungewöhnlichen Anblick geboten.

Seine ersten beiden Romane, *Männer in zweifacher Nacht* (s. S. 216) und *Irrlicht und Feuer*, bleiben von der Grüns einzigen Bergarbeiter-Romane. Eine Etikettierung als Arbeiterschriftsteller aber wischte von der Grün stets als »Quatsch mit Soße« beiseite und erwiderte: »Ich sehe immer nur Menschen.«

Gerd Puls

Max von der Grün: *Irrlicht und Feuer. Roman* (1963)

Die Nacht war klar und kalt. Meine Schicht begann seit Monaten um vierundzwanzig Uhr. Wie ich sie haßte, diese Zeit und die Schicht.

Täglich, ob Sommer oder Winter, mußte ich vier Kilometer an den Betriebsgeleisen entlang. Wie ich sie haßte, diese Zeit! Um Mitternacht drängt das Verborgene an die Oberfläche. Wer mitternachts zur Arbeit fährt, sieht die andere Seite des Lebens.

Ich hatte es eilig. Zwanzig Minuten vor vierundzwanzig Uhr, ein Drittel des Wegs noch vor mir.

Da trat plötzlich eine Gestalt aus dem Schatten des Bahndammes, stellte sich vor mein Rad. Instinktiv fühlte ich meine rechte Hosentasche ab, wo ich seit jener Nacht, kurz nach dem Kriege, ein Messer trage. Als ich abgestiegen war und die Wolken die volle Scheibe des Mondes freigaben, sah ich, daß es eine Frau war.

»Was machen Sie hier?« fragte ich schreckheiser.

Sie faßte meine Lenkstange und sagte: »Mein Mann hat mich rausgeschmissen.«

»Streit gehabt?«

»Ach, wie man's nimmt. Immer wenn er betrunken ist, will er mir den Hals umdrehen. Manchmal schlägt er mich, meistens laufe ich fort.«

Ich muß weiter, sonst versäume ich meine Schicht, dachte ich.

»Wird nicht so schlimm sein«, antwortete ich, denn dergleichen Dinge waren mir aus meiner Nachbarschaft bekannt. In einer Siedlung hört man die Flöhe husten. Und dann dachte ich: Pack schlägt sich, Pack verträgt sich.

»Er wird sich beruhigt haben«, sagte ich. »Gehen Sie doch nach Hause, Sie holen sich hier den Tod.«

Ich bemerkte ihre Pumps, die für alles andere, nur nicht für dieses Wetter geeignet waren.

»Ich habe Angst«, sagte sie leise, »Angst vor den Schlägen.«

Ich muß weiter, sonst versäume ich meine Schicht, dachte ich.

»Wollen Sie nicht mit mir gehen?« fragte sie.

»Aber ich kenne sie doch gar nicht«, sagte ich.

Ihre Hand strich über das kalte Chrom der Lenkstange.

»Ist das jetzt so wichtig?«

»Was soll ich bei Ihnen, ich kann doch nicht helfen. Und dann, Ihr Mann denkt wer weiß was, wenn er uns kommen sieht. Alles wird nur noch schlimmer.«

»Sie sollen auch nicht mit zu mir.«
Ich muß weiter, sonst versäume ich meine Schicht, dachte ich.
»Das geht nicht!« rief ich. Meine Ungeduld war gewachsen.
Ich schob ihre Hand von der Lenkstange.
»Nur diese Nacht«, bettelte sie, »nicht morgen, da muß ich zu Hause sein, die Kinder müssen um acht in die Schule. Nur diese Nacht, bitte.«
Ich muß weiter, sonst versäume ich meine Schicht, dachte ich.
»Wir gehen den Weg zurück, den sie gekommen sind«, sagte sie wieder, »am Stadtrand kehren wir um, laufen bis hierher, dann ist der Morgen da.«
»Woher wissen sie das so genau?«
»Ich laufe hier oft, fast jede Freitagnacht, wenn mein Mann Geld bekommen hat und mich in seinem Suff schlägt oder hinauswirft, oder wenn ich von selbst weglaufe, fast jede Freitagnacht.«
Ich muß weiter, sonst versäume ich meine Schicht, dachte ich.
»Im Sommer ist das nicht so schlimm, aber im Winter ... im Winter.«
»Ich habe Sie nie bemerkt«, sagte ich, »und ich fahre doch seit bald einem Jahr dieses Weg zur Zeche.«
»Das stimmt. Wenn ich Sie kommen sah, versteckte ich mich im Graben oder hinter den Sträuchern auf der Böschung.«
Die Kirchuhr schlug zwölf. Zwölf dumpfe Schläge. Nun hatte ich doch meine Schicht versäumt, aber ich ärgerte mich nicht. Flüchtig dachte ich an die Schwierigkeiten, die ich morgen im Betrieb haben würde, auch an die dreißig Mark Lohn, die mir heute verlorengingen.
»Kommen Sie«, sagte ich, »dann gehen wir eben bis zum Stadtrand und wieder zurück.«

Max von der Grün: *Irrlicht und Feuer. Roman.* Recklinghausen: Paulus 1963, S. 5–7

Maschennetze
Eckart Kleßmann: *Einhornjagd. Gedichte* (1963)

Es ist Eckart Kleßmanns erster Gedichtband, der Band ist nicht streng chronologisch angelegt, aber im Inhaltsverzeichnis ist jedes Gedicht mit einer Jahreszahl datiert. Und so enthält die *Einhornjagd* 9 Gedichte aus dem Jahr 1958, 11 aus 1959, 14 aus 1960 und 15 aus dem Jahr 1961. Aus jenen paratextuellen Datierungen ergibt sich so etwas wie Kleßmanns ästhetische Moralität: kein Monat ohne Gedicht, aber ganze Wochen ohne eine Strophe, ganze Tage ohne eine Zeile!

Das Inhaltsverzeichnis unterwirft die Folge der Gedichte einer Struktur: »Die Jagd« mit sieben Gedichten, »Themen und Variationen« mit 14 Gedichten (so vielen, wie ein Sonett

Zeilen hat), »Lob des vergänglichen Fleisches« mit 7 Gedichten, »Themen und Variationen II« mit 14 Gedichten, abschließend »Sieben Pavanen«, jede aus drei vierzeiligen Strophen bestehend. Mein alter Gero von Wilpert (*Sachwörterbuch der Literatur*), im Jahr Eins nach der *Einhornjagd* in »erw. 4. Auflage« erschienen, definiert ›Pavane‹ gar nicht. Bleibt mir also nichts anderes übrig, als im Gero von Wikipedia nachzuschlagen: »Die *Pavane* (auch Paduan) ist ein meist geradtaktiger, sehr einfacher Schreittanz spanisch-italienischer Herkunft, der über ganz Europa verbreitet war und im 16. und 17. Jahrhundert seine Blütezeit erlebte.« Der letzte von Eckart Kleßmanns »Schreittänzen« – aus dem Jahr 1961, dem Jahr des Mauerbaus – heißt nicht »Wir Dichter«, sondern »Die Dichter«, so als ob der Autor sich und seine Zunft objektivieren – wenn nicht gar sich von ihr distanzieren wollte. Aber schau'n mer mal: »Sie glauben an den Sinn der Vogelzüge, / Der Kranichkeile deutende Figur, / Sie geben Schattenreichen die Kontur / Und Blut und Herzschlag den geheimen Flügen. // Beschützt vom Vers erkunden sie die Träume / Und leihen Sprache dem versteinten Fund, / Dem Schweigen ausgesetzt ersinnt ihr Mund / Den Widerhall der unbewohnten Räume. // Sie schlagen stündlich nie erbaute Brücken / Und werfen ihre Habe in die Flut: / Papierne Flotte, schwarz von trocknem Blut – / Wird je sie landen? Wer wird sie erblicken?«

Die 48 Gedichte, die dieser Pavane vorausgehen, lassen keinen Zweifel daran, dass Kleßmann hier seine summa poetica zum Schreiten bringt, aber es gibt ein winziges Indiz dafür, dass er sie auch zum Tanzen bringt – allerdings ohne sein Zutun. In der vorletzten Zeile rennt er dem Taktgebot der Pavane ins offene Messer: »papierne«. Er meint damit: »aus Papier, aus Papier bestehend, aus nichts als Papier bestehend« – eine Flotte mithin, die womöglich niemand, allenfalls der Leser erblickt. Wir Leser aber haben auch Ohren, und so hören wir in »papiernen« auch, was der Duden aufzählt: »trocken, lebendig, steif«. Aber vielleicht gibt es nicht nur Hegels List der Vernunft – sondern auch die List des poetischen Sprechens. *H*arald *H*artung hat 1970 sein lyrisches Debüt H*ase und* H*egel* genannt (s. S. 366) und das Titelgedicht hoppeln lassen: »Auf den Äckern von O. / sah ich / wie der Hase lief / Haken schlagend / wie Hegel / aus Angst vor dem Pfeffer / aber lebendig.« – Hier besteht sie darin, dass sich das letzte Gedicht der *Einhornjagd* von all den Gedichten verabschiedet, die ihm vorausgegangen sind. Wer *Die Dichter* auf diese Weise gegen den Strich liest, muss aber die *Einhornjagd* nicht in den Papierkorb werfen. Das letzte, listige Gedicht ›weiß‹ bereits, ohne es zu wissen: dass im Jahr des Mauerbaus anders geschrieben werden muss, aber als leicht lädierte Pavane verrät sie das lyrische Sprechen nicht schon an den politischen Diskurs. Ich fange also noch einmal an. Das Titelgedicht des Bandes steht in der siebenteiligen Gedichtgruppe, die das Thema der Jagd mythologisch und kulturhistorisch variiert. Ein Gedicht ist dabei, dessen Titel buchstäblich fabelhaft klingt, aber im Jahr 1961, als Kleßmann es schrieb, noch nicht zu der politischen Chiffre geworden war, die spätestens seit Georg W. Bush geläufig wurde – *Falke und Taube*: »Geklärter Aufstieg von erhellter Fläche: / Die Schwingung reinen Lichts beschreibt die Züge / Im Niedergleiten leichter Schattenbäche: / Verspielte Federzärtlichkeit der Flüge. // Und tritt ein schwarzer Windstoß jäh dazwischen, / Ein Wirbel, der den Spiegelflug zerscherbt: / Mit roten Schatten wird der Schnee sich mischen, / von Todeschreien wird das Licht verfärbt.«

Hier mag die List der Poesie darin bestehen, dass sich die geschraubte Formulierung (»geklärter Aufstieg«) oder die gesuchte Synästhesie (»von Todesschreien wird das Licht verfärbt«) oder der prätentiöse Neologismus, der gegen Raymond Chandlers kompromisslose poetologische Faustregel »kill your darlings« verstößt (»Federzärtlichkeit«), hinterrücks zur Wehr setzt gegen die Vereinnahmung durch Wohlklang – und dass es eben das Imperfekte ist, das eine Gültigkeit über den ewigen Augenblick des Mythos hinaus beanspruchen darf. Und solchen Anspruch einer Nagelprobe auszusetzen, nehme ich mir das fruchtbringende Gedankenspiel heraus, Eckart Kleßmann habe diese Gedichte nicht um 1960 geschrieben, nicht mit 30, sondern mit 80, nicht einst, sondern heute, hic et nunc. Und höre mir sozusagen jetzt erst die *Einhornjagd* an, die Jagd nach dem Tier, das es seit Rilke nicht mehr gibt (»Zwar war es nicht. Doch weil sie's liebten, ward / ein reines Tier«) zum ersten Mal an: »Auf Merlins verwehten Pfaden, / Durch Gehölz und Rosenhecken, / Trabt gedämpft ein Hain von Lanzen, / Silberwimpeln, Goldstandarten, / Kupferfarbenen Schabracken, / Helmbuschschnee bestäubt die Zweige. / Windspielmeute wittert Spuren, / Hechelzunge leckt die Hufe / Pfirsichzarter sanfter Zelter. / Laubgelächter zittert gläsern / Nach im Widerhall der Schritte, / Zärtlich klirren die Geschirre. / Bannerträger, Waffenspanner, / Pagen, Falkner, Bogenschützen / Spähn umgaukelt nach der Beute: / Tiefer züngeln die Standarten / Lichtumblitzt in die Gehölze, / Schweigen dunkelt zwischen Stämmen. / Angefacht von Hörnerblasen / Sind entzündet alle Rosen, / Purpurflecken narrt die Meute. / Sanft hat sich das Wild entzogen / Und sein schmales Horn bläst monden / Durch die Verse, die man webte: / Maschennetz der Zauberspiele, / Drin die Jäger sich verfingen, / Eh sie sich im Wald verirrten.«

Helmbuschschnee und Laubgelächter. Sein von ihm selbst zusammengestelltes Lesebuch in Nylands *Kleiner Westfälischen Reihe*, erschienen ein halbes Jahrhundert nach diesem Gedicht, schließt Kleßmann (geb. 1933) mit einem »weltlichen Motto« von Franz Grillparzer ab: »Will meine Zeit mich bestreiten / Ich laß es ruhig geschehen. / Ich komme aus anderen Zeiten / Und hoffe, in andere zu gehen«. Der Mediziner Rainald Goetz hat in seiner Dankesrede zum *Büchner-Preis* 2015 von der totalen »Autologie des schriftbestimmten Textes« gesprochen, aus der sich die »Distanz zum Sozialen« ergebe: »Denn um am Korpus der Schrift den Auskultationsbefund in Ruhe richtig erheben zu können, muss man allein sein. Dieses Lauschen, was in der Schrift vorgeht, was da flüstert und schweigt, ist die sinnliche Herzaktivität der literarischen Welterkenntnis. Das entfernt die Literatur von allen praktischen Weisen der Weltbehandlung, verfügt ihre unaufhebbare Exzentrizität und Marginalität.« – Genau, so kammans auch sagen.

Hermann Wallmann

Eckart Kleßmann: *Einhornjagd. Gedichte* (1963)

Ägyptische Wasserjagd

Reflexe über Schilf und Stauden,
Geknüpftes Netz aus weißem Licht,
Ein Barkenrudel überm Wasser,
Gelächter, das die Stille bricht.

Das Wurfholz spaltet sich die Schatten,
Das Schweigen stirbt am Ruderholz,
Ins Dickicht stiebt die Vogelwolke,
Da jäh ihr Spiegelbild zerschmolz.

Harpune stößt dem Fluß die Zeichen
Des roten Sterbens in die Haut,
Und glühend fährt das Licht hernieder,
Auf Buchten, wo der Tod sich staut.

Reiherbeize im Rokoko

Zieht ihr aus zur Reiherbeize
Mit den Rappen und den Falben,
Mit den schnellen Islandfalken
Und dem Blaufuß auf der Trage:
Sei der Tag ein schöner, stiller,
Sei die Kleidung scharlachfarben,
Denn das Blut bleibt unvergossen.

Seht, wie der gescheuchte Vogel
– Arabeskenzarter Schneeglanz –
Die Figuren in die Luft schreibt,
Wie die abgeworfnen Falken
Kontrapunktisch ihn begleiten,
Aufwärtsstoßen, abwärtsgleiten,
Die Trophäe niederbringen.

Und kein Reiherblut wird jemals
Eure Augenlust beflecken,
Eure Rappen, eure Falben,
Eure schnellen Islandfalken,
Euren Blaufuß auf der Trage:
Zärtlich sind die Federspiele,
Sanft die Vogelarabesken.

Denn der Tod liebt Schattenspiele
An den schönen, stillen Tagen,
In gepflegten Reiherwäldern;
Läßt sich kontrapunktisch bannen,
Bis das Blut, das unvergossne,
Angelockt von Scharlachfarben,
Jählings sich des Spiels bemächtigt.

Letzter Augenblick

Da unsre Schatten sich mischen,
Tief im umblauten Staub,
Und sich die Spuren verwischen
Unter grün-silbernem Laub,
Wecken die Zungen des Lichtes
Reflexe im stählernen Dorn,
Stürzen die Pfeile aus Feuer
Auf uns im maßlosen Zorn.

Abseits im Zentrum der Stille,
Die uns der Wind überläßt,
Fault die geborgene Fülle,
Feiert Verwesung ein Fest.
Aus den verpestenden Schwärmen,
Deren Ansturm uns trifft,
Kreischen metallene Vögel,
Tropft uns ihr lähmendes Gift.

Weißes Gehölz spricht Legenden,
Zerfallen zu rieselndem Staub,
Unsere Schatten zu blenden,
Flattert das aschene Laub
Über geschändete Mythen,
Über verflackerndes Land:
Unsere Spur wird versinken
Lautlos im gläsernen Sand.

Eckart Kleßmann: *Einhornjagd. Gedichte.* Stuttgart: Deutsche Verlags-Anstalt 1963, S. 7, 12f., 28

Konflikte, Scham und Schuld
Jenny Aloni: *Jenseits der Wüste. Erzählungen* (1963)

Jenny Aloni schrieb Kurzgeschichten und Erzählungen bereits in ihrer Jugend in Deutschland, dann vermehrt seit den 1950er Jahren in Israel. Aber erst seit 1960 konnte sie Prosatexte in deutschen Zeitschriften veröffentlichen. 1963 erschien *Jenseits der Wüste* als erste schmale Sammlung mit fünf Erzählungen.

Vier Texte sind der Erlebniswelt der jungen Schriftstellerin entnommen: als Leiterin eines Jugendlagers 1939, als Sozialarbeiterin und Soldatin 1940 bis 1946. Die Kurzgeschichte *Der Beginn* spielt in den ersten Tagen des Zweiten Weltkriegs in einem Lager, in dem jüdische Kinder auf die Auswanderung nach Palästina vorbereitet werden. Zwei Leiter, Freunde, müssen um den Platz des Begleiters für einen Kindertransport losen. Der Unterlegene tritt zurück, folgt »dem Geheiß seines Innern«, auch wenn er fürchten muss, dass dies die letzte Chance war, das Land zu verlassen.

Die beiden Kurzgeschichten *Der Strohhut* und *Die Ferienkolonie* schildern erste Erfahrungen der Studentin P. bei der Vorbereitung auf einen Beruf als Sozialarbeiterin. In krassem Realismus wird detailliert das Milieu der Einwanderer aus dem Vorderen Orient beschrieben: Analphabetismus, katastrophale hygienische Zustände, die Kinder undiszipliniert, »verwahrlost«. P. geht mit viel Schwung und Idealismus an die Arbeit, kämpft gegen den Widerstand der Eltern an, versucht Vertrauen zu den Kindern aufzubauen, scheitert, erniedrigt und angegriffen von aggressiven Mädchen bereits nach einem Tag (*Der Strohhut*), enttäuscht von dem mit ihrem Weggang sofort wieder einsetzenden Vandalismus am Ende der Ferienbetreuung (*Die Ferienkolonie*).

Die Titelerzählung *Jenseits der Wüste* spielt in der Kriegszeit in Palästina. Eine junge Soldatin beschreibt in der Du-Form einen kurzen Urlaub, in dem sie eine Fahrt durch die Wüste nach Kairo unternimmt. Die Landschaft empfindet sie als faszinierend und abweisend zugleich: Einsamkeit und Öde, flirrende Hitze und extreme Kälte. Sie fährt mit anderen Militärs auf einem Lastwagen, nächtliche Annäherungsversuche wehrt sie ab. In Kairo irrt sie lange durch die zunehmend feindlicher empfundene nächtliche Stadt auf der Suche nach ihrem Quartier. Am nächsten Tag trifft sie zufällig einen jungen britischen Offizier. Eine gemeinsame Stadtbesichtigung führt sie in die »Totenstadt«. Der Abend endet in einem Hotelbett, sie möchte ihn lieben; in selbstquälerischer Intensität wird gezeigt, dass und warum sie sich nicht überwinden kann: »zu sehr warst du in dich verwickelt«. Nachtbilder und Düsternis prägen die seltsame Liebesgeschichte. Die Wüste wird zu einer Chiffre für die Öde, Einsamkeit und Leere des Menschen im Krieg.

Gegenüber diesen Erzählungen aus dem Lebensumkreis Alonis (1917–1993) – über darin eingearbeitete autobiografische Elemente zu spekulieren ist müßig – hat der letzte Text, *Begegnung*, einen völlig anderen Charakter. Es ist ein phantasierter Monolog in einer Gefängniszelle in Israel. In dieser surrealen Situation erinnert ein Jude einen Häftling an ihre Bekanntschaft vor etwa 30 Jahren, an nächtelange Diskussionen über politische und religiöse Themen. Der Häftling habe diese ihm später peinliche Freundschaft »durch besondere Grausamkeit oder, wie Sie es nennen würden, durch besondere Einsatzbereitschaft für die totale Lösung der Judenfrage löschen wollen« – den Mord an seiner Familie, an hunderten von Bekannten, an Millionen Juden. Er könne nicht begreifen, dass der neben ihm sitzende »Durchschnittsmensch« ein Massenmörder sei, »denn ich habe Sie ja gekannt, als Sie noch nichts waren als ein Mensch wie viele andere.« Der Jude klagt den Nationalsozialisten an, weil er durch ihn hassen gelernt habe; er habe sich Rache ausgemalt, Folter – nun habe er die Möglichkeit, seine Phantasien zu realisieren. Aber er könne sich nicht rächen, keineswegs aus Mitleid, sondern, sich selbst unverständlich, aus Scham: »Ich schäme mich, ein Mensch zu sein, wenn Menschen fähig sind, solches zu tun.«

Begegnung erschien als erster Text Jenny Alonis überhaupt in Deutschland, in der *Frankfurter Allgemeinen Zeitung* vom 16. Juli 1960. Die Leser der Kurzgeschichte dachten bei dem Häftling wohl an Adolf Eichmann, der im Mai 1960 aus Argentinien entführt worden war und in einer Gefängniszelle in Israel auf seinen Prozess wartete. Der jüdische Ankläger stellt so etwas wie die Verkörperung der Überlebenden dar. Der in Alonis Text geführte Diskurs von Schuld, Rache und Strafe dominierte in der Tat bei dem später geführten Prozess. Alonis ungewöhnliche Sicht auf den Häftling – nicht als Monster, sondern als »Durchschnittsmensch« – berührt Aspekte, die Hannah Arendt in ihrem Prozessbericht die »Banalität des Bösen« nannte. Die Aktualität der Thematik und die Art der imaginierten Gerichtsverhandlung spielte bei der Annahme des Textes zum Druck sicher eine wesentliche Rolle.

Hartmut Steinecke

Jenny Aloni: *Jenseits der Wüste. Erzählungen* (1963)

Begegnung

Guten Abend. Ich erlaube mir einzutreten. Fragen Sie mich nicht, wie ich hierhergekommen bin, wer mich hereingelassen hat. Es gibt Mittel und Wege. Niemand dürfte das besser wissen als Sie. Ich habe ein Recht hier zu sein. Ich erlaube mir, mich neben Sie auf die Pritsche zu setzen. Ich nehme an, daß Sie nichts dagegen haben.
Entsinnen Sie sich noch, wann wir uns das letzte Mal begegnet sind? Wohl kaum. Ich war damals nichts als eine Nummer, eine Nummer unter Tausenden, ja, ich übertreibe nicht, wenn ich sage unter Millionen. Sie dürften das besser wissen als ich.
[...]
Ich sitze neben Ihnen und bedenke, daß Sie es sind, der verantwortlich war für das Hinmorden meiner Familie, für das Abschlachten von Hunderten von Menschen, die ich kannte, für den Tod von Millionen anderer, die ich nicht persönlich gekannt habe. Ich überlege mir, daß Sie, wenn vielleicht auch in weniger direkter Form, für mein eigenes Leid mitverantwortlich sind. Wundert es Sie, daß ich es wage, neben dem unmeßbaren Leid der Vertilgung von Millionen auch mein eigenes kleines Leid in die

Wagschale zu werfen? Aber dieses mein eigenes kleines Leid ist mein einziger Maßstab, um jenes unsägliche Dulden der anderen zu messen.
Da sitzen Sie in der einfachen, gewöhnlichen Kleidung eines Durchschnittsmenschen. Auch Ihr Gesicht ist das Gesicht eines gewöhnlichen Menschen, nicht übermäßig weich, nicht übermäßig grausam. Ja, ich vermeine sogar einen Anflug von Leid um Ihre Mundwinkel zu lesen. Ich kann es nicht begreifen, daß Sie der Mann sind, der Sie sind. Hunderte von Dokumenten bezeugen es, und Sie selber haben es bestätigt. Aber ich kann es nicht begreifen, ich vielleicht weniger als andere, denn ich habe Sie ja gekannt, als Sie noch nichts waren als ein Mensch wie viele andere, mit den Vorzügen und Schwächen eines Menschen wie viele andere.
[...]
Der Zufall, das Schicksal, ein Gott, wählen Sie sich aus, was Ihnen am besten gefällt, hat Sie in meine Hände gespielt. Es wäre nun die Zeit, die Wunschvorstellungen in Taten umzusetzen. Niemand kann mich hindern, mit Ihnen zu tun, was ich will. Ich habe keinen Einspruch und keine Vergeltung von irgendwelcher Seite zu befürchten. Sie wissen das so gut wie ich.
[...] Was also ist es, was mich einhalten ließ und mir die Hände bindet? Sie werden es nicht erraten. Es muß Ihrer Natur so fremd sein, daß Sie, würden Sie dieser Einstellung außerhalb des Gefängnisses begegnen, nichts als ein verächtliches Achselzucken dafür hätten. Es ist Scham, eine Scham besonderer Art. Es ist die Scham vor sich selbst ob der Rachegefühle und Mordgelüste. Es ist eine Einstellung, die den Menschen des Grübelns seit eh und je an den Menschen der Tat ausliefert und ihn unterliegen läßt. Es ist einer der Gründe, warum die Geschichte von den Menschen der Tat bestimmt wird, die nicht um sich schauen, die sich nicht kümmern um Recht oder Unrecht, die zu jeder Zeit bereit sind, das Unrecht in die geborgten Gewänder des Rechtes zu kleiden. Diese Menschen der Tat haben den Unterschied zwischen Recht und Unrecht aufgehoben und an seine Stelle das eigene Interesse gesetzt. Sie selber waren ein extremer Repräsentant dieser Gattung.

Jenny Aloni: *Begegnung*, in: dies.: *Jenseits der Wüste. Erzählungen.* Witten/Berlin: Eckart 1963, S. 70–79, hier S. 70–78

Bruchstücke der Lebensbilanz
Wolfgang Hädecke: *Leuchtspur im Schnee. Gedichte* (1963)

Wolfgang Hädecke wurde 1929 in Weißenfels geboren, in jener Stadt, in der der berühmte Novalis starb, über den Hädecke 2011 eine wunderbare Biografie geschrieben hat. Nach dem Studium der Anglistik und Germanistik war er als Lehrer tätig und begann in dieser Zeit, Gedichte zu schreiben. Mitte der 1950er Jahre fasste er den Mut, einige Texte an

Peter Huchel zu schicken, der die Zeitschrift *Sinn und Form* herausgab. Kurz drauf wurde er an seiner Schule ans Telefon gerufen, Huchel war am Apparat und äußerte sein Erstaunen, dass sich da plötzlich ein ausgezeichneter Lyriker gemeldet hatte, den er bis dahin noch gar nicht kannte. Natürlich wolle er Texte von ihm nehmen, sagte er. So hatte Hädecke seine erste Veröffentlichung gleich in einer der wichtigsten Literaturzeitschriften.

1958 erschien sein erster Lyrikband *Uns stehen die Fragen auf*, der aber von der DDR-Kritik schlecht aufgenommen wurde. Es waren eher Naturgedichte, die sich einer dezidiert politischen Aussage enthielten, vielleicht war darin der Grund für die Ablehnung zu sehen. Hädecke merkte, dass der Sozialistische Realismus nicht die geeignete Umgebung für seine Texte bot und ging, zusammen mit Martin Gregor-Dellin, der ebenfalls aus Weißenfels stammte, in den Westen. Gregor-Dellin war ab 1982 bis zu seinem Tod 1988 Präsident des westdeutschen *PEN*, Hädecke wurde wieder Lehrer, diesmal in Bielefeld. Eine Tätigkeit, die er über 36 Jahre lang ausübte, so dass er mit Fug und Recht zu den westfälischen Autoren gezählt werden kann. 1963 veröffentlichte er im Hanser-Verlag, in dem auch die meisten seiner anderen Bücher erschienen, den Lyrikband *Leuchtspur im Schnee*, der viele jener Gedichte enthielt, die in der DDR auf Ablehnung gestoßen waren.

Wer Hädeckes Gedichte heute liest, kann dieses Urteil nur schwer verstehen. Die Gedichte sind ein tiefer, ehrlicher Monolog mit sich selbst. Da befragt sich jemand, da sucht jemand nach Bildern, um Bilanz zu ziehen, sich Rechenschaft abzulegen, sich zu freuen oder zu trauern. Immer ehrlich, immer geknüpft an die großen Themen des Lebens, sodass er den Leser mitnimmt. Geknüpft an die Liebe, an Versagen, an Verlust an Menschlichkeit und an Kämpfe darum, sie zu finden: »ich habe in den Tage gelogen tausendmal / die Sonne habe ich trübe missachtet / [...] / wohl habe ich den Mord verflucht / die Gierwölfe habe ich verschrien / ins Feuer der Güte geblasen« (*Bilanz*). Man spürt den melancholischen Grundton dessen, der ehrlich zu sich selbst sein will und der sich gleichzeitig fragt, ob er das auch wirklich schafft. Die Bilder, die er findet, sind überraschend, sie klingen im Leser nach. Oft sind es welche, die er dem Meer oder den Vögeln ablauscht, dem Wind, dem Regen, dem Schnee. Es sind Gedichte, die man gerne wieder liest, wie etwa jenes über das sagenhafte Vineta, das in der Ostsee unterging in einem Sturm und nun, tief im Wasser, ein Ort der Fische geworden ist. Oder das Gedicht über die alten, bemoosten Grabsteine, von denen er Bruchstücke der Lebensbilanz sammelt und zusammenstellt. Ja, es sind melancholische Gedichte, sehr bildhaft, sie haben darin durchaus Bezüge zu Johannes Bobrowski, den ich ebenfalls sehr liebe.

Von Wolfgang Hädecke gibt es neben *Uns stehn die Fragen auf* (1958) und diesem keinen weiteren Gedichtband. Er hat noch mehrere Gedichte geschrieben und sie in Anthologien oder Zeitschriften veröffentlicht, aber einen Band hat er nicht mehr zusammengestellt. Befragt, warum er darauf verzichtet habe, erklärt er, dass er das Gefühl gehabt habe, sich zu wiederholen. Und das wollte er nicht. Ab Mitte der 1960er Jahre hat er sich der Prosa genähert, behutsam, wie das seine Art ist. Zuerst der kleinen Form, dann Reiseberichten, dann dem Roman und schließlich den Biografien, u. a. über Fontane und Heine.

Nach seiner Pensionierung zog er 1994 nach Dresden, wo er schnell Anschluss an die dortige Autorenszene fand und ein informatives, sprachlich reizvolles Buch über diese Stadt und ihre Geschichte schrieb. Ich kenne ihn von den Jahrestagungen des *PEN*, dort haben wir uns gefunden. Wolfgang Hädecke ist ein zurückhaltender, sehr bescheidener Mann, dem nichts ferner liegt als Gespräche zu dominieren. Ganz wie nebenbei erwähnt er dann, dass er mit Elias Canetti befreundet war und erst auf Nachfragen erzählt er liebevoll von diesem Weltautor. In dieser stillen, diskreten Art ist Hädecke der Lyriker aus *Leuchtspur im Schnee* geblieben, ein Mann, der sich lieber selbst befragt als sich aufzudrängen.

Heinrich Peuckmann

Wolfgang Hädecke: *Leuchtspur im Schnee. Gedichte* (1963)

Regenlied

Da schäumt der Regen
im glühenden Krug des Sommers,
die Winde verwachsen
mit keuchenden Wipfeln

und Pan, Trauben im Haar,
gesträubt das goldene Fell
an der Brust, die Schenkel wüst
und zottig die Lenden,
springt aus dem Felsen,

schlägt Feuer im Rohr
und häuft das Schilf
am sumpfigen Ufer:
der Nymphe ein Bett
schlägt er auf –

er deckt ihr den Schoß
mit Riedgras und Stroh,
er tränkt ihr das Haar
mit Regen und Wein.

Vor alten Grabsteinen

Moos. Die Sonne weiß.
Moos in der steinernen Schrift:
»... lag länger im Eis
als das Harz im Stamm,
kehrte nicht heim.«

In der Stirn des Sohnes
nistet der Traum, das Meer
hebt seinen sprengenden Fuß:

»... fing ihn der Türke
vor Algier, lag gefangen
siebzehn Jahre, kehrte heim,
zeugte Söhne, Töchter, starb
weißbärtig, in Gottes Arm.«

Unausrottbar
die weiße Luft (siebzehn,
Algier, Söhne), kantige Schrift,
das Moos in der Stirn.

Wolfgang Hädecke: *Leuchtspur im Schnee. Gedichte.* München: Hanser 1963, S. 37, 36

Westfälische Karikaturen
Otto Jägersberg: *Weihrauch und Pumpernickel. Ein westpfählisches Sittenbild* (1964)

»Münster grüßte sie mit Glockengeläut und feinem Nieselregen.« Oder: »Es gibt kein Dorf in Westpfahlen, von dessen Kirche es mehr als hundert Schritte zur nächsten Kneipe wären.« Es sind genau diese typischen Eindrücke seiner Heimat, die Otto Jägersberg in seinem populären Debütroman verarbeitete und die bis heute jeden eingefleischten Münsterländer zum Schmunzeln bringen – und nicht nur den. Als *Weihrauch und Pumpernickel* 1964 im Züricher Diogenes-Verlag erschien, erfuhr der Roman große Begeisterung in der Leserschaft und viel Lob von zeitgenössischen Literaturkritikern. Große Namen waren dabei: Martin Walser, Alfred Andersch, Arno Schmidt und Carl Zuckmayer. Jägersberg sei »über das Schildern kunstgeschichtlicher Grausamkeiten weit hinausgelangt«, betonte Walser. Während Schmidt die gewandte Derbheit des 22 Jahre jungen Jägersberg pries und auch Andersch zu solch einem frechen und guten Nachwuchsschriftsteller gratulierte, sah Zuckmayer in Jägersbergs Erstling gar eine Neubelebung der Gattung Heimatroman. »Das Buch des jungen Autors hat viele Vorzüge: zahlreiche prächtige Sonderlinge, ironische Zeitnähe und deftige Sprachkraft«, lobte Erich Kästner den Roman, der eine Auflagenhöhe von 70 000 Exemplaren erzielte und bis heute im Buchhandel zu finden ist.

Otto Jägersberg, geboren 1942 in Hiltrup als Sohn eines Eisenbahnbeamten, machte zunächst eine Lehre als Buchhändler in Münster und arbeitete in Berlin, Frankfurt, Zürich und München. Zudem war er als Theaterdramaturg und Journalist tätig, bevor er Mitte der 1960er Jahre als Redakteur beim WDR-Fernsehen in Köln begann, wo er Regie führte und Drehbücher schrieb zu rund fünfzig größeren Fernsehbeiträgen. Anfang der 1970er begann er, für den März-Verlag des Verlegers und Schriftstellers Jörg Schröder sowie die Olympia-Press zu arbeiten. Heute lebt Jägersberg in Baden-Baden. Er ist Mitglied des *PEN* und wurde mit zahlreichen Preisen ausgezeichnet; auch Fernsehserien, u. a. *Die Pawlaks*, machten ihn berühmt. Jägerbergs zweiter Roman *Nette Leute* erschien 1967 (s. S. 297) ebenfalls im Diogenes Verlag, war jedoch nicht halb so populär und von gänzlich anderer Art als sein Debüt. Insgesamt veröffentliche Jägersberg bis heute mehrere Erzähl- und Gedichtbände, ein Kinder- und ein Jugendbuch sowie Materialsammlungen zu seinen Fernsehspielen. 2015 erschien im Diogenes-Verlag nach dreißig Jahren ein weiterer Lyrikband mit dem Titel *Keine zehn Pferde*, in dem sich der Autor als aufmerksamer Beobachter von Alltagsärgernissen und -freuden erweist und immer wieder Bezug auf seine Heimat Westfalen nimmt. Daneben ist Otto Jägersberg auch als Bildender Künstler aktiv.

Heute ist Jägersberg aber vor allem für seinen Debütroman *Weihrauch und Pumpernickel* bekannt, in dem der junge Autor ohne Hemmungen seine münsterländische Heimat karikiert. In 34 kurzweiligen Kapiteln entwirft er – wie der Titel bereits verrät – ein verrücktes »Sittenbild«, das in der westfälischen Provinz der 1960er Jahre spielt und deren Bewohner es halb gehässig, halb liebevoll und mit jeder Menge scharfer Ironie und unbestechlicher Komik als Hinterwäldler enttarnt.

Held der Geschichte ist Georg Holtstiege, jüngster von drei Söhnen, geboren mitten im Zweiten Weltkrieg in Angelmodde, einem Dorf bei Münster, das Mitte der 1970er Jahre eingemeindet wurde. Georgs Brüder Heinrich und Josef befinden sich zu Beginn der Erzählung als Soldaten an der Front, sie schicken Feldpostkarten aus Polen, später aus Frankreich und Russland heim, die ihre Mutter Maria Holtstiege, resolute Bäuerin und an den Endsieg glaubend, an die Küchenschränke heftet. Dann fallen in Gremmendorf »die ersten englischen Bomben«, die Fremdarbeiter werden fröhlicher. »Es flogen nur noch fremde Flugzeuge über Angelmodde«, heißt es über das Frühjahr 1945. »Dann flogen gar keine Flugzeuge mehr.« Nur Josef kehrt aus dem Krieg zurück. *Weihrauch und Pumpernickel* befasst sich aber vor allem mit der Kindheit und Jugend Georgs nach 1945, jenen Jahren des Wiederaufbaus und der Wirtschaftswunderzeit, in denen ein Münsterländer Dorf noch einmal neu anfängt. Man blickt nach vorn, kaum zurück. Dabei klammert der Autor Jugendproteste gegen die Vätergeneration zwar aus, enttarnt die vermeintliche ländliche Idylle aber in der einen oder anderen Szene als unsichere Fassade, die Gesellschaft als engstirnig und angepasst im Versuch, die Vergangenheit nach Möglichkeit zu vergessen.

Im achten Kapitel gibt sich ein namenloser Ich-Erzähler zu erkennen, der gar kein Einheimischer ist, sondern gebürtiger Wolbecker und in den 1950ern mit seinen Eltern, Charlotte und Richard Wannagat, in das westlich gelegene Nachbardorf gezogen war. Er ist also weit genug entfernt aufgewachsen, um die Geschehnisse in Angelmodde mit einer gewissen ironischen Distanz zu betrachten. Wannagat senior, besessen von der Forschung über die Geschichte des Dorfes, im Besonderen über die Fürstin Amalie von Gallitzin – ebenfalls Wahlangelmodderin –, ist das Musterbeispiel der Integration in eine eingeschworene Dorfgemeinschaft. Er »verlangte nichts sehnlicher, als in der Angelmodder Bürger- und Bauernschaft seinen Platz zu erhalten«, schildert sein Sohn rückblickend und berichtet weiter, sein Vater, eigentlich Oldenburger, habe größte Anstrengungen unternommen, »durch täglich mehrmaliges Gurgeln seinen Hals für westpfählische Rachenlaute zu präparieren und durch regelmäßige Routinegänge in ortsansässigen Kneipen Angelmodder Lebensart sich anzueignen.«

Wenn er nicht gerade den Briefwechsel des Barons von Fürstenberg an die Fürstin von Gallitzin durcharbeitet, knüpft Wannagat senior Bekanntschaften mit echten westfälischen Originalen in Angelmodder Kneipen. Da gibt es den ebenfalls zugezogenen »Knickerbockerhaudegen«, einen kuriosen Polarforscher aus Spitzbergen, der am liebsten über die neuesten Eisbär-Fangmethoden mithilfe von Sauerkraut philosophiert und dessen drei Söhne die Angelmodder Kinder terrorisieren. Auch Eduard Holtstiege wird sein Freund: »Onkel Eduard« ist das Gegenstück zum alten Wannagat, hat seinen Mitbürgern den Rücken gekehrt und lebt zurückgezogen, aber politisch nicht inaktiv, in einem kleinen Haus in Pleistermühle. Für das Dorfleben, allen voran die freiwillige Feuerwehr, hat er nur Verachtung übrig: »Wenn sie ihre Ärsche nicht nur auf Kneipenstühle abwetzen würden, könnte auch mal ein Brand gelöscht werden, doch sie haben zuviel mit ihrem eigenen Brand zu tun.«

Eine der unterhaltsamsten Episoden des Satireromans Jägersbergs handelt von einem Streich, den der Ich-Erzähler und Georg Holtstiege dem einfältigen Dorfschuster Theodor Lückenotto spielen, indem sich Georg als ein auf der Werse wandelnder Jesus mit täuschend echtem Leinengewand und Heiligenschein verkleidet und damit der verschlafenen Gemeinde endlich wieder einmal zu einer Sensation verhilft. »›Pfeife!‹, zischte Georg. Ich pfiff so laut ich konnte: Jesus geh voran ... Die Magd blickte zum Fluß. Sie sah Georg über dem Wasser schweben und ließ vor Schreck ein Bettuch fallen. Georg hob segnend den Birkenzweig und glitt weiter auf der Wasserbahn. Ich pfiff ihm getreulich nach. Die Magd lief, sich bekreuzigend, ins Haus.«

»Das Wunder von Angelmodde« titelt die Dorfzeitung, Lückenottos Schusterei erfährt ein erstaunliches Auftragshoch. Natürlich kommt dann doch alles heraus. Dass die Kinder des Dorfes jetzt nur noch eine Spielidee haben – Prozessionen mit von der elterlichen Wäscheleine gestohlenen Bettbezügen sowie Kreuzigungen der Klassenkameraden – tut sein Weiteres: Georg muss für zwei Monate untertauchen.

Ob es Geschichten rund um Geflügelzüchtervereine (»Kleinvieh macht auch Mist e.V.«) sind oder Jubiläen der Freiwilligen Feuerwehr, die »Schlachtfelder[n] westpfählischer Trunkenheit« ähneln, der Angelmodder Bahnhof, der zu jedem Ticket auch ein Bier verkauft, oder die Beobachtung, dass »Fahrrad und Mensch sich ähneln« – Jägersberg verschont in seinem Erstling *Weihrauch und Pumpernickel* kaum ein Westfalenklischee.

Am Ende bleibt das Schicksal der meisten Figuren offen. Georg entkommt mithilfe eines Tricks, der mit Alkohol zu tun hat, dem Ruf der Bundeswehr und fährt per »Pängelanton« nach Berlin. Und Wannagat? Dass seine Liebe zur von Gallitzin von einem Tag auf den anderen abkühlt und er sich öfter wieder als gebürtiger Oldenburger bekennt, hat mit einer Entdeckung zutun, die ihn, Werner Rolevinck zitierend, zur desillusionierten Erkenntnis bringt: »Westpfahlen ist kein Rebenland, sondern ein Reckenland.«

Anna-Lena Böttcher

Otto Jägersberg: *Weihrauch und Pumpernickel. Ein westpfählisches Sittenbild* (1964)

Dem Glauben und der Kirche wiedergewonnen

Vom Kirchturm blödelte es kupfern die Zeit. Es war Sonntag. Kirchgänger verließen die Häuser und vereinigten sich zu einer schweigsamen Prozession auf der Dorfstraße. In der schwachen Morgensonne tanzte der Staub über den Köpfen.
Schwarz war die Kleidung der Frauen, das Kopftuch, der Umhang, das lange Kleid. Die Männer hatten ihre nach Stall riechenden Kappen mit dunklen runden Hüten vertauscht. Zwischen den ausgefransten Hemdkragenspitzen hingen schiefgebundene schwarze Krawatten. Sie trugen graue Westen mit goldenen Uhrketten vom obersten Knopf zur rechten Tasche, auf Zukunft gearbeitete Anzüge, blitzendes Schuhzeug. Die älteren Männer hatten Gamaschen über die Schuhe gestülpt.

Man ging betont aufrechter als sonst, der Kleidung ungewohnt, und richtete den sonntäglichen Gruß in verständlicher Sprache an seinen Nachbarn. »Guten Morgen!« hieß es heute, wo sonst ein »Meun!« genügte, »Gott befohlen!« und andere Ausführlichkeiten. Die Kinder trugen die Miniaturausgaben elterlicher Garderobe. Den Knaben prangte jungfräuliches Spitzentaschentuchweiß aus der Rocktasche des zu klein gewordenen kniefreien Kommunionanzuges. In den mondenen Ausschnitten der Mädchen verblühten die Blumen der Jahreszeit: Marien-, Mutter-, Schlüssel-, Kuckucksblumen.
Die Prachtausgabe des einheitlichen Nordrheinwestpfählischen Gebetsbuches herrschte in den Händen der neben den Eltern Dahinschreitenden vor. Die Gebetbücher der Eltern waren am Einband abgenutzt. Die Einbände der Gebetbücher der Großeltern waren mit Metallen beschlagen. Kunstvolle Darstellungen kristlichen Handwerkszeugs glänzte in ihren roten Händen. Es gab junge Männer, die hatten das Gebetbuch in die Tasche gesteckt und rauchten Zigaretten. Sie gingen getrennt von ihren Eltern, plauderten und lachten und schauten den Mädchen nach. In den Mundwinkeln der Bauern qualmten Zigarrenstummel, die, gleich an der Kirchentür ausgedrückt, vorsichtig von Asche und Glut befreit, den Weg in die Westentasche und am nächsten Sonntag wieder den Weg in die Mundwinkel finden würden. Radfahrer überholten die frommen Gruppen. Nur mit einer Hand steuerten sie das Lenkrad und schlenderten mit der gebetsbuchbeschwerten Hand den Takt zu ihren strampelnden Beinen. Die Bauern der außerhalb Angelmodde liegenden Gehöfte näherten sich hüteschwenkend in Kutschen der Kirche, den Sonntag durch Auto-Verachtung heiligend. Die Knechte auf den Kutschböcken hielten die ledernen Riemen in Handschuhen und schnalzten laut mit der Zunge. Eine Horde Pättkesfahrer schlängelte sich durch die Kirchgänger. Beleibte Beamtengattinnen in buntbedruckten Kleidern, quellendes Fleisch zwischen Radspeichen, hintereinander, Reifen an Reifen die landluftlüsternen Städter, würdige Studienräte in kurzen Hosen auf chromblitzendem Fahrrad, folgten linientreu ihrem Oberradfahrer und Pättkesführer. Die bereifte Volkshochschule auf abenteuerlicher Fahrt ins Grüne. Sie richteten ihren neugierigen Städterblick auf Angelmoddes Kirchturm, blinzelten träge und unwissend in Richtung des ausgestreckten Oberradfahrerarms zum Grabmal der Mutter der Armen und Bedrängten, Adelheide Amalie, ohne dabei die Radschlange zu verwirren, die Linientreue aufzugeben. Der Anführer warf schnellzüngig Wissenswertes über die Schulter, Gallitzin, rief er, Fürstenberg, heilige Familie, raunte es wie ein Abzählreim durch den Speichenzaun, ruhmreicher Boden, Hemsterhuis, Hamann, Goethe, beinah Napoleon ... […]
Die Radfahrer wollten schon aus Georgs Blickfeld verschwinden, da tauchte Labrinks Kutsche vor ihnen auf. Der Oberradfahrer gab Haltsignale, die Schlange verhedderte sich, schob sich zu einem Knäuel zusammen, Pferde wieherten, Anfängerschreie hilfloser Frauen überstimmten des Bauers Fluchen, Studienräte erinnerten sich physikalischer Gesetze und betätigten den Rücktritt, schlecht Geöltes kreischte auf, Fahrradklingeln läuteten lauthals Verwirrung.

Otto Jägersberg: *Weihrauch und Pumpernickel. Ein westpfählisches Sittenbild.* Zürich: Diogenes 1964, S. 109–113

Bergmännische Bewährung
Bruno Gluchowski: *Der Durchbruch. Roman* (1964)

Wie so oft bei Autoren der Arbeiterliteratur verdanken wir es der Überzeugungskraft und Hartnäckigkeit Fritz Hüsers, dass der Nachlass Bruno Gluchowskis erhalten geblieben ist und wir die Geschichte seines bekanntesten Werkes *Der Durchbruch* nachvollziehen können. Gluchowski übergab der Stadt- und Landesbibliothek Dortmund 1978 seine Manuskripte und Korrespondenzen, ein kleinerer Teil gelangte in das Fritz-Hüser-Institut. Zum 80. Geburtstag widmete die Stadt- und Landesbibliothek dem Autor eine Festschrift (*Bruno Gluchowski – ein Chronist seiner Zeit*, 1980), in der die Korrespondenz zum *Durchbruch* einen wesentlichen Raum einnimmt.

Gluchowski (1900–1985) stammte aus Berlin, wo er »in einer der Proletarierkasernen im Berliner Osten geboren wurde« und »genoß nicht den Vorteil, der Älteste oder Jüngste unter den acht Jungen eines Bauarbeiters zu sein. Über ihm waren vier, unter ihm drei Brüder«, so beschrieb er selbst seine Herkunft. Obwohl ein begabter Volksschüler, musste er 1914 eine Konditorlehre antreten, es schlossen sich Wanderjahre an, die ihn nach Hamburg und von dort über mehrere Stationen nach Bayern führten. Kurz vor Ende des Ersten Weltkrieges wurde er noch eingezogen, machte sich ohne Erlaubnisschein auf den Rückweg nach Berlin und entging jeder Strafe durch den Ausbruch der Revolution, nahm an den Berliner Straßenkämpfen teil, bis ihn der Hunger ins Ruhrgebiet trieb, wo er in Hamborn auf einer Zeche anheuerte und gleich bei der ersten Schicht verschüttet wurde. Insgesamt verbrachte er 25 Jahre unter Tage. Seine Herkunft und die Erfahrungen als Bergmann verarbeitete er seit Ende der 1920er Jahre in Erzählungen, Romanen, Bühnenstücken und Hörspielen, von denen viele im *Dortmunder Generalanzeiger* gedruckt wurden.

Die langen Schichten hinderten Gluchowski nicht daran, immer wieder anschaulich über den Alltag der Kumpel zu schreiben, der auch sein eigener war (s. S. 271). Besonders die Schlagwetterexplosionen, bei denen sich Methangas entzündet, beschäftigten ihn. In einem Artikel vom 24. Februar 1931 ging er auf eine Serie solcher Grubenunglücke ein: »Schlagende Wetter: das furchtbarste Wort, der Inbegriff allen Schreckens für den Bergmann, der mehrere hundert Meter tief im Schoße der Erde um sein bißchen Brot schuftet. [...] die giftigen Rauchschwaden [...] geben ihnen den Rest, lassen einen nach dem anderen umsinken und seinen letzten Atemzug verröcheln, der vielleicht mit einem Fluch auf diejenigen verbunden ist, die Menschen als Arbeitstiere in den Gruben ausbeuten, sie mit der Peitsche des Hungers, der Rationalisierung und der Arbeitslosigkeit niederhalten. Verbrannte, verstümmelte, aufgedunsene, vom Giftgas blaugeschwollene, qual- und angstentstellte Kumpelleichen, das ist die Ernte des schwarzen Todes in der Grube.«

Die Erinnerung an das durch eine solche Schlagwetter- und Kohlenstaubexplosion verursachte Grubenunglück in Courrières im nordfranzösischen Bergbaugebiet am 6. März 1906 gab den Anlass zu seinem Bergarbeiterdrama *Der Durchbruch*. Mit rund 1100 Toten ist es die größte Bergwerkskatastrophe in Europa überhaupt gewesen. Es gilt aber auch als das herausragende Beispiel für die Solidarität unter Bergleuten. Ungeachtet der ›Erbfeindschaft‹ zwischen Frankreich und Deutschland brachen 25 Grubenwehrmänner der Bergwerksgesellschaft Hibernia unter der Leitung des Bergwerkdirektors Georg Albrecht Meyer nach Frankreich auf, um bei der Rettung der Bergleute zu helfen.

In der Festschrift zum 80. Geburtstag wird Josef Reding mit den Worten zitiert: »Mit dem ›Durchbruch‹ hatte Gluchowski seinen Stoff gefunden, den cantus firmus seines Schaffens.« In der Tat verließ ihn das Thema nicht mehr; er gestaltete es als Drama, Hörspiel und Roman und kämpfte fast 30 Jahre darum, auch einen Film daraus zu machen.

Die Geschichte ist die »einer bergmännischen Bewährung«. Nach einer Schlagwetterexplosion suchen die Eingeschlossenen nach einem Fluchtweg aus der Grube. Die Auswege erscheinen aber mehr und mehr versperrt und so schwindet die Hoffnung auf Rettung aus eigener Kraft. Der Ortshauer Wilm Holtkamp versteht es, Zuversicht aufrecht zu erhalten und alle auf die Idee einzuschwören, einen Durchbruch zur Nachbarzeche zu unternehmen. Dabei verbirgt er die Tatsache, dass auch er nicht genau weiß, wo der Sicherheitspfeiler genau steht und wie er zu sprengen ist, um in die Nachbargrube zu gelangen. Die Kumpel haben das Glück, dass sie auf eine zweite Gruppe versprengter Bergleute stoßen, zu der ein Schießmeister gehört. Obwohl die notwendigen technischen Gerätschaften vorhanden sind, bleiben alle Versuche vergeblich. Die Misserfolge steigern die Verzweiflung, die Kumpel rebellieren; erst beim letzten Versuch hören die Retter in der Nachbargrube die Verschütteten und können sie befreien.

Gluchowski schrieb zunächst eine Bühnenfassung. Es gelang ihm, *Der Durchbruch* bei der Gustav Kiepenheuer Bühnenvertriebs GmbH unterzubringen. Am 23. Oktober 1937 fand die Uraufführung gleichzeitig am Württembergischen Staatstheater Stuttgart und an den Städtischen Bühnen Magdeburg mit großem Erfolg statt; das Stück wurde in den folgenden Jahren auch auf anderen Bühnen gezeigt. Gleichzeitig entstand ein Filmskript mit dem Schauspieler Mathias Wiemann, der im Aufsichtsrat der Universum Film AG saß und der die Hauptrolle des Wilm Holtkamp übernehmen sollte. Die UFA plante den Erwerb der Filmrechte, der Kunstausschuss genehmigte das Drehbuch, dennoch wurde das Vorhaben nicht umgesetzt, sogar die Theateraufführungen waren ab 1940 immer häufiger mit Schwierigkeiten verbunden. Der Bühnenverlag teilte Gluchowski mit, dass es »Ihnen wohl einleuchten [wird], daß ›Der Durchbruch‹ im Augenblick nicht gespielt werden kann. Es stürzen jetzt allnächtlich so viele Häuser zusammen, daß das Publikum wenig Interesse daran haben dürfte, den Zusammenbruch eines Bergwerksstollens auf der Bühne zu sehen.«

Nach 1948 geht Gluchowski sein Filmprojekt erneut an. Diesmal setzt sich auch der Schauspieler und Regisseur Wolfgang Liebeneiner für den Film ein, jedoch gibt es bei der DEFA schon vergleichbare Skripte; schwerer wiegt aber, dass *Der Durchbruch* »bei aller Anerkennung seiner einmaligen dichterischen Qualität kein Film [ist], der für den Beruf des Bergmanns wirbt. Da aber die Förderung der Kohlenproduktion das Problem Nr. 1 im Westen ist, besteht vorläufig gar keine Möglichkeit, diesen Film in Angriff zu nehmen.« Otto Burrmeister, Gründer der Ruhrfestspiele und Kulturreferent des Deutschen Gewerkschaftsbundes, wurde um eine Stellungnahme gebeten. Er unterstellte der Industriegewerkschaft Bergbau, dass sie die finanziellen Mittel für den Film wohl hätte. *Der Durchbruch* erfülle aber nicht die Zielsetzungen der Gewerkschaft, »die Arbeit der Gewerkschaft und vor allem ihre segensreichen Auswirkungen auf Arbeiterschaft und Wirtschaft deutlich sichtbar« zu machen. Außerdem seien hinsichtlich der Führerrolle des Wilm Holtkamp Änderungen zu erwägen, »da unsere Zeit nun mal empfindlich ist für Führergestalten«. Gluchowski lehnt ab: »[E]s ist nun mal nur ein ganzer Kerl in der Lage, das Schicksal zu meistern.« Das »unverfälschte Bild vom Wesen des Bergmanns und seiner bedingungslosen Kameradschaft«, das Gluchowski zeichnet, kamen beim Publikum gut an. So ergaben sich immer wieder Ansätze zu Produktionen in unterschiedlichen medialen Formen. Am 16. November 1954 sendete der NWDR Köln eine Hörspielfassung, die von anderen Sendern übernommen und mehrfach wiederholt wurde. Für die *Welt am Sonnabend* arbeitete Gluchowski die Hörspielfassung in eine Prosafassung um, die als Fortsetzung zwischen dem 16. April und 28. Mai 1955 erschien.

Als sich am 24. Oktober 1963 das Grubenunglück in Lengede ereignete, blickte die ganze Welt auf die dramatische Rettungsaktion, in der 14 verunglückte Bergleute geborgen wurden. Das gerade wieder angedachte Filmprojekt musste angesichts der viel wirkungsmächtigeren Realität zurücktreten, für den Roman ergab sich daraus aber eine neue Chance. Gluchowski sandte die *Durchbruch*-Prosafassung an Georg Bitter, Verleger und Inhaber des Paulus-Verlages in Recklinghausen, und schrieb, dass »die innere Wahrheit« des Textes »keinem Zweifel« unterliegt. »Die Chancen eines solchen Buches für Verleger und Buchhändler abzuwägen, dürfte Ihnen ebenfalls nicht schwerfallen.« Bitter stimmte zu, »das Eisen zu schmieden, solange es heiß ist«. Als der Roman Anfang 1964 erschien, sah der Verlag einem guten Absatz zuversichtlich entgegen. Heinz Zumfeld, Lektor im Paulus-Verlag, blickte auf die Auseinandersetzungen um den im Vorjahr erschienenen Roman Max von der Grüns *Irrlicht und Feuer* (s. S. 238), um nun festzustellen, dass »jetzt sowohl Gewerkschaft, als Unternehmerverband sich überzeugen können, daß es uns bei der Förderung der Arbeiter- und Industriedichtung nicht darum geht, irgendwelche Gruppen anzugreifen, sondern [...] um die menschliche Seite des schaffenden Industriearbeiters.«

Die ganze Breite der Diskussion entfaltet Lisa Dechene (d. i. Friedhelm Baukloh) im *Echo der Zeit* am 16. August 1964 mit einem Bericht über eine Lesung Gluchowskis aus *Der Durchbruch* in Wanne-Eickel. An der anschließenden Diskussion nahmen ein Verlagsvertreter, der Dortmunder Büchereidirektor und Mentor der *Dortmunder Gruppe 61* Fritz Hüser sowie Vertreter des Bergbaus und Kumpel in ihren Uniformen teil. Grundsätzlich sahen die Industrievertreter Gluchowskis Bergbaudarstellung positiv, aber das Misstrauen seitens der Industrie hatte seit dem Erscheinen von *Irrlicht und Feuer* Dimensionen erreicht, als handele es sich bei der Veröffentlichung um »hintergründige Börsenmanöver«. Der anwesende Berghauptmann Funder beharrte auf seinem Standpunkt: »Sozialkritik hat in einem Roman nichts zu suchen. [...] Der Bergbau könne Beunruhigungen nicht gebrauchen. [...] Man wünsche sich ›positive‹ Darstellungen vom ›Heroismus‹ des Bergmanns.«

Er verstieg sich gar zu der Behauptung, der Verlag verfolge politische Ziele, nämlich »›Adenauers Sozialpolitik‹ zu Hilfe zu kommen«. Der Kulturbeauftragte der Gelsenkirchener Bergwerks AG riet Gluchowski, seine Romane noch stärker in Richtung des »humorvollen Heimatromans aus dem Revier« auszurichten, während Hüser hervorhob, dass die Industriedichtung den »Menschen in seiner Not« schildere. Ein Autor könne nur authentisch schreiben, so Hüser, wenn er keinen Interessen verpflichtet sei, als negatives Beispiel verwies er auf die kulturpolitische DDR-Direktive »Greif zur Feder, Kumpel«.

Das Thema des Grubenunglücks und die Gefahren der Arbeit unter Tage haben Gluchowski sein Leben lang beschäftigt. Es war ihm ein Anliegen, die Gefährlichkeit der Arbeit in den Gruben im Bewusstsein zu halten. Dabei hat er die Vermarktung seines Stückes über alle medialen Formen und über die Zeitläufe hinweg nicht aus dem Auge verloren und angepasst. So erzählt der Roman nicht nur eine bewegende Geschichte aus dem Bergbau, sondern ist auch ein Stück aus der Geschichte des Literaturbetriebs.

Hanneliese Palm

Bruno Gluchowski: *Der Durchbruch. Roman* (1964)

Da durchschüttert ein Donnerschlag die Luft: eine gewaltige Detonation, die das Gerassel der Rutsche und das Getrommel der Preßlufthämmer übertönt. Ehe Holtkamp sich über die Ursache des Getöses klargeworden ist, folgt eine zweite Detonation in einer Stärke, als würde ein Bergmassiv mit einer geballten Sprengladung in den Himmel geschleudert. »Schlagende Wetter?« schreit Budczinski den Rutschenmeister mit entsetzt aufgerissenen Augen an. Holtkamp, mit einem Satz auf den Beinen, brüllt nach oben und unten hin: »Alle Mann raus aus dem Streb!«
Die elektrische Strebbeleuchtung ist erloschen, die Rutsche auf einen Schlag stehengeblieben, die Hämmer und Schaufeln schweigen. In wilder Flucht laufen die Kumpels auseinander, die meisten nach unten hin, der weiter oben arbeitende Teil der Kolonne auf die Wetterstrecke hinauf. Am Mundloch des Strebs keilen sie sich fest, weil nicht alle auf einmal hindurch können. Sie springen und klettern in die Sohlenstrecke, drängen und stoßen sich in wahnsinniger Hast und laufen in Richtung Querschlag weiter. Holtkamp wartet am Mundloch, ob noch einer den Streb herunterkommt, und rennt als letzter los. Brandig riechender Qualm hängt in der Luft, eine weißgraue Nebelwand aus Gesteinsstaub wälzt sich heran, wie Irrlichter tanzen und hüpfen die Lichtpünktchen der Grubenlampen darin. Staub und Schweiß verkleben den Flüchtenden die Augen, das Atmen wird immer schwerer. Halbblind torkeln sie durch die Strecke, stoßen mit den Köpfen gegen Ausbaustempel und gebrochene eiserne Kappschienen, wanken fluchend in die Streckenmitte zurück und hetzen in die hohe Wölbung des Querschlags hinein, von der Angst um das nackte Leben unbarmherzig vorwärtsgepeitscht.
Vorn ist eine Stockung, eine Ansammlung von Grubenlampen, die sich nicht von der Stelle bewegen. Als Holtkamp auf sie zustolpert, sieht er, was los ist.

Die Jagd ums Leben hat ihr Ende gefunden vor einem Trümmerhaufen aus Steinbrokken, Eisenschienen und zerbrochenen Hölzern, der eine unübersteigbare Barriere bildet und den Querschlag in seiner ganzen Höhe und Breite zumauert.
Holtkamp versucht durchzukommen, kriecht auf den Steinhügel hinauf, langt mit der Hand in eine Öffnung, zwängt Kopf und Oberkörper in die Lücke, schiebt mit den Beinen nach, bleibt stecken. Einige Kumpels helfen ihm heraus und herunter. Schwer atmend bleibt er vor ihnen stehen, sekundenlang überkommt ihn ein Schwächegefühl, dann hat er sich wieder in der Gewalt.

Bruno Gluchowski: *Der Durchbruch. Roman.* Recklinghausen: Paulus 1964, S. 28f.

Desorientiert euch!
Atlas, zusammengestellt von deutschen Autoren (1965)

Mit dem Begriff ›Atlas‹ verbinde ich zwei Arten von Büchern, die mein Weltbild schon in der Kindheit geprägt haben. Zum einen der die Schultasche voll ausfüllende, in meiner Ausgabe von 1996 überwiegend dunkelblau gehaltene *Diercke Weltatlas*. Mithilfe des umfangreichen Kartenmaterials wurden der Strukturwandel des Ruhrgebiets verfolgt, Bodenschätze ermittelt und der Teutoburger Wald gesucht. Das zweite Buch, *Straßen und Reisen 1979/80. Überreicht durch ARAG*, damals signalrot wie ein Stoppschild, ist heute marmoriert von häufiger Benutzung, Sonnenlicht und Tankstellenkaffee. Mithilfe dieses Straßenatlasses plant meine Familie bis heute, trotz Navigationsgerät und Google Maps, Fahrten an Nord- und Ostsee, zum Grevelingenmeer oder an die Mosel.

Gemeinsam ist diesen beiden Werken der Alltagskultur das Kartenmaterial mit seiner eindeutigen Symbolsprache. Wir nutzen sie, trotz ihrer digitalen Pendants, ebenso wie wir im Zweifelsfall eher einen handfesten Taschenrechner zurate ziehen als die Taschenrechner-App im Smartphone. Die Ermittlung von Standort, Etappen und Ziel mithilfe der kundigen, altbekannten und eindeutigen Nachschlagewerke vermittelt Sicherheit und Beständigkeit, selbst da, wo uns die Netzabdeckung im Stich lässt. Die Welt ist vermessen – hier liegt sie. Orientiert euch!

Wenn deutsche Schriftsteller und Schriftstellerinnen einen Atlas zusammenstellen, haben wir es mit der Sprache selbst, einer alles andere als eindeutigen Symbolik zu tun, die als Mittel der Beschreibung dient. Statt mit einer Karte werden die LeserInnen mit einzelnen Standpunkten konfrontiert, mit Prosa und Lyrik. Seinen Maßstab setzt jeder der 38 Beiträger und jede der 5 Beiträgerinnen individuell. Dieser Atlas vermisst die Welt nicht, sondern präsentiert Bruchstücke, die, damals wie heute betrachtet, eine ganz eigene Weltbeschreibung aus dem Jahr 1965 heraus liefern.

Der Wagenbach Verlag, im September 1964 von Klaus Wagenbach in Westberlin gegründet, ist für sein Verlagsprogramm bekannt. Der Meinungsverlag setzt nicht auf massentaugliche Bestseller, sondern auf den Transport von (›linken‹) Meinungen und Inhalten. Seine bekannten *Quarthefte*, später *Quartbücher*, stellen seit März 1965 zeitgenössische SchriftstellerInnen wie Ingeborg Bachmann, Wolf Biermann und Johannes Bobrowski in Erstausgaben vor. Dem *Atlas* räumt er 1965 als erste gebundene Veröffentlichung einen besonderen Platz in der Verlagsgeschichte ein. 1979 wird die Anthologie als Taschenbuch herausgegeben, 2004, zum 40-jährigen Bestehen des Verlages, unter dem Titel *Atlas. Deutsche Autoren über ihren Ort* neu aufgelegt.

Wagenbach versteht den *Atlas* bewusst als Zweifel an der gebräuchlichen verfestigten Definition von Geografie als Vermessung der Erdoberfläche; er soll eine Mischung aus Beschreibung und Erklärung darstellen: »Ein Atlas, der nicht von Bevölkerungszahlen ausgeht, sondern von Bewohnern, der Zeichenerklärung wörtlich nimmt, der nicht Höhenunterschiede vermerkt, sondern Unterschiede in Bewußtseinslagen und Verhaltensweisen.« Die Autoren und Autorinnen aus Ost- und Westdeutschland selbst sind Herausgeber. Verleger Wagenbach steuerte, dem Vorwort zufolge, lediglich den Plan, man solle eine Stadt oder Landschaft beschreiben, die man gut kenne, die Figuren sowie das Register bei.

Begleitet von den Paratexten verfällt man bei der ersten Lektüre der Anthologie in die Erwartungshaltung einer realistischen autobiografischen Ortsbeschreibung: *Zwei Jugendstädte* (Arnold Zweig), *Mein Sanatorium* (Walter Jens), *Mein Ort* (Nelly Sachs). Das Gros der Texte verfährt im Gestus der Erinnerung. Erlebnisse aus Kindheit und Jugend, während eines oder zwischen den Weltkriegen, sind Gegenstand. Markante Gerüche, beeindruckende Bilder, typische Klänge oder ein stechender Geschmack sind eng mit den Episoden verbunden und scheinen sich im Gedächtnis des Erzählers verankert zu haben. Aber: »Erinnerungen [sind], lästig und ungenau, durcheinandergemischt wie ein Spiel Karten« (Heinz von Cramer).

Dass ein Text nicht in der Geburtsstadt oder einer Wohnstätte des Autors bzw. der Autorin spielt und sie nicht explizit nennt, ist die Ausnahme. Zu Recherchezwecken dient die Biografie des Autors oder der Autorin. Günter Grass baute seine *Kleckerburg* wohl in Danzig, Erich Frieds *Grüne Garnitur* stand vermutlich in Wien. Aber gerade die Ausnahmen und Brüche in der realistischen Diegese lassen aufhorchen. Wo liegt Peter Huchels *Exil* oder Walter Jens' *Sanatorium*? Geht es überhaupt um die Verortung im Welt- oder Straßenatlas, innerhalb von Staats-, Landes- und Stadtgrenzen? »Die Städte der Kindheit sind verschwunden« (Carl Zuckmayer).

Was bleibt, betrachtet man die Texte für sich, lässt man selbst die Geschichte, wie sie im Schulbuch steht – »Kriege zum Auswendiglernen, nicht zum Abgewöhnen« (Peter Rühmkorf) – in den Hintergrund treten? Wie ein roter Faden oder vielmehr wie die weißen Pfeile entlang der Bürgersteige hin zum nächsten Schutzraum ziehen sich die Auswirkungen des Nationalsozialismus auf das Alltagsleben des Individuums durch die Texte.

Figuren erleben ›Heim-ins-Reich‹-Parolen und ihre Umkehrung (Franz Fühmann), sehen statt der Silhouette Freiburgs nur noch eine gewaltige brennende Flamme (Christoph Meckel) und bitten die Besatzer um »Tschokelät« (Heinrich Böll).

Trotz oder gerade aufgrund der Thematisierung von Nationalsozialismus und deutsch-deutscher Teilung in Kino- und Fernsehproduktionen besteht die Gefahr, ins Pathetische, Kitschige abzurutschen. Den meisten Beiträgen gelingt es, dies zu vermeiden. Der *Atlas* ist eine Absage an die Glorifizierung und Verklärung von Orten, wie sie etwa in der Heimatliteratur (besonders während der NS-Zeit) stattfand. Er zieht nicht einmal »metaphorische Brückenschläge zwischen geologischem Untergrund und individuell ausgestattetem Oberstübchen« (Rühmkorf). Oder er stellt genau das offensiv zur Schau – wie Paul Schallücks Satire *Warendorfer Pferde*.

Die Tradition des Westfalenspotts pflegten schon Aeneas Silvius, Voltaire und Goethe – nur erhielten die nicht 1955 den *Annette-von-Droste-Hülshoff-Preis*. Schallück, 1922 in Warendorf geboren, war einer der Vertreter der jüngeren Dichtergeneration beim ›Schmallenberger Dichterstreit‹ 1956, die einen Rückzug der Schriftstellerinnen und Schriftsteller aus dem literarischen Betrieb forderte, die während der NS-Zeit »Blut-und-Boden«-Literatur geschrieben hatten. Vermeintlich westfälische Tugenden und Verklärungen wie beispielsweise in Emil Rittershaus' *Westfalenlied* sollten aus der Literatur verschwinden. Westfalen sollte das sein, was es war: ein Verwaltungsbezirk. Dementsprechend scharf ging Schallück in seiner Satire gegen einen pathetischen Heimatbegriff und die von ihm diagnostizierte Geschichtsvergessenheit seiner Geburtsstadt vor, zuweilen buchstäblich mit Schlägen unter die Gürtellinie.

»Warendorf ist die Stadt des Pferdes« (Schallück) – und ihre Bewohner glichen diesem wie Herrchen und Hund. Selbst Zugezogene würden sich dem anpassen. Das Leben aller Einwohner der »westfälischen Heimaterde« drehe sich um die Vierbeiner. »Hier ist man für's Handfeste, für sichtbare und dampfende Rösser und ihre Produkte« statt zeitgenössische Kunst hervorzubringen. Der Betrieb ums Pferd sei ein ebenso »beschämendes Schauspiel« wie Warendorfs Bemühen um Kultur durch das Stiften einer Agnes-Miegel-Plakette. Schallück verwies auf die deutsch-nationale Vergangenheit der Dichterin und auf die Auslöschung der jüdischen Bevölkerung Warendorfs. »Das ist lange her. Pferde haben eine kurze Erinnerung, einige Warendorfer anscheinend auch.«

Wie zuvor Werner Rolevinck und Justus Möser zur Verteidigung Westfalens eilten, ergriff auch für die verspottete Emsstadt jemand Partei. In der lokalen Tagespresse bezog sich eine Reihe von Leserbriefen Ende 1966 auf Schallücks *Warendorfer Pferde*. Schallück reagierte auf den Aufruhr mit *Bekenntnissen eines Nestbeschmutzers. Satire über eine Satire*. Darin fasst er die überwiegend negativen Reaktionen in »der Weltpresse dieses Fleckchens« zusammen. Ihm werde Herablassung gegenüber seiner Geburtsstadt und Vulgarität als Effekthascherei vorgeworfen. *Warendorfer Pferde* ist schließlich Gegenstand im Warendorfer Stadtrat, der die Satire und Verweis auf die NS-Vergangenheit Miegels »verschmitzt lächelnd« abtut. Bei einer vom Stadtjugendring organisierten Lesung Schallücks in Warendorf am 26. Oktober 1967 sei die Stimmung überraschen wohlwollend, schließt Schallück seine *Bekenntnisse*: »[N]iemand erinnerte auch nur an meine Satire.«

Man kann Schallücks *Warendorfer Pferde* und all die anderen Beiträge als autobiografisches Zeugnis lesen. Man kann sie als Berichte einer Zeit lesen, der bald die Zeitzeugen fehlen werden. Man kann sie aber vor allem als literarische Bearbeitungen der Themen lesen, die gesellschaftlich und politisch engagierte Menschen des Jahres 1965 beschäftigt haben: der Umgang mit Flucht und Vertreibung, die Erfahrung von existenzieller Angst oder die Konstruktion und Definition der eigenen Identität und Nationalität über einen Ort.

Der *Atlas, zusammengestellt von deutschen Autoren* dient der Desorientierung im besten Sinn, ist ein Verwirrspiel »ebenso hinsichtlich Heimatfibel wie Landesgrenzenfetischismus« (Wagenbach). Er konfrontiert den Leser und die Leserin mit individuellen Standpunkten, holt Vergessenes hervor und setzt sich in Beziehung zu aktuellen Diskursen. Damals wie heute.

Claudia Ehlert

Atlas, zusammengestellt von deutschen Autoren (1965)

Paul Schallück
Warendorfer Pferde

Von Hunden und ihren Besitzern sagt man, daß ihre Gesichter einander gleichen, leben sie nur lange und einträchtig genug miteinander.
Warendorf ist die Stadt des Pferdes.
Warendorf liegt an der westfälisch-münsterländischen Ems, an einer Furt, ungefähr im Schnittpunkt des achten Längen- und des zweiundfünfzigsten Breitengrades. Handwarm haben nur wenige der acht- bis zehntausend Dortgeborenen sowie der fünf- bis siebentausend Vonferngekommenen mit Pferden zu tun – in diesem schmucken Städtchen aus höchstens dreistöckigen Wohnhäusern, Gassen mit Katzenkopfsteinpflaster, krummen Straßen und viel zu schmalen Bürgersteigen. Alle Warendorfer indes leben, atmen, essen, trinken, freuen und ärgern sich im Dunst- und Bewußtseinskreis von Pferden. [...]
Es soll ein oder zwei oder gar drei Musenküsse gegeben haben in fernen Tagen; aber zu einem fruchtbringenden Koitus ist es anscheinend doch nie gekommen, zumindest nicht in hochdeutscher Mundart; Petting also, sonst nichts. Hier ist man für's Handfeste, für sichtbar dampfende Rösser und ihre Produkte. [...]
Ich bin ihr außer auf Fotos nie begegnet, der Dichterin aus Ostpreußen – da sie tot ist, verschweige ich ihren Namen –, die ihren Führer andichtet, sein »Werk« bedichtet, die Tage der Bomben und Trecks äußerlich heil überstanden, sich im Westen heimisch gemacht und sich in Warendorfs guter Stube hat feiern lassen als Balladeuse des Echten, Einfachen und Wahren, das angeblich nur noch auf dem Lande anzutreffen ist, in sogenannten ursprünglichen Bezügen. Ich kann also nicht sagen, ob sie nach ihrem Liebes-

Kontakt mit dem sauberen Städtchen ein Gesicht bekommen hat wie Warendorfs Pferde. Die stehen meinem Herzen außerdem zu nahe, als daß ich es annehmen dürfte. Sicher aber scheint mir zu sein, daß sich die Dickfelligkeit einiger Warendorfer ihr gegenüber pferdegleich ausnahm. Denn immerhin trachteten sie danach, mit dieser Frau das nicht eben lebenstrotzende Kulturleben zu beleben. Eine merkwürdige Vorstellung sowohl von Lebendigkeit als auch von Kultur. [...] Viele Warendorfer Juden starben in den Konzentrationslagern Riga und Theresienstadt. [...] Das ist lange her. Pferde haben eine kurze Erinnerung, einige Warendorfer anscheinend auch. Noch kurz vor ihrem Tode feierte man die Dame aus Ostpreußen in der Emsstadt wie ein Genie der Literatur, stiftete eine Plakette ihres Namens, die sich mit ihrem Namen in die Dichterakademie hatte aufnehmen lassen, nachdem Thomas und Heinrich Mann, Oskar Loerke, die Juden Franz Werfel, Alfred Döblin, Alfred Mombert, Jakob Wassermann und andere hinausgefeuert worden waren. Vielleicht ist die Kunde davon noch nicht bis an die Ems gedrungen. Auch die treusten Pferde haben ihre Nucken. [...]
Denk ich so an Warendorf in der Nacht, dann bin ich um meinen Pferdeverstand gebracht; dann sattle ich um; dann setze ich einen Hafermotor gegen alle Pferdestärken; dann geh' ich ein Königreich stehlen für ein Pferd; dann schwinge ich mich auf die begrabene Mähre und mache die Klepper scheu direkt vor der Apotheke; dann zeige ich meinen Pferdefuß. Heilige Rosinante, heiliger Maestoso, heiliger Lippizaner, bittet für mich. [...] Hilf uns, heilige Deflorata, wir reiten für's halbe – o nein, gemäß unseres Alleinvertretungsanspruchs für's ganze, das ganze Deutschland muß es sein. Bitte ich euch, ihr Winkler-Schüler, ihr Halla-Töchter-Söhne, ihr Söhne der Pferdestadt Warendorf an der Ems.
Ein Königreich für Warendorf. Warendorf für ein Pferd.

Paul Schallück: *Warendorfer Pferde*, in: *Atlas, zusammengestellt von deutschen Autoren.* Berlin: Wagenbach 1965, S. 175, 177, 181f., 183f.

Christlicher Widerstand gegen Hitler
Willy Kramp: *Brüder und Knechte. Ein Bericht* (1965)

Irgendwann kam meine Schülerin Katharina zu mir und sagte, ihr Opa würde mich gerne kennenlernen. Ihr Opa, das war der Schriftsteller Willy Kramp, von dem ich gehört, aber noch nichts gelesen hatte. Katharina hatte ihm von ihrem neuen Religionslehrer erzählt, der auch schreibe. Tatsächlich bin ich kurz darauf zu ihm gefahren. Kramp wohnte in Schwerte-Villigst in einem abgelegenen Haus an der Ruhr. Er hatte es sich gekauft, als er 1957 seine Tätigkeit als Leiter des Studienwerk Villigst aufgegeben hatte, um sich ganz dem Schreiben zu widmen. Ich lernte einen klugen, einfühlsamen Mann mit sanftem Humor kennen. Über diese Begegnung hat er später in einem seiner Bücher mit der ihm eigenen Ironie, die niemals verletzend war, berichtet. Von da an blieben wir in Kontakt bis zu seinem Tode im Jahre 1986, schrieben uns Briefe, telefonierten miteinander, diskutierten unsere Bücher und trafen uns leider viel zu selten. Die Brücke unserer Beziehung war der christlich-moralische Anspruch an die Gesellschaft, der sich bei mir allerdings etwas anders, nämlich handfest politisch artikulierte.

Als ich irgendwann in einer Zeitschrift Kramps *Brüder und Knechte* rezensierte, sprach mich Max von der Grün darauf an. »Das hast du gut gemacht«, lobte er, »›Brüder und Knechte‹ ist ein wichtiges Buch. Gut, dass jemand mal wieder darauf hinweist.« Damit ist eigentlich schon alles gesagt, denn es ist ein wichtiger Bericht, der wie kein anderes Buch den christlichen Widerstand gegen Hitler thematisiert. Er ist inhaltlich wichtig, er ist aber auch – wie alle Bücher von Kramp – stilistisch sauber ausgeführt. Seine Bücher sind genauso sprachlich-ästhetisch eine Wiederentdeckung wert.

1909 wurde er in Mühlhausen im Elsass geboren, wo er seine frühe Kindheit verbrachte. Die Familie blieb dort, bis sich die Front des Ersten Weltkriegs näherte, dann floh sie nach Pommern, wo Verwandte lebten. Der Vater starb früh, die Mutter musste sich und die Kinder mit einer geringen Rente durchbringen. Um ihren Kindern Stabilität zu geben, suchte sie die Nähe zur Kirche und trat einem Guttemplerorden bei. Kramp zog zum Lehrerstudium nach Berlin, später nach Königsberg. Dort fand er über seinen Bruder, einen Theologiestudenten, und die Königsberger Arbeitskreise der Kirche, zu denen die Theologen Schniewind und Iwand gehörten, früh Kontakt zur Bekennenden Kirche. In diesen Kreisen mit ihren Andachten, Diskussionen und Wochenendausflügen erhielt er die entscheidenden Anregungen, die sein späteres, auch literarisches Leben prägen sollten.

Mitte der 1930er Jahre unterrichtete er an einer privaten Mädchenschule, nach der Heirat und der Geburt des ersten Kindes reichte das Gehalt aber nicht, so dass er, nicht mit einem weiteren Weltkrieg rechnend, die harmlos erscheinende Stelle eines Heerespsychologen annahm. Eine Entscheidung mit Folgen, denn es blieb kein Job in Friedenszeiten. Durch Major Hößlin, der ihn als Ordonnanzoffizier anforderte, kam er mit dem Widerstand in Berührung, wurde nach dem Scheitern des Putsches aber unter Hößlins weiser Voraussicht an die Ostfront geschickt, wo er von der Verhaftung und Hinrichtung seines Vorgesetzten hörte. (Die Gruppe Hößlin war dazu ausersehen, bei Gelingen des Putsches den Gauleiter und Oberpräsidenten Koch zu stürzen und die Macht in seiner Provinz zu übernehmen.) Kurz vor Kriegsende geriet Kramp in russische Gefangenschaft und kam erst 1950 zurück, diesmal ins Ruhrgebiet, wohin ihm seine Familie vorausgezogen war.

Diese Kriegserlebnisse hat er in *Brüder und Knechte* geschildert. Der erste Teil beschäftigt sich mit dem Widerstand, er protokolliert detailliert die internen Diskussionen zwischen den Verschwörern, ihre Skrupel, ihre Hoffnungen, aber auch die Gespräche während der Offiziersabende, in denen sie mit jenen blind gehorsamen Nazioffizieren zusammentrafen und es ihnen schwerfiel, sich bei Gesprächen über den Fortlauf des Krieges nicht selbst zu verraten. Wobei gerade Hößlin derjenige war, der am wenigsten mit seiner Abneigung gegen Hitler hinter dem Berg zu halten vermochte und der damit sich und andere gefährdete. Das Bild eines entschlossenen, ehrlichen Offiziers entsteht vor den Augen des Lesers, getragen von einer fast jugendlichen Unbekümmertheit. (Doch die Leute des Kreisauer Kreises hatten, getragen von ihrem christlichen Anspruch, eine relativ klar entwickelte demokratische Vorstellung für die Zeit nach Hitler.)

Der Putsch misslang – »die Katze im Sack gehabt«, notiert Ernst Jünger in seinen Tagebüchern, »und wieder rausgelassen« – und Hößlin vernichtet umsichtig alle Papiere, die Kramp und die anderen hätten belasten können. Wozu waren überhaupt die Listen mit den Namen der Verschwörer nötig, die es den Nazis später so leicht machten, sie zu enttarnen und hinzurichten? Sie waren es, weil sich die Verschwörer untereinander nicht kannten und im Falle eines Gelingens des Attentats sofort jene Offiziere bei den einzelnen Truppenteilen anrufen mussten, die dazu gehörten, damit sie die Macht übernahmen. Dieser erste Teil des Buches ist ein spannender Bericht, weil er die Gedankengänge der Verschwörer nachzeichnet und die Bedrohung spürbar werden lässt, unter der sie standen.

Im zweiten Teil des Berichts schildert Kramp seine Erlebnisse an der Front bis hin zur Gefangennahme sowie seine Zeit in russischer Gefangenschaft. Es ist ihm nicht gut ergangen, aber Kramp vermeidet jede pauschale Verurteilung der Sowjets; er weiß, wer die wirklichen Verursacher waren, die ihn in diese Situation gebracht hatten. Als irgendwann ein deutscher Offizier stöhnt, so schlimm wie die Russen seien die Deutschen nicht mit ihren Gefangenen umgegangen, erzählt Kramp ihm, was er hat sehen müssen: In ihrem Lager starben einige an der Ruhr, in einem Lager mit russischen Gefangenen in Deutschland dagegen waren alle an der Ruhr erkrankt; und sie hungerten so sehr, dass sie übereinander herfielen. Eine Aussage, die den anderen beschämt.

In dieser Extremsituation geht es Kramp aus christlicher Verantwortung um eines: Wie weit zwingt die Situation den Menschen (und damit auch ihm selbst) ein Handeln auf und macht den Einzelnen zu ihrem Knecht? Wieweit gelingt es ihm, Kramp, und seinen Mitgefangenen, sich dem zu entziehen und wenigstens momenthaft Bruder des anderen zu bleiben? Ein hoher Anspruch, den ich mir gemerkt habe. Und von dem ich seither weiß, wie schwierig er in kritischen Phasen des Lebens umzusetzen ist.

Es ist ein spannendes Buch, das gerade durch die Form des Berichts die NS-Diktatur und deren Folgen hautnah spürbar werden lässt. Kramp hatte sich zu dieser Form aber erst durchringen müssen; alle vorangegangenen Versuche, den Stoff in Form eines Romans zu verarbeiten, waren gescheitert.

Heinrich Peuckmann

Willy Kramp: *Brüder und Knechte. Ein Bericht* (1965)

Hößlin sitzt an seinem Schreibtisch und unterzeichnet Papiere. Sein Handrücken weist einen tiefen länglichen Krater auf, die Finger sind wie Krallen hochgerissen; er hat den Federhalter zwischen die Finger geklemmt und formt mühsam die Buchstaben, große dürre Gebilde. Nach meiner Meldung blickt er lächelnd auf, erhebt sich und sagt: »Ich möchte gern, daß diese braven Jungen hier noch etwas Vernünftiges über das mensch-

liche Leben erfahren, ehe sie sterben. Halten Sie Unterricht über alles, was Ihnen wertvoll erscheint! Kunst, Philosophie, Geschichte. Auch Weltanschauung – natürlich die richtige! Uns alten Knaben werden Sie ebenfalls einiges aus dem Magazin Ihrer Erkenntnisse verkaufen – schon gut! Bescheidenheit wird vorausgesetzt.«
Nachmittags nimmt er mich mit in seine Wohnung unweit der Kaserne; lachend weist er über die gemietete Sesselpracht hin: »Toll, was?« Aber anscheinend schleppt er auch ziemlich viele eigene Dinge mit sich herum: Bücher, Bilder, Porzellan. Wir trinken Rotwein aus hohen Kristallgläsern. Hößlin sagt etwas abrupt: »Erzählen Sie! Was Sie mögen!« – Dieses ›Erzählen Sie!‹ ist zugleich hochmütig und demütig; es verrät Einsamkeit.
In der weißen Litewka, die der Major heute trägt und die sein Gesicht tiefbraun erscheinen läßt, wirkt er bestürzend zart. Wenn er den rechten Arm langsam aufhebt und sich mit seiner verstümmelten Hand übers Haar streicht, so hat diese Gebärde etwas knabenhaft Selbstvergessenes. Wir sprechen über das bevorstehende Fest. Aber bald läßt Hößlin diesen Gegenstand achtlos fallen. Zerstreut und gereizt hastet er von einem Thema zum anderen, sein Lachen ist anders als sonst, es springt immer wieder unmotiviert und blechern-schrill von seinem Gesicht ab. Und plötzlich, ohne jeden Übergang, fragt er: *»Sind Sie auch der Meinung, daß Hitler beseitigt werden muß?«*
Ich habe gerade das Glas am Munde. Langsam setze ich es ab, ohne Hößlin anzusehen. ›Das ist wohl nicht möglich!‹ denke ich und spüre, wie mir das Entsetzen mit vielen eiskalten Spinnenbeinen das Rückgrat heraufkriecht ... Dann sehe ich den Major an und begreife, daß soeben zwischen uns etwas Unwiderrufliches geschehen ist. Hößlins Gesicht ist aschgrau und kaum wiederzuerkennen. Seine Augen, soeben noch von einem schönen sanften Braun, haben sich verdunkelt, sein Blick ist buchstäblich schwarz vor Zorn. Der Mund hat sich scharf verzerrt. Wangenmuskeln und Kinn sind in mahlender Bewegung. Das Gesicht im ganzen scheint breiter geworden, auch die Schultern wirken plötzlich athletisch-derb.
Ich sage, mühsam dem Blick des Kommandeurs standhaltend: »Allerdings bin ich dieser Meinung. Aber – – –«
»Kein Aber! Es gibt kein Aber!«
Hößlin springt auf und watet mit verkrampften Schritten über den Teppich wie durch zähen Schlamm, wobei er mit seinem gesunden Arm in der Luft ficht. Endlich wirft er sich wieder in seinen Sessel zurück. »Und zwar ist es die allerhöchste Zeit, ja es könnte schon zu spät sein! ... Militärisch ist der Krieg natürlich längst verloren. Seit Stalingrad schon. Alle verantwortlichen Fachleute sind sich darüber klar. Nur *er* weiß es nicht, will es nicht wissen, weil es seiner Gottähnlichkeit die Zähne ausbrechen würde. – – – Ich weiß nicht, ob Sie das verstehen, aber ... ich bin Soldat gewesen mit Leib und Seele, und in Ehren. Erst dieser Kerl hat dem Soldatsein die Ehre genommen, weil er befiehlt, sich an hilflosem Leben zu vergreifen, weil er seine Offiziere zu Marionetten erniedrigt – – – ah! Glauben Sie mir, wenn die Menschen auf der Straße mein Ritterkreuz anstarren – – – ich schäme mich! Aber nicht darum geht es jetzt, es geht einfach darum, daß dieser Wahnsinnige nicht weiterhin Millionen unschuldiger Menschen einstampfen darf.

Willy Kramp: *Brüder und Knechte. Ein Bericht.* München: Biederstein 1965, S. 20f.

Biografie eines Seiltänzers
Hans Wollschläger: *Karl May in Selbstzeugnissen und Bilddokumenten* (1965)

Die Erstauflage der Karl May-Biografie erschien 1965 als Band 104 in der Reihe *rowohlts monografien*, die Neuausgabe bei Diogenes mit dem Untertitel *Grundriß eines gebrochenen Lebens*. Was der Titel der Neuausgabe plakativ herausstellt, belegt Hans Wollschläger (1935–2007) in seiner Bestandsaufnahme von Werk und Leben Karl Mays unterhaltsam und genau.

Wie kein anderer war er für diese Aufgabe prädestiniert. Wollschläger, Mitbegründer der Karl-May-Gesellschaft und seit 1987 Mitherausgeber der Historisch-kritischen Karl-May-Ausgabe, übernahm 1957–1970 als Brotarbeit Redaktionstätigkeiten zu May-Büchern im Bamberger Karl-May-Verlag. Die jahrelange Beschäftigung rund ums Werk macht ihn auch zum ausgewiesenen Kenner Karl Mays Biografie (geb. am 25. Februar 1842, abends gegen 10 Uhr, fünftes von 14 Kindern).

Wollschläger besaß einen profunden Überblick über die Material- und Dokumentenlage. Er verabscheute die »Verbesserungen«, die in der Bamberger Ausgabe die Werke Karl Mays jugendkompatibler machen sollten. Er beschwerte sich bei Arno Schmidt regelmäßig über philologische Unredlichkeiten. Besonders ärgerten ihn alle Behinderungen des Verlags, eine saubere Aufarbeitung, insbesondere des Alterswerks, voranzubringen.

In diesen Bamberger Jahren war ihm Schmidt eine große Stütze. Der umfangreiche Schriftverkehr der beiden zeigt diesen als Recherche-Anstachler, Ermutiger und Publikationshelfer. Denn auch Schmidt arbeitete an einem eigenen, provokativen May-Buch. Wollschläger schuftete in dieser Zeit an der Grenze seiner physischen und psychischen Möglichkeiten, was Schmidt, den Vielarbeiter, für ihn eingenommen haben mag. Sie tauschten jahrelang Informationen aus und diskutierten immer wieder Textstellen des Alterswerks.

Als Wollschlägers profundes Buch endlich herauskam, hielt er es selbst nicht für die ultimative May-Würdigung, wie er im Vorwort zur Neuausgabe *Grundriß eines gebrochenen Lebens* (1977) schrieb: »Die hier vorgelegte Monographie gedenkt dazu eine der dringlichen Vorarbeiten zu leisten. Zur immer noch ausstehenden großen Material-Biographie kann sie, auf so engem Raum, freilich kaum mehr als den Grundriß geben: kaum mehr als skizziert werden die Perspektiven, gestreift die kleineren Details: plotted dotted lines.«

Für den durchschnittlichen May-Interessierten, der eine prägnante Darstellung von Werk und Leben erwartet, ist der *Grundriß eines gebrochenen Lebens* mehr als auskömmlich. Und er ist bekömmlich, weil gut zu lesen, denn Wollschläger, daran darf erinnert werden, war ein großer Stilist der deutschen Sprache. Ihm danken wir die kongeniale Übertragung des *Ulysses* von James Joyce (1975; s. S. 481). Seine Essays und Rezensionen, die 2006 im Rahmen einer umfangreichen Wollschläger-Edition unter dem Titel *Von Sternen und Schnuppen* erschienen, gelten als Musterbeispiele des Genres.

Wollschläger beginnt seine Darstellung von Leben und Werk Karl Mays klassisch mit Geburt, Kindheit und Adoleszenz. Er beschönigt einerseits nichts am Mayschen Lebenswandel, führt aber andererseits drastisch die bedrängenden Lebens- und Alltagsumstände der einfachen Bevölkerung des 19. Jahrhunderts vor Augen, um uns der Schattenseite der Mayschen Existenz näher zu bringen. Wollschläger zeigt uns daher einen Menschen, der früh den Wachtraum der jugendlichen Phantasie nutzte, um den Zumutungen des Lebens zu entkommen. May kommt als Lebensseiltänzer daher, der auf schmalen Graden über Abgründe und an Abgründen vorbei jongliert. Und May, daran lässt Wollschläger keinen Zweifel, ist ein Meisterdilettant. Nie zeigt er eine Leidenschaft für ein genaues Wissenwollen. May reichte ein flüchtiges Erfassen brauchbarer Information, um mit kleinen Tricks das Schicksal zu seinen Gunsten zu wenden.

Diese ethische Auffassung, wir ahnen es, bringt May ins Gefängnis. Vielleicht begann alles aber schon früher mit einem Verweis vom Lehrerseminar; den konnte May noch durch ein Gnadengesuch abwenden. Nach dem bestandenen Examen trat er eine Hilfslehrerstelle an, musste aber wenige Jahre später wegen Diebstahls und Betrugs in der Zwickauer Strafanstalt einsitzen. Er war dort weder Old Shatterhand noch Kara Ben Nemsi, sondern schlicht Nr. 171. May wird zwar vorzeitig entlassen, kann aber offenbar Betrügereien und Hochstapelei nicht lassen. Das Zuchthaus Waldheim wird für May (und seine Biografen) zu einer vier Jahre dauernden dunklen Zeit. Hans Wollschläger resümiert diese Phase abwägend: »So grotesk die sagen wir Hochstapeleien Mays am Ende doch nur wirken, so bedenklich macht zugleich ihre zunehmende Hemmungslosigkeit. Daß die tölpelhaften, allzu leicht zu foppenden Opfer nicht eben dazu beitrugen, sein bißchen Gewissen zu Besinnung und auch nur annähernder Tateinsicht kommen zu lassen, liegt auf der Hand; so werden die ursprünglich von vielerlei, vielfach ineinander verschränkten Zwängen diktierten Strafhandlungen immer dreister; die materielle Not, die anfangs alles beherrschende, tritt als Motiv zurück, fast komödiantische Züge werden sichtbar.«

Was Kalle lernte, mag Karl im hohen Alter nicht lassen, könnte ein Schelm denken. Nicht weniger grotesk und komisch wirkt jedenfalls, wenn May im vorgerückten Alter als Erfolgsautor bei Sisi und Franz Joseph in der kaiserlichen Hofburg über seine Abenteuer als Shatterhand und Kara schwatzen darf. Um diese Zeit, kurz vor der Jahrhundertwende, zeigt uns Wollschläger einen May, der in der Gesellschaft angekommen zu sein scheint. Er erfährt Zuwendung und Hochachtung, hat Erfolg.

Und dann gehen die Gäule gleich wieder mit ihm durch: »Old Shatterhand (Dr. Karl May) mit Winnetou's Silberbüchse«, so ist das offizielle Portrait im 19. Band der Reiseromane im Verlag Fehsenfeld untertitelt. Wollschläger fahndet nach Motiven und Umständen, die diese Idiotie verständlich machen. Eine Erklärung: Wieder gibt es unfassbar viele Leichtgläubige, Menschen, die May seine Verkleidungsspiele abnehmen. Bis in die höchsten Kreise dreht sich die Spektakelspirale. Bei der erwähnten Wiener Hof-Audienz 1898 soll May gefragt haben: »Kaiserliche Hoheit, soll ich als cow-boy oder als Schriftsteller die Unterhaltung führen?« Wollschläger kann die tragikomische Unverfrorenheit Mays kaum fassen. Ebenso befremdlich erscheinen ihm die regelmäßigen spiritistischen Sitzungen zuhause in der Villa Shatterhand, in denen May Kontakt zu ›Schutzgeistern‹ aufnimmt. – Für eine breite Öffentlichkeit allerdings war May zu der Zeit ein volksliterarischer König.

Schließlich die letzte Phase dieses ereignisreichen Lebens. May bereist mit seiner Frau die Länder seiner Abenteuer, legt den Lesern in Deutschland nahe, dass er sich in Arabien mit Hadschi Halef trifft. Zuhause sammeln sich dagegen die feindlichen Truppen. Wollschläger beschreibt Aufmarsch und Schlachtverlauf minuziös. Mit 58 Jahren scheint May schließlich (bloß-)gestellt. Aber weder Old Shatterhand noch Winnetou oder Kara Ben Nemsi, auch nicht der gnomhafte Halef haben in größter Gefahr aufgegeben: Immer fanden die Mayschen Helden einen Ausweg. Und Karl May selbst? Er erfindet sich neu: »Was er aufgibt, ist nicht nur der Realitätsanspruch allen bisherigen Lebens und Schreibens; was er preisgibt – als ›Aufgabe‹, als ›eigentliche‹ –: ist das gesamte bisherige Werk selbst.«

Damit beginnt die letzte Schaffensphase, jenes Schreiben, das Hans Wollschläger und Arno Schmidt veranlasste zu sagen: Hier hat er Großes geschaffen. Es beginnt allerdings mit läppischen Gedichten. Wollschläger nennt sie »Reim-Maschinerie«. May, der Angeschossene, zieht sich schnell auf sein Kerngebiet zurück und macht in den Reiseerzählungen Frieden und Liebe zum Thema. Das ist neu und anders: Es wird nicht der große Publikumswurf, hebt sein Schaffen aber deutlich aus der Produktion der Vorjahre heraus.

Reiseerzählungen sind naturgemäß in der Ferne angesiedelt, May gestaltet sie hier aber als Allegorien seines Lebens: verrätselnde Literatur eines zerbrechenden Lebens. Der äußere Druck nimmt nun enorm zu, wie Wollschläger präzise protokolliert: Die Feinde greifen unvermindert hart an. May und seine Frau Emma entfremden sich, wenn überhaupt eine Steigerung des ehelichen Dissenses noch möglich war. Aber eine Neue tritt auf den Plan: Klara. Belassen wir es beim Vornamen; sie wird als neue Frau May die letzten kuriosen Bahnen Karls brav begleiten, mit ihm tatsächlich noch nach Amerika fahren. Großes ist zu vollbringen. Aber das gelingt ihm nicht im Westen: Das Erbe Winnetous ist denn doch zu bizarr. Im Osten aber, in der zeitlosen Welt des Reiches des Silbernen Löwen, kommt May zu sich selbst. In diesen Werken verarbeitet May die realen Scharmützel seines Lebens zu Literatur: »Was *im ›Hohen Hause‹ beschlossen* ist, der Residenz des ›Meisters‹ (und der Beginn des *IV. Silberlöwen* beschreibt denn auch gleich das exotisch verkleidete, mystisch durchgeisterte Arbeitszimmer Mays), wird das exemplarische Werk: die große, streckenweise überaus aufrichtige, von Bewußtseinszensuren kaum retuschierte Abrechnung mit Allen und Allem: ein höchst virtuoses Schatten-Spiel und Schach mit ›lebenden Figuren‹ [...].«

Der *Silberlöwe* – bezeichnen wir das relevante Alterswerk mit dem Namen der Haupterzählung – ist eine komplexe, sprachlich anspruchsvolle Sache. Wollschläger bemüht als Eideshelfer Arno Schmidt. Der hatte gemeint, May habe dem Weltfeind Nr. 1 im *Silberlöwen* die Physiognomie Nietzsches aufgeprägt und ihn als »– wenn man ein Auge zudrückt – weltanschaulichen Antipoden« ausgestaltet. Auch das Ende seiner Ehe mit Emma und die neue Verbindung mit Klara (im Buch »Schakara«) finden sich aufs Feinste ausgearbeitet. Sogar die bigotte katholische Kirche nimmt er schreibend aufs Korn, wie Wollschläger süffisant anmerkt: »May benutzt die Taki-Episode zu einer grandios verklausulierten Geistesvisitation des Klerus – (mit dem er ja seine Erfahrungen hatte: ein volles Jahrzehnt lang hatten ihn die Bischöfe theophrastisch-bombastisch belobigt, mit nichts als dem krummen Maßstab in der Hand [...]; als May sich derweil u. a. unerwartet als Protestant herausgestellt hatte, war es damit natürlich gleich vorbei [...]).«

Wollschlägers Bericht bleibt bei aller Sympathie für seinen Helden nüchtern. Er will weder der Seite der May-Verehrer noch den gnadenlosen Kritikern zugerechnet werden. Wollschläger will redlicher Philologe sein. Seite um Seite protokolliert er der Tragödie letzten Teil. Zu Mays 70. Geburtstag hellen sich die vielen Wolken ein wenig auf. Er tritt auch noch einmal vor 3000 wohlmeinenden Zuhören auf, verschreckt sie aber mit Versen vom Sterben und dem Jenseits. Nach Radebeul kehrt er mit einer fiebrigen Erkältung zurück.

»Am Samstag, dem 30.3.1912, abends um 20 Uhr, stirbt Karl Friedrich May an einem Herzschlag.« Dies ist (fast) der letzte Satz bei Wollschläger. Warum sollen wir seine May-Biografie wieder lesen? – Weil es spannend ist und von einer kritischen Sympathie durchdrungen, die die beiden wunderlichen, unfassbar produktiven Männer, May und Wollschläger, auf kurzweilige Art in Verbindung bringt.

Thomas Strauch

Hans Wollschläger: *Karl May in Selbstzeugnissen und Bilddokumenten* (1965)

Acta in Sachen des Rechtes ·/. C.F.M.

Es ist weit über ein Menschenalter her, daß ich an einer schweren seelischen Depression erkrankte, deren Äußerungen man vor den Strafrichter brachte, anstatt vor den Arzt und Psychologen. Ich habe es schwer zu büßen gehabt, daß der Stand der gerichtlichen Psychologie damals noch nicht derselbe war, wie er es heutigen Tags ist. Heut würde man mich freisprechen ... Heute: zwei weitere Menschenalter nach der Niederschrift dieser Sätze: würde man May gewiß ebenso wenig ›frei-sprechen‹ wie damals; und ob der ›Stand der gerichtlichen Psychologie‹ in den vergangenen 100 Jahren eine heilsame Änderung erfahren habe, ist eine Frage, auf die das gegenwärtig in Revision befindliche Strafgesetzbuch einige Antworten austeilt. ›Vor Gericht‹, vor welchem immer, wäre Mays Fall nur wenig aussichtsreich, heute wie immer; ein Verstehen ließe wohl einzig aus jener Humanität sich erwarten, nach der sich der alte Mann dann so verzweifelt umsah und so vergeblich: die er, blind tappend zwischen den mit ihm alt gewordenen Erinnerungen, nicht mehr zu greifen bekam, so süchtig auch er zu ergreifen suchte. Anrührend immer bleiben diese späten Versuche, die heillos dunkle Zeit seiner Jugend ins Licht der Begnadigung zu bringen; bei sachlicher Aktennüchternheit zu bleiben haben gleichwohl die kurzen Referate, mit denen sie im Gesamtbild seines Charakters noch am ehesten menschlich vorüberzuschaffen ist.
Am 2.11.1868 wird May »in Folge Allerhöchster Gnade« vorzeitig aus Osterstein entlassen. Aber die brutal verhängte lange Zeit hat von allen theoretisch möglichen Wirkungen die unterste gezeitigt, die nächstliegende und verständlichste: nur geduckt versteckt unter verworrener Schweigsamkeit, bricht sie im Augenblick des Freiwerdens durch die dünne Kontrolldecke herauf. Er geht zu den Eltern nach Ernstthal, *und*

kaum war ich dort, so stürzte sich alles, was ich beseitigt glaubte, wieder auf mich. Die Anfechtungen begannen von Neuem. Ich vernahm unausgesetzt den inneren Befehl, an der menschlichen Gesellschaft Rache zu nehmen, und zwar dadurch Rache, daß ich mich an ihren Gesetzen vergriff ... Die ›inneren Stimmen‹, auf die May in der späten Beschreibung den Konflikt projizierte, sind freilich bereits Imagines einer höheren Einordnung; bei kälterem Licht besehen, und abgelöst von der belletristischen Überfärbung, zeigt sich der Zwiespalt weit verwischter, dumpfer in der tieferen Region der kaum mehr sichtbar abgegrenzten Instinkte: wenig wahrscheinlich ist, daß die Parteien des Getümmels dem Bewußtsein deutlich geworden wären, einem Bewußtsein, das – ohnehin unklar genug – von den immer dichter heraufreichenden, von Alkoholzufuhr aufgerührten Bodensätzen fehlschlägiger Erziehung am Ende nun ganz eingetrübt wird. Nach knapp 5 Monaten Freiheit bereits folgen die Folgen.

Hans Wollschläger: *Karl May in Selbstzeugnissen und Bilddokumenten.* Reinbek bei Hamburg: Rowohlt Tb. 1965, S. 24f. (H. W.: *Karl May. Grundriß eines gebrochenen Lebens.* Göttingen 2004 © Wallstein Verlag)

Ein eigenes Stückchen Erde
Bruno Gluchowski: *Der Honigkotten. Roman* (1965)

Erzählt wird die Lebensgeschichte einer Arbeiterfamilie und ihrer Nachbarn im Ruhrgebiet in den Jahren um den Ersten Weltkrieg. Der Roman ist Chronik, Geschichts- und Geschichtenbuch, ist Anleitung (Wie überlebe ich in Zeiten der Unterdrückung und auf welche Art und Weise wehre ich mich gegen Willkür und Unrecht?), ist Wörterbuch der Umgangssprache und illustriertes Heimatbuch. Und ist Vision einer freieren Gesellschaft, in der die Güter gerechter verteilt werden.

Im Mittelpunkt steht die Familie Döring. Vater Heinrich Döring, 34 Jahre unter Tage und die Lunge eingemauert von Steinstaub: mit 48 Vollinvalide, SPD-Mitglied, der seinen Sohn besorgt fragt: Kann der Streik erfolgreich sein, wenn man sich nicht einig ist?

Da ist Hannes Döring, Bergmann wie sein Vater, der während des Streiks im März 1912 als Streikposten eingesetzt und nach dessen Niederschlagung kurzzeitig inhaftiert und wegen »Streikvergehens« gemaßregelt wird, außerdem verliert er seine Arbeit und wird auf die Schwarze Liste gesetzt, d. h. auf keiner Zeche im Revier wird er mehr anlegen können, und obendrein wird eine Zwangsräumung vollstreckt, d. h. innerhalb von 24 Stunden haben er und seine Frau Hanna mit ihrem Kind die Zechenwohnung zu räumen, »auf die Straße gejagt wie einen Hund, der die Stube vollgepißt hat«.

Das kann einem nicht passieren, wenn man einen Ort hat, ein eigenes Stückchen Erde, von dem man nicht vertrieben werden kann. Auf einem Ausflug entdeckt er am Kanal ein altes Fachwerkhäuschen, ein kleines verwahrlostes Anwesen (größerer Kotten) am Rande der Stadt. Dort sind Bienenkörbe, wachsen Kartoffeln und allerlei Gemüse, dort finden sich Brombeersträucher und Apfelbäume. Ein Ort von großer Symbolkraft. Wo es sich in Frieden mit sich und der Welt leben lässt. Gluchowski romantisiert diesen Ort ganz bewusst.

Hannes will ihn kaufen, achthundert Taler Anzahlung in bar. Doch woher so viel Geld nehmen? Hannes und Hanna sparen, sie sparen mit dem Pfennig, mit dem Groschen, legen auf die hohe Kante, die Familie gönnt sich kaum noch was. Sie halten diesen Traum für realisierbar, heimlich pflanzen sie zwei Pfirsichbäumchen auf dem Honigkotten-Grundstück. Doch immer kommt etwas dazwischen, Krieg, Inflation, Hungerjahre, und Anfang der 1920er Jahre ist er wieder arbeitslos.

So wie die Menschen gelebt haben, dicht beieinander, alle haben in der Nase den »Armutsgeruch brauner Seife«, so hat Gluchowski seine Prosa-Stücke gesetzt: Geschichten, Episoden, Berichte, Alltagsmärchen, Notizen – da ist ineinander geschoben, übereinander gestapelt, hin und her gewälzt, weiter geschoben, überblendet und näher herangerückt worden.

Das ist Gluchowskis Thema: Widerstehen und sich einsetzen für eine gerechtere Welt. Sich stemmen gegen das tägliche Bedrohtsein. Arbeit auf der Zeche wie auf der Hütte schildert er als täglich zu bestehenden Kampf (s. S. 255). Es gelingen ihm eindrucksvolle Abbildungen von Arbeitsprozessen: »Hannes war am nächsten Morgen Hilfsschmelzer in der Bedienungsmannschaft von Hochofen III.«

Den roten Faden bildet die Familiengeschichte des Hannes Döring und seiner Frau Hanna, Stationen von 1912 bis 1924: Kampf gegen die Schlotbarone, Arbeitslosigkeit, Obdachlosigkeit; Arbeit als Schlackenfahrer und Ofenmann auf der Hütte; der ständige Traum vom eigenen Stückchen Land; Soldat, Krieg, danach Arbeit – wieder auf der Hütte, revolutionäre Kämpfe, Kapp-Putsch, Inflation, Besatzung, Hungerjahre.

Ob es Nachbarin Lene Sawatzki ist oder (Nenn-)Tante Ziska, die zusammen mit Jonas »lahme Hüfte« eine Speisewirtschaft betreibt: Gluchowski lässt sie reden, wie ihnen der Schnabel gewachsen ist. Neben der Umgangssprache finden wir so auch viele plattdeutsche Wendungen. Die Dialoge scheinen vom Mund der Sprechenden abgenommen, mir kommen sie dadurch sehr nahe, die Bewohner der Kolonie, die Arbeiter auf der Sophien-Hütte, auch Bauer Jakobus, der irgendwann doch erwägt, den Honigkotten an den fleißigen und tüchtigen Arbeiter Hannes Döring zu verpachten. Hab' gern gelesen, was ich wohl als junger Mann zum letzten Mal gehört habe, Worte und Wörter wie »Ollsche«, »in die Mäse«, »Eselsfott«, »Märzkanine«, »oll'n Herzdroppen« und »harte Holtschen«.

Wundervollen (Neben-)Personen begegnen wir: Frieda, die einen Soldaten kennengelernt hat, von dem sie bald ein Kind bekommen und der, noch ehe sie heiraten können, im Dienst tödlich verunglücken wird. Mitten in einem Hungerjahr fährt sie mit ihrer Schwester Hanna aufs Land, um Hannes' Eltern zu besuchen und trifft auf einen seiner Kameraden, der den Krieg unbeschadet überlebt hat.

Gluchowski gelingt es, neben der Hauptgeschichte um die Dörings, Nebengeschichten zu erzählen, die gekonnt eingebettet sind in den Handlungsablauf und dort ihre eigene

Kraft und Lebendigkeit entwickeln. Es glückt dem Autor, den Leser anzurühren, Emotionen herzustellen – wodurch? Erzählt wird in einer einfachen und kräftigen Sprache, sie fasst uns bisweilen an, hält uns fest. Schon auf der ersten Seite spürt man, der Autor hat eigene Erfahrungen verarbeitet. Bald glaubt man ihm jedes Detail, man geht einfach davon aus, er sei vor Ort gewesen, dabei weiß man doch, wenn ein Autor ein Manuskript aus der Hand legt – am Ende ist alles, was er geschrieben, fiktional, auch wenn in dem Text die Verarbeitung eigener Erfahrungen steckt. Helle und düstere Tage dürfen wir miterleben, heitere Szenen wechseln sich ab mit traurigen, brandigen; mir haben besonders diejenigen gefallen, wo er ausschließlich beschreibt, auf Konklusionen verzichtet.

Wie die Leute damals gefeiert haben. Der Autor nimmt uns mit auf eine westfälische Hochzeit, wir hocken mittendrin und haben uns untergehakt, tanzen und schunkeln mit, bis gegen Morgen die Letzten nach Hause wanken oder sich da hinhauen, wo sie die letzte Flasche Bier getrunken.

Wir sind bei einer Geburt dabei, einer Kindtaufe. Wir erfahren, wie ein bäuerliches Frühstück auszusehen hat: Butter in die Pfanne, zwei fingerdicke Scheiben Speck, vier Eier. Uns wird mitgeteilt, mit Rindergalle könne man Magenschmerzen lindern. Zum Ende des Romans erleben wir eine Beerdigung, an der das ganze Viertel teilnimmt, die des alten Döring; mit großer Anteilnahme beschreibt Gluchowski die Einzelheiten. Seine Kumpel, seine Nachbarn und ihre Familien, ob Neben- oder Hauptfiguren, er zeichnet sie mit großer Sympathie, auch die Halunken unter ihnen; auch denjenigen, die Schuld auf sich geladen haben, verweigert der Autor nicht die Solidarität.

Und immer wieder erheiternde Dinge (Dönekes) am Rande: Josef Sawatzki, Hannes' Nachbar und Kumpel, der ihm an der Front das Leben gerettet hat nur deshalb, weil er sonst selber zu Tode gekommen wäre, ist stets bereit, auch jenseits der Gesetze sein Überleben zu sichern; er schmuggelt Pferde über die holländische Grenze, wird dabei gefasst und sitzt ein, noch im Gefängnis macht er krumme Geschäfte. Wir erfahren, wie Sawatzki es geschafft hat, im Männergefängnis Ehebruch zu begehen und quasi genau deswegen vorzeitig entlassen zu werden. Ja, manchmal schrammen diese Geschichten die Kolportage; tut es ihnen einen Abbruch?

Oft entstehen sie spontan, die kleinen Widerstandsformen, die helfen, die Arbeitsbedingungen auszuhalten, den Gefahren des Alltags standzuhalten, um im Leben zu bleiben. So z. B. im ersten Kapitel »Die Wacht an der Ruhr«, als man die Streikbrecher massiv zu beeinflussen versucht. Aufgebracht vor ihre Fenster zieht, sie beschimpft, vors Tor zieht und bespuckt, ausbuht; man finde auch nichts dabei, sie ordentlich zu verprügeln.

Bruno Gluchowski wurde 1900 in Berlin geboren. Handwerkslehre, mit 18 Soldat, mit 19 arbeitslos. Nach dem Krieg erneut ohne Arbeit. Mit 22 Lehrhauer auf einer Dortmunder Zeche. Nahm als Angehöriger einer bewaffneten Arbeiterkompanie an der Niederschlagung des Kapp-Putsches teil. Mit 50 in der Grube als Hauer, später Sozialangestellter, seit 1962 Pensionär. Er war Mitglied der *Gruppe 61* und starb 1985 in Dortmund.

Gluchowski hielt die Klassengegensätze noch nicht für überwunden, dennoch hat er seinen wichtigsten Protagonisten nicht als klassenkämpferischen Arbeiter konzipiert; ich denke, er hat es getan, weil sonst die ›Vision Honigkotten‹, zumindest auf diese Art und Weise, nicht zu realisieren gewesen wäre. Ihre innere Logik erhält die Handlung vor allem dadurch, dass Hannes Döring mehr oder weniger frei ist in seinem Tun, jedenfalls nicht gebunden durch Vorstellungen und (An-)Weisungen einer Partei. Der Honigkotten ist ihm ein Bild hinterm Horizont, den es vielleicht nicht gibt, wonach man dennoch streben sollte, er steht für eine Zukunft, wo es gerechter zugeht, wo auch die Arbeiter ein sinnvolles, erfülltes Leben führen können, oder wie der alte Vater Döring es kurz vor seinem Tod ausdrückt: »Du wirst die Zeit noch erleben, wo keiner mehr um Arbeit zu betteln braucht, denn es wird mehr Arbeit da sein als Hände, sie zu tun. Und sie wird ihm mehr einbringen als das tägliche Brot, viel mehr.«

Rainer W. Campmann

Bruno Gluchowski: *Der Honigkotten. Roman* (1965)

So ein Hochofen war eine Welt für sich. Eine Welt, die von Feuer und Gluthitze beherrscht wurde, den Männern untertan, die die Feuersgluten bändigten und in die vorgezeichneten Bahnen zwangen. Und was gehörte nicht alles zu dieser Welt – – – Erzlager: aus Schiffsbäuchen gehoben und von Arbeitern in vierrädrigen Wagen herangekarrt. Gichtaufzüge: vierzig Meter hohe Stahlgerüste, in denen die Wagen mit Erz, Koks, Kalkstein und anderen Zuschlägen auf die Gichtbühne hinaufbefördert wurden, um in den Rachen des Hochofens gekippt zu werden. Koksofenbatterien: lange Reihen schmaler Ofenkammern, in denen Berge von Feinkohle zu Koks gebrannt wurden, mit dem man das Erz schmolz. Winderhitzer: zwei Fünfergruppen turmhoher Blechsäulen mit steinernem Kern, in denen heißer Gebläsewind erzeugt wurde, der die Temperatur im Hochofen auf zwölfhundert Grad und noch höher hinauftrieb. Gießhallen: mit einem Gewirr von Geleisen für die Roheisenpfannenwagen, Laufschienen für die Gießkräne und Sandfeldern, gerippt von Masselbetten, den parallel angelegten Gräben für die Aufnahme flüssigen Eisens bis zu seiner Erstarrung. Arbeitsbühnen und Laufbühnen, Gasleitungen und Gebläserohre, Aufzüge, Kräne und Laufkatzen, eine verwirrende Vielfalt von stählernem Beiwerk, das den Ofen umrankte und ihn fast verdeckte.
Hannes, der bisher nur den wesentlich einfacheren Betrieb des Puddelwerks kannte, mußte Augen und Ohren offenhalten, um sich in dieser neuen Welt zurechtzufinden. Victor Switosch, ein krummbeiniger junger Schmelzer, dem er zugeteilt war, zeigte ihm, was er zu tun hatte, und sagte ihm, was er nicht tun durfte, wenn er seine Knochen heil behalten wollte. Es war eine ganze Menge. Aber zunächst mußte er seine Augen mehr gebrauchen als seine Ohren, denn der Abstich begann schon kurz vor sieben. Es war der erste, den Hannes aus der Nähe sah. Der tönerne, aus dem Abstichloch herausragende Verschlußpfropfen wurde fortgeschlagen, das letzte Stück aufgemeißelt, durchbohrt. Der Nabel des Ofens platzte, die Schmelzer sprangen beiseite, gurgelnd

und brodelnd schoß ein blendender Blitz heraus. Ein Wasserfall glühender Eisenspritzer und tanzender Funken stieg empor und rauschte hernieder, grelle Lichtwände breiteten sich wabernd aus. Blubbernd wälzte sich ein Strom weißgelbrötlicher Eisensuppe die schräggeneigte Gießrinne entlang und ergoß sich in die darunterstehende mächtige Gießpfanne. Zuckendes Feuer überall. Schwelender Rauch. Huschendes Spiel von Licht und Schatten. Einzige Figur darin eine stumme Silhouette. Breit und wuchtig, mit der Asbestschürze vor der Arbeitskleidung, unförmig Hände und Arme in ihrer Asbestpanzerung, kobaltglasgeschützt die Augen. Schöpfkelle an langer Eisenstange, die dem Eisensud eine Probe entnimmt. Eisenform, die die Eisenprobe empfängt und einen Barren daraus gebiert. Hammer, der den Barren zerschlägt und mit dem silbriglänzenden Bruch die Güte des Eisens offenbart. Aufgereckter Arm des Oberschmelzers: Weiter abstechen! Wildspringender Eisenfluß, der sich durch die Abzweigung der Füllrinne in sein Grab stürzt, in die Masselbetten, in denen seine Unrast versandet, in denen er zu totem Barren erstarrt.
Waagerechte Streichbewegung der Oberschmelzerhände: Abstich beendet! Das Abstichloch wird zugepfropft, der Feuerzauber ist vorbei.

Bruno Gluchowski: *Der Honigkotten. Roman.* Recklinghausen: Paulus 1965, S. 301–303

Gegen das Verschweigen und Verdrängen
Paul Schallück: *Lakrizza und andere Erzählungen* (1966)

Mit Paul Schallücks Band *Lakrizza und andere Erzählungen* eröffnete der Baden-Badener Jugendbuchverlag Signal 1966 eine eigene neue Reihe mit speziellen Leseangeboten für ein heranwachsendes Publikum. Jedoch nicht wie sonst üblich mit zielgruppenorientierten Werken aus den Schreibwerkstätten der Jugendbuchautoren wandte sich die *Signal-Bücherei* an die junge Generation, sondern mit Texten von Autoren, die in der jungen bundesrepublikanischen Literaturszene ein gewichtiges Wort mitsprachen. So führt die Liste der Autoren der neuen Reihe zahlreiche bekannte Namen; neben Schallück waren es u. a. Wolfdietrich Schnurre, Jens Rehn, Heinz Piontek, Christoph Meckel, Josef Reding und Thomas Valentin, die mit ausgesuchten Erzählungen und Romanauszügen in der Reihe reüssierten. Insgesamt 18 Bände erschienen 1966 und 1967 in der *Signal-Bücherei*, mit der Verlag und Reihenherausgeber Malte Dahrendorf beabsichtigten, die Jugend mit den wesentlichen Fragen und Problemen der Zeit zu konfrontieren. Dabei war eine didaktische Absicht unverkennbar: Das Vorwort zum ersten Band nennt als Ziel der Reihe, »junge Menschen aufzuschließen für die moderne Literatur, sie so anzusprechen, daß sie von sich aus weiterlesen und weitersuchen, um sich allmählich von den Anregungen und Anstößen der Schule zu lösen«.

Das meinte sicherlich zum einen, die Jugendlichen im Hinblick auf die ästhetische Erfahrung ein Stück näher an die literarische Erwachsenenwelt heran zu bringen. Aber das war es nicht allein. Klar wird schon beim ersten Blick in den ersten Band mit den Erzählungen Schallücks, die durchgehend von Krieg und Verfolgung, von Brutalität und Barbarei, von Schuld und Mitschuld, von der schwierigen und oft verschwiegenen NS-Vergangenheit der Deutschen handeln, worum es in dieser Reihe auch ging: den Tendenzen der Verdrängung und Verharmlosung der deutschen NS-Vergangenheit, wie sie sich eben gerade auch in Schule und Ausbildung zeitigten, etwas entgegen zu setzen, was die Jugendlichen von einer anderen, von einer offenen Seite ansprach.

Man wollte Autoren und Texte präsentieren, die ehrlich und offen mit der Vergangenheit umgingen und dem Publikum nichts vormachten, sondern für Wahrhaftigkeit standen. Dafür war, scheint's, Paul Schallück (1922–1976) der erste Gewährsmann. Er zählte zu denjenigen Schriftstellern, die die Verstrickung der Deutschen in ihre NS-Vergangenheit schonungslos zur Sprache gebracht hatten, die mit ihren Texten eine gesellschaftliche Diskussion in Gang setzen wollten. Seinem literarischen Plädoyer für die schonungslose Aufarbeitung der Vergangenheit hat er in mehreren Romanen, Essays und Erzählungen Ausdruck gegeben. Am bekanntesten wurde sein Roman *Engelbert Reinecke* (1959; s. S. 140). Dieses erzählerische Hauptwerk Schallücks thematisiert die nationalsozialistische Verstrickung des fiktiven Ortes Niederhagen, für den seine Heimatstadt Warendorf Pate stand. Aber auch schon die drei vorangegangenen Romane verhalfen ihm zu einer einflussreichen Position in der westdeutschen Nachkriegsgesellschaft und in der Literaturlandschaft seiner Zeit, vergleichbar der des befreundeten Heinrich Böll, mit dem er oft in einem Atemzug genannt wurde. Sein Erstling *Wenn man aufhören könnte zu lügen* (1951; s. S. 45) verhandelte plakativ und programmatisch, wie schon der Titel deutlich macht, seine moralische-aufklärerische Grundorientierung. Es folgten mit *Ankunft null Uhr zwölf* (1953) und *Die unsichtbare Pforte* (1954; s. S. 84) zwei Romane, die ebenso klar zu erkennen geben, worauf es dem Autor bei seinen Texten ankam. Schallück wollte beitragen zu einer grundlegenden gesellschaftlichen und moralischen Neuorientierung, die er nach dem Zusammenbruch des Lügengebäudes des NS-Staats für unverzichtbar hielt.

Mag sein, dass seine dezidierte gesellschaftspolitische Wirkungsabsicht auch zur Folge hatte, dass seine Texte in ihrer starken moralisch-didaktischen Färbung mehrheitlich (im positiven Sinn) einfach und klar strukturiert sind. Darin lag sicher ein wesentlicher Grund, weshalb der Signal-Verlag Schallück für den Eröffnungsband der Reihe ausgesucht hat. »Er verschlüsselt seine Anschauungen nicht so, daß es zu ihrer Aufdeckung allzu anstrengender Interpretationsbemühung bedarf«, heißt es entsprechend im Vorwort. Schallücks Texte waren dem Zielpublikum der heranwachsenden Leserschaft guten Gewissens anzubieten. Das galt gerade für seine Kurzprosa, die in besonderer Weise geeignet schien, seiner literarischen Wirkungsabsicht ein adäquates Gestaltungsmittel zu sein. Nicht auf eine komplexe Entwicklung kam es hier an, sondern auf eine besondere Begebenheit, eine überraschende Wendung. Bestimmte, bezeichnende Zusammenhänge konnten so exemplarisch herausgegriffen werden, mit dem Ziel, daran Allgemeingültiges zu zeigen.

Der Ende 1966 erschienene Sammelband *Lakrizza und andere Erzählungen* umfasst zehn Kurzgeschichten Schallücks, von denen vier bis dahin unveröffentlicht waren. Ausgewählt wurden ausschließlich Stücke mit moralisch-aufklärerischer Grundhaltung. Dabei fokussieren sieben der zehn Texte konkrete Situationen der Nazi-Vergangenheit, des Weltkriegs und der unmittelbaren Nachkriegszeit. Leiden, Wunden und Verwerfungen werden dargestellt, mit dem Ziel gesellschaftliche Missstände zu bekämpfen und dauerhaft beseitigen zu können. So sind die Protagonisten der Stücke vor allem Verwundete, Leidende in einer Welt, in der sie nach neuer Orientierung und neuer Wahrheit suchen.

Beispielhaft sei der Plot der Erzählung *Ein unerklärlicher Augenblick*, die in prägnanter Weise das drängende Suchen nach Wahrheit thematisiert, vorgestellt. Seit sieben Jahren, jeweils am Todestag ihres im Krieg umgekommenen Sohnes, sucht eine Mutter einen ehemaligen Soldaten auf, den einzigen Überlebenden eines Auffangstabes, der in den letzten Monaten hinter der Front sogenannte Drückeberger aufgriff. Bisher hat der ehemalige Soldat, der dieser Begegnung jeweils mit einem sehr beklommenen Gefühl entgegensieht, stets geleugnet, dass er mit dem Tod des Sohnes irgendetwas zu tun habe. Nun aber, nach sieben Jahren, wird die Belastung zu groß. Der Mann spürt, dass er nur den Ausweg hat, seine Schuld zu bekennen. Doch während er, unnachgiebig und ohne Selbsttäuschung, das eigene Geständnis akzeptiert, erkennt er, dass in diesem Jahr der Besuch der alten Frau ausgeblieben war und dass sie ihn von jetzt an nicht mehr heimsuchen würde. Der Durchbruch zur Wahrheit kann sich erst vollziehen, als die Vergangenheit mit ihrer Lüge entlarvt bzw. angenommen ist. Und erst dann wird es möglich, neue Freiheit zu gewinnen.

Die größte Nähe zur Wahrheit haben in Schallücks Geschichten – unverdorben und noch nicht ideologisch beeinflusst – die jungen Menschen, die Kinder. Ihnen fällt es leicht, Wahrheit zu erkennen, weil sie ihrem elementaren Gefühl vertrauen können. Das tut in der Titel-Erzählung *Lakrizza* die Erzähler-Figur Peter, ein Neunjähriger, der eine Freundschaft mit dem griechischen Gastarbeiter Markos aus Lakrizza (»oder so«) unterhält. Diese Geschichte, sprachlich eine der gelungensten, entfernt sich mit ihrem Handlungsrahmen aus dem Themenbezug der Kriegsvergangenheit und bezieht die aktuelle Lebenssituation in der Bundesrepublik, also die unmittelbare Gegenwart des Autors mit ein. Die dem Gastarbeiter zunächst offen gegenüberstehende deutsche Gesellschaft, vertreten durch die Familie des Jungen, wendet sich drastisch gegen ihn, als dieser ihr zu nahe rückt. Der krasse Wandel geschieht, als das Verhältnis, das Markos und die Tochter der Familie unterhalten, entdeckt wird. Von Seiten der Familie wird im Folgenden die bewusste Falschaussage vertreten, Markos sei gewaltsam in die Wohnung eingedrungen und habe die Tochter vergewaltigt. Nur der neunjährige Junge steht weiter unbeirrt zu dem Freund und ist damit als Einziger auf der Seite der Wahrheit. Schließlich wird der verleumdete Gastarbeiter im Beisein des kleinen Peter verhaftet und ins Gefängnis gebracht.

In gleichem Maße, wie der *Lakrizza*-Band die innere Stringenz Schallücks bisherigen erzählerischen Werks belegt, dokumentiert er andererseits auch einen Schluss- und Wendepunkt in dessen Schaffen. Moralisierende Texte dieser Art hat der Autor danach nicht mehr publiziert. Wie schon zuvor in vielen Hörspielen und politischen Gebrauchstexten hat er sich auch in seinem erzählerischen Werk der aktuellen Situation der Bundesrepublik zugewandt und ist mit seinen Texten experimenteller geworden. So steht die Titelerzählung *Lakrizza* paradigmatisch für die literarische Neuorientierung Schallücks, der sich fortan verstärkt mit Themen des gesellschaftlichen Alltags seiner Gegenwart beschäftigte.

Aufs Ganze gesehen bleibt Schallück mit seinen Erzählungen und Kurzgeschichten, wie der vorliegende Band zeigt, ein Moralist auf der Suche nach Wahrheit. Was diese überhaupt sei und wo sie sich zeige, das war nach dem Zusammenbruch des NS-Systems die entscheidende, die einzig wichtige Frage. Dass Wahrheit nicht zu finden war, ohne die Erinnerung ans Vergangene, an die Geschichte, war für Schallück eine Grundüberzeugung. Er begriff Erinnerungs- und Trauerarbeit als genuine Aufgabe einer verantwortlich handelnden Generation, die dem Verdrängen und Verschweigen die Forderung nach »Aufarbeitung der Vergangenheit«, wie Adorno 1959 formuliert hatte, und die Forderung nach »Trauerarbeit«, wie sie die Mitscherlichs 1967 erhoben, entgegensetzte.

Jochen Grywatsch

Paul Schallück: *Lakrizza und andere Erzählungen* (1966)

Ein unerklärlicher Augenblick

Als unten vor dem Haus der Wagen vorfuhr und dann bremste, trat er rasch ans Fenster und sah, daß sie es nicht war.

Sie würde zu Fuß kommen, wie bisher, würde aus dem Dunkel plötzlich in den Lichtkreis der Laterne treten und gleich darauf den Klingelknopf drücken und das Schrillen in seine Wohnung jagen, das ihn schmerzte.

Darauf wartete er.

Siebenmal schon war sie so erschienen und zu ihm gekommen. Sieben Jahre lang, am Todestag ihres Sohnes, immer zur gleichen Stunde und fast auf die Minute genau, schwarz und ärmlich gekleidet in jenem Tuch, das sieben Jahre in sich aufgesogen hatte, das grau-bleiche Gesicht hinter einem Trauerflor verborgen. Sie hatte vor ihm gestanden, sich zu setzen abgelehnt, hatte den Schleier vor ihrem alten Gesicht angehoben und ihn mit ihren schrecklichen müden Augen angesehen. Siebenmal schon, am Todestag ihres Sohnes. Und siebenmal hatte er ihrem Blick standgehalten und geleugnet und mit gefährlich überspannter Ruhe gesagt:

Ich war es nicht, ich bin unschuldig, ich kenne Ihren Sohn nicht, ich war in Gefangenschaft damals, belästigen Sie mich jetzt bitte nicht mehr!

Aber ein Jahr später war sie doch wieder erschienen, war er den müden Blicken ausgesetzt. Bislang hatte er den Mut noch nicht aufgebracht, die Verwegenheit, an diesem Tage, zu dieser Stunde das Haus zu verlassen, so daß sie vergeblich geschellt hätte. Er

hatte es nicht fertig gebracht: er mußte warten, auf sie, er konnte es nicht ändern. Die Besuche der Frau machten ihn schon Tage im voraus elend, manchmal krank; ohnmächtig, sich zu wehren, haßte er ihr Schweigen und ihre todmüden Augen. Und jedesmal, wenn sie schweigend wieder fortgegangen war, wartete er auf einen Brief, in dem ihm ein Prozeß angekündigt würde. Aber vor einem Prozeß fürchtete er sich nicht. Seit langem hatte er sich alles zurechtgelegt, hatte sich vorbereitet, mit mühsamer Genauigkeit Beweise gesammelt und seine Freunde um schriftliche Aussagen, um eidesstattliche Erklärungen gebeten und sie erhalten. Er war vorbereitet. Er war ja nicht dumm. Sieben Jahre lang hatte er sich mit den Beweisen seiner Unschuld beschäftigt, und es hatte Wochen, sogar Monate gegeben, da war er fest überzeugt von der Beweiskraft seiner Materialien, da glaubte er an seine Unschuld. Es war ein virtuoses Kunststück. Er hatte es zustande gebracht – für eine begrenzte Zeit.
[...]
Er trat vom Fenster weg mitten in das Zimmer, wartete auf das Klingelzeichen, das Zeichen seiner Befreiung, sah die Geisterhände auf dem Tisch und bereitete sich vor, ihr einzugestehen, daß er der einzige Überlebende jenes Auffangstabes war, der in den letzten Monaten hinter der Front sogenannte Drückeberger und Schlappschwänze aufgriff, um sie an den nächsten Baum zu hängen, daß er ihren Sohn gekannt und alles mit angesehen hatte, daß er unbestreitbar mitverantwortlich war für den Tod ihres Sohnes. Er würde sie nicht um Verzeihung bitten, er würde bekennen, bekennen, endlich bekennen, ohne Verzeihung zu erbitten, bekennen und auf ihre Hände schauen und sich ihr in die alten, unvorstellbar schönen Hände geben.

Paul Schallück: *Ein unerklärlicher Augenblick*, in: ders.: *Lakrizza und andere Erzählungen.* Baden-Baden: Signal 1966, S. 25–29, hier S. 25f., 28

Entzauberung des Wirtschaftswunders
Günter Wallraff: *»Wir brauchen dich«. Als Arbeiter in deutschen Industriebetrieben* (1966)

»Nicht Literatur ist Kunst, sondern Wirklichkeit!«
Günter Wallraff, 1972

Für Günter Wallraff, der sich spätestens seit seinem verdeckten Einsatz in der BILD-Redaktion einen Namen als Undercover-Journalist gemacht hat und der sich gegenwärtig im Namen der sozialen Gerechtigkeit bei RTL herumtreibt, auch für diesen Günter Wallraff (geb. 1942) hat einmal alles angefangen. Im Jahr 1963, um genau zu sein. Zu dieser Zeit sind die Auswirkungen des ›Wirtschaftswunders‹ noch allgegenwärtig und werden in Form von VW-Käfern, dickbäuchigen Herren mit Hosenträgern und einer an Symbolkraft gewinnenden D-Mark augenscheinlich. Es ist ein Jahr des politischen ›Geht's-uns-gut‹-

Gefühls, in dem der 21-jährige Günter Wallraff sich dazu entschließt, die industrielle Blüte am unteren Ende einer klar gegliederten Arbeitshierarchie kennen zu lernen. Er arbeitet fortan für drei Jahre in industriellen Großbetrieben und schreibt den harten Arbeitsalltag in seinen Industriereportagen nieder, die 1966 unter dem Titel *»Wir brauchen dich«. Als Arbeiter in deutschen Industriebetrieben* erscheinen. Wallraff entzaubert in diesem ersten literarischen Coup das Märchen vom ›Wirtschaftswunder‹, zeigt den Alltag und die Arbeitsbedingungen derer, auf deren Rücken der industrielle Fortschritt ausgetragen wird. Dafür muss er in der Folge reichlich Kritik erdulden; der Regierung gilt er als linker Störenfried mit unbequemen Wahrheiten, die Kollegen werfen ihm für seine investigative Arbeitsweise sogar Amtsmissbrauch vor. In den Personalbüros großer Wirtschaftsfirmen kursieren schließlich Steckbriefe über Wallraff, um einen möglichen Undercover-Einsatz verhindern zu können. Verglichen mit derartigen Reaktionen kommt die Veröffentlichung als literarischer Text jedoch geradezu unaufgeregt daher.

Wallraff teilt den Band gemäß seiner Arbeitsorte in die Kapitel »Am Fließband«, »Auf der Werft«, »Im Akkord«, »Im Stahlrohrwerk« und »›Sinter zwo‹ – im Stahlwerk« ein. Er bessert am Fließband eines Autowerkes Lackschäden aus, quält sich auch bei Minusgraden als Schiffbauhelfer auf der Werft, feilt im Akkord kleine Stahlplättchen, bewacht in einem dröhnenden Stahlwerk die Anfertigung von Rohren und steht an schweren Maschinen in der Werkshalle Sinter II. Von Beginn an ist der hohe Arbeitsdruck allgegenwärtig. Die Arbeitszeit für den Akkord ist unverschämt niedrig angesetzt und der Lohn wird gekürzt wann immer sich eine Gelegenheit bietet. So werden weder das stundenlange Abtauen von Eis und Schnee auf der Werft als Arbeitszeit angerechnet, noch die 15-minütige Pause während eines Acht-Stunden-Tages im Stahlwerk. Arbeitsdruck gibt es auch – davon erfährt man nur am Rande – innerhalb der Belegschaft: Wer sich am Wochenende nicht freiwillig zur Schicht meldet (auf der Werft gibt es in der Regel eine 57-Stunden-Woche), der scheint es nicht nötig zu haben, der hält sich wohl für etwas Besseres, der gehört eben nicht dazu. Das hohe Arbeitstempo und die mangelnden Sicherheitseinweisungen führen immer wieder zu schweren Arbeitsunfällen und die verantwortlichen Meister geben den Produktionsduck weiter: »Immer im Fluß bleiben! Ist wie beim Motor, wenn er kalt wird, braucht er eine lange Anlaufzeit, bis er wieder warm ist.« Eine solche Funktionalisierung der Arbeiter kehrt an anderer Stelle von Wallraffs Berichten wieder, wenn der Betriebsarzt ihn nüchtern für »uneingeschränkt verwendungsfähig« befindet. Jeder Arbeitsort, den der Journalist durchläuft, hinterlässt körperliche Spuren: Er klagt über Müdigkeit und Schwere, Schüttelfrost, Erschöpfung, über Reizungen durch den Sinter, den feinen Metallstaub, der in der dröhnenden Arbeitshalle einen Film legt, bis in die Atemwege hinein. Den Slogan »Wir brauchen dich!« der Werft Kron & Potz könnte man ebenso in »Wir verbrauchen dich!« umwandeln.

Die Beschreibung von Kollegen bleibt bei Wallraff eher schemenhaft und punktuell und spiegelt damit eine allgemeine Arbeitsatmosphäre der Unverbundenheit und Intransparenz. Die Arbeiter reden kaum miteinander, verrichten stumpf ihre Aufgabe und wissen oft weder, wer am Fließband neben ihnen steht, noch, zu welchem Endprodukt ihre Teilarbeit am Ende eigentlich zusammengeführt wird.

Wallraffs Autopsie legt in vielerlei Hinsicht offen, dass der politisch produzierte Wirtschaftswunder-Arbeiter, den die Regierung im großen Ganzen des industriellen Aufstiegs für wertvoll erklärt, fernab seiner medialen Inszenierung nicht existiert. Der ausgezahlte Lohn reicht kaum für die Versorgung der Kleinfamilie, er wird größtenteils für die Miete der werkseigenen Sozialwohnungen verwendet, in denen mitunter mehrere Menschen in einem Zimmer leben. Immer wieder begegnet Wallraff auch jenen, die sich an einem ausweglosen Zwischenort befinden, die ohne eine Arbeitsstelle keinen festen Wohnsitz, ohne festen Wohnsitz keine Arbeitsstelle erhalten. Es lässt sich festhalten: Bürokratische Systeme sind außerordentlich stabil und erhalten sich über Jahrzehnte. Auch die Schilderung der undurchsichtigen Kommunikationswege, die unantastbaren innerbetrieblichen Strukturen und die Intransparenz der Arbeitsergebnisse erinnern an postmoderne Institutionen, deren Entscheidungsgewalt so allgegenwärtig scheint wie ihre Anonymität.

Günter Wallraff gilt neben Max von der Grün als einer der bedeutendsten Schriftsteller der *Dortmunder Gruppe 61*: »Die Dortmunder Gruppe vermeidet es [...], von Arbeiterdichtung zu sprechen, wir möchten diesen Begriff eliminieren, wir sprechen heute bewußt von ›künstlerischer Auseinandersetzung mit der industriellen Arbeitswelt‹, nicht von Arbeiterdichtung«, heißt es bei von der Grün programmatisch. Das literarische ›Schaffen‹ der Gruppe arbeitet sich am Verhältnis von Literatur und Wirklichkeit ab. Im Anschluss daran stellt sich die Frage, ob es sich bei Günter Wallraffs Industriereportagen nun um einen authentischen Erfahrungsbericht, um eine wirklichkeitsabbildende Dokumentation oder doch um ein literarisches Kunstwerk handelt. Er selbst hätte darauf in der ersten Phase seines Schreibens sicher geantwortet: Sie sind Kunstobjekte, gerade weil sie die Wirklichkeit abbilden. Um dieser Abbildung der Wirklichkeit habhaft zu werden, braucht es zunächst die authentische Erfahrung. Gerade diese hatte ihm die Literaturkritik jedoch zunächst absprechen wollen. Wallraff habe das Leben der Arbeiterschaft nicht nachvollziehen können, hieß es, denn er habe von Anfang an gewusst, dass der Zeitraum seiner Arbeit in den Industriebetrieben begrenzt sei. Er sei damit nicht existenziell betroffen gewesen und könne das Leben und die Sorgen der Arbeiter insofern gar nicht wirklich nachvollziehen.

Wie auch immer man diesen Vorwurf wertet, in wirkungsästhetischer Hinsicht besteht gerade darin ein Vorteil des Bandes: Eine gewisse Distanz zum Geschehen, sprachlich hervorgerufen durch den lakonischen Ton des Autors, bewahrt die Reportagen vor einem allzu moralischen und deutenden Duktus. Die Wirklichkeitsnähe, wie Wallraff und von der Grün es ausdrücken würden, wirkt auffällig unprätentiös und unangestrengt. Gleichzeitig hält Wallraff eine Nähe zum Poetisch-Literarischen, etwa wenn er bezüglich seiner Arbeit im Stahlrohrwerk schreibt: »Hinter geduckten Häusern verdeckt, erstrecken sich riesige Fabrikgebäude. Dreimal am Tag und in der Nacht saugen sie Menschenmassen in sich ein, um sie nach Schichtschluß wieder auszuspucken. Weit über 2000 Männer sind es pro Tag und Nacht, und ich gehöre zu ihnen.« Bilder wie diese erinnern an die Lyrik des

Dortmunder Arbeiterschriftstellers Erich Grisar (1898–1955), der die Fabrik in seinem gleichnamigen Gedicht in Analogie zu einer wilden Bestie setzt: »Hingeduckt wie ein Tier, / Das seine Opfer belauert, / Liegt die Fabrik / [...] / Und ein Maul hat das Untier, / Riesengroß. / Das frißt und schlingt / Dreimal am Tag: / Menschen, / Unersättlich Menschen / Und speit aus, / Dreimal am Tag: / Zermürbte Wesen ...« Der Topos ›industrielle Arbeitswelt‹ scheint eng verbunden mit Bildern einer Übermacht, der die Arbeiter derart ausgeliefert sind, dass sie körperlich verschlungen werden. Es wäre zu überlegen, ob sich eine Wiedergabe der (industriellen) Wirklichkeit nicht überhaupt erst in poetischen Bildern angemessen fassen lässt. Doch das steht wohl wieder auf einem anderen Blatt.

Kerstin Mertenskötter

Günter Wallraff: *»Wir brauchen dich«. Als Arbeiter in deutschen Industriebetrieben* (1966)

Im Akkord

Da sitze ich nun und feile. Jedes Stahlplättchen hat vier Seiten, und an jeder Seite ist ein quadratischer Einschnitt. Immer rundherum. Die vorstehenden scharfen Kanten muß ich wegfeilen. Warum wohl? Damit sich keiner daran schneidet? Aber das kann nicht sein. Die hauchdünnen Plättchen werden später von keinem mehr angefaßt, sondern in irgendeinem Apparat ihren endgültigen Platz finden.
An die dreihundert Plättchen habe ich schon befeilt. Fünfhundert warten noch darauf. Immer rundherum. Diese Arbeit verführt zum Nachdenken oder Träumen. Aber dann ist es mit der Arbeit aus, und aus dem Akkord wird nichts. Ich befeile dasselbe Plättchen schon zum dritten Male. Man muß schon aufpassen dabei. Aber auch das kann man nur für kurze Zeit durchhalten. Dann läßt die Konzentration ganz von selbst wieder nach. Es ist paradox, ich kann nur aufpassen, wenn ich mich nicht auf meine Arbeit konzentriere.
Diese Arbeit würde sich hervorragend als Beschäftigungstherapie für Schwachsinnige eignen.
Ich habe Wut auf die blödsinnige Maschine, die diese Plättchen so unvollkommen gemacht hat, daß ich nun noch jedes einzelne Stück glattfeilen muß. Ich muß als Lückenbüßer für diese noch nicht durchautomatisierte Maschine herhalten. Und was sind das für seltsame Plättchen! Auf dem Zettel steht unter der Sorte: »5165 – 7042, Rel. bkg, 190, T 123«. Darunter kann ich mir nichts vorstellen.
Man hat mir bei der Einstellung gesagt, daß ich in die »Meßgerätefertigung« komme. Wer garantiert mir, daß diese simplen Plättchen nicht am Ende noch Teilstücke, zum Beispiel für Peilvorrichtungen an Kanonen oder Atomgeschützen sind? Die Arbeit erscheint mir fremd und sinnlos, weil ich nicht weiß, worauf es dabei ankommt, und weil ich das fertige »ganze Stück« nicht kenne.

Günter Wallraff: *»Wir brauchen dich«. Als Arbeiter in deutschen Industriebetrieben.* München: Rütten & Loening 1966, S. 59f.

Nachbar im Alltag
Jürgen von Manger: *Bleibense Mensch! Träume, Reden und Gerede des Adolf Tegtmeier* (1966)

Als der Schauspieler Jürgen von Manger am 31. Dezember 1961 die Bühne des Hörfunks betritt, beginnt eine bemerkenswerte Kabarettkarriere: Von nun an wird Jürgen von Manger über gut zwei Jahrzehnte auf der Bühne und in allen Medien präsent sein. 1966 meldet er sich zudem auch als Autor zu Wort: Sein Buch *Bleibense Mensch! Träume, Reden und Gerede des Adolf Tegtmeier* erreicht in der fünften Auflage 1971 das 62. Tausend. Eine leicht gekürzte Neuausgabe kommt 1972 mit weiteren 12 000 Exemplaren auf den Markt. Und die auf dieser Ausgabe beruhende Taschenbuchausgabe bei dtv von 1972 erzielt bis zur dritten Auflage von 1974 eine Auflagenhöhe von nochmals 46 000 Exemplaren. Das macht mithin 120 000 Exemplare, nicht eingerechnet die 1970 erschienene Lizenzausgabe bei Bertelsmann in unbekannter Auflagenstärke. Seit 2007 liegt im Verlag Henselowsky Boschmann eine Neuausgabe vor, die davon zeugt, dass *Bleibense Mensch!* auch vier Jahrzehnte nach der Erstveröffentlichung noch seine Leser findet.

Bleibense Mensch! ist das einzige zu Lebzeiten veröffentlichte Buch Jürgen von Mangers geblieben, obwohl es, wie die Bestände des Deutschen Kabarett Archivs in Mainz zeigen, eine Fülle von Manuskripten gibt, mit denen der Kabarettist leicht einen oder mehrere Folgebände hätte bestücken können. Als einziges, gleichwohl erfolgreiches kabarettistisches Buch eines Schauspielers ist *Bleibense Mensch!* sicher eine der ungewöhnlichsten Bucherfolgsgeschichten seiner Zeit.

Jürgen von Mangers ›Stückskes‹ – so pflegte er seine Texte zu nennen – waren ursprünglich eine Art Pausenunterhaltung im Kollegenkreis der Städtischen Bühnen Gelsenkirchen. Hier hat der 1923 in Koblenz geborene und in Hagen aufgewachsene Schauspieler nach Stationen an den Bühnen von Hagen und Bochum seit 1950 ein Engagement als »Charakterkomiker«. Im Laufe der Zeit hat sich aus dem Pausenjux ein bühnenreifes Repertoire entwickelt. Im Mittelpunkt der Mangerschen ›Stückskes‹ steht Adolf Tegtmeier, eine Verkörperung des sogenannten kleinen Mannes. Dabei wird Tegtmeier mal als germanischer Legionär im Dienst der Römer (*Der Hiwi-Germane*) präsentiert, mal als Unteroffizier (*Unteroffiziersunterricht*), als rheinischer Karnevalist (*Der Karnevalist. Eine rheinländische Studie*, die übrigens ohne ruhrdeutsche Sprachanklänge auskommt) oder als in der kollektiven Erinnerung der 1960er Jahre noch gegenwärtige Wichtigtuer zur Zeit des »Dritten Reichs« (*Die Geheimversammlung*). Als Kumpel vom Pütt, als der er oft angesehen wird, tritt Tegtmeier im Band *Bleibense Mensch!* noch nicht in den Vordergrund; ein ›Stücksken‹ wie *Der Abschied*, in dem Tegtmeier von der Schließung seines Pütts berichtet, kommt erst später ins Repertoire. Während der Tegtmeier im ›Stücksken‹ *Brief vom Betriebsausflug* verheiratet ist, begibt sich der Tegtmeier im ›Stücksken‹ *Die Heiratsvermittlung* auf Brautsuche. Der Leser begegnet Tegtmeier als Fahr- (*Die Führerscheinprüfung*) wie als Volkshochschüler (*Die Entstehung des Ruhrgebiets*) oder als Theaterbesucher (z. B. *Lohengrin*).

Adolf Tegtmeier tritt mithin nicht in einer konstanten sozialen Rolle, sondern als Typ auf: Er ist der Nachbar im Alltag.

Der Erfolg Jürgen von Mangers mit seinem Tegtmeier erklärt sich nicht zuletzt aus einer Sprachform, die sich, vordergründig betrachtet, an das Ruhrdeutsche anlehnt. Bei genauerem Hinsehen erkennt man jedoch schnell, dass von Mangers ›Stückskes‹ lediglich Anleihen beim Ruhrdeutschen nehmen, der Dialekt nicht konsequent eingesetzt wird. Da steht »dat« neben »das«, »Se« neben »Sie«: »Wissen Sie, wie der dat macht? Der klappert einfach die einzelne Sachen ab, und erklärt er das« (*Feines Benehmen*). Oder: »Wissense, in dem Stück handelt sich dat um eine schlimme Ehe, wo die Frau den Mann loswerden will« (*Der Theaterverein*).

Dass Jürgen von Manger überhaupt Elemente des Ruhrdeutschen literarisiert, ist Anfang der 1960er Jahre zumindest ungewöhnlich: Außer Wilhelm Herbert Kochs »Kumpel Anton«-Dialogen, die regelmäßig in der Wochenendbeilage der *Westdeutschen Allgemeinen Zeitung* erscheinen und von denen seit 1955 auch Auswahlbändchen vorliegen, hat es keine literarischen Vorbilder gegeben. Zu sehr haftet dem Ruhrdeutschen noch das Vorurteil an, es sei schlicht ein falsches, besonders durch polnische Einflüsse verdorbenes Deutsch; die Erkenntnis, dass es sich beim Ruhrdeutschen vielmehr, je nach linguistischer Lesart, um einen neuen Dialekt oder eine regionale Umgangssprache handelt, die zahlreiche Merkmale des Niederdeutschen aufweist, war noch nicht gewonnen (und hat es bis heute schwer, gegen das klischierte Vorurteil anzukommen). Der damalige Siedlungsverband Ruhrkohlenbezirk (SVR) ließ 1969 gar in einer Studie verlautbaren, die »tölpelhaften Späße des Herrn Tegtmeier« beschädigten »das Image des Reviers«, ritten es »buchstäblich zu Tode«.

Außerhalb des Ruhrgebiets hat man Jürgen von Mangers Tegtmeier mitnichten als Tölpel wahrgenommen, im Gegenteil: Die Werbung hat die Figur Tegtmeier schnell für sich entdeckt; eine Brauerei, eine Zeitung, die Sparkassen, eine Versicherung, selbst Bundesministerien haben den vom Meinungsforschungsinstitut Emnid attestierten positiven ›Anmutungsgehalt‹ genutzt. Und Jürgen von Manger selbst ist nicht müde geworden, seine Sympathie für »Herrn Jedermann« und dessen Sprache zu bekunden. In einem TV-Interview hat er darauf verwiesen, dass das Publikum in der Schweiz seinen Tegtmeier nicht als »ruhrgebietsfixiert« angesehen habe, Tegtmeier also »quer durch Europa« anzutreffen sei.

Worin aber besteht das Positive der Tegtmeier-›Stückskes‹, worin ihre Komik? Sieht man vom ruhrdeutschen Anklang ab, fällt neben umgangssprachlichen Wendungen – »Der Otto Flasnöcker kann ein Lied von singen« (*Der Trobbadur*) – vor allem eine sich durch kühne constructiones sine ordine auszeichnende Grammatik auf: »Der Paragraph 1 der Straßenverkehrsordnung ... darf ich meine Mitmenschen nur soviel behindern oder belästigen ... – – Nä! – ich darf die andere Verkehrsteilnehmer ... also, ich darf sie nur nach die Umstände ... oder: nach meine Umstände ... darf ich die Leute alle belästigen« (*Die Führerscheinprüfung*).

Solcherlei Sprachnöte sind typisch für die ›Stückskes‹. Der Vorwurf, Jürgen von Manger mache sich damit in unbotmäßiger Weise lustig über den ›kleinen Mann‹, greift indes ins Leere, betrachtet man Tegtmeiers sozial höhergestellte Gesprächspartner, die in schwierigen Gesprächssituationen ebenso mit den Worten zu kämpfen haben wie ihr Gegenüber. Zwei Beispiele: Nach Tegtmeiers Geständnis, seine Schwiegermutter umgebracht zu haben, ringt der Richter um seine sprachliche Fassung: »Ja ... ja nun gut ... also schön, das ist ja ... das wollen wir ja alles nun mal erst feststellen, nicht wahr« (*Der Schwiegermuttermörder*). Und auch der adlige Heiratsvermittler Baron Guido v. Schöntau stößt, mit Tegtmeiers Vorstellungen von einer potentiellen Heiratskandidatin konfrontiert, an seine sprachlichen Grenzen: »Na ja, Sie müssen sich natürlich ernstlich mal ... nicht wahr, es gibt doch auch innere Werte, da muß man sich doch mit der Dame erst mal befassen« (*Die Heiratsvermittlung*).

In solche Sprachnöte führt das Befremdliche im Alltag. Und das ist in den 1960er Jahren für Tegtmeier vor allem die über ihn hereinbrechende Modernität. Auf der Bühne mag es Tegtmeier, hierin seinem Schöpfer Jürgen von Manger nicht unähnlich, nicht, wenn »nur so moderne Tote auf de Bühne rumsitzen und Blödsinn reden, oder daß se alle aus Mülleimer rauskucken« (*Maria Schtuart*). Mit einem hintergründigen Humor reflektiert von Manger gesellschaftliche Entwicklungen. So warnt der Redner Tegtmeier seine »Arbeitskolleginnen und -kollegen« vor den psychischen Folgen der in den 1960er Jahren forciert vorangetriebenen Rationalisierung in der Industrie: »Achtet mal auch auf die Gefahren, die jetzt am Horizonte zusammenballen ... diese Automation, die da auf uns losmarschiert! Is klar, ich denke jetzt nicht an Zigarettenautomat oder Musikbox, das sind ja wunderbare Errungenschaften, die den Mensch sogar ganz schön erleichtern. Nein! – aber wenn man die Kollegen zu Roboter machen will – daß einer nach Haus kommt und mit alle Glieder zuckt, daß die Familie ihn kaum wiedererkennt ... Oder wenn altgestammte Arbeitsplätze durch die Automation da am Wackeln fangen!« (*Eine Gedenkrede*). Allerdings finden sich solche kritischen Anspielungen keineswegs in allen ›Stückskes‹ der Frühzeit, wie sie der Band *Bleibense Mensch!* zusammenstellt. Jürgen von Manger selbst hat dies im Rückblick kritisch bemerkt. Dass Tegtmeier im Theater an Richard Wagners *Lohengrin* hauptsächlich interessiert, »wie die dat gemacht haben, daß der Schwanenritter auch wie angegossen in dat Tier reinpaßte« (*Lohengrin*), gehört zu den dicht am Kalauer angesiedelten Pointen.

Gleichwohl: Mit seiner Art des Kabaretts erreichte er ein anderes Publikum als das betont politische Kabarett. Über Tegtmeier, den Nachbarn im Alltag, konnte auch der Tegtmeier im Publikum lachen – und vielleicht auch über sich selbst. Nicht zuletzt dies ist ein Verdienst, für das der 1994 in Herne verstorbene Jürgen von Manger zehn Jahre nach seinem Tod mit einem »Stern der Satire« auf dem »Walk of Fame des Kabaretts« in Mainz gewürdigt worden ist.

Joachim Wittkowski

Jürgen von Manger: *Bleibense Mensch! Träume, Reden und Gerede des Adolf Tegtmeier* (1966)

Eine Gedenkrede
Adolf Tegtmeiers Rede zum Jahrestag der Kriegsbeendigung

Meine liebe Arbeitskolleginnen und -kollegen!
Augenblick, sagt den Ober mal, der soll jetzt kein Bier mehr servieren! Schluß! Aus! Nix mehr! So ein Kokolores – is doch jetzt *Festansprache*!
Meine liebe Arbeitskolleginnen und -kollegen!
Wenn wir heute, am Jubiläumstage des unseligen Kriegsausganges, einmal zurückblicken auf die Zeit, die hinter uns liegt, dann möchte ich es mit dem Dichterworte – – ... äh ... also den Dichterworte möchte ich ... es anknüpfen: »Immer vorwärts – nie zurück – in die Zukunft geht der Blick!«
Aber wenn ich trotzdem einmal – ausnahmsweise! – unsere Blicke zurückwerfe auf die Jahre, die hinter uns liegen, dann erkennen wir wenigstens, daß (mit erhöhter Stimme) es ja schließlich der arbeitende Mensch gewesen ist, der das Vaterland nach die unsägliche ... äh ... Sachen da – – also, der (noch lauter) aus die Ruinen das Vaterland erst wieder ... auf die Beine gestellt hat!
Das sollen die Herrschaften oben doch einsehen (sehr entschlossen) und sollense uns den gerechten Marktanteil ... woll'n ma sagen dies Sozialprodukt, das sollense endlich da mal rausrücken! Wird aber Zeit!
Sicher, *vieles* ist erreicht worden in die ganzen Jahre – is klar, und da sagt ja auch kein Mensch wat gegen. Aber *vieles* muß auch noch erreicht werden!! Denn *vieles* ist doch versäumt von die Herrschaften! Ich denke nur an die *viele* Gebiete, wo nämlich noch *viel* mehr erreicht werden mußte!!!
Seht mal, wir bezeichnen uns heute so gerne als der »Wohlstand« – aber Junge, Junge, wenn man mal dahinterkuckt, da is doch nicht alles Gold, wat glänzt! In der heutigen Konsumgesellschaft, natürlich kann sich da jeder Fernsehtruhe und Kühlschrank leisten, oder daß einer dick Butter auf'm Brot und'n Gefrierhuhn im Pott hat. [...]
Aber, nä – ich laß mir nicht durch'n Eisschrank oder 'n dicken Wagen den klaren Blick verstopfen, da muß aber einer kommen, der sich die Hose mit der Kneifzange zumacht!
Achtet mal auch auf die Gefahren, die jetzt am Horizonte zusammenballen ... diese Automation, die da auf uns losmarschiert! Is klar, ich denke jetzt nicht an Zigarettenautomat oder Musikbox, das sind ja wunderbare Errungenschaften, die den Mensch sogar ganz schön erleichtern. Nein! – aber wenn man die Kollegen zu Roboter machen will – daß einer nach Haus kommt und mit alle Glieder zuckt, daß die Familie ihn kaum wiedererkennt ... Oder wenn altgestammte Arbeitsplätze durch die Automaten da am Wackeln fangen!
Kollegen, dann heißt es: »Zusammenstehn!« – denn wenn wir einig sind, werden die Herren es eines Tages einsehen, und wird das Sozialpaket noch so selbstverständlich sein wie heute ne Fahrt zum Mond! Ehrlich!!
Nun, meine Lieben, wir wollen aber nicht nur den Ernst des Tages ... sondern auch die fröhliche Zukunftsmusik ... äh ... oder: die Zukunftsaussichten ... wollen wir uns drauf

freuen. Wenn wir zusammenhalten, wird die Sache klappen, hab ich gar keine Bedenken, und wird der Mensch trotz seiner Massengesellschaft doch noch zu dem Glücke gelangen, was er sich seit *Jahrtausende* ... – – also, woll'n ma sagen, daß die Menschheit da ... äh ... *jahrelang* schon von träumt!
Diesen Ernst der Stunde, wie gesagt, wollen wir bedenken – die Kegelbahn is sowieso erst ab 18 Uhr auf! Ja, das hab ich beinah ganz vergessen, wir konnten den Wirt leider nicht mehr breitschlagen, da is eine Gruppe vor uns, aber die hauen 18 Uhr ab, dann sind wir dran!
Ich möchte noch ansagen: hier is Kartoffelsalat übrig und Maggonäse ... auch noch Rollmöpse sind da ... daß keiner hinterher kommt, er hätte Kohldampf geschoben!
In diesem Sinne danke ich nun für diese Ausführungen, und wünsche Ihnen noch viel Spaß mit alle Kolleginnen und Kollegen an diesen heutigen schönen Gedenktag.
Also, alles Gute! – bis die Tage!!

Jürgen von Manger: *Eine Gedenkrede. Adolf Tegtmeiers Rede zum Jahrestag der Kriegsbeendigung*, in: ders.: *Bleibense Mensch! Träume, Reden und Gerede des Adolf Tegtmeier.* Gütersloh: Bertelsmann 1966, S. 37–41, hier S. 37, 40f.

Gegen Intoleranz und Diskriminierung

Franz Josef Degenhardt: *Spiel nicht mit den Schmuddelkindern. Balladen, Chansons, Grotesken, Lieder* (1967)

Der Titel wurde ursprünglich 1965 als Schallplatte veröffentlicht und erschien erst 1967 als Sammlung von Balladen, Chansons, Grotesken und Liedern in Buchform. Franz Josef Degenhardt wurde 1931 in Schwelm »in eine bürgerliche Akademikerfamilie von Juristen und Klerikern hineingeboren, die dem Nationalsozialismus ebenso entschieden katholisch wie antifaschistisch begegnete« (Volker Jakob). Der studierte Rechtswissenschaftler trat in den 1960er Jahren häufig im Rundfunk auf und wurde in den 1970er Jahren zu einer Leitfigur der Studentenproteste. Er veröffentlichte neben zahllosen Schallplatten auch Romane und Gedichtbände, »die das politische Leben der Republik begleitet und zu einer gelebten, kritischen, offenen Demokratie beigetragen haben«. Sein erster Roman *Zündschnüre* (1973; s. S. 404), der auch verfilmt wurde, weist Ähnlichkeiten zu Degenhardts Jugend in seiner Geburtsstadt Schwelm Ende des Zweiten Weltkrieges auf. Es ist einer »der ersten Versuche in der westfälischen Literatur, den lange verdrängten Alltag im Nationalsozialismus zu thematisieren« (Jakob). Seine Lyrik ist an den Bänkelsang angelehnt, eine traditionelle Liedform mit der sich die unterdrückten Unterschichten eine Stimme gegeben haben. Bis zu seinem Tod 2011 war Degenhardt freier Schriftsteller und Liedermacher.

Wie der Titel schon verrät, geht es im titelgebenden Text um ein harsches Verbot, wie man es einem Kind sagen würde: ›Mach dich nicht dreckig, fass das nicht an, tu dies nicht, tu das nicht …‹. *Spiel nicht mit den Schmuddelkindern* schildert die Geschichte eines Jungen, dem von Eltern und Pastor befohlen wird, nicht mit den Arbeiterkindern zu spielen. Immer wieder wird ihm gepredigt: »›Spiel nicht mit den Schmuddelkindern, / sing nicht ihre Lieder. / Geh doch in die Oberstadt, / machs wie deine Brüder!‹«

Der Junge hält sich zunächst nicht an das Verbot und geht trotzdem in das Arbeiterviertel, wo er zwischen Kaninchenställen Karten spielt. Daraufhin schicken ihn seine Eltern auf eine Oberschule, wo man ihm Manieren beibringt, seine Sprache und sein Wissen korrigiert. Von seinen ehemaligen Spielkameraden wird er nicht länger akzeptiert. Aus vermeintlicher Rache wird er reich und baut ein Haus in der Oberstadt. Zudem lässt er die Kaninchenställe der Arbeiter abreißen. Sein Sohn bekommt von ihm nun ebenfalls zu hören: »›Spiel nicht mit den Schmuddelkindern.‹«

Die Kritik, die das Lied in den 1960er Jahren am Karrierismus und an der Diskriminierung von Arbeiterkindern ausübte, dürfte heutzutage in dieser Form nicht mehr zutreffen. Arroganz und Intoleranz gegenüber anderen Menschen, wie sie hier parodiert werden, kann jedoch immer und überall erlebt werden. Wer weiß, vielleicht sind die Schmuddelkinder von heute die Flüchtlinge in Deutschland. Anwendbar sind Degenhardts Zeilen auf verschiedenste Weise: Die Diskriminierung von ›Anderen‹ ist ein hochaktuelles Thema.

Katharina Paul

Franz Josef Degenhardt: *Spiel nicht mit den Schmuddelkindern. Balladen, Chansons, Grotesken, Lieder* (1967)

Spiel nicht mit den Schmuddelkindern

»Spiel nicht mit den Schmuddelkindern,
sing nicht ihre Lieder.
Geh doch in die Oberstadt,
mach's wie deine Brüder«,

so sprach die Mutter, sprach der Vater, lehrte der Pastor.
Er schlich aber immer wieder durch das Gartentor
und in die Kaninchenställe,
wo sie Sechsundsechzig spielten
um Tabak und Rattenfelle –
Mädchen unter Röcke schielten –
wo auf alten Bretterkisten
Katzen in der Sonne dösten –
wo man, wenn der Regen rauschte,
Engelbert, dem Blöden, lauschte,
der auf einen Haarkamm biß,

Rattenfängerlieder blies.
Abends, am Familientisch, nach dem Gebet zum Mahl,
hieß es dann: »Du riechst schon wieder nach Kaninchenstall.
Spiel nicht mit den Schmuddelkindern,
sing nicht ihre Lieder.
Geh doch in die Oberstadt,
mach's wie deine Brüder!«

Sie trieben ihn in eine Schule in der Oberstadt,
kämmten ihm die Haare und die krause Sprache glatt.
Lernte Rumpf und Wörter beugen.
Und statt Rattenfängerweisen
mußte er das Largo geigen
und vor dürren Tantengreisen
unter roten Rattenwimpern
par cœur Kinderszenen klimpern –
und, verklemmt in Viererreihen,
Knochen morsch und morscher schreien –
zwischen Fahnen aufgestellt
brüllen, daß man Freundschaft hält.
Schlich er manchmal abends zum Kaninchenstall davon,
hockten da die Schmuddelkinder, sangen voller Hohn:
»Spiel nicht mit den Schmuddelkindern ...«

Aus Rache ist er reich geworden. In der Oberstadt
hat er sich ein Haus gebaut. Nahm jeden Tag ein Bad.
Roch, wie beßre Leute riechen.
Lachte fett, wenn alle Ratten
ängstlich in die Gullys wichen,
weil sie ihn gerochen hatten.
Und Kaninchenställe riß er
ab. An ihre Stelle ließ er
Gärten für die Kinder bauen.
Liebte hochgestellte Frauen,
schnelle Wagen und Musik,
blond und laut und honigdick.
Kam sein Sohn, der Nägelbeißer, abends spät zum Mahl,
roch er an ihm, schlug ihn, schrie: »Stinkst nach Kaninchenstall.
Spiel nicht mit den Schmuddelkindern ...«

Und eines Tages hat er eine Kurve glatt verfehlt.
Man hat ihn aus einem Ei von Schrott herausgepellt.
Als er später durch die Straßen
hinkte, sah man ihn an Tagen

auf 'nem Haarkamm Lieder blasen,
Rattenfell am Kragen tragen.
Hinkte hüpfend hinter Kindern,
wollte sie am Schulgang hindern
und schlich um Kaninchenställe.
Eines Tags in aller Helle
hat er dann ein Kind betört
und in einen Stall gezerrt.
Seine Leiche fand man, die im Rattenteich rumschwamm.
Drum herum die Schmuddelkinder bliesen auf dem Kamm:
»Spiel nicht mit den Schmuddelkindern,
sing nicht ihre Lieder.
Geh doch in die Oberstadt,
mach's wie deine Brüder.«

Franz Josef Degenhardt: *Spiel nicht mit den Schmuddelkindern.* Hamburg: Hoffmann und Campe 1967, S. 45–47

Aufrichtigkeit und Verrat
Thomas Valentin: *Natura morta. Stilleben mit Schlangen. Roman* (1967)

Auch damals spielten Fußballmannschaften manchmal schon im 4-2-4-System, und selbst die »Lügenpresse« war längst erfunden: »Ich lese nichts, außer dem ›Corriere dello Sport‹. Es ist alles gelogen.« Aber die Polizisten hießen noch Wachtmeister, Männer ohne Hut galten als barhäuptig und eine Anschaffung von Elektroherden war nun einmal das Zeichen eines ungebremsten Fortschritts und konnte noch nicht als ein weiterer Beitrag zur Erhöhung des Kohlendioxid-Ausstoßes bei Strafe der Klimawandelbeschleunigung gewertet werden. So mutet die Lektüre von Thomas Valentins viertem Roman *Natura morta. Stilleben mit Schlangen* gut ein halbes Jahrhundert nach seiner Entstehung nicht wie der Besuch in einem fremden Land an, sondern wie der in einer fremden Welt, in einem fremden Universum. Das wiederum geht nicht unerheblich auf die Stillage des Romans zurück; die Welt, die Menschen und ihre Beziehungen zueinander höchst indirekt in Dialogen zu schildern, dieses Valentinsche Verfahren versagt sich die detailbeschreibungsfrohe und geradezu interpretationssüchtige Literatur heutiger Tage. *Natura morta* aber transportiert ein Gutteil der Informationen *und* der Fabel über Rede und Gegenrede.

Der kantig-karge, hauptsatzorientierte Ton des Romans, der durchaus als stilistisches Pendant zu der schroffen, existenzialistischen Formensprache eines in den Alpen beheimateten Alberto Giacometti gelesen werden kann, scheint sich der Landschaft der Piemonteser Berge anzuschmiegen, die hier als Kulisse dient. Dazu fügen sich das gelegentlich hochdramatische Wetter sowie die Manier, Figuren prinzipiell zunächst einmal erratisch anzulegen und auch im Laufe der Handlung nur die allernötigsten Geheimnisse und Momente des Geschehens freizulegen. Das Schema des Kriminalromans, mit dessen Hilfe ein Gesellschaftsbild samt sozialpsychologischer und historischer Tiefen-Auslotung entworfen wird, ist heute vertrauter denn je; eine durchaus gebräuchliche Erzählstruktur aber war es schon in den 1960er Jahren, man denke nur an Alfred Anderschs kolportagelastigen, gleichfalls in Norditalien spielenden, gleichfalls auf Nazi-Kriegsverbrechen Bezug nehmenden Roman *Die Rote* (1960). Doch während Anderschs Buch sich zumindest scheinbar noch auf die Suche nach der »Poesie südlichen Proletariats« begibt, ist Valentins Roman in der Charakterisierung seiner Figuren auf eine Nüchternheit herabgekühlt, die an den filmischen Neorealismus gemahnt. Die zentrale Figur, der Schuster, Säufer und Außenseiter Stefano, von dem bis zum Schluss nicht klar wird, ob er von dem toten Fremden, dem an den Ort seiner Taten und seiner Liebe zurückgekehrten deutschen Kriegsverbrecher abstammt oder aber vom Resistenza-Kommandanten Battista Ricca, dem Ehemann seiner Mutter, könnte einen denkbar gut zu spielenden Filmcharakter abgeben. Doch verfilmt wurde der durchaus nah an einem Drehbuch geschriebene Roman im Gegensatz zu manch anderem Werk Valentins nicht (s. S. 330).

Erzählerische Wärme erzeugt das Buch, indem es ein gutes Stück ›Italianitá‹ transportiert, mit Auberginen und Zucchini etwa, die vor einem halben Jahrhundert noch ähnlich exotisch gewirkt haben mögen wie das Glas Barbera oder Wermut zu Mittag und die Bestellung »Zwei Espressi«. Italien, der faschistische Verbündete Nazi-Deutschlands, war zwei Jahrzehnte nach dem Zweiten Weltkrieg längst schon wieder das Land der blühenden Zitronen, der ewigen deutschen Sehnsucht und eines ungehemmt wachsenden Tourismus. So konnte es auch gar nicht wunder nehmen, dass der Fremde, der vor dem Krieg als Student nach Roccaccia gekommen war und im Krieg als Partisanenjäger wiederkam, nun, nach dem Krieg, noch einmal auftaucht nach dem alten, strapazierten Muster vom Mörder und der magnetischen Wirkung des Tatorts auf ihn. Dass es 1943/44 eine Unzahl deutscher Kriegsverbrechen im Land von Dante und Mussolini gab, wurde indes in den 1960er Jahren immer noch erfolgreich verdrängt. Das brutale, mörderische Vorgehen von SS und Wehrmacht gegen italienische Soldaten, Zivilisten und Partisanen nach der Kapitulation Italiens gegenüber den Alliierten gehört zu den größten Kriegsverbrechen des Zweiten Weltkriegs; zu Massakern wie denen von Marzabotto in der Emilia Romagna und Sant' Anna di Stazzema in der Toskana wurde auf deutscher Seite lange geschwiegen – erst die Bundespräsidenten Johannes Rau (2002) und Joachim Gauck (2013) bekannten sich in angemessener Repräsentation an diesen beiden Orten zur deutschen Verantwortung für die Verbrechen.

Es sind nicht nur Symbolgesten wie diese, die aus heutiger Sicht von einer Historisierung der Schuld sprechen lassen; zum Zeitpunkt des Erscheinens von *Natura morta* war sie noch weitgehend verdrängt, ohne Aufarbeitung geblieben. 70 Jahre später wirken die Verurteilungen von greisen SS-Schergen wie John Demjanjuk oder einem ehemaligen Lagerbuchhalter von Auschwitz wie Oskar Gröning, der sich 2015 als erster (!) zur Verantwortung gezogener Täter vor Gericht für schuldig erklärte, wie Schlusspunkte einer juristischen Aufarbeitung der historischen Schuld. Im vergleichenden Rückblick wird deutlich, wie ungeheuer reziprok der Umgang mit den Verbrechern des Nazi-Regimes verlief: In der unmittelbaren Nachkriegszeit wurden große Kriegsverbrecher wie der Folter-Spezialist Klaus Barbie oder Erich Priebke, der als SS-Hauptsturmführer im März 1944 eigenhändig die ersten Exekutions-Schüsse bei dem von ihm organisierten Massaker in den Adreatinischen Höhlen abfeuerte, von deutschen Behörden und alliierten Geheimdiensten vor Verfolgung und Verurteilung beschützt. Bis sie verurteilt wurden, dauerte es Jahrzehnte; je mehr Zeit aber seit den Untaten verstrich, desto kleiner wurden die menschlichen Räder in der Terror- und Vernichtungsmaschinerie des NS-Regimes, die man zur Verantwortung zog. Die öffentliche Erinnerungsarbeit aber gegen das untergründige Fortwirken des Nationalsozialismus in der immer noch jungen Bundesrepublik, die gerade in ihre Pubertät gekommen war, hatte mit dem ersten Frankfurter Auschwitz-Prozess 1963 begonnen – jenem Jahr, in dem auch die drei Tage der Handlung von *Natura morta* wohl nicht von ungefähr platziert sind.

Es ist ein Roman voller subkutaner Friedenssehnsucht über Macht und Widerstand im Krieg, der nicht nur den italienischen (und jugoslawischen) Partisanenkampf und die Kollaboration problematisiert, sondern seinen Anspielungshorizont ins Historische bis zu Feldzügen von Ludwig XIV. und auch bis ins Grundsätzliche spannt. *Natura morta* ist ein Beitrag zur Anerkennung von Widerstandskämpfern, denen im Deutschland der 1960er Jahre noch mehr der Ruch von Verrat anhaftete als jenes positiv konnotierte Rebellentum, das Partisanen und Deserteuren heute zugeschrieben wird. Zudem ist es ein Roman über Minderheiten und das Geltenlassen von Außenseitern – was als gesellschaftliches Prinzip, so die böse Ironie des Romans, nur in »toten Dörfern voll von verwesenden Menschen« denkbar zu sein scheint. Das Schicksal der Waldenser, die in den Westalpen als protestantische Minderheit in einem durch und durch katholischen Umfeld zunächst einen Zufluchtsort gefunden hatten, zeigt auch, wie leicht Verfolgung bei den Verfolgten in dogmatische Erstarrung, in eine Unfähigkeit zu lernen mündet.

So geschickt und sinnstiftend der Roman mit all seinen historischen Folien umgeht, so unnötig wirkt aus heutiger Sicht seine Aufladung, ja Überladung mit Symbolen. Das läuft mitunter ins Leere wie bei der scheinbar symbolträchtigen, letztlich aber toten Fährte der braunen Ziege, mit der ein Bauer gleich zu Beginn Stefano Riccas Weg kreuzt und die am Ende »an der Tür von Gaetano Mecconis Metzgerei« hängt, »aus ihrer Kehle tropfte das Blut auf die staubige Erde«. Die leitmotivisch eingesetzten Schlangen verkörpern das Grundproblem von Aufrichtigkeit und Verrat, von der Treue gegenüber Prinzipien und Menschen. Wenn sich die tragische Heldin des Romans, Riccas Mutter, die »Maestra«, am Ende das Leben nimmt, indem sie sich mit einer Schlange ins Feuer stürzt, kulminiert darin die gelegentliche Neigung des Romans zur Über-Orchestrierung. Immerhin ist derlei Melodramatik deutlich ausgestellt.

Die Erstausgabe von Thomas Valentins *Natura morta* zu lesen ist in einer Hinsicht heilsam: Die Lektüre kuriert den Glauben, es sei in den letzten Jahrzehnten alles immer nur schlechter geworden. Denn die gar nicht so wenigen Fehler des Textes, von denen Valentin die meisten in der Taschenbuchausgabe zwölf Jahre später getilgt hat, widerlegen den Mythos, Lektorat und Korrekturgänge von Büchern seien früher erheblich sorgfältiger gewesen als heute. Auch damals sind Fehler gedruckt worden.

Jens Dirksen

Thomas Valentin: *Natura morta. Stilleben mit Schlangen. Roman* (1967)

Eine fette Katze sprang auf den Spiegeltisch und legte sich zwischen das Einseifbecken und die Rasiermesser. Emilio Meynet raffte noch einmal den lavendelblauen Fenstervorhang beiseite und rief:
– Die zwei Kriminalen aus Turin gehen mit dem schwarzen Pfarrer in den Rione Montenero! Seit Tagen stecken die schon ihre Köpfe zusammen.
–Natürlich wegen des Fremden! sagte Pollo, sah in den Spiegel und strich mit einem Parfümstift über seine Stirnglatze.
– War er denn katholisch? fragte Emilio Meynet. Ich denke, sie wissen nicht einmal, wer er überhaupt war!
– Beerdigt hat ihn der Waldenser Pfarrer!
– Die Schwarzen wollen nur mehr Tote auf ihrem Friedhof liegen haben als die Waldenser! rief Meynet.
– Als wir! sagte Cecco Piatti.
– Ich sehe die Kirche nur von innen, wenn mir meine drei wieder einen Enkel nähen im Urlaub. Aber beim siebten kann der Hanfbart zu mir ins Haus kommen und den Schwarzen mitbringen!
– Die sprechen doch nicht miteinander! sagte Pollo. Schon seit dem Jahrestag der Befreiung nicht mehr, nur noch im Gemeinderat.

[...]

Chichi Lausarot kam in den Frisiersalon, setzte sich neben Meynet und sagte:
– Im Tabakladen erzählen sie, daß einer den Fremden erkannt hat.
– Wer? fragte Stefano und betrachtete im Spiegel seinen kahlen Kopf.
– Ich stand nicht dabei, sagte Chichi Lausarot. Mir hat es gerade Davide Pilone erzählt. Es soll ihn aber einer wiedererkannt haben, schon am Montag, als er in Roccaccia ankam.
– War Corrado Tagliero im Tabakladen? fragte Stefano.
– Ich sage dir doch, daß ich nicht dabeistand!
– Corrado Tagliero ist heute noch nicht hier vorbeigekommen, sagte Pollo. Er bürstete fest über Stefanos Stoppelhaare und sprühte Eiswasser darauf.

– Aus dem Krieg, kennt er ihn aus dem Krieg? fragte Pollo und massierte Stefanos Kopfhaut.
– Nein, nicht aus dem Krieg, schon von früher her.
– Es war ein Deutscher, wie?
– Ja, einer von den Deutschen, die im August zur Synode in die Waldenser Täler kamen.
– Was sagt Fräulein Trazzi dazu? fragte Pollo.
– Christo, ich war doch nicht dabei! Ich komme aus dem Bett, das heißt, jetzt habe ich in der Trattoria dei Pescatori ein Glas Weißwein mit Zitrone getrunken. Seit heute nacht sitzt mir der ganze Kopf voller Katzen
– Hat Davide Pilone es den Kriminalbeamten gemeldet? fragte Stefano und drückte gegen seine gebrochene Nase.
– Davide Pilone denen? rief Chichi Lausarot. Er läßt sich etwas sagen, aber er sagt ihnen nichts.
– Gemunkel! schrie Emilio Meynet, sprang auf und hielt sich sein Knie. Die Toten erzählen immer die längste Geschichte, aber sie stinkt auch! Ich bin gespannt, was schließlich davon übrig bleibt.
Stefano rubbelte über sein kurzes, hartes Haar und roch an seinen Händen.
– Seit ich in Mauthausen war, habe ich keinen Menschen mehr gesehen, der so kahlgetrimmt war wie du, sagte Chichi Lausarot und hielt Stefano seine Zigarettenpackung hin. Hast du Läuse?

Thomas Valentin: *Natura morta. Stilleben mit Schlangen. Roman.* Hamburg: Claassen 1967, S. 224, 231f. (T. V.: *Natura morta. Stilleben mit Schlangen. Roman.* Oldenburg 1999 © Igel Verlag)

»Wenne keine anständige Maloche hass«
Josef Reding: *Der Mensch im Revier* (1967)

Redings Eröffnungsvortrag zum Westfalentag 1967 muss wahrlich ein Ereignis gewesen sein. Wie man den im Vorwort angeführten Einschätzungen entnehmen kann, war vor allem das hohe Maß an Eindringlichkeit und Realitätsbezug ausschlaggebend für die »Schockwirkung«, die von der Rede ausging – überregionale und sogar internationale Zeitungen und Zeitschriften berichteten, der Rundfunk sendete Auszüge. Reding, so der zustimmende Kommentar des *Spiegel*-Redakteurs Friedhelm Baukloh, sei es gelungen, in einer gesellschaftlichen Ausnahmesituation – er meint das anhaltende Zechensterben – auszudrücken, »wie [...] den Menschen hier zumute ist.«

Bevor der ehemalige Betonarbeiter mit der eigentlichen Ursachenforschung begann, veranstaltete er zunächst ein Happening: »Hier im Plastikbehälter ist schlichtes Rübenkraut! Für Nichtkenner: Rübenkraut ist eingedickter Zuckerrübensaft, tiefbraun, herbe Süße, zähflüssige Konsistenz. Gäbe es eine lexikalische Zusammenfassung der Konsumgeschichte des Ruhrgebiets, so stünde unter dem Rubrum Rübenkraut: [...] bevorzugter Brotaufstrich der Revierbevölkerung seit den industriellen Pionierzeiten. War zur Mitte der sogenannten ›Wirtschaftswunderjahre‹ in den Konsumläden nicht mehr erhältlich. Der Rübenkrautverbrauch setzte erst wieder ein und stieg an mit den Massenstillegungen der Zechen.«

Rübenkraut als Indikator für die Wirtschaftslage – was der anwesende nordrheinwestfälische Ministerpräsident Heinz Kühn wohl gedacht haben mag. Die Statistiken sprachen jedenfalls eine eindeutige Sprache: In den zurückliegenden anderthalb Jahren hätten, so Reding, 100 000 Menschen das Ruhrgebiet verlassen. Dass daraufhin Stimmen laut wurden, die den Abwanderern »Fahnenflucht« unterstellten, sei »töricht«; was könne der Arbeitssuchende anderes unternehmen, als sich dort umzutun, wo er Aussicht auf eine Anstellung habe. Zudem spiele die mit Beginn der Industrialisierung einsetzende Dämonisierung der Lebensform Stadt eine nicht unwesentliche Rolle; während weite Teile der Öffentlichkeit im Dorf die »wahre Heimat« zu finden glaubten, gelte die Stadt mittlerweile »als Kippe menschlichen Schrotts«.

Heimatklischees, daran hat Josef Reding (geb. 1929) auch später keinen Zweifel gelassen (s. S. 455), seien ihm grundsätzlich zuwider, unabhängig davon brauche es eine Neudefinition, die er prompt mitlieferte: »Heimat ist die Umwelt, in der ich mich nach Begabung und Wille als Mensch verwirklichen kann.« Selbstverwirklichung bedarf, so lautet die Kernaussage des Referats, jedoch eines Arbeitsplatzes. Der Einwand, es gebe neben der Arbeit noch »andere Werte«, ließe sich leicht entkräften, die »Eingangsschleuse« zu besagten »Werten« (Verein, Freizeitbeschäftigung, Weiterbildung etc.) bliebe ohne Arbeit von vornherein verschlossen; ins Ruhrpott-Idiom übersetzt: »Wenne keine anständige Maloche hass, wirsse [...] nirgendwo für voll genommen.«

Darüber hinaus nutzte Reding das ihm gebotene Podium, um eine Reihe unangenehmer Fragen zu stellen, etwa nach Hilfsmaßnahmen, die Zugezogene hinsichtlich ihrer Integration erfahren hätten. Gewiss gab es derlei Bemühungen, doch müsse gerade die westfälische Bevölkerung den Vorwurf zulassen, dass dabei meist lediglich der »zeitweilige Besucher« im Mittelpunkt stand. Und wie ist es eigentlich mit dem Charakter des Westfalen bestellt? Noch so eine Frage, die Schweiß auf der Stirn des Veranstalters hervorrief. Mit den häufig assoziierten Eigenschaften (dickköpfig, knorrig, nichtverpflanzbar) käme der Werktätige freilich nicht weit, die Umstände erforderten vielmehr Flexibilität, Dynamik, Anpassungsfähigkeit. Zwar hätten die Verantwortlichen inzwischen eingesehen, dass die »Herrschaft der Kohle« vorüber sei, dennoch fehle weiterhin ›die‹ Vision. Bestehe schlechtweg kein erfolgversprechendes Zukunftskonzept, dann müsse man eben wohl oder übel eingestehen, dass das Revier »nur noch vier oder dreieinhalb Millionen Menschen« zu erhalten vermag. Die von Arbeitsminister Hans Katzer avisierte beträchtliche Förderung – schön und gut, letztendlich hafte dem Ruhrgebietler unweigerlich das Signum des »Almosenempfänger[s]« an, was wiederum verheerende Auswirkungen auf dessen Selbstachtung hätte.

Abschließend verlieh Reding seinen Mahnungen noch einmal Nachdruck: »Noch ist das Revier lebendig, noch ist es nur ›verkröppt‹. Noch ist es nicht zu seinem eigenen Museum erstarrt. Ob es aber vital weiterexistieren darf, hängt zum jetzigen Zeitpunkt nicht mehr allein von den Menschen ab, die sich diese Landschaft erarbeitet haben.« Treffender als der erwähnte Friedhelm Baukloh könnte ich Josef Redings Vortrag nicht resümieren; dieser sei beispielhaft für die »von niemand sonst so auszufüllende gesellschaftliche Verpflichtung des Schriftstellers. [...] Ein Schriftsteller, der genau ist und der situationsgerecht bleibt, kann [...] das gesellschaftliche Bewußtsein verändern, indem er es klärt.« – Juli Zeh et al.: bitte nachmachen.

Martin Willems

Josef Reding: *Der Mensch im Revier* (1967)

Die gesicherte Arbeit wird auf Dauer die entscheidende Klammer sein, die das Revier vor dem Zerfall, vor der stetigen Dekomposition bewahrt. Man wird ungeduldig hierzulande. Diese Ungeduld ventiliert sich nicht so sehr in Zusammenrottungen und Demonstrationen wie in verbissenen Aussprüchen: »Der Schiller soll ma voran machen mit sein Aufschwung nach Maß, sonst sind wir bald alle übertrainiert.« Die Haltung vieler Arbeiter hierzulande ist ein dumpfes Warten, ausgelöst durch den Schock: *Die Kohlen an der Ruhr stimmen nicht mehr!*

In der Tat: Die Kohlen stimmen hierzulande nicht mehr. Kohle, das war mehr als ein Jahrhundert lang im Revier gleichbedeutend mit harter, durabler Valuta. Nicht nur, daß zum Pathos neigende Gemüter die Kohle als »Schwarzes Gold« bezeichneten. Kohle war auch im Sprachgebrauch des sogenannten Mannes auf der Revierstraße das Synonym für Geld. »Wieviel Kohlen hasse denn heute inne Lohntüte?« Auch in Liebeserklärungen des Reviernachwuchses klang es so: »Solln wir nich zusammen die ganzen Kohlen, die ich mit meine Maloche verdien, richtig in Babywäsche veraasen?«

Die Kohle gab dem Industriebezirk an der Ruhr den Status, sie gab den Menschen hierzulande die indirekte Reputation. Kohle war auch gleichbedeutend mit Ereignis, mit Aktion. Solange an der Ruhr die Kohle etwas galt, zog sie Menschen und Geschehnisse an, ja, schrieb sie Geschichte. Positiv und negativ – was hat diese Landschaft und ihre Menschen durch den Katalysator Kohle nicht alles erlebt: Seit man 1837 auf der Mülheimer Zeche »Kronprinz von Preußen« erstmalig die graugrüne Mergelschicht in 99 Meter Tiefe durchstieß und auf eine anscheinend unerschöpfliche schwarze Schatzkammer traf, gab es Menschenmultiplikationen unerhörten Ausmaßes, gab es Kapitalinvestierung und nationales Interesse an diesem Stück Land, gab es Hochstimmung und Krise, gab es Reparationslasten und Ruhrkampf, gab es Waffenfabrikation und Bombenhagel, gab es Zerschlagung und Konsolidierung.

Die Zäsuren der bisherigen zeitweiligen Krisen vernarbten rasch, weil trotz allem die Versicherungspolice namens Kohle blieb.

Josef Reding: *Der Mensch im Revier.* Recklinghausen: Paulus 1967, S. 22–24

Tektonische Risse in der heilen Welt
Otto Jägersberg: *Nette Leute. Roman* (1967)

»Nett«, das ist gemeinhin so ein Begriff, der im Unverbindlichen zu Hause ist. Er beschreibt etwas mittellagig Gutes, auf jeden Fall Unspektakuläres, wobei das Fade, Belanglose nie ganz fern ist. Das gilt ähnlich für »Leute«, eine merkwürdige Entpersonalisierung von Individuen. Leute sind bestenfalls Typen, die einer Norm entsprechen. Mehr nicht.

Otto Jägersberg hat aus diesen Wortschöpfungen 1967 einen Titel für einen kleinen Roman gebastelt, der im renommierten Diogenes-Verlag erschien. Sein lang erwarteter Zweitling, der dem drei Jahre zuvor erschienenem erfolgreichen Vorgänger *Weihrauch und Pumpernickel. Ein westpfählisches Sittenbild* (s. S. 251) folgte. Was ist das für ein Buch? Und: Wie liest es sich heute, annähernd ein halbes Jahrhundert nach seinem Erscheinen?

Jägersberg stellt seinem Roman leitmotivisch ein Kant-Zitat voraus: »... denn je größer die Simplicität des Lebens ist, desto stärker der Affect des Gemüthes und der Begierden. Je mehr man dagegen mit eigenem Interesse belastet ist, welcher Fall bei dem Luxus auftritt, umso weniger hängen die Menschen zusammen.« Im Klappentext der Erstauflage wird so viel über den Inhalt verraten: »Dieses Buch sollte einmal heißen: Der Neue Brockhaus. Eine Idylle. Denn in ›Nette Leute‹ verkauft der Angestellte der Firma Heimbuch, Hugo Rattalt, 27, dem Postbeamten Karl Dietrich das bekannte Lexikon. Das Familienunternehmen jedoch untersagt die Titelwahl: ›Den Titel gibt es ja schon‹.« Heute, im digitalen Zeitalter, ist das genannte Nachschlagewerk in gedruckter Form nicht mehr erhältlich – so ändern sich die Zeiten.

Die Geschichte, die über 271 Seiten ganz ohne formale, kapitelbildende Unterteilungen erzählt wird, geht so: Besagter Hugo, ein Mann ohne Eigenschaften, ein Wirtschaftswunder-Kind, ist seit neun Jahren Angestellter der Buchhandlung Heimbuch, die sich auf den Vertrieb von Lexika und Nachschlagewerken spezialisiert hat. Zuvor hatte er für eben diese Firma als Drücker gearbeitet und ahnungslosen Kunden Illustriertenabonnements vermittelt. Inzwischen ist die zwölf Jahre ältere Chefin des Unternehmens seine Geliebte geworden und die kargen Jahre sind vorbei. Seine tägliche Arbeit erledigt er zumeist vom Schreibtisch aus. Nur in besonderen Fällen werden Kaufinteressenten besucht. Von einem solch banalen Ereignis berichtet dieser kleine Roman (der eigentlich eine Erzählung ist, eine Schelmengeschichte, man denke an Martin Walsers *Halbzeit*). Es geht also um ein Verkaufsgeschäft, das schließlich – so viel sei hier verraten – auch zustande kommt.

Ein einziger langer Tag voller Irrungen und Wirrungen. Offensichtlich in der gleichen westfälischen Landschaft und in vertrautem Milieu angesiedelt wie der Erstling. Da ist die Zielgruppe, die Familie Dietrich, da ist die gesprächige Mutter, die gleich zum Essen, Bratkartoffeln und Vanillepudding, einlädt, da ist der Vater, ein Postbeamter, da ist der vierjährige Nachzügler Rolf-Günter (»Ronünter«), und da ist Söffchen, die 17-jährige Tochter des Hauses, die eigentlich Anna-Sophie heißt und ganz unversehens in den Mittelpunkt der Handlung rückt. Zwischen ihr und Hugo entwickelt sich ein sehr zarter und klug entwickelter Flirt, der sich dann irgendwie im Banalen und Hilflosen verliert. Alles in allem eine deutsche Kleinbürgerfamilie der 1960er Jahre, wie sie im Buche steht. Vati, der Patriarch, und Mutti, die Hausfrau, die ihren Platz in der Wohnküche hat. Hinzu treten der Wirt der Dorfkneipe, die mannstolle Bedienung Rita und ein paar alkoholisierte Arbeiter. Damit ist das Szenario eigentlich schon komplett. Aber es sind auch schon erste tektonische Risse in dieser heilen Welt bemerkbar, die dann wenig später, ausgelöst durch die 68er-Bewegung, dieses Milieu einstürzen lassen.

Es wird viel geredet und wenig gesagt in einer Mischung aus Umgangsdeutsch, Trivialroman-, Illustrierten- und Werbejargon. In der Dorfkneipe, auf der Hinfahrt und auf der Straße, draußen auf der Heide, im Hause Dietrich. Kein Thema, das damals öffentlich diskutiert wurde, wird ausgelassen: Kiesinger, Krupp, Krawattenmuffel, Lübke, Luther, LSD, Marx und Mao, die Notstandsgesetze, Sex, Vietnam und vieles mehr. Die Sprache dieses Romans ist bei aller Deftigkeit merkwürdig schmucklos, doch bei genauerem Hinsehen durchaus raffiniert und souverän eingesetzt. Erzählt wird in kurzen, lakonischen, einfachen Sätzen, die lediglich die Wirklichkeit wiederzugeben scheinen. Jägersberg hält sich mit Kommentaren und Reflexionen konsequent zurück, aber er ist ein exzellenter Beobachter und ein Berichterstatter mit trockenem Humor. Eine stilistische Eigenart besteht darin, dass er Sätze mittendrin zuweilen abbricht, um sie dann zu wiederholen und neu zu beginnen. Es gibt nur einen einzigen Handlungsfaden – und der wird konsequent durcherzählt. Der Kritiker Jürgen P. Wallmann schrieb 1967 zu Recht: »Das Buch wirkt quasi-dokumentarisch, die Gespräche muten bisweilen an, als seien sie heimlich mit einem versteckten Mikrophon aufgenommen worden. Der Bericht vom Tag des Vertreters Hugo Rattalt ist realistisch bis ins Detail: Das Zeitkolorit, der Jargon der Leute; das Vertretergeschwätz, die Kleinbürgergemütlichkeit.« Eine kleine Textprobe gefällig? »Söffchen hat geschleckert. Hugo sieht, als hätte er nichts gesehen. Söffchen legt den bloßen Arm über das Malheur. Hugo findet auch den Pudding gut. Frau Dietrich hat ihn auch mit guter Kuhmilch gemacht. Das merkt man doch. Ronünter ist schon bei den Kühen und legt jetzt die Schweine frei.« Das mag vorerst genügen.

Der Autor, Otto Jägersberg, war 1942 als jüngstes von vier Kindern eines Eisenbahnbeamten im heute zu Münster gehörigen Hiltrup geboren worden und besuchte dort die Schule, die er 15-jährig verließ. Nach einer Buchhändlerlehre arbeitete er in diesem Beruf in Berlin, Frankfurt am Main, Zürich, München, Münster. Nebenbei betätigte er sich in der Verlagswelt sowie als Journalist und Theaterdramaturg. Er war gerade 22 Jahre alt, als ihm 1964 mit *Weihrauch und Pumpernickel* unversehens ein literarischer Überraschungserfolg gelang. Das Buch fand in kurzer Zeit 76 000 Käufer und weckte hohe Erwartungen. Alfred Andersch, Erich Kästner, Arno Schmidt, Martin Walser, Carl Zuckmayer und Günter Grass äußerten sich seinerzeit lobend bis enthusiastisch über das kleine Buch. Die Kritik sah in ihm ein »Naturtalent« und pries ihn als »westfälischen Rabelais«.

Danach galt Otto Jägersberg als Shootingstar des deutschen Literaturbetriebs. Drei Jahre später dann, 1967, der lang ersehnte zweite Roman, dem der Verleger, Daniel Keel, selbst das sparsame Titelcover vorgegeben hatte: Ein rot umrandetes Baustellenschild auf weißem Grund. Alle Großkritiker(innen) der damaligen Jahre, von Angelika Grunenberg über Rolf Michaelis und Jürgen Manthey bis hin zu Dieter Lattmann und Jürgen Lodemann widmeten der Neuerscheinung zum Teil ausführliche Besprechungen. Jedoch senkten die meisten Rezensenten den Daumen. Alles ganz gut gedacht, stilistisch brillant und unterhaltsam, aber doch irgendwie am Thema vorbei. Man zeigte sich enttäuscht. Das Ganze, so hieß es, sei doch gar zu ungestalt aus der Alltagswelt gepflückt. Obwohl der erhoffte Erfolg ausblieb, wagte der Verlag 1987 eine Neuauflage unter dem Titel *Söffchen oder nette Leute*, der der personellen Disposition besser entsprach. Seit 2002 ist auch diese Auflage vergriffen und nur mehr antiquarisch erhältlich.

1979, zwölf Jahre nach dem ersten Erscheinen dieses kleinen Romans, hatte Jürgen Lodemann gefragt: »Wo blieb Otto Jägersberg?« Ja, was war aus dem Autor geworden? Das Romaneschreiben hatte er einstweilen drangegeben und die Medien gewechselt. Stattdessen machte Jägersberg Hörspiele, Fernsehspiele und Filme, und das mit großem Erfolg. Er schrieb Drehbücher und betätigte sich als Regisseur, wobei ihm sein Gespür für ökonomische und wirkungspsychologische Mechanismen entgegenkam. In besonderer Erinnerung ist die 1982 von Wolfgang Staudte gedrehte zwölfteilige Fernsehserie *Die Pawlaks* geblieben, die die Geschichte einer masurischen Tagelöhnerfamilie im Ruhegebiet seit 1872 erzählt. Heute lebt und arbeitet Otto Jägersberg in Baden-Baden, immer noch tätig und vielfältig engagiert. So widmet er sich der Malerei sowie der Collage- und Objektkunst. Ehrenamtlich betätigt er sich in der Georg Groddeck-Gesellschaft, die, 1986 von ihm und anderen gegründet, die Erinnerung an den Baden-Badener Arzt, Psychoanalytiker und Sozialreformer wachhalten möchte – vielleicht ein Bruder im Geiste? Aber auch literarisch meldet sich Jägersberg hin und wieder zu Wort. Soeben ist der kleine, sehr schöne, persönliche und kurzweilige Gedichtband *Keine zehn Pferde* erschienen. Hier spricht ein erklärter Bonvivant und Lebenskünstler.

Aber zurück zu Söffchen und Hugo und jenem namenlosen Dorf irgendwo 1967. Welchen Eindruck hinterlässt dieses Buch heute, annähernd 50 Jahre nach seinem Erscheinen? Der Verfasser dieser Zeilen hat es nach langer Zeit noch einmal neu gelesen. Und siehe da, es ist wie mit einem guten Rotwein, der durch lange Lagerung gewinnt an Tiefe und Kraft. Jägersberg erzählt mit seismografischer Genauigkeit, geradlinig, kühl, lapidar und distanziert. Seinen Handlungsfaden entwickelt er mit großer Konsequenz bis zum Ende. Meisterhaft gelingt es ihm, die Ödheit und Leere der provinziellen Kleinbürgerwelt offenzulegen. Entstanden ist eine schöne, schnörkellose Erzählung, die die bleierne Zeit dieser Jahre Revue passieren lässt. In diesem Sinne haben wir es hier tatsächlich mit einem Trivialroman zu tun, der dem vorangestellten Kant-Zitat Seite für Seite gerecht wird. Kurzum: Ein Buch, das auch heute noch angesichts einer neu erwachenden Biedermeierlichkeit mit Gewinn gelesen werden kann. Oder vielleicht gerade heute!

Volker Jakob

Otto Jägersberg: *Nette Leute. Roman* (1967)

»Söffchen –?« Hugos Stimme ist Gesang, tiefes melodisches Sehnen. Söffchens Mund ist ganz Ja, Augen in Bereitschaft, Verlorenheit, Schutzhaft geschlossen. Hugo korrekt und in der Praxis des Liebesgesprächs nicht über die frühen fünfziger Jahre herausgekommen, meint, sich ganz über sie lehnend und, ihren schmalen pullovernen Oberkörper schonend, die Arme neben sie in den Sand gestemmt, ohne die private Vorstellung nicht auszukommen: »Ich heiße Hugo!«
Söffchen schlägt erschrocken die Augen auf, fährt ihren Oberkörper Hugo entgegen, eine Strähne dichten, lebendigen Haars streift Hugo die Backen.
»Ich weiß ja nicht einmal, wer Sie sind?«
Wer ist Hugo?
Hugo ist ein Rattalt. Produkt seiner Vorfahren. Opfer der Umwelt. Normal seine Eltern, gebräuchliche Ahnen. Ein Rattalt der Vater, die Mutter Marika. Keine erblichen Belastungen durch Abstammung, wie abnorme Begabungen oder Krankheiten. Keine das Maß überschreitenden Neigungen. Vater betont friedlich, weich und nachgiebig. Sein Beruf, Gemeindeschreiber, befriedigte ihn völlig. Der Vater wünschte sich vor Hugos Geburt eine Tochter, akzeptierte das Kind aber und nannte es Hugo, nach Hugos Großvater Hugo, der in den Banat ausgewandert war und Weinhändler wurde, woran er auch zugrunde ging. Die Mutter Marika, ein begehrtes, gut gewachsenes Mädchen, heiratete Hugos Vater aus Trotz. Ihre Eltern hatten sie für einen befreundeten Bäcker vorgesehen, dem sie sich auf Grund nachbarlicher Beziehungen und Geldstundungen verpflichtet fühlten. Ehe der Eltern, von Seiten Hugos Vater, harmonisch. Die Mutter hatte Beziehungen zu anderen Männern, zwei Vorgesetzten ihres Mannes und einem durchreisenden Klavierspieler, der für eine Saison im Kaffeehaus des Vaters von Hugos Mutter engagiert wurde. Hugo, ein Jahr nach der Eheschließung geboren, sollte einziges Kind bleiben. Der Vater verwöhnte Hugo. Brachte ihm farbige Radiergummi aus dem Gemeindebüro mit, die Hugo zerkleinert in Tüten aufbewahrte. Die Mutter verwendete viel Zeit auf ihre Körperpflege. Unternahm Reisen ohne den Vater, der für Hugo Spielzeug erfand und bastelte und das Kind spazieren führte. Das Kind Hugo war beiden Elternteilen gegenüber nicht feindlich eingestellt. Bevorzugte den Vater im Spiel. Wollte nicht einschlafen, ohne vorher von der Mutter geküßt zu werden. Gewöhnte sich daran, bei Abwesenheit der Mutter, daß der Vater lange an seinem Bett sitzen blieb und sang. Hugo gab kaum Anlaß zu Klagen. Fiel auch nicht auf, z. B. bei Geschicklichkeitsübungen im Kindergarten. Normal Sprechen und Laufen gelernt. Nahrungsaufnahmetrieb nicht übermäßig entwickelt. Keine besonderen Kinderkrankheiten. Impfungen ohne Nebenwirkungen überstanden. Von jeher schüchtern. Spielte ungern mit Kindern auf der Straße. Liebte Musik und musikverwandte Geräusche, Straßenlärm, Tierstimmen. Unklare Erinnerung an den Vater, der, einfacher Soldat, später als vermißt gemeldet wurde. Keine besonderen psychopathischen Unarten oder Störungen durch Kriegserlebnisse. Liebte Fliegeralarm, Panzergeräusche, Flak. Konnte stundenlang für sich allein auf Trümmergrundstücken graben.

Otto Jägersberg: *Nette Leute. Roman.* Zürich: Diogenes 1967, S. 124–126

Kino, Korn & Kult
Ulrich Schamoni: *Alle Jahre wieder. Spielfilm* (1967)

Ich gehe ins Kino. Nachdem ich mich nachmittags noch durch die Fußgängerzone gequetscht habe, um wie so viele die letzten Weihnachtsgeschenke zu besorgen, sitze ich nun im gemütlichen Vorraum des Schloßtheaters, einem Programmkino, bestelle einen Kakao und schaue aus dem Fenster. Draußen herrscht typisches Münsterwetter: Es regnet in Strömen. Während im Cineplex der Weihnachtsblockbuster läuft – 3D-Actionkino mit Kampfszenen in Dolby-Surround – habe ich mich für einen gänzlich anderen Film entschieden: *Alle Jahre wieder* von Ulrich Schamoni aus dem Jahr 1967.

Als Münsteranerin habe ich diesen Film (viele meiner zugezogenen Freunde fragen erstaunt: »Welchen Film?«) schon gesehen, aber nun ist es soweit: Ich möchte das *Alle Jahre wieder*-Kino-Feeling erleben und erfahren, warum dieser Film immerhin schon seit 1997 im Weihnachtsprogramm läuft, für viele Münsteraner Kultstatus erlangt hat und zur Weihnachtszeit gehört wie der Weihnachtsmarkt und die Touristenbusse vor dem Schloss.

Der Inhalt des Films ist schnell erzählt: Der 40-jährige Werbetexter Hannes Lücke (Hans Dieter Schwarze) fährt wie jedes Jahr in der Weihnachtszeit aus Frankfurt nach Münster zu seiner Frau (Ulla Jacobsson) und seinen Kindern. In diesem Jahr hat er seine neue Freundin Inge (Sabine Sinjen) mitgebracht, die hofft, dass Hannes endlich mit seiner Frau über die Scheidung spricht. Doch Hannes zieht sich in die Geselligkeit seines alten Freundeskreises zurück – Männer, die sich schwer damit tun, erwachsen zu sein – und lässt Inge allein die Stadt durchstreifen. Am Ende hat Hannes natürlich nicht mit seiner Frau über die Scheidung gesprochen und kehrt mit Inge zurück nach Frankfurt. Es hat sich – wie jedes Jahr – nichts verändert.

Das Schloßtheater, in dessen Vorraum ich sitze und die Sahne in den heißen Kakao rühre, gab es schon, als der Film uraufgeführt wurde. Mich beschleicht das Gefühl, dass sich hier nicht viel verändert hat. Das Kino hat einen sehr familiären Charme, unaufdringlich und schnörkellos, der (nicht nach Popcorn oder Nachos riechend) ein hervorragendes Ambiente für einen Film liefert, der entschleunigt und weit weg von jeder Großspurigkeit daherkommt. Am Nachbarstisch entdecke ich zwei ältere, befreundete Paare, die sich gerade einen Sekt bestellt haben. Sie plaudern über *Alle Jahre wieder*, eine der Frauen sagt: »Das ist Tradition. Der wird hier jedes Jahr gezeigt.«

Die aufleuchtende Lampe signalisiert uns, dass wir in den Kinosaal können, ich trinke meinen Kakao aus und betrete mit vielen Leuten der Generation 50 plus den Saal, der noch antiquierter als der Vorraum wirkt und damit perfekt zum Film passt. Schon bevor es losgeht, habe ich das Gefühl, in den 1960ern angekommen zu sein. Das Glas Wein darf auch mit rein, die Leute in der Reihe vor mir verzichten darauf.

Was erwarte ich von diesem Kinobesuch? Ich stelle mir das Kinoerlebnis als Event vor, vielleicht ein bisschen wie bei der in der Adventszeit beliebten *Feuerzangenbowle*, nur etwas gediegener, zum westfälischen Münster passend. Das Kinopublikum ist gesetzter als bei der *Feuerzangenbowle*, die Jung und Alt gleichermaßen anspricht. Dass hier mit Taschenlampen auf die Leinwand geleuchtet, bei jeder passenden Gelegenheit mechanische Wecker geläutet und bei Pfeiffers Chemiestunde Wunderkerzen entzündet werden, kann ich mir nicht vorstellen. Aber die *Feuerzangenbowle* ist auch ein völlig anderer Film als *Alle Jahre wieder* und transportiert eine ganz andere Leichtigkeit.

Während des 86 Minuten dauernden Schwarzweißfilms gibt es immer wieder Bilder vom Münster der 1960er Jahre: Der Prinzipalmarkt mit regem Autoverkehr oder auch das nicht mehr existente Café Schucan. Ich höre die Leute »Schau mal« sagen, wenn sie etwas wiedererkennen. Münsteraner wollen Münster sehen, das funktioniert bei *Alle Jahre wieder* genauso wie im *Tatort*. Was wir hier aber im Gegensatz zum Münsteraner *Tatort* geboten bekommen, ist das ›echte‹, vergangene Münster mit authentischen, aus Münster stammenden Schauspielern. Die Bilder und der Tonfall der Akteure stimmen, nicht zuletzt, weil Regisseur Ulrich Schamoni u. a. in Münster aufgewachsen und Hauptdarsteller Hans Dieter Schwarze gar gebürtiger Münsteraner ist. Und wenn der stocksteife Museumsführer mit streng nach hinten gekämmten Haaren, Hornbrille und Anzug im breitesten westfälischen Dialekt Inge stolz die Westfalen vorstellt – »Gucken Sie sich's an – das sind unsere Westfalen. Kerls und Köppe wie wir hier sagen. Klar im Denken, wunderbar im Ausdruck.« –, dann ist das nicht nur hoch skurril, sondern der Münsteraner weiß genau: Es gibt hier immer noch Leute, die genau so sprechen.

Auch wenn eher durch Film und Fernsehen bekannt, haben Schamoni und Schwarze dem Münster ihrer Jugend im Übrigen auch als Autoren ein literarisches Denkmal gesetzt. Schamoni schrieb bereits als Zwanzigjähriger *Dein Sohn lässt grüßen* (1962; s. S. 190), einen Lost-Generation-Roman, eine Abrechnung mit der Provinz und ihrer verlogenen Doppelmoral. Der Roman wurde noch im Jahr seines Erscheinens auf die Liste der jugendgefährdenden Schriften gesetzt. Dieser Literaturskandal kam Schamoni durchaus gelegen, denn er verschaffte ihm die notwendige Aufmerksamkeit, sich ganz dem Film zuwenden zu können, was schließlich auch in diesem filmischen Denkmal für Münster *Alle Jahre wieder* mündete.

Und auch der 1926 geborene Hans Dieter Schwarze, der seine Kindheit und Jugend in Münster verbrachte und nach 1945 für den Beginn seiner Theaterlaufbahn zunächst nach Münster zurückkehrte, um dann an den verschiedensten Orten zu arbeiten, widmete Münster in *Geh aus mein Herz* (1990) eine episodenhafte Darstellung seiner Jugendzeit. Schwarze hatte – ähnlich wie Schamoni – keine einfache Beziehung zu seiner Heimatstadt. Mit Münster verband ihn »eine sentimentale Anhänglichkeit«, aber auch »eine nie überwundene Distanz« (Walter Gödden). Schwarze war damit der perfekte Hauptdarsteller für *Alle Jahre wieder*, denn auch der Film ist durch eine Sentimentalität bzw. eine gewisse Melancholie geprägt, der man sich als Zuschauer nicht entziehen kann.

Alle Jahre wieder wird im Trailer als »junger deutscher ›Heimatfilm‹« angekündigt. Der Heimatfilm, das einzige von Deutschland hervorgebrachte Filmgenre, stellt eigentlich eine heile Welt dar. Das Genre entwickelte sich in der Nachkriegszeit und erlebte seine Blüte in den 1950er Jahren. Schauplatz war meist eine friedlich und idyllisch wirkende Landschaft in den Bergen oder auch mal in der Heide. Die Handlung war meistens vorhersehbar: Ein verliebtes Pärchen wurde durch äußere Hindernisse an seinem Glück gehindert. Die Trennung konnte dann aber überwunden werden, sodass es zu einem Happy End kam.

Bezogen auf *Alle Jahre wieder* ließe sich das idyllische Münster, obwohl es im platten Westfalen liegt, vielleicht noch so gerade als Handlungsort akzeptieren – wobei das mit der Großstadt auch schon schwierig ist – und Verliebte und Hindernisse gibt es irgendwie auch. Wobei – da fängt das Problem schon an: Inge liebt Hannes, aber liebt Hannes auch Inge oder ist sie nicht einfach eine von seinen zahlreichen Freundinnen? Das Hindernis wäre Hannes Exfrau, aber im Laufe des Films wird deutlich, dass Hannes dieses Hindernis gar nicht überwinden möchte. So fahren Hannes und Inge ohne Happy End zurück und wir sind uns nicht sicher, ob Inge beim nächsten Weihnachtsfest immer noch Hannes Freundin sein wird. Es wird deutlich, warum das Wort ›Heimatfilm‹ im Trailer in Anführungszeichen steht, denn der Film arbeitet mit Motiven des Heimatfilms, um diese scheitern zu lassen bzw. vorzuführen. Anders gesagt: Das Spießerleben, das im Heimatfilm vorgelebt wird, wird in *Alle Jahre wieder* komplett demaskiert. Das ist an vielen Stellen zum Schmunzeln: »Meine Herrn, darf ich Ihnen das mit auf den Weg geben: Der Hauptgrund für die Scheidung ist die Ehe.« Gleichzeitig kann man sich aber der melancholischen Stimmung, die über alldem schwebt, kaum entziehen. Verstärkt wird die Melancholie auch dadurch, dass der Film zur Weihnachtszeit spielt. Weihnachten – das Fest der Liebe – ist doch die Zeit, in der Ruhe und Besinnlichkeit großgeschrieben werden. *Alle Jahre wieder* zeigt aber, dass diese Wunschvorstellung vieler Menschen häufig nicht der Realität entspricht. Dass der Film nach einem der bekanntesten Weihnachtslieder benannt wurde, konterkariert die Idylle des Weihnachtsfests umso mehr, denn in diesem Film kommt nicht »alle Jahre wieder« das Christuskind, sondern »alle Jahre wieder« kommt Hannes nach Münster und »alle Jahre wieder« ändert sich nichts, versucht man gemeinsam den Schein aufrecht zu erhalten und zerbricht doch innerlich daran: Die Männer betrinken sich, die Frauen leiden still.

Wir haben es also mit einem Heimat- und Weihnachtsfilm zu tun, der weder idyllisch, noch besinnlich ist. Der Film stammt aus dem Jahr 1967, einer unruhigen Zeit: der Student Benno Ohnesorg wird erschossen, die Studentenrevolte nimmt ihren Anfang, der Vietnamkrieg dauert bereits zwölf Jahre. Eine Zeit, in der junge Menschen gegen die in Heimatfilmen Trost und Vergessen suchende Elterngeneration rebellierten. Fungierte Kino zuvor vor allem als Traumfabrik, die zum Teil nahtlos an das Kino der Nationalsozialisten anknüpfte, war es die jüngere Generation, die sich dagegen auflehnte. »Der alte Film ist tot. Wir glauben an den neuen.« So heißt es 1962 im *Oberhausener Manifest*, in dem 26 Filmschaffende forderten, der Lethargie des deutschen Films ein Ende zu setzen und einen neuen deutschen Spielfilm zu etablieren. Unterzeichner des Manifests war neben Alexander Kluge auch der Regisseur Peter Schamoni. Mit seinem jüngeren Bruder Ulrich Schamoni (Regie) und Michael Lentz (Drehbuch) brachte er fünf Jahre später als Produzent *Alle Jahre wieder* heraus. Das Dreiergespann drehte einen frechen Film, der für eine Generation stand, die den Schleier nicht mehr akzeptierte, mit dem bis dahin vieles verdeckt und verklärt wurde. Dabei verzichteten sie auf den erhobenen Zeigefinger und vertrauten auf ein Augenzwinkern und eine gehörige Portion Humor.

Auf der Leinwand genehmigen sich die Darsteller gerade einen Doornkaat, und jetzt wird klar, warum einige Kinogäste ihr Glas Wein nicht mit in den Kinosaal genommen haben: Sie holen ebenfalls eine Flasche Doornkaat und ihre Pinnchen hervor, um im gleichen Moment wie die Schauspieler im Film miteinander anzustoßen. Bald darauf werden wir wieder in die westfälische Gegenwart entlassen.

Ich frage mich, ob *Alle Jahre wieder* noch etwas mit dieser Gegenwart zu tun hat, der Film, der 1967 in Münster wegen seines Umgangs mit Kirche und Familie einen kleinen Skandal auslöste. Heutzutage regt sich niemand mehr darüber auf, Patchworkfamilien feiern zusammen Weihnachten, die Erfahrungen der Nachkriegszeit sind vergessen. Der Film, der wohl schon 1967 in Form und Inhalt nicht wirklich radikal wirkte, spricht heute ein jüngeres Publikum kaum noch an. Und so denke ich mir, als ich das Kino verlasse und in die kühle Abendluft trete, dass es wohl die Mischung aus Nostalgie, Authentizität und Melancholie ist, von der die Münsteraner in der Weihnachtszeit in diesen Film gezogen werden. Alle Jahre wieder.

Amelie Voita

Klangspiel, Nonsens, Hermetik
Peter Rühmkorf: *Über das Volksvermögen. Exkurse in den literarischen Untergrund* (1967)

»Wäre ich Homer gewesen und hätte die ›Ilias‹ geschrieben«, so etwa pflegte Peter Rühmkorf zu sagen, »den Droste-Preis hätte ich nicht bekommen.« Es war ja auch ein Glücksfall für Westfalen, dass man seiner Mutter, der ledigen Lehrerin, 1929 in einer Dortmunder Krankenanstalt für die bevorstehende Geburt Arbeit und Unterschlupf angeboten hatte. Auch wenn sie mit dem kleinen Peter Westfalen schon nach wenigen Wochen verließ, ganz vergessen hat er auch während seines langen Lebens als Hamburger Westfalen nicht. Und so kommt es, dass sein 1967 als rororo-Taschenbuch erschienener Bestseller (1977: 86.–90. Tausend) *Über das Volksvermögen. Exkurse in den literarischen Untergrund* in den vorliegenden Band Eingang fand. Es ist ein Buch voll Schabernack, mit Witz, Kritik und Herzblut geschrieben. Anlass war die 1962 erschienene Anthologie Hans Magnus Enzensbergers *Allerlei Rau. Viele schöne Kinderreime.* Wenn Enzensberger darin Kinderlyrik als

»Poesie am grünen Holze« anbot, befielen Rühmkorf angesichts dieser ästhetisierenden Rückschau auf die eigene Kindheit erhebliche Zweifel. Enzensbergers Sammlung kam ihm vor wie ein Spielzeugmuseum, eine Erinnerung an ein »unbeschadetes Kinderparadies«.

Rühmkorf erinnert sich anders und belegt nun genau, was er bei seinem Exkurs in den literarischen Untergrund der Kindersprüche (wieder-)gefunden hat, nicht ohne vorher als studierter Germanist noch einen kritischen Blick auf die Sammlungen von Karl Werhahn, Franz Magnus Böhme, Paul Lemke und Johann Walter geworfen zu haben: Diese hätten insbesondere dem Kinderreim Unsittliches, Unanständigkeiten und Rohheiten genommen und stattdessen seine Sittlichkeit, Gemütstiefe und Volkstümlichkeit betont und das sei nicht ohne Unterschlagung möglich gewesen. Dagegen habe er, Rühmkorf, eine eigene aktuelle und handverlesene Sammlung von etwa 3000 Texten angelegt, und da zeige sich ihm insbesondere eine andere Wahrheit; die Vorgänger hätten diese mit Reinlichkeitsvorstellungen vermischt.

Rühmkorf sortiert Kinderreime, wählt aus und versucht sie zu rubrizieren: Abzählreime, Fangstrophen, Kettenreime, Verballhornung von Schlaf- und Wiegenliedern, Schülergedichte, Verspottung von Respektspersonen, Pfarrersverse, Handwerkerschimpf, Schmäh- und Spottliedchen, Lügengedicht, Nonsens-Gedicht, Denkste-Verse. All das wird eingebettet in eigenwillige, aber fachlich überzeugende Analysen. Es überwiegt ein humorvoll satirischer Grundton. Rühmkorf bleibt aber als Sammler nicht bei den niedlichen oder frechen Kinderverschen stehen; er zieht den Bogen viel weiter. Im Kapitel »Ich hab mich ergeben« folgt er der Schülerpoesie. Rühmkorf findet dort noch dieselben Elemente, aber in einer neuen Konstellation: bestimmte das Kinderlied oft selbstbewusst das Verhältnis zu Autoritäten, so sieht sich der Eingeschulte in einer neuen Ohnmachtsposition und wehrt sich zum Teil mit früheren Ausdrucksmitteln. Hier erkennt Rühmkorf auch eine spezifische Rettungsmöglichkeit: die Parodie. Diese ist für ihn ein Vergnügen an kultureller Sachbeschädigung, ein Korrekturversuch am Bildungsmonopol der »Lehranstalten«. Rühmkorf gelingt eine treffende Analyse der Kinder- und Schülerpoesie nicht zuletzt, weil er selbst eine Affinität zu dieser Art von Lyrik hat: Er liebt deren Sprache und die Auseinandersetzung mit Herrschaftsverhältnissen.

Zum literarischen Untergrund der Heranwachsenden rechnet Rühmkorf auch die auf die Schnulzenindustrie zielende Parodie, die krass auf die Wirklichkeit zurückverweist. Das scheint ihm die einzig passende Antwort des Volkes auf das übermächtige Schwindelunternehmen der Unterhaltungsindustrie zu sein. In einem weiteren Kapitel beschäftigt sich Rühmkorf mit Opernarien und Schlagern, also nicht mehr mit Kinderreimen und Schülerversen, sondern mit dem sogenannten Volksmund, und zwar ebenfalls unter dem Aspekt, wie sie verballhornt werden, indem nämlich den bekannten Melodien andere, parodierende Texte unterlegt und diese damit oft zu Anti-Schlagern werden. Hier scheint der heutige Abstand zu Rühmkorf am deutlichsten, denn nur wenige Operetten-Texte gehören noch zum ›Volksgut‹. Und seine Seitenhiebe gegen den damals massenhaft verbreiteten Schlager wirken nicht mehr aktuell. Die Musikbranche arbeitet mit neuen Medien, die Jugend will neue Texte, und das Englische hat das Deutsche weitgehend abgelöst; neue Parodien dagegen hört man kaum noch.

Anschließend wendet sich Rühmkorf dem volkstümlichen Lied politischen Inhalts und dessen Parodie zu, sei es in der Zeit der Befreiungskriege, in der Kaiser- oder Hitler-Zeit. Es hat das kürzeste Verfallsdatum und reizte stets zur Parodie; die politisch orientierten Gegengesänge entlarven hohe Feierlichkeit. Einen breiten Raum in diesem Feld nehmen Lieder aus dem Milieu geschliffener und gedrillter Soldaten ein. Respektlos wird aus »Ich hatt' einen Kameraden, einen besseren findst du nicht …« »Ich hatt' ein Käs voll Maden, einen besseren findst du nicht …«. – Rühmkorf erkennt darin ein unausrottbares Misstrauen des Volkes gegen die Obrigkeit. Er sieht hier eine vergleichbare Erscheinung wie in der Antwort der Schülerreime auf die erste Schulzeit, glaubt, dass besonders Defätismus-Strophen die Antwort des Volkes auf seine ideologische Durchdringung waren. Daran ist etwas Wahres – auch wenn die von Rühmkorf heraufbeschworene Atmosphäre der Landserzeit heute kaum mehr vermittelbar erscheint.

Rühmkorf (1929–2008) hat dieses humorvolle, stellenweise sogar bissige Buch mit persönlicher Betroffenheit und mit Engagement geschrieben. Sein Ernstnehmen des literarischen Untergrundes zeigt sich auch in seinen eigenen Texten. Er liebt die rebellische Tonart, die Denkmalsschändung und Majestätsbeleidigung. Er will den schönen Schein, die falsche Poetisierung der Welt und Verlogenheit der Gesellschaft dekuvrieren und entfaltet ein Kontrastprogramm. Und dafür verwendet er gern die schlichte, gelegentlich drastische, aber stets ungeschönte Ausdrucksweise der unteren Schichten. Ein formales Mittel des Untergrundverses hat es ihm dabei besonders angetan: der Reim. An einer ganzen Reihe von Stellen des vorliegenden Bändchens kommt er darauf zu sprechen. Als virtuoser Lyriker vertraut auch er der Form, der Schlagkraft des Reims, der in der Lyrik der 1970er Jahre völlig aus der Mode gekommen war, und freut sich an seiner spielerischen, nicht selten belustigenden Wirkung. Aber schon das Kind, das sich auf vieles einen Reim machen will, entdeckt, dass gleicher Klang nicht für gleiche Inhalte steht. In bester Heine-Manier, der im *Wintermärchen* auf das Wort »Kaiser« nicht nur das erwartete »weiser«, sondern auch »Birkenreiser« reimte, dient der schöne Klang bei Rühmkorf nicht selten der Parodie, Entlarvung und Satire.

Aber er liebt neben Klangspielereien und Nonsens-Lyrik noch mehr das Anspruchsvolle, gelegentlich Hermetische in seinen Gedichten. Doch selbst bei seinen vielen poetologischen Äußerungen sitzt ihm der Schalk im Nacken. Als sich anlässlich des ersten Münsterer Lyrikertreffens 1979 ein germanistisches Seminar vergeblich um die Erhellung seines im Programmheft abgedruckten Gedichtes *Sibyllinisches* bemüht hatte und Rühmkorf um ein klärendes Wort bat, antwortete dieser schriftlich: »Dies ist das einzige Gedicht, das ich selbst nicht so recht verstehe …«

Winfried Woesler

Peter Rühmkorf: *Über das Volksvermögen. Exkurse in den literarischen Untergrund* (1967)

Kinder unter sich

Den Kindervers begreifen wollen, heißt, ihn in seinen sozialen Funktionen sehen und seine unterschiedlichen Erscheinungsformen als Funktionsmodelle. Wenn er nämlich etwas nicht ist, so etwa ein schönes Spielzeug des behüteten Einzelkindes. Auch als Unmutsventil ist er nicht zu trennen von einer Gemeinschaft der Unmutigen und ihrem Wunsch zur kollektiven Willenskundgebung. Auch als Ausdrucksmittel dient er vornehmlich dem Ausdruck einer verschworenen Spießgesellschaft, ja er ermöglicht überhaupt erst die Verschwörung. Was ohne ihn in ohnmächtiger Isolierung verharren müßte, weil es über keinerlei technischen Organisationsapparat verfügt, dem bietet sich hier ein differenziertes und doch wieder handliches Instrumentarium dar, geeignet, die dringendsten Sozialprobleme gemeinschaftlich zu erledigen.
Er dient allerdings nicht allein der Regelung außenpolitischer Belange und der Grenzziehung gegenüber der institutionalisierten Autorität. Gleich unentbehrlich scheint seine Anwesenheit in allen möglichen internen Interessenstreitigkeiten. Bedenken wir bitte, daß gerade in so flüchtigen, mehr oder minder zufällig sich konstituierenden Gemeinschaften wie es Spielhorden, Straßenbekanntschaften, Kindergartencliquen sind, zunächst einmal alles strittig ist. Da taucht zum Beispiel immer wieder neu und dringend die Frage nach den Eigentumsverhältnissen auf; weshalb denn auch so Sprüchlein wie »Geschenkt ist geschenkt / Und Wiederholen ist gestohlen«, unentbehrlich sind. Eine ständige Beunruhigung geht zwangsläufig von solchen Individuen aus, die dazu neigen, Gruppengeheimnisse an die Erziehungsbevollmächtigten zu verraten; also versucht man, die Denunzianten, Petzer, Streikbrecher, wo man sie rechtlich schwer belangen kann, zumindest unter moralischen Druck zu setzen: »Klafferkatt / Go no Stadt / Käup Di'n Putt voll Fiegen / Kannst Du gaut no swiegen.« Oder wie soll man sich etwa bündig gegen den Lügner versichern, einen Typus, der jedes Vertrauensverhältnis von Grund auf zunichte macht? Wie gegen den Angeber, der sich mit ungedeckten Versprechungen Vorteile erschleicht? Wie schließlich gegen die Wehleidigkeit, den weinerlichen Angsthasen, die beleidigte Leberwurst, die auf ihre Weise zum Spielverderber werden und die ungeschriebenen Solidaritätsgesetze verletzen? Nun, brachialer Terror erweist sich auch hier meist als das schlechteste aller Sozialisierungsmittel, und weil es zwar nicht an Klägern, wohl aber an Richtern und einem funktionskräftigen Justizapparat fehlt, übernimmt die Klage gleichzeitig den Part der Anklage, des Bannspruches, der moralischen Pression.
[...]
Durch den Vers regeln sich die Beziehungen der Kinder untereinander im Guten wie im Bösen. Die Möglichkeiten des Kindes, einen Vertragsbruch schlüssig zu beweisen, sind ja zunächst außerordentlich gering. Man kann einen Sünder noch nicht logisch überführen, eine Lüge regelrecht und stichhaltig widerlegen, einen Solidaritätsverstoß als solchen einsichtig machen; in all diesen komplizierten Situationen und Rechtslagen wird nun aber der Vers zu einem vortrefflichen Rechtshüter, legislativ und exekutiv in einem. Wieweit hierin bereits eine beachtliche Kulturleistung zu würdigen ist, wird

deutlich, wenn man sich nur einmal die andere Möglichkeit vor Augen hält, den Triumph des Faustrechts und die Entscheidungsgewalt der blutigen Auseinandersetzung. Letztere Austragungsformen werden gewiß nie endgültig aus dem Kinderreich zu verbannen sein; es ist aber interessant, daß wo der Reim sein Regiment ausübt, sanftere Sitten einziehen und das rohe Spiel der Kräfte (das nur zu leicht zum rohen Ernst wird), einer friedensrichterlichen Gewalt weicht.

Peter Rühmkorf: *Über das Volksvermögen. Exkurse in den literarischen Untergrund.* Reinbek bei Hamburg: Rowohlt Tb. 1967, S. 58f. (© Rowohlt Verlag)

Alte Träume in neuem Einband
Heinrich Schirmbeck: *Träume und Kristalle. Phantastische Erzählungen* (1968)

Hat das äußere Erscheinungsbild eines Buches – seine Typografie, sein Einband, die Schutzumschlaggestaltung, die Bindung und Papierfarbe – Einfluss auf unsere Leseerfahrung, auf die Rezeption des darin verpackten Textes, hat es Einfluss auf unsere Wahrnehmung des Inhalts? Diese Frage habe ich mir immer wieder gestellt. Und bis heute nicht abschließend beantwortet. Zwar bin ich mir sicher, dass es einen solchen Einfluss gibt, bin mir aber nicht sicher, wie weit er reicht.

Bei zwei Büchern ist mir das Phänomen besonders deutlich in Erinnerung geblieben: bei Ernst Jüngers *Marmorklippen* und Julien Greens *Geisterseher*. Ich hatte keine besonderen Schwierigkeiten, Jüngers 1939 erschienenen Roman in einer Neuausgabe des Klett-Cotta Verlags mit moderner, großzügiger Typografie zu lesen, sondern empfand seinen zugegebenermaßen äußerst manierierten, gehobenen Preziosenton eher charmant als lächerlich, was mir bei einer zeitgenössischen Ausgabe des Rentsch Verlags, Zürich, trotz ihres eigentlich hübschen Antiqua-Satzes und des schlicht in Schwarz und Silber gestalteten Leineneinbands nicht mehr gelang.

Umgekehrt war es bei Julien Greens *Geisterseher*. Dort war die Neuausgabe in der Bibliothek Suhrkamp in grellem Orange nichtssagend und beliebig. Erst die unscheinbare, in karamellfarbenes Leinen gebundene Erstausgabe der Franz-Hessel-Übersetzung von 1934 (im Exilverlag Julius Kittls Nachfolger) mit grüner Deckel- und Rückenbeschriftung brachte die geradezu unerträgliche Traurigkeit des Romans zur vollen Geltung.

Bei Jünger war die Distanz, welche die Buchgestaltung zwischen mich und den Text legte, von Bedeutung, bei Green eher das Gegenteil: die Nähe zum Geschriebenen, die ästhetische Zeitgenossenschaft, die das Lesen in der Erstausgabe offensichtlich zu suggerieren vermochte.

Das erste Buch – weniger prominent als die von Jünger und Green –, das mir dieses ›Verpackungs-Phänomen‹ vor Augen führte, war zugleich das erste Buch Heinrich Schirmbecks (1915–2005), das ich las: Es war der Erzählband *Träume und Kristalle*, und zwar in der broschierten, nicht in der gebundenen Ausgabe des Societäts-Verlags von 1968.

Ich fand das gelbe Pappbändchen in Kleinoktav in jungen Jahren im Nachlass meiner Mutter. Es stand in ihrem Bücherschrank klein und bescheiden zwischen all den mit bunten Filmbildern auf dem Schutzumschlag protzenden Buchclub-Ausgaben, die damals als Dekoration für Abwechslung in der Schrankwand sorgten. Besonders die Unscheinbarkeit des Einbands hatte meinen Blick auf das schmale Büchlein gelenkt, ein Eindruck, den die Erzählungen bei der Lektüre so gar nicht bestätigten. Denn sie öffneten mir jenen magisch-phantastischen Blick auf die Welt, der mich dann später auch bei Edgar Allan Poe, E.T.A. Hoffmann und vielen anderen unter Strom setzte und meine Lesebiografie bis heute nachhaltig geprägt hat.

Das Buch ist nicht sehr umfangreich (223 Seiten), es enthält insgesamt zehn, vom Verlag oder vom Autor als »phantastisch« deklarierte Erzählungen. Ihr Entstehungszeitraum umfasst rund 15 Jahre, von den frühen 1940er Jahren (*Das Rosenmal*, *Die Wiederkehr*, *Der Zopf*) über die unmittelbare Nachkriegszeit (*Das Spiegellabyrinth*, *Die Nacht vor dem Duell*, *Die Flucht*, *Marche funèbre*, *Der Sporentritt*) bis in die 1950er Jahre (*Als der Hahn zum dritten Mal krähte*, *Der Prinz de Bary*). Die beiden letzten Erzählungen stammen aus dem Umfeld von Schirmbecks Roman *Ärgert dich dein rechtes Auge* (1957; s. S. 115). Der Handlungszeitraum der Geschichten jedoch ist weit größer als diese eineinhalb Jahrzehnte, er reicht vom späten 18. Jahrhundert über das 19. und frühe 20. Jahrhundert bis fast in die damalige Gegenwart des Autors, deckt somit annähernd 150 Jahre ab. Außerdem enthält der Band zum Teil mehrseitige, an kommentierten Klassiker-Ausgaben orientierte Erläuterungen Schirmbecks zu seinen Erzählungen und einen kurzen bio-bibliografischen Text, auch von ihm selbst verfasst. Alle Texte waren zuvor bereits publiziert, mit einer Ausnahme (*Der Sporentritt*) auch in Buchform.

Die Erzählungen geben sich klassisch novellistisch, sie berichten von ›unerhörten Begebenheiten‹ im Goetheschen Sinne, meist aus dem Umfeld von Naturforschung, Kunst und Wissenschaft. Ihre Protagonisten sind überwiegend Grübler, Forscher, Gelehrte und Künstler, deren naturkundliche oder naturphilosophische Obsessionen – ihr Drang, hinter die Geheimnisse der Natur zu gelangen – ganz in romantischem Sinn mit Tod oder Wahnsinn bestraft werden. Es wird von Kleists historisch verbürgter Kant-Krise und vom tragischen Duell des französischen Mathematikers Evariste Galois erzählt, das auch Leo Perutz zu einer Erzählung inspirierte, von zwei scheinbar dämonischen Zwillingsschwestern, einem todbringenden Mal oder der schicksalhaften Wirkung einer körperlichen Behinderung in Kriegszeiten.

Dies alles klingt, betrachtet man das Jahr der Veröffentlichung (1968), nicht eben zeitgemäß. Auch der in den frühen Erzählungen nicht selten manierierte Stil der Prosa trägt zu diesem Eindruck bei. Und dennoch war der Band, nach Aussage des Autors mir gegenüber, einer seiner bestverkauften und unter jungen Lesern beliebtesten. Dies mag erst einmal überraschen, hat aber vermutlich seinen Grund. Und der liegt womöglich jenseits individueller Präferenzen.

Auch wenn man inzwischen weiß, dass die Literatur um 1968 kein homogenes Ganzes war, dass literarische Epochen selten so konturiert und klar strukturiert sind, wie die Literaturwissenschaft es suggeriert, so bleibt gerade diese Jahreszahl in einem Maße kulturprägend, dass eine ganze Generation damit bezeichnet, politische Umbrüche davon charakterisiert und die Literatur jener Jahre gleichsam zwangspolitisiert wird. Doch die Literatur der späten 1960er Jahre war eben nicht nur durch Agitprop-Lyrik, Arbeiterliteratur oder Politprosa charakterisiert. Damals begann neben der sogenannten Neuen Innerlichkeit auch eine Renaissance des Phantastischen, die nur mit den Höhepunkten des Genres in der Romantik und den 1920er Jahren vergleichbar ist.

Besonders zwei herausragende Buchreihen sind bedeutsam für diese Neubelebung und Popularisierung des Genres: die *Bibliotheca Dracula* von Hanser und die *Bibliothek des Hauses Usher* im Insel Verlag. Beide erschienen zwischen 1969 und 1974 beziehungsweise 1975. Dort wurden viele der bedeutendsten alten und neuen Klassiker des Genres publiziert, von Mary Shelleys *Frankenstein*, Matthew Gregory Lewis' *Der Mönch* über Le Fanus *Maler Schalken* und *Onkel Silas* bis hin zu Ambrose Bierces *Das Spukhaus* und Charles Robert Maturins Tausendseiter *Melmoth der Wanderer*.

Die bibliophile Gestaltung der *Bibliotheca Dracula* verantwortete der Grafiker Uwe Bremer und die farbenprächtigen, surrealen Schutzumschläge der *Bibliothek des Hauses Usher* gingen zurück auf Illustrationen von Hans Ulrich und Ute Osterwalder. Beide Gestaltungsvarianten waren durchaus modern und bewusst nicht historisierend. Sie legten eine gewisse Distanz zwischen den Text und seine Präsentation, ohne sie zu ironisieren, was durchaus der Präsenz und zeitgenössischen Rezeption der klassischen Texte förderlich war.

Um diese großen Reihen herum, von denen es später auch Taschenbuchausgaben gab, erschienen einige Anthologien phantastischer Literatur, z. B. 1969 die von Peter Handke herausgegebene Sammlung *Der gewöhnliche Schrecken*, in der, von Thomas Bernhard bis Ernst Jandl und Peter Bichsel, Gegenwartsautoren mit »Horrorgeschichten« versammelt sind. Handke schreibt in seiner kurzen Vorbemerkung (ein Gespräch zitierend), eine »Horrorgeschichte dürfe nichts mit dem schwarzen Humor zu tun haben, der, wenn man die finsteren Zustände betrachte, unleidlich kokett sei, sie müsse sich vielmehr offen und durchschaubar machen für die finsteren Zustände.«

Neben einigen Romanen und Erzählungen von H. C. Artmann (*Dracula, Dracula*, 1966; *Frankenstein in Sussex*, 1969) sowie einzelnen Texten von Hans Erich Nossack dürfte indes Heinrich Schirmbecks novellistisches Werk einer der prominenteren Beiträge zur Literatur des Phantastischen der Nachkriegsgeneration gewesen sein, die um 1968 herum entstanden oder publiziert wurden. Hier war ein Genre wiederentdeckt worden, das es bislang selten in den literarischen Kanon geschafft hatte. Es tat sich etwas, nicht nur auf den Straßen, auch in der Literatur.

So war es vermutlich mehr als nur eine historische Koinzidenz, dass einer der Initial- und Schlüsseltexte des Postmoderne-Diskurses 1968 veröffentlicht wurde. Im August des Jahres erschien in der Zeitschrift *Christ und Welt* ein Vortrag des amerikanischen Literaturkritikers und Essayisten Leslie A. Fiedler, den dieser Ende Juni 1968 in Freiburg auf einem Symposion gehalten hatte. Er trug den programmatischen Titel *The Case for Post-Modernism* und konstatierte das Ende der Moderne. Auf Deutsch hieß er unspezifisch *Das Zeitalter der neuen Literatur*, berühmt wurde er unter dem Titel *Cross the Border – Close the Gap*. Darin wirbt Fiedler für einen neuen Blick auf die Literatur der Gegenwart. Er sieht und plädiert in seinem Vortrag für eine Re-Mythisierung der überkommenen Moderne, die durch Analyse, Rationalität und antiromantische Dialektik gekennzeichnet gewesen sei. Die neue Zeit aber sei »apokalyptisch, antirational, offen romantisch und sentimental«. Und die neuen Mythen dieser Zeit findet der postmoderne Schriftsteller, Fiedler zufolge, im Western, in der Science Fiction und sogar in der Pornografie. Das ist provokativ. Das ist gewagt. Das klingt nach Angriff auf das Establishment. Er hätte auch die Trivialmythen der Phantastik nennen können.

Diese sind allerdings nicht neu, sie gab es bereits lange, sie wurden jedoch zuvor – von wenigen Ausnahmen wie E.T.A. Hoffmann und Edgar Allan Poe abgesehen – nicht wirklich ernst genommen. Die Hochkultur rümpfte nicht selten die Nase. Gerade das aber machte sie nun für Fiedlers Zeitgenossen womöglich wieder attraktiv. Um indes den Anschein einer aktuellen Perspektive zu gewährleisten, verpasste man den Texten jetzt ein neues Gewand. Und in diesen neuen Kleidern, den abstrakten, surrealen und grafisch avancierten Einbänden, waren die alten Texte außerhalb jeder ansonsten üblichen Klassikersakralisierung für die Generation ›Postmoderne‹ wieder rezipierbar.

Diese Form der Camouflage kann man auch als Rettung des Mythos durch die literarische Pop-Kultur bezeichnen. Hier wird im Schutz eines brandneuen literarischen Diskurses ein Genre aufgewertet, das andere – wie Lars Gustaffson in seinem Essayband *Utopien* von 1970 – als »reaktionär« bezeichnen, weil es die prinzipielle Undurchschaubarkeit der Existenz suggeriere, also mit einer »Herausforderung an die Vernunft selbst« kokettiere.

Wie auch immer man dazu stehen mag: In einer Epoche, die Rilkes Rat an den jungen Dichter, die Welt so zu beschreiben, als sehe man sie zum ersten Mal, womöglich nicht mehr befolgen konnte, da diese authentische Welt inzwischen durch elektronische Abbilder, virtuelle Realitäten und technische Reproduktionen völlig überdeckt war, in einer solchen Zeit kann eine Form der Verkleidung, der grafischen Mimikry als Reflexion sowohl auf die historische Distanz wie auf die ästhetische Zeitgenossenschaft der Texte wahrgenommen werden. Und dies wurde sie – blickt man auf den neuen Erfolg des alten Genres – offensichtlich auch tatsächlich.

Somit wäre Schirmbecks kleiner Erzählband mit seinem abstrakt-geometrischen gelben Muster womöglich Ausdruck eines postmodernen Impulses, der dem Autor wie dem Verlag nicht einmal bewusst gewesen sein muss. Und damit wäre wiederum ein Band Erzählungen, der relativ irrelevant im Gesamtwerk des Autors steht, da er – bis auf die Selbstkommentare – keine Erstdrucke oder Raritäten zu bieten hat, ein signifikantes Beispiel für ein kulturelles und literarisches Epochenphänomen, nämlich für die Aufwertung der phantastischen Literatur um 1968 im Rahmen einer Entdeckung der Postmoderne. Die abstrakte, bewusst nicht historisierende Gestaltung des Buchs hätte das ihre dazu beigetragen.

Und der in der Phantastik eingeschmuggelte Mythos (und sei er noch so trivial) war zurück in der Literatur, am Punkt ihrer extremsten Politisierung. C'est la vie!

Gerald Funk

Heinrich Schirmbeck: *Träume und Kristalle. Phantastische Erzählungen* (1968)

Das Spiegellabyrinth

Die im folgenden veröffentlichten Aufzeichnungen stammen aus dem literarischen Nachlaß meines Freundes A. L. H., der im Nervensanatorium Sch...berg an einer Gehirnblutung starb. Mein Freund hatte in den letzten Jahren vor seinem Tode an einer Reihe sehr feinsinniger Studien über das Problem der Identität gearbeitet, die in Fachkreisen, vornehmlich aber bei den Kriminalisten, eine außergewöhnliche Beachtung fanden. Er sah hier die eigentlich kardinale Frage der Kriminalistik, und es ist vielleicht kein Zufall, daß er in den unentwirrbaren Schlingen dieses Problems schließlich den Tod fand. Ich übergebe sein Manuskript, von Nebensächlichkeiten abgesehen, im wesentlichen unverändert der Öffentlichkeit. Nur die Namen der Personen und Orte ersetze ich aus begreiflichen Gründen durch andere.

Die Kette der merkwürdigen Ereignisse, von denen ich hier berichten will, begann an einem Märztage in den bevölkerten Straßen einer großen Stadt. Wenn ich hier von Beginn spreche, dann bin ich mir der Fragwürdigkeit dieses Ausdrucks bewußt, denn für eine Geschichte wie die meinige gibt es keinen eigentlichen Anfang. Ich bin heute fünfzig Jahre alt, und ich könnte mit einigem Rechte behaupten, meine Erzählung habe vor etwa zwanzig Jahren begonnen, an einem dunkelbewölkten Augustabend, als ich in dem kronleuchterdurchfunkelten Salon des Hotels Esplanade in Saßnitz saß und müßig in einem Buche mit Darstellungen antiker Plastiken blätterte. Die Abbildungen des Bandes zeugten von großem photographischen Raffinement. Sie erhoben die Figuren zu einem unerwartet geheimnisvollen Leben, zu einer Wechselfähigkeit des Ausdrucks, die nicht die Absicht des antiken Meisters gewesen sein konnte, sondern eher als die bewußt herbeigeführte Wirkung einer impressionistischen Photokunst erschien.

Heute, in der rückschauenden Betrachtung, denke ich darüber anders. Auch diese schwer zu erklärende Wandlungsfähigkeit des Ausdrucks muß irgendwie der Figur schon innegewohnt haben, denn die photographische Linse, mit wie großer perspektivischer Kunst sie auch gehandhabt werde, bleibt doch immer nur ein unbestechlich aufnehmendes Auge, das nichts sieht, was nicht auch da ist. Oder haben auch Marmorbilder ein heimliches, atmendes Leben, das sich nur dem erschließt, der die Geduld hat,

zu warten, zu lauschen, wie ein Jäger, der Stunden um Stunden im Verstecke liegt, in den Augen das Funkeln der bezähmten Leidenschaft, bis ihm endlich das Knacken eines Zweiges, das Rascheln der Blätter das Nahen des erwarteten Wildes ankündigt? Die Romantiker schrieben von solchen Marmorstatuen, Eichendorff ..., aber auch die Realisten wissen ähnliches zu erzählen.
Es war damals noch nicht lange her, daß ich Mérimées ›Venus von Ille‹ gelesen hatte, und ich könnte natürlich mit ebenso gutem Rechte behaupten, die Lektüre dieser Novelle sei der eigentliche Anfang des Geschehens gewesen, dessen Bericht ich auf diesen Seiten niederlegen will. Wer vermöchte zu sagen, wo diese tiefsten Wurzeln eines Ereignisses verborgen liegen? Das Licht des bewußten Erinnerns ist nur ein zitternder Reflex auf dem unauslotbaren Ozean in sich verflochtener Geschehnisse, und dem Menschen bleibt nur die Hoffnung, daß ein Gott sein könnte, dessen richtende Allwissenheit die Anfänge, Grenzen und Folgen eines Ereignisses absteckt. Ohne diese Voraussetzung wäre keine Möglichkeit zu leben; ohne sie hätte es keinen Sinn, überhaupt einen Anfang meiner Geschichte annehmen zu wollen.

Heinrich Schirmbeck: *Das Spiegellabyrinth*, in: ders.: *Träume und Kristalle. Phantastische Erzählungen.* Frankfurt am Main: Societäts-Verlag 1968, S. 90–120, hier S. 90f.

Poetisch reflektierter Erfahrungsraum
Ludwig Homann: *Geschichten aus der Provinz. Erzählungen* (1968)

Im Rückblick mag es fast ein wenig anachronistisch erscheinen, dass ausgerechnet 1968, dem Symboljahr des Aufbruchs und des Aufbegehrens, ein schmaler Erzählband mit dem Titel *Geschichten aus der Provinz* erschien. Von Rebellion oder Revolution ist in diesen Erzählungen nichts zu spüren – überhaupt gibt es nur wenige Signale in den drei Texten, die auf Zeitgenossenschaft hinweisen. Vielmehr ist es eine merkwürdig zeitlose, archaisch-metaphysische Provinz, die von Schuld, Verstrickung, Dunkelheit und Schmerz geprägt ist, die hier poetisch evoziert wird.

Mit der norddeutschen Provinz umreißt Homann einen Lebensraum, in dem sich – fernab von bukolischer Idylle und affirmativer Heimatliteratur – menschliche Abgründe auftun. Die Homannsche Provinz ist nicht einfach Abbild eines realen Raumes, sondern eher Modell, eine Stellvertreter-Provinz. Die Refentialisierbarkeit auf eine ›reale‹ Topografie oder Landschaft ist hier gar nicht wichtig. Die Auseinandersetzung mit der Provinz – in der literarischen Reflexion meist als Gegensatz von Provinz und Metropole, Land und Stadt – kennen Kunst und Literatur seit ihren Anfängen in der Antike. Für einige Gattungen wie die Idylle oder den Schäferroman ist sie sogar konstituierend. Die Provinz gilt – in einer kritischen Sichtweise – sprichwörtlich als Hort der Tradition, der in seinem Konventionalismus gefangen bleibt; sie steht als Synonym für Rückständigkeit, Folklore, Konservativismus und ein rückwärtsgewandtes Weltbild.

Die erste Erzählung des Bandes (*Im Brook*) ist die längste und auch eindrücklichste. Sie ist auf den phlegmatischen, schwächlich-naiven Knaben Urban Lander fokussiert. Er ist stets ein Opfer der Rauf- und Einschüchterungsrituale auf dem Schulhof. Die Gemeinschaft der Schüler ist gekennzeichnet von einem latenten Hang zur strukturellen und letztlich auch physischen Gewalt. Selbst von seinem eigenen Vater wird Lander als »Schlappschwanz« verspottet. Gleichzeitig hegt er den starken Wunsch, der Gemeinschaft der ›Halbstarken‹ anzugehören. Die Konzentration auf diese Randexistenz machen die Figur, aber auch den Alltag und die Lebensweisen in der Provinz, überhaupt erst erzählbar. Lander nimmt die traditionelle Rolle des ›Dorftrottels‹ ein, wie später auch »der Glasisch-Karl« in Edgar Reitz' für den Provinz-Diskurs so wichtigen *Heimat*-Filmtrilogie (1981–2012) oder »Onkel J.« in Andreas Maiers auf elf Bände angelegten Zyklus *Ortsumgehung* (seit 2010).

Der von seinen Mitschülern und von seinem Vater geächtete Urban erscheint auf der Ebene der Erzählung als Personifikation des Provinziellen, Abgehängten und Zurückgebliebenen schlechthin, ein ›Hinterwäldler‹ im wörtlichen Sinne. Von »Mädchen« oder »Unschuld« weiß er nichts. Mitleid kann man mit dieser Figur jedoch nicht unbedingt empfinden. Lander hat ja die Möglichkeit, den Gewaltroutinen und -ritualen zu entkommen – ihm wird von verschiedener Seite sogar Hilfe angeboten. Doch immer wieder fühlt er sich als Unbeteiligt-Beteiligter hingezogen zu den Prügeleien, Mutproben und Hühnerdiebstählen seiner Mitschüler. Er leidet an seinem Sehnsuchtsgefühl auf etwas bezogen zu sein, auf einen konkreten, sinnlich erfahrbaren bzw. erfahrenen Horizont. An dieser Figur kommen die Ambivalenzen, die Zwänge und Gewalttätigkeiten wie auch die Genügsamkeiten räumlich gebundener Lebensformen in der Provinz zur Anschauung. Gibt es für Lander Auswege aus dieser Alltäglichkeit der Gewalt und des Spotts, aus der Leidensrolle? Homann deutet in allen drei Erzählungen des Bandes kurze Momente des Aufgehoben-Seins, der Zugehörigkeit im naturalen Rhythmus der Tages- und Jahreszeiten an. Doch auch der Brook – die niederdeutsche Bezeichnung für ein tief gelegenes und morastiges Bruchland – ist keine ›unschuldige‹ Landschaft, sondern Ort archaischen Schreckens, der der Topik des bukolischen ›locus amoenus‹ zuwiderläuft.

Nur kurz erfährt Lander Augenblicke des Glücks in der Natur – sie ist weniger Idylle denn symbolischer Raum. Die Welt, in der sich Lander vorfindet, ist gefährlich, zuweilen eine Schreckens-Welt, die Homann am Schluss der Erzählung zu einer poetischen Geografie dunkler Landschaft entfaltet. Die Natur ist kontaminiert mit Geschichte, mit den Überresten des Zweiten Weltkriegs, die unter der Oberfläche liegen. Ein Querschläger kostet Lander schließlich genau in dem Moment das Leben, als er alleine eine von seinen Mitschülern erwähnte Mutprobe mit erhitzter Wehrmachtsmunition im Brook nachstellt. Das bleibt von Lander als »außerordentliche Leistung«, die Herr Schwiegel, Vater eines Mitschülers, erwähnt: »Das komme, wenn man eine außerordentliche Leistung im Rücken habe; wenn man sie nicht durch Schwätzen verpatze, fülle sie einen aus wie Stahl.« Nun ist es der Stahl der Munition, Überbleibsel einer Geschichte der Gewalt und Grausamkeit, der Lander »ausfüllt«, der letztlich bei seinem leichtsinnig-selbstmörderischen Versuch, so zu sein wie die anderen, zu seinem Tod führt.

Alle drei Erzählungen laufen gleich einer klassischen Tragödie auf die Katastrophe zu. Wohl nicht zufällig überlebt als einziger der Protagonisten der unter einer Schreibblockade leidende Schriftsteller Torsten Haraß, Titelfigur der gleichnamigen zweiten Erzählung. Diese bildet den Mittelteil des Erzähl-Triptychons. Auch Haraß ist eine Randexistenz mit einem »Zigeunerleben«, der sich – trotz eines Überlegenheitsgefühls – zu den Dorfbewohnern hingezogen fühlt. Er sucht immer wieder die Dorfkneipen auf (»Immer Pils, wo man Sie sieht«), um das merkwürdige Treiben der Gäste zu beobachten und zu kommentieren. Ähnlich wie Urban Lander leidet auch Haraß an dem Paradox seine Mitmenschen zu verachten, sich aber gleichzeitig nicht von ihnen lösen zu können: »Weggehen nützt nichts [...]. Dann bleibt alles beim alten.« Auch ihm wird Hilfe angeboten: »Wenn Sie die Flaute nicht so tragisch nehmen würden, sondern jetzt etwas anderes machten, wenigstens um Ihren Lebensunterhalt zu sichern, andere Menschen kennenlernen würden, einfach aus dem alten Geleise sprängen, dann würden Sie vermutlich ganz von selbst wieder auf Ihr Thema zurückkommen.« Dass Haraß' Versuch, sich mit zwei Flaschen Rum totzusaufen, scheitert, kann man als poetologischen Kommentar lesen: Es muss schließlich jemanden geben, der diese Provinz mit ihren Menschen in der Erzählung literarisch festhält.

Die dritte Erzählung (*Auf der Burg*) spielt mit einem zentralen Motiv der romantischen Malerei, der Burgruine, mythisch grundiert mit der Helena-Sage. Es ist eine mysteriöse Geschichte um Schuld, Verantwortung und Vergeltung. Der Protagonist Konstantin Schombert unternimmt mit seiner Freundin Bianka Hormsted eine waghalsige Kletterei auf einer Burgruine, bei der Bianka durch einen Sturz von der äußeren Ringmauer ums Leben kommt. Noch am Abend wiederholt Schombert mit seinem Nebenbuhler die Klettertour, bei der auch er in die Tiefe stürzt. Wie in den beiden anderen Erzählungen bilden (Literatur-)Geschichte und Mythos einen Subtext, eine thematische Spur, hier, ausgehend von der romantischen Ruinenfaszination, in einer stärker traditionsreflexiven Dimension (Dostojewski). Die Ruine, mittlerweile als touristischer Anziehungspunkt mit elektrischem Licht künstlich inszeniert, kann auch in der beschleunigten Moderne noch ein Schicksalsort sein.

Entscheidend ist, dass sich diese Erzählungen einem starren Ordnungsschema von Heimat- oder Anti-Heimat-Literatur, von Provinz- oder Anti-Provinz-Literatur nicht eindeutig zuordnen lassen. Homann greift zwar auf ›klassische‹ Motive und Topoi der Heimatliteratur und des Heimatfilms der 1950er Jahre zurück – die Dorfschenke, das Wildern als Konflikt, der Stadt-Land-Gegensatz –, entwickelt jedoch aus diesen Traditionen ein eigenes poetisches Potential. Urban Lander trägt die Provinz-Metropole-Dichotomie bereits in seinem Namen. Dieser Gegensatz ist eine wesentliche Leitdifferenz der Moderne, nicht nur literaturgeschichtlich, sondern auch als hermeneutische Größe, mit der sich Kulturen,

Lebenseinstellungen und Lebensweisen beschreiben lassen. Homann verweist auf dieses polare Interpretationsschema, als an einer Stelle der *Brook*-Erzählung die Städter – das kann man auch symbolisch deuten – ihren Müll über die Natur der Provinz ausschütten: »Die Jungen hoben den Handwagen vorn an, und die Ladung Asche, Gemüseabfall, Zeitungen rutschte als Lawine zu ihm [Lander] nieder. [...] ›Ihr Stadtschweine‹, schrie er ihnen zu.«

Es geht in Homanns *Geschichten* weder um Abrechnung, Verdammung noch um eine ortsromantische Verteidigung eines Lebens- oder Kompensationsraums, in dem sich das Subjekt zugehörig und aufgehoben fühlt. Vielmehr entwirft er in einem vorsichtigen ästhetischen Spiel mit den Sujets der literarischen Tradition ein ganz eigenes poetisches Koordinatensystem. Gerade im reflektierten Rückgriff auf Muster und Poetiken der Heimat- und Provinzliteratur inszeniert Homann einen Erfahrungsraum, der gleichermaßen von Mythos, Geschichte und angedeuteten fluktuierenden Lebensformen und -weisen der Moderne bestimmt ist. (Die Orientierung an Mythos und Historie zeigt sich auch am Erzählgestus und an der altmodischen Diktion, die man eher im realistischen Roman des 19. Jahrhunderts verorten würde; die erzählerische Dramaturgie erinnert zuweilen an Volksmärchen.) Die traditionellen ortsgebundenen Kommunikationsgemeinschaften und sozialen Beziehungen lösen sich auf, existieren nur noch rudimentär als ›Saufgemeinschaften‹ in den Dorfkneipen. Homanns ›Provinz‹ ist keine verklärte, ist nicht das erzählerisch affirmierte Urtümlich-Ursprüngliche und schon gar keine ›Landlust‹-Idylle, wie sie heute von stressgeplagten Großstädtern als Kompensationsraum aufgesucht wird.

Die *Geschichten aus der Provinz*, die ursprünglich den Titel »Ebbe« tragen sollten, sind Homanns erste Buchveröffentlichung. Sie wurden von der literarischen Öffentlichkeit kaum wahrgenommen. Anschließend folgten die Romane *Der schwarze Hinnerich von Sünnig und sein Nachtgänger* (1970) und *Jenseits von Lalligalli* (1973). Nach einer Schreibpause veröffentlichte er 1994 die Erzählung *Engelchen.* 1999 wurde sein Werk mit dem *Annette-von-Droste-Hülshoff-Preis* ausgezeichnet. Auch wenn sich Homann später von seinem Frühwerk distanzierte, lohnt eine erneute Auseinandersetzung mit diesem eindrucksvollen Debüt, besonders im Hinblick auf die ›Konjunktur‹ der Provinz in der deutschsprachigen Gegenwartsliteratur – Andreas Maier, Peter Kurzeck, Judith Schalansky, Jan Brandt, Stephan Thome, Norbert Scheuer oder Christoph Peters seien als Beispiele genannt. An den *Geschichten* zeigt sich, wie ein junger Autor sich bereits 1968 – ähnlich wie zur gleichen Zeit Peter Handke, Gert Jonke und wenig später Franz Innerhofer – einen eigenen Literaturraum erschreibt und etablierte Versatzstücke der Literaturgeschichte fern von Heimat- und Provinz-Klischees neu kombiniert.

Nils Rottschäfer

Ludwig Homann: *Geschichten aus der Provinz. Erzählungen* (1968)

Im Brook

»Meine Mutter hat dem Vater auch was erzählt, hat sich das genauso nicht überlegt«, sagte Lander.
»Du bist auch falsch gesprungen.«
»Ich hätte dich sehen wollen, da runterspringen«, wehrte Lander mürrisch ab.
»Der Vater will ja nur, daß du kommen sollst, weil er mit dir wegen dieser Sache sprechen will. Das ist es.«
»Mit mir darüber sprechen?«
»Ich sag doch, er weiß alles besser. Er will dir irgendwas davon sagen, was du falsch machst, und überhaupt will er erzählen, wie er sich verhalten haben würde.«
»Was will er denn erzählen«, fragte Lander sehr erstaunt und auch geschmeichelt wegen des Interesses vom Herrn Schwiegel an seiner Sache.
»Was weiß ich. Daß man sich nicht zuviel mit den anderen abgeben soll, und daß man denken soll, was die können, kann ich schon lange, und sich nicht einschüchtern lassen darf. Er hat neulich schon erzählt, wie er mit solchen Schwierigkeiten fertig geworden ist.«
»Wie denn?« fragte Lander.
»Naja, die Großmaulerei verachten, und wenn das wirklich was ist, womit die prahlen, und man das bewundert, dann heimlich für sich nachmachen. Nur damit man das Gefühl bekommt, es auch zu können, und dann nicht darüber reden. So lernt man die Großtuer verachten und fühlt sich nicht weniger als die. Er erzählt immer wieder, daß er einmal ins Wasser gesprungen ist.«
»Nachmachen, was die machen? Er ist ins Wasser gesprungen?«
»Ach hör doch auf! Als wenn das so was wäre. Will ja nicht sagen, daß das ganz verrückt war. Für ihn war das vielleicht gut, aber unbedingt notwendig ... jedenfalls springe ich nicht von 'ner hohen Böschung in so eine gefährliche Kiesgrube, bloß weil andere reingesprungen sind. Von mir aus könnten die vom Blocksberg springen.«
»Er ist also auch reingesprungen.«
»Man kann dir nichts erzählen, du bist für alles gleich Feuer und Flamme. Du hörst's ja, wenn du kommst.«
»Ich dachte, wir würden was anderes machen.«
»Nicht dran zu denken, wenn der Vater da ist.«
»Ach so. – Eigentlich ...«
»Hast du schon was anderes vor? – Na gut. Kann ja später einmal sein. Mit dem Vater ... Also bis morgen.«

Ludwig Homann: *Im Brook*, in: ders.: *Geschichten aus der Provinz. Erzählungen.* Frankfurt am Main: S. Fischer 1968, S. 5–82, hier S. 36f.

Unrecht, Schuld und Verantwortung
Max von der Grün: *Zwei Briefe an Pospischiel. Roman* (1968)

»Die Dinge klipp und klar beim Namen nennen, nichts als gegeben hinnehmen«, das war seine Antwort auf die *FAZ*-Frage nach seinem Motto. Ungeduld war eine seiner schlimmsten Eigenschaften. *Der Spiegel* bezeichnete ihn einmal als »Revier-Goethe«. Dennoch ist er innerhalb der Literaturkritik und -wissenschaft selten angemessen rezipiert worden: »Max von der Grün, postulierter Arbeiterschriftsteller« – der mit diesem Begriff nie etwas anfangen konnte –, »ein Verfasser kurzweiliger Bücher, Chroniken seiner Welt im Ruhrgebiet, in denen dem ›kleinen Mann‹ gründlich ›aufs Maul‹ geschaut wurde« (Heinz Georg Max, *Literatur in Westfalen 9* [2008]).

Im Januar 1969, ich war gerade 20 geworden, las ich den im vorangangenen Jahr erschienenen Roman *Zwei Briefe an Pospischiel* wie in einem Fiebertraum. Das heißt, ich lag mit Grippe im Bett und las das Buch in einem Zug. Ich war tief berührt und ergriffen, es zog mich in seinen Bann. Möglicherweise steigerte mein fiebriger Zustand meine Empfind- und Empfänglichkeit. Vielleicht lag es an meiner Jugend, dass es mich so berührte. Über Neil Young las ich, dass er zwei seiner berühmtesten Lieder in kürzester Zeit unter Fieber in einem Hotelbett in Toronto geschrieben habe. Durch das Fieber mussten Teile der Realität und der Wahrnehmung ausgeblendet und zugleich geschärft und auf das Wesentliche fokussiert worden sein. So erging es mir beim Lesen des Romans *Zwei Briefe an Pospischiel*; trotz meines Fiebers schienen meine Sinne geschärft, ich befand mich im Rausch, wenn auch nicht in einem Schaffensrausch wie der junge Neil Young.

Natürlich interessierte ich mich in dem Alter für Literatur, ich las alles, was mir in die Finger kam oder Schulkameraden mir empfahlen. Ich begann sogar mit ersten eigenen Schreibversuchen. Nun las ich fiebergeschwächt und doch hellwach meinen ersten Roman von Max von der Grün, von dem ich wusste, dass er bis vor wenigen Jahren bei uns im Dorf gewohnt und auf der Zeche gearbeitet hatte. Als sein berühmter Roman *Irrlicht und Feuer* 1963 erschien (s. S. 238), war ich gerade 14 und beschäftigte mich wohl noch mit Karl May, *Robinson Crusoe* und anderen Jungendbüchern.

Die 1960er Jahre, eine Zeit der Neuerungen, Umbrüche und Aufbrüche – auch und gerade für einen Heranwachsenden eine bewegte Zeit. Politisch begründet in der Studentenbewegung, sich rasch ausweitend auf viele Bereiche des Lebens. Dazu zählten ein verändertes Sexual- und Konsumverhalten ebenso wie Entwicklungen in der Mode (›Befreiung der Frau‹) oder in der Popmusik mit den Songs Bob Dylans, der Beatles oder der Rolling Stones. Als Teenager berührte mich das alles, nahm ich vieles davon zumindest wahr, und manches prägte mich sicherlich nachhaltiger, als mir damals bewusst war.

1968, im Erscheinungsjahr von *Zwei Briefe an Pospischiel*, lief die 1966 gedrehte DDR-Verfilmung von *Irrlicht und Feuer* zur Hauptsendezeit als »gewagtes Experiment« des Südwestfunks im ARD-Fernsehen und brachte erneut Zündstoff in die Diskussion um den fünf Jahre zuvor erschienenen, so heiß diskutierten Roman. Als ich den Film sah, war ich beeindruckt von der (wie ich fand) realistischen Wiedergabe und den stimmigen Bildern, die er in die westdeutschen Wohnzimmer lieferte und die mir so vertraut waren, spielten doch viele Szenen gleich um die Ecke, in Zechensiedlungen, wie ich sie kannte, in der Dortmunder Innenstadt oder unter Tage in einer Welt, in die ich mich hineinversetzen konnte, auch wenn ich nie eingefahren war.

Auch *Zwei Briefe an Pospischiel* wurde bald verfilmt, zunächst 1970 wiederum vom Deutschen Fernsehfunk der DDR, ein knappes Jahr darauf in einer Neuinszenierung des ZDF unter der Regie von Roland Gail. Im Mittelpunkt des Romans steht der Umgang mit den Verbrechen der Nazi-Diktatur. Der Luchterhand Verlag schrieb im Klappentext: »Der neue Roman, dessen Sprache schmucklos und ganz auf den Stoff bezogen ist, enthält nicht weniger Zündstoff als sein berühmter Roman ›Irrlicht und Feuer‹. Am Beispiel des Schicksals seines Helden definiert der Roman die spezifische Atmosphäre in der Bundesrepublik des Jahres 1967, jene nicht geheure Idylle, die nach Aktion verlangt und doch den einzelnen zur Tatenlosigkeit verurteilt.«

Besser ließen sich meine Empfindungen nicht zusammenfassen, als ich den Roman kurz nach Erscheinen verschlang. Gerade bei einem jungen Menschen mussten die mehrschichtigen eindringlichen Schilderungen von erfahrener Ungerechtigkeit, von Schuld und Verantwortung nachhaltig wirken, mussten dessen Anteilnahme hervorrufen und seinen Gerechtigkeitssinn schärfen. Es war der Roman in seiner Gesamtheit, der mich berührte, die Aufarbeitung der Nazi-Vergangenheit, Bedeutungslosigkeit und Ungerechtigkeit am Arbeitsplatz, die unterschiedlichen Ebenen, auf denen von der Grün dies stimmig und gründlich ›durchleuchtete‹. Es waren für mich als jungen Menschen die mit ›Röntgenblick‹ gesehenen und im Roman festgehaltenen ›Umwelten‹, die charakteristischen Beschreibungen und die Gegensätze, die in den Kapiteln so deutlich wurden. Auf der einen Seite die moderne Industriestadt Dortmund, die ich gut kannte, auf der anderen Seite die ländliche Atmosphäre in der Oberpfalz unweit der tschechischen Grenze. Die authentische und entlarvende Darstellung der unterschiedlichen Milieus, ihre genaue Beobachtung und die individuelle, mitunter drastische Zeichnung in den Dialogen zählten ebenfalls dazu.

Rasch wurde klar, worum es von der Grün in seinem Roman ging: das Verarbeiten einer von ihm komplex wahrgenommenen Umwelt, die ständig in das Handeln der Menschen eingreift und immer wieder zu irrationalen Verhaltensweisen führt. Gleichgültig, ob an Pospischiels Arbeitsplatz im E-Werk, ob in seiner Ehe und Familie, ob bei der neuerlichen Überwachung und Terrorisierung eines alten Freundes und Verfolgten der Nazi-Diktatur, eines früheren Kommunisten, oder ob bei Pospischiels Fahrt in die Oberpfalz, seiner dortigen Suche nach Wahrheit und der Begegnung mit dem Denunzianten, der vor 25 Jahren seinen Vater in das KZ gebracht hatte.

Zwei Briefe als Auslöser: Initialzündung und Rahmen der Handlung. Am Anfang schreibt die Mutter dem Ich-Erzähler, dass der Denunziant seines Vaters nun als Rentner im Nachbarort lebe. Pospischiel versucht Urlaub zu bekommen, sein Werk teilt ihm mit, dies sei aussichtslos, da er auf lange Zeit völlig »ausgeplant« sei. Er fährt dennoch, bleibt

»unentschuldigt« seiner Arbeit fern und findet nach der Rückkehr den zweiten Brief vor, das Kündigungsschreiben des Arbeitgebers. Der Betriebsrat bietet ihm einen erpresserischen »Kompromiß« an, Pospischiel akzeptiert, wird »zurückgestuft« und muss finanzielle Verluste hinnehmen. Er erkennt: »Das also war unsere Freiheit, ist sie, war sie immer. Das Fatale an der Geschichte ist, daß wir tatsächlich glauben, frei zu sein. Dabei hatten wir nur Bewegungsfreiheit, und auch die war an den Verlust gebunden.«

Der Roman weist zahlreiche autobiografische Züge auf, angefangen bei den bayerischen Szenarien, der KZ-Inhaftierung des Vaters, hin zu den Umständen der Kündigung durch das Dortmunder Werk. Als von der Grün mit *Irrlicht und Feuer* einen medienträchtigen Skandal ausgelöst hatte und aufgrund zahlreicher Interviewnachfragen seiner Arbeit drei Tage unentschuldigt fernblieb, kam er seiner wohl unausweichlichen Kündigung zuvor, indem er selbst kündigte. Pospischiel kann und will sich als lohnabhängiger Arbeitnehmer diese Freiheit nicht nehmen, geht auf den faulen Kompromiss ein und unterschreibt den angebotenen schlechteren Arbeitsvertrag.

Ich sehe Max von der Grün (1926–2005) als Chronisten seiner Zeit. In erster Linie ist er natürlich kenntnisreicher und unbestechlicher Chronist der Welt im Ruhrgebiet, der ich mich ebenfalls zugehörig fühle. Ich las seine Romane stets als kurzweilige, sozialkritische Bücher, die wahre Verhältnisse, spannend aufbereitet, widerspiegeln. Erfolgreiche Bücher; von der Grün war zur rechten Zeit am richtigen Ort. Wer wollte es dem Autor verübeln, auf sein seit *Irrlicht und Feuer* bewährtes Erfolgsrezept zurückzugreifen? Mit *Zwei Briefe an Pospischiel*, später mit *Stellenweise Glatteis* und *Flächenbrand*, setzte er diese Romankonzeption fort. Der Erfolg gab ihm recht, die damalige Brisanz und Tagesaktualität rechtfertigten es weit darüber hinaus. Bis heute ist vieles davon aktuell geblieben und hat sich lediglich verlagert: auf andere Ebenen, in andere Kontinente.

Beim Personal gibt es, was die Perspektiven und Konstellationen der jeweiligen Ich-Erzähler und ihrer Familien betrifft, in späteren Werken ähnliche Strukturen und Motive. Und stets tragen diese Personenkonstellationen, die Dichte der Szenen sowie die in den Dialogen mitschwingenden unterschwelligen Affekte ihren Teil dazu bei, dass von der Grüns Romane lesenswert sind. Um es noch einmal mit Heinz Georg Max auf den Punkt zu bringen: »Max von der Grün wird heute als Arbeiterschriftsteller klassifiziert. Das ist ein Klischee. Er war vor allem eine erzählerische Naturbegabung. Seine Bücher vermögen, auch nach Jahrzehnten noch, zu fesseln. Dass sie in der Welt der Arbeit spielen, ist grade heute, in Zeiten, in denen soziales Bewusstsein mehr denn je gefordert ist, ein großes Plus.«

Gerd Puls

Max von der Grün: *Zwei Briefe an Pospischiel. Roman* (1968)

Ich sah vom Brief hoch, erst auf Gerda, wie sie teilnahmslos im Sessel vor sich hinstarrte, dann auf meine Tochter. Lissi, das sah ich deutlich, bezwang nur mit Mühe das Lachen, lachte dann aber lauthals los, sie bog sich buchstäblich vor Lachen, der Hund

schreckte hoch, bellte einmal, da sprang Gerda auf, klatschte Lissi eine Ohrfeige, und ich erschrak, denn Gerda hatte unsere Tochter noch nie geohrfeigt.
Geh zu Bett, herrschte sie Lissi an.
Lissi ging, aber ich hörte sie noch in ihrem Zimmer lachen, lange. Gerda sah wütend zur Tür.
Meine Mutter, mein Gott, sagte ich, kann die aber lange Briefe schreiben. Ich trat zum Fenster, der Mercedesstern oben am Ruhrschnellweg drehte sich, in zehn Sekunden einmal um seine Achse, blaues Licht; grellweiß der rotierende Scheinwerfer auf dem Fernsehturm, sein Licht huschte für wenige Sekunden über unsere Siedlung.
Das ist ja wohl ein Ding, sagte Gerda. Was willst du jetzt machen?
Ich zuckte die Achseln. Was kann man denn schon machen, heutzutage, nach so viel Jahren.
Wieviele Jahre sind das eigentlich, Paul? Sie begann zu rechnen. Achtunddreißig war das, nicht? Da warst du zwölf. Achtundvierzig, achtundfünfzig, achtundsechzig weniger eins, da sind also 29 Jahre vergangen. Mein Gott, wie die Zeit vergeht.
Es ist alles lange her; also sei vernünftig, Gerda.
Ich geh schlafen, sagte sie nach einer Weile. Aber ich weiß nicht recht, Paul, vielleicht läßt sich da was machen.
Ich blieb im Wohnzimmer sitzen, ich hatte Zeit, brauchte morgen erst zur Mittagsschicht ins Werk. Ich ließ den Hund, der aus Lissis Zimmer geschlichen kam, noch einmal in den Garten.
Lissi schläft noch, fragte ich am anderen Morgen.
Schläft noch, erwiderte Gerda. Ihr Kaffee roch gut, schmeckte noch besser als er roch.
Ich sah aus dem Fenster. Dunst hüllte die Stadt ein, die Sonne glich einer zerfließenden Scheibe.
Was machst du heute vormittag, fragte Gerda.
Ich fahre zu Känguruh auf den Schnee, war schon über zwei Wochen nicht mehr bei ihm.
Und ich wasche die Stores.
Dann nehm ich den Hund mit, sagte ich, der läuft dir sonst dauernd zwischen den Beinen rum. Der Hund lag neben mir: er braucht Körperwärme. Unser Hund ist ein Mensch, zumindest ist er menschlich.
Lissi schlappte nun doch durch das Wohnzimmer, sie ließ sich mir gegenüber in den Sessel plumpsen, sie gähnte ausgiebig.
Benimm dich, sagte Gerda.
Mein Gott, Mama, man kann sich doch nicht schon am frühen Morgen benehmen. Du, Papa, wohin fährst du? Fährst du da hin?
Wo hin? Ach da hin.
Ja, dahin, sagte Gerda. Sie setzte mir zwei weichgekochte Eier vor. Einen Moment sah ich sie mißtrauisch an, aber sie sagte: Brauchst auch nicht zu essen.

Max von der Grün: *Zwei Briefe an Pospischiel. Roman.* Neuwied: Luchterhand 1968, S. 41–43

Förderung der Humanität
Hugo Ernst Käufer: *Käufer Report* (1968)

Der *Käufer Report* ist ein in mehrfacher Hinsicht signifikantes Buch: Mit seinen politischen Gedichten ist es zum einen unverkennbar ein literarisches Produkt seines Jahrzehnts – schon das Erscheinungsjahr, 1968, wirkt zusammen mit dem Titelwort *Report*, das an die seinerzeit verbreitete Dokumentarliteratur erinnert, wie eine literarische Marke. Als »aufwändig gestaltetes Leporello« zeugt es zum anderen von Hugo Ernst Käufers Neigung, »besonderen Wert auf die Buchgestaltung« zu legen (Walter Gödden). Und drittens entspricht es Hugo Ernst Käufers stetem Einsatz für Autorenkollegen, dass sein *Report* im kleinen Krefelder Verlag Pro des Schriftstellers und Bibliothekars Hansjürgen Bulkowski erschienen ist.

Seine Rolle als Förderer der Literatur nahm der 1927 in Annen, einem heutigen Stadtteil von Witten geborene Hugo Ernst Käufer bis zu seinem Tod 2014 in Ledgen wahr. Er kannte die literarische Infrastruktur des Landes bestens und verstand es, ihr Beziehungsgeflecht, an dem er selbst nicht unerheblich mitgewirkt hat, zu nutzen. Die von ihm 1967 ins Leben gerufene *Literarische Werkstatt Gelsenkirchen* bot nicht wenigen jungen Autoren Gelegenheit, sich im Austausch mit Kollegen und dem Publikum zu profilieren. Hugo Ernst Käufer konzipierte Anthologien mit Texten von Autoren der *Literarischen Werkstatt Gelsenkirchen* (*Beispiele Beispiele*, 1969 [s. S. 354]; *Revier heute*, 1971) und fand im Recklinghäuser Bitter-Verlag den passenden Ansprechpartner. Und oft genug gewährte er für weitere Publikationen ›seiner‹ Autoren Unterstützung durch Begleitworte, Herausgeberschaften und anderes mehr.

So auch im Fall von Hansjürgen Bulkowski. Hugo Ernst Käufer, damals noch Bibliothekar in der Stadtbücherei Bochum, lernt zunächst den literaturinteressierten Bibliotheksbesucher Hansjürgen Bulkowski kennen, dann den Nachwuchsautor und -verleger. Für das erste Heft der in Bulkowskis gleichnamigem Verlag erscheinenden Zeitschrift *Pro* leistet Käufer 1966 sogleich mit einem Gedicht (*Marginalien*) Anschubhilfe. Zwei Jahre später kommt es dann schon zum *Käufer Report*. Hugo Ernst Käufer, der mittlerweile als Bibliothekar nach Gelsenkirchen gewechselt ist, lässt Bulkowski (der als Autor ohne Vornamen auftritt) auf den Treffen der *Literarischen Werkstatt* zu Wort kommen und folgerichtig auch in deren Anthologien. Für die sekundärliterarische Assistenz sorgt er gleich mit: Bulkowski ist im von Hugo Ernst Käufer und Horst Wolff herausgegebenen Band *Sie schreiben zwischen Moers und Hamm* (1974) als einer von 43 Autoren vertreten. Bulkowski revanchiert sich mit einem Beitrag im Band *Stationen* (1977), der anlässlich des 50. Geburtstags von Hugo Ernst Käufers erscheint.

Der Literat und Bibliothekar Hugo Ernst Käufer war geradezu selbstverständlich bibliophil. Seine Bibliophilie beschränkte sich dabei keineswegs auf das Sammeln, sondern war auch auf die Ausgestaltung eigener Bücher gerichtet. So finden sich in der Bibliografie seiner Werke Titel mit Illustrationen von HAP Grieshaber (z. B. *Rußlandimpressionen*, 1976) und von H. D. Gölzenleuchter (z. B. *Augapfeltiefe*, 2005). In dessen Edition Wort und Bild sind zudem Bücher mit der reprografierten Handschrift des Autors herausgekommen, so etwa *Wortwörtlich* (2007), das zusätzlich mit einem Originalholzschnitt ausgestattet ist. Hugo Ernst Käufer war das Schreiben mit der Hand unverzichtbare Bedingung für jedwede literarische Produktion, ein In-die-Maschine-Schreiben war ihm zeit seines Lebens fremd. Und so verwundert es nicht, dass er drei Gedichte zu einer handgeschriebenen, von Theo Breuer herausgegebenen Anthologie beigetragen hat, die naturgemäß nur in einer kleinen Auflage von 37 Exemplaren produziert worden ist (*Ein Dach aus Laub*, 2003). Es muss den bibliophilen Autor Hugo Ernst Käufer gereizt haben, den *Käufer Report* in der für literarische Werke ungewöhnlichen Form des Leporellos mit seinem Zickzackfalz gedruckt zu sehen, noch dazu ohne Rücken und beidseitig bedruckt, sodass man das Buch von beiden Seiten her öffnen und lesen kann. Damit nicht genug: Der *Käufer Report* ist auf Packpapier gedruckt, der Deckel besteht aus einer zwei Millimeter starken Maschinenpappe. Damit entspricht das Buch in seiner Materialität in besonderer Weise den in ihm enthaltenen Gedichten, die sich mit der zeitgenössischen Arbeitswelt und den ideologischen Auseinandersetzungen in ihr befassen.

In den späten 1960ern ist eine solche »Literatur in der Aktion« (Ulla Hahn), die sich vehement für Veränderungen in der Gesellschaft einsetzt, weit verbreitet. Ihr plakativer Duktus ist für Hugo Ernst Käufer indes untypisch, nicht aber das damit verbundene soziale Engagement. Käufer hat auf der einen Seite mit dem Schreiben stets den Anspruch einer inhaltlichen Aussage verbunden; eine sich selbst genügende Literatur ist seine Sache nie gewesen. Ihm geht es, so sagt er in seiner Rede *Angesichts der offenen Fragen*, stets um die »Förderung der Humanität«. Der Dialog mit aktuellen literarischen Strömungen ist ihm dabei ein Mittel, mit diesem Anliegen im Gespräch zu bleiben.

In diesem Kontext sind die neun Gedichte im *Käufer Report* zu sehen. Dabei ist es wohl kein Zufall, dass eines der Gedichte, *Farbensalat*, im Nachdruck des *Käufer Reports* innerhalb der von 2001 bis 2012 erschienenen ›Werke-Teilsammlungen‹ fehlt: Zu sehr schwimmt der Text auf der Welle der Kritik an der von 1966 bis 1969 regierenden Großen Koalition: »das gibt sich staatserhaltend / [...] / und probt den Notstand«. Hingegen hat die politische Kritik, die das Gedicht *Der Springer greift an* an der Springer-Presse artikuliert, auch in der zurückblickenden Sammelausgabe noch ihren Platz: »der Springer / [...] / [...] baut höher die Mauer / bis in alle Ewigkeit / und schickt seine Spürhunde aus«. Der *Käufer Report* betreibt Gesellschaftskritik zudem mit Blick auf die Psyche der seinerzeit für gewöhnlich ›Schlachtenbummler‹ genannten Fußballfans. Das Gedicht *Nix zu machen* bemängelt die Verachtung für den unterlegenen Gegner: »Da ist nix zu machen / das läßt / der innere Mensch nicht zu«. Das soziale Phänomen Fußball lässt Hugo Ernst Käufer einen Blick auf die kollektive Psyche deutscher Männer werfen, die ihm politisch verführbar erscheint.

Das zeigen die anderen Gedichte des Leporellos. Hugo Ernst Käufer entwirft in ihnen eine Antithetik, die auf der einen Seite seinen Anspruch der »Förderung der Humanität« thematisch entfaltet und auf der anderen Seite Demokratiedefizite decouvriert. Der titelstiftende *Report* z. B. exemplifiziert anhand der Namen prominenter Zeitgenossen ein in der Öffentlichkeit wirksames Bild, was »ein deutscher Mann« sei, »so kickerlike / wie uns' UweUwe« (Seeler) oder – die Kritik an der Großen Koalition klingt auch hier an – »so staatsmännisch gegrillt / wie der treue Willy« (Brandt). Dementgegen steht, was »kein deutscher Mann« sei, ein Paradigma von Feindbildklischees konservativen Kleinbürgertums im Wirtschaftswunderland: »Kommunist« und »Zigeuner« (!), »Wehrdienstgegner« und »Jude«, »Spätaufsteher« und »Neinsager«, »Arbeitsloser« und »Radfahrer«.

Nachdrücklich setzt sich der *Käufer Report* für die Interessen der Arbeitnehmer ein, damit es ihnen nicht wie dem in der Kohlenkrise »gelackmeierten Kumpel« (*Ein Sonntag wie jeder andere*) ergehe. Es fallen Vokabeln wie »Gehaltszulagen / Produktionsprämien / Arbeitsplatzsicherungen / Urlaubsverlängerungen / Bildungsfreizeiten«, die das soziale Moment der Marktwirtschaft akzentuieren und auf gewerkschaftlichen Fahnen stehen. Hugo Ernst Käufers *Chefworte* ergreifen damit Partei und klagen eine Unternehmersicht an, die in Arbeitnehmern, die ihre Interessen vertreten, »Laumacherfritzen« sieht, zu denen der Kauf eines Computers die Alternative darstelle, denn: »der pariert«. Das sich in einer solchen Haltung offenbarende »Weltbild« wird in dem Gedicht *Schöne Aussichten* von einem Quintett der deutschen Presse propagiert, von den konservativen Blättern *Frankfurter Allgemeine Zeitung*, *Die Welt* und *Rheinischer Merkur* über den interessengelenkten *Industriekurier* bis zur Klimax des Paradigmas, der *Deutschen Soldaten-Zeitung* als einem publizistischen Organ alter wie neuer Nazis. Und »das sind«, kommentiert der ironische Schlussvers, »schöne Aussichten«.

Im Gedicht *Revision* wird die Antithese aus Sicht der kritisierten Eliten formuliert: »Nützlich« (»Gedankenkorsetts«, »Polizeiknüppel«) versus »Schädlich« (»Arbeitsplatzansprüche«, »Demonstrationen« und »Tucholskyausgaben«). Die Beispielreihe macht deutlich, dass für den homme de lettres Hugo Ernst Käufer soziales, politisches und kulturelles Engagement zusammengehören. Noch deutlicher wird dies in dem Gedicht *Konzertierte Aktion*, in dem im Land der »bankrotten Zechen« »die Buchhändler« die Bücher von Paul Celan, Günter Eich und Günter Grass, die sich mit der Erblast der deutschen Geschichte auseinandersetzen, »verramschen«. Im Sortiment verbleiben »nur Adenauer, Strauß und Wehner« und mit ihnen »Gesangbücher, Bibeln / Taschenhefte für Wehrfragen / und Notstandsgesetze«, »nützliche Dinge« mithin, wie der Schlussvers ironisch kommentiert.

Über die Wirkmöglichkeiten der Literatur hat sich Hugo Ernst Käufer keine Illusionen gemacht. Die Hoffnung, mit seinen Gedichten aber zumindest einen »bescheidenen Beitrag zur Bewußtseinsveränderung« in Richtung Humanität zu leisten (*Die neuen Wirklichkeiten*, 1970), hat aber indes sein Schreiben ein Schriftstellerleben lang begleitet.

Joachim Wittkowski

Hugo Ernst Käufer: *Käufer Report* (1968)

Konzertierte Aktion

Im lausigen Revier
zwischen Dortmund und Duisburg
bei den lustigen Brüdern
in bankrotten Zechen und Gruben
räumen die Buchhändler
die Schaufenster aus
verramschen Celan
von Schwelle zu Schwelle
und Eich
auf abgelegenen Gehöften
auch Grass ist ausgefragt
Kappes geht vor Seelenschmus
ährlich
nur Adenauer, Strauß und Wehner
halten sich zähflüssig
Entwurf für Europa
allerleirauh

Daneben vertalern
die lieben Buchhändler
Gesangbücher, Bibeln
Taschenhefte für Wehrfragen
und Notstandsgesetze

das sind nützliche Dinge

Schöne Aussichten

Der Chef ist ein gebildeter Mann
jeden Montagmorgen verspeist
er noch vor dem Frühstück
als Einstimmung
in den humanen Produktionsablauf
die Wochen- und -(end)ausgaben
von fünf empfehlenswerten Zeitungen

Sein politisches Weltbild
 = Frankfurter Allgemeine Zeitung
sein soziales Weltbild
 = Die Welt
sein geistiges Weltbild
 = Rheinischer Merkur
sein wirtschaftliches Weltbild
 = Industriekurier
sein geschichtliches Weltbild
 = Deutsche Soldatenzeitung

das sind schöne Aussichten

Hugo Ernst Käufer: *Käufer Report.* Krefeld: Pro 1968, S. [1], [3]

Ein Klassiker dokumentarischer Literatur
Erika Runge: *Bottroper Protokolle* (1968)

Väterchen Franz Josef Degenhardt enterte 1968 mit Gitarre, geballt-gereckter Faust und vielleicht schon damals einem »Venceremos« auf den Lippen die Bühne und verkündete: »Zwischentöne sind nur Krampf im Klassenkampf!« Ähnlich musste auch das literarische Begleitgefecht dieses Kampfes geführt werden: Weg mit den einer bürgerlichen Literatur eigenen Zwischentönen und her mit einer nicht mehr bürgerlichen Literatur!

Das Ruhrgebiet hatte seinerzeit wegen des klassenkämpferischen Potentials, das sich hier während des Zechensterbens auftat oder aufzutun schien, Interesse auf sich gezogen. So kam (nicht nur) Erika Runge, geboren 1939, politisch beheimatet im Münchener SDS und mit dokumentarischer Filmarbeit vertraut, 1968 ins Ruhrgebiet. Die Schließung der Zeche Rheinbaben in Bottrop gab den aktuellen Hintergrund zu ihren *Bottroper Protokollen.* Vor deren Veröffentlichung wurde im WDR der Fernsehfilm *Warum ist Frau B. glücklich?* gesendet. Das ›anrührend‹ ausgebreitete Frauenschicksal entspricht weitgehend dem des in den *Protokollen* von der Putzfrau Maria B. zu Protokoll gegebenen. Ins gleiche Jahr fiel die Gründung der DKP, der Erika Runge beitrat. Sie nahm auch an Sitzungen der *Dortmunder Gruppe 61* teil und wurde Mitinitiatorin des *Werkkreises Literatur der Arbeitswelt.*

Ein breites linksintellektuelles Publikum für die Lektüre der *Protokolle* einzustimmen übernahm Martin Walser in einem Vorwort: »Alle Literatur ist bürgerlich. Bei uns. Auch wenn sich einer noch so antibürgerlich gebärdet. [...] Arbeiter kommen in ihr vor. Mehr nicht. Hier, in diesem Buch kommen sie zu Wort. Wer diese Aussagen und Erzählungen gelesen hat, wird wünschen, daß Erika Runge sich wieder auf den Weg macht mit ihrem Tonbandgerät, um weitere Bottrops aufzunehmen, weitere von böser Erfahrung geschärfte Aussagen, weitere Seufzer, Flüche, Widersprüche, weitere Zeugnisse einer immer noch nach minderem Recht lebenden Klasse.«

Was aber hatte es hier mit dem Zu-Wort-Kommen einer »nach minderem Recht lebenden Klasse« auf sich? Mit Abstand und nach näherem Hinsehen jedenfalls nichts davon, dass diese Klasse das Wort ergriffen hätte – es wurde ihr erteilt. Und das so gewonnene dokumentarische Material (gezielt abgefragt und nachgebessert) diente zur Inszenierung einer Art Dokumentartheaters, eines Lesedramas gleichsam – mit didaktischer Absicht.

Zunächst stellen acht einzelne Personen, gewissermaßen auf dem Proszenium, ihre Lebensläufe vor, wozu u.a. der Pfarrer der Siedlung Rheinbaben gehört, ein Schulrektor und auch ein Verkäufer in einem Textilfachgeschäfts und VfL-Vertragsspieler in Bochum. Sie markieren das politische und soziale Umfeld des eigentlichen Dramas, das dann als ein trauerspielartiger Einakter mit der Betriebsversammlung anlässlich der Schließung der Zeche in einer Turnhalle über die Bühne geht. In einem Epilog reagieren die Stimmen zweier Ehepaare gleichsam aus dem Off noch einmal auf das, was während der Betriebsversammlung ablief. Und wer dem allen aufmerksam gefolgt ist, wird eine bestimmte Konsequenz als nahegelegt oder naheliegend erkennen müssen ...

Die ausführlichen Lebensläufe, die der legendäre Betriebsratsvorsitzende Clemens K., Bottroper Urgestein und Altkommunist, und die junge, politisch engagierte kaufmännischen Angestellten Verena D. aus Dortmund zu Protokoll geben, bilden eine Klammer um sechs weitere Berichte, von denen hier nur noch jener der Maria B., Putzfrau, knapp mit resümiert sei.

Clemens K., Betriebsrat, wurde 1961, nach 40 Jahren »aufm Pütt«, gekündigt. Er war Mitglied der 1956 verbotenen KPD gewesen, und man hatte ihm vorgeworfen, in seinem Betrieb (der seinerzeit noch Staatsbetrieb war) an einer illegalen Zeitung und politischen

Entschließungen auf Betriebsversammlungen mitgewirkt zu haben. Ein entsprechender Prozess ist noch anhängig. 1933 war er nach kurzer Tätigkeit in der Illegalität als Kommunist im KZ Esterwegen und arbeitete dann wieder im Grubenbetrieb. Das Kriegsende erlebte er beim Volkssturm, kam in amerikanische Kriegsgefangenschaft und dann unter englischer Besatzung wieder zur Zeche, wo er als Betriebsrat erfolgreich für die Belange der Arbeiter agieren konnte. Auf Vorschlag von Sozialdemokraten wurde er zum Gesamtbetriebsratsvorsitzenden der Hibernia-AG gewählt und konnte vor dem Vorstand selbstbewusst sagen: »Wenn ich mit Ihnen spreche, dann sprechen Sie mit 40 000 Leuten.«

Maria B., Putzfrau, geboren 1910, kam 1924 mit ihren Eltern und fünf Geschwistern aus Ostpreußen »nachm Rheinland«. Ihr und ihrem Mann, einem Bergmann, den sie dann kennen lernte, war es nicht ganz klar, wie sie zu ihrem ersten Kind kamen. Vor der Machtübernahme der Nazis war man auf Arbeitsniederlegungen vorbereitet. Aber »was nicht kam, war der Zusammenschluß KPD/SPD. Und die Nationalsozialistische Partei, die stand oben an ...« Mit »Kraft durch Freude« konnte Maria B. dann ihre Heimat besuchen. Ihr Mann warnte allerdings vor einem schlimmen Ende – Flugblätter der Kommunistischen Partei hatten Aufklärung geliefert. Dort war auch von Konzentrationslagern zu lesen. Sie erlebte den Bombenkrieg, Evakuierung und nach Kriegsende Schwarzhandel, Schwarzschlachtung, den Empfang von Care-Paketen aus Amerika, wo die Kommunisten bereits warnten, dass das alles noch mal bezahlt werden müsste: »Und is ja auch Wahrheit geworden. Sie sehn ja, wo wir heute sind.« 1948, als die Währungsreform anstand und die Lohnauszahlung verzögert werden sollte, ging Maria B. mit anderen Frauen durchs Werkstor zu einer Protestversammlung und ergriff dort zu ihrem eigenen Erstaunen als Frau das Wort. Sie erlebte eine überwältigende Solidarität, die sie später vermisste. Nachdem ihr Mann arbeitsunfähig geworden und wegen mangelnder ärztlicher Versorgung gestorben war, begann sie zu trinken, fasste dann aber wieder Fuß mit einer Arbeit bei der Fürsorgestelle »aufm Schacht«, wo sie auch Gastarbeiter kennen lernte, die ein größeres politisches Bewusstsein haben. Einen Koreaner brachte sie ihrerseits dazu, sich nicht zum Einsatz im Vietnamkrieg zu melden. In der jetzigen Krise droht ihr bei der Schließung eines Ledigenheims, wo sie nun arbeitet, die Entlassung.

Verena D. schließlich, kaufmännische Angestellte, geboren 1949 in Dortmund, ist dort nach Abschluss der Handelsschule und einer kaufmännischen Lehre im Chemischen Werk angestellt und wuchs bei ihren Großeltern auf, nachdem sich ihre Eltern hatten scheiden lassen und die Mutter mit einem Studenten der Tiermedizin in die Ostzone ging. Der Vater, den sie für längere Zeit aus den Augen und der Erinnerung verlor, ist Journalist. Eigentlich wäre sie gerne Zeichenlehrerin geworden und denkt immer noch an diese Möglichkeit – vielleicht auf dem Weg über eine Abendschule. Nach mehreren Besuchen in der Ostzone ist ihr ihre Mutter zum Vorbild geworden, dem sie nacheifern will: »Sie hat eine Familie, hat ihren Haushalt da drüben, hat eine tolle Wohnung, is trotzdem noch berufstätig, sie is Angestellte in eim großen Werk für Import und Export in Ostberlin, und nimmt richtig am Leben teil, also lebt wirklich ...« Verena D. macht in einem Jugendclub mit, weiß über die Antibabypille Bescheid, nimmt an Ostermärschen teil, Tucholsky ist ihr Lieblingsschriftsteller, sie liest gern Brecht und zurzeit Scholochow. Vor einem Jahr war sie auf einer Kundgebung des SDS in Frankfurt und traf in der Universität ihren ihr auf Anhieb sympathischen Vater, der sie inzwischen besucht hat und mit ihr auch über politische Probleme gesprochen hat. Wenn sie keinen Ausweg mehr weiß, kann sie in freier Entscheidung zu ihm kommen. Ihr Lebensentwurf ist der einer Frau, die sich engagiert und nicht nur am Kochtopf steht. »Ich würde z. B. auf keinen Fall auf den Ostermarsch ein Jahr verzichten, da könnte man mir eine Reise anbieten Gott weiß wohin, ich würde immer wieder aufn Ostermarsch gehen.«

Bis hierher wird in den *Protokollen* ein kurzer Lehrgang durch der Geschichte der Arbeiterschaft an der Ruhr seit der Weimarer Zeit geliefert. Die immer wieder Betrogenen sind nur dann stark, wenn sie solidarisch sind. Als es, wie 1933, zu keiner Solidarisierung zwischen Kommunisten und Sozialdemokraten kommt, läuft das auf die Naziherrschaft hinaus. Und was danach kommt, ist die Mogelpackung amerikanischer Care-Pakete, hinter der sich kapitalistische Krisenwirtschaft, atomare Kriegsdrohung und weitere Kriege verbergen. Gegensteuern lässt sich nur solidarisch – am erfolgreichsten dann, wenn Kommunisten das Steuer mit in die Hand nehmen. Dem wurde allerdings mit dem Verbot der KPD 1956 ein Ende bereitet.

Eine neue Generation findet sich indes – am Beispiel der an der Ostzone orientierten Verena D. – auf einem Marsch zusammen, um den richtigen Weg zu finden. Diesen Weg findet man auf der folgenden Betriebsversammlung zur Schließung der Zeche Möller/Rheinbaben, die knapp skizziert sei, allerdings nicht.

Der Betriebsratsvorsitzende August S. sieht keine Möglichkeit den Schicksalsschlag abzuwenden. Die Ausführungen des Vertreters des Hauptvorstandes der Hibernia, der langwierig über die wirtschaftlichen Hintergründe der Schließung spricht und dafür die Marktlage und die Politik in Bonn und Düsseldorf verantwortlich macht, werden von Tumulten und Zwischenrufen unterbrochen. Kollegen aus der Gewerkschaft stellen einen Antrag, dass der Betriebsrat zur Landtagssitzung eine große Delegation nach Düsseldorf schicken soll. Mit Zwischenrufen wird gefordert, dass alle eine Feierschicht einlegen und mitziehen sollen. Die Ausführungen des hilflos wirkenden Arbeitsdirektors K. werden immer wieder mit Zwischenrufen wie »Kohlen in die Ostzone!« unterbrochen. Er verweist darauf, dass es sich hier letztlich um politische Fragen handelt und spricht über Sozialpläne. Er ruft dazu auf, zur kommenden Bottroper Ratssitzung zu gehen.

Das abschließende Wort hat der enttäuschte Betriebsratsvorsitzende. Schon mittags um 12 Uhr ist Schluss mit der Versammlung, statt, wie er gemeint hatte, erst einige Stunden später. Man habe Kollegen nicht ausreden lassen, von der Theke weggehauen. Woher das Palaver, wenn man sich früher nie auf Versammlungen zum Thema Energiepolitik habe sehen lassen, bei denen schon die Vergesellschaftung des Kohlenbergbaus gefordert worden sei? Er lässt über den Antrag zu einer Delegation des Betriebsrates zur Landesregierung abstimmen, der ohne Gegenstimmen angenommen wird. Am Ende bittet er, nicht aufgehängt zu werden für den Fall, dass es mit weiteren Bemühungen nicht klappt. Unter mattem Beifall schließt er die Versammlung.

»Wir stehen selbst enttäuscht und sehn betroffen / Den Vorhang zu und alle Fragen offen« – so ließe sich abschließend mit Brecht sagen. Im Epilog kommt allerdings auch die Sprache darauf, dass, wenn der Clemens K. heute noch da gewesen wäre, irgendeine Revolution ermöglicht oder irgendetwas getan worden wäre. Sein Geist schwebt über dem Ganzen. Vom Kommunismus ist dann noch die Rede, wobei der richtige Kommunismus – so Helga – sogar gut sein soll. Herbert ist immerhin froh, einen schönen Tag erlebt zu haben, wo die Bonzen vom kleinen Kumpel Zunder kriegten. »Aber meinste, damit habt ihr was erreicht?«, schließen die *Protokolle* mit einer Frage Helgas.

Die von den *Protokollen* offengelassene und intendierte Antwort auf die Frage ist ziemlich eindeutig: Es muss nicht nur wieder so einer her wie der Clemens K., sondern eine Partei, wie sie dann die DKP abgeben sollte, zu der sicher auch Verena D.s Weg führen müsste, die aus eigener Erfahrung am Vorbild der Ostzone orientiert ist. Die weitere Geschichte verlief dann bekanntlich so, dass Verena D., wenn sie denn als zukünftiges DKP-Mitglied noch versucht haben sollte, Zeichenlehrerin zu werden, sie es mit dem Radikalenerlass der Regierung Willy Brandts 1972 zu tun bekommen hätte – während Erika Runge mit ihren Produktionen beim öffentlich-rechtlichen Fernsehen in Schwierigkeiten geriet.

Eine ganz eigene Situation ergab sich dann mit dem Verschwinden der DDR, die den *Protokollen* einerseits rückwirkend ihr historisch gegenwärtiges gewesenes Leitbild entzog und andererseits damit den Weg für sie zum Klassiker der dokumentarischen Literatur frei machte – wenn man unter ›Klassiker‹ ein Werk versteht, das Ansprüche auf aktuell bestimmtes Handeln nicht mehr vertreten kann: Klassik statt Klassenkampf.

Reinhard Finke

Erika Runge: *Bottroper Protokolle* (1968)

Putzfrau Maria B.

Ich bin aus Ostpreußen, aber ich bin schon lange hier, seit 24. Da waren auch familiäre Dinge, die das bestimmten, daß meine Eltern hier nachm Rheinland gezogen sind. Meine Schwester, die hatte jemand kennengelernt, und die haben hierhin geheiratet, und wie das denn bei so ne Mutter ist: jetzt das Kind, das nicht da war, das fehlte am meisten. Ich hatte 5 Geschwister, wenn se lebten, wärns 13 gewesen. Wir warn vom Lande: viel Kinder, viel Arbeit und wenig Nachdenken, so war dat doch. Wenn man so die Zeit vergleicht: 13 Geschwister hätten wir gehabt, meine Brüder hatten 4 und 5, ich selbst hatte auch 4, aber meine Kinder haben wieder eins, und so ist das bei den andern Geschwistern auch. Ist doch irgend etwas im Gange, daß sie sagen: man kann das nicht verantworten, auch auf diesem Gebiet nicht. Man stellt auch mehr Ansprüche. Und ich seh das für richtig an. Warum sollen die Eltern denn nicht an sich denken? Wenn die Kinder so weit sind, daß sie dem Leben gegenüber auf eigene Füße stehen …

Als wir hierher kamen, war ich 14. Ich bin denn in Haushalt gegangen. Zu Hause bleiben konnte man ja nicht. Beruf lernen – das lag noch nicht drin. Es ging ja auch nicht, weil jeder, der nun 14 Jahre alt war, zum Leben mitverdienen mußte. 24, 25 – was hab ich verdient, 10 und 12 Mark, dann ist das aufwärts gegangen auf 20 Mark, da war ich aber schon 16 Jahre, bei einem Lehrer-Ehepaar war ich im Haushalt. Muß ich wirklich sagen, ich hatte es noch sehr gut, ich hatte sehr nette Leute. Nun hab ich auch früh geheiratet, ich war noch keine 19. Mein Mann war Bergmann. Eigentümlicherweise war er auch von Ostpreußen. Wir ham uns hier kennengelernt, in Hamborn, bei meine Mutter zu Hause, die hatte dann noch zwei Logis-Gänger. Die wohnten da, die hat sie denn beköstigt. Und wenn ich denn mal nach Hause kam, alle zwei Monate – da haben wir uns dann kennengelernt. Naja, er war n guter Mensch, und die Eltern haben denn immer gesorgt oder wenigstens gerne gesehen, wenn sich da was tat, nich. In Voraussicht, will ich mal sagen, das war noch gar nicht mal schlecht. Man soll ja auch auf der Alten Rat hören, nich? Muß wirklich sagen: bin gut gefahren im Leben damit. Obwohl, mit 19 Jahren, mit 18½ Jahren haste noch gar keine Vorstellung vom Leben, wenigstens damals nicht. Was hab ich mir vorgestellt, was ne Ehe war. Wir haben 27 geheiratet, im Juni, und mein Junge wurde geboren am 29. März 28. Ach Gott, war das ein Glück. Der ganze Inhalt war ja nun: krieg ich auch n Kind? Krieg ich auch eins? Ich konnte mir da gar nichts drunter vorstellen. Jetzt hab ich doch gedacht: naja, wenn Mann und Frau zusammen ist – na, denn kriegste n Kind. Jetzt kriegt ich aber – meine Tage, wieder. Da hab ich geheult, hab ich geheult, ich hab gesagt: »Mutt, der nimmt mich nich, ich krieg ja kein Kind.« Also, das wußt ich nun auch, dann blieben ja die Tage aus. Dann warens noch drei Monate, bis wir verheiratet waren, dann hab ich doch n Kind gekriegt. Und ich wollte doch eins. Er wollte auch. Die Ehe, das beinhaltet ja das, sonst hätte man gar nicht heiraten brauchen.

Erika Runge: *Bottroper Protokolle.* Frankfurt am Main: Suhrkamp 1968, S. 74f.

Popkomödie und Politsatire

Peter Zadek: *Ich bin ein Elefant, Madame. Spielfilm* (1968)

(nach Motiven aus Thomas Valentins Roman *Die Unberatenen*)

Es geht mit einem richtigen Kracher los, mit Lou Reeds *Waiting For My Man.* Die vorwärtsdrängenden, stereotypen Riffs und der monotone Gesang der New Yorker *Velvet Underground*-Legende geben den rebellischen Ton und das Thema vor. Wir befinden uns im Jahr 1968, mitten in Zeiten des Studenten- und Jugendprotests. Schüler eines Bremer Gymnasiums proben den Aufstand gegen ihre Lehrer und das Establishment.

Zugleich sind wir mitten im Pop-Zeitalter angekommen; Peter Zadeks Film *Ich bin ein Elefant, Madame* greift das überdeutlich auf. Hätte sich Thomas Valentin das träumen lassen, als er 1963 seinen Roman *Die Unberatenen* (s. S. 220) schrieb? In nur fünf Jahren hatte sich die Welt radikal verändert. Die studentische Protestbewegung hatte alle Schichten der Gesellschaft erreicht. Zadek stellte sich die Frage, wie diese Rebellion in eine adäquate Filmsprache übersetzt werden könne. Valentins Roman lieferte hier Stichpunkte, nicht mehr und nicht weniger. Die Analogien zwischen Film und Buchvorlage gingen immerhin so weit, dass die Adaption des Romans im Vorspann in dicken roten Lettern herausgestellt wurde. Dennoch: Zadek machte aus dem Stoff etwas völlig Anderes, Eigenes. Er aktualisierte das Thema und drückte ihm auch inszenatorisch seinen eigenen Stempel auf.

Wie aber kam es überhaupt zur filmischen Bearbeitung? Zadek war 1962 als Dramaturg ans Bremer Theater gekommen, das damals von Zadeks ›Entdecker‹ Kurt Hübner geleitet wurde. Gemeinsam entwickelten beide etwas, das später als »Bremer Stil« bezeichnet wurde, eine avantgardistische und zuweilen radikale Uminterpretation klassischer Stücke. Schauspieler wie Hannelore Hoger, Vadim Glowna und Bruno Ganz gehörten dem Ensemble an, Peter Stein agierte hinter den Kulissen. Das kleine ›rote‹ Theater galt als eines der wichtigsten und progressivsten in Deutschland überhaupt.

Hübner machte Zadek auf den Romanstoff aufmerksam. 1965, zwei Jahre nach Erscheinen von *Die Unberatenen*, kam es – unter identischem Titel – zu einer aus 47 Einzelbildern bestehenden Theaterfassung auf der Bremer Bühne. Bruno Ganz spielte die Hauptrolle des rebellischen Schülers Jochen Rull, weiterhin wirkten Judy Winter, Edith Clever und Walter Schmidinger mit. Schon damals war der englisch-deutsche Autor Robert Muller an der Inszenierung beteiligt. Er war es auch, der später maßgeblich das Drehbuch von *Ich bin ein Elefant, Madame* verfasste. Zadek erinnerte sich in seiner Autobiografie *My Way* (1998) an die Uraufführung des Theaterstücks: »Es war ein wunderbarer Abend, eine der schönsten Bremer Unternehmungen. Ein riesiges Stück mit Dutzenden von Figuren [...], ein Bild der Bundesrepublik. Wir spielten das Stück auch in London, zusammen mit ›Frühlings Erwachen‹. Ich wurde auch nach Ost-Berlin eingeladen, um dort das Stück am Deutschen Theater zu inszenieren. Ich lehnte mit dem Kommentar ab: ›Wenn es ein kritisches Stück über ostdeutsche Schulen gibt, gerne‹ [...]. Aus dem Stück ging einige Jahre später der Film ›Ich bin ein Elefant, Madame‹ hervor, wobei ich eigentlich geplant hatte, das Stück einfach zu verfilmen. Als es soweit war, hatte sich die Lage verändert, und es gab ein neues Thema: Jugendrevolte, Kampf gegen Autorität ganz allgemein ...«

1967 kam es zu einer TV-Produktion des Stoffes und schließlich 1968 zum Film, mit dem Zadek sein Debüt als Kinoregisseur gab. Bei der Berlinale 1969 wurde *Ich bin ein Elefant, Madame* mit dem *Silbernen Bären* ausgezeichnet und erhielt außerdem den *Bundesfilmpreis* in Gold. Wolfgang Schneider wurde für seine darstellerische Leistung des Rull als bester Nachwuchsschauspieler geehrt.

Die Differenzen zwischen Buch und Film zeigen sich zum einen im Handlungsort (der bei Valentin anonymisiert ist, bei Zadek ist es ganz konkret das Alte Gymnasium Bremen) und in der Personenkonstellation (anders als im Buch fehlt Lehrer Groenewold, ein Ansprechpartner und Vertrauter Rulls, dafür wird im Film die Figur Rohwedder eingeführt, ein Protagonist der antiautoritären Berliner Studentenbewegung, der die politisch unerfahrenen Bremer Schüler berät). *Die Unberatenen* spielt in einer reinen Jungenrealschule, im Film haben wir es mit der gemischten Abschlussklasse eines Gymnasiums zu tun. Damit kommt auch das Thema Sex ins Spiel, allerdings merkwürdig verkrampft dargestellt. Der Hauptunterschied aber besteht darin, dass die Schüler nicht mehr Vorläufer der Protestgeneration sind, sondern unmittelbare Akteure der Revolte.

Ich bin ein Elefant, Madame ist heute ein Film-Dokument von Rang. Die Figur des Rull trägt dabei viele Züge des Regisseurs Zadek. Wie Rull habe er, so Zadek 2007 in einem Interview, nie einer Partei angehören wollen. Er besetzte die Rolle mit Wolfgang Schneider, weil jener vom Naturell her »nie auf irgendeiner Seite« stand, er »lebte so vor sich hin«. Im Gegensatz zum Roman ist Rull im Film kein selbstzerstörerischer Grübler, sondern ein Provokateur sui generis. Er legt sich mit allen an, den Lehrern, der Polizei, Passanten, seinen Mitschülern, einem Studentenführer. Übereinstimmungen bestehen insofern, als es sich bei Rull in Film wie Roman um einen frühreifen Einzelgänger handelt, der weder mit sich noch mit der Umwelt klarkommt und der mitten in seiner Orientierungsphase in die Rolle eines Rädelsführers gedrängt wird – was ihn hoffnungslos überfordert.

In Valentins Roman wird der Protest gegen Eltern und Lehrer von den Schülern fast masochistisch durchlitten. Zadek kehrt die Rebellion nach außen. Er wollte, wie er sagte, ein zeitgemäßes »Pop-Bild« entstehen lassen. Obwohl er sonst schriftstellerische Roman- oder Dramenvorlagen als etwas unantastbar »Heiliges« betrachte, sei er diesmal von der Vorlage abgewichen: »Beim Film war das Buch von Valentin nicht mehr so wichtig: Das hat's gegeben als Buch, viele Leute haben es gelesen, es war ein großer Erfolg und jetzt war etwas Neues dran.«

Dieses »Neue« war, dass Zadek der von autoritären Traumata und der Verdrängung der unbewältigten NS-Vergangenheit geprägten Romanvorlage ihre Schwere nimmt. An ihre Stelle tritt bunte, fröhliche Anarchie. Der Film besteht aus einer Mischung aus Dokumentation (etwa durch die Einblendung von Filmszenen aus dem Ersten und Zweiten Weltkrieg, von Ku-Klux-Klan-Bildern oder Auftritten des US-Präsidenten Nixons) und, wie Zadek es ausdrückte, »sehr künstlichen« Bildern. Beides zusammen habe ein »wahnsinnig interessantes Bild von der Zeit« ergeben. Die Kritik bescheinigte später, dass sich der Film inszenatorisch »auf äußerst progressiven Pfaden« bewegt habe: »Entstanden ist dabei ein Popgemälde mit teils surreal anmutender Bildsprache und wilden Montagen einzelner Szenen, deren Komposition nicht immer kohärent wirkt« (www.splashmovies.de).

Eine wichtige kommentierende Funktion spielt die Musik. Gleich viermal ist Lou Reeds aggressive Hymne *Waiting For My Man* zu hören, ebenso oft aber auch der durch den Filmtitel parodierte Schlager *Ich küsse ihre Hand, Madame* der Comedian Harmonists. Händels *Feuerwerkmusik* steht neben einem *Winnetou*-Soundtrack, Donovans *The Universal Soldier* und *The Flowerkings of Flies* von The Nice neben dem deutschen Volkslied *Die Ge-*

danken sind frei. Durch solche Brüche erlangt das Geschehen etwas Revue- und Musicalmäßiges. Aus dramaturgischer Sicht sorgt die Mixtur unterschiedlichster Versatzstücke beim Zuschauer für Distanz und bewirkt Verfremdungseffekte im Brechtschen Sinne.

Ich bin ein Elefant, Madame ist sowohl eine Komödie wie auch bissige Politsatire. Wie Zadek im erwähnten Interview ausführt, habe er allein ein halbes Jahr in den Film-Schnitt investiert, um jeden Anflug von Konventionalität zu vermeiden. Der Filmkritiker Hans C. Blumenberg monierte in *Die Zeit* allerdings, dass es der Regisseur mit den Effekten allzu sehr übertrieben habe: »Nicht zufällig beruft sich Zadek auf den englischen Regisseur Richard Lester und dessen pazifistische Posse ›Wie ich den Krieg gewann‹. Mit Lester teilt Zadek nicht nur das Bewußtsein der eigenen Bedeutsamkeit, sondern auch und zumal die fatale Vorliebe für in Unzahl produzierte Gags und Effekte, die sich in der Addition freilich selbst neutralisieren. Wie in einigen seiner Bremer Inszenierungen, wie auch in dem Kinofilm ›Ich bin ein Elefant, Madame‹ erschöpft sich der Erfindungsreichtum des Regisseurs Zadek in sich selbst, wird ablösbar vom Sujet, steht ihm schließlich im Wege [...].« Man müsse Zadek allerdings zugutehalten, dass »die Inszenierung sehr bunt und alles andere als langweilig« sei. Zadeks »naiver Größenwahn« war dem Rezensenten »immer noch lieber als die tödliche Routine der meisten deutschen Fernsehspiele«.

Was Zadek auf jeden Fall vermeiden wollte, war eine Ideologisierung des Themas. Wie in der Romanvorlage wird auf Schwarz-Weiß-Malerei verzichtet. Es gibt nicht nur die autoritären, faschistoiden Lehrer alten Schlags, sondern auch progressive, die sich zumindest bemühen, mit den Schülern ins Gespräch zu kommen. Auf der anderen Seite wird der Protest der Jugendlichen nicht idyllisiert, sondern an manchen Stellen als naiv und infantil ironisiert. In einer Filmkritik hieß es: »Zadeks Film gelingt es, ebenso witzig, ungestüm und auf provozierende Art unparteiisch zu sein wie sein Held. Obwohl seine Sympathien manifest bei den Studenten liegen, macht Zadek es sich zum Anliegen, sie zu demythologisieren« (Nigel Andrews). Eine solch ambigue Haltung sei, wie sich Zadek erinnert, beim jungen Publikum nicht gut angekommen. Bei der Premiere sei der Film von Studierenden ausgebuht worden, »man hätte ihn [Zadek] am liebsten umgebracht«. Eine weitere Reaktion sei die Auszeichnung des Films mit der *Rostigen Filmdose*, einem Anti-Preis, gewesen. Die Polarisierung war ganz im Sinne Zadeks, der »in der Mitte sein [wollte] zwischen den Konservativen und den Rebellen«. Es sei ihm bei seinem Film nicht um weltanschauliche Belehrung gegangen, sondern um die Frage »wohin gehört man«. Er habe das Publikum aus der Reserve locken und eine Reaktion provozieren wollen. Dies sei ihm zu seiner Befriedigung auch gelungen.

In einer weiteren Filmkritik heißt es: »›Ich bin ein Elefant, Madame‹ ist vor allem ein Spiegel seiner Entstehungszeit. Handwerklich bewegt sich der Film dabei abseits normaler Sehgewohnheiten und ist sehr gewöhnungsbedürftig, zumal der Inhalt klar gegenüber der Form zurückstecken muss.« ›Gewöhnungsbedürftig‹ spielt darauf an, dass der Film auf eine durchgehende Handlung verzichtet und aus einer lockeren Form von Einzelbildern besteht. Diese sind mal authentisch ›echt‹, mal ironisch gebrochen. Der Stil des Films sei, wie Zadek betonte, ein freier, lustbetonter »Nicht-Stil« gewesen. Er selbst habe grundsätzlich »nie einen Stil gehabt, [er] wollte auch nie einen Stil haben«. So entstand eine »verwirrende Collage, eine poppig-bunte Bilderflut« (WDR), ein mit »knalligen Showeffekten« gespicktes »buntschillerndes Spektakel« (*Sonntagsnachrichten*), das vom Regisseur weder hinterfragt noch »schubladenmäßig kategorisiert« wurde; Zadek habe alles »offenbar ganz zur eigenen Freude geschehen« lassen.

Ich bin ein Elefant, Madame wurde u. a. als ein »formal reizvolles Filmpamphlet« bezeichnet (*Heyne-Filmlexikon*). Ohne Rücksicht auf künstlerisch-ästhetische Einheitlichkeit seien »unterschiedlichste formale Mittel« zur Anwendung gelangt (*Evangelischer Filmbeobachter*). An anderer Stelle wird Zadek eine lustvolle und anarchische Inszenierung »ganz ohne inneren Abstand« bescheinigt, wie sie nur einem »ewig jungen Rebellen gelingen« könne (*Sonntagsnachrichten*). *Ich bin ein Elefant, Madame* sei ein Kinofilm, wie es ihn »in solcher Form in deutschen Lichtspielhäusern noch nicht gegeben« habe und den auch danach kaum ein Verleih mehr riskiert hätte.

An der Realisierung des Films und am Drehbuch war Thomas Valentin nicht beteiligt. Dennoch spielte der Roman *Die Unberatenen* eine besondere Rolle in seiner Biografie. Valentin war nach 15-jähriger Lehrertätigkeit in Lippstadt, so Zadek, aus dem Schuldienst entlassen worden, weil er dem Lehrerkollegium (einer freilich nicht näher genannten Schule) seine Nazi-Vergangenheit vorgehalten hatte. Hübner holte ihn daraufhin nach Bremen, wo Valentin zunächst an der Erarbeitung einer Bühnenfassung der *Unberatenen* mitwirkte und anschließend (1964–1966) eigenständiger Dramaturg war. Für ihn war die Dramatisierung seines Romans eine Herausforderung, bei der er sich der Hilfe des deutsch-britischen Schriftstellers Robert Muller als Co-Autor versicherte. Solche Erfahrungen flossen in Valentins weitere literarische Laufbahn ein. Spätestens seit 1969 kooperierte er mit dem Fernsehsender Radio Bremen. In der Folgezeit entstanden bis zu Valentins Tod 1980 zehn Fernsehdrehbücher für Filme, die den Status von ›Straßenfegern‹ erlangten, u. a. *Anna und Totò* (1972); *Filmriß* (1975) und *Eine Jugendliebe* (1977).

Aus der Rückschau ist *Ich bin ein Elefant, Madame* mehr als nur eine kuriose Fußnote der westfälischen Literaturgeschichte. Er stellt eines von wenigen Beispielen dar, in denen die Romanvorlage eines westfälischen Autors filmisch adaptiert wurde (andere Beispiele wären die Romane Max von der Grüns und Frank Göhres oder Bernhard Schlinks *Der Vorleser*). Zadeks Film ist, anders als die genannten Beispiele, eine sehr freie Bearbeitung des Romans. Dies eröffnet weite Interpretationsspielräume. Es entstand ein eigenständiges neues Kunstwerk, das die Diskussionen über autoritäre Verhaltensmuster in Schule und Gesellschaft auf anderer Ebene weiterführte. Und abgesehen davon: Wo, bitteschön, ließe sich sonst in hiesigen literarischen Kontexten eine Verbindung zu Andy Warhol (der das Filmplakat schuf) und Lou Reed herstellen?

Walter Gödden

Verzicht auf dramatische Effekte

Max von der Grün / Hans Dieter Schwarze: *Feierabend. Dreh- und Tagebuch eines Fernsehfilms* (1968)

Lange bevor Wolfgang Petersen in Hollywood Regie führte, verfilmte er 1975 Max von der Grüns Roman *Stellenweise Glatteis* mit Günther Lamprecht in der Hauptrolle. Horst Frank spielte 1981 den Lothar Steingruber in der Verfilmung von *Flächenbrand* (Regie: Alexander von Eschwege). Mit zahlreichen Fernsehspielen zählt Max von der Grün (1926–2005) zu den am häufigsten verfilmten deutschen Autoren, oft schrieb er die Drehbücher zu seinen Romanverfilmungen selbst. Im Jahr 1968 wurden allein drei Fernsehspiele nach seinen Vorlagen gesendet: *Ostende* (ARD), *Feierabend* (ZDF) und *Schichtwechsel* (ARD).

Im selben Jahr erschien im Paulus-Verlag der schmale Band *Feierabend* mit dem Drehbuchtext von der Grüns, den begleitenden und dokumentierenden Tagebuchaufzeichnungen des Regisseurs Hans Dieter Schwarze sowie einigen Fotos aus der Produktion des Fernsehspiels. Der fünf Jahre zuvor erschienene Roman *Irrlicht und Feuer* (s. S. 238) hatte auch beim Paulus-Verlag für gewaltiges Aufsehen gesorgt. Obwohl er sich als katholischer Verlag immer wieder versuchter Einflussnahme von kirchlicher und politischer Seite ausgesetzt sah, ehrte er seinen inzwischen bekannten und populären Autor Max von der Grün (s. S. 216, 238, 318, 461) mit der Herausgabe dieses kleinen Bandes.

Der vielseitige Hans Dieter Schwarze, geboren 1926 in Münster, gestorben 1994 in Bayern, war Regisseur von *Feierabend* sowie kurze Zeit später von *Schichtwechsel*. Schwarze war Schriftsteller, Schauspieler, Dramaturg und Regisseur für Theater, Hörfunk und Fernsehen, er arbeitete acht Jahre als Regisseur und Dramaturg für die Bavaria Atelier GmbH, anschließend war er von 1968 bis 1973 Intendant des Westfälischen Landestheaters in Castrop-Rauxel. Insbesondere für seine Arbeit als Regisseur erhielt Schwarze zahlreiche Auszeichnungen, darunter den Bundesfilmpreis. Das literarische Werk Schwarzes umfasst etwa 30 Bücher unterschiedlicher Gattungen (s. S. 93, 413): »Hans Dieter Schwarze betrieb, wie er selbst sagte, eine künstlerische ›Vielfelderwirtschaft‹, womit er seine Arbeit für Fernsehen und Rundfunk, für das Theater und das Schreiben von (autobiografischen) Romanen, Erzählungen, Krimis und zuletzt auch eines Kinderbuchs meinte. Obgleich auf allen diesen Feldern überaus erfolgreich, war dem sensiblen, hellwachen Querdenker das Schreiben die wichtigste, die liebste Profession« (Walter Gödden).

Jan Feddersen schrieb am 9. April 2005 in seinem Nachruf auf Max von der Grün in der *taz*, er sei der »der wichtigste Autor der Nachkriegszeit über Welten, die im bürgerlichen Deutschland die unfeinen sind. Der bekennende Wahldortmunder, der, vielleicht ein Hinweis auf seinen Klassensnobismus, Wein für ein bourgeoises Getränk hielt und Canapés für Sitzmöbel, hat dem Proletarischen als Gegenstand des Erzählens den Hautgout genommen – ›the working class‹, das ist jedem seiner Bücher zu entnehmen, war ihm keine Masse, sondern die Zugehörigkeit wie zu einer Schicksalsgemeinschaft von Einzelnen.« Eine ähnliche Einschätzung, weit über das Ruhrgebiet hinausreichend, gilt auch für das Fernsehspiel *Feierabend* (und ließe sich auf zahlreiche seiner Verfilmungen übertragen, wobei das Ruhrgebiet als Ort der Handlung stets im Blickpunkt und an erster Stelle blieb).

Mit *Feierabend* gelingt die filmische Umsetzung einer schlichten, unpoetischen Fabel über eine Gruppe alter Menschen in der Landschaft des Ruhrreviers. Es geht um die Bergbauinvaliden, die silikosegeschwächten Hustemänner, die sich täglich zum gemeinsamen Spaziergang treffen. Ihr Ritual führt sie zu den vorgegebenen Punkten des Drehbuchs: heraus aus den Wohnküchen ihrer Häuser durch die Straßen ihrer Zechensiedlung zum Hundedressurplatz, zum Kriegerdenkmal, durch freies Feld zur nahen Autobahnbrücke, mal zum Schiffshebewerk, wieder zum Kriegerdenkmal, zurück in die Siedlungswohnung. Hier und da tauchen Versatzstücke des Bergbaus auf, ein Förderturm, eine Zechenmauer. Die nächste Szene zeigt sie abermals auf der Autobahnbrücke, dort ein kurzes Zwiegespräch mit einem Traktorfahrer, einem Bauern, der seinen Mist aufs Feld fährt. Auf dem Heimweg kehren sie keuchend und hustend in die Stammkneipe ein, immer dabei: Mäcki, Karl Borowskis Hund. Der Ton unter den alten Männern ist rau, knapp und harsch, die Gespräche drehen sich ums Wetter, um die Rente, um die Familien, um das vergangene Berufsleben und die Silikose, die ihnen das Atmen so schwer macht. Borowski, von der Bergbaukrankheit stark gezeichnet, »macht ein paar Mal schlapp«, bricht unterwegs zusammen. Auffällig auch das konservativ-negative Frauenbild in den Dialogen der Invaliden. Nach dem Kneipenbesuch stirbt der schwerkranke Borowski zu Hause mit nur 58 Jahren; letzte Szenen: seine Beerdigung, der Kneipenbesuch danach.

Das schmale Buch ist dreigeteilt, beginnend mit den Dialogtexten Max von der Grüns, die das Rentnerritual über Tage hinweg, Stunde um Stunde, scheinbar ziellos, kommentieren, dazu die Aufzeichnungen und Anmerkungen Hans Dieter Schwarzes, dazwischen eingefügt zehn schlichte Fotos von Karl Reiter und Helmut Orwat. Die Fotos zeigen meist die Invalidendarsteller, eines die Filmleute, den Kameramann und Schwarze mit dem Skript in der Hand bei der Aufnahme einer Kneipenszene. Der Regisseur schildert die gemeinsame Arbeit am Fernsehfilm, die Motivsuche mit dem Autor, Gespräche und Überlegungen, besondere Ereignisse an den Drehtagen, Filmtechnisches und Anekdotisches aus der Arbeit mit den Darstellern stets knapp, schnörkellos, oft stichwortartig. Dabei macht er deutlich, um was es ihm bei der Umsetzung des Drehbuchs geht – eine schlichte, unpoetische Alltagsfabel für das Fernsehen zu realisieren: »Nicht technische Perfektion ist das Ziel, sondern Wahrhaftigkeit.«

Immer wieder dreht es sich darum, diesen Realismus einzufangen und umzusetzen. Von der Grün formuliert es in seinem Begleittext bei Vorlage des Drehbuchs auf die Rentner bezogen folgendermaßen: »Sie laufen schleppend. Sie sprechen bedächtig, erregen sich nur dann, will ein Fremder in ihre Gemeinschaft eindringen, oder wenn sie glauben, ihnen wäre Unrecht geschehen. Invaliden sind an sich friedliebende Menschen, aber sie trauern über das Gestern.« Und als weitere Regieanmerkung: »Die Ruhrkulisse ist notwendig (jedoch keine Kulturfilmmotive). Die Umwelt allein erst macht viele Dinge verständlich – für den Zuschauer, der nichts vom Ruhrgebiet kennt. Soll das Ganze echt sein und die Realität einfangen, muß auf allzu grelle Töne verzichtet werden, auch auf sonst übliche dramatische Effekte. Überzeichnung wäre hier in jedem Fall von Übel.«

An diese Maxime halten sich Hans Dieter Schwarze und Max von der Grün bei ihrer gemeinsamen Arbeit. Schwarze in seinem »Drehtagebuch«: »Es bleibt dabei: keine Musik. Nur originale Musik aus Szenen: Lumpensammler-Flöte, Musikzug der Bergmannskinder und ein Stück aus ›Wien bleibt Wien‹, so, wie wir es im Musikautomaten des ›Schützenhofes‹ vorfanden.« Über den Filmschnitt und die Schnittabnahme schreibt er: »Manches scheint mir auf falsche Weise ›modern‹ geschnitten. Zu schnell. Da entsteht eine Hektik, die dem Stoff nicht angemessen ist. Hier geht es, selbst auf Kosten der Wirkung, die Wahrheit als oberstes Kriterium zu halten.« Dagegen stehen gegen Ende des Projekts offensichtlich die Produktionsbedingungen bei der Fertigstellung. Schwarze klagt: »Es hetzt uns die Mehrwertsteuer. Der Druck ganz äußerlicher Notwendigkeiten bestimmt plötzlich einen künstlerischen Arbeitsablauf.«

Um das Fernsehspiel in den Kontext der Romanverfilmungen von der Grüns zu bringen, einige Bemerkungen Ulrich Greiners aus der *FAZ* (24. Juni 1975): »Es scheint, als könne der Film, wenn schon der Roman gut ist, nicht auch noch gut sein; und oft läßt sich ja das Beste an einem Buch überhaupt nicht auf die Leinwand bringen. Aber es gibt Ausnahmen, und die Fernsehverfilmung von Max von der Grüns Roman ›Stellenweise Glatteis‹ war eine. Am meisten überraschte daran, wie wenig der Regisseur Wolfgang Petersen von der Vorlage abzuweichen gezwungen war. Man sah die Geschichte fast so wie im Buch: ohne Verluste. Zum Teil lag das sicher daran, daß Max von der Grün selbst das Drehbuch geschrieben hat. Zum Teil lag es sicher auch an den Schauspielern Günter Lamprecht und Dorothea Moritz und an der Regie, die es verstand, die Spannung zu erhalten, indem sie einzelne Szenen nur knapp, andeutungsweise spielte, sie dennoch nicht abwürgte, sondern dadurch eher entfaltete.« – Ähnlich bei *Feierabend.* Doch erst bei der Lektüre des schmalen Buches und beim Betrachten der Bilder erinnere ich mich wieder an diesen schlichten, ruhigen und bedächtigen, dabei tristen und bedrückenden, in seinen Grautönen so wahrhaftigen Film über eine Gruppe alter Männer im Ruhrgebiet der 1960er Jahre.

Gerd Puls

Max von der Grün / Hans Dieter Schwarze: *Feierabend. Dreh- und Tagebuch eines Fernsehfilms* (1968)

Wohnküche bei Borowski

HEDWIG KAISER
Ich hatte es dir gesagt, bleib bei dem Wetter zu Hause. Mußt erst fremde Leute belästigen, dann noch der Hund in dem frischgereinigten Wagen ...
KARL BOROWSKI
Haben die Kinder nach mir gefragt?
HEDWIG KAISER

Natürlich haben sie nach dir gefragt, wollten dich schon suchen gehen.
KARL BOROWSKI
Ja, war ein bißchen weit heute ... fühle mich gar nicht besonders gut ... Sag mal, Hedwig, die Kinder solltest du über Mittag nicht im Kindergarten lassen, ich bin doch auch zu Hause.
HEDWIG KAISER
Laß das mal meine Sorge sein, du mit denen allein, da machen die nur Unsinn.
KARL BOROWSKI
Karl muß nächste Woche Mittagschicht nehmen, er muß mich zum Arzt fahren.
HEDWIG KAISER
Sag's ihm selber, wenn er heute abend kommt ... Jetzt mußt du aber was essen, das geht doch nicht ... Da mußt du ja zusammenklappen ... Hinterher sagen die Leute noch, du bekommst von mir nichts zu essen.
KARL BOROWSKI
Ach, die Leute.
HEDWIG KAISER
Das sagst du so ... Ich muß mir das immer im Konsum anhören.
KARL BOROWSKI
Was soll ich denn zu Hause machen ... Komm mir vor wie eingesperrt.
HEDWIG KAISER
Wieso? Frißt dich hier doch keiner ... Sag mal Vater ... kannst du mir hundert Mark pumpen?
KARL BOROWSKI
Ja, warum denn?
HEDWIG KAISER
Lichtmann kommt morgen, Lichtrechnung für drei Monate ... sind fast hundert Mark.
KARL BOROWSKI
Daß ihr nie mit eurem Geld auskommt ... Ich weiß nicht ... deine Mutter hat doch auch immer ...
HEDWIG KAISER
Jeden Tag Erbsensuppe gekocht und die Wurst wurde vorher auf die Briefwaage gelegt und sie ging mit den Hühnern schlafen und hat alles selbst genäht ... Ich weiß ...
KARL BOROWSKI
In meinem Nachtkästchen unter den Taschentüchern.
Hedwig Kaiser kommt aus dem Nebenzimmer und schwingt zwei Hundertmarkscheine in der Hand.
HEDWIG KAISER
Das ist doch allerhand, was du immer machst. Wie oft hab ich dir schon gesagt, du sollst das Geld auf die Sparkasse tun, da bringt's doch Zinsen.

Max von der Grün / Hans Dieter Schwarze: *Feierabend. Dreh- und Tagebuch eines Fernsehfilms.* Recklinghausen: Paulus 1968, S. 30–33

»Eins und eins, das macht zwei …«

Jo Pestum: *Der Kater jagt die grünen Hunde. Kommissar Katzbach klärt einen rätselhaften Fall. Detektiverzählung* (1968)

Als der Düsseldorfer Kommissar Markus Katzbach, genannt der Kater, nach einem heißen Sommertag dem stickigen Büro entkommt und in seinen Peugeot 404 steigt, spürt er sehr schnell, dass hier etwas ganz und gar nicht stimmt. Sein Instinkt trügt nicht: Auf der Rückbank des Wagens sitzt ein alter Freund von ihm, der Kunststofffabrikant Götz Görrisen, der keinen anderen Ausweg weiß, als den Kater um Rat zu fragen: Sein Pferd wurde von Unbekannten vergiftet und seit Neuestem erhält er besorgniserregende Drohbriefe und erpresserische Forderungen, die ihn in Angst und Schrecken versetzen. Statt eines Absenders klebt das mysteriöse Bild eines grünen Hundes unter den Nachrichten, die ihn dazu auffordern, von einem Geschäftsdeal zurückzutreten. Dazu natürlich der Hinweis: Keine Polizei. Als dann auch noch Steffen Görissen, der 16-jährige Sohn des stadtbekannten Fabrikanten, entführt und ein hohes Lösegeld gefordert wird, stecken alle Beteiligten mitten in einem geheimnisvollen Fall …

Die 1968 im Würzburger Arena-Verlag erschienene Detektiverzählung *Der Kater jagt die grünen Hunde* ist nicht nur der erste Fall für den literarischen Titelhelden, den Düsseldorfer Kommissar Katzbach, der mit seinem untrüglichen Instinkt in und um die Rheinmetropole Diebe und Schandtäter jagt, sondern gleichzeitig der erste Band einer zwölfbändigen Krimi-Reihe, die Jo Pestum Ende der 1960er Jahre bekannt machte. Dass der Redakteur und Layouter der Zeitschrift *rover*, der bis dato mit bürgerlichem Namen Johannes Stumpe hieß, begann, Kriminalgeschichten, ja überhaupt Geschichten für Kinder und Jugendliche zu schreiben, hatte er dem Zufall zu verdanken. Dem Magazin *Pardon* gestand er einmal, dass für *rover* geeignete Kriminalgeschichten gefehlt hätten, da sämtliche Einsendungen nicht zu gebrauchen gewesen wären. Das Los unter den Mitarbeitern, die kurzerhand beschlossen, einfach selbst entsprechende Kinderkrimis zu verfassen, fiel auf ihn. Um bei einer möglichen Blamage unerkannt zu bleiben, kreierte Stumpe das Anagramm »Pestum«. Die Kurzgeschichten rund um Kommissar Katzbach wurden ein Überraschungserfolg und seit Anfang der 1970er Jahre arbeitet Pestum als freier Schriftsteller.

Es ist eine Biografie, deren Verlauf keinesfalls von Beginn an vorgezeichnet war: 1936 als Sohn einer Arbeiterfamilie im Ruhrgebiet geboren, machte Stumpe zunächst eine Ausbildung zum Glasmaler und Restaurator, studierte anschließend Malerei an der Folkwangschule Essen. Er nahm die unterschiedlichsten Stellen an und jobbte u. a. als Bauarbeiter, Barkeeper, Taucher, Trucker und Nachtportier; er reiste um die Welt. Neben der Jugendzeitung *rover* arbeitete er auch als Mitarbeiter von Zeitschriften wie *Fährmann*, *impulse*, *Kontraste* und *twen*. 1971 bis 1973 gab er als Cheflektor eines Jugendbuchverlages Kinder- und Jugendsachbuchreihen heraus. Bis heute ist er daneben Film-, Funk- und Fernsehautor und Herausgeber der Edition Pestum im Franz Schneider Verlag.

Das literarische Werk Pestums, der mit seiner Familie in der münsterländischen Bauernschaft Billerbeck lebt, umfasst rund 170 Jugendromane, Krimis und Kinderbücher, die in etwa 25 Sprachen übersetzt wurden, dazu Sachbücher und Anthologien, 20 Hörspiele sowie mehrere Drehbücher, u.a. für die ZDF-Serie *Siebenstein.* Kriminalgeschichten sind jedoch eines seiner Hauptmetiers. Mitte der 1970er Jahre wurden die ersten Fälle der insgesamt zehnbändigen Reihe *Detektiv Luc Lucas* veröffentlicht, dessen letzter Fall 2004 erschien. Die siebenbändige Reihe *N & K die Detektive* erschien im Laufe der 1980er Jahre.

Sorgen, Nöte und die Lebenswirklichkeit Jugendlicher spielen in allen Romane Pestums eine große Rolle, weshalb viele seiner Bücher gern als Schullektüre ausgewählt werden. Junge Protagonisten sind es auch in Pestums erstem Kater-Krimi, die als eigentliche Helden die Geschichte ins Rollen bringen. Wer hat ein Interesse an Götz Görissens wirtschaftlichem Ruin? Wer verbirgt sich hinter dem unheimlichen grünen Hund? Die Geschwister Steffen und Trixi helfen Markus Katzbach dabei, diese Fragen zu klären und der Verbrecherbande auf die Spur zu kommen.

Anfangs beschäftigen die Obersekundaner noch ganz andere Probleme. »Du bist völlig out«, schimpft Harry Cronberg seinen Freund Steffen Görissen aus, der sich doch tatsächlich seine lange Haarpracht kürzen lassen möchte, um den Vater zu besänftigen. »[W]enn die Mähne nicht ’runterkommt, redet er nicht mehr mit mir.« Aufgrund von Geldmangel muss Steffen auch noch das Konzert der Gelsenkirchener Band »Milk Bottles« im Ranch-Haus in Essen-Kettwig sausen lassen. Der Verzicht auf den viel versprechenden Beat-Abend und die Entscheidung für die neue seriöse Frisur werden dem Fabrikantensohn zum Verhängnis, als er auf dem Weg nach Hause seinen beiden Entführern begegnet, die ihn betäuben und in das alte Jagdhaus der Görissens verschleppen. Kreisten Steffens Gedanken bisher nur um die Fünf in Latein und die hübsche Austauschschülerin Mabel, muss er sich nun plötzlich mit zwei finsteren Gesellen auseinandersetzen. Etwa zur selben Stunde zerbirst die Fensterscheibe der Görissens, den Firmenchef erreicht eine unmöglich hohe Lösegeldzahlung: »NUR GEBRAUCHTE HUNDERTER«. Außerdem soll sich der Fabrikant aus einem Millionenauftrag zurückziehen, durch den er hoffte, die fatalen Folgen der Wirtschaftskrise aufzufangen, die seine Fabrik schwer getroffen hat.

Während sich Steffen Görissen in den Händen der Erpresser befindet und dessen Vater, erstarrt vor Angst, keinen klaren Gedanken mehr fassen kann, beginnt der Kater mit der sorgfältigen Analyse des Geschehens: »Katzbachs Gedächtnis arbeitete stets mit der Präzision einer Filmkamera. Was er sah, wurde in seinem Kopf registriert. Sollte er es später brauchen, erinnerte er sich daran.« Der Kommissar ermittelt im Milieu mutmaßlich gefährlicher Konkurrenten der Firma »Paquet und Görissen« und in Familienangelegenheiten. Steffens jüngere Schwester Trixi, unlängst aus ihrem Internat auf Heimaturlaub, hat längst Lunte gerochen und heuert als Assistentin des Katers an. Anfangs von allen Seiten unterschätzt, ist sie es, die auf die richtigen Lösungswege kommt und sich durch ihr Auge fürs Detail als clevere Hobby-Detektivin erweist. In einem echten Krimi darf natürlich auch ein Journalist mit ausgezeichnetem Recherchevermögen nicht fehlen: Manni Nockel,

Lokalredakteur der »Rheinischen Post«, ist den Ermittlern in einer Zeit ohne Smartphone und Google eine nicht zu unterschätzende Hilfe. Und das nicht ganz uneigennützig: Er wittert eine »ganz dicke Sache«, die das Sommerloch zu füllen vermag.

Pestum gelingt es, junge – und alte – LeserInnen von der ersten Seite an zu fesseln. Zugegeben: Die Verhaltensweisen der Entführer, »[u]nheimliche Muskelpakete«, die eine »gebrochene und anscheinend schief ausgeheilte Nase« besitzen und »einen seltsam strahlenden Blick« haben, in dem »sowohl Kühnheit als auch Verschlagenheit« zu entdecken sind, muten eher holzschnittartig an. Auch der Kommissar ermittelt zuweilen in einer unglaubwürdig – und daher ein wenig unsympathisch – perfekten Art und Weise und erlaubt sich keinerlei Schwächen. Vielmehr bügelt er geduldig und gut gelaunt die Fehler seiner Mitstreiter aus. Doch im Gegenzug verliert der Autor keine Zeit, um Katzbachs Fall an Fahrt aufnehmen zu lassen, erspart seinen LeserInnen langes Vorgeplänkel und ein langatmiges Ausschweifen in das Privatleben des Kommissars. Man erfährt gerade einmal, dass Katzbach Frau und Sohn hat, die er beizeiten anruft, um für das gemeinsame Abendessen abzusagen. Die beiden wundern sich nicht und der *Tatort*-erfahrene Leser ist ebenfalls nicht überrascht – welcher ehrgeizige Kommissar führt schon ein ruhiges Familienleben?

Zugutehalten muss man dem Roman zudem, dass einfallsreiche Wendungen nicht lange auf sich warten lassen und jede Nebenfigur ihre sachlogische Funktion für den Fortgang der Story erfüllt. Da gibt es die stille Teilhaberin der Görissen-Firma, die schrullige Olga Paquet, die einen folgenschweren Fehler begeht, es gibt Hermann, »Koch und Butler und Gärtner in einer Person«, dessen Loyalität schließlich allen zu Gute kommt. Eine nicht zu unterschätzende Rolle bei der Lösung des Falls spielt auch ein grüner Papagei. Aber mehr sei an dieser Stelle nicht verraten …

Viel Zeitkolorit findet man im literarischen ›Soundtrack‹. Passend zum Kriminalfall mit seinen bis zuletzt fehlenden Puzzleteilen tönt an den entsprechenden Stellen – gleichsam als Titelsong – Hildegard Knefs *Eins und eins, das macht zwei* aus dem Radio. Auch die Swinging Sixties setzen ihre Akzente und ein Stückchen westdeutsche Jugendkultur der 1960er prägt die Geschichte: Beat-Abende gehören zum festen Freizeitprogramm der jugendlichen Protagonisten. Trixi singt *We shall overcome*, einen populären Protestsong der 1968er; später legt sie die *Beatles*-Platte *Yellow Submarine* auf, obwohl sie »Ringos schräger Gesang« eigentlich überhaupt nicht trösten kann. Am Schluss – die Entführer gefasst, das Lösegeld wieder in den rechtmäßigen Händen – werden Memphis und Boogie getanzt und die Rolling Stones sehr laut aufgedreht. Ein »Getöse«, findet Götz Görissen. Aber die Erwachsenengeneration hat im letzten Kapitel nun wirklich nichts mehr zu melden.

Pestums erster Kater-Krimi scheint erstaunlich aktuell. Vielleicht, weil der Autor den für ein Jugendbuch eventuell zu erwartenden moralischen Zeigefinger ausklammert und die Geschichte lieber mit dem alltäglichen Wahnsinn normaler Teenager anreichert. Und der ist vermutlich zeitlos.

Anna-Lena Böttcher

Jo Pestum: *Der Kater jagt die grünen Hunde. Kommissar Katzbach klärt einen rätselhaften Fall. Detektiverzählung* (1968)

Der Kater drehte sich auf der Treppe noch einmal um und huschte an dem verdutzten Hermann vorbei ins Wohnzimmer zurück. Olga Paqet hielt den Telefonhörer in der Hand und wählte eine Nummer. Sie unterbrach und legte den Hörer auf.
»Verzeihung«, sagte der Kater, »jetzt habe ich Sie gestört! Dabei wollte ich bloß mein Feuerzeug holen.« Er langte es aus der Ecke des Sofas, in die er es vorher geschoben hatte.
»Aber das macht doch nichts«, antwortete Frau Paquet.
Götz Görissen und Trixi waren schon vorangegangen. Katzbach folgte ihnen sehr langsam. Später ging Görissen sofort in sein Schlafzimmer und schloß sich ein.
»Was machen wir jetzt?«, fragte Trixi.
»Ein Rätsel lösen.«
»Ein Rätsel? Was denn für ein Rätsel? Meinen Sie das so, oder ist das rhetorisch gemeint?«
»Ich stelle dir eine Frage, Trixi, und du gibst mir eine Antwort. Paß auf. Du hast dem König die Krone gestohlen und möchtest auf keinen Fall, daß man sie wieder findet. Wo würdest du die Krone verstecken?«
Sollte das ein Witz sein? Zweifelnd blinzelte Trixi den Kommissar an. Aber sie spürte, daß die Frage ernst gemeint war. Trixi steckte den kleinen Finger in den Mund. Das tat sie immer, wenn sie nachdachte. Der Kater störte sie nicht.
»Ich glaube, ich würde die Krone unter das Bett des Königs schieben. Man wird das ganze Königreich durchsuchen. Aber unter dem Bett des Königs wird niemand die Krone vermuten. War das eine dumme Antwort?«
»Im Gegenteil! So, jetzt geh schlafen, Mädchen. Ich schätze, wir haben eine aufregende Zeit vor uns.«
Trixi hätte gern noch mit dem Kater über den seltsamen Brief gesprochen. Aber der Kommissar drehte sich auf dem Absatz um und ging in sein Zimmer hinauf.

Jo Pestum: *Der Kater jagt die grünen Hunde. Kommissar Katzbach klärt einen rätselhaften Fall. Detektiverzählung.* Würzburg: Arena 1968, S. 70f.

Frühe Popliteratur
Wolfgang Körner: *Nowack. Roman* (1969)

Auf den ersten Blick ist der Roman ein typisches Produkt der späten 1960er Jahre. Der Umschlag zeigt im Inneren einer Kameralinse den nackten Oberkörper einer langhaarigen Blondine, der durch einen Rotfilter etwas verfremdet wirkt. Der Kopfschnitt und der Vorsatz sind in einem satten poppigen Magenta. *Nowack* ist das letzte Buch des Düsseldorfer Karl Rauch-Verlags, bevor dieser von einem Tag auf den anderen sein literarisches Programm einstellte – und fortan bis heute hin von immer neuen Ausgaben seines Welterfolgs *Der kleine Prinz* zehrt. *Nowack* steht daher auch nicht isoliert da, sondern muss im Kontext einer Verlagsstrategie gesehen werden, die zu den Pionierleistungen des bundesdeutschen Buchmarkts zählt. Bereits im Jahre 1959 setzte der Karl Rauch-Verlag mit der Veröffentlichung von Lawrence Liptons aus dem Amerikanischen übersetzten *Die Heiligen Barbaren* ein richtungweisendes Zeichen. Rasch entwickelte sich der Verlag zu einer Plattform für avantgardistische und (damals noch) subkulturelle Literatur von Autoren wie Boris Vian oder Thomas Pynchon, die, beide entdeckt von Rauchs langjährigem Lektor Albrecht Fabri, hier in deutschen Erstübersetzungen erschienen. Nicht zuletzt gehörten auch die vorzüglichen Schutzumschläge von Hannes Jähn, die Motive der klassischen Moderne mit der Ästhetik der Popkultur kombinierten, zu dieser Strategie. Gegen Ende der 1960er Jahre finden sich dann einige Beispiele für den Versuch, diese Linie durch junge deutsche Autoren anzureichern und ein wenig auf das ›sex sells‹-Marketing und den Reiz des Tabubruchs zu spekulieren.

Der Klappentext versucht denn auch, Wolfgang Körners (geb. 1937) Roman als aktuelles Zeitbild zu positionieren, das die Atmosphäre eines gesellschaftlichen Umbruchs vermittelt. Da zu den Mitteln von Körners Erzählen auch Anleihen beim ›Sex im Volksmund‹ gehören, liegt dem Roman ein DIN-A6-großer Zettel mit folgendem Wortlaut bei, den der volljährige Käufer unter Nennung von Anschrift und Datum zu unterschreiben hat: »Ich erkläre, dass ich das 18. Lebensjahr vollendet habe und Wolfgang Körners Roman *Nowack* nur für meinen Privatbedarf erwerbe. Ich werde das Buch an Jugendliche weder weitergeben noch privat oder gewerblich ausleihen.« Dass dieser Roman 1969 noch als justitiable sittliche Gefährdung eingestuft wurde, ruft bei einem heutigen Leser nur noch verständnisloses Kopfschütteln hervor. Jede Vorabendserie und jeder Spielfilm, der sich auf seinen zeitgenössischen Jargon etwas zugute hält, wartet heute mit mehr Vulgaritäten auf als dieser Pop(p)roman.

Dafür stößt man in *Nowack* jedoch durchaus noch auf genügend Aufregendes. Aber dazu gleich. Zunächst möchte ich den Weg vom Schutzumschlag zum Textbeginn fortsetzen. Diesem sind nämlich jeweils auf einzelnen Seiten ein Motto und eine Art Etikett vorangestellt. Zuerst liest man das Motto. Es stammt von dem bekannten Fotografen Andreas Feininger und zitiert aus seinem 1965 erschienenen *Buch der Fotografie* den Leitsatz: »Damit man ein richtig belichtetes Negativ erhält, muß der Film die richtige Menge Licht bekommen.« Im Verlauf des Romans werden noch mehrfach Zitate aus Feiningers Grundlagenwerk zitiert. Das ergibt sich schlüssig aus dem Tatbestand, dass die Hauptfigur, der 24-jährige Harry S. Nowack, Berufsfotograf ist. Wir können Harry in zahlreichen Szenen in seiner Dunkelkammer bei der Entwicklung seiner Filme beobachten und erfahren etliche technische Details über die Bearbeitung von Fotos. Ein auffälliges erzählerisches Verfahren von Körner besteht auch darin, dass er Nowack beim Aufbruch zu einem Fototermin jeweils darüber reflektieren lässt, welche Kamera aus seinem Sortiment an Fotoapparaten sich am besten eignet. Damit erfüllt Nowack nicht nur das Gebot Feiningers, sondern die jeweils am Eingang einer Episode postierte Kamera fungiert als Perspektivierung seines kritischen Blicks auf das fotografierte Objekt. Die Wahl der Kamera hat eine erzähltheoretische Funktion, ist also ein poetologischer Akt.

Damit kommt das erwähnte Etikett des Romans ins Spiel, welches lautet: »HARRY S. NOWACK FREIE UND ANGEWANDTE FOTOGRAFIE Sprechstunden nach Vereinbarung.« Es prangt als Firmenschild an Nowacks Kellerwohnung und legt mit seiner Anlehnung an die typische Tafel einer Arztpraxis eine wichtige Fährte. Die Fotografie des Harry Nowack, so lässt sich vermuten, bevor der Leser den ersten Satz des Romans gelesen hat, besitzt wie der ärztliche Blick mindestens eine diagnostische, im besten Fall sogar eine therapeutische Funktion.

Nun kommt das angekündigte Aufregende des Romans. Nowack setzt seine Kamera nämlich in der Tat als kritisch-diagnostisches Instrument ein. Übrigens steht Wolfgang Körner, nebenbei gesagt, damit in dieser Zeit nicht alleine da. Ich denke dabei allerdings weniger an den intermedialen Gebrauch der Kamera in den räumlich benachbarten Texten von Rolf Dieter Brinkmann, sondern eher an den 1967 in Wien erschienenen großartigen Roman *Fasching* von Gerhard Fritsch, dessen Protagonist Felix Golub ebenfalls Berufsfotograf ist und ob seiner entlarvenden Aufnahmen den Unmut von Provinzhonoratioren auf sich zieht. Nowack geht es nicht viel anders. Auch er bekommt Besuch von der Polizei in seinem Atelier. Er gerät ins Visier der Ordnungskräfte, weil er Fotomaterial von einer Demonstration auf einer Zeche an Agenten der DDR verhökert hat. Allerdings sieht die Wirklichkeit anders aus als auf diesen Bildern. Den klassenkämpferischen Zorn der ausgebeuteten Arbeiter musste Nowack erst durch aufwändige Nachbearbeitung herstellen, denn tatsächlich verlief die Demonstration »ordnungsgemäß, d. h. garantiert unwirksam«, von einem Kinderchor und einem Kardinal als Gastredner zu völliger Harmlosigkeit entstellt. Entsprechend ernüchternd fällt daher Nowacks Fotodokumentation aus: »Demonstrierende Arbeiter, etwas unterbelichtet: Folgen langjähriger Manipulation.«

An diesem politisch defizitären Bewusstseinsstand beißen sich diejenigen, die die Arbeiter über ihre ›geschichtlich notwendige revolutionäre Mission aufklären‹ wollen, die Zähne aus. Das gilt sowohl für den Repräsentanten einer alten klassenbewussten Gewerkschaftergeneration, der sich seinem Namen Frank N. Stein gemäß im Verlauf des Romans zu einer Art Zombie verwandelt, als auch für die Agitatoren der Studentenbewegung, die in diesen Jahren die Fabriktore umlagerten, um ihre schwer verständlichen Flugblätter zu verteilen. Frank N. Stein endet bezeichnender Weise auf der Abfallhalde des erfolgreichen Fleischunternehmers Hans Rippa und zeigt so überdeutlich, dass Leute wie er auf den Abfallhaufen der Geschichte gehören. Die Figur Rippa ist eine besonders originelle und sarkastische Erfindung von Körner, eigentlich keine Erfindung, sondern die Transformation des Massenmörders Jack the Ripper in eine äußerlich angepasste bürgerliche Existenzform. Er steigt im Verlauf des Romans, der nur eine Zeitspanne von einigen Wochen umfasst, kometenhaft vom Betreiber einer Würstchenbude zum Herrscher über ein Fleischimperium auf, eine Figur mithin, die direkt Brechts *Heiliger Johanna der Schlachthöfe* entstiegen sein könnte.

Die Karriere des Hans Rippa zeigt, dass Körner von einer noch ziemlich ungezähmten kapitalistischen Gesellschaftsstruktur ausgeht. Die in den 1950er Jahren von der bürgerlichen Soziologie proklamierte ›nivellierte Mittelstandsgesellschaft‹ ist in den späten 1960ern jedenfalls hier noch nicht im Ruhrpott angekommen. Körner spricht unverblümt von den »Arbeitssklaven« und den »Arbeitaufzwingern«, die Ordnungskräfte werden ohne Rücksicht auf Rang und Namen allesamt »Uniformen« genannt. Ihnen sitzen Schlagstock und Schusswaffe durchaus locker; Nowacks Freund Drogenpeter wird am Ende in seinem Stammcafé am Rande einer Drogenfahndung erschossen und ohne viel Aufhebens beseitigt.

Aber auch der einfache Bürger ist bei Körner in dieser Hinsicht nicht zimperlich. So ist Nowack einmal in einem Taxi unterwegs, dessen Fahrer ihn mit faschistischen Parolen traktiert. Als der Mietwagen an einer Ampel von einem anderen Pkw überholt wird, bremst der Taxifahrer diesen bei nächster Gelegenheit aus und schlägt den anderen Fahrer krankenhausreif. Dann setzt er seine Fahrt ungerührt fort. Noch rabiater geht es innerhalb der Taxiszene zu: Homosexualität ist mit deren Ehrenkodex nicht zu vereinbaren. Als ein Taxichauffeur in den Verdacht gerät, schwul zu sein, beschließen die anderen Fahrer förmlich eine gnadenlose Treibjagd. Das Taxi des Opfers wird eingekesselt und gerammt, der Fahrer herausgezerrt und gemeinschaftlich auf offener Straße so brutal misshandelt, dass er stirbt. Dieses Beispiel von Selbstjustiz gegen den Vertreter einer Minderheit bleibt ebenso ungesühnt wie die unterlassene Hilfeleistung für eine überfahrene linke Studentin. Der Verursacher des Unfalls interessiert sich ausschließlich dafür, ob sein Fahrzeug womöglich einen Kratzer abbekommen hat.

Natürlich sind das satirische Überzeichnungen. Aber Körners Stil ist eben nicht der einer kritischen Sozialreportage, sondern der einer ins Surreale hinüberspielenden Hyperbolik. Nowacks Besuch in einer Polizeipresse-Dienststelle gehört zu den surrealistischen Kabinettstückchen in diesem Roman, macht aber zugleich deutlich, dass diese Aufsprengung des Realismus gezielt eingesetzt wird, um kritisches Bewusstsein zu formen.

Zu den stilistischen Besonderheiten des Romans gehört noch etwas, das ich ›Konfetti-Stil‹ nennen möchte. Er besteht darin, verschiedene Episoden oder Themen erzählerisch parallel zu führen, sie dabei in ihre einzelnen Wortbestandteile aufzulösen und die so gewonnenen Einzelworte wie einen Konfettiregen über die Seite respektive den Leser zu streuen. Körner verwendet diese Technik besonders gern bei den Schilderungen von Nowacks sexuellen Aktivitäten. Das Thema ›Sex‹ nimmt einen breiten Raum in *Nowack* ein. Das Frauenbild, um diesen ziemlich abgenudelten und selbst schon historisch gewordenen Begriff hier zu benutzen, das man bei Körner antrifft, ist noch so sehr im Banne der Rollenklischees, dass ich hier lieber den Mantel des Schweigens darüber lege. Der Roman ist, das ist keine Frage, nicht *das* große Kunstwerk – aber als interessantes Beispiel für die erste Generation von Popliteratur in der BRD mag er seine Geltung behaupten.

Jürgen Egyptien

Wolfgang Körner: *Nowack. Roman* (1969)

Wie komme ich zur Pressestelle? – Gehen Sie über den Hof! Übende Polizisten. Harry lacht sie aus, sie kümmern sich nicht um ihn. Das Telefon klingelt. Uniformen haben Mauern gebaut, Gräben gezogen, Holzwände errichtet. Hinter den Gräben sind eine Anzahl Holzpfähle in den Boden gerammt, mannshoch und in Brusthöhe mit Sackleinen umwickelt. Die Uniformen stehen in langer Reihe. Die erste fängt an zu laufen, schleudert eine Handgranatenattrappe in Richtung der Holzwand, wirft sich auf den Boden, verharrt einen Moment, springt auf und rennt auf die Holzwand zu, springt sie an und krallt sich an ihr fest, streckt den rechten Arm nach ihrem oberen Ende aus, macht Finger krumm, zieht sich höher hinauf, rollt sich über die Wand und läßt sich auf der anderen Seite hinabfallen. Wieder auf dem Boden, robbt sie auf die Mauer zu, wirft eine zweite Handgranatenattrappe, klettert über die Mauer, kämpft sich durch einen Drahtverhau und rammt ihr Bajonett in das Sackleinen eines Pfahles. Der Pfahl schreit auf, Blut spritzt auf die Uniform, die langsam zurück zu den anderen Uniformen läuft, sich an das Ende der Reihe stellt, dann die Übung wiederholt. Harry zittert, klopft mit den Absätzen auf den Teppich, sieht einen viereckigen Kreis, der sich ausdehnt und zusammenzieht und schließlich zu einem Schreibtisch wird, hinter dem der Presseoffizier sitzt. Das Fenster kriecht über die Wand, der Presseoffizier sitzt am Fernschreiber und spielt ein Rondo von Mozart, füllt dann eine Kassenanweisung aus. – Vierzehn Bilder, pro Stück vierzig Mark, das macht! Harry rollt von der Matratze auf den Teppich, von dort auf den Fußboden, bis er an die Materialkiste stößt. – Ist das nicht zuviel? – Nein, wir kaufen nicht nur Ihre Fotos! Harry trommelt mit den Fäusten auf die Materialkiste. – Ich will Ihr Geld nicht! – Das sagen alle. Und nachher nehmen sie es trotzdem! Der Presseoffizier spannt neue Noten in den Fernschreiber und spielt jetzt die Matthäus-Pression. Harry setzt sich auf einen Glasstuhl und hört zu, der Stuhl zerbricht, und er steht vor einem Pfahl, der, noch immer blutend, seine Kassenanweisung einlöst: Er wirft ihm die Geldscheine zusammen mit den Münzen an den Kopf, beides bleibt kleben, Harry muß jeden Schein und jede Münze umständlich lösen, bevor er sie in die Tasche stecken kann. Der Presseoffizier schwebt drei Meter hoch über dem Teppich und sagt, er werde Harry anrufen, wenn er wieder Fotos brauche. – Nein, bitte nicht! – Doch! Harry sagt, er schäme sich und er bitte um Verzeihung. Der Presseoffizier holt ein Notenblatt aus dem Ohr, spannt es in den Fernschreiber und grinst böse, als die erste Note aus dem Gerät kommt. Harry merkt, die Musik kommt auf ihn zu und will ihn erwürgen, er schreit laut, aber niemand ist in der Nähe, der ihm helfen könnte.

[...]

Ein Reporter des täglichen Bundesarbeiterdeformierungsorgans hört in einer Gaststätte von Flüchtlingen und spitzt die Ohren, aber nicht den Bleistift: Flüchtlinge in West-Ost-Richtung gibt es für ihn nicht, und gäbe es sie, gehörten sie nicht vor den Richter, sondern vor den Nervenarzt. Was ist ein Leben ohne: Sonderpreis, einzigartig, zurückstehen, hundertprozentig, neu, Selconal, beneiden, Stil, Gefühl, neuer, Zeit, strahlend, hinter, andere, neu, kostet, nur, lang, dynasiert, es, denn, hautaktiv, Mundgeruch, formschöne, kaufen, noch, heute, Packung, höchster, von, Vorzug, Prinzip, dieser, naturreine, garantieren, Schaffenskraft, warum, goldene, entdecken, sie, souverän, superlang, das, kaufen, alltägliche, Alltag, zauberhaft, sind, sollten, genießen, männlich, wie, sie, ein, Luxusreisen, Leichtigkeit, aktuell, perlend, das, Kunststoffzeitalter, korrekt, sympathisch, super, unbeschwert, macht, sie, Nachbarn, ihre, Stahl, morgen, Durchbruch, Charakter, Wollfaserschutz, Preis, braucht, schmackhaft, Waschkraft, Zeit, Leder, zeitlos, kostenlos, Genuß, Qualität, Niveau, überragende, Jungerhaltungskapsel, Kinder, leben, tragen, schenkt, spricht, Gewinner, Doppelpackung, Freunde, Methode, schönste, Tontreue, Safaris, Safe, fahrerfreundlich, Welt, kultivierter, feuriger, Aroma, volles, vergißt, für, reden, stabil, trotzdem, Wahl, erregende, milder, demokratisch, Klasse A, überlegen, Geschmack, besondere, sanforisiert, Waschkraft.

Wolfgang Körner: *Nowack. Roman.* Düsseldorf: Rauch 1969, S. 66–68, 126f.

Bodenlos-subversiver Groschenroman
Jürgen Schimanek: *Na, komm! Babetts schwerer Weg ins Glück* (1969)

Noch Dada? Oder nur noch gaga? Dieses Büchlein ist wirklich eine Herausforderung. Oder eher: Dieses Heftchen. Denn Jürgen Schimaneks *Babett* kommt im Gewand eines Groschenromans daher und mit einem für dieses Sujet charakteristischen Untertitel: *Babetts schwerer Weg ins Glück*. Doch wer ist Babett? Der Romaneinstieg gewährt Einblicke in ihre früheste Kindheit: »Als Babett ein Jahr alt war, hatte sie begriffen, wie man andere um etwas bittet. Sie schaltete die Kreissäge an, um Grünkohl zu schneiden. Die Karpfen waren dafür dankbar und ließen sie mir dem Dreirad am Beckenrand fahren. Als Babett zwei Jahre alt war, grub sie ihre Puppen in Blumenkästen ein, um sie vor ihrem Kirschkernbeißer zu schützen. Als Babett drei Jahre alt war, tauschte sie mit ihrem Freund Klaus den BH von Mutter für eine geriffelte Giebelstoßzange mit lederumwundenen Griff. Als Babett vier Jahre alt war, backte sie mit Rosmarin + gelbem Sand + Wollstrumpf + und Ziegenmilch + Spatzenfedern + Gaulkartoffeln + Pipitonic + Enteneier + ½ Brikett eine Torte. Als Babett fünf Jahre alt war, hatte sie zwei Probleme. Können die Ohren eines Stallkaninchens verknotet werden? Sind Schweineschwänze entrollbar? [...] Als Babett neuneinhalb Jahre alt war, war sie erwachsen.«

Soweit so gut. Babett also als ganz besondere Spezies Mensch, frühreif und verdorben: »Sie machte mir gleich klar: nicht vor sechzehn. Dann versuchte ich es mit bitterem Lakritz. Als sie sich leidgegessen hatte, folgten romantische Monate, wir fuhren bei Vollmond zu den Externsteinen und warteten auf den Mond. Wenn er durch das Steinloch guckte, blieb Babett stehen und flüsterte ›Maiglöckchen‹, dann durfte ich sie umarmen. Bei der nächsten Mondfahrt passierte jedoch ein Mißgeschick: Eine Wolke schob sich zwischen

Mond und Steinblock was ich leider zu spät bemerkte. Dann wurde es langweilig. Jeden Tag mußte ich mit ihr Knoten üben: Einfacher Schotstek, Kreuzknoten und Achtknoten. Als sie die Aufnahmeprüfung für die Pfadfinder bestanden hatte, wurde es wieder besser.« Als Babett 15 ist, besucht sie mit ihrem Michael diverse Tropfsteinhöhlen, um die Stalagmiten zu messen. Ein Jahr später ist man beim Thema Sex – um das es hier in erster Linie geht – wiederum ein Stück weiter: »Am Abend ihres 16. Geburtstages hatte ich es erreicht. Sie holte eine Schüssel und wusch mir meine Taschentücher.«

Nach diesem Prolog geht es nur noch drunter und drüber. In jeglicher Hinsicht. Auch typografisch. Auf den nächsten Seiten füllt jeweils nur eine in Versalien geschriebene Zeile das ganze Blatt aus und schlängelt sich wie ein Bandwurm fort, endend mit: »LÖFFEL INNER TASSE LASSEN?!! DER HATTN SCHÖNEN STICH! ICH ZEIG DOOF, WO ICH DAS WILL!« Und dann fängt die Geschichte (sofern man davon überhaupt sprechen kann) noch einmal von vorn an mit Zwischenüberschriften wie »Brotkörbchen«; »Frische«, »Pickelquecken«, »Viecher«. Um die Verwirrung komplett zu machen, sind Anzeigen eingefügt. Sie werben für Journale, Esoterik, Schönheitsmittel, lukrative Geschäftsmodelle, vieles andere mehr. Eine Annonce hat sich ausdrücklich vorgenommen, den Schriftstellerstand zu mehren: »Haben Sie Talent! Werden Sie Schriftsteller! Ein interessanter, leicht verständlicher Fernkurs vermittelt Ihnen die Erfahrungen und Kenntnisse erfolgreicher Schriftsteller und zeigt Ihnen, wie auch Sie jetzt Erfolg haben können. Schreiben Sie uns heute noch. Kostenlose, unverbindliche Informationen ...«

Die Kapitel des *Babett*-Hefts bestehen in der Hauptsache aus kurzen Dialogen zwischen Babett und Michael, die sich um allerlei Getier, Schwangerschaften und tausend abstruse Dinge drehen. Vor allem aber um eins: Babett ist ein burschikoses »Weibsstück«, das es nicht toll genug treiben kann. Sie bedient sich dabei eines sexistischen Vulgärvokabulars, das es in sich hat. Der nicht minder liebesbesessene Michael wird mit übelsten Schimpfworten traktiert, was aber offensichtlich der Luststeigerung nicht abträglich ist. Im Gegenteil. Beide nehmen kein Blatt vor den Mund und bedienen sich eines Slangs, der vermutlich nirgends zu verorten ist: Ein Dialog zwischen Michael und Babett lautet: »Has du alte Sau etwa in mein Nachtopf gemacht?! Minsch, has doch selbs einen, stroll da noch rein! Wenn das noch mall passeert, ma ich dir deinen voll. Dann kocks abber blöd.«

Eingeschoben ist über mehrere Seiten das Kapitel »Geheimlehre: Das Bezaubern der Frauen«, das unter Titeln wie »Hungriges Wolfsmaul«, »Napfaugenblende«, »Kühlwassertuba«, »Zinklöffeldreher« abstruseste Potenzmittel propagiert. Auch hier geht es um die bewusst schamlose Zurschaustellung von Lüsternheit und Geilheit im asozialen Milieu.

Über dieses Thema erschließt sich der weitere Kontext des satirischen Brachial-Pamphlets. Die Verlagsangabe (Joseph Melzer Verlag, Darmstadt) führt auf Umwegen zum legendären März Verlag. Deren Begründer Jörg Schröder trat nach Stationen beim Westdeutschen Verlag und bei Kiepenheuer & Witsch 1965 in den Melzer Verlag ein und rettete diesen mit einer radikalen Programm-Umstrukturierung vor dem Konkurs. Er erweiterte den auf Judaica spezialisierte Verlag um Belletristik und politische Sachbücher.

Zu den von Schröder akquirierten Autoren gehörte u. a. Jack Kerouac. Ein Titel war die Beat-und-Underground-Lyrik-Anthologie *Fuck You.* Daneben gab Schröder revolutionäre Texte von Fidel Castro und Che Guevara heraus. Ein kommerzieller Erfolg war der sadomasochistische Roman *Die Geschichte der O*, von der Melzer als gebundenes Buch über 100 000 Exemplare absetzte. 1968 plante Schröder die Gründung einer deutschen Olympia Press mit Verlagsschwerpunkt in der erotischen Literatur. Hierüber kam es Anfang 1969 zu einer Auseinandersetzung mit Joseph Melzer, der Schröder fristlos kündigte. Im März 1969 gründete Schröder mit durchschlagendem Erfolg in Frankfurt den März Verlag und die Olympia Press. Ein Mitarbeiter war Otto Jägersberg (s. S. 251, 297, 351), der dort u. a. unter Pseudonym den Titel *Oldtimer* herausbrachte, eine Sammlung früher pornografischer Fotografien. Jägersberg war es, der Schimanek für die Literatur begeisterte.

Im Rückblick und mit Bezug auf *Babetts schweren Weg ins Glück* erinnert sich Schröder: »Also erfand ich für ihn [Melzer] die Reihe ›Melzers Bibliothek der Unterhaltung und des Wissens‹, die so aussah wie die Romanhefte aus dem Bastei Verlag – holzhaltiges Papier, zweispaltiger Satz, eingestreut dumpfe Anzeigen vom Waltraud Schirmer Versand: ›Kein Nägelkauen mehr!‹, ›Augenwimpern wie erträumt!‹, ›Dünne Beine, dünne Arme‹, ›Der Hals verrät Ihr Alter‹. Und weil eine Reihe mindestens aus zwei Titeln bestehen muß, paßte es mir gut, daß Uve Schmidt mich mit Otto Jägersberg bekannt machte. Der schickte mir den Debütanten Jürgen Schimanek, und so wurde dessen ›Na, komm!‹ in der Pseudo-Reihe platziert. Jägersberg hatte den Judaica-Verleger Melzer schon früher, vor meiner Zeit in Düsseldorf, besucht, gleich nach seinem erfolgreichen Erstling ›Weihrauch und Pumpernickel‹ im Diogenes Verlag. Von ihm schwärmte Melzer einst: ›Ein schöner Junge!‹ Damit war jetzt Schluß, weil der schöne Junge diesen Schimanek ins Haus gebracht hatte, da war Ende mit der Bewunderung.«

Melzers Reaktion ist nicht ganz verwunderlich, angesichts dieses bodenlos-subversiven Buchs, das die Gattung Groschenroman zum Gossenroman umfunktioniert (und das gleichzeitig eine verdeckte Liebeserklärung an das Ruhrgebiet ist, dem der unverblümte Jargon noch am nächsten kommt). Ein Rezensent der Wochenzeitung *Die Zeit* (25.7.1969) war offensichtlich ähnlich entnervt wie Verlagschef Melzer: »Der Verfasser läßt sich im Verlagstext als Berufswestfalen bezeichnen. Damit dürfte beinahe schon genug gesagt sein. Babett erweist sich als eine Art von westfälischer Neuausgabe der Tulla Pokriefke, wenn ich denn die merkwürdige Sprache, deren sie sich bedient, für den Versuch halten darf, westfälisches Idiom schriftlich wiederzugeben. Irgendwie scheint die Gute immer nur das eine im Kopf zu haben, nach der unbewiesenen, aber zur Maxime erhobenen Behauptung: *›Säsar war auch sonn alter Fückspecht.‹* Allerdings kommt *es* innerhalb dieser Broschüre vor lauter Artikulationsproblemen kaum je dazu. Westfälisch deftige Zweisamkeit, zeitweilig urlaubsweise ins Sauerland verlegt. Das Ganze illustriert mit albernen Inseraten.«

Im Erscheinungsjahr von *Babett* machte sich Schimanek auf und davon. Bereits im Jahr zuvor war der ehemalige Meisterschüler für Komposition und spätere WDR-Redakteur für ein ugandisches Fernsehprojekt angeheuert worden. Hieraus ging 1979 seine kritische

Abrechnung mit dem Thema ›Deutsche Entwicklungshilfe‹ unter dem Titel *Negerweiß. Deutsches Fernsehtraining in Afrika in 99 Einstellungen* hervor, die bezeichnenderweise im März Verlag erschien. Von 1969 bis 1978 lebte Schimanek in Uganda, wo er im Auftrag des Bundespresseamts kulturelle und mediale Entwicklungshilfe leisten sollte. Er wollte damals der »schrecklichen Adenauer-Gesellschaft« entfliehen, die ihm eng und »widerlich« erschien. Mit 250 000 Mark, die er in seiner Zeit als TV-Journalist in Afrika für die BBC verdient hatte, lebte er nach der Zeit in Uganda ein freies Leben in Indien. »Ausprobieren, Neues machen«, lautete seine Maxime. 1981 schrieb er *Die Staatssekretärin*, einen satirischen Schlüsselroman über die Bonner Republik.

1989 kehrte Schimanek nach Deutschland zurück. Er lebte seitdem in Gelsenkirchen, einer Stadt, deren »Handshake-Höflichkeit« er mochte. 1991 gründete er die Fegefeuer-Press für Gedichtobjekte, die vom Sprengel Museum Hannover im Rahmen einer Ausstellung vorgestellt und prämiert wurde. Bei diesem Ein-Mann-Verlag nimmt das Papier als Textträger eine fast untergeordnete Funktion ein. Stattdessen dienten Schimanek Butterbrotdosen, Autoreifen, Orgelpfeifen, Plastikherzen, Staubsaugerbeutel, Schmirgelpapier, Raufasertapeten, Teppichboden, Lederhosen, metergroße Blechtafeln und vieles Weitere mehr als Folie für seine meist kurzen, pointierten Verse. Über tausend Text-Objekte dieser Art hat er liebevoll-chaotisch erschaffen und gehortet. Schimanek beteiligte sich an Musikperformances und Kunstveranstaltungen, bevorzugt in Gelsenkirchen. 1999 erhielt er als unabhängiger Oberbürgermeisterkandidat in Gelsenkirchen über 3300 Stimmen. 2004 erreichte er bei der Stadtratswahl einen Achtungserfolg mit seinem Wählerbündnis »Küp 27«. Der Name bezog sich auf den Schriftzug auf ›Schimmis‹ Mülltonne in der Küppersbuschstraße in Gelsenkirchen-Feldmark. Das Dada-Fossil Jürgen Schimanek starb 2014, weitgehend vergessen, in Gelsenkirchen. Er war, wie der Verfasser aus eigener Erfahrung sagen kann, ein sympathischer Typ.

Walter Gödden

Jürgen Schimanek: *Na, komm! Babetts schwerer Weg ins Glück* (1969)

Als Babett ein Jahr alt war, hatte sie begriffen, wie man andere um etwas bittet. Sie schaltete die Kreissäge an, um Grünkohl zu schneiden. Die Karpfen waren dafür dankbar und ließen sie mit dem Dreirad am Beckenrand fahren. Als Babett zwei Jahre alt war, grub sie ihre Puppen in Blumenkästen ein, um sie vor ihrem Kirschkernbeißer zu schützen. Als Babett drei Jahre alt war, tauschte sie mit ihrem Freund Klaus den BH von Mutter für eine geriffelte Giebelstoßzange mit lederumwundenem Griff. Als Babett vier Jahre alt war, backte sie mit Rosmarin + gelbem Sand + Wollstrumpf + Ziegenmilch + Spatzenfedern + Gaulkartoffeln + Pipitonic + Enteneier + ½ Brikett eine Torte. Als Babett fünf Jahre alt war, hatte sie zwei Probleme. Können die Ohren eines Stallkaninchens verknotet werden? Sind Schweineschwänze entrollbar? Als Babett sechs Jahre alt war, konnte sie sich über aufgespießte Regenwürmer, trillernde Zugschaffner,

pupende Dackel und gelbe Florentinerhüte wundern. Auch wollte sie keine Unterhosen anziehen. Als Babett sieben Jahre alt war, wurde sie von Indianern gefangen genommen, in einer Sturzkarre entführt, an eine Mülltonne gefesselt und mit Kieselsteinen und Puder beworfen. Deshalb ging sie nicht mehr ins Kino. Als Babett acht Jahre alt war, erzielte sie mit ihrem Pissläppchen gute Ergebnisse: gegen Tomatenmarkdöschen, Tischtennisbälle, Mauselöcher, Coca-Flaschen, Fliegen, Trompetenmundstücke und schlafende Frösche. Als Babett neuneinhalb Jahre alt war, war sie erwachsen. [...]
Babett war gerade zehn Jahre alt geworden, als ich sie kennenlernte. Es schneite und sie suchte ihren Wintermantel. Ich wollte ihr in den Ärmel helfen. Aber sie hatte ihn schon drin. Wir trafen uns wieder. Sie machte mir gleich klar: nicht vor sechzehn. Dann versuchte ich es mit bitterem Lakritz. Als sie sich leidgegessen hatte, folgten romantische Monate, wir fuhren bei Vollmond zu den Externsteinen und warteten auf den Mond. Wenn er durch das Steinloch guckte, blieb Babett stehen und flüsterte »Maiglöckchen«, dann durfte ich sie umarmen. Bei der nächsten Mondfahrt passierte jedoch ein Mißgeschick: Eine Wolke schob sich zwischen Mond und Steinblock, was ich leider zu spät bemerkte. Dann wurde es langweilig. Jeden Tag mußte ich mit ihr Knoten üben: Einfacher Schotstek, Kreuzknoten und Achtknoten. Als sie die Aufnahmeprüfung für die Pfadfinder bestanden hatte, wurde es wieder besser.
Über Pfingsten besuchten wir eine Hühnerfarm in der Nähe von Greven. Die drei Hähne imponierten ihr nicht, aber die vielen tausend Eier. So wechselte ich schnell die Taktik: Korbballspielen, das war ein guter Einfall. Schon an den ersten Abenden bewies sie viel spielerische Veranlagung, besonders bei den Korbeinwürfen. Raffinierte Bogenwürfe mit linker Drehung von rechts, Über-Rücken-Würfe von vorn, Rahmendreher mit Außendrall. Quadrupel-Springtäuscher und Giebel-Sechsfaller warf sie wie nichts. Meistens gingen wir danach essen. Behutsam versuchte ich es zuerst mit gefüllten Wirsingrollen, als das gelang, mit gefüllten Paprikaschoten, Williamsbirnen, Eiern, grünen Bohnen, Maiskolben, Schlangengurken und Flaschengurken. Dann versuchte ich es mit Neonbeleuchtung, Wandlämpchen, roten Stehlampen und zweiarmigen Kerzenleuchtern.

Jürgen Schimanek: *Na, komm! Babetts schwerer Weg ins Glück.* Darmstadt: Melzer 1969, S. 1–3

Antidot zur Heimatliteratur
Otto Jägersberg: *Der Waldläufer Jürgen. Geschichte* (1969)

»Im Tannwald herrscht lautlose Stille.« So könnte ein deutscher Heimatroman beginnen, vielleicht aus dem Sauerland oder dem Siebengebirge. Aber Moment: »lautlose Stille«? Ist das nicht ein Pleonasmus? Und im zweiten Satz ist gleich schon wieder vom »dunklen Tann« die Rede, den die Sonne kaum erreiche (weshalb er vermutlich dunkel ist). Die

Tautologie (A = A) ist die rhetorische Figur des ›Natürlichen‹, der schleichenden Mythisierung, aber eben nur, solange man sie nicht bemerkt. Fast wären wir drauf reingefallen. »Ein Käuzchenruf ertönt! Ein Käuzchenruf?« Das simple, pseudo-naive Nachfragen im Angesicht des vermeintlich Natürlichen, das tatsächlich das Hegemoniale ist (›Ganz Gallien ist von den Römern besetzt.‹ ›Ganz Gallien?‹), zerstört den Mythos des Selbstverständlich-Autochthonen. Die Wiederholung ist eben auch, mit Oskar Pastiors Worten, die Mutter des Widerspruchs. So beginnt denn doch kein Stück Heimatliteratur. »Natur? Nein, Buben spielen im Walde!«

Jägersbergs Erzählung von 1969 reizt diese Figur aus: Wenn Sippenführer Horst sein Fähnlein Fieselschweif auf den pädagogischen Waldlehrpfad schickt – »Jürgen, du holst mir einen Zweig Weymouthskiefer, du, Franz, einen Fichtenzweig, Hans, einen Zweig Bergahorn und du, Dieter, einen Zweig vom Wacholderstrauch« – Preisfrage: Womit kommen sie zurück? Richtig: »Der Waldläufer Jürgen findet einen Tannenzweig, Franz einen Tannenzweig, Hans einen Tannenzweig, Dieter einen Tannenzweig.« So ist das halt im dunklen Tann. Und Jägersbergs spitzbübischer Text erzeugt über diese Überdeutlichkeit, verbunden mit einem naiv-zutraulichen, von Floskeln durchsetzten Ton zunächst einmal eine absurde Komik. Sie verbindet sich jedoch mit einem weiteren Effekt: Im Reihungsstil (»einen Tannenzweig […] einen Tannenzweig […] einen Tannenzweig«) wird die Textur auffällig, ein modernistischer Zug kommt in die Schreibweise, die damit an die Vorkriegsavantgarden anknüpft (man könnte etwa an Gertrude Stein denken).

Das über-realistische Ausbuchstabieren des Selbstverständlichen, die ausgestellte Tautologie, bricht mit den Automatismen eines traditionellen Realismus, wie er als Erzählverfahren auch die erfolgreichere Gegenwartsliteratur um 1970 dominiert. »Niemand erinnert sich an den Erfinder des Biers.« Gerade das vermeintlich Selbstverständlichste wird im realistischen Text ja nicht geschrieben, sondern schlicht vorausgesetzt: »Nehmen die Backen auch den größten Teil des Gesichts ein, so werden sie in der Gesichtsbeschreibung eher vernachlässigt.« In der Tat. Der Bruch mit dem dumpfen Realismus (»Tannwald«) wirkt dann rasch auch in die erzählte Welt hinein. Die munteren Spiele der Waldläufer, das Treiben im Verein, die Besichtigung eines »modernen Zeitungsbetriebs« im »DuMont-Haus« – all das bekommt nicht nur sexuelle Untertöne, die jederzeit auch in entsprechende Handlungen kippen können (»Es war ein unvergeßlicher Nachmittag, sagte Ilse später, der Waldläufer gab sich ganz privat.«). Es setzt auch eine kafkaeske Verrückung der Zeit frei – Jürgen scheint an diesem »amorphen Nachmittag« schier endlos, monatelang, im Wald verschwunden und ist zugleich doch nur ein paar Stunden weg, ein Albtraum in »bielefelder Kluft« und mit vergessener Botanisiertrommel. Unter der abstrusen Oberfläche sind Missbrauchsstrukturen und Demütigungen einer ländlichen Pubertät in kleinbürgerlicher Zwangsnormalität jederzeit erahnbar (»Jürgilein hat Scheiß am Bein!«). »Düstere Gedanken plagen den Waldläufer, die ihn nicht mehr plagen, als er einen Minigolfplatz erreicht.« So einen Relativsatz muss man erstmal bringen! Und dann die absurde Freizeitanlage als Erlösung aus dem dunklen Tann, die den Heimatmuff bloß in modernisierter Form fortschreibt – spätestens jetzt muss man diesen Text lieben! Für Jürgen freilich gibt es, man ahnt es bereits, keinen Ausweg, das Schlusswort bleibt Sippenführer Horst: »[D]ann können wir ja mit dem Heimatabend beginnen.«

Der Waldläufer Jürgen ist kleine Literatur, angesiedelt im wenig betretenen Gebiet zwischen Neuer Heimatliteratur, Nouveau Roman und Pop. Dazu passt auch die liebevolle Ausstattung in der Broschur-Reihe der Eremiten-Presse von V. O. Stomps, für die Jägersberg als »Chefbuchhalter, Direktor der Werbung und Leiter der Auslieferung des größten Verlages in Stierstadt« laut Klappentext einst selbst tätig war: Ein Taschenbuch zwar, aber großzügig auf doppelseitiges Papier gedruckt, mit pink-lila Vorsatzblättern und sieben Flachdruck-Grafiken von Jürgen Wölbing; ein preiswertes und doch luxuriöses Antidot zum realistischen International Style. Wirkt auch heute noch.

Moritz Baßler

Otto Jägersberg: *Der Waldläufer Jürgen. Geschichte* (1969)

Wir wollen singen, sagt schlicht der Sippenführer. Jürgen, Franz, Hans und Dieter bereiten sich daraufhin vor. Der Sippenführer hebt eine Hand und es schallt durch den Wald: weißt du warum du mit uns gehst? Der Sippenführer verbindet den Sängern die Augen, noch heller erklingen da die Waldläuferstimmen im halligen Tann. Sippenführer Horst entnimmt seinem Führerbeutel geräuschlos ein Sortiment Wacholderflachmänner, die er gelenk hinter den Stämmen verbirgt. An den Flaschen fehlen die Etiketten, die hat der Sippenführer längst entfernt! Auch markiert der Sippenführer nicht das Einsatzgebiet, denn sieht es nicht geschmacklos aus, wenn ein Sippenführer sich von irgendeiner Firma Reklamefähnchen kommen läßt, die er für die Abgrenzung des Übungsgeländes verwendet? Auch können ja die Mütter und Schwestern der Buben nicht fortgesetzt Wimpel nähen. Auch können ja die Väter und Brüder der Waldläufer nicht dulden, daß die Mütter und Schwestern der Waldläufer fortgesetzt mit Waldläuferfragen beschäftigt sind. Jetzt ist es soweit, sagt der Sippenführer und klatscht in die Hände, sucht nun mal schön. Die Buben unterbrechen ihr Lied und machen sich auf ins Gelände und in den Wald. Welch übermütige Verletzungen sich die augenverbundenen Waldläufer da so zuziehen! Ein böser Dorn dringt in das Knabenfleisch! Wer darf ihn entfernen? Wer darf die kleine Wunde, das stecknadelgroße Löchlein aussaugen? Wer hat keine Angst vor dem Dornengift? Sippenführer Horst verarztet sie alle, alle die kleinen Stromer kommen mit ihrem Blut zu ihm, der sich erfahren und zärtlich aller Wunden annimmt, die auch die harmlosesten Einsätze mit sich bringen. Die Waldläufer sind noch im Gelände und im Wald, und der Sippenführer lauscht den kleinen Schmerzensschreien und den Ausrufen köstlicher Überraschung. Der Waldläufer Jürgen ist nur einmal zum Sippenführer gelaufen, ihm einen aufgeschrammten Mittelfinger zu bieten. Jetzt hat er seinen Flachmann gefunden. Noch darf er die Augenbinde nicht abnehmen. Erst muß der Fund in aller Ruhe geprüft werden. Daraufhin spricht Jürgen den Wacholderwaldläuferspruch: der Wacholder an sich ist kein Problem, die Herstellung des Wacholders ist an sich kein Problem, die Verbreitung des Wacholders ist an sich kein Problem, der Wacholder hat an sich keine Probleme, in sich ist Wacholder was er verspricht, erst in sich was Wacholder in sich hat, wird Wacholder zu gar keinem Problem. Der Sippenführer Horst legt Jürgen die Hand auf die Schulter und sagt, da ist noch etwas was ich vergessen habe, und zieht Jürgens Augenbinde fester. Sie gehen weiter ins Gelände und in den Wald. Jürgen ist ganz leicht zumute. Unter ihren Stiefeln knirscht der Schnee. Der Sturmwind hat sich gelegt. Es ist alles so still. Merkwürdig, daß die Abgeschlossenheit seiner Augen vor dem Wald, Jürgen das Gefühl einer verwunschenen Unendlichkeit mitteilen kann. Wie doch alles so seinen Platz hat, sagt sich Jürgen, auch meine Gefühle. Beglückt spürt er den Arm des Sippenführers um seinen Nacken. Und nie war der Wald so tief. Nie war ein Paar so schön. Nie war der Wald so weit. Nie schritt ein Paar so tief. Nie durchfiel ein schöneres Paar den weiten Wald so deutsch. Und nie durchschnitt ein deutscher Wald so tief grün jemals schön ein Paar. Bis Jürgen plötzlich anhält. Da ist kein Arm mehr auf seiner Schulter, kein Schritt mehr neben ihm. Still steht der Wald und schweigt. Jürgen nimmt die Augenbinde ab und ruft: Sippenführer, wo bist du? Wie einsam dich auch ein Waldläufer sein kann, denkt Jürgen und setzt die Augenbinde wieder auf.

Otto Jägersberg: *Der Waldläufer Jürgen. Geschichte.* Stierstadt im Taunus: Eremiten-Presse 1969, S. 10–14

Ismen der Veränderung
Hugo Ernst Käufer (Hg.): *Beispiele Beispiele. Texte aus der Literarischen Werkstatt Gelsenkirchen* (1969)

Auftakt, Aufbruch, Veränderung. Die Gründung der *Literarischen Werkstatt Gelsenkirchen* (*LWG*) wollte 1967 gleich in mehrfacher Hinsicht einen Anfang darstellen. Anfang als Veränderung, als Neuorientierung. Raus aus den gewohnten Bahnen; keine klassische ›Wasserglaslesung‹ mehr. Sondern ein Zusammentreffen, Zuhören, Mitreden. Um die rege Auseinandersetzung mit den Texten vor Ort zu ermöglichen, konzipierten Hugo Ernst Käufer, Detlef Marwig und Rainer Kabel einen in mehreren Runden stattfindenden Wettbewerb, der gewissermaßen als ein Vorläufer des heutigen Poetry Slams verstanden werden kann. Und nicht nur die Aktivität des Publikums wurde gefordert, ebenso wurde das Veranstaltungskonzept ›Lesung‹ grundlegend neu aufgestellt: Neben Musik (»flotter, nicht zu schwieriger Jazz«) war für Verpflegung gesorgt und die rigide Ordnung, die sonst gern bei Kulturveranstaltungen herrschte, aufgehoben: »Die Gäste sitzen an Tischen und können nach Bedarf Cola, Sprudel, Bier oder auch heiße Würstchen verzehren. Außerdem steht es jedem frei, wann immer er will den Raum zu verlassen oder zu betreten.«

Das Konzept kam sehr gut an. In Abständen von ein bis zwei Monaten fanden Lesungen statt, auf denen mit Wahlzetteln (»gut«, »mittel«, »schlecht«) die Gewinner der jeweiligen Vorrunde für den kommenden Termin ermittelt wurden. Mitbegründer Marwig, insbesondere für die Organisation der Lesungen zuständig, gab sich im Nachwort zur ersten regulären Publikation der *LWG*, in der eine Zusammenschau der gebotenen Texte präsentiert wurde, nicht wenig selbstbewusst: »Die Literarische Werkstatt des Volksbildungswerkes Gelsenkirchen ist inzwischen fast schon zur Institution gediehen. Mehr und mehr Beachtung findet sie weit über die Grenzen Gelsenkirchens hinaus.« So viel demonstrative Brustwölbung wäre gar nicht nötig gewesen – zumal Institutionalisierung der *LWG* im strengen Wortsinn eher ein Dorn im Auge gewesen sein dürfte. Die *LWG* kam eigentlich ganz gut ohne rhetorisch brillante Selbstdarstellung aus. Wie aber kam es zum Erfolg? Insbesondere: Woher kamen die Autorinnen und Autoren? Weshalb konnte die *LWG* kurzerhand aus einem reichen Fundus von Einsendungen wählen?

Wie so häufig: Die Geschichte hat eine Vorgeschichte. Bei Fritz Hüser, Initiator der *Dortmunder Gruppe 61*, landeten im Laufe der Zeit mehr und mehr Texte, die nicht (mehr) der Arbeiterliteratur zuzuordnen war. Doch allein dieser war und blieb die *Gruppe 61* verpflichtet. Nach Gesprächen Hüsers mit Detlef Marwig und Rainer Kabel über diese missliche Lage war innerhalb kürzester Zeit – glaubt man den Berichten – die *LWG* geboren. Hugo Ernst Käufer, stellvertretender Direktor der Stadtbücherei Gelsenkirchen und selbst Autor, konnte man für das Lektorat der Manuskripte gewinnen. Knapp hundert Einsendungen hatte Käufers »Einmannbetrieb« in den folgenden Monaten zu verzeichnen: »Unter den vorlegten Romanen, Erzählungen, Feuilletons, Dramen und Gedichten befanden sich avantgardistische, konservative, gut gemeinte und mißglückte Texte. Alle Stilrichtungen und Ismen waren vertreten: Beat- und Popprosa, Tonband- und Schablonenmontagen, Neuer Realismus, Surrealismus, aber auch Rückgriffe auf ältere Stilarten wie Expressionismus, Symbolismus, Neuromantik oder Naturalismus wurden sichtbar.«

Und welche Themen wurden innerhalb dieser breit gefächerten Textlandschaft verhandelt? Welchen Sujets näherte man sich an? Auch hierüber gibt Lektor Käufer in seinem dem Band *Beispiele Beispiele* beigefügten Bericht Auskunft: »Liebes- und Ehegeschichten, Abenteuer- und Kriminalgeschichten, humorige Erlebnisse und spaßige Allerweltsbeschreibungen wechselten einander ab. Bei weitem überwogen jedoch Versuche, die heutige Welt ins Wort zu nehmen, die Welt der Technik und Arbeit, Probleme der Massengesellschaft, der Werbung, der Massenmedien, des Managements, der Politik, der Sozialstruktur, der internationalen kriegerischen Verwicklungen zu gestalten.« Spätestens hier wird deutlich: Wir befinden uns mitten in den 1960er Jahren. Die sogenannten Studentenunruhen sind voll im Gange; bislang für sicher gehaltenen Statuten werden nun nach und nach in Frage gestellt. Es geht um soziale, politische, ebenso um wirtschaftliche, kulturelle und ideologische Aspekte; Fragen des Zusammenlebens, des Umgangs mit Verlogenheit, Schuld, Verdrängung, mit Krieg, Konsum und Korruption stehen ebenso im Fokus.

Und wer sandte Texte ein? Welchen Bevölkerungsschichten waren die Einsender bei den Wettbewerbsaufrufen der *LWG* zuzurechnen? Käufer hat es protokolliert: »Es bewarben sich Arbeiter (u. a. Bergleute, Schlosser, Dreher, Gärtner, Maschinisten), Verlags- und

Zeitungsredakteure, Buchhändler, Bibliothekare, Lehrer, Finanzbeamte, Chemie-Ingenieure, Bauzeichner, Hausfrauen, Akademiker, Studenten und Schüler. Der älteste Autor war 72 Jahre alt, der jüngste wurde 1952 geboren. Die Zwanzig- bis Dreißigjährigen stellten die größte Gruppe; sie lieferten, aufs Ganze gesehen, die besten Beiträge.« Und da ist es schon: das Terrain der Wertung; vorbei die neutrale Sichtung der Daten. Doch natürlich muss auch diese Frage gestellt werden: Wie gut waren die Einsendungen? Käufers Antwort fällt erfreulicherweise so offen wie nüchtern aus: Von 96 Einsendungen mussten 65 aussortiert werden. Das ist eine durchaus angemessene Quote; im Kontext der *LWG* mag sie aber doch ein wenig überraschen, hatte diese sich ja nicht zuletzt auf die Fahne geschrieben, ein besonders niederschwelliges Angebot für alle Schreibenden darzustellen: Auch die Hausfrau und der Berufsschüler sollten sich vom Aufruf der *LWG* angesprochen fühlen.

Dass nichtsdestotrotz Minimalanforderungen an die Einsendungen zu stellen waren, liegt auf der Hand, handelte es sich doch nicht zuletzt um den Versuch, vielversprechenden Stimmen eine Öffentlichkeit und erste Möglichkeiten für spätere Publikationen zu verschaffen. Trotz organisatorischer Kooperation mit der Volkshochschule: Hier wurde ja schließlich kein Schreibkurs angeboten; die Werkstatt wandte sich Autorinnen und Autoren zu, deren ersten Ergebnisse das Potenzial versprachen, in Zukunft mit Förderung (»Arbeitsgruppen«, »Teamwork«, »Autorenfreundschaften«) ebenso beachtliche Texte zu bringen. Und naturgemäß erfüllten nicht alle Einsendungen diese Minimalanforderungen, wie Lektor Käufer nach Durchsicht konstatieren musste: »In diesen [aussortierten] Beiträgen ließen sich keinerlei Ansatzpunkte für eine positive Weiterarbeit erkennen. Zwischen einem *Anliegen* und Literatur ist ein himmelweiter Unterschied. *Wollen* allein genügt nicht.« Das mag auf den ersten Blick harsch wirken, ist nichtsdestotrotz richtig.

Und welche Texte finden sich nun im Buch? Ein Blick ins Inhaltsverzeichnis verrät, dass hier durchaus einige Namen vertreten sind, welche langfristig auch überregional von sich reden machten; exemplarisch genannt seien Frank Göhre (s. S. 372, 433) und Werner Streletz (s. S. 477). Nach den Ausführungen Käufers zur stilistischen wie inhaltlichen Heterogenität der Einsendungen ließe sich nun das größte Kuddelmuddel erwarten. Doch dem ist kaum so. Wie kommt's? Einerseits ist Käufers Bekenntnis, ganz ohne Vorannahmen an die Sache herangegangen zu sein, vielleicht ein wenig in Zweifel zu ziehen (was ihm allerdings kaum ernsthaft zum Vorwurf gemacht werden kann, sondern auch in der Natur der Sache liegt: Kriterien zur Auswahl braucht es in jedem Fall; diese lassen sich explizieren und begründen, bleiben nichtsdestotrotz zu einem gewissen Grad individuell). Andererseits ist Käufers Gliederung des Buchs in vier thematische Gruppen zu loben: »Vietnam und anderswo« (Krieg und Fremdenfeindlichkeit), »Treffpunkte, Verwandlungen« (Erlebnisse der Alltagswirklichkeit), »Im Kontrollsystem« (Arbeit, Apparate, Werbung, Konsum), »Signale, Signaturen« (Sprachexperimente).

Von kritisch-nachfragender Ausrichtung sind letztlich alle Beiträge in irgendeiner Form; in der ersten Themengruppe dominiert vor allem eine Auseinandersetzung mit der in Krisen- und Kriegsgebieten eskalierenden Gewalt. Die Eigenlogik des Militärischen und die Unkontrollierbarkeit neuerer Kriegstechnologien wird in Johannes D. Neubergs *Der General betet* auf verdrehte Weise pointiert zum Ausdruck gebracht: »Herr, gib uns die Renaissance / ural erprobter Waffen // laß uns das Bajonett wieder / in des Feindes Bauch stechen / oder ihm / eine ehrliche Mine unterlegen // laß uns den Gegner tapfer / mit Granaten und Sprengbomben / vernichten nach der anerkannten / Genfer Konvention // [...] // aber erlöse uns / von H-Bomben und Atomnebeln / und von ferngesteuerten Raketen – / sie denunzieren den ehrlichen Krieg.« Einen Reflex auf mediale Verzerrungen liefert Richard Limperts *Tagesschau*: »Ich sehe / einen gefolterten / Vietnamesen / kopfüber / in einer Tonne. / Er schluckt / Jauchewasser. // Gestern sah ich / einen knienden / Ledernacken / kopfgeneigt / gen Hochwürden. / Er schluckte / die Hostie.«

Was bei Neuberg noch mit einer gewissen sprachlichen Finesse daherkommt, wird bei Limpert zur reinen Aussage, die durch den eigenwilligen Zeilenbruch, die Anlage in zwei Strophen zwar noch eine formale Struktur besitzt, darüber hinaus sich aber in keinster Weise an poetischen Mitteln und Möglichkeiten interessiert zeigt. – Müsste dies denn der Fall sein? Die Politisierung der Lyrik – die Literaturgeschichten haben es mit Stich- und Schlagworten (man beachte die Metaphorik!) zu Genüge fixiert – ging in den 1960er Jahren mit einer bewussten Reduzierung der gestalterischen Mittel einher. Ideologie statt Poetologie, Politik statt Ästhetik – wenn man es sehr verkürzt zusammenfassen wollte. Dass es für diese Konzentration auf den Inhalt, die Aussage bzw. den Gegenstand gute Gründe gab, sei gar nicht in Abrede gestellt. Doch scheint – und dies ist als generalisierte Überlegung zur politisierten Lyrik der 1960er Jahre zu lesen – gelegentlich jegliches Reflexionsmoment auf die eigene Handlung, also: den Umgang mit Sprache, verloren gegangen zu sein.

Dass dies nicht zwangsläufig so sein muss, beweist in *Beispiele Beispiele* etwa das ganz zu Beginn abgedruckte Gedicht *gott in vietnam* von Paul Karalus. Über mehrere Seiten ziehen sich einzelne Strophen, die immer wieder mit Einrückungen und Abbrüchen, mit Wiederholungen und Verschiebungen des Wortmaterials arbeiten, die Beschäftigung mit dem Thema offensichtlich nicht von der Beschäftigung mit Sprache trennen können und wollen: »das einfältige strickmuster / meiner sporadischen erinnerung / richtet sich gegen mich / zeit tröpfelt ihre zersetzende formel / zwischen die halbgaren empörungen«. Dabei scheut sich Karalus nicht, von gewissen (zu der Zeit sehr erfolgreich etablierten) Standards der Gegenwartsliteratur Abstand zu nehmen: »das leid läßt sich nicht formulieren / da tut es auch nicht der wellershoffsche beschreibungstamtam / wir machen wieder gedichte / lesen sie und essen und lachen / und sitzen drauf / die zeitung / vor augen und / der quatsch soßt sich / durch und ab«. Der Seitenhieb auf den ›Neuen Realismus‹ ist durchaus ernst zu nehmen und nicht als Provokation gedacht; der Unmut, der hier im Text zum Unwirschen führt, resultiert nicht zuletzt aus einer gewissen Ratlosigkeit, wie denn nun künstlerisch mit den Gegebenheiten umzugehen, wie gegen sie anzugehen sei: »hier und jetzt stanzen mit den gewöhnlichen mitteln / das gerinnt zur / kunstfigur / oder zerfließt breiartig / ausgußreif / brühwarm / vertont zur hitparade«. Karalus kann (und will) kein erfolgreiches Gegenkonzept vermitteln; sein Schreiben ist Ausdruck eines Zweifels, einer Suche, die sich nicht vorschnell irgendeinem Rezept, irgendeiner Versicherung hingeben möchte. Diese aufrecht erhaltene Ungewissheit und Selbstreflexion ist es, was manch anderes kritisch-politisches Gedicht dieser Zeit vermissen lässt.

Auch bei Gedichten, welche sich eher gesellschaftlichen Themen zuwenden, bleibt bei Lektüre teils ein Unbehagen zurück: Oftmals wird hier in bester Agitprop-Manier das Wortmaterial von den Postern, Plakaten, Broschüren und Zeitschriften zusammengeklaubt und in entlarvender Absicht zu einem eigenen Text montiert. Das mag im Einzelfall plausibel sein und teils auch literarisch überzeugen, doch bleibt fraglich, ob mit Auflistungs-Collagen wie Roswitha Kämpers *busineß* tatsächlich ein kritisches Bewusstsein hervorgerufen werden kann: »die verbindlich lächelnde blenday-blondine / der sportlich gesunde astor-beau / das exquisit elegante attika-paar / die fröhlich lebende rama-familie / der männlich markante birkin-lächler«. Ende der 1960er Jahre befindet sich Kämper mit derartigen Gedichten auf der Höhe dessen, was angezeigt und angebracht, aber eben auch völlig erwartbar war – und somit eigentlich jeglichen Potentials beraubt, sowohl inhaltlich als auch literarisch. Kämpers *glück* (»wohlstandswagen / wochenendtrip nach paris / und stilmöbel«) versucht sich an einer kritischen Inventur der ›geistigen Physiognomie‹ des Landes und verlässt sich auf den kritischen Impuls, den das schroffe Montieren des zitierten Materials schon mit sich bringen wird: »denn man weiß / daß studenten kommunisten sind / und darum suspekt/ daß politik ein geschäft / für alte männer ist / daß kiesingers lächeln / erfolg verspricht / daß die demokratie / in deutschland lebt / daß die bundeswehr stark ist«. So löblich der Einsatz zur Bewusstseinsveränderung auch ist: Im Literarischen ist er nur halbwegs geglückt, denn die Methode wird bald Masche und gewinnt als Routine für das eigene Unternehmen eine gefährliche Dynamik.

Einen in Nuancen zumindest anderen Zugriff versucht Reinhart Zuschlags *Carpe diem 1968*: »Morgens eine Pille / zum Anregen / Mittags eine / zum Verdauen / Abends zwei / zum Abregen / Alle rezeptpflichtig // Acht Stunden / am Schreibtisch / mit Telefon / wie in einem / Ofen mit wechselnder / Temperatur / Der Teig bleibt / was er ist«. Zumindest mit den beiden letzten hier zitierten Versen gelingt Zuschlag eine über die reine Protokollierung des Faktischen hinausgehende erste Abstraktion. Erst in der Kombination beider Verfahren befindet der Text sich auf eigenständigerer Ebene. Dass in der zweiten Hälfte des Gedichts wiederum allein die Protokollierung des Gegebenen im Fokus steht, sich zunehmend auf Ein-Wort-Verse reduziert, ist allerdings als bewusst provoziertes Textverfahren zu werten, was die limitierte Perspektive dieses gegenwärtigen Alltags auf die Sprachebene überträgt: »Im Fernsehen steigt / die Krimiflut / [...] / Abends in / einer Bierrunde / immer nur / PKW / Fußball / Bettgeschichten / und Witze / von gestern«.

Erwähnenswert unter den lyrischen Stimmen ist Liselotte Rauner, die 1970 mit ihrem Band *Der Wechsel ist fällig* (s. S. 364) debütierte und in *Beispiele Beispiele* u. a. mit dem Gedicht *Was mir gehört* vertreten ist: »Von diesem reichen Land / das mich beehrt mit seiner Verteidigung / im Ernstfall / gehört mir soviel Erde / wie ich nach Hause tragen kann / unter dem Fingernagel«. Derart poetische Miniaturen lassen sowohl Kämper als auch Zuschlag vermissen. Wenn bei Lektor Käufer in seinem Bericht davon die Rede ist, dass die Gegenwart nicht nur »Fundus der Sprachfindung« sein soll, sondern dies immer auch mit einem Gespür für Metaphernfindung (»das Wägen und Erwägung von Worten«) einhergehen müsse, wäre Liselotte Rauner also ein lobend zu erwähnendes Beispiel. Dass auch bei Rauner nicht alle Verse gleich gut glücken, sei fairerweise erwähnt, macht aber auch nochmals auf den Werkstattcharakter dieser Publikation aufmerksam.

Arnold Maxwill

Hugo Ernst Käufer (Hg.): *Beispiele Beispiele. Texte aus der Literarischen Werkstatt Gelsenkirchen* (1969)

Josianne Maas
Konsequenz

Wie bitte, ob ich was bin? Gegen die Rassentrennung?
Natürlich bin ich gegen die Rassentrennung. Was können denn diese armen Menschen dafür, daß sie eine andere Hautfarbe haben? Es muß endlich mal Schluß gemacht werden mit der Diskriminierung!
Aber selbstverständlich bekommen Sie meine Unterschrift. Man muß doch schließlich beweisen, daß man tolerant ist. Also ich habe gar nichts gegen die Neger. Vor Gott sind alle Menschen gleich.
Rassenkrawalle in Chicago? Also wissen Sie, ich verstehe ja die Amerikaner nicht. Haben doch eine Demokratie. Sollen den Negern doch endlich die Gleichberechtigung geben. Sind ja schließlich auch Menschen.
Wenn einer zu mir an die Tür kommt? Na, hören Sie mal! Man hat doch ein Herz für diese armen Teufel. Erst gestern war noch einer hier. Ein ganz Schwarzer, sage ich Ihnen. Sowas von schwarz! Zuerst habe ich mich ja ein bißchen erschrocken, als ich die Tür aufmachte und er plötzlich vor mir stand. Aber er war sehr nett. Wollte Zeitungen verkaufen. Eigentlich kaufe ich ja grundsätzlich nicht an der Tür. Aber in diesem Fall ... Da macht man natürlich eine Ausnahme. Er sollte ja auch nicht denken ...
Sicher, ich habe ihm die Hand gegeben. Na ja, ein etwas komisches Gefühl war das ja. Ich habe mir auch gleich hinterher die Hände gewasch ...
Aber das tut man ja sonst auch.
Wie bitte?
Ob ich etwas dagegen hätte, wenn meine Tochter ... mit einem Neger? Sie, werden Sie nicht unverschämt. Meine Tochter ist ein anständiges Mädchen. Die tut sowas nicht!

Josianne Maas: *Konsequenz*, in: Hugo Ernst Käufer (Hg.): *Beispiele Beispiele. Texte aus der Literarischen Werkstatt Gelsenkirchen.* Recklinghausen: Bitter 1969, S. 25

Verlust, Schuld und Ausweglosigkeit
Jenny Aloni: *Der Wartesaal. Roman* (1969)

»Manche warten auf ihre Weiterfahrt, manche auf eine Rückkehr. Manche wissen nicht mehr, daß sie warten.« – Jenny Aloni, geb. Rosenbaum, wurde 1917 in Paderborn geboren und starb 1993 nahe Tel Aviv; ab 1936 lebte sie in Berlin, wo sie in jüdischen Organisationen arbeitete. 1939 gelang ihr die Flucht nach Palästina, anschließend nahm sie ein Studium in Jerusalem auf. Während sie noch rechtzeitig fliehen konnte, wurden ihre Eltern Opfer der nationalsozialistischen Vernichtung der europäischen Juden. Die Ereignisse ihres Lebens spiegeln sich auch in ihren Tagebucheinträgen, Erzählungen, Gedichten und Romanen wieder. 1956 erschien ein erster Gedichtband Alonis in Deutschland (s. S. 97). In den 1960er Jahren veröffentlichte sie weitere Werke und wurde »zur wichtigsten Stimme der deutschsprachigen Literatur in Israel« (Hartmut Steinecke). Anschließend ging das Interesse an ihr zurück, bevor man in den 1980er Jahren durch ihre *Gesammelten Werke* wieder auf sie aufmerksam wurde und sie 1993 sogar zwei Literaturpreise erhielt. Alonis dritter Roman *Der Wartesaal* unterscheidet sich in seiner Erzählform so sehr von ihren vorherigen Werken, dass die zuvor eher positiven Kritiker enttäuscht waren. Die Thematik, die Folgen von Auschwitz und das Problem sich danach noch in der Welt zurechtzufinden, wurden nicht verstanden. Viele deutsche Verlage lehnten das Manuskript nach seiner Fertigstellung 1964 ab, erst Jahre später konnte der Roman veröffentlicht werden.

Aloni gelingt es in ihrem Roman, ihr Überleben der Shoah sowie das Leid und das Unverständnis, warum so viele Menschen leiden und sterben mussten, zu thematisieren, ohne den Nationalsozialismus direkt in den Vordergrund zu stellen. Die seelischen Erfahrungen der Überlebenden werden in den Fokus gestellt. Die Ich-Erzählerin schreibt ihre Lebensgeschichte auf und richtet sich dabei an ihre imaginäre Tochter Lisa, das Kind, das sie sich gewünscht hatte, doch nie bekam. Sie sitzt in einem sogenannten Wartesaal, einer Anstalt für geistig und seelisch Kranke. Dort beginnt sie ihre Geschichte, in dem sie den Schlafsaal und ihre Mitinsassinnen beschreibt, vom Alltag berichtet und vom ständigen Warten auf ihre ›Abberufung‹. Der Wartesaal wird zum Bahnhof, die Insassen sind Passagiere.

Erst langsam entfaltet sich ihre Lebensgeschichte. Ihr Ehemann verlässt sie noch auf der Hochzeitsreise für seine große Liebe, die sie dort rein zufällig treffen. Dadurch wird sie langsam wahnsinnig, weiß nicht wohin sie gehen soll, was sie tun soll. Der Nationalsozialismus tritt in ihr Leben. Da ihre Mutter Jüdin ist, wird das Verhältnis zu ihren Eltern problematisch, als sie in die Partei eintritt. Letztendlich unterschreibt sie die Deportation ihrer eigenen Mutter und sieht diese nie wieder. Auch die Erzählerin selbst wird zuletzt als Halbjüdin enttarnt, ausgerechnet durch ihren Ex-Mann, der inzwischen eine hohe Position in der Partei innehat. Sie gelangt durch verschiedene Todeslager und landet schließlich in der Anstalt der Wartenden. Immer fühlt sie sich verfolgt, hat Angst entdeckt zu werden. Die Ich-Erzählerin flüchtet sich in ihre geschriebene Welt und dokumentiert das verzweifelte Warten auf den Tod.

Der Wartesaal ist ein sehr eindringlicher Roman. Die Geschichte zieht den Leser in einen Sog von Erinnerungen und Leiden, Sehnsucht und Leidenschaft, Schmerz und Hass. Man will mehr von der Erzählerin, von ihrer Lebensgeschichte erfahren. Wer ist diese Frau letztendlich? Wer verfolgt sie, wenn nicht ihre eigene Vergangenheit, vor der sie zu flüchten versucht? Es geht um Verlust, Schuld und um Ausweglosigkeit. Die Erzählerin demonstriert die psychischen Folgen der Shoah, unter denen Überlebende leiden mussten. Angst und Schuldgefühle bestimmen die Erzählung und lassen den antisemitischen Terror dabei fast schon in den Hintergrund treten. Die Sicht der Erzählerin als Überlebende ist eine ganz eigene; sie sieht sich als Opfer, zugleich aber auch als Beteiligte. Sie ist mitverantwortlich für die Deportation der Mutter und unzähliger anderer Juden und wird trotzdem nachher darunter leiden müssen, Halbjüdin zu sein.

Katharina Paul

Jenny Aloni: *Der Wartesaal. Roman* (1969)

Warten, nichts als Warten. Eintönige, ineinander verknüpfte Ketten von Minuten, Stunden und Tagen. Bis mein Gebieter mich ruft. Ich verbringe meine Zeit mit Schreiben. Ich verzeichne, was ich sehe und denke. Nicht weil ich meine, daß es wichtig ist, es zu bewahren, nur weil es hilft, die Zeit dahinzutändeln. Ich erzähle es dir, Lisa, die du meine Tochter hättest sein können, wenn du geboren worden wärest. – Hingekritzelte Tage, gebündelt zu wertlosen Wochen und Monaten, verächtlich fortgeworfen oder nicht einmal das, achtlos liegengelassen und verfault. Hätte es noch eines Beweises für die Sinnlosigkeit des Lebens bedurft, hier hätte ich ihn gefunden.
Ein Saal, sehr schmal, sehr lang. Ein Bindestrich. Ein Bindestrich zwischen was? Zwischen verzerrtem Leben. Viele Fenster. Fenster, die offenstehen und sich alle gleichen. Unwirklichkeiten, die ineinandergreifen. Zwei Reihen weißer oder früher einmal weißer Betten. Liegenschaften fragwürdig gewordener Existenzen. Kommödchen zwischen ihnen, kleine blaue Schränke ohne Türen, die völlig unzutreffend Nachttische heißen. Sie dienen weder geselligem Sitzen noch den Bedürfnissen der Nacht. Es sei denn, daß man Tag gleich Nacht setzt. Eine Schublade steht auf. Überbleibsel einer Mahlzeit werden sichtbar. Ein Stück Brot, eine zu lange aufgehobene Apfelsine. Ihr blankes Orangenleuchten verfällt in stumpfe Runzeln, Vorstufe des Schimmels im Prozeß der Verwesung. Ein Fläschchen mit kokettem Spitzhut. Lack zum Übermalen kränklich gesplissener Hornhaut. Mondäne Fingermonde, knallig rote Zehen an zuckendem Leibe. Langgeschliffene Katzennägel, die Kastagnetten siechenden Fleisches. Eine Kette trüber wie gelöschter Asche, Perlen, die echt aussehen wollen, um einen grauen Hals geschlungen, der jung ist und doch schon welk, mit Feuermalen eines Dämonenglaubens, genauso nichtig, genauso mächtig wie jener andere Glaube an den Fortschritt, dessen Stichspuren grün und blau an ihren Oberschenkeln und Armen verschwimmen. Glühende Eisennägel gleich Injektionen der Wissenschaft. Ergebnis beide Male null. Ein braunes Kostüm, Jacke mit plissiertem Rock, aufgehängt an einem Nagel über dem Kopfende des Bettes. Bild einer lächerlichen Sehnsucht. Der monotone Alltag armer

Leute als erstrebtes Ziel. In einer Fabrik zu arbeiten, Geld zu verdienen, nach Arbeitsschluß mit Freundinnen vor einem Kino zu promenieren und mit den Burschen anzubändeln. In der Holzbaracke, die zur Villa wird, mit Eltern und Geschwistern Abendbrot zu essen, geröstete Tomaten, scharfen roten Pfeffer, Pitta, Chumus. Oder auch nur durch das hohe Eisentor bis zu den Giebelhäusern jenseits des Drahtverhaues zu gehen. Oder auch nur (an ihren guten Tagen, wenn sie nicht darauf angewiesen ist, daß jemand ihr noch rechtzeitig die Stechpfanne unterschiebt) den beschwerlichen Weg bis zum Klosett, bis zur Kantine auszudehnen. Banalitäten als Ideale. Ideale, die unerreichbar bleiben. Sie beschuldigt nicht den unsichtbaren Feind in ihrem Fleische. Sie weiß nicht einmal, daß er vorhanden ist. Schuld sind die Agenten, als ahnte sie die Verschwörung des Erzfeindes. Schuld sind Eltern und Geschwister, deren Besuche immer seltener werden, je länger sie hier wartet. Flüche kriechen manchmal aus dem mit Lippenstift bemalten Mund, der nur noch stammelt, abgehackt und zuckend, dirigiert von jenem Unbekannten, Unfaßbaren und doch in seinen Ergebnissen Unleugbaren, das sie mit dem gelehrten Namen Epilepsie benennen, und noch von jenem anderen ebenso Unbekannten, Unfaßbaren und in den Ergebnissen ebenso Unleugbaren, das sie mit Seele, Lebensgeist und sonstigen Ausflüchten des Unwissens bezeichnen. Sie sehnt sich nach einer Freiheit, die sie nicht zu nützen wüßte.

Jenny Aloni: *Der Wartesaal. Roman.* Freiburg: Herder 1969, S. 5–7

Kiebitze unterm Machandelbaum
Norbert Johannimloh: *Wir haben seit langem abnehmenden Mond. Gedichte* (1969)

Norbert Johannimlohs ruhige Naturgedichte erschienen in der Reihe *Das Neueste Gedicht* neben Veröffentlichungen von Karl Krolow, Hans-Jürgen Heise, Heinz Piontek, aber auch Eugenio Montale, Wystan Hugh Auden und Philippe Jaccottet. Der Autor stammt aus Gütersloh und lebt und arbeitet seit den frühen 1950er Jahren in und um Münster. Seine besondere Aufmerksamkeit galt zeitlebens dem westfälischen Platt (s. S. 229) und sein wohl größter Erfolg ist der Roman *Appelbaumchaussee* (1983), in dem er eine westfälische Kindheit beschreibt, die der seinen ähnlich sein könnte.

Der schmale Gedichtband *Wir haben seit langem abnehmenden Mond* spricht eine Sprache, die heute verloren scheint: Autoren wussten noch, wie Kiebitze aussahen, sie gaben sich mit der Liebsten ein Stelldichein unterm Machandelbaum oder erträumten es sich zumindest, und die einzige Technik, die genannt wird, ist der doch ziemlich gediegen wirkende Elektrozaun.

Hörbar schöpft Johannimloh aus den Versen von Christine Lavant, Georg Britting und besonders Marie Luise Kaschnitz. Spürbar ist hier die noch von der städtischen Unruhe der späten 1960er Jahre unberührte (oder sich unberührt zeigen wollende) Unlust der Beschäftigung mit der Außenwelt, mit Politik, Konflikt und gesellschaftlicher Veränderung. So bleibt der Band noch ganz der Nachkriegslyrik verhaftet, die bewusst unpolitisch zu sein trachtete. Die Ausnahme, z. B. in *Vietnamgedichte*, schmäht solche neuartigen poetischen Versuche als »Heidschnuckenhörner / in sich gekehrt / zur Schau gestellt«. Eine Auseinandersetzung mit der politischen Welt wollte sich Johannimloh wohl erst einmal ersparen, ihr galt zeitlebens nicht sein Hauptinteresse. Dafür sprechen seine Gedichte von der Möglichkeit eines vielleicht etwas altmodischen, aber ruhigen und konzentrierten Lebens in der Nähe der Natur, und gelegentlich tun sie das so eindringlich, dass man sich danach sehnt, so zu leben. Diese Konzentration wählt den Gedanken an den Tod zum ständigen Begleiter, den man am besten ertragen kann, wenn er ironisch und leichthin daherkommt: »Wir müssen uns abstoßen / von den Immobilien.« Das ist wahr und witzig zugleich.

Die gelungensten Gedichte des Bandes, einander gegenübergestellt, sind die, welche den Tod von Vater und Mutter bedenken: *Zuhause* und *Siegel.* An ihnen lässt sich erkennen, wie Johannimlohs Art, ganz bei sich selbst zu bleiben, ihm tatsächlich eine Mitte beschert.

Stephanie Heimgartner

Norbert Johannimloh: *Wir haben seit langem abnehmenden Mond. Gedichte* (1969)

Zuhause

Er baute ein Haus
aus roten Steinen,
in denen die Wärme des Ziegelofens blieb.
Er pflanzte Bohnen
und säte Goldlack,
trug Kartoffeln in den Keller
und duftende Äpfel
auf den Schlafzimmerschrank.
Er machte die Fenster größer
zur Sonnenseite hin,
kurz bevor man ihn hinaustrug.

In diesem Bett
beim vorletzten Gesetz
des schmerzhaften Rosenkranzes
hat er aufgehört zu atmen.
Die Äpfel riechen wie vordem.
Es wölbt sich
über unsrer Umarmung
ein blaugeblümter Hügel.

Siegel

Da ist noch
die Vertiefung im Mörtel,
Negativform
des linken Hinterlaufs
vom braungebeizten Muttersarg,
der sich sperrte
in der Haustür,
als man ihn
mit einer leichten Drehung
hinauslisten wollte.
Ein auslöschliches Siegel,
aber nicht tief genug,
um bei nächster Gelegenheit
vergipst zu werden.

Norbert Johannimloh: *Wir haben seit langem abnehmenden Mond. Gedichte.* Darmstadt: Bläschke 1969, S. 20f.

Bissige Detailarbeit an Sprachfundstücken
Liselotte Rauner: *Der Wechsel ist fällig. Gedichte* (1970)

Der Wechsel ist fällig war Liselotte Rauners (1920–2005) Debüt, nachdem sie selbst erst spät, nämlich Ende der 1960er Jahre in der *Literarischen Werkstatt Gelsenkirchen*, einige Gedichte öffentlich vortrug. Das literarische Biotop im Ruhrgebiet dieser Zeit war ein besonderes, ging es doch in vielen Gruppierungen um die Autonomie und Selbstbestimmung einer schreibenden Arbeiterschaft. Und diese Umgebung schien wie geschaffen für eine Autorin wie Liselotte Rauner, die man durchaus zu den politischen Lyrikerinnen zählen darf. So verwundert es nicht, dass sie bereits kurz nach ihrem ersten Auftritt zu den Initiatoren des Reportagewettbewerbs zählte, aus dem schließlich – auch im Zuge von Auseinandersetzungen in der *Dortmunder Gruppe 61* – der *Werkkreis Literatur der Arbeitswelt* entstand. Für Lilo Rauner begann eine produktive Zeit, es folgten Lesungen, zahlreiche Beiträge in Anthologien und Rundfunk, Schallplatten. 1998 gründete sie die Liselotte und Walter Rauner-Stiftung zur Förderung zeitgenössischer Lyrik in Nordrhein-Westfalen.

›Die Rauner‹ gilt als Verfechterin der kleinen Formen: Neben Chansons hat sie sich vor allem an Gedichten und Epigrammen abgearbeitet. Prosa gibt es leider wenig, obwohl sie auch dafür ein Händchen beweist, z. B. in ihrem autobiografischen Abriss für den Asso-Verlag. Die Themen bzw. Schreibanlässe scheinen ihr beinahe vor die Füße zu fallen und haben vielfach eine politische Grundierung: So hinterfragt sie in ihren Texten den Stellenwert der Arbeit und des Arbeiters (*Partnerschaft*, *Menschenmaterial*), die ungerechte Verteilung von Macht und Ressourcen, die zunehmende Militarisierung und Umweltverschmutzung (*Tag des Baumes*, *Der grüne Plan*). In späteren Bänden wird sie noch »bissiger«, wie Hugo Ernst Käufer einst bemerkte, und auch dem breiten Spektrum eines ›mündigen Bürgers und Volkes‹ widmet sie sich in den folgenden Jahren mit treffender Ironie. Selten lassen sich bei ihr jedoch einzelne Gedichte nur einem Themenfeld zuschreiben, vielmehr tragen die Texte eine Doppelzüngigkeit in sich, die die allgemeine »Wortgläubigkeit« auf eine harte Probe stellen und sie – zum Glück – unterlaufen. Rauner offenbart sich in einigen Teilen als bittere Analytikerin der Missstände ihrer Zeit: »In einem Vierteljahrhundert / haben zwei halbe Länder / trotz doppelter Moral / und geteilter Meinung / erreicht / daß sie eins gemeinsam haben: / die Grenze« (*In einem Vierteljahrhundert*). Doch auch für unsere Zeit besitzen ihre Beobachtungen noch Gültigkeit: »Weltsprachen sind / Gespräche unter vier Augen / Absprachen Ansprachen / Zusagen Ausreden / Selbstlaute Sprechblasen / Silbenrätsel Wahlsprüche / Machtworte Wortbrüche / Zinssätze Börsenberichte / Weltsprache ist / die Zeichensprache / zwischen Daumen / und Zeigefinger« (*Weltsprache*).

Aber Rauner ist auch Satirikerin und detailversessene Stilistin mit großer Freude an Sprachspielereien. Sie nimmt Worte wörtlich. Fundstücke aus der sprachlichen Alltagswelt werden gedreht und gewendet, bis die so unbedarft daher gesagten Buchstaben, Worte und Redewendungen sich selbst entlarven und den ihnen inhärenten manipulativen Charakter offenbaren: »Mit meinen Händen / bin ich zur Hand / gehe zur Hand / bin handlich / werde ausgehändigt / gehe durch viele Hände / alles geht durch meine Hände / ich händige alles aus / in eine Hand« (*Hände*). Sprache ist also – das erliest man sich bei Lilo Rauner sehr direkt und ungekünstelt – nicht wertneutral, Worte sind nicht ohne Bedeutung, hinter ihnen stehen Gedanken zu Taten, und dass Worte nicht folgenlos bleiben müssen, ist auch ein Teil dessen, was ihre Texte antreibt: »Was gültig ist / muß nicht endgültig sein«, schreibt sie und so lautet auch der Titel einer Anthologie zum *Literaturpreis Ruhrgebiet*, dessen erste Preisträgerin sie 1986 war.

Und heute? Ist politische Lyrik, wie sie Liselotte Rauner verfasst hat, noch möglich? – Vielleicht gerade heute! So wie sich Rauner Slogans, Kampagnen und Parteisprech zu eigen gemacht hat, ist Sprache auch in einer durchgestylten werbewirksamen Blurb- und Tweet-Welt noch ernst zu nehmen. Man sollte auch heute mit Sprache spielen, Sprache hat auch heute noch viel mit Aufmerksamkeit zu tun. Und Fundstücke gibt es reichlich. Vielleicht hätte sich Lilo Rauner über die Social Media-Aktivitäten der Internet-Künstlerin »Barbara.« (https://instagram.com/ich_bin_barbara/), die Werbeflächen, Graffiti und Schilder durch eigene Plakate entfremdet, karikiert und kommentiert, gefreut. Sie hätte sich zumindest amüsiert. Und eventuell hätte sie sich von den Nachrichten-Phrasen-Rankings der »Floskelwolke« (https://floskelwolke.de/) inspirieren lassen und sie als Quelle für ihre bissigen Epigramme genutzt. Sicherlich wäre Rauner auch heute angesichts der unausweichlichen verbalen Reizüberflutung nicht verstummt.

Sylvia Kokot

Liselotte Rauner: *Der Wechsel ist fällig. Gedichte* (1970)

Kein Grund zur Klage

Du hast
keinen Grund zur Klage
du hast
deine Verdienste
die keiner bestreitet
deine Ansprüche
die keiner widerlegt
deine Hoffnungen
die dir keiner nimmt
du hast
keinen Grund zur Klage

Menschenmaterial

Zum baldigen Verbrauch bestimmt
mein Leben – das so leicht
verderblich ist – das übernimmt
solang der Vorrat reicht
die Lebensumsatz-Industrie
auf Zeit weit unter Preis
als Nutzwert ohne Garantie
für Bruch Schwund und Verschleiß
Gewinn Detail Verlust en gros
ich zahle immer drauf
und trage selbst das Risiko
im Räumungsausverkauf

Liselotte Rauner: *Der Wechsel ist fällig. Gedichte.* Recklinghausen: Bitter 1970, S. 21, 28

Täuschung, Mimikry und Sprachspielerei
Harald Hartung: *Hase und Hegel. Gedichte* (1970)

Wie fern das Jahr 1970 doch ist, denke ich beim Anschauen dieses Gedichtbandes, dabei hielt ich es bisher für die jüngere Vergangenheit. Auf dem Vorderumschlag von Friedrich Gräsel ist eine Hasensilhouette unter silbern-grüner Schraffur zu sehen, daneben wie bei einem Bilderrätsel ein scheinbar aus Röhrennudeln bestehendes »& H«. Hinten blickt uns in ähnlicher Optik ein gestrenger Herr Hegel an (wieder mit Röhren). Lustig ist das und verstrahlt den Charme der Selfmade-Optik; auch Harald Hartung, dessen Name die Titelalliteration entweder angestoßen hat oder fortsetzt, kann heute und konnte wahrscheinlich schon damals darüber lachen. In dem Aufsatzband *Ein Unterton von Glück* (2007) schreibt er über Titel und Outfit seines ersten Gedichtbandes: »Apart & etwas verrückt. [...] Der Titel gefällt mir noch heute, gefällt mir eigentlich immer besser. Mein bester Titel, denke ich. Vielleicht das Beste am Buch und wohl ein Lebensmotiv.«

Der Atem der späten 1960er in Berlin dringt danach nur noch vorsichtig ins Buch. Gelegentlich klingt etwas wie Celan, ein Gedicht spielt auf den Tod Benno Ohnesorgs an, ein weiteres gibt sich deutlich arbeitgeberkritisch. Insgesamt fallen aber andere Töne ins Ohr: Märchen und Sprichwörter werden bis zur Ermüdung eingebaut und anzitiert, etwas manieriert daherkommende Sprachspielereien und manchmal ins Leere führende Anspielungen lassen erkennen, dass hier ein Dichter debütiert, der sich noch in der Erprobungsphase befindet, auch wenn der Autor zum Zeitpunkt des Erscheinens nicht mehr ganz jung ist, es bereits vom Lehrer im Ruhrgebiet zum Germanistik-Dozenten in Berlin gebracht hat. Die viereckige Brille auf dem Autorenfoto würde Hartung (geb. 1932) auch heute als den ›Nerd‹ kennzeichnen, der er zeitlebens geblieben ist: Die Lyrik ist seine große Leidenschaft, und welcher lebende Literaturwissenschaftler kann das in ähnlicher Weise von sich sagen? Eigene Gedichte und das Nachdenken über die Gedichte anderer in Essay, Feuilletonbeitrag und wissenschaftlichem Aufsatz, in Anthologien, Werkausgaben und Lesungen bestimmten und bestimmen sein Wirken. 2014 erschien eine Sammlung seiner Rezensionen zur deutschen und internationalen Lyrik unter dem Titel *Die Launen der Poesie*.

Der frühe Band *Hase und Hegel* bleibt thematisch diffus und lädt damit zum freien Assoziieren oder Nachspinnen ein. So ist *Der Prophet* auf Nachruhm aus und redet dafür allen nach dem Mund. Ob jemand Konkretes gemeint ist? *Der Läufer* springt ironisch mit den Menschen um, die man damals noch ›Dauerläufer‹ nannte. In heutiger Zeit, da alle über 40-Jährigen für den nächsten Marathon trainieren, ist das Gedicht nahezu unverständlich in seiner Kritik. In *Dann* wird eine unscharf bleibende Utopie entworfen, in der Polizisten Gummibäume pflanzen, statt Gummiknüppel zu schwingen, und in der man auch sonst nicht alles so genau nimmt: »Gelegenheit macht Liebe. Alle drücken / ein Auge zu.« Es gibt eine *Zechenkolonie*, in der Fremde die Kinder zum Reibekuchenessen einladen, im *Urlaub* ist man froh, wenn zwei Bäume gnädig den Ausblick auf die Fabrik verstellen. Dann taucht doch in einigen Gedichten »Blut« auf – es lauert also doch etwas Untergründiges in diesem scheinbar so heiteren und leicht absurden Universum.

Der Abschnitt »Mimikry« ändert den Ton, aber auch hier schlägt das Uneindeutige durch, das der Autor zu lieben scheint: Wie die Schraffur des Umschlags verspricht, so erscheinen auch in den Gedichten immer einmal wieder Zebras. Das Schwarze und Weiße vermischt sich nicht in diesen Gedichten, es bleibt nebeneinander stehen; es kommt zu optischen Täuschungen, Verwirrspielen, Mimikry-Effekten. So auch im womöglich sympathischsten Bekenntnis des Bandes, das den Titel aufgreift, ohne dessen Geheimnis zu verraten, wer hier wen verfolgt: »Weißt du: ich glaube nicht. / Ich liebe die Igel, / Stachel und Milch.«

Stephanie Heimgartner

Harald Hartung: *Hase und Hegel. Gedichte* (1970)

Noch ein Traum von großer Magie

Dieses kolossale Gewimmel: sie
bauten wieder mal einen Turm, die Wolken
waren schon unter uns sonst hätte ich

die Stimme des großen G. nicht gehört
die da sagte: das System als Ganzes
ist ein Produkt der Göttin Notwendigkeit,

alle täuschen sich und unser himmlischer
Vater ernähret sie doch. Dann wandte
G. sich an junge Männer mit Puder-

perücken die sich mühten ein Trittbrett
am Turm zu finden aber immer wieder
in Wolken purzelten: Lauter kleine

Robespierres! lachte er, während Staat
und Kapital in Ketten tanzten und
die bedauernswerten Fabrikanten

auf die See der Marktunsicherheit kühn
hinaussteuerten. Dann sah ich lauter
Babies mit rosaroten Brillen und

G.s Stimme sprach: der Mensch wird als
Platoniker geboren! – Als ich erwachte
tastete ich nach meiner Brille und

fand sie auf dem Nachttisch (ja sie war ganz).

Harald Hartung: *Hase und Hegel. Gedichte.* Andernach: Atelier 1970, S. 33

Ernüchternde Dienstreise
Egon Dahinten (Hg.): *stockholmer katalog der dortmunder gruppe 61* (1970)

Im November 1969 kam es bei der jährlichen Sitzung der *Dortmunder Gruppe 61* am Buß- und Bettag zum Bruch: Erasmus Schöfer opponierte gegen die ästhetischen Vorstellungen der Gruppe und rief den *Werkkreis Literatur der Arbeitswelt* ins Leben. Daraufhin trafen sich am 10. Januar 1970 zehn Mitglieder der *Gruppe 61* mit dem Sekretär Bernhard Boie zu einer internen Sitzung im Fritz-Henßler-Haus in Dortmund und unternahmen den Versuch eines Neustarts. Dem Sitzungsprotokoll zufolge gehörten im Januar 1970 18 Autoren sowie als Nichtautoren Fritz Hüser, Paul Polte und Bernhard Boie der Gruppe an.

Neben dem Beschluss, künftig nur noch Autoren für die Gruppe zuzulassen, entschied man noch über andere Vorhaben, u. a. über die Zuwahl neuer Gruppenmitglieder und über die Reise von sechs bis sieben Autoren nach Schweden vom 12. bis 19. April 1970. Die Einladung hatte das schwedische Autorenzentrum Författarcentrum in Verbindung mit dem Deutschen Kulturinstitut Stockholm, Zweigstelle des Goethe-Instituts München, ausgesprochen.

In einem aufwendigen Verfahren wählten die zehn anwesenden Gruppenmitglieder aus ihrer Mitte für die Reise nach Schweden Günter Wallraff, Max von der Grün, Wolfgang Körner, Peter Paul Zahl, Angelika Mechtel und Erwin Sylvanus aus (letzterer fuhr dann aber doch nicht mit und wurde auch nicht ersetzt).

Neben den sechs Genannten zählten sich zur *Gruppe 61* Liesel Engelhardt, Klas Ewert Everwyn, Bruno Gluchowski, Artur Granitzki, Edgar Struchhold, Hans K. Wehren, Ernst Wiedemann und Hildegard Wohlgemuth. Aufgrund von nicht näher erläuterten Anträgen hatte man F. C. Delius und zwei Preisträger aus dem *Werkkreis*-Reportagewettbewerb, Bernd Bergen und Klaus Tscheliesnig, hinzu gewählt (Fritz-Hüser-Institut, Best. 502-137).

Die Einladung nach Schweden war eine Idee des schwedischen Verlegers und Schriftstellers Thomas von Vegesack. Er hatte 1956 Heinrich Böll kennen gelernt und über ihn von der *Gruppe 47* erfahren. Gemeinsam mit Gustav Korlén, einem bedeutenden schwedischen Germanisten, organisierte er 1964 das Treffen der *Gruppe 47* in Sigtuna. In den Folgejahren wiederholte er seine Einladungen an verschiedene deutsche Literaten, im Jahr 1970 an die *Dortmunder Gruppe 61*.

Um die Autoren in Schweden vorab bekannt zu machen, beschloss Egon Dahinten, der Direktor des Stockholmer Instituts, nicht nur einen Flyer, sondern einen Katalog in deutscher und schwedischer Sprache herauszugeben. Neben einleitenden Worten erschienen darin Texte zu 18 Gruppenmitgliedern und Paul Polte (gemäß Sitzungsprotokoll vom 10. Januar 1970) in alphabetischer Reihenfolge. Die fünf Mitglieder, die der Reisegruppe tatsächlich angehörten, waren mit blauen, die übrigen mit gelben Vorsatzblättern markiert.

Zu allen sollte es autobiografische Auskünfte, ein Foto und eine handschriftliche Äußerung zu der Frage »Weshalb setzen Sie sich als Schriftsteller mit der Arbeitswelt auseinander?« sowie einen Text geben. Die Idee zum Katalog entstand erst zwei Monate vor der Reise, sodass nicht von allen Autoren die gewünschten Beiträge eingingen. Elisabeth Engelhardt, Erwin Sylvanus und Ernst Wiedemann lieferten keine Texte, Artur Granitzki keine biografischen Angaben, kein Foto und keine Antwort auf die gestellte Frage.

Von den schwedischen Autoren Clas Engström, Cornelis Vreeswijk, Folke Fridell, Sara Lidman, Inger Lindsjö und Ingemar Sjödin, die die Gruppe begleiteten, erschienen keine Texte, allerdings äußerte sich Lidman zur Katalogfragestellung: »Die Idee ist glänzend! Es ist wirklich an der Zeit, daß wir Schriftsteller mit unserem Land – und dessen Rolle in der Welt – bekannt werden, daß wir uns dem Risiko aussetzen, als Mitbürger, Arbeiter, Zeitgenossen angesehen zu werden, daß andere Berufsgruppen uns zur Verantwortung ziehen, ausfragen und uns Aufträge geben können ...«

Gustav Korlén ging in seinem Vorwort auf das »total veränderte literarische Klima in beiden Ländern« ein. Das Infragestellen der Belletristik im Zeitalter von Wissenschaft und Technokratie verunsichere die literarische Debatte, das dokumentarische Schreiben einer Sara Lidman und eines Günter Wallraff bilde in beiden Ländern einen bisher unbekannten Gegenpol.

Thomas von Vegesack stellte sich die Frage, ob sich eine Gesellschaft von Autoren, die sich aus der »einseitigen sozialen Provenienz« des Bildungsbürgertums rekrutiere, überhaupt angemessen beschreiben lässt. Nur der Krieg hatte die Schriftsteller zur Begegnung mit anderen Menschen gezwungen, aber »sofern sich ihre Gestalten nicht im Krieg befinden, scheinen sie ständig Ferien zu haben.« Das siegreich beendete Gerichtsverfahren gegen zwei Mitglieder der *Gruppe 61*, Max von der Grün (s. S. 216, 238, 318, 335, 461) und Günter Wallraff (s. S. 279), die das Arbeitsleben realitätsnah geschildert hatten, zog er als Beweis für die »soziale Bedeutung« der Schriftstellergruppe heran. Max von der Grün sah das schriftstellerische Anliegen darin, »Arbeit zum integralen Bestandteil der Kultur zu machen« und durch »Sichtbarmachen« wirksam zu werden. Fritz Hüser und Gustav Korlén stellten eine Auswahlbibliografie zur Arbeiterdichtung und zur *Gruppe 61* für den Katalog zusammen.

Von Gun Qvarzell, Sekretärin des schwedischen Autorenzentrums, erschien eine Tagebuchnotiz vom 5. Dezember 1969, in der sie von einem Gespräch mit Max von der Grün berichtet, der Schweden schon einmal zu einer Lesereise besucht hatte und nach der Ausstrahlung der DDR-Verfilmung von *Irrlicht und Feuer* in Schweden einen gewissen Bekanntheitsgrad vorweisen konnte. Auch Wolfgang Körner war bereits zwei Jahre zuvor mit einer Lesereise in Schweden gewesen und Günter Wallraff für den Herbst 1970 erneut eingeladen.

Über den Verlauf der Reise liest man im vorab erschienenen Katalog naturgemäß nichts. Erst aus der Beschreibung der Reiseeindrücke von Josef Reding, Wolfgang Körner und Günter Wallraff und der Kommentierung der Reise durch die Publizisten Heinz Ludwig Arnold und Bernhard Wittek in Pressartikeln (Fritz-Hüser-Institut, Best. 502-164) erfährt man Näheres über die Absichten vor und Erkenntnisse nach der Reise.

Die eigentlich vorgesehene Begegnung zwischen Schriftstellern zweier Nationen kam demnach nur in Ansätzen zustande. Sara Lidman, als »Erika Runge Schwedens« definiert, war erkrankt, Folke Fridell hielt sich zurück, nur der dem linken Flügel der Sozialdemokraten zugerechnete Clas Engström und der Linke-Lieder-Sänger Cornelis Vreeswijk waren als einzige in ständigem Kontakt zur Gruppe (Heinz Ludwig Arnold).

Die Positionierung des Schriftstellers zur Gesellschaft und zu Alltag und Arbeit war für die deutschen Autoren thematischer Ansatz der Reise. Die Lesungen in Stockholm und in der Provinz spielten eine eher untergeordnete Rolle. Das schwedische Publikum, die Autoren, Kritiker und Wissenschaftler standen Arbeiterschriftstellern und der Gruppe unvoreingenommen gegenüber. Die Germanistikstudenten in Uppsala aber sahen die Dokumentarliteratur als fragwürdig an gegenüber den »ewig gültigen Werten« in der Literatur. Sie folgten Max von der Grün auch nicht in seiner Einschätzung der *Gruppe 47* als »lebenden Leichnam« (Bernhard Wittek).

Die übrigen Reiseziele vermittelten der Gruppe ernüchternde Erkenntnisse über die Situation der Arbeiter in Schweden. Man besuchte in Göteborg das Experimentgymnasium, das in seiner Schülerschar aber nur zwei Arbeiterkinder vorzuweisen hatte und das von den Schulbehörden stiefmütterlich behandelt wurde. Die Arbeiter in der Seeleutegewerkschaft äußerten sich kritisch über ihre Organisation, da Mannschaften und Offiziere unterschiedliche Alkoholdeputate zugewiesen bekamen. Auch der Besuch der ASEA-Stahlwerke in Västeras erwies sich als enttäuschend: Es handelte sich um eine PR-Veranstaltung, bei der keine Fragen an die Arbeiter erlaubt waren, »um den Betriebsablauf« nicht zu stören (Josef Reding).

Offensichtlich ging es den Arbeitern in Schweden gut, das Bild vom »perfekten Wohlfahrtsmusterland« (Reding) trug aber doch Risse davon. Die seit 40 Jahren bestehende enge Verzahnung von Partei und Regierung und die Mutation der Gewerkschaften zu einer Art staatlicher Institution hatte den Arbeitern zwar Wohlstand gebracht, aber als Ergebnis Regierung und Opposition eins werden lassen zum »Sozialdemokratismus«. Möglichkeiten der Literatur, um die Erstarrungen aufzubrechen, wurden auch in Schweden nicht erkennbar und die Arbeiter sahen in den Schriftstellern »Theoretiker, die allein mit dem Wort nichts bewegen und zur Aktion nicht bereit« waren (Heinz Ludwig Arnold).

Die im Katalog gestellte Frage zur literarischen Beschäftigung mit der Arbeitswelt wurde durchgängig folgendermaßen beantwortet: Man wolle die Verhältnisse sichtbar machen und hoffe darüber auf dauerhafte Veränderungen. Die Autoren nahmen die Erkenntnis mit, dass auch im sozialen Musterland Schweden noch Handlungsbedarf bestand und die Wirkmacht der Schriftsteller wie auch in Deutschland begrenzt war.

Pointiert brachte Wolfgang Körner seine Reiseeindrücke in der *Westdeutschen Allgemeinen Zeitung* zu Papier: »›ein Land ohne Vorurteile‹: Peter Paul Zahl wird wegen der langen Haare und dem Bart bei der Einreise besonders gründlich gefilzt / ›ein Land ohne Probleme‹: das ungleiche Alkoholdeputat bei Matrosen und Offizieren / ›die sozialen Bedingungen der Frau sind in Schweden gelöst‹: eine schwangere Frau an einer lauten Stanzmaschine / ›ein freiheitliches und fortschrittliches Land‹: Schweden, die mit der Gesellschaft nicht zurechtkommen, werden in ein Mentalkrankenhaus geschickt …«

Mit der Reise nach Schweden trat die *Dortmunder Gruppe 61* ein letztes Mal als Schriftstellergruppe auf. Körner, Reding, von der Grün und alle anderen gingen als Autoren eigene Wege, F. C. Delius fühlte sich trotz des Antrags nie wirklich dazugehörig, Tscheliesnig schrieb weiter im *Werkkreis Literatur der Arbeitswelt*, Bernd Bergen bleibt als Autor unsichtbar. Den Themen Arbeit, Alltag und den sozialen Fragen haben sie sich weiterhin oft zugewandt, eine literarische Gruppe brauchten sie dazu aber nicht mehr.

Hanneliese Palm

Egon Dahinten (Hg.): *stockholmer katalog der dortmunder gruppe 61* (1970)

Wolfgang Körner
Christine und die Menschenfresser

> Der Monolog der Christine G. ist ein bearbeitetes Tonbandprotokoll, also genau so wenig »Literatur« wie die bearbeitete Rede eines Jugend-, Arbeits- oder Sozialministers oder die Ausführungen eines Fabrikeigentümers über leichte Fließbandarbeit weiblicher Jugendlicher. – W. K.

Gerade hab ich wieder eine Panzerfaust verpaßt bekommen, so heißen hier die Spritzen, die einem die Pflegerinnen geben, wenn man aufgekratzt ist und laut spricht oder in der Station 'rumläuft. Ich mag ja eigentlich die Spritzen nicht, weil danach immer das Gesicht anschwillt, aber die Spritzen sind immer noch besser, als Prügel von den Pflegerinnen, die es immer gab, bevor der neue Assistenzarzt auf die Station kam. Ich war ihm richtig dankbar, als er verbot, mich zu schlagen. Ein paar Nächte später bin ich zu ihm in's Arztzimmer gegangen und wollt' mich revanchieren, aber da hat er mich angebrüllt. »Du bist wohl wahnsinnig«, hat er gesagt, »wenn das 'rauskommt, bin ich meine Stellung los und komme obendrein ins Gefängnis!« Dabei bin ich gar nicht krank und die anderen, die was mit mir gehabt haben, sind auch nicht in 'n Knast gekommen, nicht 'mal der Mayer, obwohl ich da erst fünfzehn war. Da war ich zwei Monate auf der Fabrik.

Eigentlich hätte ich ja lieber einen richtigen Beruf gelernt, aber mein Vater hat davon nichts wissen wollen. »Ist doch Quatsch«, hat er gesagt, »erstmal verdient man während der Lehre nichts und überhaupt, was soll's, wenn du ausgelernt hast, heiratest du womöglich und wir haben gar nichts von dir. Was meinst du, was du uns schon für Geld gekostet hast. Mutter war ja auch auf der Fabrik.« Damit war der Fall für mich erledigt. Am nächsten Ersten fing ich an. Heute ist mir ja klar, weshalb ich gleich richtig arbeiten mußte. Vater hatte damals dauernd Kurzarbeit und den Wagen mußte er auch noch abzahlen und Mutter hatte die Putzstelle aufgegeben, weil sie es nicht mehr schaffte, auch noch bei anderen Leuten sauber zu machen. Aber darauf bin ich damals nicht gekommen. Ich hab' nicht weiter drüber nachgedacht. War auch nicht schlecht auf der Fabrik. Die Arbeit war leicht. Wir bauten Radios zusammen und ich hatte so kleine

Transistoren an Drähte zu löten. Nach vierzehn Tagen hatt' ich den Bogen 'raus, ich brauchte nicht mal mehr nachzudenken, wenn ich arbeitete. Die anderen Frauen waren alle älter und prima Kameraden. Da kann ich nichts Nachteiliges sagen. Bei der Arbeit erzählten sie immer, was sie so erlebten. Eine hatte einen Mann, der war nicht ganz richtig, weil er versehentlich einen Eierstock mitgekriegt hatte. Wenn er irgendwo Unterwäsche auf 'ner Leine sah, hat er sie immer geklaut, weil's Frauenunterwäsche war. Wir haben uns immer halbtot gelacht, wenn seine Frau davon erzählte.

Wolfgang Körner: *Christine und die Menschenfresser*, in: Egon Dahinten (Hg.): *stockholmer katalog der dortmunder gruppe 61*. Stockholm: Deutsches Kulturinstitut Stockholm (1970), S. 52–60, hier S. 52

Zwischen Pop, Pott und Politik
Frank Göhre: *Costa Brava im Revier. Texte und Materialien* (1971)

»Literatur pur und direkt« – das Motto des Autors aus dem Ruhrgebiet ist nicht nur als Forderung an die Literatur zu sehen, sondern findet sich auch in seinem literarischen Stil wieder. Göhres Texte, aber auch seine Hör- und Drehbücher sind sprachlich schroff, sozialkritisch und besonders zu Beginn der 1970er Jahre niemals unpolitisch. Neben der ästhetischen Erfahrung erhalten Göhres Leserinnen und Leser auch szenenhafte Einblicke in die Lebensrealitäten der arbeitnehmenden Bevölkerung des Ruhrgebiets sowie in die des Autors in den 1960er und 1970er Jahren. Göhres Geschichten spielen sich oft in der ›Unterwelt‹ ab: in Kneipen, Diskos, auf der Straße oder im Wohnzimmer eines Kumpels. Auch an Orten der Lohnarbeit, unter oder über Tage. »Tagsüber die solide Arbeit, abends und nachts die ›Gegenkultur‹«, wie Göhre sich 2013 in einem Gespräch erinnert.

Frank Göhre wurde 1943 in Tetschen-Bodenbach geboren, wuchs in Bochum auf und war als Buch- und Kunsthändler sowie Werbetexter tätig. Seit Anfang der 1970er Jahre ist er freier Schriftsteller, Dreh- und Hörbuchautor und besetzt immer wieder verschiedene Stellen im Kulturbetrieb, darunter Lehraufträge an Hochschulen. Göhre konnte sich insbesondere als Krimi-Autor (*St. Pauli Nacht*, 1993) in der Literaturszene einen Namen machen. Von Beginn an ist sein Schaffen intermedial geprägt; Funk und Film sind bei ihm dem literarischen Erzählen immer ebenbürtig. So unterliegen seine Texte keineswegs der starren Struktur eines klassischen Stils. Vielmehr verweisen sie auf ein literarisches Selbstbewusstsein, das sich von der älteren Autorengeneration absetzt und sich jeglicher kategorischen Genrezuweisung zunächst entzieht.

Sein »wirklich erste[s] Buch« (Selbstaussage) *Costa Brava im Revier* veröffentlicht Göhre 1971 im Georg Bitter Verlag in Recklinghausen. Zuvor beteiligte er sich u.a. mit fünf Texten an dem Band *Schrauben / Phrasen*, den er zusammen mit dem Gelsenkirchener Künstler Hawoli erarbeitete und der 1970 in der Karlsruher Galerie für Druckgrafik erscheint. *Costa Brava im Revier* entsteht zu einer Zeit der literarischen sowie politischen Umbrüche. Im Zuge der Studentenbewegung werden zunehmend auch die Funktion von Literatur und ihr ästhetischer Anspruch scharf diskutiert. Ausgelöst durch verschiedene politische und wirtschaftliche Faktoren auf globaler als auch auf nationaler Ebene – z. B. der Vietnamkrieg, die Zechenstilllegungen im Ruhrgebiet sowie die Bildungskrise in der BRD – erkennen Kulturschaffende schnell, dass das Bild vom Intellektuellen, der bislang losgelöst von zeitgenössischen sozialen und politischen Problemen erschien, ein Trugbild ist. Aufbauend auf die bereits in den 1950er Jahren geführten Debatten hinsichtlich der kritischen Auseinandersetzung mit der ›Vätergeneration‹, den NS-Verbrechen sowie mit dem konservativen Klima der Adenauer-Republik, vollzieht sich in den 1960er Jahren mit Autoren wie Günter Grass, Martin Walser oder Peter Weiss eine Politisierung der Literatur und im gleichen Zuge eine Politisierung des Alltäglichen. Die Autoren greifen auf aktuelle Themen zurück, deren gemeinsamer Nenner die Kritik an Herrschaft, Unterdrückung und Ausbeutung ist. Zentrale Themen sind dabei der Klassenkampf, die Studentenrevolte und der Vietnamkrieg. Literatur wird ab diesem Zeitpunkt also nicht nur politisiert, sondern vermehrt für den politischen Kampf funktionalisiert.

Auch am Ballungsraum Ruhrgebiet gehen diese Forderungen nach literarischer Veränderung nicht spurlos vorüber. Bereits 1961 gründete der Dortmunder Bibliotheksdirektor Fritz Hüser zusammen mit dem Schriftsteller Max von der Grün und dem Gewerkschafter Walter Köpping die *Dortmunder Gruppe 61*. Ziel der Gruppe ist es, schreibende Arbeiter mit Intellektuellen wie Kritikern, Lektoren und Verlegern zusammenzubringen und so die literarische Darstellung der modernen Arbeitswelt und ihrer sozialen Probleme zu fokussieren. In Auseinandersetzung und politischer Abgrenzung mit dieser formiert sich Ende der 1960er die *Literarische Werkstatt Gelsenkirchen* und der *Werkkreis Literatur der Arbeitswelt.* Die Werkstatt bietet neuen, jungen, experimentierfreudigen Talenten eine ›unorthodoxe‹ Bühne, die auch Göhre in seinen jungen Jahren nutzte, und grenzt sich so bewusst von der *Dortmunder Gruppe 61* ab. Der Schriftsteller Josef Reding (s. S. 105, 294, 455) verdeutlichte 1968 in seinem WDR-Beitrag *Schichtwechsel der Ruhr-Poeten* den Unterschied zwischen den literarischen Gruppen: »Beobachtet man die literarische Landschaft des Reviers genauer, dann erweisen sich außer Dortmund mit dem Sitz der ›Gruppe 61‹ als weitere Schwerpunkte Gelsenkirchen und Essen. In Gelsenkirchen eröffneten der Journalist und Schriftsteller Detlef Marwig, der Volkshochschulleiter Dr. Rainer Kabel und der Lyriker und Bibliothekar Hugo Ernst Käufer eine ›Literarische Werkstatt‹. In dieser unorthodoxen Veranstaltungsreihe tragen noch unbekannte schriftstellerische Talente Proben ihrer Arbeit vor. Die Steifheit traditioneller Leseabende mit Lorbeerbaum links und Lorbeerbaum rechts wird bewußt durchbrochen. Eine Gelsenkirchener Jazzband bietet zwischen den Lesungen Dixie-Rhythmen. Außerdem werden die Zuhörer mit heißen Würstchen, Bier oder Kaffee versorgt.«

In diesem Kontext entsteht *Costa Brava im Revier*. In Lesungen können junge Autoren ihre Texte vor einem Publikum vortragen und sich der Kritik stellen; diskutiert wird u. a. die Frage nach dem politischen Gehalt der literarischen Texte. Göhre fällt mit seiner offenen Schreibweise, die auf den ersten Blick weder Regelhaftigkeit noch einen Anspruch auf innere Geschlossenheit zeigt, sofort auf. *Costa Brava im Revier* bildet eine Sammlung – im wahrsten Sinne des Wortes –, die neben Kurzgeschichten und Lyrik auch Zeugnisse des Alltäglichen beinhaltet, z. B. den Abdruck eines Bußgeldbescheids. Göhres Motto lautet: »Alles ist Literatur«. Doch auch die anderen Texte seiner ›Materialsammlung‹ sind von stark dokumentarischem Charakter. Es handelt sich nicht um die großen Geschichten, um kunstvolle Fiktion oder um das Bedürfnis die Zeitgeschichte so faktenreich und realistisch wie möglich wiederzugeben. Vielmehr sind seine Lyrik und Prosa Ausschnitte seiner eigenen Lebensrealität, die sowohl Einblicke in die zeitgenössische Literaturszene als auch in die Probleme der Arbeiterschaft gewähren. So beschäftigt sich der Text *Berufsbild* in minimalistisch-dokumentarischer Form mit einem Aufstand von Lehrlingen, die sich nicht länger als billige Arbeitskräfte ausbeuten lassen wollen. ›Maschinell‹ listet er die berufliche Entwicklung des Helmut K. auf, der am Ende als Produkt dieser Maschinerie auf den Arbeitsmarkt geworfen wird.

Göhres Texte stehen dabei nicht nur für Kritik an gegebenen Arbeitsbedingungen ein, sondern gleichermaßen auch für die politische Funktion von Literatur. In *Berufsbild* werden zudem die Offenheit seiner Texte und sein an Montage und Collage orientierter Schreibstil deutlich, da sich darin Passagen aus einem gleichnamigen Hörspiel befinden, das er 1971 mit Lehrlingen aufnahm. Nicht nur thematisch, auch sprachlich setzt sich der Autor von einer klassisch bürgerlichen Literatur ab. Seine Figuren sprechen die Sprache des Ruhrgebiets: kurz, knapp, direkt, manchmal vulgär. Sie nehmen kein Blatt vor den Mund. Es sind Menschen von nebenan. Göhre gelingt es nicht nur, den Alltag der Arbeiterklasse durch solch sprachliche Details und konkrete Orte darzustellen, die stereotypisch für das Revier funktionieren – im Klappentext spricht Wolfgang Körner treffend von »Wirklichkeitspartikeln« –, sondern er vermittelt auch ein ›revier-typisches‹ Gefühl. So positioniert er sich mit *Costa Brava im Revier* in einem Spannungsfeld zwischen Dokumentation und Emotion, welches den Nerv der Zeit trifft und der Forderung nach einer politischen Funktion von Literatur nachkommt. Göhre gelingt es, ganz im Sinne der literarischen Entwicklungen der 1960er und 1970er Jahre, die (oftmals problematische) Lebenswelt der Jugend, speziell von Auszubildenden, kritisch in den Blick zu nehmen (s. S. 433) und sich von einem elitären Kulturanspruch loszusagen. Dies demonstriert auch der Klappentext von *Costa Brava im Revier*: »Auf der einen Seite die Banalität des Alltags im Revier, auf der anderen die Banalität des kulturellen Überbaus, der den Alltag zu überhöhen sucht.«

Durch die offene Gestaltung von Form und Inhalt der Texte sowie durch die Anreicherung mit Elementen des Pop (Literatur, Film, Musik) besitzt Göhres *Costa Brava im Revier* eine nicht abnehmende Aktualität. Sein von Intertextualität und Intermedialität beeinflusster Stil ermöglicht eine sich ständig verändernde Lesart der Texte. Auch die gewählten Themen – die Darstellung des Alltäglichen, die Kritik an kapitalistischen Arbeitsverhältnissen und dem Kulturbetrieb – sind nach wie vor Gegenstand von Debatten. Die Negierung eines elitären Kulturbewusstseins und dessen Überhöhung durch den Kulturbetrieb sowie die Auseinandersetzung mit einem subkulturellen Lebensstil, die Göhres Text zugrunde liegen, gehen einher mit der Entwicklung der deutschsprachigen Pop-Literatur, die in der BRD hauptsächlich durch Rolf Dieter Brinkmann vertreten wurde. Im Nachhinein lässt sich Frank Göhre als Pop-Poet des Ruhrgebiets einordnen, der durch seinen außergewöhnlichen Stil in der *Literarischen Werkstatt Gelsenkirchen* zunächst noch auf Ablehnung stieß und eine Außenseiterposition einnahm.

Costa Brava im Revier ist eine bunte Collage, in der Göhre verschiedene (Text-)Fragmente aus Italo-Western, Szene-Literatur, Musik und Hörspielen zusammengebracht und wie ein DJ gesampelt hat. Dynamik und Rhythmus des Textes stehen im Fokus; Form und Inhalt befinden sich in Wechselbeziehung und wirken aufeinander. Eine Zeit des Umbruchs, so ließe sich resümieren, erfordert einen Umbruch in der Literatur – auf inhaltlicher wie auch auf formaler Ebene. *Costa Brava im Revier* ist ein Band, der für Freiheit und Ungezwungenheit, für grenzenlose Möglichkeiten der Darstellung, auch die Darstellung zeitgenössischer Ereignisse steht, ohne dabei den politischen Gehalt des Poetischen zu verkennen. Das Buch ist somit – gerade in einer Zeit, in der die Kunst frei zu sein scheint, zugleich jedoch kapitalistischen Strukturen unterliegt – aktueller denn je.

Rieke Paetsch

Frank Göhre: *Costa Brava im Revier. Texte und Materialien* (1971)

Berufsbild

– Jetzt reicht es mir aber
– Ein schmutziges Erbe
– Ich warne Sie, ich warne Sie, das könnte böse für Sie enden
– Lassen Sie sich mal die Haare schneiden
– Im Geschäft haben Sie mit tadellosem Hemd und Krawatte anzutreten
– Was bilden Sie sich eigentlich ein

In vielen Städten der Bundesrepublik wurden im vergangenen Jahr Arbeitsgemeinschaften der gewerblichen und der kaufmännischen Lehrlinge gebildet. Sie protestieren gegen veraltete Ausbildungssysteme. Sie demonstrieren für demokratische Verhältnisse im Ausbildungsprozeß.

– Ich dulde das nicht
– Ich verbitte mir diesen Ton
– Ich werde es Ihnen schon zeigen
– Ist denn das die Möglichkeit

- Sie werden schon sehen
- Das lasse ich mir nicht bieten, nicht von Ihnen
- Das Maß ist voll
- Jetzt reicht es mir aber

HELMUT K. VERLÄSST DIE SCHULE, UM EINEN PRAKTISCHEN BERUF ZU ERGREIFEN. HELMUT K. IST FÜNFZEHN JAHRE ALT.

- Jetzt beginnt der Ernst des Lebens
- Jetzt mußt Du Dich bewähren

Der Lehrbetrieb verpflichtet sich, für eine gewissenhafte Ausbildung und für das Wohl des Lehrlings zu sorgen. Insbesondere verpflichtet er sich, dem Lehrling alle in dem beigefügten staatlich anerkannten Berufsbild aufgeführten notwendigen Fertigkeiten und Kenntnisse zu vermitteln und die Ausbildung sorgfältig zu überwachen.

HELMUT K.

- rollt Sauerstoff- und Gasflaschen
- fegt das Lager aus
- sortiert Schrauben
- verbrennt Papier

Insbesondere verpflichtet sich der Lehrbetrieb, den Lehrling zu anständigem Verhalten und zur Arbeitsamkeit zu erziehen und nur solche Nebenleistungen zu verlangen, die mit dem Wesen der Ausbildung vereinbar sind.

[...]

- Lehrlinge müssen Toiletten putzen
- Papierkörbe leeren
- Lastwagen be- und entladen
- Lagerhallen ordnen
- Kaffee kochen
- Geschirr spülen
- Das schadet nicht
- Das haben wir auch tun müssen
- Als ich anfing, damals
- Glauben Sie mir, uns ist auch nichts geschenkt worden

Der Lehrling ist verpflichtet alles zu tun, um das Lehrziel zu erreichen.

Frank Göhre: *Berufsbild*, in: ders.: *Costa Brava im Revier. Texte und Materialien.* Recklinghausen: Bitter 1971, S. 32–35, hier S. 32–34

»Et ännert sik wat« Siegfried Kessemeier: *gloipe inner dör. gedichte in sauerländischer Mundart* (1971)

Siegfried Kessemeier (1930–2011) ist zu nennen, wenn die Avantgarde der modernen niederdeutschen Mundartlyrik ins Blickfeld kommen soll. Das Erscheinen seines ersten Gedichtbandes *gloipe inner dör* (1971) war ein westfälisches Literaturereignis ersten Ranges. Der Graben, der sich zwischen diesem Werk und einem Großteil der plattdeutschen Textproduktion auftut, kann nicht einfach durch den Hinweis auf die Gleichberechtigung jeglichen Schreibens zugeschüttet werden. Doch Siegfried Kessemeier war kein Anwalt des Elitären und der hohen Ränge: »oiste / twerre / drürre // un alle annern« (erste / zweite / dritte // und alle andern). Sein Sprachmaterial kann präzise identifiziert werden. Es ist dem Plattdeutschen des Dorfes Oeventrop nahe Arnsberg entnommen. Hier sagt man »Gloipe« (Ritze, Spalt), nur wenige Kilometer weiter trifft man hingegen auf »Gläipe« und andere Varianten. Die Eigentümlichkeiten der sauerländischen Ortsmundarten, insbesondere ihr Reichtum an Mehrfachselbstlauten, erschweren das Verstehen schon für Niederdeutschsprecher aus der nahen westfälischen Nachbarschaft. Für jeden Text wird im Gedichtband Hilfe dargeboten, doch es gilt: »Die hochdeutschen Übersetzungen [...] sind keine zweiten, gleichwertigen Fassungen.«

Als Siegfried Kessemeier zur Schule ging, bedienten sich im Altkreis Arnsberg nur noch wenige Kinder jenes Idioms, das als Sprache der kleinen Leute leicht zu Stigmatisierungen führen konnte: »Meine Mutter redete mit ihrem Vater, ihren Schwestern und der Verwandtschaft ihrer Seite auch in Anwesenheit von uns Kindern meist Platt. Ich habe Platt während meiner Kindheit in den 1930er Jahren mehr über meinen Großvater und meinen Großonkel väterlicherseits sowie im dörflichen Milieu verstehen und sprechen gelernt. Es wurde zu meiner Zweitsprache, die ich als Teil meiner Herkunft später bewußt pflegte und in ihrem Wert schätzen lernte. Sie hat mir wichtige kreative Impulse gegeben. Da ich seit meinem Studium in Münster lebe, ist es das Sauerländisch meiner Kindheit und Jugend (1930er bis 1950er Jahre), das ich bewahrt habe« (S. K.: *Mein Verhältnis zum Plattdeutschen*, 15.5.2009; Christine-Koch-Mundartarchiv). Diese »geistige Mitgift von einfachen Leuten« wird später auf eine neue, bewusste Weise ergriffen: »Sie versagte sich nicht. Trotz aller Distanz: Mein Dorf liegt immer noch nebenan. Wer kann seiner Herkunft entrinnen?«

Denkwürdige Ungleichzeitigkeiten gehören zu jenem Jahrzehnt, das dem ersten Lyrikband vorausgeht: 1960 wird über das Westfälische Provinzialinstitut für Landes- und Volkskunde eine Arbeit über den Kreis Wiedenbrück veröffentlicht, der zufolge die Häufigkeit heller Augen und blonder Haare mit der »Verbreitung des Niederdeutschen« korrelieren soll. Die alte Ideologie vom »niederdeutschen Menschen« und seiner angeblich genetisch bedingten »Sprachtiefe« hat noch immer nicht abgedankt. Im Frühjahr 1961 schreibt Siegfried Kessemeier erste plattdeutsche Gedichte – ohne traditionelle Versmaße und Reimformen: »Es war schwierig: Ich wollte nicht in die ›Heimatszene‹. Ich wollte literarisches, zeitgenössisches Gestalten aus dem Wort – und eben auch aus dem Plattdeutschen.

Bevensen, das jährliche Treffen niederdeutscher Autoren, war seit 1964 ein Forum: Entdeckung eines größeren sprachlichen und literarischen Zusammenhangs. Nicht minder wichtig die Autoren der konkreten Poesie, die Sprache – und damit auch Mundart – ›beim Wort nahmen‹: Artmann, Rühm, Gomringer, Marti« (zit. nach *Augustin-Wibbelt-Jahrbuch* 17).

1967 erscheinen mit öffentlicher Förderung *Untersuchungen zur anthropologischen Gliederung Westfalens*, die noch den Forschungen des berüchtigten ›Rassentheoretikers‹ Egon Freiherr von Eickstedt verpflichtet sind. Im selben Jahr veröffentlicht Kessemeier einen Essay über den Abschied vom »Altväterton« in der niederdeutschen Literatur. – Seine eigenen Gedichte finden 1968 im Kuratorium des *Klaus-Groth-Preises* eine »ehrenvolle Erwähnung«; ausgezeichnet wird jedoch Hans Ehrke, der im »Dritten Reich« Mitglied des regimetreuen Eutiner Dichterkreises und Landesleiter der Reichsschrifttumskammer gewesen ist.

Den *Sauerländer Heimatkalender* für das Jahr 1971 eröffnen Verse von Maria Kahle, die ihre Propagandatätigkeit für die Nationalsozialisten zeitlebens nie eingestanden hat: »Heimat, deine Hügeltore / Hast du weit uns aufgetan, / Aus dem dunklen Wälderchore / Rauscht dein Morgenlied bergan. // [...] Sturmeshauch soll uns erneuern, / Wenn wir steigen gipfelwärts, / Und durchglüht von Sonnenfeuern / Ist Gott nahe unser Herz.« Lügenverse, nein: Totschlagverse. – Weit hinten im Kalender findet man unter einem »olt Vertelken« auch zwei hochkarätige Texte von Siegfried Kessemeier willkürlich zu einem Gedicht zusammenmontiert. Eine Überschrift und 22 Zeilenumbrüche werden in diesem nicht autorisierten »Abdruck« unterschlagen. Acht weitere Setzfehler machen die Respektlosigkeit perfekt. Wer handschriftliche oder maschinell erstellte Seiten aus der Schreibwerkstatt des Autors kennt, wird das Gewalttätige dieses Vorgangs beinahe selbst erleiden. In Kessemeiers Arbeiten kommt es auf jedes Zeichen, jeden Umbruch, jede Setzung und jede Auslassung an.

Früher als der WDR ist Radio Bremen auf den westfälischen Mundartautor aufmerksam geworden. Theo Schuster im ostfriesischen Leer, ein bibliophiler Verleger, betreut 1971 *gloipe inner dör*: Typografie »9 Punkt Helvetica mager«; neun moderne Grafiken von Jörg Drühl – nicht als Zugabe, sondern als integraler Bestandteil des Buches; ein streitbares Nachwort von Jürgen P. Wallmann; zwei Setzfehler auf 110 Seiten. Der Minimalist Kessemeier verzichtet auf den Versuch, durch möglichst viele Buchstaben eine richtige Aussprache zu erzwingen. 34 von 52 Texten der Sammlung spricht er ins Mikrofon für eine alsbald nachfolgende Schallplattenaufnahme mit dem Titel *üewer diän, üewer dat, üewer dai.*

In der Konkreten Poesie rückt das Sprachmaterial – statt bloßes Medium für eine Botschaft zu sein – ins Zentrum und wird zum Gegenstand sinnlicher Wahrnehmung (Sehen und Hören), im Extremfall sogar ganz losgelöst vom Wortsinn. Beispiele für Konkrete Poesie stehen in Kessemeiers Debütband nicht im Vordergrund – das Extreme fehlt ganz. Ein Türspalt wird geöffnet. Zum Vorschein kommen erstaunliche Möglichkeiten des Experiments.

Die vermeintliche Notwendigkeit einer Ideologie oder Rechtfertigung des Mundartgebrauchs wird stillschweigend ad absurdum geführt. Das Sprachmaterial steht zur Verfügung, also kann es gebraucht werden. »Buggen« klingt anders als ›bauen‹. Laut und Wortgestalt sind konkret, nicht austauschbar. Ein Ort weiter und der Vokalismus fällt vielleicht schon anders aus. Wer mit dem Idiom vertraut ist, wird das Ungenügen – das Nichtentsprechen – in den Übersetzungshilfen auch auf der Ebene des Wortsinns unmittelbar wahrnehmen. Der Tod, den Kessemeier freilich nicht beim Namen nennt, ist ein »Schieterigmaker« (Schmutzigmacher). Doch »schieterig« kommt nicht von ›Schmutz‹, sondern von ›(kleine) Scheiße‹.

Weder formal noch inhaltlich gibt es einen gemeinsamen Nenner für sämtliche Gedichte des Bandes. Mitunter stößt man auf eher Konventionelles, Wegweiser, Anstöße zu Beobachtung und Achtsamkeit, Metaphern, die sich mühelos erschließen. Nie jedoch werden die Leser (oder Zuhörer) festgenagelt. Kessemeier ist ein gewaltfreier Gastgeber und verzichtet auf Nötigung: »Ich schreibe Texte. Die Entzifferung ist nicht meine Sache. Meine Sache sind die Wörter, die Silben, die Artikulation. Ich gebe Sprachgebilde, nicht mehr. Andere müssen entdecken, ob es sich lohnt, sie zu entziffern« (*Spur der Zeit – Landskop*, 1994). Die Präzision des Sprachhandwerkers bewirkt, dass bei manchen experimentellen Texten jede Lesewiederholung neue Lesarten zum Vorschein bringt. Die Zurücknahme des Ich-Standpunktes auch in den sensibelsten Gedichten und der Verzicht auf jedes überflüssige Detail machen es möglich, dass der Augenblick – ohne Zweifel ein bestimmter – dem Leser vielleicht zum eigenen Augenblick wird. Mir jedenfalls ist solches beim Lesen widerfahren.

Die Heimatparole hat ausgedient: »Lot us gohn, / lot us nit bloiwen, / lot us gohn« (Laß uns gehn, / laß uns nicht bleiben, / laß uns gehn). Auf vielen Seiten erweist sich *gloipe inner dör* als ein zeitkritisches, politisches Werk. Das Subjekt der Geschichtsverdrängung (sie, wir?) wird nicht festgelegt, aber Mitwisserschaft und Kollaboration kommen zur Sprache: »wussen nicks / wussen wat / wussen viel // [...] // dehen wat / dehen nicks / dehen viel« (wußten nichts / wußten was / wußten viel // [...] // taten was / taten nichts / taten viel). Alles in Spann und Fach, das ist die Überschrift der Wiederaufbauzeit: »Stot maken prot diän Stot / datte faste wäet / un joideroine / soin Huisken hiät« (Staat machen fertig den Staat / daß er fest wird / und jedereine / sein Häuschen hat). Wahlplakate sind über Nacht veraltet (*No der Wohl*). Bewegung kommt in die späten 1960er Jahre: »Et ännert sik wat. / De Toien sint nit mär säo, / säo guet ärre süss. / Me denket woier no« (Es ändert sich was. / Die Zeiten sind nicht mehr so, / so gut wie sonst. / Man denkt wieder nach). Die Großen sitzen noch immer auf goldenen Stühlen, doch: »De Klainen / sint klain / un hollet / de Knufte inner Taske« (Die Kleinen / sind klein / und halten / die Faust in der Tasche).

Siegfried Kessemeier war – einem Selbstzeugnis zufolge – »ein ahnungslos Mutiger, der erst langsam begriff, daß er sich auch ausgeliefert hatte, als er das Eigene öffentlich machte«. Wörter, Zeichen und Zeilen können von den anderen verunstaltet werden. Ein Spalt nur genügt: Draußen und Drinnen bekommen eine andere Bedeutung. Dichtung ist Selbstausdruck. So wir sie mitteilen, zeigen wir sogar in den Auslassungen unsere Bedürftigkeit, unsere Verwundung, unsere Angst. Bei Vollmond wird die abgezählte Monatsmiete fällig (*Ter Moite*). Vielleicht auch die Miete für unsere Lebensbehausung aus Wörtern?

Peter Bürger

Siegfried Kessemeier: *gloipe inner dör. gedichte in sauerländischer Mundart* (1971)

Äogenschlag	*Augenblick*
Wispeltenschrell schmuit us ter Äre Angest un mek us schro.	Wespenschrill warf uns zur Erde Angst und machte uns schmal.
Hell us an lichtem Fahm ohmlieg tüsker der Toit füör en Äogenschlag.	Hielt uns an leichtem Faden atemleer zwischen der Zeit für einen Augenblick.
Tüskentoit tüsker der Toit. As voi opsohn: Üewer us innen Boimen de Triesel iut Lecht, ärre wenn nicksen wiäsen wör.	Zwischenzeit zwischen der Zeit. Als wir aufsahn: Über uns in den Bäumen der Kreisel aus Licht, als wenn nichts gewesen wär.
Hoi was et. Hoi düese Stoie.	Hier war es. Hier diese Stelle.
Dat Noirige	*Das Nötige*
Dat noirige Gelt för de klainen Saken – pass op, dat et üewer blit, wenn de gräoten betalt sint.	Das nötige Geld für die kleinen Sachen – paß auf, daß es übrig bleibt, wenn die großen bezahlt sind.
Diän noirigen Ohm för de klainen Wore – pass op, dat diu ne näo hiäs, wenn de gräoten sagt sint.	Den nötigen Atem für die kleinen Worte – paß auf, daß du ihn noch hast, wenn die großen gesagt sind.

Siegfried Kessemeier: *gloipe inner dör. gedichte in sauerländischer Mundart.* Leer: Schuster 1971, S. 8f., 24f.

Wimmel-Werk der Alternativkultur

Josef Wintjes / Frank Göhre / Volker W. Degener (Hg.): *Ulcus Molles Scenen-Reader. Texte & Dokumentation der neuen deutschsprachigen Szene* (1971)

Das einzige Ordnungsprinzip bildeten die damaligen bundesdeutschen Postleitzahlen: von 1000 für Hamburg bis 8000 für München, samt Österreich und der Schweiz. Ansonsten herrscht auf den 140 Seiten des *Ulcus Molles Scenen-Readers* kreatives Chaos, ein labyrinthisches Neben- und Durcheinander, das indessen nicht untypisch ist für die damalige Situation in der Gegenkultur und Alternativpresse. Während in der 1960er und 1970er Jahren in Deutschland die Studentenrevolte brodelte und die Jugend nach neuen Lebensmodellen suchte – zumindest ein Teil davon –, schwappten wild montierte Bücher und Zeitschriften auf einen beinahe unüberschaubaren Markt. Sie dienten Landkommunarden oder politischen und spirituellen Grenzgängern zur Selbstvergewisserung, Informationsquelle oder Gesprächsplattform, junge Autoren gaben darin ihr Debüt – ein offenes Forum von Klein- und Kleinstinitiativen: Die Revolution kann auch aus dem Umdrucker kommen.

1969 mit einer Angebotsliste auf zwei DIN-A-Seiten gestartet, gab der Bottroper Josef Wintjes, den alle »Biby« nannten, diesen buntscheckigen alternativen Publikationen eine feste Bezugsadresse. Seinen einträglichen Job bei Krupp in Essen gab er dafür auf. Das in einem winzigen Zimmer einer kleinen Wohnung an der Bottroper Bahnhofstraße gestartete Info-Zentrum entwickelte sich zu einer zentralen Vertriebsstelle der Gegenkultur und die von Biby herausgegebene Zeitschrift *Ulcus Molle* – zugleich sein persönliches Pseudonym – zum Medium einer facettenreichen Diskussion über die alternativen Lebensentwürfe und Möglichkeiten, fernab vom Muff einer als verstaubt und beengend empfundenen Bürgerlichkeit. Der süddeutsche Autor Manfred Bosch jubelte schon bald per Epigramm: »Bertelsmann / steigerte seinen Umsatz / um 7 Prozent auf 600 Millionen Mark / das Info-Zentrum um 30 Prozent // Bertelsmann, wir kommen!«

Ulcus Molles Scenen-Reader bildete 1971 den ambitionierten Versuch, dieses schillernd-schöne, naive oder (semi-)professionelle Feld der Gegenkultur abzubilden, Kontakte zu ermöglichen und ein Gemeinschaftsgefühl untereinander zu wecken. Ein hemmungsloses Kaleidoskop mit einer Unzahl von Adressen und einem Umschlag in beinahe behördenhaftem Grün ist dabei entstanden. Wer wollte, konnte sich ohne bestimmtes Ziel im abenteuerlichen Mix aus Artikeln, Tipps, Randkritzeleien und Bilder-Collagen rettungslos verlieren. Henryk M. Broder nannte den *Scenen-Reader* »das unübersichtlichste Buch der Saison«.

Wer bedenkt, dass damals jede Seite noch mit viel Uhu zusammengeklebt, alles per Schreibmaschine abgetippt werden musste, kann sich die Mühe vorstellen, mit der zu Werke gegangen worden ist – und mit welchem Enthusiasmus. (Nebenbei: Jahrelang hat Biby für die *Info-Hefte* alle acht Wochen bis zu 120 Seiten abgeschrieben. Das nennt sich wohl Ausdauer, vielleicht sogar hilfreiche Sturheit.) Neben Biby waren am ersten *Scenen-Reader* Volker W. Degener (Herne) und Frank Göhre (Bochum) beteiligt. Bewältigt werden musste ein über einen Meter hoher Materialberg; Zeitschriften, Bücher und Mappen stapelten sich in der Küche. Alles, was den Herausgebern unter die Finger kam und halbwegs in den Rahmen einer sehr weitgefassten Gegenkultur einzuordnen war, wurde hineingeklebt, Fotos, Comics, Zeichnungen. Keine Seite glich der anderen. Und wo irgendwo noch ein Fleckchen frei war, wurde noch schnell auf einen weiteren Jungdichter oder ein schmales Presseprodukt hingewiesen.

In fetten Zeilen oder direkt aus dem Original herausgeschnittenen Lettern tauchen unvermittelt Kernsätze zwischen den Autoren- und Verlagsporträts auf: Das reicht von »Wir wollen Blumen und Märchen bauen« über »Macht kaputt, was euch kaputt macht« (nach wie vor bekannt) oder »Bakunin lebt in Bottrop« bis zu »Pornographie als Agitation« und »Kopfarbeit steigern – Kriegsdienst verweigern!«. Allein diese Auswahl lässt die immense Bandbreite der Themen und Standpunkte erahnen, die im Reader versammelt sind, eine Vielfalt, die unter keinen gemeinsamen Nenner gebracht werden kann – und gerade deshalb den heutigen Leser fasziniert. Sofern er sich die Mühe macht, jede neue Seite, engzeilig und raumsparend beschrieben, zu entschlüsseln: Was gehört wozu, was wurde ohne direkten Zusammenhang hineinmontiert oder – auch per Hand – hineingeschrieben? Obwohl sich fast alle Autoren um lesbares Deutsch bemühen, ist eine durchgehende Lektüre nahezu ausgeschlossen. Dagegen sprechen die regelmäßig ausgestreuten Layout-Widerhaken und die gelegentlich massiv sprunghaften Textstückelungen, mitunter einem Rätselheft ähnelnd. Gleichviel: Was nicht wenige Leser zur Entstehungszeit verärgern konnte – dieser extrem unkonventionelle Charakter des Readers –, erweist sich heute, nicht nur aus Nostalgiegründen, als attraktiv. Der *Scenen-Reader* ist nicht mehr nur ein Buch, sondern ein Ereignis, das vital aus der Vergangenheit herüberragt, und für das es einen geduldigen Leser braucht. Einen Genießer, dem es Spaß macht, all den Assoziationen, Eigenwilligkeiten und mancher (damaligen) wilden Entschlossenheit nachzuspüren – wie aus einer fernen Zeit. Und manchmal doch so nah.

Was damals der kulturellen Lebensbewältigung und Positionsbestimmung diente, kann heute ein Lektürevergnügen bedeuten, das so nebenbei die Vermutung nährt: Ja, das waren wohl heroische, zumindest aber hitzige Zeiten damals. Namen wie Elfriede Jelinek, Wolf Wondratschek oder Peter Rühmkorf tauchen unversehens aus dem Meer der Buchstaben auf: Egal, ob sich diese Kulturschaffenden damals selbst zur Alternativszene gezählt haben oder nicht, die Herausgeber hätten sie gern dabei gesehen – so geschah es. Eine unbekümmerte Art von Vereinnahmung – nicht aus Kalkül, sondern aus heißem Herzen geboren.

Ein Blick in die Seiten über die NRW-Aktivitäten, Textbeispiele und Fundstücke: Ein irgendwo herausgeschnippeltes Foto zeigt den Bochumer Autor Hugo Ernst Käufer. Respektlos-wohlwollender Kommentar: »Der dicke Typ ist Organisator der Literarischen Werkstatt Gelsenkirchen und tut ’ne Menge für die Leute der Scene.« Ein anderer Autor aus dem Ruhrgebiet mit dem abenteuerlichen Pseudonym Dieter Donar Drakon gibt in seinem Roman »Rat in allen Welt- und Zweifelsfragen«. »Nirgendwo ist der Text greifbar, er rutscht aus den Fingern«, schreibt in einer Kritik ein gewisser Phillip Morris. Hinter diesem Namen verbirgt sich nun wiederum der Dortmunder Schriftsteller Wolfgang Körner, wie uns Ulcus Molle flugs verrät: »Immer wieder dieser Klatsch, aber es ist doch gut zu wissen!« Fred Viebahn aus Castrop-Rauxel war seinerzeit gerade dabei »den Roman der jungen Generation« zu verfassen und der Oberhausener Maler und Grafiker Walter Kurowski fordert: »Stoppt den Lehrlings-Dracula!« Das Pop-Kabarett Witthüser und Westrup singt schauerliche »Lieder von Vampiren, Nonnen und Toten« und Henryk M. Broder aus Köln »sprach mit Oswald Kolle«. Das alles steht übergangslos nebeneinander, jemand wünscht »Spaß an Dreistigkeiten«. Der Münsteraner Michael Benke steuert ein Poem über die »Metaphysische Malerei« bei (wenn ich das eigenwillige Layout-Prinzip im Reader richtig interpretiere) und »poppe net kloppe« wünscht der Düsseldorfer Karl Hans Frank.

Nach Jahresfrist erschien eine zweite Ausgabe des *Scenen-Readers*, ähnlich umfassend die (nicht nur literarische) Gegenkultur beschreibend, doch sehr viel übersichtlicher, geordneter, eine Entwicklung, die auch das Periodikum der *Info-Hefte* kennzeichnete. Die Zeit der wilden Collagen, der unbekümmerten Montagen war vorbei. Schade eigentlich ... doch der (alternative) Markt schien das zu fordern.

Frank Göhre (s. S. 372, 433), Mitherausgeber des ersten *Scenen-Readers*, reüssierte später, in Hamburg lebend, als Krimiautor. Volker W. Degener (s. S. 400) blieb dem Ruhrgebiet treu, engagierte sich neben seiner literarischen Arbeit für berufsständische Fragen, wirkte viele Jahre als NRW-Vorsitzender des Verbands deutscher Schriftsteller. Und Biby Wintjes? Der hat das Info-Zentrum konsequent weiter betrieben, alle damit verbundenen seelischen Blessuren und finanziellen Schwankungen in Kauf nehmend. Nachdem die großen Verlage die Nische der Alternativen für sich entdeckt hatten, die lukrativsten Autoren unter Vertrag nahmen und vermarkteten, die Gegenkultur ganz allgemein an Zugkraft einbüßte, verlor auch *Ulcus Molle* als Schaltstelle fürs Nonkonformistische an Bedeutung. Zuletzt gab Biby anstellte des *Info-Hefts* das Periodikum *Impressum* heraus, das keine geistigen Höhenflüge gegen das Establishment mehr enthielt, sondern Tipps und Hilfestellungen für den Autorennachwuchs. Biby Wintjes ist 1995 im Alter von 48 Jahren gestorben. Der »Kulturrocker aus Bottrop« hat bis zum Schluss selbstausbeuterisch gearbeitet.

Ulcus Molles Scenen-Reader bildete zwar eine brauchbare und relativ frühe Zusammenschau, doch im Zuge des großen Unbehagens am Establishment blieben die gegenkulturellen Initiativen nicht lang voneinander isoliert, verabredeten gemeinsame Aktivitäten und Darstellungsformen. So bildete sich die Arbeitsgemeinschaft alternativer Verlage, 1970 wurde zum ersten Mal die Mainzer Minipressenmesse veranstaltet, die seitdem im Zweijahres-Turnus einen Überblick über Kleinverlage, Handpressen und bibliophile Besonderheiten ermöglicht. 1977 fand im Schatten der Frankfurter Buchmesse, sozusagen in der Höhle des Löwen, zum ersten Mal die Gegenbuchmesse statt, veranstaltet von vornehmlich linken Verlagen. Dort wurden die Stände zum letzten Mal 1984 aufgebaut, das linke Profil hatte sich da schon in den Gemischtwarenladen aus alternativen Landen verwandelt – sehr zum Missfallen der politischen Eiferer. Ein sympathisches Wimmel-Werk wie *Ulcus Molles Scenen-Reader* wäre bei denen sicherlich von vornherein durchgefallen. Es ist glücklicherweise anders gekommen. Wie schreiben die Herausgeber im Vorspann zum Reader:

»nimms in die hand und schau dich um in unseren TEUTSCHEN LANDEN. es gibt ne masse typen, freaks und drop-outs. sie sind nicht unter einen hut zu bringen (das wissen wir jetzt endlich). aber manchmal kann man sie halt alle zwischen zwei buchdeckel pressen.«

Werner Streletz

Josef Wintjes / Frank Göhre / Volker W. Degener (Hg.): *Ulcus Molles Scenen-Reader. Texte & Dokumentation der neuen deutschsprachigen Szene* (1971)

Ulcus Molles Scenen-Reader. Texte & Dokumentation der neuen deutschsprachigen Szene. Bottrop: Literarisches Informationszentrum 1971, S. 15

Wie war das noch?
Richard Limpert: *Über Erich. 1933–1953. Bericht* (1972)

Über das Foto findet sich in dem Buch kein Wort, aus Brechts *Kriegsfibel* jedoch wissen wir sogar den Namen des Soldaten, der auf dem Cover von *Über Erich* auf der Lafette eines Geschützes hockt und sich mit beiden Händen den Kopf presst: Georg Kreuzberg, Unteroffizier der deutschen Wehrmacht, 86. Infanteriedivision, auf dem Schlachtfeld von Orel von russischen Truppen in dieser Stellung angetroffen, geistesgestört. In Limperts Buch geht es vor allem um den Angriffs- und Vernichtungskrieg im Osten.

Innen ist das Foto noch einmal abgedruckt, über zwei Seiten, so dass neben dem Soldaten nun auch das Geschütz aufragt, auf dessen Gestell er hockt und dessen Rohr (wie auf dem Foto in der *Kriegsfibel* zu sehen) abgebrochen, weggefetzt ist. Der Kriegsreporter hat den traumatisierten Soldaten mindestens zweimal fotografiert: einmal frontal, die zerborstene Kanone im Rücken; dann im Halbprofil, im Bild eingefasst von dem massigen, hoch über ihm sich auftürmenden Rumpf des Geschützes links und den Füßen eines bäuchlings hingestreckten Toten rechts. In einiger Entfernung hinter dem Kopf des Soldaten steigt Rauch auf; am Horizont sind Türme, die Ruinen einer Stadt zu erkennen. Das erste Foto hat Brecht für die *Kriegsfibel*, das zweite Limpert für den Bericht *Über Erich* verwendet.

Ob Limpert die *Kriegsfibel* gekannt hat, als er daranging, *Über Erich* abzufassen, kann ich nicht sagen; vermute es. 1953 in der DDR erschienen und seit 1968 in einer Lizenz-Ausgabe auch in der BRD erhältlich, dürfte Brechts Bildband mit seiner Kombination aus Zeitungsfotos und Versen auch dem gegen Krieg und Faschismus, für Sozialismus und den Frieden streitenden Zechenmaschinisten, Ostermarschierer, Gewerkschafter und Lyriker aus Gelsenkirchen nicht verborgen geblieben sein. Ich stelle mir vor, dass Brechts Buch Limpert dazu angeregt hat, auch seines mit Fotos – Zeitungsfotos sowie Bildmaterial der Deutschen Presse-Agentur – zu kombinieren, und dies nicht nur zu dem Zweck, die knapp 45 Seiten Prosa mit 19 Fotos und 2 Faksimiles aufzufüllen und daraus ein Buch von 70 Seiten zu machen.

In der *Kriegsfibel* bilden Foto und Text jeweils eine Einheit. Brecht reagierte auf Bilder, auf die er in Zeitungen stieß, versah sie mit gereimten Vierzeilern, kommentierte mit diesen Bildunterschriften das Welt- und Kriegsgeschehen; bei Limpert stehen Bild und Text in einem eher vagen, lockeren Zusammenhang. Die Fotos illustrieren das Erzählte nicht – höchstens so, dass etwa neben einer Textseite mit Erwähnung eines »deutschen Schriftsteller[s, der] gesagt haben [soll], dass erst das Fressen kommt und dann die Moral«, ein Porträtfoto Brechts abgedruckt ist: Referenz Limperts an das große Vorbild.

In *Über Erich* liefern die Fotos keine Vorwände zu Beschreibungen, der Text reagiert nicht auf sie; sie bilden einen eigenen Erzählstrang aus oft bereits bekannten Zeitdokumenten – dem Foto eines mit hintüber gebogenen Kopf und hochgereckten Armen im elektrisch geladenen Stacheldraht hängenden Häftlings; der mit erhobenen Händen aus dem Warschauer Ghetto zur Deportation in die Vernichtung getriebenen Frauen und Kinder; der nach der Kapitulation an einer Mauer mit der Aufschrift »Wir kapitulieren nie!« entlangeilenden Wehrmachtsoldaten. Diese Bilder-Geschichte läuft neben und zwischen dem Text her und bettet den Bericht *Über Erich* in das Welt-, Kriegs- und Nachkriegsgeschehen von 1933 bis 1953 ein, grundiert das Einzelschicksal mit der ›großen‹ Geschichte, betont den dokumentarischen Charakter des Erzählten.

Drei Nachmittage Bettarrest, während draußen die Freunde kicken; drei Brüder und vier Schwestern mit am häuslichen Tisch; am Sonntag Sonntags- und an Werktagen Volksschule, Unterrichtsfach »Rassenkunde«; Prügel von Rektor Toban höchstpersönlich; Lehre als Polsterer und Sattler im Sauerland – in knappen Sätzen und auf wenigen Seiten skizziert der 1922 in Gelsenkirchen geborene Autor eine Kindheit und Jugend in Nazi-Deutschland; sein Protagonist Erich Trepmil ist schon am Namen – Vorname umfrisiert, Nachname rückwärts gelesen – als Richard Limpert zu erkennen. Im Transport rollt Trepmil mit nach Osten, als Arbeitsdienstmann in einem Bautrupp geht er einer Panzergruppe zur Hand, bewacht Gefangene; wird selbst Soldat und rückt mit der Wehrmacht bis hinunter in den Kaukasus vor. Ein paar Seiten weiter ist Erich Trepmil mit den Eroberern schon wieder auf dem Rückzug: Terek, Halbinsel Kertsch, die Südukraine – wobei ein schwaches, nachtblindes Auge ihm Druckposten verschafft und damit vermutlich auch das Leben rettet; Gefangennahme 1944 in Rumänien; Gefangenenlager bei Taganrog am Asowschen Meer.

Unter den Fotos sind vier nicht von der Deutschen Presse-Agentur entliehen, stammen vielleicht aus dem Privatbesitz des Autors. Sie zeigen Feldküche, Küchenwagen, Gulaschkanonen, Speisung der Truppe, und wenn ich auch Limpert selbst auf den Aufnahmen nicht erkennen kann und sie vielleicht auch gar nicht Einrichtungen und Soldaten der Panzergruppe zeigen, der er als Arbeitsdienstmann zugeteilt war, so führen sie doch näher als die anderen Fotos im Buch an das im Kontext Erzählte heran: die Erschießung eines Kriegsgefangenen durch einen Gefreiten aus der Feldküche, dem die Nase des Gefangenen, weil jüdisch aussehend, wie er meinte, nicht passte.

Diese Episode scheint mir Dreh- und Angelpunkt des Buches zu sein; und die Kontrastierung des Erzählten mit den vier Bildern aus dem ›Lustig-ist-das-Soldaten-Leben‹, in dessen Mitte beiläufig ein Mord geschieht, hebt die besondere Stellung der Passage noch hervor. Beim unbedarften Arbeitsdienstmann Trepmil, dem Zeugen des Mordes, setzt sie einen Bewusstwerdungsprozess in Gang, hilft ihm, bisher Erlebtes und Gesehenes (des Rektors Rassenlehre; Kristallnacht; das aus einer es durchquerenden Straßenbahn wahrgenommene Warschauer Ghetto; die Misshandlung russischer Kriegsgefangener in Minsk) einzuordnen und als Verbrechen zu begreifen. Die folgenden im Buch geschilderten Begebenheiten und Erfahrungen – Kriegstod und Begräbnis von Kameraden, Gefangennahme, »Plenny«-Elend, Krankenbaracke, Gespräche mit Mitgefangenen, der Umgang mit Bewachern, Begegnungen mit der russischen Zivilbevölkerung – wandeln Erich Trepmil zu dem Antifaschisten und Kämpfer gegen Krieg, als der er 1949 in seine Heimat zurückkehrt: »Erlebnisse am Rande beeinflussten seine Gefühle und Empfindungen mehr als die großen, nicht zu übersehenden Geschehnisse«, schreibt Limpert und charakterisiert damit nicht nur die Episode mit dem Küchenbullen und dem Gefangenen, die er mit diesem Satz einleitet, sondern die Anlage des gesamten Buches.

Über Erich erschien 1972 und traf, wenig beachtet, auf eine Gesellschaft, die sich mehrheitlich im Verdrängen der Erinnerung an Kriegs- und Nazi-Verbrechen übte und in Wehrmacht-Soldaten (»Unsere Männer im Osten«) noch immer nur die Opfer (»was haben *die* mitgemacht!«), nicht auch die Täter sah. Mit *Über Erich* erhob Limpert dagegen Einspruch – bekräftigt durch die Autorität persönlichen Zeugnisses.

Es war gerade das Schmucklose, Dokumentarische dieser Prosa, die überzeugten, uns für sein Buch einnahmen. Wir lasen es als Zeitdokument, schätzten es als Tatsachenbericht eines engagierten Kriegsgegners und weniger als belletristisches Erzeugnis – zumal sich Limpert selbst gelegentlich gegen den Verdacht, mit seinen Texten belletristische Ambitionen zu verfolgen, lautstark verwahrte. »Literatuuur! – ›Literatur‹ mit fünf ›u‹ geschrieben!«, hörte ich ihn tönen, wenn ihm in Sitzungen der Dortmunder *Werkkreis*-Werkstatt, der er in den 1970er, 1980er Jahren angehörte, wieder mal ein vorgelesener Text zu hochgestochen vorkam und er darauf bestand, über dem Wie des Gesagten nicht das Gesagte selbst zu vergessen, das Anliegen gesellschaftlicher Veränderung.

Dabei ging er, was ihn betraf, beim Schreiben durchaus formbewusst zu Werke. Auch in Agitprop-Gedichten für den Tagesgebrauch erprobte er immer wieder literarische Techniken, verwendete mal Reime und strengen Strophenbau, mal freie Verse; und es waren nicht nur seine Kriegs- und Arbeitererfahrungen im Hintergrund der Texte, sondern auch die künstlerische Gestaltung, die beeindruckten und überzeugten. Mit seiner Biografie setzte er sich vor allem in Prosa auseinander. Neben die Verse gehalten, unterlegen (soweit thematisch verwandt) die Prosatexte die Gedichte so, wie die Fotodokumente den Bericht *Über Erich* unterlegen: »Der Koks glüht in der Batterie / am Löschturm Feuerschein // Wie war das noch? Ein Mädchen schrie / Ein blutzerfetztes Bein // In Brüssel und in Schitomir / war auch der Himmel rot // vor Jahren. Doch jetzt bin ich hier / gleich gibt es Pausenbrot ...« (*Nachtschicht*).

Aufbauend auf *Über Erich*, das kaum verändert übernommen wurde, erschien 1983 *Erich Trepmils Geschichte*, ein Buch, das den Bericht über seinen Weg durch Vorkrieg, Krieg und Nachkrieg um einige Episoden erweitert und über 1953 hinaus fortsetzt: Familiengründung, Mietprobleme, vor allem aber Arbeitswelt, Übertagearbeit auf der Zeche, Alltag in einer Zechensiedlung, Gewerkschaft, Arbeitskämpfe. Im Vergleich zum Vorgänger ist *Erich Trepmils Geschichte* auf das über Zweieinhalbfache angewachsen, erweitert u. a. um die Prosastücke *Über Erich. Zweiter Bericht* aus dem *Werkkreis*-Buch *Neue Stories* (1977) und um Texte aus dem Band *Wortmeldung & Zwischenrufe* (1979). Fotos und Faksimiles enthält es nicht mehr.

Mit *Erich Trepmils Geschichte* war die Auseinandersetzung des 1991 in Essen gestorbenen Autors mit seinem Leben und seiner Zeit nicht abgeschlossen. Er veröffentlichte weitere Episoden, etwa in der von der *Werkkreis*-Werkstatt Dortmund herausgegebenen Anthologie *Ruhrpottriviera* (1985) sowie im Band *Durchs Megafon geflüstert* (1987).

Josef Krug

Richard Limpert: *Über Erich. 1933–1953. Bericht* (1972)

Die Hoffnung auf den Blitzkrieg war trügerisch.

Das Wissen um die Wirklichkeit verdrängte er. Ereignisse, die zum Nachdenken hätten führen müssen, bewertete er als Schicksal.
Das ist so; da ist nichts zu ändern.
Erlebnisse am Rande beeinflußten seine Gefühle und Empfindungen mehr als die großen, nicht zu übersehenden Geschehnisse, die Zeichen der kommenden Katastrophe waren. Der Frage aber, moralisch oder unmoralisch, gut oder böse, konnte er nicht mehr ausweichen.

Da war die Sache mit dem Gefreiten aus der Feldküche.
Er tötete einen jungen Menschen, weil der eine zu lange Nase hatte.
Da war auch ein Hund, für den der Tod eine Erlösung war.

Tagelang hatte der fast verhungerte Köter in einer Kate auf die Rückkehr seiner Betreuer gewartet. Er würde nur noch wenige Tage, vielleicht nur noch einige Stunden leben.
Erich griff in das Fell des Tieres, zerrte es ins Freie. Die Kreatur kroch winselnd in den Raum zurück, streckte die Pfoten aus und konnte sich nicht mehr mit eigener Kraft bewegen.

Erich sitzt auf einer Getreidetruhe. Er klemmt das Gewehr zwischen seine Knie und betrachtet seine Hände.
Die Hände zittern. Nicht nur die Hände.
Aber es war doch nur ein Hund. Verreckt wäre er ohnehin.
Erich versucht, den Vorgang in Gedanken zu wiederholen. War da nicht auch eine Spannung? Ein Reiz, vielleicht sogar der Drang zu töten, ohne Schuldgefühl? Blitzschnell hatte er das Gewehr durchgeladen und geschossen.

Jetzt zittern die Hände. – Ob die Hände des Küchenbullen auch gezittert haben, als er den jungen Kaukasier umlegte? Wahrscheinlich nicht. Er hatte nach dem Schuß gesagt: »Der Jud ist zusammengesackt wie ein Bandonium.«

Vielleicht wird er doch nicht damit fertig, wenn er mal zur Besinnung kommt. Ist doch ein Familienvater. Hat immer ein Bild bei sich von der Taufe seines Sohnes. Muß fromm sein. Wird jeden Tag beten.

Richard Limpert: *Über Erich. 1933–1953. Bericht.* Mülheim an der Ruhr: Anrich 1972, S. 27f.

Ich hatte mir Glück anders vorgestellt
Otti Pfeiffer: *Widerworte aus der Küche* (1972)

Texte als Gebrauchsartikel? Das ist die erste Vermutung, wenn man zu dem schmalen Bändchen der Herdecker Autorin Otti Pfeiffer greift. Ja, die literarischen Gegenstände sind überschaubar: Familie, Liebe, Freunde, Alltag, Kommunikation, ein wenig Politik. Aber vielleicht ist die Sicht aus der Küche auf diese Themen doch ganz ergiebig. Die andere, neue Perspektive – das lässt sich ohne Zweifel konstatieren – war Anfang der 1970er Jahre, in der Anlaufphase der Frauenbewegung, keineswegs langweilig.

Otti Pfeiffer (1931–2001) hat zunächst als Verwaltungsangestellte in Herdecke gearbeitet, machte dann ihr Abitur und studierte in Köln, sodass sie später als Bibliothekarin in Dortmund arbeiten konnte, in der Nähe ihres Wohnsitzes. Das war ihr wichtig, denn sie hat sich immer als Familienmensch begriffen.

Widerworte aus der Küche war Otti Pfeiffers erstes literarisches Werk, dem noch viele Kinder- und Jugendbücher folgen sollten, mehr als 30 Titel. Erschienen ist der Band im Dortmunder Wulff-Verlag, mit dem mich selbst gute Erinnerungen verbinden, denn in diesem Kleinverlag erschien auch mein erster Roman, ein Debüt, das auch so etwas wie ein Türöffner zu größeren Verlagen war. Vielen anderen Autoren im Ruhrgebiet ist es ähnlich gegangen.

Widerworte: »Glück ist mir so wichtig. Vor allem jetzt, da es keinen Himmel mehr gibt, wo ich es spätestens einholen könnte. Mein Glück ist: die Waschmaschine ist nicht kaputt, mein Sohn wird versetzt, Gehaltserhöhung, wir sind gesund, das Fleisch ist nicht angebrannt, der Kuchen geht aus der Form, mein Mann ist frohgestimmt. Ich hatte mir etwas anderes vorgestellt: Glück. Ich weiß nicht mehr, was.«

Aus ihrer Zeit betrachtet, sind das eindringliche, aufmüpfige Sätze, die sich aber nicht zu einem Aufschrei steigern. Ein wenig Bitterkeit, viel Ironie und ganz viel Empathie stecken in den Kapiteln. Texte als Diagnose und Therapie. Das zu lesen tut durchaus weh und es stellt sich mir die Frage: Hat sich seither im Familienleben etwas geändert? Einiges. Nicht nur die Küchen sind praktischer und schöner geworden. Der Familienalltag gestaltet sich offener. Es gibt viel mehr Teilzeitarbeit, und zwar für beide Partner.

Die berufliche Tätigkeit bietet Gelegenheit, sich zu beweisen, Kontakte zu knüpfen, Selbstbewusstsein zu tanken, vielleicht auch finanzielle Unabhängigkeit. Aber nicht wenige Frauen sind nach wie vor unzufrieden damit, wie zu Hause die Verantwortung für die Familie und die Erwerbsarbeit aufgeteilt ist. Gedanken, die Otti Pfeiffer in der Küche kamen, tauchen vielleicht heute bei Müttern im Auto auf, wenn sie als die gestresste Psychologie- und Logistikfachfrau ihrer Kinder eingespannt sind.

Damals hat Otti Pfeiffer mit ihren *Widerworten* vielen Frauen aus der Seele gesprochen. Damals, so habe ich mir erzählen lassen, haben sogenannte Hausfrauen am Abend dem müde heimkehrenden Ehemann Passagen aus dem kleinen Werk vorgelesen. Immer sollen die Männer richtig gepeinigt ausgesehen haben.

Das Schreiben hat Otti Pfeiffer schon in frühen Jahren beschäftigt. In dem von Hugo Ernst Käufer 2003 herausgegebenen Band *Otti Pfeiffer – Eingespannt ins Riesenrad* erinnert er an die erste Begegnung mit ihr. Das war in den 1950er Jahren beim *Ring junger Autoren Westdeutschlands*, ein Kreis, zu dem neben dem Filmemacher Paul Karalus auch Heinrich Böll gehörte. Der Titel des Buches macht wie bei den *Widerworten* deutlich, dass sich Otti Pfeiffer in ihrem Lebensalltag eingezwängt, getrieben fühlte – was sie allerdings niemanden in ihrem Umfeld spüren ließ. Sie war stets freundlich, zuvorkommend, verständnisvoll. So habe ich sie bei Begegnungen und Besuchen wahrgenommen. Was ihre persönliche Ausstrahlung anbelangt, stellte Hugo Ernst Käufer fest: »Wer sie bei Lesungen für Kinder oder Erwachsene erlebte, der hat erfahren, dass sie mit ihrer Stimme zaubern, mit ihr die Zuhörer in ihre Texte entführen konnte. In ihren Kinderbüchern hat sie sich bis ins hohe Alter hinein das Staunen über die kleinen Dinge der Welt, das Unauffällige bewahrt, wobei der apostrophierte pädagogische Zeigefinger keine Rolle spielte.«

Volker W. Degener

Otti Pfeiffer: *Widerworte aus der Küche* (1972)

Wohin ich gehe wenn ich gehe

1
Die Wahrheiten, die es zu finden gilt, etwa für mich, sind gut versteckt. Eine ist vielleicht in der Küche verborgen, im Kochtopf, zwischen schmutzigem Geschirr. Ich werde sie übersehen, sie ist grau, sie glänzt nicht. Gern fänd ich eine Wahrheit, die funkelt und leuchtet und hart ist.

2
Das soll meine Stärke sein: an andere denken. Es ist verlangt. Mehr noch: Gesetz. Das Frauen- und Müttergesetz. Berufsethos: Denk nicht an dich – allmählich wirst du grau, denk an die andern! Tröste die Kleine! Der Wasserkessel flötet, ein Streit entbrennt, die Waschmaschine dröhnt, die Tasse zerschellt. Hab ein Lied auf den Lippen (aber nicht laut, es könnte den Lärm vermehren). Hab Optimismus im Blick, eine fröhliche Mutter ist der Kraftquell der Familie. Der Rücken schmerzt mich, ein Blick trifft mich: Wie siehst du häßlich aus! Und du, mein Mann, träumst von einer weißen Yacht am blauen Meer. Als blinder Passagier möcht ich wohl mitreisen.

3
Soweit ist es: Ich habe keine Träume mehr. Ich male keine Zukunft in die Wolken. Wichtig: die Einkaufsliste, die Augenlidentzündung meines kleinen Mädchens, Zensuren im Diktat. Müdigkeiten nicht nur in den Augen. Bevor ich denken kann: Wer bin ich, wenn sie mich verlassen? fragt mein Mann: Habe ich eigentlich keine Frau mehr? Ich leide an nichts Not. Das Geld reicht aus. Wovon sollte ich träumen?

6
Ich liebe meine Müdigkeit, ich mache einen Götzen aus ihr und opfere ihm meine Zeit. Wenn ich schlafe, ist kein Geschrei in meinem Ohr. Wenn ich schlafe, wachsen die Kinder weiter auf. Wenn ich schlafe, wuchert das Chaos. Es geht auch ohne Polizist. Ich ziehe mich aus dem Verkehr. Ohne die Augen richtig zu öffnen, binde ich Schürsenkel zu, flechte der Puppe einen Zopf, ziehe Strumpfhosen hoch. Wieder allein, verlasse ich mich, schlafe.

7
Glück ist mir so wichtig. Vor allem jetzt, da es keinen Himmel mehr gibt, wo ich es spätestens einholen könnte. Mein Glück ist: die Waschmaschine ist nicht kaputt, mein Sohn wird versetzt, Gehaltserhöhung, wir sind alle gesund, das Fleisch ist nicht angebrannt, der Kuchen geht aus der Form, mein Mann ist frohgestimmt. Ich hatte mir etwas anderes darunter vorgestellt: Glück. Ich weiß nicht mehr, was.

Otti Pfeiffer: *Widerworte aus der Küche.* Dortmund: Wulff 1972, S. 7f., 11

»Gerüttelt von der Weltstille«
Ernst Meister: *Sage vom Ganzen den Satz. Gedichte* (1972)

Sage vom Ganzen den Satz ließ mich eher an Bruchrechnen als an Gedichte denken, und als ich den Band aufschlug und zu lesen anfing, kam ich mir wie auf mathematisch-abstraktes Gebiet geraten vor, sah Gleichungen mit Unbekannten vor mir, Zahlenrätsel – nur, dass die Rätsel nicht in Form von Zahlen dastanden, sondern in Worten, in Versen.

Kein Auto hupt in den Gedichten, keine Elektronik flimmert, Farben, Töne, Formen und Bewegungen der Gegenwart von 1972, in der das Buch erschien, sind wie mit Absicht ausgespart; man geht auf »brüchigen Stegen«, fischt mit »Netz, Sichel, Haken«, mit »nackten Händen«; das noch am weitesten in die Moderne heraufreichende Werkzeug schien mir der Stock eines Lehrers zu sein, der in einem der Gedichte auf den Tisch schlägt: »Zu sterben, das ist / Grammatik!«; immer wieder stieß ich auf Worte wie »Lehm«, »Schädel«, »Gerippe« und »Skelett«, »Stein«, »entschlafen«, »Sarg«; sie verliehen dem kargen, unwegsamen Sprachgelände, in dem ich mich umher bewegte, den Anschein eines Friedhofs. *In Sete* – das einzige Gedicht im Buch mit einer Überschrift – hat das Grab Paul Valérys in dieser Stadt am Mittelmeer zum Gegenstand; das Gedicht »Rose« spielt auf Rilkes »Rose, o reiner Widerspruch; Lust, / Niemandes Schlaf zu sein unter soviel / Lidern« auf seinem Grabstein in Muzot in der Schweiz an.

»Sie schlummern, / die Väter, die Brüder. // Im Hohlen wanderst du / ihrer Schädel und hörst. // Kommt doch von weit / Gedicht und Gedanke, // der Schwersinn, / die Arbeit.« – Im Klappentext ist eine Äußerung Ernst Meisters zu den Gedichten – seiner »Arbeit« – zitiert; ein Hinweis auf die »Väter«, »Brüder« und für das Verständnis des Gedichtbuchs überhaupt: »Die Ursprünge der sich in dieser Sammlung manifestierenden Bewegung liegen im Jahr 1970. Ich begreife es nach wie vor als ein seltsames, war eine Weile sogar versucht, ›Seltsames Jahr‹ als Titel zu wählen [...]. Es gab einen Toten, dessen 200. Geburtstag mit Jubiläumsfeiern und Schriftlichkeiten bedacht wurde, und es gab einen Toten aus jüngster Zeit mit einem Schwarm von Nachrufen. Kurz, Hölderlin hatte vor 127 Jahren das Zeitliche gesegnet, Celan war in die Seine gegangen ...«

Mal Hölderlins »Turm«; mal Celans »Fluss«; mal (wenn »Fluss« nicht nur die Seine, sondern auch den Neckar mit dem Turm am Ufer meinen konnte: »steht da beim / spiegelnden Flusse / wie aufrecht«) »Turm« und »Fluss« in eins zusammengezogen; mal Zitatfetzen wie das zerpflückte »Nur einen Sommer gönnt ...« aus Hölderlins *An die Parzen* – immer wieder fand ich in dem Buch Spuren Hölderlins und Celans, ihres Lebens, ihrer Verse: »Sommer ... gegönnter ... / So dieser, überm / Gottesgerippe flammender / oder der schmierigen / Seine.«

Und nicht nur diese – auch Anklänge an Bobrowski, Rimbaud, Mandelstam, Anspielungen auf Bibelstellen, die antike Mythologie las ich, meinte ich herauszuhören; dies half mir, mich in den Gedichten zu orientieren und Wege durch das Gräberfeld zu finden, das Dunkel um diese Wortgebilde allmählich etwas aufzuhellen. Es war jedoch nicht so, dass sich dabei der Friedhofseindruck verflüchtigte. Friedhof und Gräber blieben – so empfand ich es – als der Untergrund dessen bestehen, wovon ich in den Texten des Buches mehr und mehr gehandelt fand, mehr als von Gräbern, Toten und Tod: vom Leben. »Liebesgedanken / abwärts / bis ins Tote [...].«

Ich brauchte einige Leseanläufe, bis ich in den Texten (vor allem denen der Kapitel drei und vier des aus elf Abschnitten bestehenden Buches) auch Liebesgedichte erkannte; bis sie mit ihren Konturen aus einer Versumgebung hervortraten, die auch sie düster einfärbt. Sie setzen dem bedrängten Dasein »zwischen zwei Nichtsen« (wie es in einem Gedicht heißt) ihr »schönes Nun« entgegen, erfüllen es mit Zwiegespräch, dem »Du« einer Gegenüberin; preisen die Liebe auch unter dem Aspekt von Trennung, Abschied, vergeblichem Warten als »bis zuletzt / zärtliche Wissenschaft«; beharren auf ihrem »Zauber« (»Nicht zu / vernichten ist / die Erscheinung«) – einmal auch mit Anklängen an den antiken Mythos und das Märchen von Schneewittchen und den sieben Zwergen: »[...] tausendmal schöner als / die hinter den Zeitbergen / unaufweckbar träumenden // Götter – so Aphrodite – / ein Liebliches von hier [...].«

In der Anspielung auf die Märchenfigur ist das Wort »Schnee« enthalten, das nur an dieser Stelle versteckt im Buch vorkommt und sonst ausgespart bleibt; zwei Jahre zuvor – im »seltsamen Jahr« 1970 – war »Schnee« in einem Band mit Liebeslyrik Ernst Meisters ein häufiger und an das »Du« der Gedichte ausdrücklich gekoppelter Begriff (»das lange ›e‹ /

der Schnee / in deinem Namen.«). Im Laufe der Lektüre des Buchs *Es kam die Nachricht* (»Frucht einer heftigen Freundschaft mit Gabriele Wohmann«, so Else Meister) wurde mir klar, dass etliche Gedichte in *Sage vom Ganzen den Satz* an diese vorangegangene Publikation anknüpfen. Sie greifen »Meer« und »See« und andere dort prominent stehende Begriffe auf und transferieren sie aus ihrer dort eher winterlichen Umgebung in den »flammenden« Sommer des Nachfolge-Bandes, unter »das Schlaglicht des Wahren«. Wenn die Liebesgedichte in *Sage vom Ganzen den Satz* auch nüchterner, distanzierter, allgemein-abstrakter tönen, so scheint in ihnen – etwa in der Figur Schneewittchen-Aphrodite – doch die persönliche Erschütterung durch.

Bei meinen Friedhofsgängen durch das Buch vernahm ich neben diesem Zwiegespräch mit der oder den Geliebten immer deutlicher auch die Rede an den »Bruder«, den Mitmenschen allgemein, an alle, die mit dem Dichter das Dasein in diesem »Totenreich, darin / Lebendiges sich träumt«, teilen. Vielleicht ist es ein unwesentliches Detail der Komposition des Buches; aber es fiel mir doch auf, dass genau in der Mitte der elf Abschnitte des Buches, im sechsten Zyklus der Gedichte sich der Blick stärker auf den Nächsten richtet und sich nicht mehr von ihm und seinem Leiden abwendet bis auf die letzten Seiten des Buches. Auch hat Meister den Gedichten gerade dieses Abschnitts den Titel, »Sage vom Ganzen den Satz«, und das dem Band vorangestellte Motto entnommen: »Der Mensch / hat sein Lied zu singen, / und bin ich auch / gerüttelt von der Weltstille, / ich will nichts werfen / über seinen Scheitel.«

»Weltstille« – in den Gedichten immer wieder als die »Stille« der Natur beklagt, die Indifferenz und Teilnahmslosigkeit des Alls angesichts des sich seiner Existenz bewussten Lebens und des Leidens daran; als die »Stille« auch der Menschen selber, vieler Menschen, ihrer Gleichgültigkeit, Trägheit und Gedankenträgheit in ihrem Dasein zwischen Grab und Grab – diese »Weltstille« ist es, die Meister bewegt, ihn »rüttelt«, ihn veranlasst, »sein Lied zu singen«. – »Wenn es im Erdkreis, / ja, wie du willst, / vor der Haustür, gräßlich / gibt, wen grauts? // Über den Begriff / geht mir / des Ganzen Trost.« Die letzte Zeile aufgreifend, beginnt das nächste Gedicht: »Sage vom Ganzen / den Satz, den Bruch [...]«.

Die Gedichte des Bands schienen mir oft nur aus Gedanken zu bestehen, bis an die Grenze der Verständlichkeit verknappte Überlegungen, in Verse gefasste Existenzialphilosophie zu sein. Aber immer teilte sich in ihnen auch Empfindung, eine Erschütterung mit; war etwas in diesen aus karger, oft abstrakt wirkender Sprache gefertigten Gebilden, das mich unmittelbar ansprach und bewegte: »Der neben mir / wirft die Glieder, / der neben mir ringt / wie nach Atem um Sprache, / und ich seh meinen Bruder / vom Leben getrennt«.

In dieser ersten Hälfte des (oben bereits erwähnten) Motto-Gedichts glaubte ich zunächst den Menschenbruder allgemein angesprochen, und zwar denjenigen, dem es – anders als Ernst Meister – an Sprache und damit an der Fähigkeit gebricht, sich und seiner existentiellen Situation (»gemacht, um / da zu sein / und zu verschwinden«) Ausdruck zu geben. Nach Kenntnisnahme einiger Daten aus der Biografie des Dichters aber dachte ich dann doch eher an Meisters Bruder Gerhard, der als junger Mann 1947 in die Psychiatrie nach Bielefeld-Bethel kam und dort lebte: »anderes gibt's,« (heißt es an anderer Stelle im Buch) »woran / das schwerste Lot hängt / der Erde. Neulich wieder / das Kind, den Krüppel der Sinne / gesehn.« – Bei wiederholtem Lesen und eingedenk »der Väter, der Brüder« Meisters auf dem Totenacker, schob sich über die Gedanken an den Bruder in der Psychiatrie das Bild des in Umnachtung die Glieder verrenkenden, nach Sprache ringenden Hölderlin am Neckarufer; und den Fluss erst mal im Blick, zweifelte ich wieder, ob doch nicht eher der ins Wasser gegangene, »vom Leben getrennte« Celan oder vielleicht beide zugleich gemeint waren ...

Mit jedem Gang über das verrätselte Gelände: je schärfere Konturen die Grab- und Wortmäler des 1911 in Hagen-Haspe geborenen und 1979 verstorbenen, mit zahlreichen Preisen ausgezeichneten Lyrikers und Hörspielautors annahmen, desto fremder wurden sie mir oft. Viele der Gleichungen mit Unbekannten vermochte ich nicht zu lösen, nicht im mathematischen und nicht im Zahlensinn; eindeutiges Verstehen ist wohl auch nicht zu erzielen. Gebildet aus meist wenigen Worten, in eigentlich einfacher, exakter Sprache – wenn auch oft mittels ungewöhnlichen Satzbaus, mit Wortfügungen wie »Schwersinn«, »Zeitberge«, »Flügelsprung«, »Zufallskreisel«, »Todesmenschliche« – stehen die Gedichte in der geschlossenen Komposition von *Sage vom Ganzen den Satz* da wie (um das abgegriffene Bild mal zu bemühen) aus dem Stein geschlagen; und ich: bewege mich um sie herum und sehe, je nach Standpunkt und Beleuchtung, mal dies, mal das.

Josef Krug

Ernst Meister: *Sage vom Ganzen den Satz. Gedichte* (1972)

Es schlug einer,
ein Lehrer,
mit dem Stock auf den Tisch:

Zu sterben, das ist
Grammatik!

Ich lachte.

Nimm den Leib
wörtlich, das Wort
leiblich.

Ich lachte.

Ich starb.

Hier,
gekrümmt
zwischen zwei Nichtsen,
sage ich Liebe.
Hier, auf dem
Zufallskreisel
sage ich Liebe.
Hier, von den hohlen
Himmeln bedrängt,
an Halmen
des Erdreichs mich haltend,
hier, aus dem
Seufzer geboren,
von Abhang
und Abhang gezeugt,
sage ich Liebe.

Da keineswegs
bei dir
das Meer das letzte Wort hat

(sondern von nun
das Trockene
dir zum Trank dient),

so müßt ich
deinen Namen tilgen
am Grund des Sees.

Das aber
kann ich nicht ...

Ich bleibe
dort beim Grund
mit deinen Augen,

gesunkenem Gebein
und Zeug
der Oberwelt.

Sage vom Ganzen
den Satz, den Bruch,
das geteilte Geschrei, den
trägen Ton, der Tage
Licht.

Mühsam
im gestimmten Raum
die Zeit in den Körpern,
leidiges Geheimnis, langsam.
Tod immer.

(Und ich wollt doch
das Auge nicht missen
entlang den Geschlechtern nach uns.)

Sage: DIES ist kein anderes.
Sage: So fiel, in gemeiner Verwirrung,
der Fall. Sage auch immer:
Die Erfindung war groß.

Du darfst nur nicht
Liebe verraten.

Ernst Meister: *Sage vom Ganzen den Satz. Gedichte.* Neuwied: Luchterhand 1972, S. 10, 50, 19, 36

Die Wörter und die Verhältnisse
Winfried Pielow: *Verhältniswörter. Gedichte* (1972)

Manchmal schließen sich die Kreise erst später: Ende der 1980er Jahre legte mir Winfried Pielow ein Hörspielmanuskript vor, das mich sofort überzeugte. Von dem Wunsch beseelt, das, was damals gemeinhin ›Heimatfunk‹ hieß, inhaltlich neu auszurichten, lokale Bezüge und heimische Dialekte in echtes Regionalhörspiel zu verwandeln, das mehr über »Land und Leute« (so der Titel des WDR-Sendeplatzes) erzählte als das bis dahin gepflegte Mundarthörspiel der Nachkriegszeit, kam mir Pielows erstes Angebot gerade recht. Eine »Lenz«-Figur wurde beschrieben, die über den Berg reiste, hier nicht in Richtung des elsässischen Waldersbach, sondern des Schöppinger Berges – ein schöner, leicht skurriler Charakter, in dessen Umfeld die münsterländische Umgebung sehr treffend und humorvoll gezeichnet wurde. Weitere Hörspiele folgten, und irgendwann fuhren wir gemeinsam durch Tungerloh-Capellen, zwischen Coesfeld und Vreden, durch Winfried Pielows westmünsterländische Heimat, besuchten die Erinnerungsorte seiner Jugend, alte Bauern (nun mit Kiwis im Garten) und die einst zentrale Gastwirtschaft an der Kreuzung zweier wichtiger Landstraßen, die nun ein Biker-Treff geworden war, mit dicken Harleys vor der Tür. Andere Zeiten, aber doch noch mit all dem, das sich vorher in diese Landschaft eingeschrieben hatte, eng verbunden – eine Art Palimpsest, Landschaften lassen sich nicht gänzlich ausradieren. Und diese Landschaft war nur die halbe, die westmünsterländische Heimat; die andere Heimat Pielows lag gut tausend Kilometer östlich, in Polen – Bönhof, Benowo, Westpreußen.

Vieles, was ich aus dieser ebenso angenehmen wie fruchtbaren Zusammenarbeit lernte, fand ich dann, am Ende unseres gemeinsamen Hörspielschaffens in Winfried Pielows Gedichten wieder – er hatte sie mir nicht verheimlicht, aber auch nicht besonders erwähnt. Für mich war sein erster Gedichtband *Verhältniswörter* also im Grunde eine Wiederbegegnung mit diesem Autor, hier sind bereits die Motive vieler seiner späteren Arbeiten niedergelegt und die Grundhaltung seines Schreibens ist deutlich erkennbar, eines Schreibens aus konkreter lokaler Erinnerung, ein intelligentes Vexierspiel mit dem, was man gemeinhin ›Heimat‹ nennt.

Gibt es die doppelte oder gar die multiple Heimat? Schon das erste Gedicht ist hier programmatisch: »Germansky? / Polska? / Nix najo – was weiß man schon? / I wo auch – egal und gutt« heißt es in *Westpreußen*. Die Zeichen im Schnee »wenn du / kommst mal zurick / aus Recklinghausen-Sid« sind auch sprachliche Zeichen, das Kleinere im Großen – nicht Recklinghausen, sondern Recklinghausen-Süd, abgesetzt gegen das weit Entfernte: New York im Westen, Berlin, das Zentrale, Wilna, Warschau oder Moskau im Osten. Überall ist Heimat – oder auch nirgends?

Verhältniswörter – jene »Vorwörter« oder »Lagewörter«, wie man sie früher nannte, lokale, temporale, kausale, konzessive Präpositionen, sollen präzisieren, können Verben vielfältige Bedeutung verleihen und stehen hier im Titel des Bandes vielleicht in übertragener Bedeutung für die Absicht des Autors: der Ungewissheit zwischen dem Vertrauten und dem Fremden, den wechselnden gesellschaftlichen, privaten und den beide bedingenden historischen Verhältnissen mehr Präzision zu verleihen.

Schwierige Verhältnisse. Die westpreußischen Akzente, die gelegentlich durchschimmern, bauen – ähnlich wie bei Grass, aber anders als bei Lenz – das Liebreizende auf in der Landschaft und zwischen den Leuten, um dann jäh aus diesen Heimatbildern herauszustürzen in die tiefen Abgründe menschlicher, nicht nur anonym-geschichtlicher Grausamkeit, angedeutet im Gedicht *Herkunft von Driben*, in dem es die Wierzbickis und Milschewskis nach Recklinghausen und Essen (nein, genauer, nach Kupferdreh) verschlägt, andere Familienmitglieder aber nach Lothringen – was wiederum dazu führt, so wird angedeutet, dass sie im Ersten Weltkrieg plötzlich zu Feinden werden: »haben sich wohl scheen umjebracht / bei Verdun und so«. Was hier noch eher beiläufig und beinahe süffisant daherkommt, schlägt spätestens im Gedicht *Ostpreußen – A. D. 45* mit voller Härte zu:

die grausame Rache der Sieger. Pielow verzichtet auf die genaue Benennung, es scheint nicht wichtig, wen gerade die Macht vor die Haustür gestellt hat, die deutschen Nazis oder die sowjetischen Rächer, das Wechselspiel der Macht ereignet sich nicht nur auf der Weltbühne, es dringt unerbittlich in die Häuser ein. Die Herausgetriebenen, die noch schnell Verzichtbares wie den Hut, die Puppe oder das Heiligenbild retten wollen, werden nicht mehr zurückkehren: »Ab raus, draußen liegen sie schon / aufgereiht. Die Nachbarn im Schnee, / der Pfarrer verrenkt, / die Schöne gepfählt«. Denn, so das Fazit der letzten beiden Zeilen: »die Rache kommt wie sie kommt, / sie kommt«.

Auffällig sind die Fragezeichen. Das skeptische Staunen über die Natureindrücke in der münsterländischen Bucht, das Zweifeln und Rätseln angesichts transzendenter Phänomene. Im Zentrum aber steht stets der Mensch, der Spielball ist im politischen Hin und Her zwischen Auswanderung und Krieg, zwischen heimatlichem Kleinraum und privatem Glück und den Abgründen menschlicher, nihilistischer Grausamkeit.

Auffällig sind auch die Sprünge, der schnelle Wechsel zwischen Orten und Themen – alles liegt beieinander, die historisch bedingten menschlichen Tragödien und das Schöne, das Wunderliche in den Landschaftseindrücken oder in der Sprache selbst, im Spiel mit Worten und Lauten, Melodien und Klängen, Rhythmen und Bewegungen – da liegt das Münsterland plötzlich ganz dicht bei Dänemark, wo sich im gleichnamigen Gedicht im weichen Wind die Mühlen mit den Versen drehen: »Mähliches / Kuhgemächliches / Mahlendes / Sprachmehliges / Windmill gemahlen, / mählich sich Drehendes«. Es ist ein großes Panorama, das Winfried Pielow hier gleich auf den ersten Seiten dieses Bandes aufspannt. Da sind die Rituale, mit denen man sich ans Leben klammert und doch das Unabänderliche, die Schicksalsschläge nicht verbannen kann, nicht einmal bei der *Deutschen Hochzeit*, wo die Hochzeitskerzen bei weitem nicht fürs »Grabgelichte« reichen und wo diesem Gedanken gleich der Trotz gegen die Lebenswidrigkeiten in einer Beschwörungsformel mitgegeben wird: »Nicht dran rühren. / Es kommt, wie es kommt. / Drum: / Glück und Glück, verdammt ja: Glück!«

Es entstehen Münsterlandbilder, die das Raunende, das Unscharfe zwischen Landschaft und Vorgesicht beschwören, zunächst noch überwiegend düster, ohne das volle Blau über den Feldern und Mooren, das gegen Ende der Sammlung die Naturgedichte ins Mediterrane rückt. Eine Sammlung mit Sprüngen, keine auf ein Thema oder eine Gegend festgelegte Geschlossenheit: Vom Münsterland nach Mallorca ist es nur ein kleiner Sprung, jetzt, da auch die ehemals ›kleinen Leute‹ zu bescheidenem Wohlstand gekommen sind. Reisen wird zum Statussymbol. Italien zuerst, dann auch schon mit dem Flugzeug auf die Balearen, davon muss man zu Hause in den Neubausiedlungen erzählen. Denn es geht nicht ums Vergnügen, um den Reiz des Neuen und vielleicht sogar Schönen im Fremden. Pielows *Ansichtskarte aus Mallorca*, gegliedert durch die fünffache Aufforderung »Erzähl!« beschreibt Beton und Ratten und kommt zu dem Schluss: »Die flüchtigen Touristen aus Deutschland sind / verzweifelt glücklich. Sie verstehen / sich auf Lebenskunst / à la Samuel Beckett, / erzähl!«

Dann wieder zurück in die inneren privaten Kreise, mit Gedichten, die äußerlich Familiäres versprechen, bei näherer Betrachtung aber Archaisches hervorkehren im Immer-so-sein und dabei auf einer breiten Tonskala spielen, vom Lakonischen bis zum Märchenton, um schließlich in einer transzendentalen Schlusspointe zu enden: So fällt etwa beim *Familieneinkauf* der Blick auch auf die zerfallende Kirche, deren Kreuzgang zum Schleuderpreis zu haben ist.

Manchmal kommt Pielow etwas spielerisch im ›Lehrerton‹ daher – hingestellte Begriffe ohne weitere Erklärung, wie am Ende von *Wieder Frühling*, wo Präsens, Futur 1, vollendete Gegenwart und Futur II einfach gesetzt werden, ein grammatischer Schachzug, der im Jetzt schon das Vergehen verdeutlicht und zeigen will, dass sich Glück und Unheil zeitgleich in der Landschaft treffen, dass Erinnerungen, (Verhältnis-)Wörter und die damit assoziierten Gefühle, vielleicht nicht immer im Heimatbegriff aufgehen, stets jedoch einen definierten Ort haben, an dem sie sich festmachen lassen. Umso deutlicher tritt auf dem nicht-heimatlichen Terrain das Fremde hervor, wird von den zentralen, den selbsterfahrenen und begriffenen Orten der eigenen Heimat aus taxiert – das sizilianische Dorf ebenso wie der Beton auf Sylt, der die Heide frisst und mit ihr die Erinnerung an Freiheit. Fremdes, nicht selbsterfahrenes Reisen wird zum neuen Phänomen auf dem Lande – vom *Fernsehen* ist nun die Rede, das ein fadenscheiniges Glück zeigt: »Aber das Glück / ist nicht in unsere Ecke / gekommen, wo wir weiterhocken / neidisch auf das unerreichbar / nahe Glitzerglück / der / Samstagabendshow.«

Winfried Pielow (geb. 1924) war als junger Soldat im Zweiten Weltkrieg. Bei Erscheinen dieser Gedichte 1972 kann von Nachkriegszeit nicht mehr gesprochen werden, aber Vietnam, Biafra, Prag und der Nahe Osten waren so präsent, dass die Erinnerungen und Assoziationen der eigenen Kriegserlebnisse immer wieder durch aktuelle weltpolitische Krisen wachgehalten wurden. Dazu die Erfahrungen des ›Wirtschaftswunders‹ in einem restaurativen Nachkriegsdeutschland, das wenige Jahre vor dem Erscheinen der *Verhältniswörter* in den Studentenprotesten eine wichtige gesellschaftspolitische Korrektur erfahren hatte. ›Schöne Literatur‹ verliert in dieser Zeit ihre Selbstverständlichkeit. An ihre Stelle rückt der künstlerische Wille zur Zerstörung geschlossener Formen, die Skepsis gegenüber literarischer Fiktion, die das Erzählen einer Geschichte als Verrat erscheinen lässt und die mehr empirische Wirklichkeit und Analyse der konkreten gesellschaftlichen Verhältnisse einfordert.

Auch in der Pädagogik begann sich das Oben und Unten zwischen Didaktik und Dialektik zu verschieben. Für den Deutschunterricht entwickelte Winfried Pielow vielbeachtete neue Aspekte des Umgangs mit Gedichten. Nicht das Sezierende der Interpretation sollte im Vordergrund stehen, sondern der emotionale und assoziative Zugang, das Einfühlende, das die Tore zum Text öffnet, nicht das pseudo-analytische Messer, das das in aller Regel komplexe, als Einheit konzipierte Gedicht in handliche Stücke zerteilt, dabei aber mit der Zertrümmerung des Ganzen auch die Lesefreude, das individuelle Wiedererkennen, die Lust an der Poesie nachhaltig zerschneidet. Für Pielows ganz anders ansetzende Interpretationsvorschläge zum *Espenbaum* hat sich Paul Celan persönlich bei ihm bedankt. Pielows Vorlesungen zur modernen Lyrik haben viele angehende Lehrer nachhaltig geprägt, sie behandelten nicht nur die damals populären Autoren wie Bachmann oder Celan, sie bezogen auch Mallarmé und Rilke mit ein, vor allem aber Gottfried Benn.

Die Gedichte des Bandes *Verhältniswörter* haben also, so regional orientiert sie auch erscheinen mögen, ein breites Fundament, sowohl in den Inhalten als auch in der fundierten Kenntnis der Gegenwartslyrik. Die Grundthematik, die sich durch Winfried Pielows spätere Romane und Hörspiele zieht, ist hier angelegt, die zweifache Heimat – Bönhof in Westpreußen und Tungerloh im Westmünsterland –, das Fremde im Nahen, die Welt im Kleinraum ländlicher Nachbarschaft, die Macht der frühen, kriegsgeprägten Bilder und die trügerische Erinnerung (*Sommergewitter*): »Nah – zu nah alles: / Die Grünwucherungen, / die Wolkenangst, / die Blüte, das heftige Gelb, / das Blau, das / Vergißmichdoch, / und jäh der Racheblitz / aus dem Wolkentief / des doch längst / Vergessenen.«

Lange Zeit arbeiteten Pielow und ich zusammen an ebenso tiefgründigen wie humorvollen Hörspielen, und es ist dieser aus der Mitte heraus entstehende Humor, der in den frühen Gedichten bereits deutlich wird. Da ist eine natürliche Nähe und Liebe zu ›Land und Leuten‹, da ist nicht die Zertrümmerung von Heimatidylle das vordergründige Ziel, das geht tiefer und hat etwas Spitzbübisches und Schalkhaftes, das ohne Anti-Heimat-Attitüde auskommt und doch den Kern trifft und das Nahe mit dem Entlegenen spielerisch-heiter verbindet.

Georg Bühren

Winfried Pielow: *Verhältniswörter. Gedichte* (1972)

Ostpreußen – A. D. 45

Raus in die eisige Nacht.
Der Soldat in der Tür.
So also ist das, so ist das, ja:
Der Soldat und die rauchige Mündung
seiner M.P.

Klirrende Kälte. Raus, Raus!
Der Mann greift zum Hut,
die Frau nimmt den Lappen,
das Kind sucht die Puppe,
die alte Frau das Heiligenbild.

Ab raus, draußen liegen sie schon
aufgereiht. Die Nachbarn im Schnee,
der Pfarrer verrenkt,
die Schöne gepfählt.

Raus in die eisige Nacht,
das Haus brennt und brennt,
die Rache kommt, wie sie kommt,
sie kommt.

A. D. 45

Dorfstraße

Meist geht hier
nur einer lang zwischen den
egalen Häusern mit ihren
totgeborenen Augen:

der Wind.

Zum Wind kommt
meist der schräge
Regen von West.
Sonst klappt
vielleicht ein Fensterladen
tagausnachtein.

Oder
die Totenglocke
rappelt.

Aber da!
Ein Neger!
Durchs Guckloch direkt im Fadenkreuz
der Hausfrau, will wohl? Was will
der wohl?

Will aber nur
ein armselig Abonnement
für ›Jasmin‹ oder so.

Die richtigen Männer
sind ja weck von
7 bis 17 dreißig.

So puddeln und fuddeln
innendrin
die Frauen wie bei Schiller einst.

Vielleicht, daß eine
der Putzenden hochfährt vom
Aufnehmer weg und sieht, und
sieht wie der Wind so Fetzen Papier
vor sich
hertreibt die Straße kreuz und quer
und unordentlich.

Und
keiner kann das verhindern.

Winfried Pielow: *Verhältniswörter. Gedichte.* Darmstadt: Bläschke 1972, S. 12, 54f.

»dein Lauf wird festgehalten«
Volker W. Degener: *Du Rollmops. Roman* (1972)

Bei einer Anthologie, die mit dem Jahr 1975 endet, könnte man denken, dass dieser Roman von 1972 bereits so etwas wie einen Schlusspunkt, eine Abrundung des Ganzen markiert. Doch diesem Ansinnen entspricht Volker W. Degeners Buch durchaus nicht. Im Gegenteil! Hier geht es um Neues, um Aufbruch. Das beginnt schon beim Titel, den die damaligen Besprechungen als »abschreckend« kritisierten. Geschrieben hat Degener *Du Rollmops* während seiner Jahre in der 1967 von Hugo Ernst Käufer, Detlef Marwig und Rainer Kabel gegründeten *Literarischen Werkstatt Gelsenkirchen* (s. S. 354).

Wer sich nicht abschrecken lässt, findet im fünften Kapitel, welches den Protagonisten am Flipper zeigt, dass es hier nicht um ein mariniertes Heringsfilet mit einem Stück Gurke, Zwiebel und Gewürz geht, sondern um die Kugel im Flipper-Automaten, und letztlich um den Protagonisten selbst: »Jemand hält die Zahlen fest. Du wirst gezählt, gesteuert, du prallst ab und wirst aufgefangen und abgestoßen und auf geht's, dein Lauf wird festgehalten, gemessen, du kannst nicht stehen bleiben, du kannst später darüber sprechen, nichts kann dich entscheidend aus der Bahn werfen, du bist im Gehäuse. Du hast dich zu fügen, freiwillig, du Kugel, du rundes Dingsbums, du rollendes Etwas, du Irrläufer, du ball in play, du Kantenloser, du Flüchtling, du mit dem nackten Po, du widerspenstiger Patient, du Vorgefundener, du Meister Plopper, du Konsumfetischist, du Getretener, du selbstloser Rundling, du Gruppenheini, du Vertriebener, du Freischütz, du Indifferenter, du mit dem konstanten Schwerpunkt, du Herumtreiber, du Traumschmied, du Durcheinander, du Registrierter, du Zurückgeworfener, du Flippergegenstand, du Rollmops, du Kahlgeschorener, du Kreisläufer, du Neulinker, du Studentenarsch, du Unmensch, du Berechnungsobjekt, du Silberkugel im Gehäuse, die dem Loch entgegenläuft, 792. Kein Freispiel. Kein Freispiel.«

Der sich hier selbst beschimpft ist Harald, etwa 16 Jahre alt, Oberschüler. Und gleich hier fängt es an, sprachlich interessant zu werden. Es gibt zwei Sprecher: den Erzähler des Buchs und Harald selbst. Und das geht oft mitten im Satz ineinander über: »Als mich der nasse Regenschirm mit ausgebreiteten Stoffarmen im Zimmer erdrücken wollte, ging Harald noch einmal auf die Straße.«

Aber worum geht es in dem Roman? Es geht um alles, alles, was diesen 16-Jährigen auf der Suche nach einem authentischen Leben tangiert. Natürlich geht es um Konflikte mit den vorfindlichen Autoritäten, mit der Familie, mit der Schule. Nun gut, das kennt man. Aber wie Degener das formuliert, das trifft. Da endet eine der vielen Auseinandersetzungen Haralds mit seinem Vater schlicht sprachlos: »Es gab nichts, wofür es sich gelohnt hätte, den Mund aufzumachen.« Und die Schule, »Knotenpunkt des Systems«, gehört nach Ansicht Haralds und seiner Freunde eigentlich eliminiert.

Für jemanden, der die Bewegung bewusst miterlebt hat, für die das Jahr 1968 steht, ist die Lektüre dieses Buchs auf langen Strecken das pure Vergnügen. Und schön eigentlich, weil es nicht zum hundertsten Mal die Frage nach »der richtigen Linie« stellt. Dafür ist Harald noch zu jung. Und den Spruch »Trau niemand über Dreißig« unterläuft er souverän: »Lasst uns lieben und leben, solange wir es noch können; denn wenn die Zwanzig überschritten sind, liegt der Rubicon hinter uns, geht's unhaltbar bergab.«

Natürlich geht es auch um Frauen: »In meinem Kopf hielten Hopfen und Malz ein munteres Gespräch über die Frauen.« Dann ergibt sich eine schön spröde erzählte Liebesgeschichte. Sie heißt Petra. Doch gerade als sie sich nahe gekommen sind, muss Petra zurück nach Hause, in ein Dorf bei München. Wenig später reist Harald ihr nach. In einem Münchner Hotel erleben sie eine wunderbare Liebesnacht: »Hotels sind unanständig. Hotels sind die besten Einrichtungen für diese oder jene Liebe.« Wieder zurück, erfährt

Harald wenig später, dass Petra bei einem Autounfall mit einem Freund verletzt wurde: »Hat ein paar Scherben ins Gesicht bekommen, [...] ist wohl durch die Scheibe gegangen.«

Harald fährt wieder nach München. Petras Gesicht, zum Teil noch verbunden, ein »Paukbodengesicht« heißt es in einer Anleihe an die Burschenschaftssprache. »Nichts an mir ist liebenswert«, sagt Petra. Doch Harald schreckt das nicht. Er beschließt, bei ihr zu bleiben: »›Und die Schule?‹ fragt Petra. ›Unwichtig‹, sage ich. ›Deine Familie?‹ fragt Petra. ›Ich kenne keine‹, sage ich. ›Irrtum‹, sagt Petra, ›Du schleppst alle mit dir herum.‹«

Ihr Verhältnis kühlt sich – traurig, das mitzuerleben – immer mehr ab. Letzte Station, ein Café. Da streiten sie sich nur noch. »Aller Abschied ist leicht«, sagt Petra schließlich. »Sie schüttelte sich eine Zigarette aus meiner Schachtel, zündete sie umständlich mit bebenden Händen an, [...] blies den Rauch knapp über die Platte, [...] ließ ihn an mir hochsteigen und ging hinaus.« Wieder zu Hause erlebt Harald seine zweite Niederlage. Während einer Auseinandersetzung ermannt sich der Vater und verprügelt seinen Sohn: »Dabei bin ich gegen Prügel jeder Art. Aber nur Gutwillige eignen sich zu Passionsspielen.«

Wir finden Harald schließlich wieder vor dem Flipper. Und hier flippt er aus. Mit der bloßen Faust zerschlägt er die Glasscheibe des Automaten, holt mit der verletzten Hand den »Rollmops« heraus, wirft ihn auf den Fußboden: »Die Kugel hat sich selbst eingeholt. Das Rollende rollt nicht mehr. [...] Da liegt es auf dem Holzboden. Ein schönes Ding.« – Und das ist das Ende der Geschichte.

Bereits ein Jahr später veröffentlichte Volker W. Degener im Georg Bitter Verlag den Band *Kehrseiten und andere Ansichten*. Die meisten der auf diesen 48 Seiten veröffentlichten Gedichte und Prosatexte hat der Autor, wie Hugo Ernst Käufer im Nachwort schreibt, bei Veranstaltungen und Aktionen der *Literarischen Werkstatt Gelsenkirchen* »in Jugendheimen, auf der Straße, in Kneipen [...] vor Schülern, Studenten und Werktätigen« gelesen. Es sind kurze Texte, auf den Punkt gebracht. Doch die Themen der neun Gedichte und 17 Prosastücke des Buchs sind kaum auf einen Nenner zu bringen, was wohl im Wesentlichen den genannten Schreib- und Vortragsanlässen geschuldet ist. Doch zugleich ist es so, als habe Degener hier schon in Kurzfassung einen Teil der Themen bearbeitet, die er danach, im Lauf der Jahre, ausführlicher verhandelt hat.

Noch immer gilt Hugo Ernst Käufers Diktum aus dem Nachwort zu *Kehrseiten und andere Ansichten*, wenn er über Degeners zuvor erschienenes Buch *Du Rollmops* schreibt: »Der kurze Roman beweist erneut, daß die immer wieder auftauchende Diskussion über das Ende des Erzählens dem Erzählen bisher kaum geschadet hat.«

Friedrich Grotjahn

Volker W. Degener: *Du Rollmops. Roman* (1972)

Vom Garten her kamen wir rein. Hellerleuchtete Außenwelt. Nach frisch gemähtem Gras roch es, im Garten und im Haus. Cannabis-Street.
Zuerst sah ich wenig.

Musik war nicht zu überhören. Über die anderen, die neben den Tanzenden bodenschwer lagerten, stiegen wir hinweg, leichtfüßig, fanden nirgends Platz auf stark beanspruchten Sesseln, Britt trat wütend gegen eine Laterne, die splitternd umfiel. Mein rücksichtsvoller Fuß schubste die Flamme vom Teppich.
Auf der Treppe weinte Claudia, häßlich wie eine Dichterin, weinte wie eine häßliche Dichterin.
Ich friere, sagte sie, ich friere, friere, friiiiiiiieeere.
Sie hat einen schlechten Trip gehabt, sagte jemand.
Ihre Toga blieb verschwunden. Claudia hielt ihre Hände gekreuzt vor sich. Über ihr gaukelte ein erbarmungsloser Lampion und beleuchtete ihre Brüste, die nicht zu ihrem Gesicht paßten.
Zieh deine Jacke an, auf der du sitzt, sagte Britt.
Ich friere, sagte Claudia.
Zieh sie an.
Ihr Raubmörder, sagte Claudia.
Dir ist nicht mehr zu helfen.
Als wir nach oben kamen, machte sich Britt davon. Ein Jammernder rollte auf dem Boden herum, und ich setzte mich dazu, kuschelte mich an die Wand, fummelte eine Zigarette aus meiner Jackentasche. Gert war noch ganz naß. Beinahe hätten wir es nicht bemerkt, aber er wurde doch noch rechtzeitig aus dem Bassin gefischt.
Britt kam mit einem Glas und zwei Flaschen Portwein zurück, drehte sich um sich selbst abwärts, goß, als sie saß, etwas ins Glas und daran vorbei und rutschte auf dem Boden zu mir herüber, trug wieder ihr schwarzes Höschen und keine Jacke, lehnte sich gegen mich, der ich langsam trank, und dann trank sie aus dem Glas, zog die Beine an und lag schwer auf meiner Brust, und ich haßte sie gründlich.
Meine Jacke habe ich Claudia gegeben, die sah so nackt aus.
Nett von dir, sagte ich, wirst mal Präsidentin des Müttergenesungswerks.
Nacktheit ist nicht unbedingt eine Frage der Kleidung.
Willst du auch einen Kick, fragte Rainer.
Nee, sagte ich.
Es wird Zeit, daß du anfängst, siehst gar nicht gut aus.
Später, sagte ich, vielleicht.
Heute zu Mitgliedspreisen, sagte Rainer.
Mach mal Pause.
Norbert hatte noch selbst Stoff. Er war ganz ruhig, als er das überraschend kleine schwarze Stück vom Silberpapier befreite. Seine Draculafinger wärmten es über der Kerze, machten es schön brüchig, da war wieder der starke Duft der großen weiten Welt, hinein in die Pfeife der Allgemeinheit, etwas Tabak dazu, Freude schöner Götterfunken.

Volker W. Degener: *Du Rollmops. Roman.* Dortmund: Wulff 1972, S. 67f.

Edle Wilde
Franz-Josef Degenhardt: *Zündschnüre. Roman* (1973)

»Sie saßen wieder auf Meurisch Mauer, Fänä Spormann, Viehmann Ronsdorf, Tünnemann Niehus, Zünder Krach und Sugga Trietsch. Ziß Schüßler kam angerannt, laut, mit Eisen unter den Schuhen. Else, die Stute von Bohrs Friedchen wär weg, geklaut. / Else war Belgisches Kaltblut mit weißen und gelben Haaren über den Hufen. Vorigen Monat hatte sie das große Furzen gehabt und Stepan, ein Kosak, hatte aus dem Lager gebracht werden müssen und hatte mit einem Messer von unten in den Bauch gestochen, und Else war hingefallen und ein furchtbarer Gestank war im Stall gewesen. Man wollte Stepan sofort totschlagen, aber Stacho, der mitgekommen war und den alle gut kannten, hatte gesagt, Else ging nicht kaputt, man würde ja sehen. Und drei Tage später fraß die Stute wieder und zog den Milchwagen durchs Viertel. Jetzt war sie geklaut.«

Der Roman, dessen Anfang hier zitiert wurde, kam 1973 heraus, bei Hoffmann und Campe in Hamburg, einst der Verlag Heinrich Heines. Das Buch umfasst 252 Seiten und kostete 22 Mark. 1974 wurde es verfilmt. Eine Drittverwertung des Themas erfolgte durch den *Zündschnüre-Song*. Bis 2011 erschien das Buch in sechs verschiedenen Verlagen, allein bei Rowohlt mit einem Verkaufserfolg von rund 100 000 Exemplaren; dazu kamen Übersetzungen ins Russische, Finnische, Tschechische und Dänische.

Der Autor der *Zündschnüre* war der Rechtsanwalt Franz-Josef Degenhardt (1931–2011), der seit Anfang der 1960er Jahre als Liedermacher auf sich aufmerksam gemacht hatte. *Spiel nicht mit den Schmuddelkindern* (s. S. 287) verhalf ihm 1965 zum Durchbruch. Es folgten weitere Schallplatten, später CDs. In seinen frühen Liedern archaisierte und surrealisierte er kleinbürgerliche und randständige Lebensweisen, stets treffend, zumeist gallig. Somit war er kein Humorist. In seinem Liedschaffen schlug die ätzende Kritik am kleinen und großen Bürgertum viele Male in ihr Gegenteil um, in die Beschwörung einer linken Idylle. Sehnsüchtig malte er sich und seinem Publikum gelingendes Leben aus, »beim Abendmahl im Gonsbachtal«, »am Tisch unter Pflaumenbäumen«, »bei Mutter Mathilde«.

Schon früh entwickelte er sich zum Chronisten politischer Begebenheiten: von der Ostermarsch-Bewegung über den Protest gegen den Vietnam-Krieg und die 68er-Bewegung bis zur Schwermut jener Jahre nach 1989, in denen ihm und seinen Genossen offenbar geworden war, dass Traum und Tag kaum je übereinstimmen. Degenhardts Traum war der von einem sinnlichen Arbeiter-Kommunismus, einem Kleine-Leute-Paradies. Auf Erden wurde er Mitglied der Deutschen Kommunistischen Partei. Seitdem kam er im öffentlich-rechtlichen Rundfunk nicht mehr vor. Kann ihn das blamieren? Nein: Aufgrund des Weltgehalts seiner Themen und ihrer eingängigen Poetisierung bleibt ›Väterchen Franz‹ einer der zeitgefühlgenauesten und meistgehörten Liedermacher fast eines halben Jahrhunderts Geschichte der Bundesrepublik Deutschland. Das bringt man nur zustande, wenn man etwas zu sagen hat und wenn es sich auch ästhetisch lohnt, zuzuhören.

Gilt dies auf entsprechende Weise auch für den Roman? Wir werden sehen. Wie schon erwähnt, wurde er 1973 veröffentlicht, im dritten Jahr des ›roten Jahrzehnts‹ in Deutschland. Wer damals jung war, weiß, worauf diese Metapher anspielt: u. a. auf den von den Nachfahren der ›Täter-Generation‹ aufopferungsvoll geführten Kampf gegen den Faschismus, den in der eigenen Familie, der Familie überhaupt, gegen den in der Politik, der Polizei und der Bundeswehr, im Wald und auf der Heide. Die Metapher spielt aber auch an auf den Klassenkampf, der von der Masse der verkleinbürgerlichten Arbeiter nicht mehr wahrgenommen, gar angenommen wurde, weshalb er von linken Studenten geführt werden musste, dem Vortrupp der Revolution. Für diese Studenten hat Degenhardt gesungen und für sie hat er die *Zündschnüre* geschrieben.

Das Buch handelt von der proletarischen Solidarität und dem antifaschistischen Widerstand in einem Arbeiterviertel im südlichen Ruhrgebiet am Ende des Zweiten Weltkriegs. Die Akteure des Romans sind ein halbes Dutzend 13-, 14-, 15-jähriger Jungen und ein einzelnes Mädchen, die anstelle von Erwachsenen handeln, mehr noch: ganz und gar wie diese.

Die Taten vulgo Streiche der Jungen und des Mädchens werden in zwei Dutzend Episoden erzählt; dass die meisten ohne Reihenfolge notiert werden können, verweist auf das Fehlen einer Fabel, zumindest auf deren Mängel. Der Autor erzählt, wie die Jugendlichen den örtlichen Führer der HJ außer Gefecht setzen, indem sie ihn, den Fußballverrückten, gegen einen Ball aus Eisen, nämlich eine Gewichthebekugel treten lassen, wie sie Marketenderware der Wehrmacht an sich bringen und unter den Klassengenossen verteilen, wie sie sich an versteckten Orten mit erwachsenen Arbeitern und sowjetischen Kriegsgefangenen treffen, um mit ihnen Widerstandshandlungen zu erörtern, wie sie in einer Höhle einen englischen Piloten und weitere antifaschistische Kämpfer verbergen, wie sie geheime Botschaften übermitteln und eine Jüdin in eine neue Unterkunft geleiten (mitten durchs Viertel hindurch und an Wachgängern vorbei), wie sie einen Güterwaggon in die Luft sprengen und immer wieder Soldaten Waffen stehlen, um für den Endkampf gerüstet zu sein, wie sie schon morgens Schabau trinken, den scharfen Schnaps der Heimat, wie sie Frau und Mann spielen, und wie sie, was das Allerschönste ist, nie zur Schule gehen müssen, weil die längst zerbombt ist. So hat sich ihnen – und vermittels ihrer auch dem Lesepublikum – ein ewiger Kinderwunsch erfüllt: der nach einem Leben ohne Schule und mit vielen Abenteuern. Dass sie dabei alle Gefahren bestehen, versteht sich von selbst.

Nach der Befreiung durch die Alliierten kehren die Väter aus dem KZ zurück, ungebrochen und kampfbereit. Als Kommunisten stehen sie auf der richtigen Seite, ebenso wie ihre aufrechten proletarischen Frauen, diese Mütter mit dem Herzen auf dem rechten Fleck und der Kodderschnauze gegenüber den Nazis, wie die guten ehrlichen Arbeitskollegen, die umsichtigen sowjetischen Zwangsarbeiter und die erfahrene alte Genossin, groß geworden in den Tagen der 1918er-Revolution und der Niederschlagung des Kapp-Putsches 1920. – Mehr über das Personal des Romans mitzuteilen, lohnt sich nicht, denn es besteht nicht aus Menschen in ihrem Widerspruch, sondern verkörpert bestimmte, von Degenhardt positiv gesehenen Eigenschaften der Arbeiterklasse an der Ruhr. Der Autor entwickelt keine Figuren, er illustriert Gesinnungen.

Nun könnte man fragen, warum bei diesem Mangel an Fabel und Charakteren der Roman so erfolgreich war. – Eben deshalb! Wenn das Lesen dem Gesinnungsgenuss dient, bedarf das Schreiben keines Handwerks. Das Lieblingsobjekt des Gesinnungsgenusses der besseren Stände ist seit Rousseau der ›Edle Wilde‹, in unserem Fall der fabrikursprüngliche Arbeiter. Zwar steht man gesellschaftlich über ihm, aber indem man sich zu ihm hinab begibt, fallen die Klassenschranken, darf man bekennen: »Auch ich bin ein Proletarier!« Diese Gefühlsaufwallung bürgerlicher Linksintellektueller führte damals nicht selten zu proletkultischem Gebaren, beispielsweise zum Tragen der bekannten blauen Arbeitsjacken oder zu einem Sprachgebrauch, der diejenigen Wortverbindungen und Satzformen aufnahm, die man für Arbeitersprache hielt.

Degenhardts Romansprache schien dem eigentümlichen Duktus der Arbeiter im Ruhrgebiet abgelauscht, also echt zu sein. Echt beinhaltete lax. Allerdings äußerte sich der Autor auch ›in seiner eigenen Sprache‹ lax, wie die folgende lyrisierende Passage zeigt: »Und dann kam noch einmal Frost, ein Wintertag, den es selten gibt, ferner Dunst, dahinter die Sonne als gelbe Scheibe, und als Schnittmuster am Himmel Schlote, Telefonmasten, Drähte, die Bahndämme, Gaskessel und Dreizehnbogen, Striche und Punkte, weiche Linien und Kreise, keine Bomber, nur Krähen, und in Döhmanns Busch trockener Schnee und Reif auf den Ästen.« Diese Stelle im Ohr ist man versucht, im Hause Hoffmann und Campe nachzufragen, warum der damalige Lektor dem Autor »Bahndämme« als »Schnittmuster am Himmel« hatte durchgehen lassen. – Weil's dem Publikum egal war?

Heute hat sich der Literaturbetrieb gewandelt. Wie auch nicht. Kaum vorstellbar, dass ein Roman wie *Zündschnüre* geschrieben, noch weniger vorstellbar, dass er veröffentlicht werden und ein Lesepublikum von Hunderttausenden finden würde. Der Zeitgeist äußert sich nicht mehr klassenkämpferisch, sondern moralisch, er beschwört Werte und verschweigt Interessen. Wobei man erörtern könnte, in wessen Interesse Werte beschworen werden. – Aber das führte zu einem neuen Artikel …

»Der Wind hat sich gedreht im Land«, so heißt es in einem von Degenhardts späteren Liedern. Ein Abgesang – anders als der Schluss des Romans, der noch zukunftsfroh gestimmt ist, wobei jedoch die Gegenwart als Rückkehr in die Vergangenheit erscheint: Der neue Alltag wiederholt den alten. Ein Bild nicht ohne Symbolik. Nach der Befreiung im Mai 1945 »hockten sie wieder zusammen bei Spormanns wie früher, die ganze Fraktion, natürlich auch Tünnemanns Vater, redete wie die Alte, und Fänäs Vater saß oben am Tisch, sagte, Genossen, wir sind doch erst bei Punkt zwei undsoweiter, wie früher, und Anna Spormann saß am Herd, sagte Psst, als Fänä reinkam, ist Sitzung, und Fänä verschwand wieder leise, wie früher. Und dann saßen sie noch einmal auf Meurisch Mauer, Fänä Spormann, Viehmann Ronsdorf, Tünnemann Niehus, Zünder Krach und Sugga Trietsch, und zwischen ihnen saßen Stacho und Lena aus Minsk, und sie hatten sich gegenseitig die Arme über die Schulter gelegt. Sie sangen, erzählten und lachten noch einmal zusammen, denn am nächsten Tag sollten die Russen fahren, zurück in die Sowjetunion. Die Sonne verschwand hinter dem Bahndamm, es roch schon nach Flieder, und die Mauersegler schrien und jagten über die Dächer. Da umarmten sie sich und gingen auseinander, in verschiedene Richtungen.«

Horst Hensel

Franz-Josef Degenhardt: *Zündschnüre. Roman* (1973)

In den nächsten Tagen blieb es ruhig. Die Gestapo hatte also aus Dautzenberg nichts herausgekriegt. Der Alte hatte auf eigene Faust gehandelt, Stacho und die anderen hatten von nichts gewußt. Das wär nicht gut, sagte Karlheinz, sie müßten jetzt besonders vorsichtig sein. In paar Wochen sind die Amerikaner hier, und die Braunen werden vorher noch viele von uns umlegen, wenn sie uns irgendwas anhängen können.
Darüber sprachen sie, löffelten ihre Suppe und sahen dabei aus dem Fenster. Weit im Westen, sie schätzten über Düsseldorf, fiel Feuer vom Himmel, silberne Punkte in Pulken blitzten vor der Sonne, das waren Geschwader von B 17, fliegenden Festungen, und dazwischen, drüber und drunter platzten Büschel von kleinen Wolken, das waren krepierende 8,8-Granaten. Aber sie hörten nichts wegen der großen Entfernung und weil der Wind von Osten kam. Die brummen anschließend hierüber, sagte Fänäs Mutter, macht schnell. Da sagte jemand in ihrer Küche, Grüß euch Genossen. An der Tür stand ein Mann, schmal, klein, Arbeitsfrontmütze auf dem Kopf. Karl, rief Anna Spormann leise, ließ den Löffel fallen, sprang auf und die beiden umarmten sich.
Karl war aus Dortmund gekommen mit einem Laster, der ihn in der Nacht wieder mitnehmen sollte, aß einen Teller Suppe, langsam, fragte nach Heini Spormann und den anderen, müßte mit ihren Leuten aus dem Werk reden. In der Tasche hätte er Flugblätter, frischgedruckt, da wär auch was bei für sie, und dabei guckte er Fänä und Karlheinz an. Dann heulten die Sirenen Vollalarm.
Du gibst Stacho und den anderen Bescheid, sagte Karlheinz zu Fänä, und zu seiner Mutter, du bringst Karl zu Niehus durch den Bunker, ich warte im Nottunnel und laß euch durch. Treff ist dann im Gang unterm Bahndamm. Karlheinz war Luftschutzhelfer im Werk und mußte sofort los. Fänä lief mit. Anna Spormann und Karl warteten noch ein paar Minuten, hasteten dann mit den anderen Leuten aus dem Viertel zum Werkbunker. Fänä gab Stacho und den anderen über Makewka Nachricht.
Das klappt ja bei euch, sagte Karl, als sie knapp zwei Stunden später in der größeren Kammer im Gang unterm Bahndamm hockten, Stacho, Ewald Stumpe, der kleine Pottmann und Fänä. Aber Fänä schickten sie dann nach oben auf Wache. Es war dunkel geworden. Er hockte sich vor die Gullyplatte, hörte die schweren Bomber zur Ruhr hin brummen, die Flak legte los, Scheinwerfer und Leuchtkugeln am Himmel – das übliche. Nach drei Stunden holten sie ihn wieder nach unten. Karl mußte um drei den Laster nach Dortmund kriegen oben an der Kreuzung hinter Vorwerks Steinbruch, und Fänä ging mit ihm los. Schweigend zogen sie durch Döhmanns Busch, am Steinbruch

vorbei und kamen um drei an die Kreuzung. Von der Bank aus sahen sie rüber ins Ruhrgebiet. Der Horizont glühte.
Auf die Wohnviertel von Arbeitern werfen die jetzt ihre Bomben nur noch, sagte Karl, Fabriken wollen sie schonen, weil sie meinen, sie bekommen das Ruhrgebiet bald, jedenfalls eher als die Rote Armee. Und so wird das leider auch sein. Die Amerikaner stehen schon vor Paris.

Franz-Josef Degenhardt: *Zündschnüre. Roman.* Hamburg: Hoffmann und Campe 1973, S. 72f.

Das Buch ist (k)eine Schmierseife
Wolfgang Körner: *Ein freier Schriftsteller. Marginalien zum Literaturbetrieb* (1973)

Betriebsbesichtigung. Bei allen Zwischentönen sowie dem oftmals spöttischen Humor bleibt die kritische Distanz, der grollende Unmut angesichts der Zustände innerhalb des Literaturbetriebs doch stets spürbar. Über vierzig Jahre sind diese Glossen bereits alt; das ist ihnen naturgemäß ein wenig anzumerken, schließlich waren es zeitgenössische Entwicklungen, die Körner Anlass zu einer neuerlichen Spitze gegen den Werbe- und Distributionskomplex namens Verlagslandschaft (bzw. Buchhandel) boten. Hier ist auch der Kontext zu beachten, in welchem die Texte produziert wurden: Es handelt sich um eine schmale Auswahl an Kolumnen Körners, die dieser regelmäßig für die Zeitschrift *Buchmarkt* publizierte. Und damit wäre bereits der erste Interessenskonflikt vorprogrammiert, wie auch Horst Willi Schors in seinem Vorwort bemerkt: »Als Verfasser der Kolumnen trug er bald auch zur Aufrechthaltung jenes inzüchtigen Kreislaufes bei, der das Wesen dieses nur schwer zu beschreibenden Literaturmarktes ausmacht.«

Aber eine rein humoristisch-anekdotische Auseinandersetzung mit dem alltäglichen Klein-klein des Literaturbetriebs – das wäre Körner zu wenig gewesen. Viel zu wenig. Sein Anspruch war ein anderer, ein durchaus politischer. Und musste es auch sein. Die Einsichten in den Betrieb und seine Mechanismen erforderten mehr als ein amüsiertes Scannen seiner Oberflächen. Körner erkannte recht bald, »daß das Schreiben, Verlegen und Verkaufen ästhetisch relevanter Literatur so harmlos und lustig nicht ist, wie man es hätte aus seinen Kolumnen herauslesen können.« Die Unfreiheit des freien Schriftstellers sollte nicht Anlass für wohlplatzierte Pointen sein, dafür war die Angelegenheit viel zu heikel. Das Unbehagen, der Ingrimm dominierten die Betriebsbesichtigung. Dennoch: Körners ironische Heiterkeit und wackere Abgeklärtheit sorgt in nicht wenigen Fällen für unterhaltsame Lektüre, die sich freilich nicht auf Gags einschießt, sondern Missstände durch Benennung, Analyse und groteske Übertreibung in den Vordergrund schiebt.

Auch wenn sich in den vergangenen vierzig Jahren einige nicht unerhebliche Umbrüche ereignet haben: Die Krisensymptome und Missstände, die Körner aufzeigt, muten erstaunlich aktuell an, ganz gleich, ob es um die nahezu kriminelle Vermarktung fremden geistigen Eigentums, die hanebüchenen Taktiken mit Blick auf Bestsellerlisten oder die aberwitzigen Kungeleien zur Realisierung einer Anthologie handelt. Dabei vergisst Körner jedoch nie, dass die Kritik hier systemintern formuliert wird und somit die Frage, inwieweit an der einen oder anderen Stelle nicht vielleicht auch eine Spur Neid, ein Gran Ressentiment des selbst eventuell zu wenig beachteten Autors das Schreiben anleitet, ganz sicher zeitnah auf dem Tisch liegen wird. In *Establishment* hat er diesen Konflikt – »zum Establishment gehören alle, die ich nicht leiden kann« – mit bissigem Humor nachgezeichnet: »Aber da klingelte es an der Tür, und der Eilbote brachte mir einen handgeschriebenen Brief vom Rowohlt-Cheflektor Raddatz, und jetzt muß ich mir alles noch einmal überlegen.«

Dass es Körner mit seiner Kritik und einer Veränderung des Buchmarktes wirklich ernst ist, belegen neben einigen seiner Marginalien, die frei von erzählerischer Ironie sind und sich thesengestützt ganz auf die Sache konzentrieren, auch seine Ausführungen anlässlich eines Vortrags in der Volkshochschule Dortmund am 2. Oktober 1973. Bereits der knarztrockene Titel macht die sachliche Ernsthaftigkeit deutlich: *Buch und Gesellschaft. Einige Aspekte zur Situation der Literatur im Kapitalismus.* Dabei geriert sich Körner keinesfalls als Bildungsbürger, der den totalen Kulturverlust befürchtet, sondern benennt schlicht einige Missstände und Schieflagen des zeitgenössischen Literaturbetriebs. Dass das Buch sich dabei durchaus bemühen muss, möchte es weiterhin vom knappen Gut der Aufmerksamkeit auch sein Stück erhalten, konstatiert Körner ganz nüchtern. Das Buch konkurriert »gegen ein vielschichtiges Angebot anderer Freizeitaktivitäten, denn das Geld für ein Buch kann genauso für einen Kasten Bier, für einen Opernbesuch oder für eine Wochenendreise ausgegeben werden, ohne daß dem Käufer hierdurch evidente Nachteile entstehen.« Von einem großen Exklusivvorsprung des Mediums Buch kann also nicht die Rede sein. Dennoch werden die spezifischen Vorzüge des Buchs, seine ästhetischen Eigenheiten weiterhin hochgehalten, wie Körner skizziert: »Das Buch ist eine Ware, wie Schmierseife, und es ist eben, das macht seinen Reiz und seine Bedeutung aus, keine Ware wie Schmierseife.« Das ist treffend; doch die wirklichen Probleme lauern im Hintergrund.

Bücher sind nicht gleich Bücher. Wenn Körner in seinen Kolumnen, ja selbst in seiner Dankrede für den *Annette-von-Droste-Hülshoff-Preis* (Förderpreis 1973) die Missstände des Literaturbetriebs benennt, dann geht es ihm um eine ganz bestimmte, in seinen Augen fahrlässig marginalisierte Gruppe von Büchern: Literatur als »ästhetisch erhebliche Literatur«. Zum Problem wird diese Literatur aufgrund ihrer überschaubaren Gewinnmargen; die großen finanziellen Erträge werden durch Sachbücher und Bestseller erwirtschaftet. Jede weitere Buchproduktion wird zum schwer kalkulierbaren Risiko. Noch in einem 2006 im Online-Magazin *GeoWis* (www.geowis.de) erschienenen Beitrag kommt Körner anlässlich des Frankfurter Buchmessen-Trubels zu sehr ernüchternden Erkenntnissen: »Produziert mehr Scheiße, Millionen Fliegen können sich nicht irren‹, scheint zum Motto der großen Häuser geworden zu sein. Man kann es den Produktmanagern nicht einmal verübeln, denn auch sie unterliegen dem Diktat von Umsatzvorgaben, an deren Erfüllung sie gemessen werden.« Doch das Verschwinden anspruchsvollerer Literatur in den Lagerräumen der Verlage ist für Körner ein durch systeminterne Praktiken mitgestaltetes Problem: »Für die mittelgroßen und kleinen, noch selbständigen Verlage werden die Chancen, für einen Titel Aufmerksamkeit und Interesse zu wecken, immer geringer. Die 1A-Lagen der Groß- und Mittelstädte wurden von Großbuchhändlern erobert, deren Einkaufssysteme nur noch ausweisen, in welchem Umfang ein Titel gekauft wird. Eigenwillige, ungewöhnliche und neue Literatur, für die sich zu allen Zeiten nur wenige Leser interessierten, wird im Buchkaufhaus nicht mehr angeboten, sondern nur noch auf Kundenwunsch beim Grossisten oder direkt beim Verlag bestellt.«

Während sich das übrige Feuilleton über Fragen nach Prekariat, mangelnder Politisierung und Welthaltigkeit etc. in großaufgemachten Kontroversen auslässt, ist Körner weiterhin an Fragen der Distribution, der Ökonomie der Aufmerksamkeit sowie der künstlerischen wie finanziellen Autonomie des Autors interessiert. Denn ein Buch ist ja zunächst einmal Schmierseife. Doch – so bilanziert Körner 2013 in einem Interview mit Karl-Heinz Gajewsky (www.youtube.com) – »Bücher haben inzwischen ein Verfallsdatum wie Joghurts.« Insofern ist es (in verlängerter Perspektive) nur folgerichtig, dass Körner sein *Logbuch* (www.wolfgangkoerner.de/blog) am 16. November 2007 nach noch nicht einmal einem Jahr leicht entnervt schloss: »Als Blogger fühlte ich mich zuletzt fast wie die Mutation eines Pawlow'schen Hundes, der jedesmal, wenn der Kalender es verlangte, – nein, nicht etwa Spucke, sondern einen neuen Text abzusondern hatte. [...] Schluß damit! Wer etwas anfängt, kann auch damit aufhören, und das kündige ich hiermit an, damit niemand mehr annimmt, es ginge mir nicht gut, ich läge auf dem Krankenlager, hätte meinen DSL-Anschluß nicht bezahlt oder, noch schlimmer, wäre vom gefürchteten writers block befallen, d.h. der gemeinen Faulheit, die Autoren dem Vernehmen nach von Zeit zu Zeit heimsucht. Nichts davon! Es macht mir lediglich derzeit wesentlich mehr Spaß, meinen Saft in längere Prosa (oder sonstwohin) zu spritzen als in dieses Logbuch.«

In der titelgebenden Kurzerzählung *Ein freier Schriftsteller* ist das Ideal des völlig autonom agierenden Autors nicht zufälligerweise in die Weiten Lapplands transferiert worden. Weder von Lektoren, Verlegern, Kritikern, Kollegen, Intendanten, Dramaturgen, noch von seiner Leserschaft lässt sich der freie Schriftsteller beeinflussen: »Die Leser, japste er, die Leser, wollen Sie sich nach dem Lesergeschmack richten? Wo kommen Sie denn damit hin? Glauben Sie, viele Leser wissen, was Literatur ist? Bin ich Künstler oder die Leser?« Mit leicht bitterem Nachgeschmack und schelmischem Witz werden die Folgekosten dieser Autonomie erst spät aufgelöst. Im letzten Satz. Die Frage nach der selbstbestimmten Ausrichtung der künstlerischen Existenz bleibt allerdings weiterhin aktuell.

Wolfgang Körner, Jahrgang 1937, hat sich auf seine Art und Weise recht gut durchschlagen können: bis 1980 war er als städtischer Beamter beschäftigt, u.a. in der VHS

Dortmund; seitdem bedient er als freier Schriftsteller eine breite Facette an Publikationsmöglichkeiten. Neben Romanen (s. S. 342), Erzählungen (s. S. 485), Reiseführern, Jugendbüchern, Hörspielen, Kolumnen, Rezensionen und Fernsehdrehbüchern wurde Körner auch durch eine satirisch-vergnügliche Ratgeber-Reihe bekannt. Als Bibliografie macht dies sicherlich einen sehr unübersichtlichen Eindruck, ist aber Nachweis des Versuchs eines möglichst freien, allein sich selbst gegenüber Rechenschaft ablegenden Schriftstellerlebens. Im erwähnten Interview mit Karl-Heinz Gajewsky resümiert Wolfgang Körner: »Ich habe immer nur gemacht, was mich interessiert.« Nicht fehlen darf in diesem Zusammenhang natürlich eine weitere Spitze gegen den Literaturbetrieb, der sich vor allem konform entwickelnde Autoren als Markenzeichen wünscht: »wie von ›Persil 70‹ zu ›Persil 72‹, ›Persil 73‹ – man muss immer auf der gleichen Linie bleiben; das ist vom Markt her gedacht natürlich richtig, […] aber diesen ganzen Quatsch habe ich nie mitgemacht, das ist Fremdbestimmung.«

Arnold Maxwill

Wolfgang Körner: *Ein freier Schriftsteller. Marginalien zum Literaturbetrieb* (1973)

Ein freier Schriftsteller

Wir stapften durch den hohen Schnee. Leider waren keine Nonnen in der Nähe: Nonnen im Schnee, das wäre ein Thema. Igor war zurückgeblieben, ordnete die Leinen der Schlittenhunde, pflockte sie fest und kam dann eilig zu mir. Ich plauderte mit Yormo Toivonen, es war im Norden, in den Weiten Lapplands.
– Und hier wohnt ein freier Schriftsteller? fragte ich.
Yormo nickte und nahm einen Schluck aus der Flasche mit weißem Rum.
– Ja, sagte er, Torvo kann sich das erlauben. Ich war neugieriger als zuvor, schaltete mein Bewußtsein von Revolution (wer hat seinen doppelten Marcuse nicht im Schrank) auf Ehrfurcht und Andacht. Daß mir so etwas vergönnt sein sollte.
Torvo hauste in einer geräumigen Kate. Seine Frau servierte Islandsuppe und holte eine Flasche Pernod aus dem Schnee.
– Sie sind ein freier Schriftsteller, sagte ich, Toivonen erzählte davon. Ich kann mir das nicht erklären, ich meine die Lektoren ...
– Hoho, sagte Torvo, die interessieren mich nicht. Ich schreibe, was ich schreiben will, da hat mir niemand hereinzureden. Und die Suomiisten (etwa Gegenstück zu Germanisten, Anm. d. Red.) haben in meinen Texten nicht das geringste zu suchen. Sollen sich um die Oden aus dem Mittelalter kümmern!
Mein Respekt rührte sich links unten in der großen Zehe, ich hatte gar nicht gewußt, daß ich so etwas noch besaß.
– Aber irgendwer, warf Igor ein, muß doch die Manuskripte satzfertig machen. Und dann die Änderungswünsche des Verlegers ...
Torvo hustete, seine Frau rieb ihm die Nase.

– Hoho, was die Verleger wollen, ist mir egal (wie gleichgültig, Anm. d. Red.). Schließlich schreibe ich die Bücher, nicht der Verleger! Torvos Frau stimmte zu, reichte mir die Pernodflasche. Ich trank sie halb leer. Igor machte das Tonbandgerät aufnahmefertig, was wir hier hörten, das würde daheim kein Mensch glauben.
– Gut, sagte Igor, aber die Leser. Ein Buch soll doch Leser finden, und die Leser haben doch bestimmte Erwartungen ...
Torvo lachte, daß ihm die Luft ausging. Die Leser, japste er, die Leser, wollen Sie sich nach dem Lesergeschmack richten? Wo kommen Sie denn damit hin? Glauben Sie, viele Leser wissen, was Literatur ist? Bin ich Künstler oder die Leser?
– Sagten Sie Künstler, fragte Igor erstaunt.
– Und ob! Da gibt es keinerlei Zweifel. Die Kritiker ...
Igor unterbrach.
– Ja, sagte er, das wollte ich auch fragen, wie ist das mit der Kritik? Kritiker haben zweifellos wesentlichen Anteil an der Entwicklung eines Künstlers, wenn Sie schon den Mut haben, sich Künstler zu nennen. Bei uns haben Kritiker ...
– Ich weiß, sagte Torvo, ich weiß. Die Kritiker sagen den Lesern, ob ein Buch gut ist oder schlecht. Aber das ist auch nur die Meinung einzelner. Die Brüder sitzen abends beim Punsch, und dann schreiben sie im »Helsingin Sanomat« oder im »Keski Sumaleien«! Ist mir egal. Einer hat es mal riskiert, über mich zu schreiben, da hab ich mich in den Schlitten gesetzt. Wir haben hier lange Messer, wissen Sie!
– Gut, räumte Igor ein, Sie mögen frei sein, was Ihre Bücher betrifft. Aber wie sieht es mit den Nebenarbeiten aus? Man schreibt doch schon einmal in einer Zeitschrift, die Redakteure haben doch Ansichten, und die politische Richtung eines Blattes ...
– Interessiert mich nicht, sagte Torvo, ich schreibe, was ich schreibe. Damit hat es sich.
– Oder wenn Sie Theater machen, die Intendanten und die Dramaturgen, da sind doch auch Wünsche zu berücksichtigen, der Regisseur zum Beispiel, wenn er auf Änderungen besteht, weil sie das Stück verbessern würden.
– Ist das mein Stück, oder das der Dramaturgen, fragte Torvo rein rhetorisch. Keiner antwortete. Torvos Frau hantierte mit der Schöpfkelle, die Suppe mundete vorzüglich, dann ging die Flasche herum. Es war richtig gemütlich. Igor sah mich an, ich sah ihn an. Wir merkten, daß wir beide dasselbe dachten. In Lappland müßte man leben.
[...]
Das Nordlicht leuchtete, als würde es rezensiert, die Hunde kläfften heiser in die kalte Polarluft, und auf einmal fiel mir etwas ein, und ich beugte mich vor zu Yormo.
– Sagen Sie, was hat man bisher von ihm gedruckt?
– Hoho, sagte Yormo erstaunt, gedruckt? Keine Zeile!

Wolfgang Körner: *Ein freier Schriftsteller*, in: ders.: *Ein freier Schriftsteller. Marginalien zum Literaturbetrieb.* Düsseldorf: Concept 1973, S. 15–19

Mach dich einzeln. Ein Umweg
Hans Dieter Schwarze: *sterben üben – was sonst. epigrammatisches* (1973)

Bei Hans Dieter Schwarze muss ich immer an den Film *Alle Jahre wieder* (s. S. 301) denken, obwohl sein Gedichtband, der sechs Jahre später herauskam – zwei Jahrzehnte vor seinem Tod und dem Tod Sabine Sinjens – eigentlich gar kein Gedichtband ist: *sterben üben – was sonst* heißt er und nennt sich »epigrammatisches«, auf diese Weise ins Lässige variierend Goethes Zweizeiler, den Schwarze als eine Art Coda an den Schluss seines Bändchens gestellt hat: »Epigramm // Sei das Werthe solcher Sendung / Tiefen Sinnes heitre Wendung.« Richtungsänderung versus Redewendung, ars moriendi versus ars vivendi, mit anderen – heißt mit Schillers Worten: »Ernst ist das Leben, heiter ist die Kunst.«

Tatsächlich gucke ich *Alle Jahre wieder* tatsächlich fast alle Jahre wieder und muss, wo ich dies schreibe, an die cineastische Rezeptionsästhetik von Graf Bobby denken, der, gefragt, warum er denn zum tausend-und-ersten Mal den *Untergang der Titanic* (1953) guckt, erklärte: »Ich bin gespannt, ob's wieder untergeht, das fesche Schiff.«

Am Ende von *Alle Jahre wieder* fährt Hans Dieter Schwarze, da war der gerade mal vierzig, nach dem weihnachtlichen Familienbesuch in Münster wieder zurück nach Mainhattan, in sein splendid exil, neben ihm, im Gehäus ihres Wagens – das war ein etwas unschlüssiger BMW 1800 TI mit dem amtlichen Kennzeichen F–EF 200 – sitzt und schweigt Sabine Sinjen, seine neue Freundin – sein melancholisches »Schnuddelbömbschen«, sein »Kleines«, sein »Muckelchen«, sein »Hühnerpopo«. Hans Dieter Schwarze – »Hannes« – spricht ein Gedicht vor sich hin. Es regnet, und Zeile für Zeile streicht der Scheibenwischer es den beiden Kranichen aus dem Gesicht, die jetzt im Fluge beieinander liegen, Sabine Sinjen – »Inge« – war da gerade mal 25, aber in Wirklichkeit hat Hannes das Gedicht 13 Jahre vorher für seine Frau geschrieben. Aus der empfindsamen Herzensergießung ist jetzt Gebrauchsgrafik geworden: »Vielleicht finden wir den großen bunten Zauberbaum, der immergrüne Blätter hat. Dann klettern wir hinauf und bauen uns ein kleines Nest. Ich werde dich wärmen, wenn es kalt wird, und zusehen, wie die Schneeflocken auf deinen Lippen schmelzen. Du holst schnell unsere Tarnkappen vom Dachboden, denn niemand darf uns finden, auch die diebischen Elstern nicht ...«

Und dann gibt es noch ein zweites Gedicht in dem Film, es stammt von Michael Lentz und ist Hannes aus der Seele geschrieben und auf den Leib gesprochen: »Wir sind vierzig geworden ... / unsren einzigen Orden / hat uns irgendein Karnevalsliebchen geschenkt. / Ihr habt recht, wenn ihr denkt / der Rest unserer / Träume / schmücke die Weihnachtsbäume. / Ja, alle Hoffnungen trügen. / Warum sollen wir lügen? / Wir sind 40 geworden. / Also lasst uns zufrieden / was wir noch lieben, / ist eine Kneipe mit Nachtkonzession, / in der nicht der leiseste / Telefonton, / sondern nur der fröhliche Bierhahn kräht. / Ach, es ist schon zu spät.« Das geht dann noch einige Zeilen weiter und unterscheidet sich ja kaum von dem Carpe-diem-Gedicht, das Julia Engelmann, da war sie gerade mal 21, geslamt hat: »und eines Tages, baby, werden wir alt sein, oh baby, / und an all die Geschichten denken, die wir hätten erzählen können. / Und die Geschichten, die wir dann stattdessen erzählen, werden – / traurige Konjunktive sein«, das geht dann noch einige Zeilen weiter und ist seit 2013 ein Internet-Hit. Und als Rainald Goetz im Herbst 2015 – heute ungefähr so alt wie Schwarze in seinem Sterbejahr 1994 – den *Büchner-Preis* bekam, bekam das Publikum zu hören, dass »die Produktion von Kunst, die ein Element des Ekstatischen braucht, durch das Altern beschädigt, ja verunmöglicht wird.«

Womit wir wieder bei Hans Dieters Schwarzes ars moriendi wären, ich habe mit einem Bleistiftkreuz all die Stellen markiert, die im engeren und weiteren Sinne was mit Tod und Sterben zu tun haben, man staunt da. Gut, dass er schon in der Gattungsbezeichnung des Bändchens sowohl darauf verzichtet hat, seine Texte Gedichte zu nennen – obwohl es ein paar, wenige, gibt – als auch darauf, sie »Epigramme« zu heißen, obwohl es von der Sorte auch einige gibt. Ich habe trotz und alledem keine Last damit, diese zeilenarmen Texte – manchmal kaum mehr als Notizen, noch »diesseits« eines Gelegenheitsgedichts – zu genießen, aber das liegt eben daran, dass ich alle Jahre wieder Hans Dieter Schwarzes Stimme höre und jene zumeist ungebundenen Zeilen nicht mit der Netzhaut höre, sondern mit dem Trommelfell lese, titellose Zeilen wie diese, die das Sterben-Üben drei Mal – in drei Stationen? – durchspielen, wobei jede Strophe ein anderes sprachliches Register zieht und ›so zu sagen‹ einen anderen Charakter, Schauspieler, Sprecher benötigt: »sterben üben / autofahrenderweise / allein / ohne mozart / sterben üben / mit sinnlicher präzision / bis zum ertauben der linken schulter // oder // töte als prüfung / erstmal dein image / ist das wohl schwerer / als totale vernichtung // oder // solche fragen vergiß / mach dich einzeln / und du bist / schon tot genug / hast sterben geübt«. Der Einzugs- und Anspruchsbereich solcher moribunden ›Exerzitien‹ reicht von der eigenen Herkunft und der eigenen Familie – und ist hier am verbindlichsten – bis hin zur politischen Gegenwart, die dem Autor auch mal für einen Kalauer schlecht genug ist. Ein – nicht ohne Bitternis: selbstreflexives – Gedicht heißt *ERZIEHUNG*: »1. / als ich bereit war / anzunehmen / kam keine mutter mehr / die mir gab // 2. / was soll ich sagen junge / besser ist es aufzuschreiben und zu sterben / weil du doch erst / nach meinem tode / mit mir redest«.

Ein ums andere Mal befasst sich Schwarze mit seiner eigenen Zunft – und das so begierig, kundig eingedenk, dass prompt die klassischen Theater-und-Welt-Metaphern um eine komplexe sozialpsychologische (wenn nicht gar staatstheoretische) Parabel reicher sind: »nimm dich zurück / bediene / einmal nicht die erwartung / empfiehlt die souffleuse / im stadttheater / seit gestern // jetzt irren / die schauspieler / manche / kriegen gesichter wie menschen // einer / soll allerdings / gegen sechs uhr morgens / auf der promenade / nahe dem kriegerdenkmal / nach einem starken mann / geschrieen haben // das / ängstigt nun / die souffleuse«.

Promenade und Poltern – das sind auch in *Alle Jahre wieder* ›laute‹ Motive gewesen, und ein leises erotisches Echo aus dem Film vernehme ich ebenfalls in dem einzigen ›Dinggedicht‹ mit seinem posthegelianischen respektive kryptomarxistischen Begehren: »ich bin /

ein umgedrehter / schenkenstuhl / und warte / nacht für nacht / auf jene mädchenhände / die mich morgens / auf meine füße / stellen / wenn / alles gewischt ist«.

Hermann Wallmann

Hans Dieter Schwarze: *sterben üben – was sonst. epigrammatisches* (1973)

tätigkeiten
verzögern die tat

reisen
– verlorene punkte

aussichten
glänzende besonders
verspiegeln die einsicht

bücher
verstecken die eine
zeile die gilt

bis du dich endlich
verzögerst
und dich dir leistest
in einer tat

endlos jetzt felder und masten
gliedern das gelbe zum blau
was du versuchst zu ertasten
wird ungenau

die hitlerjugenduniform
zog ich noch an 1943
als mein großvater starb
ich wollte ihn ärgern
weil er mich
wegen meiner verse
ausgelacht hatte
– da war ich nicht nur
ein nazi

in ostpreußen 1945
sah ich die feldgendarmerie
schießen schießen schießen
auf die eigenen leute
welchen es an munition fehlte
für jede richtung
– da war ich dann nicht nur
ein antinazi

vorsichtiger werden
mit gefäßen
haut und liebe
sieh dieses jahr
dauern wieder die rosen
fast zu lang schon
gaukeln
unsterblichkeit vor

heute der regen
ordnet es wieder
das jahr in den herbst
neigt sich deutlich
früher der tag

dreißig herbste
und etwas
schufen die zeit

laß dich halten
geliebte
manchen tag voll regen
gefüllt von sonne
wärmeren mittagen
traumfäden
wachsen herein
von den birken

Hans Dieter Schwarze: *sterben üben – was sonst. epigrammatisches.* Dortmund: Wulff 1973, S. 5, 43, 23, 44

Literatur ist nicht länger das Privileg einer Elite
Rainer Horbelt: *Die Zwangsjacke. Roman* (1973)

Für mich war Rainer Horbelt lange Zeit eher ein Mann des Fernsehens, für das er seit Ende der 1960er Jahre arbeitete und rund 150 Produktionen realisierte: Fernsehfilme, Features, Arbeiten für das Schulfernsehen, vieles Weitere mehr. Auch als Schauspieler war mir Horbelts Gesicht das eine oder andere Mal untergekommen. Das Schreiben hielt ich eher für einen Nebenzweig seiner Tätigkeiten. Heute sehe ich das grundlegend anders. Die Literatur bildet so etwas wie die Klammer seines heterogenen Œuvres, das neben Romanen und Erzählungen auch kulturhistorische Bücher über das Kochen und Reiseführer über die Algarve enthält. In allen Bereichen aber kam es zu Überschneidungen mit der Literatur. Insgesamt umfasst Horbelts Gesamtwerk 20 selbstständige Titel. Hinzu kommen Arbeiten für das Theater. Es ist also eine enorme Produktivität zu konstatieren.

Horbelt war Ende der 1960er Jahre eine zentrale Figur der *Literarischen Werkstatt Gelsenkirchen* (*LWG*). Er zählte dort zu den »jungen Wilden«, die sich für die literarische Popkultur interessierten. Damals verfasste Horbelt u. a. Aktionstexte für das Straßentheater. Bei zahlreichen Lesungen der *LWG* war er dabei, oft übernahm er die Diskussionsleitung. Der heutige Bestseller-Krimiautor Klaus-Peter Wolf charakterisiert Horbelt als »Vollblutautor und ständig unter Strom.« Hugo Ernst Käufer, ›Vater‹ der *LWG* und Entdecker vieler junger Talente aus Gelsenkirchen und Umgebung, hob vor allem Horbelts politisches Bewusstsein heraus: er gehöre »zu jenen jungen Schriftstellern, die – stark beeinflusst von der 68er-Bewegung – fest daran glaubten, dass Literatur im gesellschaftlichen und politischen Leben etwas zum Positiven hin verändern könne«.

Eine solche Grundeinstellung unterstreicht Horbelt im Autorenreader *Sie schreiben zwischen Moers und Hamm* (1974) in seiner Selbstdarstellung mit den Worten: »Literatur mißversteht ihre Rolle, wenn sie sich nur subjektiv äußert und sich nur an den eingestimmten Leser wendet. Literatur hat nicht länger das Privileg einer Elite zu sein. Als Produkt eines sowohl bewußten wie auch unbewußten künstlerischen Vorganges kann sie ein allgemeines Bewußtsein oder Unterbewußtsein treffen und so zu einer öffentlichen Angelegenheit werden. Literatur soll vorhandenes Bewußtsein nicht stärken, sondern sich gegen dieses wenden. Soll Literatur in diesem System überhaupt eine Rolle zu spielen haben, dann kann sie sich nicht indifferent bei schönheitlichen Formalismen aufhalten, dann muß sie eine neue Wirklichkeit schaffen, die sich distanziert von der Wirklichkeit des Konsums, des Egoismus und der physischen wie psychischen Ausbeutung. D. h. nicht ein qualitatives, im Formalismus steckenbleibendes Bewußtsein, sondern ein kritisches Bewußtsein.«

Rainer Horbelt wurde 1944 in Wismar/Mecklenburg geboren. Nach dem Besuch des Gymnasiums in Gelsenkirchen und dem Studium der Theaterwissenschaft, Germanistik und Kunstgeschichte in Köln absolvierte er eine Schauspielausbildung und legt 1968 seine Bühnenreifeprüfung ab. Von 1968 bis 1971 studierte er an der Hochschule für Fernsehen und Film in München und war anschließend eine Zeit lang Lektor bei der Hauptabteilung

Fernsehspiel des Bayerischen Rundfunks. In der Folgezeit arbeitete er als freier Autor, Schauspieler, Theater- und Fernsehregisseur sowie als Dozent für Medienwissenschaften. Wohnhaft in Marl, war sein eigentlicher Lebensmittelpunkt aber Gelsenkirchen. Horbelts kreativer Fokus lag zunächst auf der Fernseharbeit. Dem Medium, das ihn ernährte, stand er jedoch zunehmend kritischer gegenüber. In der Erzählung *Selbstbekenntnis. Aus dem Tagebuch eines Fernsehers* (1977) und vor allem im Roman *Das Projekt Eden oder die große Lüge der Fernseh-Macher* (1984) brachte er dies unverhohlen zum Ausdruck.

Seine Abrechnung mit der Fernsehwelt führte zum ›Berufsverbot‹ bei mehreren Sendeanstalten. Auch mit den städtischen Kulturpolitikern legt er sich an. 1985 erklärte er Gelsenkirchen in einer pressewirksamen Aktion kurzerhand zur »kulturfreien Zone« und stellte entsprechende Ortsschilder auf. Für die von ihm als »Kulturverhinderer« bezeichneten gewählten Volksvertreter war er seitdem eine Persona non grata. Gegen Ende der 1990er Jahre wollte sich Horbelt von den Sendeanstalten unabhängig machen und eröffnete in Gelsenkirchen das Medienzentrum »Holly-Buer«, das jedoch nach zwei Jahren scheiterte. Ab Mitte der 1990er Jahre hatte Horbelt mit seiner Lebensgefährtin und literarischen Partnerin Sonja Spindler (1935–2004) einen Zweitwohnsitz an der portugiesischen Algarve. Dort verbrachte er regelmäßig die Wintermonate, später ließ er sich hauptsächlich dort nieder. Hier entstanden ganz andere Werke: populäre Reiseführer, Kochbücher, auch ein Golf-Führer. Sie erschienen in der maßgeblich von Horbelt betriebenen, in Herne ansässigen Edition Al Gharb. Rainer Horbelt starb 2001 in seiner portugiesischen Wahlheimat.

Die Zwangsjacke war Horbelts Debütroman und erschien 1973 im Düsseldorfer Concept Verlag, der im selben Jahr auch Wolfgang Körners *Ein freier Schriftsteller* (s. S. 408), boshaft-süffisante »Marginalien zum Literaturbetrieb«, veröffentlichte. Horbelts Text-Collage zeichnet den Werdegang Hans Lenes' nach, der unter Anfällen von Geisteskrankheit leidet und deshalb von der Gesellschaft ausgeschlossen wird. Die Konzeption des Romans war so neuartig und außergewöhnlich, dass Horbelt 1974 mit einem *Literatur-Förderpreis des Landes NRW* ausgezeichnet wurde. Jochen Grywatsch resümiert zu Horbelts Roman in seinem Aufsatz *Aus der Zwangsjacke in die Traumfabrik. Der Gelsenkirchener Autor Rainer Horbelt und sein Nachlass im Westfälischen Literaturarchiv* (2008): »Unübersehbar ist, daß hier ein Filmschaffender schreibt, denn es werden Formen des Features und des Drehbuchs wirkungsvoll in den Text integriert. Aus Protokollen, Äußerungen, Urteilen und Beschlüssen fügt Horbelt ein beklemmendes Bild zusammen, das als Spiegel der sozialen bundesrepublikanischen Wirklichkeit mit ihrer Kälte und Unmenschlichkeit zu lesen ist.« Rückblickend attestiert Grywatsch, dass »dieser verstörende Dokumentar-Roman mit seinen drastisch-entlarvenden Versatzstücken« auch heute noch »sehr lesenswert« sei.

Die Nähe zum Film wird in *Die Zwangsjacke* noch dadurch verstärkt, dass im Roman ein Journalist auftritt, der über Lenes' Schicksal einen Dokumentarfilm dreht und eine Zeitlang mit ihm sogar eine Wohnung teilt. Ein Teil von Lenes' tagebuchartigen Aufzeichnungen entsteht unmittelbar für das geplante Fernsehfeature, das auch in Horbelts Filmografie 1976 auftaucht. Neben Lenes' Aufzeichnungen fließen amtliche sowie persönliche Stellungnahmen in den Roman ein. Sie machen deutlich, dass Lenes nie eine wirkliche Chance im Leben hatte. Seine Kindheit und Jugend hat er in Heimen verbracht, die teilweise nicht von Heil- und Pflegeanstalten zu unterscheiden waren. Nachdem er 21-jährig aus der Psychiatrie entlassen worden war, verrichtete er Botengänge. Er wird jedoch immer wieder entlassen, wenn seine Arbeitgeber von seiner Vergangenheit erfahren.

Lenes ist jedoch nicht nur Opfer. Er neigt zu kriminellen Handlungen, nimmt falsche Namen und Identitäten an und bedroht eine Frau mit einem Messer. Zuletzt ermordet er einen 69-jährigen Rentner und wird inhaftiert. Ein Psychiater bescheinigt ihm Unzurechnungsfähigkeit und grenzenlosen Hass auf die Gesellschaft. In der Psychiatrie wird er mit starken Psychopharmaka behandelt, die eine regulierende Wirkung auf ihn ausüben und eine Besserung andeuten. Besonders eindringlich wird das Protokoll seelischer Grausamkeiten, wenn Lenes aus der Innenperspektive berichtet, etwa über seine Ausbruchsgelüste. Seine Selbstdiagnose ist ohne Illusion. Ebenso seine zutreffende Einschätzung, dass ihn die Gesellschaft längst abgeschrieben habe, ihn als asozial abstempelt. Lenes' Alltag ist enervierend und größtenteils destruktiv. Beim Leser hinterlässt der Roman ein verstörendes, irritierendes Gefühl. Hierzu tragen auch die stakkatohafte, verknappte Sprache und die einfließenden Passagen aus typischem Amtsdeutsch bei.

Hätte Lenes unter anderen Bedingungen eine Chance gehabt? Von der Mutter vernachlässigt, ist er überall von Anfang an ein Außenseiter, der kaum über soziale Kontakte verfügt. Geschlechtliche Liebe erfährt er nur zwanghaft und in Form von Gewalt, so durch eine Sozialfürsorgerin, die ihn zum Geschlechtsverkehr nötigt.

Der Roman *Die Zwangsjacke* wirft Fragen auf, die unbeantwortet bleiben. Der Leser wird nicht durch einen harmonisierenden Romanschluss ›entlastet‹. Mit traditionellen Romanen hat die von Horbelt gewählte spröde, mit größtmöglicher Distanz operierende Textkomposition nichts gemein. Er fand für ein gesellschaftliches Tabuthema eine eigene Sprache, die – zumindest teilweise – unter die Haut geht. Horbelts Roman zeigt paradigmatisch die damalige Suche junger, progressiver Autoren nach neuen, unverbrauchten literarischen Formen. 1978 erlebte *Die Zwangsjacke* im Kölner Verlag Braun eine Neuauflage.

Walter Gödden

Rainer Horbelt: *Die Zwangsjacke. Roman* (1973)

Schriftliche Aufzeichnungen des Hans Lenes aufgrund einer Vereinbarung mit dem Fernsehredakteur einer Westdeutschen Rundfunkanstalt

DIENSTAG, 21. MÄRZ 1972

Ich habe Ihnen mitgeteilt, daß ich alles aufschreiben werde. Mack hat es gesagt. Er hat gesagt, ich soll es tun. Mack wird mir helfen. Ich habe einen Entschluß gefaßt.
Es wird etwas geschehen. Nicht mehr warten. Seit ich draußen bin, ist es nicht besser geworden. Nichts, was sich verändern würde. Der Ablauf der Tage. Bisweilen wieder ein Urteil mit Zustellurkunde.

MITTWOCH, 22. MÄRZ 1972

Der Beklagte.
Der Beklagte ist aus dem Gerichtssaal zu entfernen.
Das Urteil.
Das Urteil wird Ihnen zugestellt.

Eine Meinung.
Solche Leute.
Solche Leute sind beleidigt. Meinungen können sie einfach nicht ertragen. Es sind Leute, die frei sind, die was zu sagen haben. Arbeiten, verdienen Geld und leben. Denken. Nur an sich und Geld, Auto, Frau, Bett.
Solche Leute geben nicht gern zu, daß sie sich oft amüsieren und in Urlaub fahren können, Beamte, Richter, Direktoren, Psychiater. Solche Leute, mit denen ich zu tun habe. Sie alle wollen Geld, ich möchte vernünftig wohnen. Ich will lernen. Ich habe noch nie Urlaub gehabt und nie das Meer gesehen.
Ich brauche Hilfe.

EIN BRIEF, DATIERT 20.3.1972 (EINGEHEFTET)

Sehr geehrter Herr Lenes,
ich bestätige die mit Ihnen im Dezember 1971 mündlich getroffene Vereinbarung wie folgt.
Sie liefern uns in monatlichen Abschnitten, beginnend mit dem 1. Dezember 1971, endend mit dem 31. Mai 1973, den möglichst vollständigen Bericht Ihres Lebens, Ihrer Erfahrungen und Beobachtungen. Dieser Bericht soll Vergangenheit und Gegenwart enthalten. Wir waren übereingekommen, daß es sich um eine Art Doppeltagebuch handeln soll: Aufzeichnungen aus der Vertragszeit samt den dabei auftauchenden Erinnerungen von Ihrer frühesten Jugend an bis zum Beginn der Vertragszeit ohne Rücksicht auf die zeitliche Folge. Sie stellen uns alle Rechte, insbesondere das der Verwendung dieses Materials als Stoff eines Fernsehberichts oder Fernsehspiels zur Verfügung. Wir sichern Ihnen zu, daß Ihr Name und alle Angaben, die auf Sie selbst Rückschlüsse zuließen, nicht erwähnt werden. Sie senden Ihre Aufzeichnungen jeweils innerhalb eines Monats an obige Adresse. Sie erhalten von uns monatlich ein Honorar in Höhe von DM 200,– beginnend mit dem 1. Dezember 1971, insgesamt also DM 3.600,–. Mit dieser Zahlung sind alle oben erwähnten Rechte abgegolten.
Die erste Zahlung in Höhe von DM 800,– für die Monate Dezember 1971 bis März 1972 geht an Sie ab, sobald wir im Besitz der von Ihnen unterschriebenen anliegenden Kopie dieses Schreibens sind.
Wir freuen uns über die getroffene Vereinbarung und verbleiben mit freundlichen Grüßen.

Rainer Horbelt: *Die Zwangsjacke. Roman.* Düsseldorf: Concept 1973, S. 77f.

»... und falle niemals um«

Werkkreis Literatur der Arbeitswelt (Hg.): *Schichtarbeit. Schicht- und Nachtarbeiter-Report* (1973)

Bei Erscheinen von *Schichtarbeit* war der *Werkkreis Literatur der Arbeitswelt*, der das Buch Ende 1973 herausbrachte, circa vier Jahre alt. Nach Auseinandersetzungen um Art und Funktion von realistischer, die industriellen Arbeitswelten in den Blick nehmender Literatur in der *Dortmunder Gruppe 61* hatte sich ein Teil der Mitglieder von dieser Gruppe getrennt und den *Werkkreis* als Vereinigung schreibender Arbeiter und Angestellter, Schriftsteller, Journalisten und Wissenschaftler mit-gegründet. Während die *Gruppe 61* mit Max von der Grün als ihrem bekanntesten Vertreter eine mehr ästhetische Literaturkonzeption verfolgte, auf »literarisch-künstlerische Auseinandersetzung mit der industriellen Arbeitswelt der Gegenwart und ihren sozialen Problemen« abhob, hatte der *Werkkreis* die »Darstellung der Situation abhängig Arbeitender, vornehmlich mit sprachlichen Mitteln« und vor allem die Veränderung der »gesellschaftlichen Verhältnisse im Sinne der Arbeitenden« im Programm. Der *Gruppe 61* war »individuelle Sprache und Gestaltungskraft« wichtig gewesen, der *Werkkreis* setzte bei der »Herstellung« seiner »gesellschaftskritischen, sozialverbindlichen Literatur« auf kollektive Schreibprozesse (s. S. 420, 448).

Schichtarbeit umfasst 18 Reportagen, die auf Interviews mit Beschäftigten in Schichtarbeit und Schichtdienst (auch mit Frauen von Schichtarbeitern) beruhen, dazu eine Erzählung und einen Text in Tagebuchform, 15 Kurzessays und einen Anhang mit arbeitswissenschaftlichem Material: »Zitate – Stellungnahmen – Gesetzestexte«. Die Autoren – sie selber bezeichnen sich als »Herausgeber« – kamen aus drei *Werkkreis*-Werkstätten: Hamburg (Ulrich Birkner, Peter Fischbach), West-Berlin (Horst Kammrad, Wolfgang Röhrer) und Dortmund (Rainer W. Campmann, Oskar Schammidatus). Sie führten die Interviews durch, formten sie bis auf vier Beiträge, die im Frage-Antwort-Modus verblieben, zu einer Prosa um, die zwischen sachlichem Bericht, journalistischer Reportage und literarischer Erzählung changiert, versahen die Texte mit Anmerkungen, nahmen zu angesprochenen Problemen Stellung, schrieben das Vorwort und stellten den Anhang zusammen. Nur zwei Texte – 13 der 170 Seiten des Buches – sind namentlich gekennzeichnet. Der individuelle Beitrag der Autoren verschwindet hinter dem Schild kollektiver Herausgeberschaft und gemeinsamer Texterstellung.

»Warum haben wir dieses Buch gemacht?«, fragen sie im Vorwort. »Nicht allein, um der Öffentlichkeit ein Bild über die Probleme der schicht- und nachtarbeitenden Menschen zu vermitteln. Das allein wäre zu wenig. Wir lernen hier auch die unterschiedlichsten Berufe kennen, und wir erfahren, mit welchen oft unglaublichen Mitteln Abhängige von den Unternehmern ausgebeutet werden. An erster Stelle aber soll dieses Buch mit dazu beitragen, die Arbeitsbedingungen zu verändern, die hohen Belastungen der Schichtarbeiter zu verringern und zu humanisieren.«

Auf die gesellschaftsverändernde Wirkung der Interviews und Reportagen allein verließen sich die Herausgeber nicht. In ihren Kurzessays gehen sie auf Widersprüche in den Aussagen der Befragten ein, interpretieren, rücken gerade, breiten Material und Argumente aus, geben Handlungsanweisungen, polemisieren und belehren; nichts tadeln sie so sehr wie den Mangel politischen Bewusstseins und gewerkschaftlicher Organisiertheit: »Als Ausweg sieht er [Harry S., Schutzpolizist] die Flucht in den Tagesdienst einer anderen Abteilung. Ist das ein Ausweg? Nein, höchstens für ihn selbst. [...] was heißt schon ›Solidarität‹, wenn man sich mit seinen Kollegen gut versteht, wenn man aber sonst nicht zum gemeinschaftlichen Handeln bereit ist, um Zustände zu verändern? [...] bereit ist, ein aktives Mitglied dieser Gewerkschaft zu sein? [...] Aber so wird der von Harry S. geschilderte Trott noch lange weitergehen, wenn er und seine Kollegen nicht endlich davon überzeugt sind, daß die Mitbestimmung nicht nur ein Ziel der Fabrikarbeiter sein kann.«

Wenn auch manches durch neuere Veröffentlichungen überholt sein mag, so zeichnen die Essays im Großen und Ganzen ein noch immer zutreffendes Bild der Probleme der Schichtarbeit. Allerdings setzen sie etwas zu stark auf Beeinflussung, auf Propaganda. Die Ungeduld, *Werkkreis*-getreu die Gesellschaft im Sinne der Arbeitenden zu verändern, die Absicht, den Lesern Gewerkschaftsarbeit, Mitbestimmung und – über die *Werkkreis*-Programmatik hinaus – Sozialismus à la DDR und Sowjetunion schmackhaft zu machen, wird immer wieder spürbar. Es ist der eifernde, moralisierende Tonfall der 1970er Jahre, der mir (einem Miteiferer von damals) jetzt aufstößt und wieder in den Ohren klingt: »Und hier können wir uns von den sozialistischen Ländern wirklich eine dicke Scheibe abschneiden! Natürlich – und das wird uns immer wieder entgegengehalten – dient die Erhaltung der Gesundheit auch der Erfüllung der Produktion. In diesen Ländern aber kommt die erhöhte Produktion wiederum dem arbeitenden Volk zugute, während sie in unserer kapitalistischen Gesellschaft an erster Stelle den Unternehmern höhere Gewinne einbringt.«

Aber da sind ja noch die Interviews und Reportagen! – Jimmy F., ein junger Arbeiter in einem Kalksandsteinwerk, verbringt 12-Stunden-Schichten auf einem Saugbagger allein inmitten einer vollgelaufenen Sandgrube; mit einem Boot (das einmal, mit Steinen vollgeladen, unter ihm wegsinkt) muss er zu seinem Arbeitsplatz rudern, im Winter balanciert er über vereiste Leitungsrohre. Ein »Dragierer« aus einer Hamburger Schokoladen-Fabrik erzählt von der Herstellung vieler bunter »Schmieris« in Schichtarbeit, und wie der Zuckerstaub den Kollegen Lungen und Zähne zerfrisst, Ratten zur Tür hereinschauen; er schildert Auseinandersetzungen unter den Arbeitern, beobachtet das Auftauchen von Gastarbeitern aus Montenegro, deren Beschreibung ihm zu düsteren Tableaus wie aus Karl Mays *In den Schluchten des Balkan* gerät. Assistenzarzt E. Jansen skizziert in Tagebuchform den Klinikstress am Tag und in der Nacht; der Barbesitzer Peter S. verbreitet sich vertraulich über seine Sorgen mit Nachtarbeit und Personal; Harry S., Hauptwachtmeister bei der Schutzpolizei in West-Berlin, hat zwar am Schichtdienst nicht viel auszusetzen, muss als Streifenpolizist zu Fuß jedoch Telefonzellen anlaufen, um Alarm auszulösen – mit Funk sind (wir schreiben 1973) nur die Streifenwagen ausgerüstet.

Aus der Unterwelt des Hafens, dem Bauch der Schiffe dringt die Klage eines hochverschuldeten, »unständigen Arbeiters«, der mit 15 Schichten in der Woche eine obdachlose Randexistenz fristet, während sich die Animierdame Marion mit freizügig-forschen Sprüchen präsentiert, mit denen ihr Elend zu verdecken ihr nicht immer gelingt: »*Marion:* Ich weiß schon, Ulli, jetzt kommen Fragen nach der nervlichen und körperlichen Belastung. Ich seh's auf deinem Zettel. [...] Auf die Nerven geht einem die Arbeit oft, vor allem die Nachtarbeit. Ich saufe Sekt, quassele mit den Leuten, muß den großen Seelentröster machen. [...] Hin und wieder greift mir mal einer irgendwohin. [...] / *Frage:* Wie steht es mit der Unfallgefahr? Schichtarbeit strapaziert die Nerven. Schwache Nerven können Unfälle verursachen? / *Marion:* Bei mir nicht. Auch nicht nach zwei oder drei Flaschen Sekt. Ich weiß immer noch, was ich tue und falle niemals um.« Die Frage nach Unfällen infolge schwacher Nerven versahen die Herausgeber mit Sternchen und merkten in einer Fußnote an: »Spätestens hier ist zu erkennen, wie sich die vorher festgelegten Fragen an den Antworten reiben. Dennoch wird das Ganze dadurch interessanter und abwechslungsreicher.« – Allerdings!

Ein Verdienst der sechs Herausgeber ist es, Äußerungen wie die der Bardame – auch wenn sie vielleicht eigener Weltanschauung krass widersprachen – stehen gelassen und auch in die bearbeiteten Texte hinein genommen zu haben. Die Schilderungen, auch aus Chemiebetrieben, Spinnerei, Taxi, Zigarettenfabrik, Verkehrsbetrieb, Druckerei und Metallbranche, entwickeln Eigenleben, wuchern über das Frageschema hinaus, das auch noch durch die in Erzählprosa umgearbeiteten Texte durchschimmert; trivial-literarische Muster spielen herein, Angelesenes und Aufgeschnapptes, in denen sich die Sehnsüchte, Träume und Einstellungen der Befragten ausdrücken und die oft mehr über sie verraten als der pure Inhalt der Aussagen über die Arbeitswelt.

Wenige Monate vor *Schichtarbeit* war das ebenfalls auf Gesprächen beruhende, auch Schichtarbeiterprobleme streifende Buch *Menschen in Deutschland (BRD)* von Max von der Grün, Sprecher der inzwischen aufgelösten *Dortmunder Gruppe 61*, erschienen. Während das Frageschema der *Schichtarbeit*-Autoren auf die Arbeitswelt zielte und von da aus die Befragten zu begreifen suchte, war der Ansatz von der Grüns weiter gefasst, bezog ausführlich biografische Aspekte ein und führte im Ergebnis zu Porträts, die, dem literarischen Anspruch der *Gruppe 61* gemäß, aus einem Guss gearbeitet scheinen. Aber von der Grün schafft in *Menschen in Deutschland (BRD)* nicht diese Nähe zur Arbeitswelt, die in *Schichtarbeit* erreicht wird und die in den folgenden Jahren zum Kennzeichen der besseren und besten Texte aus dem *Werkkreis* – zusammengestellt in Anthologien wie *Das Faustpfand* (1978) oder in Martin Walsers Sammlung *Die Würde am Werktag. Literatur der Arbeiter und Angestellten* (1980) – werden sollte. *Schichtarbeit* nimmt den Leser – außer auf Zeitreise in die ideologisierten 1970er Jahre – auch mit auf Expeditionen in noch immer weitgehend unbekannte Territorien: zu den Schichtbetrieben und den Schichtarbeitern.

Josef Krug

Werkkreis Literatur der Arbeitswelt (Hg.): *Schichtarbeit. Schicht- und Nachtarbeiter-Report* (1973)

Die Abenteuer in einer Hamburger Schokoladenfabrik

Im März kam ein junger Bursche zu uns, den wir »Zornie« nannten. Zornie konnte sich sehr schlecht an den beißenden Zucker in den Augen gewöhnen. Er rieb und rieb, und seine Augen entzündeten sich. Die Nachtschicht machte ihm noch mehr als uns zu schaffen. In der dritten Nacht war er so kaputt, daß er sich an seinem Umkleideschrank die Sehne am Mittelfinger durchtrennte. Sein Schrank stand neben dem meinen. Ich habe es genau gesehen. Der Junge hat nur nach dem Schloß gefaßt. Aber die Kanten am Schrank sind teuflisch scharf, und das hat er übersehen. Das Blut spritzte über meinen Anzug und kleckerte in großen Punkten auf die Fliesen. Zornie wurde verflucht blaß und fiel um. Eine ärztliche Ambulanz gibt es bei uns nur von acht Uhr bis um fünf Uhr nachmittags. Wir schleppten Zornie zu dem Auto des Schichtführers und rasten mit ihm ins Krankenhaus. Drei Wochen blieb Zornie zu Hause. Dann war er wieder da und konnte den Finger nicht ganz gerade und nicht ganz krumm bekommen. Die Firmenleitung kam mit einem Schreiben, auf dem Zornie mit seiner Unterschrift beglaubigte, nicht länger als acht Stunden Nachtschicht gearbeitet zu haben. »Wegen der Berufsgenossenschaft«, sagte der Meister. »Die haben uns sowieso schon auf dem Kieker.«
Damit war die Sache abgetan. Neue Schränke, die einer Prüfung durch die Berufsgenossenschaft standgehalten hätten, gibt es auch heute noch nicht.
Wir hatten da auch einen Griechen, ein guter Freund von mir aus Maroussi. Der arbeitete auf Firmengeheiß gesetzwidrig als einziger im Betrieb Nachtschicht von Samstag auf Sonntag und polierte die »Schmieries« in riesigen Trommeln mit Wachs. Eines Nachts war er körperlich durcheinander. Brechreiz plagte ihn, von den Dünsten herbeigeführt. Er legte sich mitten in der Nacht und gottverlassen auf den steinernen Boden und war über eine Stunde ohnmächtig. Als er erwachte, qualmten die Kessel. Die »Schmieries« waren nicht mehr als eine breiige, bunte Masse. Der Grieche schleppte sich nach draußen und hechelte die Dünste aus seinem Körper. Aber er machte weiter. Er war ein harter Brocken.
Dann kam der April. Wir waren müde. So müde war ich noch nie in meinem Leben. Rein mechanisch gingen wir zur Arbeit, immer dem Geruch des Geldes nach. Wenn ich eine Frau sah, machte ich die Augen zu, weil ich verrückt geworden wäre. Wir betäubten unsere Lust mit Alkohol. Jede Nacht eine große Flasche Schnaps, zumeist roter Korn. Das war unser Maß. Und im April erreichte unser abartiges Arbeitsleben einen Höhepunkt. Eine Stunde vor Mitternacht gähnten wir bereits wie ein Kahlschlag im Walde. Zerschlagen und trübe trotteten wir mit der Arbeit mit. Die »Schmieries« wurden noch schlechter. Die Jugoslawen erwiesen sich als widerstandfähiger. Sie tranken auch nicht ganz soviel. Zornie war der Zornigste unter uns. Er wurde der Beherrscher der Kantine, zertrümmerte im Wahn Automaten und Stühle, und wir duckten uns gegen seine Cholerik. Er war der Stärkste.
Und dann kam die Nacht der harten Schläge … Zornie wurde wütend, sein Gesicht blies sich auf. Er packte den Vorarbeiter, zog ihn über einen Tisch, flappte ihm gemächlich

eine herunter, brüllte wie ein Berserker. Er tobte, schrie, geiferte. Schaum bildete sich vor seinem Mund. Unser Gruppenführer rannte zum Pförtner.
Der kam mit verschlafenen Augen, ein schmaler, über sechzigjähriger Mann. Er trat vor Zornie hin, packte ihn am Jackenzipfel und boxte ihm kindisch vor die Brust. Zornie war verblüfft. Dann lachte er plötzlich noch irrer und wischte dem Mann seine flache Hand über die Stirn und Kopfhaut, daß er mit dem Kopf gegen die Tür polterte und an ihr abrutschte. Auf allen vieren schlich sich der Mann aus der Gefahrenzone und telefonierte dann nach der Polizei.

Werkkreis Literatur der Arbeitswelt (Hg.): *Schichtarbeit. Schicht- und Nachtarbeiter-Report.* Frankfurt am Main: Fischer Tb. 1973, S. 27–34, hier S. 31f.

Maßloser Anspruch an das Leben
Karin Struck: *Klassenliebe. Roman* (1973)

»Eben war ich im Wald, der Wald ist ›rein‹, das Gegenteil eines völlig verräucherten Versammlungssaales, in dem man nicht atmen kann, ganz toll verschiedene Grüns, und Luft! Luft! Regen! Und Luft!«

Karin Struck war streitbar, sowohl als Autorin als auch in ihrem Menschsein: mit der gesellschaftspolitischen *Dortmunder Gruppe 61*, der sie zu subjektiv, zu privat schreibt, gerät sie aneinander; ebenso wie mit den Chefideologinnen der Frauenbewegung, namentlich v. a. Alice Schwarzer. Karin Struck will sich nicht vordiktieren lassen, wie sie den solidarischen Kampf zu führen hat. In die Annalen ging ihr heftiger Zornesausbruch während einer NDR-Talkshow ein, in der fassungslos auch die damalige Bundesministerin für Frauen und Jugend, Angela Merkel, saß. Das alles sind Turbulenzen von gestern; ist damit auch der kompromisslose Anspruch, den Karin Struck an sich und die Gesellschaft stellte, im Anekdotischen verkümmert? Was hat literarisch überlebt, was ist zu sehr einem heute ermatteten Zeitgeist verpflichtet? Strucks Debütroman *Klassenliebe*, mit dem sie schlagartig bekannt wurde, bietet gute Gewähr, dem nachspüren zu können.

Karin Struck, am 14. Mai 1947 in Schlagtow bei Greifswald geboren, wuchs im ostwestfälischen Schloss Holte-Stukenbrock auf. Ihr Vater arbeitete u. a. als Eisengießer und in der Textilindustrie. Nach dem Abitur studierte sie u. a. an der Ruhr-Universität Bochum. Politisch sah sich Karin Struck damals weit links außen, gehörte zeitweise dem SDS und der DKP an, eine zeitbedingt nicht ungewöhnliche Orientierung; auch der *Werkkreis Literatur der Arbeitswelt* fand ihre Sympathie. Der darin propagierte Realismus (»Schreib das auf, Kumpel«) scheint die junge Autorin indessen nicht sonderlich beeindruckt zu haben, wie *Klassenliebe* mit seinen ausufernden Gedankenspiralen eindeutig belegt. Der Erstling wurde im renommierten Suhrkamp-Verlag veröffentlicht, was der Autorin ein bundesweites Echo verschaffte, zumal sie mit ihrer enthemmten Schreibweise nebenbei eine Stilrichtung, die ›Neue Subjektivität‹, mitbegründete. Die von Karin Struck in ihrem Debütroman beschworene gesellschaftliche Hängepartie zwischen zwei Klassen, dem Arbeitermilieu und dem – grob gesagt – Bildungsbürgertum, dieses »Zwischenzigeunerdasein« (Struck), traf einen Nerv der Zeit; das Buch avancierte in kurzer Zeit zum Liebling des Literaturbetriebs und des Feuilletons.

Klassenliebe, weniger ein herkömmlicher Roman denn ausufernde Tagebuchnotizen über einen Zeitraum von drei Monaten, fand nicht zuletzt deshalb weiterhin Beachtung, weil die aufmüpfigen Studenten – durchaus öffentlichkeitswirksam – nächtelang darüber diskutieren konnten, wie sie die Arbeiter dem Joch des Kapitalismus entwinden und ihnen eine irgendwie geartete befreite Zone eröffnen könnten: Vom Sozialismus bis zu Mao war da Verschiedenes im Umfeld der 1968er-Revolte im Schwange, dabei oft irrigerweise den revolutionären Proletarier voraussetzend. Wer also nachweislich der Arbeiterschaft entstammte, konnte in diesem aufgeheizten Klima mit einem besonderen Nimbus rechnen, von dem auch Karin Struck profitierte. Derlei Glorifizierung der sogenannten Hefe des Volkes spielt seit Langem keine Rolle mehr, es sei denn in entsprechenden Fernsehrückblicken.

Unterschiedliche Schichten gibt es in der Bevölkerung zwar nach wie vor, doch durch das lockende Mainstream-Feuerwerk der Massenmedien, das Hinscheiden des Bildungsbürgers alter Prägung und eine latente Existenzangst bis in die Mitte der Gesellschaft hinein ist die Trennschärfe zwischen ihnen weitgehend zerbröselt. Die Einsicht aus Bert Brechts *Dreigroschenoper* – »Nur wer im Wohlstand lebt, lebt angenehm« – hat jeden revoluzzerhaften Marsch durch die Institutionen heillos infiziert und ins (möglichst) Behagliche umgeleitet.

Der klassenbewusste Arbeiter, der schon zu Zeiten der Studentenrevolte und der allgemeinen jugendlichen Unruhen einer verhätschelten Fama gleichkam, hat sich heutzutage in einem noch größeren Maße zu einer nostalgischen Wunschvorstellung verändert. Wie entschlossen liefen seinerzeit die Demonstrierenden ihren Illusionen hinterher, wenn sie auf der Straße skandierten: »Bürger, lass das Gaffen sein, komm herunter, reih dich ein!« Und der Bürger zwar seinen Fensterplatz verließ, allerdings nicht, um unten mitzumischen, sondern um sich ein Kissen fürs Fensterbrett zu holen, damit er es bequemer hatte.

Ist es auch heute noch so, wie in *Klassenliebe* an einem Beispiel konstatiert, dass gesellschaftliche Aufsteiger ihre Herkunft aus einfachen Verhältnissen verleugnen, die Eltern verschämt abschotten wollen vor dem privilegierten Milieu, in dem sie sich jetzt tummeln? Beschränkt sich dieser Klassenunterschied (dünkelhafte Nachwirkungen seien eingeräumt) nicht zuvörderst auf den Kassenunterschied einer höheren Gehaltsstufe?

Der damalige Kern der publizistischen Auseinandersetzung mit *Klassenliebe* – zusammengerafft: ein Arbeiterkind fällt unter die Intellektuellen – scheint mir entschieden an dramatischer Brisanz verloren zu haben, er besitzt weitgehend historische Bedeutung und macht, aus meiner Sicht, damals wie gegenwärtig, auch nicht den Gesamteindruck dieses Tagebuch-Romans aus.

Für den heutigen Leser bedeutsamer scheint Karin Strucks maßloser Anspruch an das Leben zu sein, der sich aus einem nicht enden wollenden Strom an Erfahrungspartikeln, Angelesenem, Gehörtem, Empfundenem zusammensetzt, kaleidoskopartig, manchmal schiere Unverständlichkeit streifend, meist ungefiltert in Sprache übersetzt, gelegentlich vielleicht ein kurzes Innehalten der Autorin, Nachsinnen und dann weiter, auf diesem ungesicherten Weg, mit dieser furchterregend ungeheuren Lust an der Daseinserkundung. Das Gegenteil von der Coolness, wie sie heute allenthalben gepflegt wird: »Mir selbst verheimliche ich keinen Gedanken, wie sehr sie sich auch widersprechen. Ihnen, den anderen, verheimliche ich Gedanken. Warum? Ich fürchte, daß sie keine Widersprüche vertragen. Wenn ich sage, ich hasse dich, und danach, ich bewundere dich, das ertragen sie nicht.«

Nicht von ungefähr wird gelegentlich *Baal* erwähnt, Bert Brechts frühes Drama um einen lebensgierigen Wüstling. Nichts Piefiges, nichts Miefiges oder Kleingeistiges soll für Struck eine Chance haben. Gelegentlich indessen kommt ihrer beneidenswerten Wortgewalt der ungebändigte Assoziationseifer in die Quere. Der Wunsch nach dem beständig achtsamen Tagesablauf, er wird gefeiert in *Klassenliebe*; und sei dieses Wollen gelegentlich auch ungerecht oder aufbrausend. Leicht zu durchstehen in der Literatur, umso schwieriger zu vermitteln im wirklichen Leben: »Der Vater sagt, ich bin zufrieden. Wir sind zufrieden. Sie sind zufrieden. Du bist nie zufrieden, Karin!«

Bei aller Rasanz der Schreibweise bleibt Karin Struck, was das Formulieren anbelangt, vorsichtig und auf der Hut: Immer wieder werden Wörter beim Wort genommen, kritisch hinterfragt: Benutzen wir die Sprache oder benutzt uns die Sprache; und in wessen Interesse benutzen wir ein bestimmtes Vokabular, das uns zunächst so unschuldig und unbeschädigt erscheint? Dieser skeptische Blick auf das Wortarsenal, das zur Verfügung steht, vielleicht nur als unüberlegte Redewendung oder sinnentleerte Sprachfloskel, lässt Struck zögern, ein Wort wird hin und her gewendet, bevor sie es akzeptiert oder verwirft. So sei »irr« ein schönes Wort: »Komisch, daß man sagt, der ist irre, und dann, das ist aber irre schön.« Strucks Wille, zu einer wie auch immer gearteten Wahrheit zu gelangen, weitet sich aus bis auf die Möglichkeiten der Sprache. Und immer wieder andere Autoren als Bezugspunkt, von Franz Kafka über Gottfried Benn bis zum Thomas Bernhard: »Daß ich so viel zitiere, ist Ausdruck meiner Angst vor Gedächtnisverlust, auch ein Versuch, mir etwas anzueignen aus den Unmassen von Gedrucktem um mich herum, nicht als Wissen, sondern in Beziehung zu meiner subjektiven Erfahrung.«

Zwar begegnen der Autorin Menschen allerlei Art, doch da sie oft nur mit dem Anfangsbuchstaben ihres Namens gekennzeichnet sind, bleiben diese Zeitgenossen, eng oder sogar sehr eng mit Karin Struck verbunden, in diesem nicht enden wollenden Strudel der Selbsterkundung, Positionsbestimmung und Selbstvergewisserung ohne eigene Konturen und bieten Struck vornehmlich Anlass, sich selbst in ihnen zu spiegeln. Wer sich da hinter welchem Kürzel verbirgt, scheint für den heutigen Leser vollständig unerheblich zu sein, mehr noch, würde man diese Camouflage lüften, hinter diesem oder jenem Anfangsbuchstaben vielleicht sogar einen seinerzeit bekannten Namen entdecken, würde das den funkelnden Reiz dieser ganz und gar ungewöhnlichen Tagebuchprosa schmälern.

Ich habe Karin Struck später persönlich näher kennengelernt und erlebte eine entschlossene und dennoch feingestimmte Frau, die von ihrer literarischen Mission überzeugt war und als alleinerziehende Mutter naturgemäß Mühe hatte, allein mit dem Schreiben und den damit verbundenen Nebeneinkünften ihre vier Kinder durch die Tage zu bringen. Doch es muss ihr wohl immer wieder irgendwie gelungen sein. Nachdem sie im Zwist mit Suhrkamp das Hohe Haus der Literatur verlassen hatte, folgte der Wechsel an einige mehr oder minder bedeutende deutsche Verlage; in dieser Zeit – vielleicht auch eher – muss sich Karin Struck zur beinahe militanten Abtreibungsgegnerin und festgefügten Katholikin gewandelt haben. All das habe ich nur noch über die Medien erfahren. Zum Schluss soll sie kaum noch Abnehmer für ihre Literatur gefunden haben. Karin Struck starb nach einer Krebserkrankung im Februar 2006 in München.

Werner Streletz

Karin Struck: *Klassenliebe. Roman* (1973)

27. Juli. »Ein Verlangen habe ich nach dir, daß es mir auf der Brust liegt wie Tränen, die man nicht heraus weinen kann.« Wie die anderen mich auslachen, daß ich Schriftliches so ernst nehme, »so tierisch ernst«. Auf dem Bild des russischen Malers Victor Michailowitsch Wasnetzow aus dem Jahre Achtzehnhundertundfünfundsiebzig betrachten Bauern staunend und furchtsam die Ware eines Bilderbogenhändlers in seiner Holzbude, das Gedruckte, die Realität aus zweiter Hand ist ihnen völlig fremd. Die Bilder der Glasfenster in den Kirchen seien in erster Linie für die Einfachen, die nicht schriftkundig sind, die Bilder sollen ihnen zeigen, was sie glauben sollen. Wie meine Oma vor dem Fernsehen sitzt, ein Kind, das die Weihnachtsbescherung erwartet, das Gesicht vor Aufregung gerötet, und sie sagt sich immer laut vor, was gerade passiert, die Bilder der Glasfenster in den Kirchen, die Bilder die bunten Bilder der Illustrierten die bunten Bilder der schönen bunten Farbfernseher seien in erster Linie für die Einfachen, die schönen bunten Bilder sollen ihnen zeigen, was sie glauben sollen, die Schrift und die Differenz, die Schrift und die Distanz, und die Leute lachen über mich, daß ich Schriftliches »so tierisch ernst nehme«. Auf längere historische Zeiträume denken, und die Ursachen in längeren historischen Zeiträumen suchen. Die Treppe raufwollen und gleich die dreißigste Stufe nehmen wollen, so daß ich mir die Glieder zerreiße und schreie. Helio-Carinthia, ein Platz in den Bergen, abgelegen, nur Bergbäche machen »Lärm«, ich liege wach abends in Anspach, Irre rasen die Straße vor meinem Zimmer unaufhörlich mit krachenden Motorrädern herauf und herunter, Autos fahren an und ab, der Lärm ist für meine Ohren in seiner Intensität verzehnfacht, ich möchte mir die Ohren abschneiden, ich möchte mit einer Pistole in die Reifen der Autos und Motorräder schießen, daß sie lautlos ausrollen, am Morgen der fast gleichmäßige, nur leicht

anschwellende und sich abschwächende Krach des Baggers auf einem schräg gegenüberliegenden Grundstück, dieser zum Wahnsinn treibende Krach, die Gedanken zerstückelnd, aber den Bagger kann ich nicht erwürgen, daß ich nicht schon längst Ohrenkrebs habe, Z. sagt, was ist der Unterschied zwischen dem Rauschen eines Bergbachs und dem Rauschen des Großstadtverkehrs, ja was ist der Unterschied, wenn ich nur Stille hätte, zum Nachdenken, zum Horchen, zum Erinnern. Hab ich wirklich die Motive, diese »Recherche ... der verlorenen möglichen Möglichkeiten ... Recherche der unsichtbaren Bewußtseinsvorgänge in meiner Familie ... meiner Klasse ...« zu schreiben? Ein Kreisel in meinem Gehirn: »Suche nach Motivierung ...« Sich mit der bürgerlichen Klasse verbinden, um von ihren jahrhundertelangen Exerzitien inspiriert und infiziert und befruchtet zu werden. Das Wort »Veröffentlichung« fast so magisch wie das Wort »Ehebrecherin«, im ersten Wort »offen«, im zweiten das Hören des Brechens von dickem Eis auf einem See. Kann ich wirklich mit meinen zwei Kindern zu Grotowski nach Polen gehen? Sind das nicht alles »überkandidelte« Pläne? Da sitze ich und lese gerade die ersten dreißig Seiten von Prousts »Recherche ...«, auf deutsch. Zu ungeduldig, um französisch lesen zu können. Wie lerne ich denn richtig französisch? Ich habs ja gelernt, aber ich habs doch nicht gelernt, wie alles, was ich gelernt hab. Französisch ist auch wie ein Buch der Bürgerlichen, mit mehrhundertjährigen Siegeln. Während der ersten fanatischen Zeit als Kommunistin dachte ich, man könne Gedanken und Wahrnehmungen immer kurz und bündig in einem agitatorischen Satz, in einem Ergebnis liefern, an dem nicht mehr zu zweifeln wäre. Ich wunderte mich und dachte mit Schrecken daran, daß es nötig sein sollte, dicke Bücher und Romane zu schreiben und zu lesen.

Karin Struck: *Klassenliebe. Roman*. Frankfurt am Main: Suhrkamp 1973, S. 241–244

Bergbau, Boxen und Betrug
Herbert Somplatzki: *Muskelschrott. Roman* (1974)

Muskelschrott war einer jener eigentümlichen Buchtitel, die sich beim interessierten Leser irgendwo im Gedächtnis festhakten, ohne dass zugleich der dazugehörige Autorenname respektive Erscheinungstermin mitgeliefert würde. *Muskelschrott*: ein Einwort-Titel, der griffig, einprägsam und assoziationsreich daherkam, aber keine genaue Richtung vorgab, weder inhaltlich noch gattungstechnisch. Wenn man das Buchcover mit hinzuzog, das einen von Zahnrädern verletzten Arm zeigt, ließ sich »Muskelschrott« mit verbrauchter oder gar vernichteter Arbeitskraft, mit dem (blutigen) Kampf zwischen Mensch und Maschine übersetzen. Das ist lange her, und so führen die Stichwörter ›Arbeit‹ bzw. ›Arbeitskraft‹ sowie der kritische Umgang mit ihnen in den Bereich der Arbeiterliteratur, genauer:

zum *Werkkreis Literatur der Arbeitswelt.* Dort, und zwar in der Werkstatt Essen (also eigentlich nicht mehr Westfalen) und mit Unterstützung eines Arbeitsstipendiums des Kultusministers von NRW, entstand *Muskelschrott* und erschien 1974 als Debütroman von Herbert Somplatzki.

Muskelschrott erzählt aus dem Leben von Horst (ohne Nachnamen) und meint mit »Muskelschrott« vordergründig die schwere Verletzung, die er sich während eines Fußballspiels zuzieht und die seine Sportlerkarriere abrupt beendet. »»Hier sitzt ein ziemlich gut erhaltener menschlicher Schrotthaufen und muß in Zukunft ohne den gewohnten Beifall am Wochenende auskommen!«, wie ein Bekannter von Horst die neue Situation auf den Punkt bringt. Trotz aller Bitternis durch die Sportinvalidität gestalten sich Horsts neue Lebensumstände vergleichsweise erträglich. Auch wenn er seinen ›lauen Job‹ einbüßt, den Horst durch seine langjährige Spieltreue im Umfeld des Vereins ausüben durfte, fällt er nicht ins Bodenlose und kann eine verheißungsvolle Tätigkeit als Angestellter im öffentlichen Dienst antreten. Wie Horst dort als engagierter Mitarbeiter in die kommunalen und parteipolitischen Machenschaften und am Ende in eine aussichtslose Auseinandersetzung mit der Justiz gerät, das ist das Thema des zweiten Teils von Somplatzkis Roman: der Kampf eines Einzelnen, der mit Kohlhaas'schen Zügen gegen korrupte Vorgesetzte und das Gericht zu Felde zieht. Wie nicht anders zu erwarten, verliert Horst den Rechtsstreit, hat jedoch »nicht das Gefühl, einen Kampf verloren zu haben«. Am Schluss wird aus der Niederlage die Einsicht für einen Gesinnungswechsel gewonnen, die Perspektive eines möglichen Weges aufgezeigt, so wie die proletarisch-revolutionäre Literatur der Weimarer Republik oftmals verfuhr (das historische Vorbild für den *Werkkreis*) und was hier »zu einem neuen Klischee zu gerinnen droht« (Manfred Durzak): Horst tritt (endlich) der Gewerkschaft bei – und der Kampf könnte beginnen.

»Horst steht zum ersten Mal in einem Boxring und macht dabei eine wichtige Erfahrung«, lautet die Überschrift des ersten Kapitels. Der Kampf, den Horst dort austrägt und der ein ungleicher (gegen einen schwereren Gegner) ist, kann nur symbolisch verstanden werden: als Lebens- bzw. Überlebenskampf. »Wenn du dich nich wehrst, wenn du nich wiederschlägst, schlägt dich auch der andere nich.« Als böser Trugschluss erweist sich Horsts naive Überlegung gleich während seines ersten (Box-)Kampfes, mit dem *Muskelschrott* beginnt und der mit einer schmerzlichen Niederlage endet. Diese Erfahrung des 14-Jährigen wird forthin seine Existenz bestimmen. Dazu gesellt sich der permanente Arbeits- und Leistungsdruck, den Horst bereits früh kennenlernt: als Berglehrling auf einer Zeche im nördlichen Ruhrgebiet während der 1950er Jahre. Dem widmet sich der erste, umfangreichere Teil von *Muskelschrott.* Er ist auch deshalb umfangreicher, da er nicht (wie im zweiten Teil) allein auf das individuelle Schicksal des Sportinvaliden Horst zielt, sondern den Begriff »Muskelschrott« ins Allgemeinere, Grundsätzlichere hebt: Vernichtung von Arbeitskraft und Ausbeutung des Menschen. Um dies angemessen illustrieren zu können, werden neben dem jungen Horst, der während des ersten Teils seine dreijährige Knappenzeit durchläuft, weitere Figuren eingeführt, die in ihren unmittelbaren Arbeitszusammenhängen geschildert werden, aus denen sich für den Leser glaubhafte und überzeugende Einsichten ergeben. Es geht um die Monotonie der Untertage-Arbeit, personelle Unterbesetzung oder die Umgehung der Arbeitsschutzvorschriften, also Themen, wie sie aus der kritischen Bergbau-Literatur bekannt sind. Mit Verherrlichung der Bergarbeit hat *Muskelschrott* nichts gemein, ganz im Gegenteil: »›Weil ein die Scheißmaloche außen Hals raushängen tut!‹«, wie ein Kumpel seine Erfahrungen resümiert. Am Ende eines Bergarbeiterlebens droht, falls Staublunge dazukommt, besagter »Muskelschrott«: »›Jau, wenne erst mal soweit bist, dann bist nur nochen Schrotthaufen mit bißken Haut und Knochen drumrum‹«.

Nicht nur das Thema ›Berginvaliden‹, das sich fast leitmotivisch durch die Bergbau-Prosa Max von der Grüns zieht, sondern auch die erzählerische Aufspaltung des Berglehrlings Horst in eine Übertage- und Untertageversion macht dort Anleihen, und zwar bei dem sogenannten Gruben- und Erdenadam in *Irrlicht und Feuer* (1963; s. S. 238). Als Berglehrling verwandelt sich Horst unter Tage in »12 009«, nach der Knappenprüfung in »5381«. Mit der Zweiteilung wird auf die Besonderheit des Bergmannberufs verwiesen, zweifellos auch auf die damit verbundene Faszination, die ihm trotz Proletarisierung und Rationalisierung bis heute in der entsprechenden Literatur entgegengebracht wird. Über Tage wird derweil von Unternehmerseite zwecks Disziplinierung und Arbeitsfrieden »auf einer deutschen Zeche«, wie es heißt, an das Selbstverständnis des »Arbeiters« appelliert, was der Erzähler durch die Konfrontation mit den tatsächlichen Verhältnissen ironisch als Widerspruch bloßlegt. *Muskelschrott* verschafft hier eindrucksvolle Blicke in die fremde Welt des Bergbaus, mitsamt obligatorischem Grubenunglück.

Ein zweiter Aspekt, der neben dem Einfangen des Bergbau-Milieus Glaubwürdigkeit vermittelt, ist die Darstellung von Gewalt. Es ist nicht nur der (symbolisch überhöhte) Boxkampf, der die Romanhandlung eröffnet, sondern Gewalt prägt ganz allgemein sowohl das Berufsleben (Hierarchien, Vorschriften) als auch den Alltag (Eltern, Freizeit). Als Jugendlicher muss sich Horst wohl oder übel mit dem Diktat der Gewalt arrangieren, was in packend erzählten Szenen dokumentiert wird – und später nicht weniger eindrucksvoll als Motiv in den Revier-Romanen Ralf Rothmanns wiederkehren wird. So ist der erste Teil insgesamt anschaulicher und abwechslungsreicher erzählt und erinnert in seinem Duktus eher an ein Jugendbuch, dem sich Somplatzki später mehrfach zuwandte (*Schocksekunde*, 1981), während der zweite Teil erkennbar ein Produkt aus dem *Werkkreis* verkörpert.

Muskelschrott zerfällt somit nicht nur in zwei unterschiedliche Hälften, die lediglich durch den Protagonisten zusammengehalten werden, sondern zeichnet sich auch durch sein diskontinuierliches Erzählen aus. Letztlich ist es ein an zwölf Stationen haltmachender Roman, wobei die einzelnen Szenen von vier größeren Rückwendungen unterbrochen werden. Die zwölf Stationen tragen (syntaktisch gleichförmige) Kapitelüberschriften, was als Übernahme aus dem ›bürgerlichen‹ Literaturbetrieb im Kontext des *Werkkreises* eher ungewöhnlich ist. Zu den verschiedenen Dokumenten (Rechts-, Zeitungs- und Werbetexte), die Somplatzki wohl zur »Erhöhung der Authentizität seiner Erzählung« (Ute Großmaas) in den zweiten Teil einbaut, gehört selbstreferentiell auch der Reportage-Ausschnitt einer Veröffentlichung aus der Werkstatt Essen. Die Handlung unterwirft sich nun allein ihrem politischen Anliegen, die Dialoge beinhalten vordergründige Stellvertreterfragen, die Aussagen sind oftmals plakativ, das Ganze gerät zu absichtsvoll. Die Erzählstränge laufen alle auf den einen »Fall« zu, das vermeintliche Unrecht, das Horst am Ende widerfährt, wobei das letzte Kapitel des Romans (die Gerichtsverhandlung) der Ausgangspunkt für das Entstehen von *Muskelschrott* war, wie der Autor einleitend vermerkt.

Worauf Somplatzki (später) außerdem verwies, und zwar mit Recht, ist der Umstand, dass die Figuren in *Muskelschrott* Ruhrdeutsch sprechen – und das in beträchtlichem Umfang zum ersten Mal in der neueren Literatur und damit zeitlich vor Jürgen Lodemanns Ruhrdeutsch-Opus *Anita Drögemöller* (1975). Das ist zweifach bemerkenswert: Zum einen war es im Gegensatz zu *Muskelschrott* meistens so, dass die Helden in der *Werkkreis*-Literatur »im schönsten Hochdeutsch reden« (Ulrich Brack). Zum anderen stammt der Schöpfer dieser ziemlich genau beobachteten Sprachvarietät aus Masuren und kam erst als Elfjähriger ins Ruhrgebiet. Dem Revier blieb Herbert Somplatzki (geb. 1934) in mehrfacher Weise verbunden (»Das Land hat mich geprägt!«): Elf Jahre Arbeit auf einer Marl-Hülser Zeche, Pädagogik-Studium an der Gesamthochschule Essen, Leiter der Schreibwerkstatt an der VHS Essen, Initiator des *Literaturpreises Ruhrgebiet*, Gründungsmitglied des Literaturbüros NRW-Ruhrgebiet, freier Schriftsteller in Essen.

Muskelschrott erschien innerhalb der *Werkkreis*-Reihe im Fischer-Taschenbuch-Verlag als einer der wenigen eigenständigen Romane, da die weitaus meisten Titel gemäß *Werkkreis*-Programmatik Kollektiv-Publikationen (zu bestimmten Themen) waren, und lag mit seiner Auflagenhöhe etwa am Ende des ersten Drittels der *Werkkreis*-Reihe. Die Literaturkritik reagierte – wie zu erwarten – gespalten. Während die *Frankfurter Allgemeine Zeitung* vor allem Defizite im gestalterischen Erzählverfahren ausmachte (»Mußte es ein Roman sein?«), die *Frankfurter Rundschau* »das Problem der künstlerischen Umsetzung sozialer Konflikte gültiger gelöst« sah (Heinz Ludwig Arnold), löste *Muskelschrott* bei der Zeitschrift *die tat* eine Grundsatzdebatte aus (»Es geht um Realismus«). In der Literaturgeschichtsschreibung wurde wiederum Somplatzkis Form der Montagetechnik hervorgehoben, die zur »Überzeugungskraft des Buches« beitrage (Manfred Durzak). Obwohl *Muskelschrott* 14 Jahre nach der Erstveröffentlichung noch einmal in einer überarbeiteten Auflage erschien, ist dem Roman eine größere Anerkennung verwehrt geblieben.

Dirk Hallenberger

Herbert Somplatzki: *Muskelschrott. Roman* (1974)

Horst stand in der Reihe und döste vor sich hin.
Je näher er auf den Schalter zurückte, desto deutlicher wurden die Zahlen.
Es waren mehrstellige Zahlen.
Sobald er in der langen Reihe einen Platz weiter gerückt war, hörte er eine neue Zahl.

Einen Schritt vorwärts, stehenbleiben, eine Zahl hören, den nächsten Schritt machen.
Nun stand er vor dem Schalter.
»12 009!« rief er in die Sprechöffnung.
Der Mann in der Markenkontrolle drehte sich zu der dreiteiligen Tafel, an der in langen Reihen die Markennummern hingen, griff ohne zu suchen, in das Über- und Nebeneinander der Metallplättchen – und schon lag die runde Messingmarke auf der Ausgabe.
12 009 nahm die Marke in die rechte Hand und ging durch die Pendeltür in die Lichthalle.
Die große Wanduhr zeigte 5.36 Uhr.
Er ging durch die erste Tür auf der linken Seite, beugte sich kurz über einen der beiden Wasserspender, ließ den kühlen Strahl flüchtig gegen den Gaumen prallen, leckte im Weitergehen vorsichtig das Wasser von seiner geschwollenen Unterlippe und trat in die Waschkaue.
»Nur für Jugendliche unter 18 Jahren«, stand über der Tür.
Der Raum war sehr hoch, relativ schmal und ziemlich lang.
Links und rechts an den Wänden waren Holzbänke angebracht.
Einige Jungen zogen sich um.
Er ging in das zweite Drittel des Raumes, nestelte seinen Schlüssel hervor und öffnete das kleine Vorhängeschloß mit der eingestanzten Nummer 12 009.
[...]
12 009 packte seine Butterbrote in die Jackentaschen, hängte die Aluminiumflasche mit dem Kaffee-Ersatz an seinen Gürtel in die Nähe der rechten Gesäßhälfte, vergewisserte sich nochmals, ob er seinen Haken abgeschlossen hatte und ging zum Ausgang.
Als 12 009 an Bulle – sie nannten ihn so wegen seiner Kraft – vorbeiging, stand der auf der Bank und zog seine Arbeitshose an. Er war etwa einen halben Schritt an Bulle vorbei, da traf ihn dessen Faust so auf den Helm, daß die Vorderkante aus hartem Leder gegen seine zerschlagene Nase stieß.
Schmerztränen in den Augen, riß 12 009 den Helm wieder hoch und schlug blindlings in die Richtung, aus welcher der Angriff gekommen war. Aber Bulle stand schon ein paar Meter entfernt und grinste.
Für einen Moment dachte 12 009 daran, sich auf Bulle zu stürzen. Doch dann spürte er wieder ganz deutlich die Schmerzen in seinem zerschlagenen Gesicht.
12 009 blieb noch einen Moment stehen, drehte sich dann um, wischte sich mit dem rechten Jackenärmel die Tränen ab und ging aus der Kaue.
Auf dem Weg zur Sieberei malte er sich die Rache an Bulle bis in alle Einzelheiten aus.
In der Sieberei angekommen, hatte er sich so weit leergeträumt, daß er meinte, das Grinsen wieder ertragen zu können.

Herbert Somplatzki: *Muskelschrott. Roman.* Hg. unter Mitarbeit der Werkstatt Essen. Frankfurt am Main: Fischer Tb. 1974, S. 9–11

Macht und Ohnmacht
Frank Göhre: *Gekündigt. Roman* (1974)

Er ist ein bekannter Krimi- und Drehbuchautor geworden: Frank Göhre (geb. 1943), der Bochumer, der seit vielen Jahren in Hamburg lebt. *Gekündigt* ist nach *Costa Brava im Revier* (1971; s. S. 372) seine zweite Buchpublikation. Immerhin startete dieser schmale Band eines noch unbekannten Schreibers mit einer erstaunlich hohen Auflage von 3000 Exemplaren. Persönliche Verbindungen zum Herausgeber Wolfram Frommlet (Ravensburg), der damals in Marl lebte, spielten sicherlich eine Rolle bei Göhres Verlagssuche.

Die Suche nach Publikationsmöglichkeiten, nach einem potenten Verlag, war damals für uns junge Autoren ein großes Thema. Klar, wir wollten wahrgenommen, gelesen und gehört werden. Da spielten Underground-Zeitschriften eine große Rolle. Ich erinnere mich daran, wie Frank Göhre und ich Ende der 1960er Jahre zusammen die Broschüre *Ulcus Molle* (s. S. 381) bei dem legendären Bibi Wintjes im Literarischen Info-Zentrum in Bottrop herausgaben und damit bundesweite Aufmerksamkeit erregten.

Im Roman *Gekündigt* spielt die 17-jährige Marianne Weckermann die Hauptrolle – obwohl sie selber als Person nicht in Erscheinung tritt. Sie ist Lehrling in der Buchhandlung Kalwa & Sohn. Ein etwas ausgeflipptes Mädchen, das vergeblich nach Zuneigung sucht, privat und beruflich. Während ihrer Ausbildung wird Marianne allerdings ständig unter Druck gesetzt, schamlos ausgenutzt und erfährt auch keine Unterstützung durch ihre Familie. Mit dem eisigen Wind, dem sie auf unterschiedlichen Ebenen ausgesetzt ist, kommt das Mädchen nicht zurecht und begeht Selbstmord.

Verständlicherweise siedelt Göhre das Geschehen dort an, wo er sich auskennt. Er machte eine Lehre in einer Bochumer Buchhandlung. Die Kontakte zu anderen Lehrlingen erlaubten ihm unmittelbare Einblicke in deren Arbeits- und Lebenssituation. Göhre half ihnen sich auszudrücken, er verschaffte ihnen Authentizität. Damals trauten sich Jugendliche nicht, selber über ihre Lebenswirklichkeit zu schreiben – heute ist das anders. Die neuen Medien haben zu einer enormen Veränderung geführt.

Beim Beschreiben der damaligen Verhältnisse befindet sich Göhre nach meiner Einschätzung in Nähe zur *Dortmunder Gruppe 61* und zum *Werkkreis Literatur der Arbeitswelt*, in denen Autoren in den 1960er und 1970er Jahren sich erstmals intensiver als bisher auf die Berufstätigkeit von abhängig Beschäftigten einließen. In *Gekündigt* geht es um Jugendliche und junge Erwachsene und ihr Arbeitsleben. Das ist ein Thema, das in der Literatur damals noch unzureichend beleuchtet wurde. Aber auch heute springt es den meisten Autoren nicht gerade ins Auge.

Warum hat sich Marianne Weckermann umgebracht? Den Leser nimmt Göhre mit auf die Suche nach den Ursachen für den Selbstmord des Mädchens. Er erzählt keine fortlaufende Geschichte, er notiert Fragen und Antworten. Seine Sprache ist derb, hart und präzise – eben die Sprache junger Menschen. Er gibt kurze, markante Personenbeschreibungen zu den Befragten. Ihre sehr persönlichen Aussagen sind das Entscheidende für Göhre, damit treibt er die »Ermittlungen« voran. Ergänzend zitiert er Ausbildungsvorschriften, die uns heute kurios erscheinen. Das Ganze wirkt wie eine Collage. Wie später bei seinen Drehbüchern bediente sich Göhre der Technik kurzer Schnitte, die den Leser hier immer wieder zu einem Perspektivwechsel zwingen. Die eingestreuten biografischen Hinweise zu den befragten Personen wirken wie Regieanweisungen.

Ein einzelner Schuldiger am Tod von Marianne ist nicht zu finden. Es sind die Umstände, die Mechanismen, die auf Erwerb und Besitz getrimmte Gesellschaft. Daran zerplatzen die Träume junger Menschen vom freien, selbstbestimmten Leben. Resignation? Nein. Diejenigen, die Marianne kannten, begreifen ihren Tod als Aufforderung, sich zu wehren.

Mit diesem Buch signalisierte Frank Göhre, welche Themen ihn nicht nur vorübergehend für ein Buchprojekt beschäftigen: Macht und Ohnmacht. Auch in seinen folgenden Arbeiten ging es ihm um Machtverhältnisse, die den Menschen zum Versager, zum Kriminellen, aber auch zum Goldgräber machen.

Volker W. Degener

Frank Göhre: *Gekündigt. Roman* (1974)

Ansichtssache

Tami Wiedemann nimmt keine Brote mit in die Firma. Manchmal einen Apfel. Sie frühstückt gut und ißt mittags eine Kleinigkeit in der Eisdiele. In den Wintermonaten hat die Eisdiele geschlossen. Dann geht Tami in den Erfrischungsraum des Kaufhauses.

»Marianne verrichtete jede Arbeit, egal was es war, sehr widerwillig. Als ich für das Antiquariat zuständig war, habe ich mir viel Mühe gegeben. Ich habe jeden Tag mindestens zweimal dort aufgeräumt, die Bücher, die die Kunden herauszogen und durchgeblättert hatten, wieder eingestellt, verkaufte Exemplare ergänzt, beziehungsweise aufgeschrieben, damit der Junior sie am nächsten Tag vom Lager mitbringen konnte. Ich kann auch nicht untätig sein. Ich muß immer was zu tun haben, immer in Bewegung sein, und wenn ich keine Arbeit mehr hatte, habe ich mich gemeldet. Aus meiner Sicht gesehen ist das Antiquariat gut von einer Person zu schaffen, selbst wenn man sich Zeit läßt und zwischendurch mal in ein Buch sieht. Aber Marianne hat selbst das nicht geschafft. Es sah da abends immer wie Kraut und Rüben aus.

Ich stand Marianne nicht negativ gegenüber, ich habe versucht, sie zu verstehen und ihre Eigenarten zu respektieren. Nur sehe ich alles vielleicht ein wenig nüchterner. Wenn ich mal runterkam, hockte sie an ihrem Schreibtisch und malte Figuren auf die Tischplatte, oder Blümchen. Sie war meines Erachtens einfach phlegmatisch und desinteressiert. Sie schien nichts gern zu machen.

Herr Rohwer hat dann oft mit ihr zusammen aufgeräumt, dann riß sie sich zusammen, eben auch, weil er sie von Zeit zu Zeit ermahnte. Einmal habe ich eine Auseinandersetzung mitbekommen, mehr zufällig, und da habe ich dann gewußt, was die anderen wohl schon lange vermuteten. Eigentlich interessierte es mich nicht, was wer in seiner

Freizeit macht, mit wem er befreundet ist und was sonst noch alles sein kann. Jeder soll das machen, was er für richtig hält. Aber zu Herrn Rohwer und Marianne möchte ich doch sagen, daß ich das Verhältnis nicht gut fand. Von beiden Seiten. Herr Rohwer hätte Marianne nie zu uns holen dürfen, denn es ist doch ganz klar, daß es für alle eine Belastung, ja sogar eine Zumutung war.

Frank Göhre: *Gekündigt. Roman.* Starnberg: Weismann 1974, S. 85

Onodaland
Harald Hartung: *Reichsbahngelände. Gedichte* (1974)

Nein, ich will über Harald Hartung nichts wissen, nicht mehr als zwei oder drei Dinge, ich habe nichts in der Hand als die graumelierten Fotokopien des *Reichsbahngeländes*, das vor mehr als vier Jahrzehnten erschienen (und jetzt in der *Aktennotiz [s]eines Engels* [2005] aufgehoben) ist, wie Rilkes Nacht in den Ölbäumen, so blättere ich gleichgültig: mit interesselosem Wohlgefallen in den 25 Gedichten: »Die letzten Minuten des Römischen Reiches dürften die längsten gewesen sein ...«, dieses Motto lässt Hartung in drei raunenden Auslassungspunkten versickern, so als ob er seinen Debütband *Hase und Hegel* (s. S. 366) – der einigermaßen gutgelaunt auf den vier Jahre zuvor erschienenen Gedichtband *Laut und Luise* von Ernst Jandl reagiert hatte (ob er das tat, muss ich nicht unbedingt wissen) – geschichtsphilosophisch erden wollte, obwohl der Brückenschlag von Edward Gibbon zur Deutschen Reichbahn ja auch nicht so ganz ohne ist, also springe ich flugs auf die Seite, wo das Titelgedicht steht, nicht ohne mich zunächst ablenken zu lassen von dem Gedicht zur Linken (*Stein der Weisen*), das anthroposophisch jovial von »uns« spricht: »Ist Denken Schwimmen dann / kann man keiner Sache / auf den Grund gehen: der / Taucher berührt ihn bloß // und kehrt um und schnappt nach / Luft. Wir sagen sie sei / Ihm lieber als aller / Grund. Wir glauben dem Stein // der sinkt und keine / weitere Auskunft gibt.«

Mit dem »man« und dem pluralis auctoris und/oder dem pluralis modestiae, das lass ich jetzt mal, auch wenn sich das alles tatsächlich reichlich frühemeritiert (pluralis emeriti) anhört, bedauerlicher finde ich, dass der Autor hier den Stein der Weisen konkretistisch der Schwerkraft opfert und begierig, statt dem Wallungswert jenes Steines, nachzugehen resp. nachzugeben, den Hieronymus Bosch auf seinem frühkraniotomischen Gemälde »schneiden« lässt (»Meester snyt die Keye ras – Myne name Is lubbert das«), dabei hätte es genügt, wenn er »sinkt« mit »g« geschrieben hätte, zumal 1973 von den Stones *Doo Doo Doo Doo Doo* herausgepresst war, aber let's go ahead, Auskunft will geben auch das Titelgedicht *Reichsbahngelände*, darin der einzige Satz des Bändchens vorkommt, gibt, der in

Anführungszeichen gesetzt ist und den ich – Google sei Dank – verifizieren kann, ohne mich vom Schreibtisch zu erheben, aber zunächst mal: »Bahngelände rostig und preußische Bäume: / da schnaubt auch schon die Lokomotive / zischend und schwitzend / ins historische Idyll. // Wie die bedeutungsvollen Pleuel / das bedachtsame Hin und Her / In Drehung verwandeln die / erst durch Gegengewichte // So etwas wie Gleichförmigkeit gewinnt / vergleichbar wird gewissen / ›mit eherner Notwendigkeit wirkenden Tendenzen‹ / deren Mechanik // so einsichtig scheint / wenn sie mit dem Schienenstoß / zusammenklingt als klassische Metrik. / Das Ohr ruht sich aus auf den Schienen. // Geräusche der Kindheit. / Da liegt es / eine Weile / zwischen den Schwellen.«

Wo simmer denn dran?, möchte ›man‹ mit Bömmel fragen: Kapiert Harald Hartung die Lokomotive mittels der Naturgesetze der kapitalistischen Produktion? Oder mittels der so bedeutungsvollen Pleuel den Kapitalismus? Oder mit dem einen wie mit dem anderen die klassische Metrik? Ich will mich hier – meine Blasphemie ist mein Taucheranzug – nicht lustig machen, zumal ein so ganz schlechter Stilist auch Karl Marx (den ja 2015 noch in seiner *Büchner-Preis*-Rede Rainald Goetz zu den »bis heute komplett gegenwärtig lesbaren Autoren« zählt) nicht gewesen ist, wenn er sich im unmittelbaren Kontext des Zitats mokiert über das »pharisäische« Achselzucken des deutschen Lesers, ehe er ihm zuruft: »De te fabula narratur«, und schon sind wir wieder bei Harald Hartung, Jahrgang 1932, der noch einmal sein Ohr auf die Schienen legt, so, als ob er dem Appell gefolgt wäre, den die Hip-Hop-Band Freundeskreis (verstehe: Conscious Rap) 1996 aus ihrem Debütalbum *Quadratur des Kreises* auch als Single veröffentlicht hat: »Leg dein Ohr auf die Schiene der Geschichte« – mit dem Refrain »anything is connected to anything is connected to anything is connected to anything«, ich muss das jetzt nicht alles ausführen, denn das mir liebste Gedicht aus dem *Reichbahngelände* (zuerst hatte ich jetzt »Reichstagsgelände« geschrieben), ist das *Onodaland*, das ich ohne Google gar nicht gekannt noch gewusst hätte, wo das liegt, es ist das Land, das von 1945 – aber das konnte Harald Hartung, als er das Gedicht schrieb, noch gar nicht wissen – bis 1974 der japanische (ja: panische!) Leutnant Onoda Hirō bewohnte, weder von Befehlen noch von Gedichten (!) noch von Bruder und Schwester sich davon überzeugen lassend, dass der Krieg zu Ende war, ein Gedicht, das einen raschelnden Zeitungsartikel gestisch ins Visionäre verallgemeinert, und meine graumelierte Fotokopie ist mit einem mal (verstehe: Mal) so blühend weiß wie mein Bildschirm: »[...] *Onoda Onoda* / rufen sie durchs Mikrophon / Komm heraus / Deine Mission ist erfüllt. / Doch Onoda kommt nicht heraus / in ihr Land erfüllter Missionen / Er bleibt in Onodaland / mit seinem echten Dschungel / und seinen Feinden / Die jeden Tag feindlicher / Und jede Nacht echter werden.«

Vielleicht hätte ich den Punkt hinter der letzten Zeile weggelassen, aber das soll mich nicht daran hindern, Joseph Conrad zu zitieren, den Gottfried Benn zitiert hat: »Dem Traum folgen und wieder dem Traum folgen – und so – immer – *usque ad finem*.« Harald Hartungs Band *Reichsbahngelände* hat etwas von diesem kindlichen Trotz, und eine halbe Ewigkeit des Gedichteschreibens und Gedichteherausgebens und Gedichteinterpretierens lag ja noch vor ihm, als er sich in dem langlebigen Leutnant Onoda Hirō (1922–2014) ein politisch inkorrektes Vorbild nahm …

Hermann Wallmann

Harald Hartung: *Reichsbahngelände. Gedichte* (1974)

Schnecken

Seit Lissabon ist sein Ruf
angeschlagen aber
Gott ist kein Unmensch, er
läßt die Schnecken leben.

Ich weiß nicht wie sie das
machen wenn sie ihr Haus
baun, es interessiert mich,
in zweiter Linie die Kriechspur,

das Glänzende das sie
absondern. Das Tempo ist
ihre Sache. Seit Lissabon
kann man mit Pausen

rechnen. Wenn es dunkel wird
ist es nicht Nacht, es kann
die schmutzige Unterseite
eines Schuhs sein der zutritt.

Das Surren der Fliege
und die Geräusche der Schlafenden
das ist die Stille
in der das Meer zu hören ist
sein langsames
rhythmisches Schlagen
ist die Bewegung
seines Körpers
der von den Wellen
getragen wird
es sind die *Bilder* der Wellen
die ihn tragen
daß er nicht zurückfällt
in den kurzen Tod
zwischen gestern und jetzt
daß er die nächste Welle
wahrnimmt
die startende Vespa
ein Geräusch das sich jeden Morgen
in diesem Moment entfernt
wenn er Frauen
in einer anderen Sprache reden hört
und sie in Licht übersetzt
das nun in lesbaren Zeilen
im Zimmer steht.

Nach dem Schlaf
bemerkte er
daß die Sonne noch da war
und auch die Bücher
waren noch da
und sogar
in den Büchern
die Wörter

und in den Wörtern
steckten noch andere Wörter
eine andere Sonne
andere Bücher andere Wörter

nur er
nur er war nicht mehr da
er sah sich um es gab ihn nicht
– – –

Es würde ein langer Weg sein
durch die Wörter in die Wörter
in die Bücher die Sonne den Schlaf
und in das Erwachen.

Harald Hartung: *Reichsbahngelände. Gedichte.* Darmstadt: Bläschke 1974, S. 8, 29, 19

Verschleißzeit in diesem Land

Paul Schallück: *Hierzulande und anderswo. Gedichte* / Walter Neumann: *Stadtplan. Erzählungen* / Otti Pfeiffer: *In dieser Haut. Kurztexte* (1974)

Ein neues Publikationskonzept – allerdings eher aus der Not geboren, wie Hugo Ernst Käufer, Initiator und Herausgeber der Reihe *Nordrhein-Westfalen literarisch* (s. S. 455, 485) im Vorwort zum zweiten Band anzeigt: Denn für das ›kleine Buch‹, das den üblichen Umfang von Romanen und Gedichtbänden unterschreitet, gibt es kaum Möglichkeiten der Veröffentlichung. Das allgemeine Gesetz der Rationalisierung dominiert auch die Buchproduktion: »Seit einigen Jahren beobachtet man auf dem Literaturmarkt, daß kleinere Drucke zunehmend im Massenangebot voluminöser, aufwendig hergestellter Veröffentlichungen untergehen. Das beweisen der geringe Absatz und die kaum auffallende Beachtung durch die Kritik.« Das klingt leider auch heute noch sehr vertraut. Gleichwohl hat sich in unserer Zeit aufgrund einer – bislang noch – sehr breit gefächerten Landschaft von Kleinverlagen eine Fülle von Publikationsmöglichkeiten etabliert (was freilich die Frage der Finanzierung nicht beantwortet). Käufers Reihe möchte also eine Lücke innerhalb der damaligen Gegenwartsliteratur schließen; das ist – wie zahllose weitere (Publikations-)Projekte des Mitbegründers der *Literarischen Werkstatt Gelsenkirchen* (s. S. 354) – löblich.

Was zeichnet das neue Publikationskonzept aus? Käufer erläutert es im Vorwort: Autorinnen und Autoren mit kleineren, abgeschlossenen Arbeiten werden gemeinsam präsentiert. Im vorliegenden Fall sind dabei (sicher kein Zufall) drei Formate vertreten: Erzählung, Kurztext, Gedicht. Darüber hinaus konzediert der Reihenherausgeber für Paul Schallück, Walter Neumann und Otti Pfeiffer, dass sie ein sehr ähnliches Literaturverständnis eint: »Sie verstehen Literatur nicht als wertfreie Beschreibung, sondern als Beitrag zur Erhellung sowohl des geistigen wie auch des politisch-sozialen Hintergrunds unserer Gegenwart.« Das ist richtig, bleibt allerdings als Zuschreibung auf einer sehr allgemeinen Ebene, die Spezifizierung verlangt. Und so fallen denn bereits bei flüchtiger Lektüre vor allem die (inhaltlichen wie auch stilistischen) Divergenzen und Differenzen zwischen den Arbeiten auf. – Somit ist Käufers Hoffnung, dass in jedem Fall ein Vergleich zwischen den Beiträgen möglich sei, der die Diskussion fördere, eventuell ein wenig zu optimistisch.

Paul Schallück ist der bekannteste und renommierteste der drei Autoren und sicher nicht ohne Grund als ›Zugpferd‹ installiert worden. Er ist zugleich auch der Älteste: 1922 in Warendorf geboren, im Zweiten Weltkrieg schwer verwundet, Studium der Germanistik, Geschichte, Philosophie und Theaterwissenschaften in Köln, wo er als Autor, zunächst auch als Theaterkritiker, später vor allem für den Rundfunk arbeitete. Schallück war nicht nur Mitglied der *Gruppe 47*, des *Verbands deutscher Schriftsteller*, des *PEN* sowie der *Deutschen Akademie für Sprache und Dichtung*, sondern auch Mitbegründer der Bibliothek *Germania Judaica*. 1955 erhielt er den *Annette-von-Droste-Hülshoff-Preis*, 1973 für sein Gesamtwerk den *Nelly-Sachs-Preis*. Käufer stellt hier also einen arrivierten Autor vor, der ein derartiges Forum eigentlich nicht mehr nötig hat. Weshalb wurde er aufgenommen?

Neuartig und erwähnenswert ist der Beitrag Schallücks, da dieser hier erstmals als Lyriker in Erscheinung tritt: Schallück wurde vor allem durch zeitkritische Romane und Erzählungen bekannt, die die Nachkriegsjahre thematisierten; zu nennen wären etwa *Wenn man aufhören könnte zu lügen* (1951; s. S. 45), *Die unsichtbare Pforte* (1954; s. S. 84), *Engelbert Reineke* (1959; s. S. 140) und der Erzählungsband *Lakrizza* (1966; s. S. 275). Inhaltlich bleibt der Lyriker Schallück seiner bisherigen Ausrichtung – die Schrecken der Vergangenheit, die Ungerechtigkeiten der Gegenwart aufzuzeigen – treu; das macht bereits das vorangestellte Gedicht *In diesem Land* deutlich: »selig die Armen im Geiste / sie säen nicht sie ernten nicht / und ihre Konten wachsen beständig / über die Köpfe der Kopflosen / in diesem Land / in dem das Unglück / nur die Sünder verfolgt«. Dieses Land, »wo jeder seines Glückes Schmied ist«, produziert vor allem Neid, Konkurrenz und Kollateralschäden; das Credo der Egoisten produziert neben permanenten Kämpfen Orientierungslosigkeit: »der Kapitän erlitt einen Herzinfarkt / aber er hält das Ruder fest in der Hand / wir kennen ihn nicht / aber wir vertrauen ihm uns an«. Schallück führt zahlreiche Beispiele für die grassierende Unmenschlichkeit an und schließt leicht sarkastisch mit der prophetischen Ansage: »der nächste Frühling / wird aus Kunststoff sein / in diesem Land«.

Schallück sucht die unmittelbare Gegenwart auf: Seinen Gedichten ist, schaut man genauer hin, oftmals ein konkreter Anlass – ein politischer Skandal, die selbst gemachte Beobachtung – eingeschrieben. Er verfolgt mit Sorge einen sich zunehmend stärker ausbildenden Polizeistaat (»die Ordnung nicht einzuhalten wird verboten sein / die Ruhe nicht zu wahren / wird nicht erlaubt sein«; *Polizist*) und kontrastiert dies im darauffolgenden Gedicht sehr schön mit der entpolitisierenden Wunschmaschine namens Kommerz (»Machs einfach nimm Strom / so weiß durch Semidol / darin zeigt sich das eigene Ich«; *Plakatgesicht*). Aber Schallück ignoriert auch nicht die grassierenden rechten Tendenzen im Land und schaut dem Volk aufs Maul: »Ist doch klar / daß Neger den Weißen unterlegen / daß Erbkranke sterilisiert / daß Kriegsdienstverweigerer / Landesverräter / entsprechend behandelt / [...] Kinder müssen Prügel ab und zu / werden sonst verzogen / Todesstrafe muß wieder her / ist doch klar / die Juden naja«. Eine zusätzliche Kommentierung der Ressentiments kann Schallück sich ersparen; das Montage- und Collage-Verfahren ist hier wie auch in weiteren Gedichten entlarvend genug und behält dabei nüchtern Distanz. Schallück saugt diese Schnipsel, die Zeitungs-, Reklame- und Alltagsfetzen, dieses gedanklich wie sprachlich unschön Geformte akribisch auf und komprimiert das Sprachmaterial. Ihre Deformation präsentieren die Funde des Alltags letztlich selbst; gelegentlich braucht es bei dieser Banalität des Bewusstseins freilich doch die Zuspitzung durch den Dichter: »Genossen / mir nach / wohin / das wird sich zeigen / aber der Plan / das eben ist er«.

Zugleich hat Schallück ein Ohr für die Falschheit der durch Waren-, Pop- und Filmwelt vermittelten Sehnsüchte: Die gängigen Slogans und Klischees werden aufgegriffen, in die Texte montiert, sodass sie im Gedicht aufeinandertreffen und dabei kaum unbeschädigt bleiben. Und auch die Krisen und Katastrophen der Geschichte sollen nicht vergessen bleiben. – Spätestens hier wird aber der Preis deutlich, den Schallück für seine Indienstnahme der Lyrik zur kritischen Diagnose der Gegenwart zahlen muss: Es findet auf sprachlicher Ebene teils kaum noch ein poetischer Verkehr statt. Die Gedichte bemühen sich (meist mit Erfolg) um Rhythmik und Klang, doch mindestens ebenso häufig werden diese Bemühungen durch die Vielzahl der Phrasen und Versatzstücke überdeckt und erstickt. Wörter werden zum bloßen ›Transportmittel‹, vermitteln lediglich einen spezifischen Inhalt – für den dann allerdings die Form des Gedichts kaum nötig wäre.

Zu Walter Neumanns Erzählungen nur kurz: Ihnen kann eine mit Schallück übereinstimmende Hinwendung zu den ›dunklen Kapiteln‹ der politischen Geschichte des 20. Jahrhunderts attestiert werden; stärker noch als Schallück wendet sich Neumann der Vergangenheit zu. Neumann, 1926 in Riga geboren, nach Kriegsgefangenschaft seit 1946 in Bielefeld, war Hilfsarbeiter, Dolmetscher, Maurer, seit 1962 in der Stadtbibliothek Bielefeld angestellt und bis 1981 Leiter der »Autorenlesungen im Bunker Ulmenwall« (s. S. 469).

Otti Pfeiffer ist zweifellos die unerwartet große Entdeckung in diesem Band. Dass ihre unter dem Titel *In dieser Haut* versammelten Texte in diesem Rahmen eher untergehen, ist sehr bedauerlich (bezeichnenderweise taucht diese Publikation auch in der ausführlichen Wikipedia-Bibliografie nicht auf). Was Pfeiffer (und auch Neumann) mit Käufer verbindet, ist das Studium am Bibliothekar-Lehrinstitut Köln. Das mag mit Blick auf den Literaturbetrieb und dessen Netzwerke gewisse Vorurteile bestätigen, doch dies Hugo Ernst Käufer vorwerfen zu wollen, wäre falsch: HEK war vor allem am Austausch, an gegenseitiger Förderung, an konstruktiver Kritik und wohlwollender Begleitung der Schreibprozesse interessiert. Davon hat Otti Pfeiffer, die später als Kinder- und Jugendbuchautorin bekannt geworden ist, ebenso profitiert wie zahlreiche weitere Kollegen im Ruhrgebiet. Zu erwähnen ist in diesem Kontext die durch Käufer herausgegebene Anthologie *Otti Pfeiffer. Eingebaut ins Riesenrad* (2002), die an ihr »Leben und Werk 1931–2001« erinnern möchte.

Pfeiffers Kurztexte können, ebenso wie ihre zuvor erschienenen *Widerworte aus der Küche* (1972; s. S. 389), als kurzweilige, dicht formulierte Einblicke ins Alltägliche gelesen werden, die ebenso realistisch wie poetisch daherkommen: Als unvertraut erscheint das Vertraute, als widerspenstig und eigensinnig die bisherigen, gut einstudierten Routinen. Die kleineren Niederlagen und ernüchternden Kompromisse finden sich in einem Geflecht von Beschreibungen, die sparsam und genau die Worte wählen, wieder. Vielversprechend sind bereits die Überschriften der vier Abteilungen mit durchnummerierten Texten (*So finden wir uns*, *Glasscherben im Garten*, *Bilanzen*, *Fingerzeige*). Häufig sind es Realien, von denen bei Pfeiffer der allererste Impuls zur Beobachtung und Reflexion ausgeht: »Ich nehme wahr: Das ist die Küche, ein paar Krümel unter dem Tisch, die lese ich auf, den Flecken am Schrank wische ich weg. Das war es doch nicht, was ich wollte.« Dabei wird innerhalb des stets bewusst sehr knapp gehaltenen Textraums ganz plötzlich das Register gewechselt; aus der Nahaufnahme entwickelt sich die Erkenntnis: Diese Kleinheit und Übersichtlichkeit des Alltags war nie erwünscht, nun ist sie plötzlich dennoch als perfide Behaglichkeit eingetreten und lässt sich nicht mehr leicht entfernen. Dass eben die Fortdauer von beiläufig betriebenen Routinen das einst gesuchte ›Glück‹ noch mehr außer Reichweite geraten lässt, wird mit Bitterkeit – der die selbstironische Leichtigkeit noch nicht ganz abhanden gekommen ist – konstatiert: »Die Früchte des Sommers friere ich ein. In meiner Tiefkühltruhe bewahren Kirschen ihre Frische, Beeren ihren Saft, Aprikosen ihr Aroma. Ich wirtschafte gut. Meine Träume lege ich auf Eis, mein Herz in Alufolie überdauert die Zeit.«

Wie schon bei Schallück wird auf die ›gefährlichen Gifte‹ des Konsums hingewiesen: Die verführerischen Produktversprechen erzählen von einem besseren, einem gelungenen Leben. Nur zu gerne glaubt und vertraut man den Angeboten – und verdrängt die groteske Schieflage all dieser Kalkulationen: »Ich hamstere im Supermarkt den Drahtkorb voll mit allerlei Sachen: Davon eine Schachtel, hiervon ein Pfund, ich laß mich verführen, auch Kuchen zu wählen, das Angebot ist gut und günstig, ich kann alles haben, warum nicht auch noch Käse und Wein? Mit einem kleinen Rausch und kräftigen Gewürzen verbessere ich mein Tagesprogramm. An der Kasse wird berechnet mehr als ich bezahlen kann.« Es ist eine minimale Wortverschiebung, die eine pointierte Kritik am Warenkapitalismus zustande kommen lässt: Durch das verzögerte »mehr« wird das Bereichern und Bezahlen in einen noch engeren Konnex gestellt; die Ein- und Ausgaben, so wird deutlich, können niemals einen Ausgleich finden. Letztlich summierten sich nur die Mühen, die keine befriedete Mitte erreichen. Auch im Privaten dominieren meist die *Glasscherben im Garten*: »Ich sitze auf meinen Ohren und höre dir nicht zu. Du sitzt auf deinen Ohren und hörst mir nicht zu. Wir sehen unsre Lippen sich bewegen, aber wir verstehen uns nicht. Nur ich bin wichtig, nur du bist wichtig, jeder für sich. So spalten wir Atomkerne.« Was als extrem vertraute Situation daherkommt, dass sie auf den ersten Blick trivial erscheinen mag, wird erst durch den letzten Satz der eingehenderen Beschäftigung wert: Plötzlich wird ein anderer Kontext umspielt, ein unbekanntes Bild anvisiert, das zunächst fremdartig erscheint und zugleich intuitiv die völlig verfahrene Partnerschaftssituation neu erfahrbar macht.

In Pfeiffers *Bilanzen* wird dieses ständige Pendeln, das An- und Aufschlagen der psychischen Existenz an mentalen wie objektiven Widerständen fixiert: »Leichtes schwimmt oben, Schweres sinkt auf den Grund. Ich bin ein schwebender Fall, nicht oben, nicht unten, so in der Mitte. Licht von oben, gebrochenes Licht. Dunkel unten, verdichtet, undurchdringbar. Dazwischen im Dämmerzustand treibe ich.« Und so wie die Sätze schwingen, aneinanderprallen und weitergleiten, so ist in Pfeiffers Kurztexten auch das (weibliche) Ich in allen möglichen Tagessituationen zu erleben: gestoßen, getrieben, unruhig. Die stets unnachgiebig verstreichende Zeit – sie wird als »Leerzeit«, »Abfallzeit«, als »Verschleißzeit« empfunden. Das gute Leben: weiterhin eine schöne, vielleicht eher schon utopische Vorstellung, der bei Pfeiffer mal mit ironischer Spitze, mal mit sentimentaler Wehmut nachgegangen wird: »Ich stecke in meiner Haut, in dieser Haut stecke ich, ich kann nicht aus der Haut fahren, in eine andere Haut schlüpfen, meine Haut sitzt mir angegossen, ich kenne sie, ihre Falten, ihre Abschürfungen, ihre Schwielen, sie grenzt mich ab, die Welt dringt nur vor bis an meine Haut. Nichts geht unter die Haut, in meiner Haut bin ich allein.«

Als Nachtrag zum Konzept des Bandes: Ein bestimmtes, stillschweigend von allen akzeptiertes Reglement des Literaturbetriebs kann Käufers Reihe *Nordrhein-Westfalen literarisch* nicht ohne Einbußen ignorieren: Verkauf, Marketing und Rezensionswesen laufen wesentlich über die Figur der Autorin, des Autors. Ohne eine interessante Biografie, eine anekdotische Episode etc. ist kaum noch etwas auszurichten. Käufers Konzept, mehrere Autoren mit kürzeren Arbeiten in einem Band zu versammeln, widerspricht diesem Procedere – wenngleich durch die Tatsache, dass Schallück als prominentester Autor demonstrativ vorangestellt wurde, den Gepflogenheiten mittelbar doch Genüge getan ist. Leider geht dies aber zulasten nachfolgender Beiträge – die Ökonomie der Aufmerksamkeit ist schließlich streng limitiert. Zudem folgen praktische Probleme auf dem Fuße: Wie ist der Band in die alphabetische Systematik aufzunehmen? Wo findet man ihn im sortierten Bücherregal? Wer bzw. was wird auf dem knappen Raum der Werbeanzeigen beworben? Es werden nicht zuletzt derartige Hürden gewesen sein, welche sich als verkaufshinderlich erwiesen und ihren Anteil am frühen Abbruch der Reihe hatten.

Arnold Maxwill

Paul Schallück: *Hierzulande und anderswo. Gedichte* / Walter Neumann: *Stadtplan. Erzählungen* / Otti Pfeiffer: *In dieser Haut. Kurztexte.* Wuppertal: Hammer (1974)

Paul Schallück
Gedichte

Es sangen für Sie
die Toten von Thermopylä
von den Katalaunischen Feldern
von den Scheiterhaufen
aus den Abtreibungsboutiquen
aus den Konzentrationslagern
aus Vietnam Hiroshima
Harlem Mexiko Indianapolis
aus den Konkursverfahren
von den Autobahnen
aller Neurosen
wir hoffen
Sie haben sich
gut amüsiert

Paul Schallück: *Hierzulande und anderswo. Gedichte.* Wuppertal: Hammer 1974 [S. 11–65], S. 51

Walter Neumann
Großväter

Aber mein Opa war immer anständig? fragte der Enkel.
Dein guter Opa, sagte die Großmutter, war der anständigste Mensch von der Welt. Von früh bis spät hat er Herrn Jeftannowitschs Zahnpulverfabrik geleitet. Immer hat er darauf bestanden, daß nur Arbeiter mit Leistenbrüchen eingestellt wurden. Sie waren billiger und wußten ihre Arbeit zu schätzen. Alles hat dein guter Opa für Herrn Jeftannowitsch getan. Nie hat er Urlaub genommen. In jenen Schreckenstagen noch, als Herr Jeftannowitsch schon längst in die Schweiz geflohen war, hat dein guter Opa unter Lebensgefahr die Fabrik für Herrn Jeftannowitsch gerettet!

Walter Neumann: *Großväter*, in: ders.: *Stadtplan. Erzählungen*. Wuppertal: Hammer 1974 [S. 67–139], S. 104–109, hier S. 107

Otti Pfeiffer
So finden wir uns

8
Ich bin ein normaler Mensch, tue normalerweise meine Arbeit. Ich lächle nicht mehr freundlich, ich fletsche meine Zähne. Das seid ihr nicht gewöhnt? Ich lasse nur den Wolf hinaus, der schon immer in mir war. Er hat sich in vielen Jahren nicht zähmen lassen. Er lahmt ein wenig, sein Gebiß ist schwach. Ich gebe ihm seine Freiheit zurück. Keine Angst! Was er heult, ist Klage.

9
Im Sandkasten spielen, Sandburgen bauen, ein großes Loch buddeln, den Schatz vergraben, vergrabt mich im Sand, Eimer füllen, Eimer leerkippen, mit den Zehen krause Schnörkel malen, Sand rieselt durch die Finger – ich werfe Sand in eure Augen, zerstöre die Burgen, lasse Sandwolken wehen. Dann läuten die Glocken, ich klopfe den Sand ab, schüttel die Schuhe aus, ins Haar gehört kein Sand, Sand im Getriebe entferne ich mit feinem Pinsel.

Otti Pfeiffer: *So finden wir uns*, in: dies.: *In dieser Haut. Kurztexte.* Wuppertal: Hammer 1974 [S. 141–171], S. 146–150, hier S. 148.

Welche Schuld wir alle tragen
Thomas Valentin: *Jugend einer Studienrätin. Ausgewählte Erzählungen, Gedichte, Fernsehspiel* (1974)

Die erste Recherche führt ans eigene Regal. Da muss doch was sein, wenigstens ein, zwei Bücher, das weiß ich. Ah! *Niemandslicht* (1980) blitzt auf, ordentlich einsortiert. Ein Band Gedichte, immerhin, nur ein bisschen verstaubt, gelesen und gebraucht schaut er aus. Aber weiter, es sollte auch Prosa von ihm geben in meiner Sammlung. Die zeitgenössische deutsche Literatur ist nicht so gut geordnet, es dauert, bis ich feststelle, dass ich welche besaß, aber beim letzten Umzug wohl aussortiert habe. *Grabbes letzten Sommer* (1980) erinnere ich, schmal und heiß, die *Jugend einer Studienrätin* (1974), eine Jugendliebe. Vielleicht verwechselt das Gedächtnis die Bücher mit den Fernsehspielen. Natürlich, als erstes und eindrücklichstes Erlebnis mit Valentins Werk der Film *Ich bin ein Elefant, Madame!* über eine Schülerrevolte (s. S. 330), gesehen als Schüler, der auch aufbegehrte und den Spruch nie vergessen wird: »Beweisen Sie mir erst mal objektiv, dass ich kein Kiwi bin!« Zu einem Lehrer gesprochen aus der Glasvitrine vorm Biologiesaal.

Der nächste Gang führt zur Dortmunder Stadt- und Landesbibliothek. Im Katalog kein einziges Buch oder anderes Medium von Valentin verzeichnet! Nichts, das ich ausleihen könnte. Beim Durchstöbern der deutschen Literaturgeschichten stoße ich immer wieder auf Karl, Karl, Karl, kein Thomas. Ja, wirklich, Humor hatte er wohl nicht, das vorweg. Aber dass es ihn gar nicht mehr gibt, muss ein Scherz sein. Im Kindler, immerhin, ein Abschnitt über ihn, nach Karl und vor einem Veit. Außerdem ein Hinweis auf die Verfilmung seines Romans *Die Unberatenen* (1963; s. S. 220).

Dritter Anlauf: In den Antiquariaten sind alle Bücher zahlreich vertreten und billig zu bestellen. Die Vergänglichkeit der Kunst, ein großes Thema auch für Valentin, was wir noch sehen werden, wird einige Jahr(zehnt)e hinausgezögert, je nach Sorte und Güte des bedruckten Papiers. Ich lasse mir mein zu besprechendes Buch trotz Portokosten schnell schicken. Außerdem *Die Unberatenen*, von dem ich nur die wunderbare Filmfassung kenne. Meist sind die Bücher zum Schutz in alte Zeitungsseiten verpackt und ich erfahre, was in den Vororten von Stuttgart los ist. Nichts anderes als bei uns.

Vierter Suchlauf: Im Netz gefunden die Thomas-Valentin-Gesellschaft in Lippstadt, wo Valentin lange lebte – als Volksschullehrer und freier Autor – und mit 58 Jahren, zwei Tage vor Weihnachten, 1980 Selbstmord beging. Auffällig häufig bringen sich auch seine Figuren um, versuchte Ausbrüche aus den *Käfigen der Freiheit* (1980; einer seiner letzten Erzählungsbände) in »heillosen Nächten«. Lippstadt vergibt (nur alle vier Jahre) einen Preis in seinem Namen, die Bücherei ist nach ihm benannt. All diese Bemühungen führen nicht dazu, dass Valentin bekannt und seine Werkausgabe – oder auch die antiquarischen Erstausgaben – gelesen wird. Eine (nicht repräsentative) Umfrage bei Kollegen und Freunden ergibt eine völlige Unkenntnis nicht nur seines Werkes, sondern auch des Schriftstellers Thomas Valentin.

Fast ehrfürchtig öffne ich das mit 360 großformatigen, eng bedruckten Seiten umfangreiche Buch. Nach Inhaltsangabe (so viele Erzählungen!) und Vorwort, das ich nach den ersten Sätzen mit dem Lob von Hermann Hesse für den 1957 nahezu unbekannten Valentin überschlage und erst später studieren will, nachdem sich eigene Eindrücke gebildet haben, stoße ich auf die wundervolle erste Erzählung *Picasso im Schnee*. Fünf Seiten, die ich verschlinge. Schnell lese ich mich fest und habe den ersten Teil mit zwanzig Erzählungen durch. Die meisten nicht länger als drei, vier Seiten. Aber die haben es, möchte ich betonen, in sich. »Paris im Schnee; ein früher Märzmorgen«: Dem Ich-Erzähler begegnet beim Spaziergang ein merkwürdiger Mann, der mit ihm ein Geschäft machen will. Im Schnee, in den frisch gefallenen hineingeritzt, hat er eine Zeichnung von Picasso entdeckt, sogar signiert, und will sie verkaufen und dem Erzähler, wenn er ihm dabei hilft, zehn Prozent geben. Es drohen die Sonnenwärme und weitere Passanten. Noch bevor man sich einigt und die Strahlen die Zeichnung angeschmolzen haben, wälzen sich im Streit der Entdecker und ein Clochard auf den Linien. »Von der Zeichnung Picassos war nicht mehr übriggeblieben als der linke Hinterhuf des Centauren, aus dem die weltgültige Signatur hervorblitzte.« Hier wie in der dritten Erzählung *Vincent malt einen Stuhl* ist eines von Valentins Themen in kurzen, eindringlichen Skizzen präsent: die Vergänglichkeit aller Kunst bei gleichzeitiger Gültigkeit, durchaus für die Ewigkeit. Der Wahnsinn eines Künstlers bürgt für die Überwindung der alltäglichen und besonderen Gefährdungen, transzendiert Sinn und Sinnhaftigkeit des Lebens. Und ist, neben Menschlichkeit, wie sie in vielen anderen Erzählungen – oft durch ihr Fehlen in alltäglichen und persönlichen Geschichten – beschrieben wird, eine der wenigen Garanten für gelungenes Leben. Große Worte, die zum Glück nie auftauchen innerhalb der Erzählungen. Valentin gelingt es durch genaue Beschreibungen der Personen und ihrer Geschicke alles dies glaubhaft zu machen, uns Leser zu überzeugen und durch seine Sprache zu bezaubern. In *Der Tod des Papageien* erfahren wir vom Selbstmord einer alten Sängerin, berichtet aus der Sicht ihres Papageien. Wiederum reicht etwas mehr als eine Seite, die Tragik mitzuerleben. Die Sängerin hat den Gashahn aufgedreht, der Vogel merkt, dass etwas anders ist, spricht seine gelernten Sätze, kann sich und der Sängerin nicht helfen, stirbt in seinem Käfig. Das ist, wenn man es denn so sagen darf, großartig, und kann nicht oft genug wiedergelesen werden.

Die kurze Skizze, die Erzählung nicht länger als ein bis drei Seiten, ist die besondere Stärke von Valentin. Es handelt sich nicht speziell um Kurzgeschichten, die mit einer Pointe am Schluss etwas vorführen und mir eine Moral unterschieben wollen. Und das ist gut so. Eine halbe Seite reicht für den Brief von Pontius Pilatus an seinen Freund in Rom – und wir halten den Atem an! Hätte die Geschichte anders verlaufen können? Pilatus jedenfalls will eher seine Ruhe und zurück nach Rom als »in dieser gottverlassenen Provinz« die Wahrheit zu suchen. Eine der besten Geschichten ist *Die Tüte*, auch bloß gut eine Seite lang, in der fast nebenbei die Nazibarbarei bloßgestellt wird. In der Rechnung für die Hinrichtung eines Jungen taucht auch folgender Posten auf: »Hier: eine Tüte für den Kopf – 30 Pfennige.« Das klingt erschreckend und wahr. In *Vorgänge im Herzen der Nacht* darf Judas seine Sicht der Ereignisse und Erlebnisse mit Jesus beschreiben. Skizzen, in denen die ganze Geschichte aufblitzt, die persönliche kleine und die große Historie.

In der Titelgeschichte *Jugend einer Studienrätin* beschreibt Valentin in neun knappen Szenen die üblichen Gefährdungen der Pubertät, allerdings in der besonders schwierigen Zeit des Zweiten Weltkriegs. Wir begleiten das Mädchen Maxie von der Konfirmation bis zum Abitur. Sie erlebt den Abschied vom Vater, erste Verliebtheit, Tanzstunde, Küsse, Ehebruch und Tod der Mutter. Sie muss sich allein zurechtfinden, die Reifeprüfung bestehen. Stellen wir sie uns in späteren Zeiten vor, als strenge oder verständnisvolle Lehrerin? Beim Lesen standen einzelne Bilder des Fernsehspiels von 1972 wieder vor meinen Augen. Valentin muss ein guter Dramaturg gewesen sein, der eindrückliche Szenen und Abläufe erfinden und durchführen konnte. Er war nicht nur von 1964 bis 1966 Chefdramaturg am Bremer Theater, sondern schrieb einige seiner Erzählungen und Romane erfolgreich zu Filmskripten um.

Valentins Sprache ist eine spezielle, äußerst gelungene. Sie hat einen guten Klang, glänzt durch die Sache und Menschen kennzeichnende Worte. Er nutzt oft nicht die einfachen, nahe liegenden Adjektive und Verben, sondern bestimmte, genauere: »Wenn die Schleuse sich blank aufschenkelt.« Oder: »klopfte an die gesplissene Scheibe.« Das sitzt und hat die ›Kahlschlagliteratur‹ überwunden.

Auch die Gedichte sind sprachliche Kunstwerke; zu Recht lobte der Lyriker Karl Krolow ihn. Sie beinhalten hauptsächlich Naturphänomene und Spiegelungen menschlichen Daseins darin. Sie sind atmosphärisch dicht und bilderreich, ein wenig eintönig die vielen Folgen einfacher Aussage- und Hauptsätze. »der mond / schüttet / braunen schnaps / in das stundenglas.« Oder: »die rostige trompete / des hahns / hebt an / und zersplittert. / im tau / des vergessenen eimers / glimmt / der tag.« Noch wird, der damaligen Mode gemäß, konsequent kleingeschrieben. Die späteren Ausgaben folgen den normalen Regeln. Es gibt Versuche, eine klarere, härtere Kritik an den Umständen der Zeit in Chansons und Bänkellieder zu packen, die allerdings nicht wirklich überzeugen können.

Das führt zu einer Einschränkung im Lob: Humor und Ironie sind eher schwächer ausgeprägt, die Satiren weniger geglückt. Das mag daran liegen, dass der Leser zu schnell weiß, gegen wen sie sich richten und dem Autor sofort zustimmt, aber auch daran, dass sie zu allgemein gehalten sind. Es fehlen überraschende Momente und die Besonderheiten von lebenden Personen.

Gibt es Geschichten, die gut ausgehen? Ich kenne keine. Valentins beste und überzeugendste Prosastücke sind wie ›unhappy ends‹ von Romanen oder letzte Szenen von Filmen, kurz vorm Abspann. Mit Gewinn immer wieder zu lesen. Noch einmal die Kunst (das Leben): Ein an Tbc erkrankter Schüler, seltsamer Außenseiter aus keinem Grund, bastelt zu Hause die besten Drachen, baut sie in Serie, verkauft die einzelnen Kunststücke an Mitschüler. Zwei sind besonders schön. Der Ich-Erzähler will ihm helfen, sie steigen zu lassen, im Morgengrauen. Als er zu der Wiese kommt, sieht er sie hoch oben majestätisch flattern. Am Ende des Seils, am Boden, liegt der kranke Junge, der sich erschossen hat. »Zum Abschluß werde ich Ihnen ein paar interessante Fälle zeigen, sagte der Pfleger.« – Wir sollten ihm folgen. Auch in die hintersten, dunkelsten Winkel.

Thomas Kade

Thomas Valentin: *Jugend einer Studienrätin. Ausgewählte Erzählungen, Gedichte, Fernsehspiel* (1974)

Die Tüte

»Kommen viele Leute hierher?«
Der alte Herr faltete das Papier zusammen und legte die Blumen auf den Zementsockel.
»An den drei Gedenktagen ist alles grün von Kränzen«, sagte ich. »Schöne, teure Kränze mit Seidenschleifen von der Regierung. Dann werden auch Reden gehalten, eindrucksvolle Reden. Die Gäste brauchen ihre Taschentücher.«
Der Strauß lag zerzaust zu Füßen des Monuments. Ich holte eine Blechdose und stellte die Blumen hinein.
»Danke«, sagte der alte Herr und hörte auf zu beten. Gewiß gehörte er einer Sekte an.
»Und die Schulkinder?«

»Früher kamen öfter auch Schulklassen hierher. Wir haben noch ein kleines Museum, und zwei Baracken sind stehengeblieben, wie es damals war. Die Amerikaner wollten es so haben, wissen Sie. Da drüben –«
Der alte Herr ging nicht hinüber.
»Mein Sohn hätte heute Geburtstag«, murmelte er und stellte die Blumen aus der Sonne in den Schatten.
»Rußland?« fragte ich.
Er sah mich einen Augenblick zerstreut an.
»Nein, Deutschland«, sagte er und wandte sich zum Gehen.
»Bomben?«
»Ein Witz. Über den Führer.«
»Der Tod kommt immer zu früh«, sagte ich.
Er antwortete mir nicht.
Auf dem Weg zum Lagertor kamen wir doch an den Baracken vorbei.
»Die Fensterscheiben hat neulich eine Schulklasse eingeworfen, das war früher nicht so.«
Der alte Herr blieb stehen und wischte sich den Schweiß ab.
Ich las ein paar Scherben auf.
»Man kann die Augen nicht überall haben«, entschuldigte ich mich. »Ich mache das hier nur nebenbei!«
[...]
Er zog seine Brieftasche. Sie war schon ziemlich abgewetzt.
»Ordnung herrschte, das muß man ihnen lassen.« Er reichte mir ein zerknittertes Blatt.
Es war die Rechnung über die Hinrichtung.
Franz Burckhardt hieß der Junge.
»Neunzehn?« fragte ich.
»Ja, neunzehn.«
»Ich habe die Brüder nie gemocht«, sagte ich. »Am Anfang ging ja alles gut, aber nach Stalingrad –«
Ich gab ihm die Rechnung zurück.
»Nicht einmal die Tüte haben sie vergessen«, sagte er. »Hier: Eine Tüte für den Kopf – 30 Pfennige.«
Er faltete das Papier zusammen und steckte es zurück in die Brieftasche.
»Gut, daß alles vorbei ist«, sagte ich zu ihm.
Am Lagertor drehte sich der alte Herr noch einmal um und nahm den Hut ab. Dann stieg er langsam hinauf zur Stadt.

Vincent malt einen Stuhl

Die Straße nach Arles. Zwischen gelben Feldern, in denen der Wind wühlt, die Straße. Die Schlucht voll Staub. Drei vier magere Bäume hinterm Graben, schwindsüchtig und verkrüppelt. Auf jedem Blatt, über den scharfen, grinsenden Steinen der Staub.

Und darüber die Sonne. Kochend, ein Kessel voll Blut. Sie tritt über den Rand, und alles kommt um in ihrer Brandung. Der Bauer wie ein Kloß aus Lehm. Die Hände stöhnend in der Mähne des Pferdes verkrallt.
Vincent geht nach Hause. Auf der Straße nach Arles. In der Schlucht voll Staub. Vor der gelben Brandung des Korns.
Vincent hat gemalt. Auf den Äckern hinter der Stadt. Als er hinaustrabte, lag noch Tau, und die Sterne bissen sich durch den Himmel. Vincent hat gemalt. Blaue Karren im Feld, zersplitterte Zypressen, bucklige Dorfgassen und darüber die Sonne, den roten, kreißenden Schoß voll Leben. Seine Pinsel haben die Sonne niedergeschlagen auf das dicke, graue Leinen. Aber die Sonne schlägt zurück. Zuerst stülpt sie ihm den verknäulten Hut aus der Stirn. Das ist eine List, aber Vincent geht darauf ein. Er ist der Sonne ausgeliefert. Er ist ein Knecht der Sonne. Dann liegt sein Schädel nackt unter ihren Hieben. Der glatte, rasierte Schädel über den abstoßenden Kanten der Backenknochen. [...]

Thomas Valentin: *Jugend einer Studienrätin. Ausgewählte Erzählungen, Gedichte, Fernsehspiel.* Düsseldorf: Claassen 1974, S. 74f., 37 (T. V.: *Frühnachrichten. Käfige der Freiheit. Erzählungen.* Oldenburg 2000 © Igel Verlag)

Revolution und Klassenkampf

Werkkreis Literatur der Arbeitswelt (Hg.): *Der rote Großvater erzählt. Berichte und Erzählungen von Veteranen der Arbeiterbewegung aus der Zeit von 1914 bis 1945* (1974)

Das Buch erschien im April 1974 als Band 6 in der Reihe *Werkkreis Literatur der Arbeitswelt* im Fischer Taschenbuch Verlag; verantwortlich für die Herausgabe zeichnete die Werkstatt Düsseldorf unter der maßgeblichen Regie des *Werkkreis*-Mitbegründers Erasmus Schöfer. 17 Veteranen berichten von ihrem Glauben an den Sozialismus, von ihrem Kampf für eine gerechtere und bessere Gesellschaft und von den Entbehrungen und Gefahren, die sie für ihre Überzeugungen erlitten haben. Schöfer vermerkt im Vorwort, dass von den Kämpfen der Arbeiterbewegung und von der Literatur aus der Zeit vor 1933 nicht nur wenig in Erinnerung geblieben, sondern diese Erinnerung regelrecht aus »dem Gedächtnis vertrieben« worden war. Sie wieder hervorzuholen und den noch lebenden Zeugen eine Stimme zu geben, war die erklärte Absicht des Bandes.

Den Ausschlag gab der Arbeiter Carl Wüsthoff, der in der Hamburger Werkstatt schreibender Arbeiter mitwirkte und auf einem Bildungsseminar des *Werkkreises* von seinen Erlebnissen mit Ernst Thälmann und Willi Bredel aus den 1920er Jahren erzählte. Seine Schilderungen über das Leben in Mecklenburg-Vorpommern faszinierten die Werkstattmitglieder in Hamburg. Seine Geschichten sind frei von Adels- und Naturromantik, sie beschreiben Gutsbesitzer- und Leuteschinderwillkür und die Versuche, sich mit einer gewissen ›Hinterfotzigkeit‹ und subversiver Phantasie zu wehren und an Geld zu kommen. »Es gab nicht nur traurige Seiten – es gab auch würzige Seiten! [...] Damals wurde nämlich noch getanzt bei den Linken – heute wird ja nicht mehr getanzt.« Die Begegnungen mit Kurt Tucholsky, Ernst Thälmann oder Willi Bredel waren ihm in lebhafter Erinnerung; dem Einwand Schöfers, dass nicht immer alles präzise in den historischen Kontext zu passen scheine, begegnete er gelassen: »Es hapert an der Erinnerung, [...] ich tröste mich damit ›es sind ja keine peniblen Dokumente‹.«

Die Geschichten hätten den ganzen Band füllen können, aber für den *Werkkreis* sollte es »nicht darum gehen, die Erinnerungen nur eines alten Aktiven der Arbeiterbewegung der heutigen gesellschaftskritischen Jugend zugänglich zu machen«, es sollten »die zurückliegenden Erfahrungen der *Arbeiterklasse* [...] mit unseren heutigen Aufgaben in Beziehung« gebracht werden. Ziel der Veröffentlichung war darüber hinaus, »die am deutlichsten erinnerten Vorgänge« zu dem »objektiv historischen Ablauf der Klassenkämpfe zwischen 1914 und 1945« zu präsentieren. Dem Alter der Berichtenden geschuldet, liegt der Schwerpunkt der Informationen auf den »entscheidenden Jahren zwischen 1930 und 1935«, es sollte keine Geschichte der Arbeiterbewegung werden, sondern über eine »persönlich vermittelte Anschauung« den Weg zu deren Studium ebnen und aus den »Erfahrungen des Klassenkampfes in Deutschland für die heutige antikapitalistische Strategie« Nutzen bringen.

Gemäß dem Ziel des *Werkkreises* – mit der Sprache die Welt verändern – kamen insbesondere schreibende Arbeiter, ehemalige Mitglieder des *Bundes proletarisch-revolutionärer Schriftsteller* (*BPRS*), zu Wort. Die Berichte zeigen »Opferbereitschaft und Entschlossenheit, den Mut und Einfallsreichtum der Arbeiterklasse«.

Der *Werkkreis* veröffentlichte einen Aufruf zur Mitarbeit: Veteranen der Arbeiterbewegung sollten aus ihrer Erfahrung berichten. Gesucht wurde nach Erinnerungen an konkrete historische Ereignisse, die von Mitgliedern der *Werkkreis*-Werkstätten protokolliert und bearbeitet wurden. In seinem Arbeitsbericht beschreibt Schöfer (Fritz-Hüser-Institut, Schöf-27) den Band als »Beleg für die kollektive Arbeitspraxis des Werkkreises«. 44 Beiträge, 15 Genossen trugen dazu bei, zehn Kollegen aus acht Werkstätten sowie Fritz Hüser, Josef Reding und Peter Schütt; insgesamt sind es 44 Lebensläufe, Berichte und Erzählungen. Schöfer beziffert die zeitliche Investition des Herausgebers: »zwei volle Monate, Wochenenden eingerechnet, bei zehn Stunden Arbeitszeit«.

Getreu der Idee vom kollektiven Schreiben diskutierte man die Einleitung und strich am Ende die Rechtfertigung, warum die Berichte alter Kommunisten gegenüber denen der sozialdemokratischen und parteilosen Arbeiter überwiegen: »Das ist keine beabsichtigte Tendenz. Wir haben in allen Richtungen gesucht. Der Grund für den Mangel dürfte darin liegen, dass die KPD ihrem Programm und ihrer Strategie nach die aktivsten Vertreter der Arbeiterklasse an sich gezogen hat, denen ja dieses Buch Gehör bringen soll. Daß sie in der Verteidigung gegen die faschistische Reaktion nicht allein standen, belegt stellvertretend der Bericht des sozialdemokratischen Genossen Hermann Runge.« Ausdrücklich bedauernd stellte Schöfer fest, dass Berichte »der kämpfenden Frauen« der Arbeiterklasse fehlen, ohne dass er dafür eine andere Begründung fand, als dass sie »noch geschrieben werden müssten«.

Das Konzept, zwischen die Berichte immer wieder die Erzählungen Wüsthoffs einzustreuen begründete Schöfer so: »Seine Erzählungen geben dem Band Rahmen und Struktur, die 1. kurzen und 2. witzig-unterhaltenden Berichte schreiben chronologisch die Geschichten von 1914–1945 fort.« Von den Protokollanten – Mitgliedern der Werkstätten Augsburg, Bonn, Dortmund, Düsseldorf, Hannover, Mülheim (Ruhr) und West-Berlin – waren die Erzählungen stark bearbeitet und mit Hinweisen auf die Lebensgeschichte der »Großväter« versehen worden.

Der Titel *Der rote Großvater erzählt* stieß bei den Veteranen auf Ablehnung: Er wurde als verharmlosend für die Ereignisse der Jahre 1933–1945 empfunden, der Begriff des ›Erzählens‹ mit dem ›Fabulieren‹ und nicht mit ›Wahrhaftigkeit‹ in Verbindung gebracht, die Bezeichnung ›Großvater‹ als »abwertend und diskriminierend« klassifiziert. Schöfer verteidigte den Titel: Die Großväter seien keine Märchenerzähler, sondern Vorbilder für heutige Kämpfe, die Adressaten des Buches »diejenigen, denen die Vergangenheit durch die herrschenden Geschichtsverdrehungen verstellt worden ist bzw. die überhaupt nichts davon wissen«.

Die 17 Veteranen, ungefähr Geburtsjahrgang 1900–1924, verfügten zum Teil überschriftstellerische Erfahrung oder hatten es als Personen des öffentlichen Lebens gelernt, sich zu artikulieren. Ihre Geschichten zu Protokoll gaben neben Carl Wüsthoff Heinz Dießelmann, Werkzeugmacher aus Hannover; Anton Kalt aus Dortmund; Heinrich Brandt, »Arbeitslosen-Betriebsrat« aus Bonn; Karl Minhoff, Arbeiter aus Augsburg; Karl Soltyzsek, Schlosser beim Bochumer Verein; Heinrich Hamm, gelernter Dreher, Funktionär im Arbeitersportbund; Hermann Runge, Bundestagsabgeordneter; seine Ehefrau Wilhelmine; Robert Schreiber, Lastwagenfahrer aus Bochum; Heinz Rogge, Schriftenmaler aus Kiel; Fritz Tost, Tischler aus Berlin. Mit eigenen Texten stellen sich Pelle Igel, d. i. der Zeichner und Karikaturist Hans-Peter Woile aus Bremen, der Bergmann Bruno Gluchowski, der Journalist und Kabarettist Paul Polte, beide aus Dortmund, sowie Fritz Tost vor.

Arbeitslosigkeit und Not in der Weimarer Republik und die Hoffnung auf bessere Lebensperspektiven im Saarland oder in der Sowjetunion in den 1920er Jahren sind u. a. Gegenstand der Erzählungen, es überwiegen aber Berichte über die Repressalien unter den Nationalsozialisten und die Hindernisse und Inhaftierungen, wie sie die Kommunisten in den 1950er Jahren in der Bundesrepublik erlebten.

Bei der Herausgabe wurden die Lebensgeschichten über das Protokollieren hinaus regelrecht konstruiert; besonders intensiv geschah dies im Falle des Augsburger KPD-Mitglieds Karl Minhoff: »Ja, wir glaubten damals sogar, daß von dort [der Sowjetunion] die Erlösung für uns kommen würde. Wie? Das hatten wir uns noch nicht gefragt.« Minhoff folgt 1921 wie viele Genossen dem Aufruf der Partei – »Genossen, helft mit beim Aufbau der Sowjetunion!« – und wandert in die UdSSR aus, wo man mit den Einwanderern so recht nichts anzufangen weiß. Den stalinistischen Terror blendet er aus, bedauert, seit 1934 keine Nachrichten aus Augsburg mehr erhalten zu haben. Seinen Wunsch, die Mutter noch einmal zu treffen, kann er sich 1954 nur als »deutscher Rückwanderer« erfüllen, der er eigentlich nicht sein will. An seine Lebensgeschichte denkt er gerne zurück und zieht das Fazit: »Was mich heute quält, ist der Antisowjetismus in der Bundesrepublik. Heute würde ich vielleicht anders handeln. Ich würde im Land bleiben und mein Leben dafür einsetzen, in diesem Land für Sozialismus, für Demokratie und Frieden zu kämpfen.«

Protokolliert und wiedergegeben hat diesen Lebensbericht Christian Kneifel aus der Werkstatt Augsburg – für ihn ist es ein »Dokument der großen Solidarität«. Der Bericht ist über Aussagen Dritter zu Papier gebracht und auf Anregung Schöfers in die Ich-Form umgeschrieben worden. Insgesamt hat Kneifel den Text aus der Biografie dreier verschiedener Personen aus Augsburg zu einer authentisch erscheinenden, eindrucksvollen Erzählung zusammengefasst ohne dies offenzulegen.

Im Fischer Taschenbuch Verlag erscheinen bis 1976 drei Auflagen und in der Express-Edition 1983 noch ein Reprint. Der Band wurde in der linken und in der Gewerkschaftspresse, aber auch in den Feuilletons der großen Tageszeitungen rezensiert. Mehrere Journalisten stellten *Der rote Großvater erzählt* als populären Parallelentwurf neben Wolfgang Emmerichs *Proletarische Lebensläufe* (1974/75), als »Lesebuch« neben ein Werk »wissenschaftlich-dokumentarischen Charakters«, so Boris Wördehoff im *Vorwärts*. In der *Frankfurter Rundschau* monierte Heinz Ludwig Arnold, dass »die Veteranen mehr über Revolution und aktiven Klassenkampf als über die Arbeit reden. Grundsätzlich ein gutes Anliegen, schließlich wurde in der Bundesrepublik kaum darüber gesprochen und was aus der DDR kam, war nicht ›unbezweifelbar aufzunehmen‹«. Die Aussagen über die Gegenwart nannte Arnold »verallgemeinernden Stuß [...], da hätten die Enkel den Großvätern ruhig ein bisschen schärfer aufs Maul schauen und den eigenen Mund entschiedener öffnen sollen.«

Die pointiert formulierte politische Zielsetzung des Bandes mutet heute historisch an. Die Erzählungen der ›roten Großväter‹ führen dem Leser aber anschaulich materielle und politische Verhältnisse vor Augen, wie er sie wohl niemals selbst erleben möchte. Und der Schlusssatz im Vorwort entbehrt dann doch vielleicht nicht einer gewissen Aktualität: »Die Anlässe sind nicht aus der Welt geschafft, solche Qualitäten zu bewähren.«

Hanneliese Palm

Werkkreis Literatur der Arbeitswelt (Hg.): *Der rote Großvater erzählt. Berichte und Erzählungen von Veteranen der Arbeiterbewegung aus der Zeit von 1914 bis 1945* (1974)

Karl Minhoff
Wir helfen der Sowjetunion
Protokolliert und wiedergegeben von Christian Kneifel, Werkstatt Augsburg

Die Arbeitsbedingungen waren auch hier gut, nur einleben, einleben konnte ich mich nicht. Hier traf ich wieder auf das deutsche Ehepaar aus Brjansk. Das gab mir etwas

Auftrieb. Wir hielten fest zusammen, denn die Stimmung war gegen uns. Wir waren Deutsche, zwar mit Sowjetpaß, aber an unserem Verhalten gemessen waren wir doch Deutsche. Wir unterschieden uns ja schon allein dadurch, daß wir völlig anders aussahen. Die Kirgisen mit ihrer dunklen Hautfarbe und ihrem mongolischen Aussehen und wir als Europäer. Seitdem die Deutschen in die Sowjetunion eingefallen waren, wurden wir eben als Deutsche behandelt. Was wußten diese Leute um die Lage der Kommunisten in Deutschland. Feindselig waren sie nicht, aber gemieden wurden wir. Und konnte uns gleichgültig sein, was in unserer ehemaligen Heimat vor sich ging? Wenn ich von Augsburg sprach, sagte ich ja immer noch: zu Hause.

In Deutschland offener Faschismus, gegen den unsere Genossen unter Einsatz ihres Lebens gekämpft hatten. Und keine Nachricht aus Augsburg seit 1934! Ich war wirklich nicht zu beneiden.

Doch heute weiß ich, daß diese Umsiedelung notwendig war. Wären wir nicht gegangen, wären wir in die Hände der Faschisten gefallen. Wer konnte zu dieser Zeit wissen, wie weit die Deutschen vorwärts marschieren würden?

Frunse war nicht meine Heimat, ich wurde nicht warm. Doch der Wille zu helfen – und jetzt erst recht – war geblieben, ja eher auf Grund der Ereignisse gestiegen. Wir mußten helfen, hier und jetzt, den Truppen des Kapitals unter Führung von Adolf Hitler Einhalt zu gebieten. Vielleicht war sogar etwas Eigennutz dabei, sicher. In der Gießerei, wo ich arbeitete, wetteiferten wir um die Steigerung unserer Produktion von Eisenbahnschienen, Röhren und Panzerplatten.

Wir hörten jeden Tag, daß die Deutschen wieder einige Kilometer weiter gekommen waren. Als sie gar vor Moskau standen, glaubten wir gar nicht mehr an einen Stop der Hitlertruppen. Erst als die Nachrichten eintrafen, die Faschisten hätten sich vor Moskau festgerannt, taute der Lebenswille wieder voll auf. Wir arbeiteten jetzt das Doppelte. Die Produktion mußte laufen, Menschen, Soldaten, konnte die Sowjetunion genügend aufbieten. Die Armee mußte versorgt werden.

[...]

Nachwort

Ich habe euch meine Lebensgeschichte nur erzählt, weil ihr mich darum gebeten habt und ich gern daran zurückdenke. Meine Mutter starb kurz nach meiner Rückkehr. Mein Vater war schon 1944 verstorben.

Was mich heute quält, ist der Antisowjetismus in der Bundesrepublik. Heute würde ich vielleicht anders handeln. Ich würde im Land bleiben und mein Leben dafür einsetzen, in diesem Land für Sozialismus, für Demokratie und Frieden zu kämpfen.

Karl Minhoff: *Wir helfen der Sowjetunion.* Protokolliert und wiedergegeben von Christian Kneifel, WS Augsburg, in: Werkkreis Literatur der Arbeitswelt (Hg.): *Der rote Großvater erzählt. Berichte und Erzählungen von Veteranen der Arbeiterbewegung aus der Zeit von 1914 bis 1945.* Frankfurt am Main: Fischer Tb. 1974, S. 52–60, hier S. 58, 60

Der letzte schreibende Kumpel
Kurt Küther: *Ein Direktor geht vorbei. Gedichte eines Bergmanns* (1974)

Zum Begriff ›Arbeiterdichtung‹ fällt uns im Ruhrgebiet immer gleich der Bochumer Autor Heinrich Kämpchen (1847–1912) ein. Seine Werke prägten lange Zeit das Bild der ›Pütt-Literatur‹. Und nach Kämpchen – dem unbestritten wichtigsten Vertreter dieses Genres – kam nichts mehr? Doch. Und daran sei hier erinnert.

Einer der Autoren, die als Kämpchens Nachfolger gelten, war neben den schreibenden Zechenkumpeln Josef Büscher und Richard Limpert (s. S. 385, 485) der Bottroper Kurt Küther (1929–2012). 22 Jahre lang war er als Hauer auf verschiedenen Zechen tätig, ab 1970 arbeitete er als Angestellter einer Zechenverwaltung in Gelsenkirchen. Und nebenher war er ein unermüdlicher, unerschrockener Schreiber, der sich auch mit lauter Stimme als Gewerkschafter präsentierte. Häufig äußerte er sich in Tageszeitungen mit deftigen Leserbriefen zu aktuellen politischen und wirtschaftlichen Ereignissen.

Sein Credo beim Schreiben findet sich im von Hugo Ernst Käufer verfassten Nachwort des Bandes: »Ich bin Bergmann und habe die Absicht, in meinen Schriften die schwere, dreckige und gesundheitsgefährdende Arbeit des Bergmanns sichtbar zu machen. Ich wende mich gegen die Abstempelung des Menschen im Betrieb zur Nummer und übe Zeitkritik. Ich versuche nicht nur für meine Kumpel zu schreiben, sondern auch für diejenigen, die der Arbeitswelt verständnislos gegenüberstehen.«

Ohne die Texte von Kurt Küther würden wir heute in der Tat ziemlich verständnislos dastehen. Zentrales Thema, wie kann es auch anders sein, ist der Pütt, sein Arbeitsplatz. Es geht um die Maloche vor Ort, im Flöz, um die damals so begehrte wertvolle Kohle, die heute wegen der Umweltverschmutzung in der Kritik steht.

Was der Titel des Bandes *Ein Direktor geht vorbei* vermuten lässt, nämlich authentische Berufsszenen, löst er ein. In kräftigen Worten, starken Versen, mit und ohne Reim, zeichnet Küther das Bild vom Kumpel im Ruhrgebiet. Der lebt – und überlebt – in einer Gefahrengemeinschaft, in der es nicht nur auf Muskelkraft, sondern auf Solidarität und Kameradschaft ankommt. Das lässt mich an Bergsteiger denken, denen es nur in einer funktionierenden Seilschaft gelingt, die Gipfel zu bezwingen: »Aus Staub und Dreck der Schichten / wird so viel hartes Wort / zu Zeilen in Gedichten / gesammelt da vor Ort«. Was der Arbeiterdichter zu Papier gebracht hat, klingt aus heutiger Sicht wie ein Signal aus einer fernen Welt, wo nicht eine computergesteuerte Tätigkeit, sondern harter Körpereinsatz vorherrscht. Wie wir wissen, geht das bis zur Gesundheitsgefährdung.

Aber Küther erkannte auch die Zeichen der Zeit. In einem der Gedichte stellte er die Frage: *Ist Opas Bergbau tot?* Dass es mit dem Bergbau zu Ende geht, hat er schon früh vermutet. So klingen manche Verse bei ihm melancholisch, traurig – aber auch heroisch. Trotzdem verfällt er nicht in die Rolle eines Nostalgikers.

Kurt Küther war der letzte schreibende Kumpel im Revier. Was sein Werk auszeichnet, ist die hohe Glaubwürdigkeit. Es lohnt sich, mal wieder in seine schmalen Gedichtbände zu schauen.

Volker W. Degener

Kurt Küther: *Ein Direktor geht vorbei. Gedichte eines Bergmanns* (1974)

Bergmannsglück

Du wirst geboren
Sechs Jahre Spiel
Acht Jahre Schule
Was ist dein Ziel?

Drei Jahre Lehre
Bist Knappe dann
Mit einundzwanzig
giltst du als Mann

Du bist nun Hauer
Ist der Berg dir hold
hast du mit fünfzig
den Bergmannssold

Die Lunge zerfressen
Die Arme wie Blei
Hast du Glück
dann kommen zehn Jahre dabei

Invalide mit sechzig
Du schaust zurück
Du überlebtest
Du hattest Glück

Streik

Streik ist unser letztes Mittel
Die im grauen Arbeitskittel
täglich an der Werkbank stehn
oder die im dunklen Stollen
wenig nur die Sonne sehn
denen man ganz unverhohlen
kommt mit Maßhalteparolen

Streik so schreit es von Plakaten
Kampf den Wirtschaftspotentaten
Deren Macht unheimlich wächst
denen es nach mehr noch lechzt
ob die Kurse höher schnellen
ob die Kassen überquellen

Streik so schreits aus gutem Grund
Wir leben von der Hand zum Mund
Kein Kapital ist unser eigen
und die Preise steigen, steigen
Weltenplätze sind uns fern
nah bleibt uns nur der Konzern

Streik so soll es heute sein
Kein Mensch in die Fabrik hinein
Macht die großen Tore dicht
In den Hallen löscht das Licht
Laßt uns heute einig sein
Kein Mensch in die Fabrik hinein

Kurt Küther: *Ein Direktor geht vorbei. Gedichte eines Bergmanns.* Wuppertal: Hammer 1974, S. 33, 62f.

Redings Reviererkundung
Josef Reding: *Menschen im Ruhrgebiet. Berichte – Reden – Reflexionen* (1974)

Mit dieser Sammlung von Beiträgen eröffnete der Peter Hammer Verlag aus Wuppertal seine von Hugo Ernst Käufer initiierte und konzipierte Reihe *Nordrhein-Westfalen literarisch* (s. S. 438, 485). Keine schlechte Wahl. Redings Texte, mehrheitlich in den Jahren 1954 bis 1974 zunächst für den Westdeutschen Rundfunk geschrieben, besitzen trotz dieser Genese und bei aller Heterogenität doch eine innere Stimmigkeit. Nicht nur in ihrer thematischen Ausrichtung, auch hinsichtlich ihrer Fragestellung weisen die Berichte über das und die Reflexionen zum Ruhrgebiet grundsätzliche Gemeinsamkeiten auf. Reding, 1929 in Castrop-Rauxel geboren und ungeachtet seiner zahlreichen Reportage-Reisen in Asien, Afrika und Lateinamerika ein Dortmunder Schriftsteller, versteht sich hier als aufmerksamer Beobachter seiner Umgebung. Er weiß das Zeitgenössische und Aktuelle ebenso kritisch wie neugierig, das Vertraute bewusst ein wenig fremd anzuschauen. Seine dokumentarischen Arbeiten auf diversen Kontinenten ermöglichten ihm die methodische Routine und versierte Form des Zugriffs. Doch die Auslandsreisen waren auch aus einem ganz anderen Grund notwendig, um sich dem Ruhrgebiet, seinen Menschen, den Arbeits- und Lebensverhältnissen und dem Selbstverständnis dieser Region zuwenden zu können, wie Reding im Vorwort erläutert: »Als Thema begriff ich die Menschen und Vorgänge im Ruhrgebiet erst im Ausland. In meiner Kindheit war die Umwelt mit Zechenschloten, Fördertürmen und Hochöfen zu nah, zu selbstverständlich.« Erst die Rückkehr des Reisenden ermöglicht eine Schärfung des Blicks, eine beinahe schon ethnographische Distanz auf das bislang Vertraute und allzu Selbstverständliche.

Dass die Ruhrgebietslandschaft Reding über zwei Jahrzehnte hinweg immer wieder zur Auseinandersetzung reizte, ist so allerdings nicht zu erklären. Auch der Hinweis auf die Auftragsarbeiten und Redaktionsanfragen, also den Kontext, in dem diese Texte entstanden, ist keine ausreichende Begründung. Die Konstanz dieser fragend-nachforschenden Annäherung an das Ruhrgebiet hängt nicht zuletzt mit dem Gegenstand selbst zusammen, den diesem Konglomerat namens ›Ruhrgebiet‹ inhärenten Spezifika. Dieser Verbund aus Stadt, Land und Industrie ist es, den Reding wieder und wieder neu und anders zu erkunden bemüht ist. Dabei weiß er, der sich dem Revier in seinen Beiträgen von unmittelbaren Gegenwartsphänomenen nähert, durchaus um die Bedeutung der vorgelagerten Vergangenheit: »Ein Gebiet, das nie ein politisch selbständiges Gebilde, nie Königreich, Land oder Provinz mit festen Grenzen war und doch schon seit einem Jahrhundert als Einheit wirkt. Eine Arbeitslandschaft, die nicht von innen, nicht von den eigenen Hauptstädten regiert wird, sondern von außen: von Münster und Düsseldorf, von Köln und Bonn, manchmal auch von den Konferenztischen und Börsensälen der Welt-Metropolen. Ein Bereich schließlich, der in seiner Geschichte wechselnd als politisches Faustpfand, als militärische Trumpfkarte, als Okkupationsgebiet, als Reparationsobjekt und zur Demontage herhalten mußte.« Diese Genese der Stadtlandschaft zwischen Emscher und Ruhr ist

– das zeigen Redings Berichte – nicht unwichtig, möchte man die gegenwärtigen Phänomene ein wenig besser und genauer verstehen und einen veritablen Überblick bekommen.

Es gibt jedoch noch einen weiteren Grund für Redings anhaltende Beschäftigung mit dem Ruhrgebiet: Mit Beginn der sogenannten Kohlenkrise ab 1957 setzte der massive Umbau der Region ein, den wir mit dem Begriff ›Strukturwandel‹ fassen. In seiner vielbeachteten Rede *Der Mensch im Revier* auf dem Westfalentag 1967 in Dortmund (s. S. 294) hatte sich Reding grundsätzlich mit den anstehenden Problemen und den bereits eingetretenen Umwälzungen beschäftigt. Und im Beitrag *Nach der letzten Schicht* fragt er – abseits der wirtschaftlichen wie sozialen Konflikte – nach dem Verbleib des Bergbaus im kommunikativen Gedächtnis: *Was wird aus den stillgelegten Zechen?* heißt es im Untertitel – und damit sind nicht technische Aspekte der Demontage und Abwicklung gemeint. Im Vordergrund steht vielmehr das Interesse an einer bereits frühzeitig zu initiierenden Musealisierung dessen, was mehr und mehr verschwindet. Die Anlagen der Arbeit müssen, so Redings Credo, langfristig der Öffentlichkeit zugänglich gemacht werden, möchte man verhindern, dass kommende Generationen ohne Kenntnis oder nur mit Klischees versorgt auf das Jahrhundert des Kohleabbaus blicken: »Vielleicht ist der so erhaltene Pütt für einen Schüler vom Geburtsjahrgang 2000 die einzige Möglichkeit, sich an Ort und Stelle über die legendäre Herrschaft der Kohle im Ruhrrevier zu orientieren – und nicht nur im Lesebuch, in dem dann wahrscheinlich immer noch das letzte Grubenpferd seinen Gnadenhafer frißt.«

Ebenfalls ganz der Jetztzeit zugewandt zeigt Reding sich im Beitrag *An der Schwelle zur S-Bahn. Die Gegenwart als Pionierzeit.* Mit Bedauern blickt er auf die durch die »Egozentrik der Revierstädte« vergeudeten Jahrzehnte zurück; die stets eingeforderte Mobilität im Ruhrgebiet als strukturelles Zusammenwachsen könnte längst hergestellt sein: »Noch vor wenigen Jahren wäre ein Stadtbahnverbund, der den eigenen kommunalen Interessen dient, gleichzeitig aber auch die Nachbarstädte mitberücksichtigt, kaum vorstellbar gewesen. Im Gegenteil: die Geschichte des Ruhrgebiets ist erheblich geprägt worden von der Selbstsucht der einzelnen Städte und von ihren Eifersüchteleien untereinander.« Doch Reding will sich über das Chaos »kleinkarierte[r] Konzeption[en]« nicht allzu sehr echauffieren; dafür ist der zeitgenössische Beobachter zu sehr an der Verbesserung der Verhältnisse, an einem ebenso pragmatischen wie zügigen Abbau von Missständen, interessiert.

Dies zeigt sich auch in seiner ethnographisch angelegten Erkundung der damals neu errichteten Großwohnsiedlung Scharnhorst ganz im Osten Dortmunds; Redings Überschrift für seinen Beitrag ist dabei so eindeutig und programmatisch, wie man es sich nur wünschen kann: *Bauen allein genügt nicht. Leben in der Satellitenstadt.* In dieser Siedlung, die den akuten Wohnungsmangel der Stadt kurzfristig beheben sollte, mangelt es letztlich an allem, was neben dem Dach über dem Kopf für ein gelingendes städtisches Miteinander notwendig ist: »Ärzte, Schulen, Einkaufszentren, Verkehrsanschlüsse, Briefkästen, Telefonzellen: alles kaum vorhanden.« Und trotz erster hoffnungsfroher Änderungen entschließt sich Reding, seine Reise in diesen Außenbezirk der Stadt mit einem düsteren Schlussakkord enden zu lassen: »Ja, wir sind in Scharnhorst. Man merkt es daran, daß es jäh dunkler geworden ist. Die schwarzgrauen Steinkästen nehmen viel Licht weg. Ein Wohnkoloß löst den anderen ab. Nirgendwo eine Unterbrechung der Silhouette, eine Auflockerung, ein markt- oder platzähnlicher Mittelpunkt, nur strenger Stein. Vorstadt ohne Ende.« Diese steinerne Schwere – sie ist vor allem als mahnender Aufruf zur Veränderung zu verstehen.

Den ›klassischen‹ Themen des Reviers wendet Reding sich beispielsweise in *»Ein Bergmann will ich werden …!«* zu; als höchst informativer und zugleich unterhaltsamer Gang durch die Geschichte des Bergbaus im Ruhrgebiet, seine Insignien und Symbole, eignet sich der Text immer noch. Reding möchte keineswegs Wehmütigkeit propagieren und sentimental den Verlust eines stilisierten Brauchtums beklagen. Im Gegenteil. Seine Darstellung ist so sachlich wie möglich und so kritisch wie nötig: »Nicht nur das Arschleder, sondern die gesamte heute noch benutzte Requisitenkammer einstiger Bergmannsherrlichkeit beweist, daß man zur Aufwertung des traditionslosen Ruhrbergbaus diesem die Brauchtumskapuze des Erz- und Salzabbaus überzustülpen versuchte.« Mit Sätzen wie diesem wird sich Reding damals nicht nur Freunde gemacht haben. Doch seine Angriffe gelten hier ja einer Form der systematischen Verklärung, die die faktischen Verhältnisse gezielt in Vergessenheit geraten lässt: »Um die Bergleute zu Wohlverhalten im Betrieb gegenüber den Zechenbesitzern zu veranlassen, wurden von den Werken Arbeitsbücher mit Führungszeugnissen und schwarzen Listen eingeführt, und die Personalabteilungen der Zechen tauschten diese untereinander aus, um die Neueinstellung eines wegen ›Unbotmäßigkeit‹ entlassenen Kumpels bei einem anderen Bergbaukonzern zu verhindern.« Redings Gegenwart ist zu diesem Zeitpunkt, da der Bergbau bald mehr und mehr der Vergangenheit angehören wird, noch viel zu sehr mit Klischees, überholten Narrativen und ungeprüften Grundannahmen durchsetzt: »Wer immer die Legende in die Welt gesetzt hat, daß der Bergmann im Ruhrgebiet seit jeher stolz darauf gewesen sei, wenn auch seine Söhne und Enkel in den Pütt gingen, lügt oder irrt. Die Norm war der Bergmann, der mit allem Einfluß verhindern wollte, daß sein Sohn ebenfalls ›vor Kohle‹ ging.«

Dieser unermüdliche Angang gegen Verklärungen, Verallgemeinerungen sowie gegen liebgewonnene Trugbilder zeichnet auch Redings bereits im Titel süffisant-kritische Reportage *Die Bergmannskuh ist auf den Hund gekommen. Tierhaltung im Ruhrgebiet* aus. Seine schriftstellerischen Interventionen bemühen sich – ganz gleich, ob es sich um Taubenzucht oder Bergbauromantisierung handelt –, endgültig mit einer diffusen Mythisierung des Vergangenen aufzuhören. Mit anderen Worten: Es handelt sich hier um Aufklärung im besten Sinne. Dabei ist der Autor Reding natürlich von Fall zu Fall durchaus nicht um die Artikulation seiner eigenen Position verlegen, beispielsweise, wenn er in *Tegtmeiers Wortschatz. Dialekt, Jargon oder Sprache?* sich an einer (vermeintlich) despektierlichen Verulkung und lieblosen Verwendung der Umgangssprache im Kohlenpott reibt, wie er sie bei einigen Komödianten in der Region wahrzunehmen glaubt. Dabei ist es letztlich aber immer eine Form von argumentativer Ausgewogenheit, die Reding anstrebt. Diese schielt zwar nicht harmoniebedürftig auf einen voreiligen Konsens, ist aber in ihrer Positionierung doch ohne zänkischen Übereifer. Das ist eine nicht unwesentliche Eigenschaft, die diese Beiträge auch an solchen Stellen gut lesbar hält, wo sie entweder der eigenen Auffassung nicht entsprechen mögen oder aber ihre zeithistorische Situierung zu deutlich wird.

Von ganz anderer Gestalt sind Redings unter dem Titel *Zechenhaus Jahrgang Nullsieben* im Band abgedruckten Erinnerungen an die eigene Kindheit im Ruhrgebiet, genauer: in Habinghorst (postalisch »Castrop-Rauxel III«). Sie zeigen – abseits der ansonsten sehr klar konturierten Zugriffe auf spezifische Phänomene des Reviers – eine persönliche Sicht auf das Leben in den Arbeitersiedlungen und erzählen ganz nebenbei vom Schriftstellerwerden Redings. Dieses beginnt freilich nicht mit der ersten eigenen Veröffentlichung, sondern gestaltet sich bereits in ersten Bemühungen um Beschreibbarkeit, die Reding Jahrzehnte später als Erinnernder nochmals nachvollzieht: »Vor meinem Zimmer in drei Meter Entfernung eine Stallwand, die mir den größten Teil des Himmels nahm. Aus den Stalltüren spähte und sprang ab und zu eine Ratte. Sonst war nicht viel Ablenkung. In diesem Zimmer spielte ich mit Knickeln und einem hölzernen Maschinengewehr, mit dem man Pappkameraden ummähen konnte: Tantengeschenke der Jahre zwischen zwei Weltkriegen.«

Es ist nicht zuletzt diese spartanische Einrichtung, der Mangel an sonstiger Beschäftigung, an Ablenkung, an aufwendiger Ausgestaltung der Freizeit, welche zur forcierten Beobachtung des Straßenlebens (das es damals in Wohnsiedlungen durchaus noch gab) zwingt. Glücklicherweise bietet sich dem Jungen dort ein buntes Spektrum an Figuren, Typen und Sonderheiten: »Onkel Voß sammelte Roßäpfel. Er mußte es den Pferden vor den Milchwagen und Gemüsekarren schon von weitem ansehen, wann sie groß mußten. Onkel Voß stand dann schon neben der Hinterhand des Gauls mit einem rubbeligen Krauteimer und einem selbstgebastelten Reisigbesen und fegte die goldgelben Köttel rasch in den Behälter, bevor der erste Spatz sich einen Spelz aus dem Pferdeapfel picken konnte. ›Da gippt dich datt schnafte Zossen, die kacken soviel auf einmal, datte in Eimer richtich nachstampfen muß!‹ freute sich Onkel Voß gelegentlich.« Und weshalb das alles, mag sich der unkundige Leser ein wenig verwundert fragen. Logisch: »Onkel Voß hatte die wuchtigsten Erdbeeren von Castrop-Rauxel.«

Doch Reding will es nicht bei einer anekdotischen Aneinanderreihung von schrägen Charakteren belassen; er berichtet auch von Ereignissen, die weniger mit Amüsement und Heiterkeit, vielmehr mit Schrecken verbunden sind. Eine Spur der Befremdung ergibt sich bei Lektüre nicht zuletzt deshalb, weil die Erzählweise Redings durch die Wahrnehmung des Sechsjährigen dominiert ist: »Die alte Frau Nathan nagelt Bretter vor die Schaufenster ihres Ladens. Die Glasscheiben sind kaputt. In der Auslage knäueln sich durcheinander verbogene Giraffen und Pflastersteine. Die alte Frau hämmert. Sie hat ein graues Gesicht. An ihren blaugefrorenen Händen sind graue Zwirnhandschuhe mit Lochstickerei über dem Handrücken. Der Hammerstiel und diese Handschuhe passen nicht zusammen.« In dieser kleinen, scheinbar nebensächlichen Auffälligkeit, die angesichts der historischen Umbrüche irritierend, auf den ersten Blick unsachgemäß erscheinen mag, findet sich letztlich die nachfolgende Geschichte von Gewalt, Verfolgung und Ermordung bereits versteckt.

Erwähnt werden muss schließlich noch Redings kenntnisreicher Beitrag *Schichtwechsel der Ruhr-Poeten*, ein Parforce-Ritt durch die Literatur des Ruhrgebiets. Es ist – das war nicht anders zu erwarten – vor allem eine Geschichte der Arbeiterliteratur. Und all die Namen, die in solch einem Kontext möglich sind, werden genannt und mit Textauszügen vorgestellt: Heinrich Kämpchen, Paul Zech, Josef Winckler, Wilhelm Vershofen, Karl Bröger, Heinrich Lersch, ebenso natürlich Hans Marchwitza (s. S. 40) und Erik Reger (s. S. 28) als maßgebliche Autoren der ersten Hälfte des 20. Jahrhunderts; aber auch Fritz Hüser und Max von der Grün (s. S. 216, 238, 318, 461), Wolfgang Körner (s. S. 342, 408, 485) sowie weitere Mitglieder der *Dortmunder Gruppe 61*, gleichfalls natürlich Hugo Ernst Käufer (s. S. 132, 322, 490) und die *Literarische Werkstatt Gelsenkirchen* (s. S. 354), Richard Limpert (s. S. 385, 485), Herbert Somplatzki (s. S. 428) sowie der *Werkkreis der Literatur der Arbeitswelt* (s. S. 420, 448, 465) werden erwähnt und vorgestellt. Für Interessierte bieten diese Skizzen Redings weiterhin eine willkommene Übersicht zur Literatur des Ruhrgebiets.

Reding wäre aber vollkommen missverstanden, wenn man diese kursorische Inventur als stolze Demonstration des Vorhandenen bewerten würde; was ihn Anfang der 1970er Jahre umtreibt, ist vielmehr ein anhaltendes Gefühl des Mangels innerhalb der bisherigen Versuche, das Spezifische der Region literarisch abzubilden und aufzugreifen: »Nach einem Jahrhundert industrieller Entwicklung an der Ruhr fehlt noch immer die vergleichbar gültige Dichtung, die diesem Raum gerecht wird. [...] Viele Autoren haben versucht, Teilaspekte oder auch die Gesamtansicht des Ballungsraumes Revier dichterisch zu erfassen. Wenigen nur ist es gelungen.« Mit solch einem Dekret wird Reding innerhalb der geschätzten Kollegenschaft nicht unbedingt für gute Stimmung gesorgt haben; gleichwohl hütet er sich, einzelne Autoren an den Pranger zu stellen. Reding, seit seinen Anfängen Mitte der 1950er Jahre ein arrivierter Schriftsteller mit einem beachtlichen Werk aus Romanen, Kurzgeschichten, Gedichten, Jugendbüchern, Hörspielen und Fernsehfilmen, hatte mit dieser Schau zur Ruhrgebietsliteratur gewissermaßen den großen Spagat probiert: möglichst nüchterne Bestandsaufnahme einerseits, damit einhergehende Ermutigung zum Abschied vom Gewohnten, vom routiniert Produzierten andererseits.

Arnold Maxwill

Josef Reding: *Menschen im Ruhrgebiet. Berichte – Reden – Reflexionen* (1974)

Tegtmeiers Wortschatz. Dialekt, Jargon oder Sprache?

»Gippse ma den Moteck, Ernz?«
»Ja! Aba wo hasse denn gelassen, Kaal?«
»Kuck ma inne Baubude. Wenne reinkomms, brauchse bloß links hinzupacken bei meine Klamotten. Meine Olle hat den Moteck inne Gezähkiste gestoppt, neben Henkelmann. Datt finnze schon, Ernz!«
»Lohnt sich datt denn überhaupts noch, datt Moteckholen? Iss ja wieso gleich fuffzehn, Kaal.«

»Mach man'n bisken avanti! Ham we nu Akkord oder nich? Na siesse! Los, mach voran und hau app, Ernz!«
Was ist das? Sprache? Dialekt, Jargon, Slang? Oder ein deutscher Ableger des Kisuaheli? Es ist ein Fetzen Umgangssprache zwischen Ruhr und Emscher.
Die Entstehung dieses Idioms?
Männer verschiedener regionaler Herkunft hatten sich an einem neuen, gemeinsamen Arbeitsplatz miteinander zu verständigen. Wegen der Arbeit und der damit verbundenen Entlohung waren sie zu den Zechen und Hochöfen des Ruhrgebietes gekommen: Stanislaus Kowalski aus Przemysl und Hiasl Obergeselchts aus Sulzbach, Franz Pionteck aus der Lausitz und Ernst August Bühler aus Pfalzgrafenweiler. Jeder dieser Männer brachte sein eigenes, reichhaltiges Sprachbesteck mit. Doch erwies sich das überkommene Wortwerkzeug für die Arbeit in gemischten Gruppen innerhalb des Kohlenpotts als unbrauchbar. Man redet aneinander vorbei. Und Mißverständnisse vor der 1600-Grad-Lava in der Schmelzzone eines Hochofens? Nichtverstehen eines Zurufs unter dem knisternden Hangenden siebenhundert Meter tief im Schoß der Erde? – Der Tod stand hinter dem babylonischen Sprachengewirr während der ersten Industrialisierung des Ruhrreviers.
Die Not also prägte zur Mitte des vergangenen Jahrhunderts im Ruhrgebiet ein neues Sprachmedium unmittelbarer Verständigung. Diese Kürzelsprache war ihrem Wesen nach knapp, herb, bruchstückhaft. Eine Männersprache. Kaum überbietbar an Direktheit. Kaum überbietbar aber auch in der ausgeleierten, verwaschenen, bequemen Grammatik nach Hausmacherart.
Auf welches Arbeitstempo einigte man sich? Die rheinische und die westfälische Landschaft, in die sich die Legionen der Arbeitssuchenden aus allen Richtungen der Windrose ergossen, hatte das Plattdeutsche als vorherrschenden Sprachfundus. Obgleich das Sauerländisch-Westfälisch-Niederrheinische sich durch Treffsicherheit, durch Begrenzung, durch Ökonomie auszeichnete, konnte es nur unzureichend die Wortgewänder für die Novitäten der industriellen Invasion bereitstellen. Da war der vielfältige Maschinenpark, da waren die neuen Tätigkeiten, und da waren vor allem von der gewohnten landschaftlichen Zeiteinteilung die abweichenden Arbeitsrhythmen der Kohleförderung und Eisenproduktion, die sich nicht um Tag und Nacht oder Sommer und Winter kümmerten.
Immerhin aber stellte das »Einheimische« die Grundierung für die neuen Sprachversuche zur Verfügung. Das brummig-deftige Melos des westfälischen Platts reihte sich in das neue Vokabular ein. [...]
Die weiteren Materialien und Fermente für die notwendige neue Umgangssprache aber mußten von auswärts beschafft werden. Und weil man die Wörter dringend brauchte, waren sie sehr bald da: aus dem Sprachvorrat erzgebirgischer Bergleute und irisch-englischer Eisenverhütter; aus dem Vokabular eingewanderter Polen, zu den die amtliche preußische Statistik auch die Masuren, Kaschuben und Litauer zählte; aus den rituellen Viehmarktsprüchen galizischer Juden; aus dem Diktionär lothringischer Bergarbeiter; aus dem sprachlichen Marschgepäck badischer Steinbrecher.

Josef Reding: *Tegtmeiers Wortschatz. Dialekt, Jargon oder Sprache?*, in: ders.: *Menschen im Ruhrgebiet. Berichte – Reden – Reflexionen.* Wuppertal: Hammer 1974, S. 143–149, hier S. 143–146

Die Frage nach dem Warum
Max von der Grün: *Am Tresen gehn die Lichter aus. Erzählungen* (1974)

Ein schmales Taschenbuch, sechs Erzählungen, 86 Seiten. Die Titelgeschichte erschien 1972 der Eremiten-Presse, danach mit fünf weiteren Erzählungen 1974 als Taschenbuch bei Rowohlt. Bis 1980 folgten mehrere Auflagen. Die im Taschenbuch enthaltenen Texte *Das Stenogramm* und *Urlaub am Plattensee*, aber auch andere Erzählungen (*Ein Tag wie jeder andere*, *Reisen in die Gegenwart* oder *Unterwegs in Deutschland*) wurden zwischen 1970 und 1979, mit Grafiken versehen, in kleiner, teilweise nummerierter und signierter Auflage ebenfalls zuerst bei der Eremiten-Presse veröffentlicht. Nach eigener Aussage leistete sich der Verlag »Literatur als den Luxus, den man sich abseits bekannter Bestsellerpfade leisten muss« und publizierte dementsprechend »zeitgenössische Literatur und Grafik in bibliophilen und preiswerten Ausgaben«.

Am Tresen gehn die Lichter aus erschien als »Broschur 34« mit Originalgrafiken von Sascha Juritz in teils nummerierter und vom Künstler signierter Ausgabe. So viel »Kunstnähe und Luxus« bei einem »Arbeiter- und Volksschriftsteller« wie Max von der Grün? Wie passt das zusammen, mag mancher Kritiker sich gefragt haben, jener zumindest, dem eine kritische Haltung ohnehin nicht ins Kalkül passte – ein abwertendes Urteil, das von der Grün oft begegnete.

Nun also künstlerisch gestaltete Bücher, auch wenn sie klein und bescheiden daherkamen. Zu Beginn der 1970er Jahre herrschte eine kulturelle Aufbruchsstimmung, in den Wohnzimmern tauschte man Kitsch gegen Kunst, ›röhrende Hirsche‹ und ›feurige Zigeunermädchen‹ gegen erschwingliche moderne Druckgrafik. Es sprach für von der Grün und andere namhafte Autoren der Eremiten-Presse nichts dagegen, dem Verlagskonzept folgend, ihre Texte mit Grafiken zeitgenössischer Künstler zu kombinieren. So stehen der Erzählung *Am Tresen gehn die Lichter aus* skurril-mehrdeutige, »drollig-putzige« Grafiken von Sascha Juritz gegenüber. Auf der anderen Seite war es Praxis, unbequemen, zudem aus der Arbeiterklasse stammenden Menschen wie Max von der Grün (1926–2005) künstlerischen Sachverstand abzusprechen. Maloche und Kunst passe nicht zusammen, wurde vordergründig argumentiert, wenn jemand wie er unliebsame Wahrheiten aussprach und mit gesellschaftskritischen und humanitären Aussagen aneckte. Davon unbeirrt setzte die Eremiten-Presse die Reihe ihrer illustrierten schmalen Bände mit weiteren Erzählungen von der Grüns fort, später gab es in anderen Verlagen Bildbände mit seinen Texten, denen künstlerisch hochwertige Fotografien gegenüber standen.

Am Tresen gehn die Lichter aus – Die titelgebende Eingangserzählung schildert das Leben in einem Zechendorf der 1960er Jahre, das Kaleidoskop einer Bergbaugemeinde am Rande des Ruhrgebietes. Genau und unverwechselbar werden Episoden, Eindrücke, Rituale und typische Begebenheiten gezeichnet. Um die Zecheninvaliden des Dorfes beispielsweise, die täglich ihre Runde drehen, hat von der Grün auch anderswo, so 1968 im Fernsehspiel *Feierabend* (s. S. 335) verarbeitet. Seine Schilderung der vorgefundenen Verhältnisse und die präzise und stimmige Darstellung der einfachen und ursprünglichen Menschen sorgen für Dichte und Unterhaltung zugleich. Ein kleinteiliges ›Gesamtgefüge‹ mit unverwechselbaren Besonderheiten. Einfache Menschen in der Enge ihrer Siedlungen, eingebettet in einen zerfaserten und zerfransten Ballungsraum am östlichen Rand des Ruhrgebiets mit seinen Schnittstellen zu Münsterland, Soester Börde und Sauerland und den prägenden Gegensätzen von Schwerindustrie und Bauernland. Ein westfälisches Dorf, bei dem auch deutlich wird, wie fließend die Übergänge zwischen Stadt und Land hier seit der Industrialisierung sind. Wenn in der Dorfkneipe zu fortgeschrittener Zeit das letzte Bier gezapft ist, am Tresen das letzte Sparlicht erlischt und der Autor dieses vermeintlich heimelig-nächtliche Stimmungsbild malt, schwingen dennoch unmittelbar und direkt die Sorgen der Gemeinde mit, wirtschaftliche Veränderungen, Verlust und Umbruch, ebenso das Beziehungsgeflecht des Dorfes mit Konflikten zwischen Nachbarn und Generationen.

Das Stenogramm – Bei einer Matinee in der Dortmunder Stadtbücherei zum zehnten Todestag Max von der Grüns las der Schauspieler Claus Dieter Clausnitzer den zweiten Text des Bandes, in dem von der Grün mit einfachen Mitteln, minutiös und nüchtern die Stunde nach einem tödlichen Verkehrsunfall schildert. Acht Wagen fahren vorbei, ohne dass deren Fahrer und Insassen, die das Unfallwrack sehen und sich dazu ihre Gedanken machen, Hilfe leisten oder herbeirufen. Zu den einfachen Mitteln, deren sich von der Grün bedient, gehören die präzisen Orts- und Zeitangaben sowie Markenbeschreibung und Typisierung der einzelnen Fahrzeuge. Das Individuelle eines Unfalls, in diesem Fall bei Würzburg, wird ebenso deutlich wie die Übertragbarkeit auf jede andere Unfallstelle. Unterlassene Hilfeleistung also: sich nicht kümmern und nicht wahrhaben wollen. Nachdem ich den Text vor 40 Jahren gelesen hatte, machte der Vortrag Clausnitzers deutlich, wie zeitlos und aktuell er immer noch ist. Nüchtern, stenogrammartig und präzise, beklemmend in der Aussage, in der literarischen Gestaltung weit entfernt von Polizeiprotokollen.

Wenn der Abend kommt – Eine »Familiengeschichte«, der Tagesablauf eines arbeitenden Ehepaares im Ruhrgebiet mit seinen Stereotypen und Besonderheiten, seinem täglichen Einerlei, dem ›Kleinkram‹ und den ›großen Fragen des Lebens‹. Eine Zeit im Umbruch, die frühen 1970er Jahre, eine Region und seine Menschen. Ein Mann, eine Frau in ihrem Alltag: Emanzipationsversuche werden angedeutet, Beschränkungen sichtbar, Abhängigkeiten, Missverständnisse, Ungerechtigkeiten, Ungeduld, auch Hass. Der Mann holt seine Frau am Abend mit dem Auto von der Arbeit ab, sie lassen den Tag Revue passieren und mit ihm ihr gemeinsames Leben. Das Fazit: Es wird schon weitergehen, es bleibt ein Stück Hoffnung, ein wenig Zukunft, da ist ja noch ihr Sohn, in den investieren sie, auch für den lohnt die Plackerei.

Der Igel – Die genau beobachtete, skurril-unverwechselbare und ›originalgetreue‹ Personenbeschreibung eines Kneipenwirtes, zugleich die Fortsetzung der liebevoll kritischen Ortsbeschreibung des westfälischen Dorfes in der Titelgeschichte. Die Erzählung beschreibt dörfliches Kneipenleben und rückt eine einzelne Person aus dem überschaubaren Gefüge in den Mittelpunkt, beschreibt ihre ›typisch westfälischen Eigenheiten‹, ihre mitunter lächerlichen, doch menschlichen Absonderlichkeiten ebenso wie ihre Naivität und Gutmütigkeit, aber auch Durchsetzungsvermögen und politisch schlichte, doch aufrechte Haltung. Kegelclub, Fußball- und Brieftaubenverein treffen sich im »Reich des Igelwirtes, der jede Diktatur ablehnt solange es nicht seine ist«. Ein trinkfester Kneipenwirt, ein westfälisches Original vom Rand des Ruhrgebiets inmitten seines prallen Kneipenlebens und auf der Höhe seiner Zeit. »Ein Besuch in unserer Kneipe lohnt sich«, beschließt von der Grün seine Erzählung mit der dichten, genau beobachteten Dorfatmosphäre, »besuchen Sie uns doch mal, sie liegt zwischen Dortmund und Hamm.«

Im Tal des Todes – Die fünfte Erzählung führt ins ehemalige Konzentrationslager Flossenburg in der Oberpfalz. Die Verbrechen der Nazis: ein zentrales Thema Max von der Grüns. Hier geht es um die entsetzliche Wahrheit und ihr Verschweigen, um ihr Leugnen wider besseren Wissens. Es geht um Schuld und das Eingestehen dieser Schuld, um Ehrlichkeit, Geradlinigkeit und Wahrhaftigkeit. Ein Disput zwischen zwei Männern. Ein Pastor, vor 25 Jahren täglich Zeuge des Mordens, führt eine Reisegruppe durch das KZ, klammert Teile der Wahrheit aus und leugnet sie. Ein junger Mann hakt nach, stellt unbequeme Fragen. Nicht klein beigeben, die Wahrheit benennen: eine Maxime im Leben des Autors von der Grün – auch und gerade wenn es um das dunkelste Kapitel deutscher Geschichte geht. In dieser Erzählung macht er dies zum zentralen Gedanken.

Urlaub am Plattensee – »Der Sommer ist eine Hure«, so beginnt und endet der Text. Sommerurlaub eines allein reisenden Geschäftsmannes aus Dortmund, dem die Budapester Geschäftsfreunde geraten haben, Urlaub am Plattensee zu machen. Ost-West-Beziehungen, die am Urlaubsort auf anderer Ebene fortgesetzt werden. Der Ich-Erzähler findet sich im Hotel inmitten einer Reisegruppe aus der DDR wieder, zu der ein junger Mann gehört, der Auskunft und Anschluss an den westlichen Reisenden sucht. Was der Geschäftsmann in seiner Naivität nicht ahnt: Der junge Mann plant einen Fluchtversuch über die ungarisch-österreichische Grenze, sucht Hinweise und Auskünfte, möglicherweise die entscheidende Hilfe. Die beiden Männer bleiben sich fremd, man weiß zu wenig voneinander, der jüngere erregt den Argwohn des älteren. Zwei unterschiedliche Gesellschaftssysteme, die Verständnis und Verstehen erschweren und verhindern. Der Fluchtversuch endet mit dem Tod des jungen Mannes und der wütenden Verwirrung des Ich-Erzählers, seinem generellen Unverständnis und der Frage nach dem Warum.

Die Texte spiegeln reale Lebenswelten wider, rücken einzelne Menschen, ihre Arbeit, ihr soziales Umfeld in den Mittelpunkt. Sie dokumentieren, was sich häufig nur noch in Museen findet, sich dort mitunter jedoch nicht so unmittelbar erschließt wie in der Literatur. Westfälische und bundesrepublikanische Wirklichkeit in sechs Erzählungen, drei angesiedelt im Ruhrgebiet, weisen andere Wege, weiten den Blick. Die Mischung macht's. Die Frage nach dem Warum stellt Max von der Grün jeweils aus einem anderen Winkel neu; auch dies macht den schmalen Erzählband nach wie vor lesenswert.

Gerd Puls

Max von der Grün: *Am Tresen gehn die Lichter aus. Erzählungen* (1974)

Am Tresen gehn die Lichter aus

Der Nebel wird sich ein paar Tage halten, sagt Heinrich.
Jaja, sagen die andern, jaja. Sonst nichts.
Zehn Männer stehen, leicht vorngebeugt, auf dem Bürgersteig vor der Kneipe »Zum Igel«, hustend, krächzend, röchelnd. Von weitem wirkt die Gruppe wie ein Denkmal, kommt man ihr näher, dann beginnen die Hunde der Invaliden zu kläffen. [...]
Berufsunkundige glauben, Staublunge habe etwas mit Kohle zu tun. Aber das stimmt nicht, der Staub gebrochener Steine führt diese Krankheit herbei; Kohle wird wieder ausgespuckt. Kohlestaub setzt sich nicht fest, und es gibt genug Bergleute, die behaupten, Kohlestaub sei gesund, er reinige die Lungen – eine Legende des Selbstbetrugs wie so vieles in diesem Beruf der frommen Täuschungen zu dem Zwecke, nicht nachdenken zu müssen. Es gibt nun mal Berufe, die man niemals ausüben würde, finge man an, über sie nachzudenken.
Zu diesen Täuschungen gehört auch der Steinhäger, der Korn, den sie vor einem Glas Bier hinunterkippen. Korn brennt den Staub aus den Lungen, sagen sie, und als ich einmal ungehalten einwarf, der gehe doch in den Magen und nicht in die Lungen, sahen sie mich an, lange und stumm.
Endlich sagte Heinrich Pankauke: Halt die Klappe, das verstehst du nicht.
Damit war der Fall ein für allemal erledigt.

Die Invaliden gehen morgens und nachmittags ihren stets gleichbleibenden Weg, die Uhren könnte man nach ihnen stellen. Sie tapsen durch die Vorstadt gleichbleibenden Zielen zu, entweder zur Autobahnbrücke, auf der sie nicht selten zwei Stunden stehen und auf den Verkehr hinunterstarren und vielleicht von der großen weiten Welt träumen, die sie nie gesehen haben, oder sie werden sich aufregen über einen rücksichtslosen Fahrer, oder sie wandern hinaus auf die Felder, die an die Vorstädte stoßen, als sei das Ruhrgebiet ein Bauernland. Sie betrachten dann Kampmanns Kühe oder Sellmanns Weizen, oder sie sehen dem Bauern Wittbräuke zu, der schon pflügt, wenn andere noch einfahren, oder sie streiten über die gelben Wolken über den Hoesch Werken, deren Einfärbung heute anders zu sein scheint als gestern, woraus das Wetter für morgen oder übermorgen abgelesen werden kann. Oder sie starren mit fast hypnotischer Ausdauer auf die Räder eines nahen Förderturmes und weissagen aus dem Surren der Räder, was sich momentan unter Tage tut.
Sie stehen und starren, stützen sich auf Krückstöcke und geben sparsame Kommentare.
Ist früh dran, der Wittbräuke, sagt Heinrich.
Sehr früh, sagt Emil und hustet.
Warum der so früh dran ist? sagt Fritz. Und keiner beantwortet seine Frage, die keine war.

Max von der Grün: *Am Tresen gehn die Lichter aus*, in: ders.: *Am Tresen gehn die Lichter aus. Erzählungen.* Reinbek bei Hamburg: Rowohlt Tb. 1974, S. 7–39, hier S. 17–19

Von wegen reif fürs Magazin

Werkkreis Literatur der Arbeitswelt (Hg.): *Dieser Betrieb wird bestreikt. Berichte über die Arbeitskämpfe in der BRD* (1974)

Die Anthologie befindet sich im Außenmagazin der Kreuzberger Bibliothek. Ich stelle mir das Außenmagazin wie ein Abstellgleis für Bücher vor, die keiner mehr lesen will und weil ich jetzt Mitleid bekomme, bin ich froh, einen *Werkkreis*-Band auszuleihen. Als ich diesen nach zwei Tagen in den Händen halte, verflüchtigt sich mein Mitleid ein wenig: Das Buch erzählt von einem prallen Leseleben. In Antiquariats-Deutsch würde man seinen Zustand als »akzeptabel, schwer berieben« beschreiben. Für mich wirkt das rote Taschenbuch, auf dessen Umschlag im realsozialistischen Stil gezeichnete Arbeiter vor einer Fabrik demonstrieren, zerlesen. Der bestempelte Pappkarton, der im Einband klebt, bestätigt meinen Eindruck: 1988 allein ist der Band durch die Hände von neun Berliner Lesern gegangen. Wer die wohl waren?

Auch die anderen über 50 im Fischer-Verlag erschienenen Anthologien des *Werkkreises Literatur der Arbeitswelt* befinden sich im Außenmagazin. In der Zeit ihres Erscheinens, vor allem in den ›heroischen‹ Tagen der Arbeiterliteratur in den 1970er Jahren, standen sie wahrscheinlich im Zentrum der Kreuzberger Bibliothek. Damals galt es als schick, Arbeiterliteratur im Taschenbuchformat in ausgebeulten Jackettaschen herumzutragen. Mehr als eine Million Mal gingen die Anthologien des *Werkkreises* im ›roten Jahrzehnt‹ über die Ladentheke. Bestimmt hat mein Buch die FU Berlin von innen gesehen, auf diversen WG-Tischen für Diskussionsstoff gesorgt und mindestens einer 1. Mai-Demonstration beigewohnt. Ob es auch mal Eingang in einen Arbeiterhaushalt gefunden hat?

Als ich die jüngsten Veröffentlichungen zum *Werkkreis Literatur der Arbeitswelt* lese, flammt ein Solidaritätsgefühl mit dem roten Buch auf. Einige von denjenigen, die damals die Sache der proletarischen Literatur besonders leidenschaftlich verfochten, äußern sich nun herablassend und spöttisch über ihr eigenes Wirken im *Werkkreis* und über die Gruppe allgemein. Der *Werkkreis*, schreiben sie, sei nur ein dogmatisch-kommunistischer Zirkel Intellektueller ohne Beziehung zur Arbeiterschaft gewesen und habe ästhetisch wertlose Amateurliteratur produziert. Ich wende mich gruselnd ab, nehme mir aber vor, die Vorwürfe zu überprüfen. Dann stecke ich das rote Buch in die Jackettasche, um damit ins Theater Hebbel am Ufer (HAU) zu gehen. Das HAU ist der coolste Theaterort in Berlin und die ideale Umgebung, um in meinem Buch zu lesen, denn ich finde, das HAU und mein Buch haben einiges miteinander zu tun. Das HAU, welches unter der Intendanz von Matthias Lilienthal maßgeblich zur Renaissance des Dokumentar-Theaters beitrug, steht für ein aktionistisches Polit-Theater und reflektiert in vielen Stücken und Performances die prekären Zustände in der heutigen Arbeitswelt. Das Protokoll, die O-Ton-Collage und die Einbindung von Betroffenen prägen viele Aufführungen hier und erinnern damit an die Hochphase der Dokumentarliteratur in den 1960er Jahren. So reif fürs Magazin ist mein Buch doch gar nicht, finde ich.

Bevor ich aber aufs rote Buch und die dort dokumentierten Streikberichte und -geschichten zu sprechen komme, ist ein kurzer Abriss der Geschichte des *Werkkreises* notwendig, denn eine isolierte Betrachtung eines einzigen Werks liefe seinem literaturpolitischen Selbstverständnis zuwider.

Der *Werkkreis Literatur der Arbeitswelt* spaltete sich 1969 von der *Dortmunder Gruppe 61* ab, die die Arbeiterliteratur in der Bundesrepublik 1961 begründete. Schon ab 1967 war es aber innerhalb der Dortmunder Vereinigung zu Konflikten über ihre Ziele und ihre literarische Formensprache gekommen. Eine Gruppe von jungen Autoren und Intellektuellen, zu denen u. a. Günther Wallraff (s. S. 279), Erika Runge (s. S. 325) und F. C. Delius zählten, hatte mit ihren kritischen dokumentarischen Texten und O-Ton-Protokollen für literarisches und politisches Aufsehen gesorgt; man vertrat ein dezidiert politisches Literaturverständnis, welches Wallraff und Co. in der *Dortmunder Gruppe 61* vermissten. Dieser wurde vorgehalten, sich freiwillig bürgerlichen Literaturvorstellungen unterworfen zu haben, was sich sowohl in ihrer Ästhetik als auch in ihrer vollständigen Integration in den Literaturbetrieb zeige.

Der *Werkkreis* wollte weder »Frischenzellenkur für den Buchmarkt« (Wallraff) noch Betroffenen-Literatur für das Feuilleton produzieren: Im Vordergrund stand eine literarische Selbstorganisation der Arbeiterschaft, die sich an eine Basisöffentlichkeit in den Betrieben und Gewerkschaften richten sollte. Wichtigstes Merkmal war eine dezentrale Organisation; im gesamten Bundesgebiet gründeten sich Schreibwerkstätten, in denen sich Arbeiter, Angestellte und Intellektuelle unter dem Dach des *Werkkreises* zusammenfanden, um gemeinsam Literatur zu produzieren. Mittelfristiges Ziel war eine »proletarische (Gegen-)Öffentlichkeit«, in der die Interessen und Erfahrungen aller Werktätigen hörbar kommuniziert werden sollten. Wenn Kritiker sich später im Besonderen über die fehlende Literarität der im *Werkkreis* entstandenen Literatur monierten, geht diese Einschätzung am Wesen der Programmatik der Organisation vorbei: In dem ersten, auf einer Tagung in Köln erarbeiteten Programm wurde die politische und soziale Funktionalität als Hauptkriterium der Textproduktion ausgegeben. Die »Literaturarbeiter« (Wallraff) wollten keine Kunstwerke schaffen, sondern ihre Erfahrungen als Betroffene realistisch schildern, Aufklärung über die objektiven gesellschaftlichen Widersprüche leisten und dadurch auf die Arbeiterschaft in einem gesellschaftsverändernden Sinne einwirken. Um die Arbeiterschaft zu erreichen, schloss der *Werkkreis* Bündnisse und Allianzen mit »fortschrittlichen« gesellschaftlichen Organisationen wie Gewerkschaften, Betriebsgruppen und Jugendverbänden. Zur Strategie der Herstellung einer »proletarischen Öffentlichkeit« (Oskar Negt) wurde neben der Literatur von Beginn an auch der Bildungsarbeit eine wichtige Rolle zugewiesen.

Weil die Funktion der Texte im Hinblick auf ihre politische Agitation im Mittelpunkt stand und weil viele Arbeiter unerfahren in der Textproduktion waren, hielt man traditionelle Gattungen wie den Roman für ungeeignet für den *Werkkreis* und plädierte stattdessen für kurze Textformen wie Flugblatttexte, Manifeste, Erfahrungsberichte und Reportagen; ein »Textdienst« wurde als monatliches Organ der *Werkkreise* gegründet und hatte die

Aufgabe, neue Texte, die in den Werkstätten entstanden, regionalen und überregionalen Zeitungen und Zeitschriften anzubieten. Vor allem die Gewerkschaftspresse wurde als Publikationsort bevorzugt.

Zweifellos war die politische Ausrichtung des *Werkkreises* angelehnt an die marxistische Theorieproduktion, die im Kontext der neuen Linken in den frühen 1970er Jahren eine Hochphase erlebte. Einige führende Werkkreisler, u. a. der Vorsitzende Erasmus Schöfer, hatten sich der gerade gegründeten DKP angeschlossen und waren beschlagene Theoretiker marxistischer Literaturtheorie, wodurch der *Werkkreis* auch zum Ort hochkomplexer Theoriedebatten avancierte. Vor allem in den Anfangstagen der Werkstätten wurden die Realismustheorien der 1920er Jahren – von Brecht bis Lukács – diskutiert und auf ihre Anschlussfähigkeit für die eigene Literaturproduktion überprüft.

Weil schnell deutlich wurde, dass die Praxis der Theorie hinterherhinkte, orientierte man sich pragmatisch am ›Modell Wallraff‹ und empfahl eine funktionale Dokumentarliteratur, die die Situation innerhalb und außerhalb von Fabriken dokumentiert, diese aber mithilfe von Montagetechniken objektiviert. Vermittelt wurde die Literatur der Werkstätten lokal durch Lesungen in Kneipen, vor Werkstoren, auf Demonstrationen und Wochenmärkten. Schließlich entwickelte sich nach mehreren Anthologien (u. a. im Piper-Verlag) der Fischer-Verlag zum Publikationsort des *Werkkreises* und veröffentlichte im zweimonatlichen Rhythmus Sammlungen mit ausgewählten Arbeiten aus den Werkstätten und Schreibwettbewerben des *Werkkreises* (s. S. 420, 448).

Aus heutiger Sicht gehört die Arbeit des *Werkkreises* einer anderen Epoche an. Die Stellung der Industriearbeit, die im Mittelpunkt seiner Literaturproduktion stand, ist nicht mehr so dominant. Dennoch hat die soziale Ungleichheit zugenommen und die Organisation einer Öffentlichkeit erscheint für die nicht-regulierten Zonen des Arbeitsmarktes viel schwieriger als zur damaligen Zeit. Ein Fall für die Magazine ist die Arbeit des *Werkkreises* trotzdem nicht: Sie bietet viele innovative Ansatzpunkte, die auch für heutige politische Literatur- und Theaterprojekte anschlussfähig sind. Zu nennen ist hier die netzwerkartige Struktur der über das ganze Bundesgebiet verteilten Schreibwerkstätten, die dem *Werkkreis* den Charakter einer basisorientierten Literaturbewegung verliehen. Wegweisend ist ferner seine kollektivistische künstlerische Produktion, die aus gemeinsamen Recherchen, Dokumentationen, Werk-Diskussionen und gegenseitigem Erfahrungsaustausch zwischen Arbeitern, Angestellten und Intellektuellen bestand und ›vor Ort‹ praktiziert wurde. Derartige lokale künstlerische Praktiken, die prekäre gesellschaftliche Gruppe in künstlerische Prozesse einbinden und gemeinsame politische Anliegen erarbeiten, sind keineswegs gestrig und heute wieder Teil der Herstellungspraxis etablierter Theater- und Festivalproduktionen.

Zurück zum roten Buch: *Dieser Betrieb wird bestreikt* versammelt mehr als 30 Streikberichte und -erfahrungen aus Betrieben, Verwaltungen und Universitäten. Der Mehrheit der Texte liegt eine konkrete Streikerfahrung zugrunde und besitzt, einzeln betrachtet, eher tagespolitischen Wert. Daher erscheinen mir zwei Rezeptionsweisen sinnvoll: Erstens eine Auseinandersetzung mit Schreibweisen politischer Dokumentarliteratur, wie sie beispielhaft im Text *Rheinstall – Brackwrede – Verloren ist verloren* vom Autorenduo Hans Gutbrod und Erasmus Schöfer, einem Arbeiter und einem Intellektuellen, praktiziert wird; der zugrundeliegende Streikbericht ist mit Stellungnahmen von Gewerkschaften, der Firmenleitung und Parteien durchsetzt, wodurch es den Autoren gelingt, das Streikgeschehen innerhalb der politisch-gesellschaftlichen Situation zu kontextualisieren und die widersprüchlichen Interessen der beteiligten Akteure herauszuarbeiten. Zweitens die Wiederentdeckung des *Werkkreises* als politisch-kulturelle (Selbst-)Organisation, deren Konzepte in modifizierter, auf die heutige Situation abgestimmter Weise in politischer Kulturarbeit nutzbar gemacht werden können.

Steffen Stadthaus

Werkkreis Literatur der Arbeitswelt (Hg.): *Dieser Betrieb wird bestreikt. Berichte über die Arbeitskämpfe in der BRD* (1975)

Rainer W. Campmann / Knut Dinter
Bruno Bekier: Wir sind wieder eingestellt

So ein Streik braucht natürlich Öffentlichkeit. Wir machten dann auch, das war am Freitag, als gute Verbindung zu den Vertrauenskörperleitungen der beiden anderen Werke bestand, eine Protestdemonstration; einen Sternmarsch zum Alten Markt, liegt zentral, sind so zwei Kilometer. Klappte gut, bei uns sowieso, auf Phönix und, zur Überraschung, auch auf Union. Wir stiefelten so gegen 10 Uhr los; und schon während des Marsches, mit Lautsprechern in der Hand, erklärten wir den Leuten, die das so am Rande standen, auf'm Bürgersteig, wie es zu unseren Forderungen gekommen war, daß sie berechtigt sind und so weiter. Und die standen ganz eindeutig auf unserer Seite, sagten: Wenn die marschieren, dann haben die auch'n Grund dafür.
Auf'm Alten Markt fand anschließend eine Kundgebung statt, Mikrofone waren da, und verschiedene Kollegen hielten Ansprachen. Unsere Forderungen wurden noch mal bekräftigt: 60 Pfennig für alle! Bezahlung der ausgefallenen Arbeitsstunden! Keine Maßregelung von Kollegen!
Zu diesem Zeitpunkt trafen die ersten Solidaritätsschreiben ein. Wir wurden zum Beispiel von progressiven evangelischen Pfarrern unterstützt, die, als sie von der Sache gehört hatten, sagten: Jawohl, das ist'ne große Sauerei, was die da mit euch vorhaben. Von überall, aus allen sozialen Bereichen, trafen Solidaritätsadressen und -telegramme ein; Betriebsräte, Vertrauenskörperleitungen, ganze Ortsverwaltungen, der Schriftstellerkongreß, damals in Hamburg: alle solidarisierten sich mit uns, und das war während der gesamten drei Tage so. Dadurch wurden die Kollegen, ganz klar, aufgemöbelt. Wir sahen, und wir waren froh darüber, daß man uns den Rücken stärkte; wir sahen, wir sind nicht allein, unsere Forderungen werden auch von anderen anerkannt und unterstützt. Und auch die bürgerlichen Zeitungen [...] berichteten, na, sagen wir mal ruhig, objektiv.

Alles das paßte der Unternehmerseite überhaupt nicht in den Kram. Und plötzlich [...] tauchten da Falschmeldungen auf: Ja, was wollt ihr denn hier?! Die Kollegen im Stahlwerk 3, die arbeiten doch schon wieder ... Stimmte natürlich hinten und vorne nicht. Daraufhin organisierten wir von der Westfalenhütte Märsche zu den anderen Werken, beauftragten Kollegen, zur Union zu fahren, im Arbeitsanzug, dort Bericht zu erstatten, was eigentlich Sache war. Und das praktizierten wir zwei-, drei-, viermal während der Streiktage. Aber es zeigte sich doch, daß die Entfernung zwischen den Werken zu groß ist, auch, daß der Vertrauensleutekörper, die -leitung nicht funktioniert hatte; ja, teilweise sogar ohnmächtig war, und verleugnen ließen sie sich auch: der eine war krank, der andere im Urlaub, – offensichtlich.

Rainer W. Campmann / Knut Dinter: *Bruno Bekier: Wir sind wieder eingestellt*, in: Werkkreis Literatur der Arbeitswelt (Hg.): *Dieser Betrieb wird bestreikt. Berichte über die Arbeitskämpfe in der BRD.* Frankfurt am Main: Fischer Tb. 1974, S. 170–181, hier S. 175f.

Studieren im Bunker Ulmenwall

Walter Neumann (Hg.): *Im Bunker. 100 x Literatur unter der Erde. Texte und Daten von 110 deutschen und ausländischen Autoren* (1974)

»Lesungen sind für mich eine Qual, die ich tapfer und sogar mit Freude ertrage.« Dies ist ein Bekenntnis des Schriftstellers Ota Filip, der am 15. März 1977 im Bielefelder Bunker Ulmenwall las. Mit Dichterlesungen hat es ja eine eigene Bewandtnis; sie haben rein gar nichts zu tun mit einem Fachvortrag. Im Gegenteil: Manch ein Moderator neigt dazu, schon bei der Vorstellung des Autors virtuellen Weihrauchduft zu verströmen, was dem Gast selbst unangenehm ist (oder auch nicht). Auf jeden Fall gehören üblicherweise Fragen aus dem Publikum dazu, die im Anschluss gestellt werden, vorzugsweise von älteren Damen und gipfelnd in ungläubigem Staunen: »Haben Sie das wirklich alles selbst erlebt?« Nur zu gern werden bei solcher Gelegenheit, des Dichters einmal persönlich habhaft zu werden, Literatur und Leben, Dichtung und Wahrheit im Maßstab 1:1 miteinander verrechnet. Die ästhetische Dimension literarischen Sprechens bleibt auf der Strecke.

Wohltuend anders verliefen die Lesungen im Bielefelder Bunker Ulmenwall zwischen dem 30. Mai 1961 und dem 29. Mai 1979 – in zwei Bänden (1974, 1979) dokumentiert –, jedenfalls diejenigen, die ich seit dem Beginn des Wintersemesters 1973/74 als Zuhörer miterlebt habe – oder doch wenigstens die Mehrzahl. Von »Lorbeerbaum rechts und links« (Walter Neumann im Vorwort) war nichts, gar nichts zu spüren. Gründe für diese wohltuende Sachlichkeit lagen erstens in der Person Walter Neumanns selbst, der verbindlich, aber distanziert die Gäste des Bielefelder Kulturamts vorstellte, zweitens in der existentialistischen Schwärze des Raumes (alle Wände waren schwarz angemalt, und die beinahe einzige Lichtquelle bestand aus der Leselampe auf dem Tisch des Gastes). Die Aufmerksamkeit des Publikums wurde also in keiner Weise abgelenkt; man war, wenn man so will, umgeben von einer ›Keinheit des Ortes‹.

Ursprünglich hatte der Bunker im Zweiten Weltkrieg zur medizinischen Erstversorgung von Bombenopfern gedient. Unmittelbar nach Kriegsende hatte eine kleine pharmazeutische Fabrik die Räume genutzt. Ab 1949 zogen Jugendgruppen ein, die sich nach dem Ende der Naziherrschaft wieder neu gegründet hatten, u. a. die Falken (Sozialistische Jugend Deutschlands), die Pfadfinder und der CVJM. Daneben betrieb der Puppenspieler Hellmut Selje im Bunker eine notdürftig eingerichtete Spielstätte und stellte so die Weichen für die spätere kulturelle Nutzung. 1954 begann ein Umbau, der diesem Zweck Rechnung trug, und von 1956 an wurde im Bunker Jazz gespielt. Der junge Mitarbeiter des Bielefelder Kulturamts, Paul Hirschauer, der diese Entwicklung mit großem Engagement vorantrieb, war später über lange Jahre Leiter des Amtes.

Die Literatur zog am 30. Mai 1961 ›unter der Erde‹ ein; die erste Lesung bestritt Wolfgang Hädecke (s. S. 248). Der hatte erste Gedichte in *Sinn und Form* veröffentlicht; nachdem aber die Resonanz auf seinen ersten Gedichtband *Uns stehn die Fragen auf* (1958) in der DDR auf Widerstand stieß, siedelte er im selben Jahr nach Westdeutschland über und ließ sich als Gymnasiallehrer in Bielefeld nieder. Bekannt geworden sind später seine Biografien zu Heine, Fontane und Novalis.

Das westdeutsche Gegenstück zu *Sinn und Form* war die Literaturzeitschrift *Akzente*, herausgegeben von Walter Höllerer und Hans Bender. Die Mehrzahl der unter den ersten Hundert in den Bunker Ulmenwall Eingeladenen ist im Autorenregister der *Akzente*-Jahrgänge 1–20 vertreten; im Fortsetzungsband der Bielefelder Anthologie (1979) sind es immerhin noch 19 von 46 Autorinnen und Autoren. Der Rückgang erklärt sich daraus, dass unter den Vortragenden Jüngere nachwuchsen, die erst später zu schreiben begannen.

Ein weiteres Indiz dafür, dass überwiegend etablierte Autorinnen und Autoren nach Bielefeld eingeladen werden, ist die Zugehörigkeit zur *Gruppe 47*: Immerhin 43 der 156 Gäste figurieren auch auf Hans Werner Richters Einladungsliste, die Autorinnen, Autoren, Gäste und, nach dem letzten Treffen 1967, auch Jubiläumsgäste umfasst. Mit anderen Worten: Im Bielefelder Bunker traf man das ›Who is Who‹ der deutschen Gegenwartsliteratur, und nicht nur der deutschen, der westdeutschen: Zahlreiche ausländische Gäste und Vorträge zu Themen wie »Neue Literatur aus Mitteldeutschland« (Wolfgang Hädecke, 1964), »Chinesische Lyrik von Du Fu bis Mao Tse-tung« (Alexander Hildebrand, 1967), oder »Polnische Literatur« (Karl Dedecius, 1968) lassen erkennen, dass man schon früh bestrebt war, über den (west-)deutschen Tellerrand hinauszublicken.

Die Lesungen fanden in der Zeit, in der ich sie besuchte, einmal im Monat statt. Dann versammelte sich im Bunker so ziemlich alles, was zur Fakultät für Linguistik und Literaturwissenschaft (LiLi) der neu gegründeten Uni Bielefeld gehörte – etwa 150 literaturbegeisterte junge Leute, die, wie alle damals, kurz nach 1968, optimistisch gestimmt waren. Die Fakultät, auch das wissenschaftliche Personal, war jung, und es gab noch keine ausgetretenen Pfade, alles war offen und ›basisdemokratisch‹. Harald Weinrich, Nestor der in Bielefeld gepflogenen ›polyglotten Literaturwissenschaft‹, war zu der Zeit Mitte bis Ende vierzig und damit wohl der älteste Professor der Fakultät. Er galt uns damals als apolitisch und damit: wenig. 2016 wird er in Bielefeld zu Recht durch eine nach ihm benannte Gastprofessur geehrt. Was ich nie vergessen werde, ist sein Vortrag »Die Wiederkehr des Glücks. Literatur als Glücksforschung«, dargeboten im Dezember 1984 im Bunker, ein geistreicher Essay im »Weinrich-Sound« (Wolf Lepenies). Weinrich gelang und gelingt es in ganz eigener Weise, abstrakte Inhalte wissenschaftlich klar und zugleich leicht, elegant und pointiert zu präsentieren.

Kaum ein Stehplatz war zu haben, als Walter Jens unter dem Titel »Radikalität und List« einen Vortrag über Theologie und Theater bei Lessing hielt. Man mag Jens' verdrängte NSDAP-Mitgliedschaft beurteilen, wie man will – dass er einer der aufgeklärtesten Köpfe der Bundesrepublik war, wird wohl niemand ernsthaft bestreiten wollen. Sein Auftritt, sein Charisma: ein Erlebnis!

Natürlich war nicht alles Spitzenklasse, was geboten wurde. Die Lyrik Frederike Freis etwa, 1977 war ihr Erstling *Losgelebt* erschienen, hat mich zu jener Zeit angesprochen, wenn nicht gar begeistert, ebenso die Idee, ihre Texte als Autografen aus dem BaUCHLADEN zu verkaufen, das Stück zu einer Mark. Heute erinnert man sich an die Naivität, die aus diesen Texten und diesem Vertriebsweg sprach – natürlich auch an die eigene – mit einer gewissen Verlegenheit. Es war eben, wie gesagt, eine optimistische Zeit, damals in den 1970ern. Zu hören war 1974 auch ein Kapitel aus Dieter Kühns Roman *Die Präsidentin* (1973): Keine ›große Kunst‹, aber solide Recherche zu einer realen Figur der Großfinanz und des Börsenbetrugs im großen Stil während der 1920er Jahre und insofern heute aktuell wie nie.

Einer der Höhepunkte für mich war die Lesung von Dieter Wellershoff am »Dienstag, 1.10.1978, 20 Uhr«. Der Einladungszettel zur 135. Autorenlesung (einem Gemeinschaftsprojekt des Jugendamts der Stadt Bielefeld und der Volkshochschule) steckt noch heute in dem Roman *Einladung an alle*, den ich, 1973 erschienen, wohl am Büchertisch gekauft und, Anstreichungen belegen es, auch gelesen habe. Kleingefaltet finde ich in der *Einladung* auch einen Artikel vom November 1977, wohl aus der *FAZ*, von Peter W. Jansen unter dem Titel *Sterben als inneres Ersticken. »Die Schönheit des Schimpansen«: Dieter Wellershoffs neuer Roman.* Das wird der Text gewesen sein, der im Mittelpunkt der Lesung im Herbst 1978 stand. »[A]nschließend Diskussion« sah das Programmblatt vor; diese Diskussionen kann ich natürlich heute, nach Jahrzehnten, nicht mehr im Einzelnen nachzeichnen – ich weiß nur: sie waren aufregend, sie boten Einblick in die Überlegungen auf einer Ebene der dem Schreiben vorausgehenden Erfahrungen oder der literarischen Strategien; mit einem Wort: sie erlaubten Einblicke in die ›Werkstatt‹ des jeweiligen Autors.

Ein Großteil unserer Mentoren an der Uni, d. h. der Assistentenschaft, war mit von der Partie, unter ihnen der im Jahr 2000 verstorbene Jürgen Nieraad, der mit Abstand die spannendsten Fragen stellte. Die Lesungen im Bunker waren für mich somit Bestandteil des Studiums und gleichzeitig des studentischen Lebens – wie sie wohl, siehe oben, auch für die Autorinnen und Autoren zum Alltag ›dazugehörten‹. Dass für beide Seiten auch der Ausnahmezustand Bestandteil der Lesungen war, belegt der Auftritt Gerhard Rühms am 20. Januar 1976: Das Mitglied der legendären ›Wiener Gruppe‹ las und trank, trank und las, Hochartifizielles und Hochprozentiges, immer abwechselnd. Bei der nächsten Seminarsitzung darauf angesprochen, antwortete Klaus Ramm, damals wohl noch Assistent an der Fakultät und mit Rühm seit Jahren befreundet, sinngemäß: Der Autor habe drei Tage zuvor geheiratet, und sein neuer Status als Ehemann habe wohl einen akut vermehrten Durst zur Folge gehabt. Der Durst hat sich inzwischen ein kluges Stück weit gelegt, die Ehe mit Monika Lichtenfeld hält an.

Gegen Hunger und Durst beim Kunstgenuss übrigens hielt das Ehepaar Adam, Betreiber des Bunkers zwischen 1973 und 1981, regelmäßig regionales Bier (aus der Flasche) und preiswerte Schmalzbrote bereit.

Die große Zeit der Bunker-Lesungen ist vorbei; seit ein paar Jahren gibt es dort Poetry-Slams. Spektakulär und in seiner Bedeutung über die Stadt hinausgreifend war später das Bielefelder »Colloquium Neue Poesie« (1978–2003), ausgerichtet von Jörg Drews und Klaus Ramm. Öffentlicher Höhepunkt dieses Dichtertreffens war die Lesung am Freitag des ersten Maiwochenendes, die von etwa 600 Fans der Experimentellen Poesie besucht wurde. Aber das ist ein anderes Kapitel in der Literaturgeschichte, in der der Stadt Bielefeld, ihrer Uni und, in aller Bescheidenheit, des Chronisten.

Michael Vogt

Walter Neumann (Hg.): *Im Bunker. 100 x Literatur unter der Erde. Texte und Daten von 110 deutschen und ausländischen Autoren* (1974)

Norbert Johannimloh
Gedichte

Gedächtnis

Der Kommandant von Treblinka
weiß nur zu berichten,
daß das Lager zuletzt
mit Lupinen eingesät wurde

Selektionsgesetz der Lyrik

Schwarzdrosseln
fressen mit Vorliebe
die Eier der Nachtigall

Nobert Johannimloh: *Gedichte*, in: in: Walter Neumann (Hg.): *Im Bunker. 100 x Literatur unter der Erde. Texte und Daten von 110 deutschen und ausländischen Autoren*. Recklinghausen: Bitter 1974, S. 84f.

Wolfgang Hädecke
Splitter im Auge. Aphorismen

Immer, wann man sein Wort brauchte, war er eingeschlafen. Und im Schlaf redete er nie.

Sie trägt ihre Krankheit wie einen Orden, den sie lange erwartet hat und auf den sie sehr stolz ist.

Das wahre Paradies? Vergeltung.

Niemand kann zwei Herren dienen? Aber doch wenigstens schmeicheln.

Die verschiedenen Religionen müssen je eigene Düfte haben: deswegen können ihre Päpste einander so wenig riechen.

Messer war sein Stichwort.

Warum sollen getroffene Hunde denn nicht bellen? Wollen die Steinwerfer auch noch den Schmerz verbieten?

Er wurde nie das Gefühl los, daß ihn seine Mutter sich eigentlich als Fehlgeburt gewünscht hätte.

Sie verkauft sich einmal im Jahr teuer an einen ihrer Bewunderer. So braucht sie sich nicht einzugestehen, daß sie sich ein Leben lang billig an ihren Ehemann verkauft.

Wolfang Hädecke: *Splitter im Auge. Aphorismen*, in: Walter Neumann (Hg.): *Im Bunker. 100 x Literatur unter der Erde. Texte und Daten von 110 deutschen und ausländischen Autoren.* Recklinghausen: Bitter 1974, S. 281f.

Von der Privatheit zur Mündigkeit
Karin Struck: *Die Mutter. Roman* (1975)

Die Rezensionen zu Karin Strucks (1947–2006) Werken legen eine emphatische Lesart nahe: »rückhaltlose Subjektivität« (Christoph Kuhn), »rohe Mitteilungswut« (Matthias Matussek), »das Höchstpersönliche als Schema« (Peter Handke). Die Rezeption von Karin Strucks zweitem Roman, *Die Mutter*, knüpft damit nahtlos an den Erstling *Klassenliebe* (1973; s. S. 424) an: »Unbeirrt hat sie nun zum zweiten Mal ein Konvolut von Karin-Struck-Sätzen einen ›Roman‹ genannt« (Reinhard Baumgart). Der Band stellt, liest man ihn als Blick in das Leben und Denken der Person, Frau, Mutter, Schriftstellerin Karin Struck, ein Gedanken-Archiv der 1970er Jahre dar.

Nora Hanfland, die Protagonistin, reflektiert in sechs Kapiteln Mutter-Facetten ihrer Gegenwart, flankiert von der Suche nach ihrem eigenen Standpunkt als Mutter zweier Kinder. Ausgangspunkt sind »Die Briefe der Mutter«, in denen Nora ihrem Tochtersein und ihrer Familiengeschichte nachgeht. Das Gegenüber ihrer Reflexionen ist ihre eigene Mutter; die Reflexionen sind Suche nach sich selbst als Suche nach einer Bestimmung ihrer eigenen Beziehung als Tochter zur Mutter. Als Sohn erwartet, steht am Anfang von Noras Leben die Existenzfrage des Geschlechts und durchzieht den Roman. Im zweiten Kapitel besucht die Protagonistin »Die Kinderreichen«. Sie interviewt Arbeiterinnen und schildert deren Leben und Umfeld als Werktätige, Ehefrauen und Mütter vieler Kinder. Das dritte und umfangreichste Kapitel, das sich kaum auf eine Inhaltsebene herunterbrechen lässt, geht den Zusammenhängen zwischen Kindern, Menschen, Umwelt nach. »Beziehungslosigkeit« betitelt, stehen die Versuche Noras, sich zu ›verorten‹ im Fokus. Zwischen Stillen und industrieller Säuglingsnahrung wird die Mutter als Thema der kommerziellen Öffentlichkeit eingeführt, ein Aspekt, den das vierte Kapitel »In der Fabrik« weiterschreibt. Nora geht hierin als Hospitantin in einem Kreißsaal medizinischen und industriellen Mutterbildern nach. Im fünften Kapitel schildert Nora die enge Frauenfreundschaft zu Judith, Mutter von Zwillingen. Es ist ein versöhnliches Kapitel, in dem Nora über die sapphische Liebe eine Möglichkeit von Heimat bedenkt. Abschließend betitelt das sechste Kapitel mit »Heimat« die zentrale Frage des Romans. Diese Handlungs- oder vielmehr Reflexionsstränge sind aufgebrochen in vielfältige Vor- und Rückblenden. Auch die Erzählersituation ist komplex mit Anklängen an den inneren Monolog konstruiert: Im ersten Kapitel ergänzen Briefe der Mutter die Reflexionen der Ich-Erzählerin Nora, Erinnerungen der Mutter sind in die Erzählpassagen Noras eingeschoben und Gespräche mit weiteren Frauen, in denen deren Antworten über längere Räume in direkter und indirekter Rede wiedergegeben werden, ergänzen das Gesamt.

Zwei Jahre nach dem Erscheinen des Romans *Die Mutter* veröffentlicht Karin Struck in der Zeitschrift *pardon* eine Art Schreibprogramm, in dem sie die Überwindung der Grenzen zwischen privat und öffentlich als gesellschaftliche Notwendigkeit fordert: »Der erste Schritt ist, zu erkennen, daß das Private das Politische ist« (*pardon* Nr. 1, Februar 1977). Weiterhin stellt sie fest, dass »[j]edes unserer sogenannten privaten Probleme [...] ein Moment der Zeit [ist], in der wir leben, wir müssen es nur übersetzen.« Erst wenn wir unser privates Leben in einem Zusammenhang mit den Tagesnachrichten sehen, sind wir in der Lage, so Karin Struck, die tatsächliche menschliche Tragik zu erfassen – und erlangen damit die Fähigkeit, sie zu ändern. Struck belegt ihre These mit einem Beispiel, in dem aus einer privaten Tragik eine Kausalität für Gewalt konstruiert wird: »Unsere private Substanz ist buchstäblich der Boden für unsere politischen Fähigkeiten, wie die private Zerstörtheit irgendeines Folterers oder KZ-Knechtes der Boden ist für seine Bereitschaft zum Foltern.« Es geht ihr um das Vermögen zum politischen Urteil und damit zur Gesellschaft: »Unsere privateste Biografie verbindet uns mit den andern, und erst unsere Fähigkeit privat zu sein, befähigt uns, in Gemeinschaft sein zu können.« Sowohl die Fokussierung auf das Private als auch die Beweisführung über eine Umkehr des Blickwinkels, denn die Folter dient ja nicht als Beleg für eine gelungene Gesellschaft, sondern für das Gegenteil, sind Teil ihrer Poetik. Zusammenfassend lassen sich drei Aspekte der Struckschen

Poetik listen: (1) Intention: Schreiben als Mittel zum menschlichen Miteinander; (2) Themenwahl: Aus der Privatheit des Themas wird sein exemplarischer Stellenwert entwickelt. Dabei stellt der Begriff des Privaten eine Schwierigkeit dar, befragt man ihn am Beispiel der »Mutter«, so lässt sich das Private als die innere Erfahrungswelt fassen, die Erzeugung von Authentizität ist hierfür von besonderer Bedeutung; (3) Verfahren: Strucks Beispiel des Täters als Beleg für ihren Ansatz der Privatheit, verweist auf ein literarisches Verfahren, in dem über eine inhaltliche Inversion Aufmerksamkeit provoziert wird und damit der Erkenntniswert gesteigert. Dieses Vorgehen finden wir bereits bei Viktor Sklovskij in *Die Kunst als Verfahren* (1916), er nennt es »Verfremdung«.

Ihrem Roman *Die Mutter* stellt Karin Struck ein Zitat aus Friedrich Hölderlins *Die Wanderung* vorweg: »Unfreundlich ist und schwer zu gewinnen die Verschlossene, der ich entkommen, die Mutter.« Sie verweist damit auf den autopoetischen Anspruch ihres Textes. So steht die Mutter für den Ursprung, die Geburt für das Unsagbare und das Dichten für die Annäherung an das Unsagbare und zugleich die Entfernung davon, indem der Schriftsteller es in Worte fasst. Der Titel *Die Mutter* verweist also auf die Dichtung als Prozess des In-Sprache-Setzens. Die Bedeutung von »Mutter« kommt hierin dem Begriff der Heimat im Sinne Blochs nahe: »das allen in die Kindheit scheint und worin noch niemand war« (*Das Prinzip Hoffnung*, 1973). So gesehen lässt sich der Roman als fortwährende Bewegung hin zum Anfang und weg in die Gegenrichtung lesen und es erstaunt eigentlich nicht, wenn Karin Struck viele Jahre später feststellt: »Die Erfahrung eigener Geburten und des Zusammenlebens mit Kindern ist eher ein beiläufiges, zusätzliches Motiv gewesen, *Die Mutter* zu schreiben.«

Die Mutter dient als zentrales Denkbild des Romans. Was geht von ihr aus, was führt von ihr weg oder zu ihr hin? Strucks Poetik, das Thema des Privaten nicht als Rückzug zu verstehen, sondern als Vorwärtsbewegung hin zur Mündigkeit, hat sie in diesem Roman vorweggenommen. Entsprechend er- und befragt sie über die mütterlichen Erfahrungswelten, die Nora im Roman durch Beobachtungen ihrer eigenen Person, Gespräche mit anderen Schwangeren, Müttern, Arbeiterinnen, Hebammen, sammelt, das Rollenbild der Frau in Vergangenheit, Gegenwart und Zukunft. Dabei sind es vor allem die Darstellungsmittel, der als authentisch konstruierte Blick Noras und ihrer Gesprächspartnerinnen, die den privaten Charakter des Themas konstruieren. Erst in der Dichte der Erzählperspektiven, der Vielfalt der Inhalte und der Überlagerung von Zeiträumen wird das Thema in seiner überindividuellen Dimension erfahrbar gemacht. Als poetologische Reflexion erweitern die einzelnen Kapitel ihren Deutungshorizont: Das erste Kapitel erprobt die Verschränkung der unterschiedlichen Erzählperspektiven und führt in die Dimensionen des Themenfeldes ein. Das zweite Kapitel erweitert die Standpunkte, sammelt die Vielfalt und privatisiert sie über die einzelnen Geschichten. Das dritte Kapitel klagt mit seinem Titel »Beziehungslosigkeit« nicht in erster Linie einen gesellschaftlichen Mangel an, sondern benennt den Ausgangspunkt: vor der Geburt ist jeder beziehungslos, erst in der Begegnung mit der Mutter beginnt die Vernetzung. Im Folgenden geht die Ich-Erzählerin den Beziehungen auf den Grund: Geburt und Stillen als Anfänge, Werbeprogramme zur Flaschenernährung von Säuglingen unterbrechen den Beziehungsaufbau und stellen die Mutter in Frage. Im vierten Kapitel kulminiert der Blick zwischen dem ›Wunder‹ der Geburt und der Aktualisierung auf den Kreißsaal in den 1970ern. Die Zärtlichkeit, das Ideal des einen wird mit einem brutalen ›Realismus‹ konfrontiert. Die Divergenz von Anfang und Ursprung zwischen Verlust und Aufbruch steht zentral und wird mit dem folgenden Kapitel zu einem Lösungsvorschlag geführt. In der sapphischen Liebe zu Judith findet Nora eine Möglichkeit der Überwindung des Verlustes. Der Titel des Romans ist auch ein Emanzipationsprogramm und zugleich ermöglicht die Hinwendung zur Frau die Auflösung des Geschlechterdefizits, das sich durch den Roman zieht. Der letzte Satz in Kapitel 5 – »Daß Judith für mich ein Stück Heimat sein könnte!« – formuliert eine an keiner anderen Stelle spürbare Harmonie. Doch mit dem sechsten Kapitel wird das Inseldasein »Judith« beendet und die »Heimat« erneut als Zieldimension aufgeworfen. Durchgängig überprüft Nora die Sprache auf ihre Tragbarkeit: »Rosa ruft Mamma. Mamma ist ein Ausdruck für die weibliche Brust. Mamma mia. Mamilla ist die Brustwarze. Nora ruft Mamma. Sie antwortet nicht, wenn das Kind Mamma ruft. Nora ist das Kind.«

Bei Erscheinen des Romans irritierte die Leser der Einsatz von Wörtern wie ›Mutter‹, ›Heimat‹, ›Erde‹ im Roman. Heinrich Böll hat in seiner Rezension mit dem Titel *Handwerker sehe ich, aber keine Menschen* auf die Raster aufmerksam gemacht, in die der Roman durch diese Begriffe zu fallen drohe: »Doch Vorsicht: Wer mit Genugtuung an die dürftige ›Blut-und-Boden‹-Lehre der Nazis denkt, bleibt in deren Kümmerlichkeit, und wer in bloßem Abscheu-Reflex an sie denkt, bleibt eben in dieser bloßen Reflex-Dürftigkeit.« Es ist kein Zufall, dass Karin Struck zu dieser Zeit mit diesen Begriffen arbeitet, ihr Gebrauch lässt sich vielmehr als Teil ihrer Poetik fassen. ›Heimat‹ und ›Mutter‹ öffnen durch ihre Begriffsgeschichte besondere Bedeutungsräume, die Aufmerksamkeit erzeugen und damit die Lesbarkeit des Romans erschweren, weil sie irritieren. Auch heute noch. Karin Strucks *Die Mutter* ist mehr als das geistige Archiv der 1970er Jahre. Der Roman ist ganz aktuell, weil er uns mit einem Schreibverfahren herausfordert, das nur vertraut scheint und in Komplexität zerfällt: »Dieses Buch ist ein Labyrinth«, sagt Nora zu Beginn, »[i]ch wünsche, der Lesende fände hindurch. Ich hoffe, sein Orientierungssinn wäre geschärft und gestärkt.«

Jasmin Grande

Karin Struck: *Die Mutter. Roman* (1975)

Die Heimat

Nora liest immer wieder das Wort Heimat in der Erzählung »Das Schloß«, die ist eine Flammenschrift an der Wand, sie riecht das Wort Heimat, schmeckt es auf der Zunge, Buchstaben von Feuer. »Immer wieder tauchte das Wort Heimat auf …« Ich grabe mich tiefer in die Vergangenheit hinein, ein Maulwurf, nur so komme ich ans Licht, an die Dunkelheit der Gegenwart, nur so gewinne ich Boden unter den Füßen, schlage ich

Wurzeln. Ich bin zwar geprägt, aber zugleich fehlt mir ja auch das Geprägtsein, weder Vater noch Mutter haben mich geprägt, ihre lasche Identität hat mich in eine verschwommene Welt geworfen. Hier bin ich in der Verschwommenheit der Werte, und das einzig Klare ist die Verlassenheitsangst, ist das Nichtselbständigexistierenkönnen, ist die Verlassenheit. Ich kann ja nicht einmal lächeln, mein Gesicht ist starr, wer erzeugt ein Lachen auf meinem Gesicht. Das erste Lächeln. Mein erstarrtes Gesicht. Eine Vogelscheuche hat sich mir zugewandt. Ein Kind berührt eine elektrische Vogelscheuche auf einem Acker und ist tot. Rosa ist eine zweite Nora. Heinrich ist ja der Mensch, den ich seit zehn Jahren um eine Symbiose anbettle. Ich entdeckte, was mir geschehen war, als ich Kinder gebar. Geburt ist ein Erkennen. Dies lächerliche Gefühl, völlig außerhalb der Natur zu sein. Ein erfrorener Pfirsichbaum vor einem Landarbeiterkotten in Stubbenbrock. Die Angst, das Meer wird ausgesoffen, ich kann es aussaufen. Ganz schnell ist alles zu Ende und leer. Habe ich Kinder ausgetragen und geboren, um zu erkennen, daß ich nicht gebären durfte, daß ich nicht geboren werden durfte? Der Vater hört Marschmusik wie Wiegenlieder. Ich bin lieblos. Warum bist du lieblos? Ich gehe mit einer schizophrenen Freundin in einer Ausflugsgesellschaft durch hohen Schnee im Wald, und die schizophrene Freundin trägt Stöckelschuhe und friert, und ich habe ja warme Fuchspelzstiefel an, und ich nehme keine Rücksicht auf die mühsam im Schnee gehende Freundin, die Stöckelschuhe trägt. Ein Eichhörnchenstofftier in Rosas Hand erinnert an den Bruder Bernhard, der lebende Eichhörnchen aus dem Wald fängt und in Käfige setzt. [...]
Oh Mutter, lieb' Mutter, was fühltest du, als dir ein Sohn geboren war? Ich habe mich sehr gefreut, daß es ein Junge war, das ist ganz wahr. Nach ein paar Tagen, nach ein paar Wochen habe ich gar nicht mehr einen so großen Unterschied gesehen. Nachher machte Bernhard noch viel länger in die Hose. Ich wußte nicht mehr, warum man sich so sehr einen Jungen wünscht. Nur im ersten Moment die große Freude, das war ja sofort, als er heraus war. Da habe ich drei- oder viermal so ganz matt in all meiner Erschöpfung gesagt: ist das wahr, ist das wirklich wahr. Die Hebamme hat ihn mir ja nackt gezeigt, und ich sah, daß alles dran war.

Karin Struck: *Die Mutter. Roman.* Frankfurt am Main: Suhrkamp 1975, S. 278–280

Dem besonderen Geschmack gewidmet
Werner Streletz: *Der ewige Säufer. Texte aus einem kaputten Kohlenpott* (1975)

Ein DIN-A5-Heft in gelbem Umschlag, darin 20 Seiten mit 14 Gedichten, einem kurzen Prosatext und einer *Ruhrrevier-Revue* in Prosa mit Zeichnungen von Peter Wachtmeister. Fremd-vertraut kommen einem die um die Texte montierten Werbesprüche für alle möglichen Alkoholika vor; die würde es heute so nicht mehr geben mit ihren Versprechungen von gehobenem Genuss oder Trost in allen Lebenslagen, wenn man denn nur beherzt zugreift. Die Zeichnungen Wachtmeisters zeigen demgegenüber den Absturz in der Kneipe, wenn etwa mit dem ›Game Over‹ im Flipper die Kugel nicht mehr rollt; lyrisch verdichtet wird das zu einem Déjà-vu-Erlebnis: »Ich wollte schon immer mal gern wieder ’nen Krimi lesen / Doch bei 75 000 Punkten gibt es ein Freibier / Ich wollte schon immer mal gern wieder in’s Kino gehen / Doch wer in einer Woche die höchste Punktzahl erreicht / Bekommt dafür eine Flasche Weizenkorn / Ich wollte schon immer mal gern wieder vor’m Fernseher sitzen / Doch dann habe ich immer einen Freiball / SAME PLAYER SHOOTS AGAIN // Für mich gibt es nichts Schlimmeres / Als wenn ich zu fest mit den Händen / Gegen den Flipper stoße / Und es heißt / TILT / Und dann wird es plötzlich / So furchtbar still im Flipper / Dann denke ich, alle Punkte, die ich geholt habe / Sind garnicht da / Und ich werde niemals / Der Gewinner sein« (*Flippern*).

Was aber bringt dem ewigen Säufer die wie durch Nebel doch irgendwie omnipräsente Einsicht ins Geschlagen-Sein, zumal wenn ihm ein Freibier oder eine Flasche Weizenkorn entgangen ist? Da kann eine eigene, alkoholinduziert bizarre Logik seltsame Blüten treiben (*Ich fühle mich stark*; s. Textauszug).

Der ewige Säufer bleibt, wenn auch schon mal durchgeprügelt, in seiner Kneipe – und wenn schon nicht mehr für voll genommen, dann ist er doch immerhin voll und fühlt sich stark – voll stark! Das ist so etwa nach dem ›Geschmack, der einen Genießer lächeln lässt‹.

Einfache Säufer-Lyrik wird hier nicht verbreitet – deren Ton treffen eher die Werbetexte. Hier kommt auch nicht die Heilsarmee zu Wort, der es um die Rettung von Seelen geht, die aus dem Sumpf der Verderbnis zu ziehen sind. Es geht eher darum, ob sich hinter den in doppeltem Sinne gezeichneten Kneipenexistenzen, denen allein wichtig ist, ob die nächste Hansa-Bier-Palette bereit steht, nicht doch noch etwas ganz anderes verbirgt, das im Nebel des Suffs unsichtbar bleibt – wie etwa hier: »Das ist der Mann / Der schon mittags blau ist / Das ist der Mann / Der dreimal aus der Kneipe fliegt / Der dreimal wieder reinkommt / Das ist der Mann, der die / Weltmeisterschaftself von Bern / Auswendig hersagen kann / Der sie jedem sagt / Der’s nicht hören will / Das ist der Mann, der jeden grüßt / Den jeder zurückgrüßt / Nur, um ihn loszuwerden / Und alle in der Kneipe fragen sich / Wie er das wohl bezahlen kann / Das viele Bier / Und keiner sieht ihn / Wenn er nüchtern ist / Und jämmerliche Tränen heult / Und ’ne müde Fliege / Die über den Tisch kriecht / Mit dem Finger zerquetscht / Und Angst hat / Daß das Tier sich / Rächen könnte« (*Das ist der Mann*).

Wer hätte diesen Mann jemals nüchtern gesehen? Da spielt etwas hinein, was nur ein implizites lyrisches Ich zu imaginieren vermag. In *Der ewige Blaue*, von dessen einsamem Sterben im betrunkenen Zustand berichtet wird, kommt erst am Ende ein explizit lyrisches Ich zu Wort: »Betrunkene sollen ja / ’nen schönen Tod haben / Weiß nicht / Mag sein.« Das ist wohl das Wesen dieser Lyrik, dass hinter der Szenerie des Suffs ein ganz andersartiges Dasein sich aufzutun scheint. Einer Realitätsprüfung ist das – so oder so – nicht zu unterziehen; da würde die spirituöse Gemeinschaft wieder tönen, dass Schnaps sein letztes Wort gewesen sei, und die Zunft der Therapeuten würde vor falschen romantischen Vorstellungen warnen.

Wer mag, könnte in der Vermutung eines anderen Daseins hinter dem Suff einen lyrischen Eskapismus sehen oder – im Gegenteil – eine in Verse gebrachte Anleitung zu rechtem Leben per Abschreckung oder sonst wie. Dem entziehen sich Streletz' Gedichte allerdings sowohl hinsichtlich eines zu unterstellenden Eskapismus – denn die Fluchten sind doch wohl allemal als Sackgassen zu erkennen – als auch einer praktischen Richtungsweisung.

Die Gedichte sind zuallererst einmal auszuhalten. Sich einen sicheren Reim darauf zu machen – dem entziehen sie sich zunächst (und darin sind sie treffsicher). Eine Sache für sich ist die *Ruhrrevier-Revue* – etwa eine Seite Prosa –, die mit folgenden Sätzen eingeleitet wird: »Das Ruhrgebiet ist ein einziger Zapfhahn. Hier gibt es in ganz normalen Straßen so viele Kneipen, daß du randvoll bist, wenn du in jeder ein Bier getrunken hast.« Sie schließt mit einer Art Abgesang – vergleichbar André Hellers *Wienlied*: »Eine Schnapsfahne für Richard Limpert / Einen Flipper für Frank Göhre / Einen ausgemisteten Taubenschlag für Anton Cervinski / Einen geschwätzigen Zechkumpanen für Josef Reding / Einen rosaroten Kater für Kurt Küther / Eine Zigarettenkippe für Lilo Rauner / Ein gezinktes Kartenspiel für Josef Büscher / Einen blauen Engel für Jürgen von Manger / Ein freigiebiges Groschengrab für Max von der Grün / Einen bekritzelten Stammtisch für Wolfgang Körner / Eine Cognac-Ranch für Josef Wintjes / Eine bankrotte Kneipe / für mich«.

Natürlich ist Josef (Bibi) Wintjes genannt, Herausgeber des *Ewigen-Säufer*-Heftes; Frank Göhre (s. S. 372, 433) ist einer von denen, die in Hugo Ernst Käufers *Literarischer Werkstatt Gelsenkirchen* ihre ersten Auftritte hatten – wie auch Werner Streletz, der in Käufers Anthologie *Beispiele Beispiele* (1969; s. S. 354) erstmals an die literarische Öffentlichkeit trat. Naturgemäß wird Anton Cervinski, der Freund des Kumpels Anton aus der nach ihm benannten *WAZ*-Kolumne, erwähnt: Irgendwie gehörte der dann ja auch mit zum engeren Umfeld Streletz' als *WAZ*-Redakteur. Recht weit entfernt davon muss man sich allerdings die durch einige Namen gekennzeichnete Gemeinde des *Werkkreises Literatur der Arbeitswelt* mit ihren Mitgliedsausweisen vorstellen. In diesem Falle vereint nur das Ruhrrevier als »einziger Zapfhahn« – Streletz' Texte haben hier (und später) keine Berührungspunkte.

Interessant wäre natürlich die Frage nach Berührungspunkten, die über das Revier hinausweisen. Da wurde Streletz etwa schnell zum Ruhrgebiets-Bukowski gemacht. Damit scheint mir allerdings nicht mehr gesagt worden zu sein, als dass man halt, ganz auf Höhe der Zeit, auch Bukowski gelesen hatte. Zu diesem und zu ähnlichen Vergleichen was Vernünftiges zu sagen, sei Leuten vom Fach vorbehalten.

Werner Streletz, geboren 1949, war mir bislang vor allem als Romanautor – *Kiosk kaputt* (2008), *Pokalkampf* (2009), *Rohbau* (2013) – bekannt. Seinen *Ewigen Säufer* bekam ich erst jetzt in die Hand und war erstaunt, wie hier schon spätere Motive vorgeprägt oder vorweggenommen sind. Aber das ist eine andere Geschichte.

Reinhard Finke

Werner Streletz: *Der ewige Säufer. Texte aus einem kaputten Kohlenpott* (1975)

GO BACK
ns Männer vom Fach
100 PIPERS eindeutig
Sonderklasse. Deshal
bekommen Sie ihn auch
jeder gut geführten
Der Geschmack, der einen Genießer lächeln läßt.
Und vor dem Alkohol, zum Alkohol, nach dem Alkohol, ohne Alkohol. Zum Wohl.
Faszin
Leben.
ierendes
Ein gro
gehört
ßer Scot
dazu.
ICH FÜHLE MICH STARK
Wenn man in der Kneipe
Einen der Schläger anschaut
Fragt der einen sofort
Ob man was von ihm will
Schaut man niemanden an
Kommt bestimmt schon bald
Einer von ihnen zu einem hin
Und fragt, ob man ihm
Einen ausgeben will
Brenzlig wird die Lage auf jeden Fall
Mich haben sie schon dreimal
Durchgeprügelt
Ich bin trotzdem immer wieder
In die Kneipe hinein
Jetzt tun sie mir nichts mehr
Ich werde nicht mehr
Für voll genommen
Nun darf ich zuschauen, wenn sie
'nen anderen durchprügeln
Das macht mir Spaß
Dabei fühle ich mich stark
Ich fühle mich dabei als ihr
Verbündeter
Heißgelieb
d kalt getrunken
ganz andere Atmosphä
Der Brandy, der überall
gefunden hat, wo man seine
Reife, seine Reinheit und sein
erlesenes Bouquet zu
tzen weiss.
n, der zu genießen
Der große Bourbon mit dem weichen Herzen.

Werner Streletz: *Der ewige Säufer. Texte aus einem kaputten Kohlenpott.* Bottrop: Literarisches Informationszentrum 1975, S. [12]

Bis an die Grenze der Erschöpfung
Hans Wollschläger (Übers.): *Ulysses* von James Joyce (1975)

Werktäglich hörte ich für einige Wochen auf der Autobahn zwischen Paderborn und Bielefeld die CD der deutschsprachigen Hörspielfassung von *Ulysses*, bearbeitet von Klaus Buhlert nach der Übersetzung von Hans Wollschläger. Großartige Sprecher machen das Dublin des Jahres 1904 mit seinen vielfältigen Figuren lebendig. Das Sounddesign des Hörspiels ist zurückhaltend und akzentuiert das Sinnstiftende der Sprache: Wir begleiten Stephen Dedalus und Leopold Bloom auf ihrem Weg durch ein städtisches Labyrinth, das fremdartig und vertraut, altmodisch und modern zugleich ist. Ich folgte dem Inhalt dieses schwierigen Buches, als sei der Text in der einfachen Sprache eines Grundschullesebuches geschrieben. In meiner Phantasie überlagerte sich der aufblitzende Mittelstreifen der Autobahn mit der gischtenden irischen See und mir schien es damals, als duftete es im Auto nach jenen gebratenen Nierchen, die Bloom so gerne isst. Einen Kilometer lang bewegte mich die Frage, ob auch ich gebratene Nierchen leidenschaftlich mögen könnte. Doch der Verkehrsstrom und der Sprachstrom des Romans sogen mich rasch voran, real auf der Autobahn und fiktiv in Dublin, unterwegs in eine Zeitungsredaktion, auf dem Friedhof, in Kneipen und Bordellen, am Strand des Meeres, der »rotzgrünen und Skrotum zusammenziehenden See«, wie es im Roman heißt. Magie der Sprache, Worte aus einem Lautsprecher, eine ganz eigene Welt tönte daraus.

Der *Ulysses* von James Joyce ist ein literarisches Jahrhundert-Ereignis, aber nicht nur das: Er ist eine Zumutung für jeden Leser. Als ich es das erste Mal versuchte, schaffte ich gerade einmal die ersten drei Kapitel, da sie noch recht konventionell geschrieben sind. Schon das vierte Kapitel wurde mir ungeheuer und ich legte das Buch mit dem bitteren Nachgeschmack des Enttäuschten beiseite. »Na ja«, munterte ich mich auf, »jedes Buch hat sein Lesealter. Es wird die Zeit kommen, da wird der Zugang schon gelingen.«

Im Hauptstudium der Germanistik dann, in einem Anflug von philologischem Pflichtgefühl, las ich das Buch ein zweites Mal. Diesmal schaffte ich es hindurch, in dem ich einfach immer weiter las, ob ich im Detail verstand oder nicht. Es ging ums Ganze. Wer eine Idee des Ganzen hat, der kann auch die Details einordnen. Das hatte man uns beigebracht. Ich hätte den Roman dann zum dritten und vierten Mal lesen müssen – eigentlich. Damals nichts für mich: der Roman tauchte aus meinem Leben wieder ab wie ein Walfisch.

Aber Walfische tauchen immer wieder auf und blasen ihre Signale, diesmal zwei Jahrzehnte später in der Form des Hörspiels. Große Erzählliteratur ist eben auch Spreche, lebt und gewinnt sinnreiche Gestalt durch lebendige sprachliche Nachgestaltung. Das Original habe ich übrigens weder gelesen noch gehört; gelesen und gehört habe ich den *Ulysses* im Deutsch des Hans Wollschläger. Seine Übertragung war und ist mein Zugang zu dieser großartigen Weltliteratur. Warum? Wollschlägers Deutsch ist sprachlicher Genuss.

Hans Wollschläger, 1935 geboren, verlebte seine Kindheit und Jugend in Minden, Herford, Essen und Bonn. Nach dem Abitur studierte er Kirchenmusik an der Musikakademie Detmold. Ab 1957 arbeitet er für den Karl-May-Verlag, Bamberg. Die produktive Auseinandersetzung mit May und anderen Autoren sowie das Übersetzen englischsprachiger großer Literaten war von Anfang an Teil der Brotarbeit dieser ›freien‹ Existenz.

Der Musiker Hans Wollschläger ist ein Kenner des Lebens und Werkes Gustav Mahlers. So war er eine Zeitlang Vorsitzender der Deutschen Sektion der Internationalen Gustav Mahler Gesellschaft. In diesem Zusammenhang lernte er Adorno kennen, der zu einem seiner beiden geistigen Väter wurde. Wollschläger komponierte zudem: Drei große Sinfonien soll er geschaffen haben; sie sind wohl verschollen.

Als Autor wurde Wollschläger mit kirchenkritischen Schriften und der Karl-May-Biografie (s. S. 267) bekannt. In Arno Schmidt, dem Solitär der deutschen Nachkriegsliteratur, fand er einen Mitstreiter in der philologisch korrekten Aufarbeitung der Werke Mays. In Schmidt fand er auch seinen zweiten geistigen Vater; zumindest war Schmidt ein großes Vorbild für ihn. Durch diesen gefördert, avancierte Wollschläger in der literarischen Szene der Bundesrepublik zu einer der großen Schriftstellerhoffnungen. Aber Wollschläger ist einer dieser widersprüchlichen Doppelbegabungen, die zwischen Musik und Literatur schwanken. Vielleicht ist dies einer der Gründe dafür, dass sein literarisches Hauptwerk *Herzgewächse oder Der Fall Adams* unvollendet blieb – nur der erste Band liegt vor.

Als Herausgeber von Schriften betreute Wollschläger die Werke Friedrich Rückers und arbeitete nach dem Freiwerden der Rechte an der Historisch-kritischen Edition der Werke Karl Mays mit. Eigene Bücher über Wilhelm Reich und über Johann Sebastian Bach waren am Ende seines Lebens in Arbeit. Dem biografischen Blick zeigt sich ein umtriebiger, häufig getriebener, ein vielfältig schaffender Wollschläger. Am bekanntesten wurde er als Übersetzer der Erzähler der Weltliteratur: Poe, Faulkner, Hammett, Chandler und vieler anderer. Sein unbestrittenes Meisterstück aber ist die Übertragung des *Ulysses* ins Deutsche.

Schon im Herforder Gymnasium soll Wollschläger durch Fleiß und Leselust aufgefallen sein, weiß Autorenkollege Eckard Henscheid zu berichten. Ein nachhaltiger Arbeitsstil: Die Übersetzungen der englischen Schriftsteller schuf er detailversessen. Mit Hilfe diverser Lexika und anderer Übersetzungen studierte er mögliche Textvarianten. Im Briefwechsel mit Arno Schmidt kann man das hohe philologische Ethos der beiden nachvollziehen. Kurioser Weise soll Wollschläger sich gescheut haben, das Englische und amerikanische Englisch, das er so intim kannte, auch zu sprechen. Umso erstaunlicher die Entschlossenheit, in den Übersetzungen bis an die Grenze der Erschöpfung das Beste zu geben.

Was war Wollschlägers Lohn? Angeblich bekam er damals für jede übersetzte Seite das Spitzenhonorar von 60 DM. Man kann sich allerdings leicht ausrechnen, dass jeder Studienrat aufs Jahr gesehen damals ein bedeutend höheres Salär bezogen haben dürfte. Über vier Jahre schuftete Wollschläger ausschließlich am *Ulysses*. Diese gigantische Übersetzungsarbeit belastete ihn, hielt ihn, der so gerne ein bedeutender Schriftsteller eigener Werke gewesen wäre, zu seinem Leidwesen davon ab, selbst etwas vergleichbar Anerkanntes hervorzubringen. Das macht die Tragik dieses Mannes aus: Hans Wollschläger hat Großes geschaffen, aber nichts eigenes Großes hinterlassen.

Der Literaturwissenschaftler und Literaturkritiker Jörg Drews bringt in seinem Aufsatz im Sammelband zu Wollschläger (1995) auf den Punkt, was Wollschlägers Übertragung des *Ulysses* so bedeutsam macht: »Wenn aus der Joyce-Forschung der letzten fünfzig Jahre ein Ergebnis zusammenfassend zu nennen ist, dann dies: daß Joyces Texte von kaum zuvor im Roman erreichter Dichte und fast absoluter Funktionalität sind, daß fast jedes Wort mehrfach determiniert und aufs Strengste eingebunden ist in das Geflecht des Textes, daß noch die kleinsten Partikel ihren Stellenwert haben, an anderer Stelle wiederholt werden können, den Rhythmus eines Satzes determinieren und durch diesen ihrerseits genau bestimmt werden. Was Anstrengung und Entzücken des Lesers beim ›Ulysses‹ ausmachen: daß seine Aufmerksamkeit der beim Lesen von Lyrik gleich sein, er eine besondere Flexibilität im Einschätzen von bisweilen innerhalb eines Halbsatzes wechselnden Stillagen entwickeln muß – das muß für den Übersetzer schier zum Albtraum werden [...].«

Drews bezog in seine Überlegungen auch die Vorgängerübersetzung (1927) von Georg Goyert ein und gibt Wollschläger eindeutig den Vorzug. Es ist die sprachliche, musische Sensibilität Wollschlägers, die Drews bewundert, der aber zugleich bei allem Wohlgefallen Wollschlägers Wirken nicht unkritisch gegenübersteht: »Mag auch sein, daß Wollschläger bisweilen ein Gran zu viel des Guten tut, wo Goyert zu wenig tat – seinem stilimitatorischen Affen zu viel Zucker gibt.«

Mit Wollschläger jedenfalls hat Joyce einen Übersetzer ins Deutsche gefunden, der wahrscheinlich dem literaturverrückten Iren gefallen hätte. Denn ebenso wie für Wollschläger war für Joyce Stil keine formale Spielerei. Nochmal Drews: »Joyce läßt sich vorbehaltlos ein auf *alle* Phänomene des Menschlichen, und doch tauchen bei ihm keine Karikaturen auf. Das literarisch-technische Signum dieses Sich-Einlassens auf die Menschen ist gerade der immer wechselnde Stil, welcher der Vielzahl der Perspektiven jeweils sein Unverwechselbares: seine Sprache läßt.«

Übertragungen sind immer auch spezifische Varianten der Weltsicht und des sprachlichen Könnens der Übersetzer. Die Sichtweisen der beiden *Ulysses*-Übersetzungen veranschaulicht Elsbeth Wolffheim (1995), indem sie am Beispiel einer Textstelle die unterschiedlichen Übersetzungsentscheidungen transparent macht: Goyert überträgt die Textstelle »They're usually a bit foolish in the head« aus dem berühmten Molly-Bloom-Monolog, durch »ein bißchen verdreht«. Wollschläger übersetzt penibler: »Normalerweise sind die doch alle nicht ganz richtig im Kopf«. Wollschläger kommt dem Original damit nicht nur inhaltlich, sondern auch im Sprachduktus sehr viel näher. Goyert bleibt vage, verschleiert das Tumbe, das Molly Bloom den Männern unterstellt. Wollschläger ist ein redlicherer Anwalt des Autors.

Das macht Lust, es wieder zu wagen, selbst auf die Odyssee zu gehen, jeden Abend nur eine kurze Passage, eintauchen in das Leben des Jahres 1904, als die Moderne auf einem ersten Höhepunkt war, in Dublin, wo die Pferdefuhrwerke noch trappeln und klappern, das Denken und das Fühlen der Menschen aber uns so ähnlich sind: Abgründe, Banalitäten, Freundschaft – alles finden wir im Alltag der Romanhelden vermischt.

Wenn uns literarisch gestaltete Sprache im handlungsversessenen Voranlesen hemmt, mahnt sie durch Entschleunigung des Sprachflusses zur Muße, zum genauen Blick und nuancierten Hinhören. Denn Qualität zeigt sich nicht im großen Wurf allein, jede Einzelheit muss im wahrsten Sinne des Wortes bei Erzähler und Figuren stimmig sein. Dass wir dies in deutscher Sprache tun können, verdanken wir Hans Wollschläger, dem Übersetzer, Musiker und Literaten, der in Minden zur Welt kam und 2007 in Bamberg gestorben ist.

Thomas Strauch

Hans Wollschläger (Übers.): *Ulysses* von James Joyce (1975)

Er bog in die Dorset Street ein und sagte frisch durch die Tür grüßend:
- Einen schönen guten Tag, Mr. O'Rourke!
- 'n Tag auch.
- Wunderschönes Wetter heute, Sir!
- Kann man sagen.

Wo kriegen die bloß das Geld her? Kommen als rothaarige ›Kuraten‹ aus der finstersten Provinz, Leitrim etwa, spülen Leergut und Rückstände im Keller. Und auf einmal, schau an, treiben sie Blüten wie die Adam Findlaters oder Dan Tallons. Man muß ja die Konkurrenz bedenken. Allgemeiner Durst. Wäre ein ganz schönes Geduldsspiel, quer durch Dublin, ohne an einer Kneipe vorbei. Viel sparen können sie nicht. Höchstens bei den Besoffenen. Drei hin und fünf im Sinn. Aber was bringt das schon. Hier und da mal nen Schilling, Schnickschnack. Aber per En-gros-Bestellungen vielleicht. Macht man doppelten Reibach bei den Stadtreisenden. Kommst du mit dem Chef klar, und wir teilen uns die Penunzen, topp?

Auf wieviel käme sich das wohl im Monat beim Porter? Sagen wir doch mal zehn Fässer Ware. Sagen wir, er macht zehn Perzent. Nee, mehr. Zehn. Fünfzehn. Er kam an der St. Joseph vorbei, der Volksschule. Einen Krach machen die Blagen. Fenster offen. Frische Luft stärkt das Gedächtnis. Oder ein lustiger Merkvers. Ahbezeh deäffgeh ijottkah elmnopeh kuherest uff au weh. Sind das Jungens? Ja. Inishturk. Inishark. Inishboffin. Haben Ehrtkunne. Meiner. Das Bloom-Gebirge.

Er blieb vor Dugaczs Schaufenster stehen und starrte die Ketten von Knackwürsten an, Bologneser, schwarz und weiß. Fünfzig multipliziert mit. Die Ziffern verblichen ungelöst in seinem Geist: mißmutig ließ er sie schwinden. Die glänzenden Würstchen, prall gestopft aus Füllfleisch, nährten seinen Blick, und voll Ruhe atmete er den lauwarmen Hauch gekochten würzigen Schweinebluts ein.

Einer Niere entsickerten Blutstropfen auf den weidegemusterten Teller: die letzte. Er stand am Ladentisch neben dem Mädchen vom Nachbarhaus. Wollte die sie etwa auch kaufen? Sie las die einzelnen Posten von einem Zettel ab in ihrer Hand. Rissig: Waschsoda. Und anderthalb Pfund Denny's Würstchen noch. Seine Blicke ruhten auf ihren

kräftigen Hüften. Woods heißt er. Möchte wissen, was der eigentlich macht. Seine Frau ist schon etwas ältlich. Frisches Blut. Verehrer nicht gestattet. Stramme Arme. Beim Teppichklopfen einmal auf der Wäscheleine. Die haut zu, beim heiligen Georg! Und wie ihr der schiefe Rock schwingt bei jedem Schlag.
Der frettchenäugige Schweineschlachter legte die Würste zusammen, die er mit fleckigen Fingern, würstchenrosa, abgeschnippt hatte. Gesundes Fleisch, die da, wie eine stallgefütterte Färse.

James Joyce: *Ulysses*. Übersetzt von Hans Wollschläger. Frankfurt am Main: Suhrkamp 1975, S. 82f.

Sprache auf Distanz trifft Text mit Appell

Wolfgang Körner: *Wo ich lebe. Storys und Berichte* / Richard Limpert: *Fragen so nebenbei. Gedichte und Songs* (1975)

Der vierte Band der von Hugo Ernst Käufer herausgegebenen Reihe *Nordrhein-Westfalen literarisch* (s. S. 438, 455) versammelt Texte von Wolfgang Körner und Richard Limpert. Beide Autoren kommen aus dem Umfeld der *Dortmunder Gruppe 61* und der *Literarischen Werkstatt Gelsenkirchen*. Beide Autoren des Bandes widmen sich in ihren Texten ihrer Gegenwart – vor allem vom Ruhrgebiet aus. Käufer stellt in seinem Vorwort fest: »Wolfgang Körner, der mehr intellektuell und die Gegenstände sezierend schreibende Dortmunder Autor, kühl, auf genaue Sprache bedacht, und der Gelsenkirchener Kokereimaschinist Richard Limpert, gewerkschaftlich und politisch engagiert, impulsiv, der seine realistischen Gedichte nicht zur ästhetischen Innovation sondern ›für eine bessere Welt‹ schreibt – wie gehen die Intentionen der beiden Schreiber zusammen?«

Die *Dortmunder Gruppe 61* sammelt und konzentriert eine Bewegung von Autoren, die sich literarisch mit ihrer Gegenwart auseinandersetzen und das im Umfeld von Alltag und Arbeitswelt, die bis weit in die 1970er Jahre andauert. Die *Literarische Werkstatt Gelsenkirchen*, die *Werkkreise Literatur der Arbeit*, eine Vielzahl an Verlagen, weiteren Autoren und Einzelinitiativen setzen vom Ruhrgebiet aus einen literarischen Impuls, der weit über die Region hinausweist, man denke z. B. an die Reise der *Dortmunder Gruppe 61* nach Schweden (s. S. 368). Mit Wolfgang Körner ist hier ein Kern dieser Literaturbewegung erfasst. In Dortmund ansässig, eng befreundet mit Fritz Hüser, Max von der Grün, Peter-Paul Zahl etc., repetieren die Internetbiografien, dass er der letzte Geschäftsführer der Gruppe war. Ein Fels in der Brandung? Ein »grauer Wolf«, wie Wolfgang Körner 2016 seine E-Mails unterschreibt. Körner verfolgt darüber hinaus ein sehr eigenes sowohl ästhetisches als auch politisches Schreibprogramm, über dessen Abstraktionspotential nicht zuletzt die Vielzahl an Autoren, die er »erfunden hat«, eine Ahnung vermittelt. (Körner antwortet in dem von Kalle Gajewsky am 30. September 2013 geführten und auf youtube verfügbaren Interview auf die Frage, unter wie vielen Namen er veröffentlicht habe: »Ach, das sind so etwa sieben, acht verschiedene Autoren, die ich erfunden habe und jeder von denen schreibt auch ganz andere Sachen und jeder von denen schreibt, auch mit anderen Zielrichtungen [...].«)

Wo ich lebe zeigt einen Querschnitt durch Kurztexte, die Körner mit Blick aufs Ruhrgebiet geschrieben hat, die moderne Arbeitswelt, Zechensterben – *There is (stillegungs)time, brother!* –, Chauvinismus, neue Kommunikationstechnologien, Emanzipation, Arbeitslosigkeit bevölkern diese Texte. Die darin handelnden Männer – Reichert, Herbert oder Harry – und Frauen – Gisela, Christine und Hildegard –, setzen sich mit einer Welt auseinander, die dem Subjekt nicht wohlgesinnt ist. Liebe, Nähe, Treue, Empathie sind Verbindlichkeiten, die die Protagonisten nicht erwarten: »Das lag hinter ihm, war erledigt und zu den Akten gelegt. Das betraf ihn nicht mehr – und war ihm folglich egal« (*Rückkehr im Nebel*); »Mitleid, sag ich immer, das kann sich ’ne Frau nicht leisten« (*Die Zeit mit Harry. Die Geschichte der Petra M.*); »Gefühle sind Luxus. Mein Vater hat Gefühle gehabt. Im Krieg hat sie ein Stahlträger erschlagen. Da war ich drei Jahre alt« (ebd.); »Als Serviererin. War die alte Chose. Nach Dienst war ich nichts weiter als ’ne Offiziersmatratze« (*Christine und die Menschenfresser. Die Geschichte der Christine G.*).

Die Titel der *Storys und Berichte* erinnern nicht zufällig an Publikationen von Kollegen, so klingen z. B. Parallelen zu Erika Runges *Bottroper Protokollen* (1968; s. S. 325) mit Untertiteln wie »Betriebsratsvorsitzender Clemens K.« oder »Putzfrau Maria B.« an oder zu ihrem Band *Frauen. Versuche zur Emanzipation* (1970) mit Unterkapiteln wie »Sibylle F., 14 Jahre alt, Volksschülerin in München. Vater Eisenbahner, Mutter Hausfrau« oder »Helga S., 19 Jahre alt, Büroangestellte in Dortmund, Mitglied der Sozialistischen Deutschen Arbeiterjugend (SDAJ). Vater Maurerpolier, Mutter Hausfrau«. Augenscheinlich handelt es sich um ähnliche Schreibprojekte. Auch Körners Protagonisten berichten rückblickend aus ihrem Leben. Die Erzählstruktur ist einfach: ohne Unterbrechungen, Erzählerwechsel oder Einschübe berichtet der/die Ich-Erzähler/in linear eine Episode aus eben diesem Leben. Körners *Christine und die Menschenfresser* enthält in der Schilderung der Fabriksituation Anklänge an Günter Wallraffs Industriereportagen (1966; s. S. 279): »Ich bin in ’ne Gummistiefelfabrik gegangen. War ’ne widerliche Arbeit. Ich hatte den ganzen Tag Gummisohlen anzukleben. Nebenan haben Männer vulkanisiert, und das stank wie die Pest. Das Klebezeug hab ich noch an den Händen gehabt, wenn ich längst zu Hause war, das kriegte man mit nichts von den Fingern, jeder merkte gleich, daß ich auf der Fabrik arbeitete, wenn ich ihm die Hand gab.« Bewusst kopiert Körner in seinen Texten Schreibweisen seiner Kollegen, führt sie fort, erweitert sie oder kombiniert sie mit anderen Techniken und Inhalten. So erinnert *Christine und die Menschenfresser* an die Hermetik der Texte Kafkas, naiv und unschuldig geht die Protagonistin ihren Lebensweg an, fügt sich zunächst bereitwillig in die äußeren Vorgaben der Eltern, die ihr eine weitere Ausbildung verweigern und fängt in einer Fabrik an. Alle Versuche Christines, der sich zunehmend unwirtlicher, gewalttätiger darstellenden Realität zu entkommen, scheitern jedoch und führen in eine Abwärtsspirale, bis hin zur Nervenklinik. Ihr letzter Fluchtversuch endet in der Erkenntnis, dass es keine Verbündete gibt: Die Eltern, zu denen sie als das kleinere Übel geflüchtet war, liefern sie wieder ein.

Büros, Fabrikhallen und Drogerien sind die Arbeitsplätze in den Texten Körners. So nah sie an der Realität der 1970er Jahre waren, Körners Schreibkonzept verfolgt nicht wie bei Runge oder Wallraff die Steigerung von Erkenntnis durch größtmögliche Nähe zur Realität. Der erweiterte Deutungsraum, den Wallraff seinen Texten verweigert, fügt Körner wieder ein, indem er z. B. mit Elementen des Phantastischen arbeitet, um auf den Kern seiner Texte aufmerksam zu machen: die emotionale Kälte und Vereinzelung, in der sich seine Protagonisten des 20. Jahrhunderts bewegen. Sie sind die Folge von mangelndem Geschichtsbewusstsein, Industrialisierung, Ausbeutung, ungenügender Aufarbeitung des Nationalsozialismus und Kapitalismus etc. Sie sind auch ein Plädoyer für Phantasie, so legt Körner in seinem Eingangstext *Wo ich lebe* sein Vorgehen und seine Intention offen. Herbert Z., Peter R., Susanne N., Christine G. sind keine realen Personen, sondern literarische Konstrukte: »Ich habe sie nicht aufgeschrieben, weil die Bürokraten so was erzählen, sondern ich mußte sie mir einfallen lassen, weil die Bürokraten so was nicht erzählen. [...] Die Erzählung eines Mannes, der seine Daten verarbeitet, habe ich geschrieben, als mir einmal ein Programmierer in einer EDV-Zentrale erklärte, daß er noch immer davon überzeugt sei, ja, der Nationalsozialismus sei die ideale Lösung für die damaligen Probleme in Deutschland gewesen. [...] Da sitzt einer inmitten modernster Technik und wird mit kompliziertesten Systemen fertig und hat davon abgesehen nichts begriffen.« Der tatsächlich der außertextuellen Realität entnommene Anteil von Körners Texten bezieht sich auf das Leben im Ruhrgebiet, die äußeren Bedingungen wie Staub, Sachlichkeit, eine Region, die in jeder Hinsicht aus Funktionalismus bestand, wie Körner anmerkt, von der Position des Förderturms über die Organisation des Lebens in der Arbeitswelt, auch wenn sich dies alles bereits im Wandel befand.

1975 steht Wolfgang Körner in diesem Band sozusagen an der blutigen Kante der gesellschaftlichen Entwicklung. Neue Technologien, Datenstrukturen, Alltags- und Bürgerlichkeitsbegriffe fließen in sie ein. Betrachtet man sie 40 Jahre später, lassen sie staunen, wie aktuell sie wirken, auch wenn keiner der Protagonisten ein Handy besitzt oder E-Mails liest. Dennoch sind sie alle höchst individuell und ihre stoische Haltung, mit der sie den äußeren Zwängen und Enttäuschungen begegnen, lässt sie weder alt noch überholt erscheinen. Die Einsamkeit, in der sich beispielsweise Petra M. bewegt, lässt sie nicht scheitern und auch die Täter, wie Herbert Z. oder Reichert, *Der Mann, der seine Daten verarbeitet*, scheitern nicht an der Unzulänglichkeit ihres Weltbegriffs, was sie schließlich auch gefährlich macht. Es ist eine an den »Verhaltenslehren der Kälte« (Helmut Lethen) geschulte Gesellschaft, die Körner hier vorführt und deren Ende dem Leser vorenthalten bleibt, da er selbst zwar die Protagonisten analysieren kann, aber auch nicht mehr weiß als sie.

Einer subtilen Ergänzung gleich stellt Käufer, als er der Frage nachgeht, was Körners und Limperts Texte in Band 4 der Reihe *Nordrhein-Westfalen literarisch* verbindet, fest: »In ihren Storys, Berichten und Gedichten, unmißverständlichen Objekttexten, findet man [...] Fakten und Hinweise für notwendige unaufschiebbare politische und gesellschaftliche Veränderungen«. Richard Limpert wählt hierfür eine andere Textsorte – Lyrik – und eine andere Position. Wo Körner über Bilder, Parabeln, eine scharfsinnige Sprache Distanz schafft, um die Schärfe des vorgehaltenen Spiegelbilds zu fördern, verschmilzt Limpert Text und Appell miteinander. Appellpräsenz, experimentelle Anteile (*Striptease*) und Christus als Motiv lassen bei ihm an den Expressionismus als Probefeld denken. Beide Autoren transportieren allerdings die Begegnung mit der Wirklichkeit (so problematisch der Begriff im Sprechen über Literatur auch ist) als conditio sine qua non in ihrer Literatur in diesem Band. Sie provozieren in der Lektüre die Frage: Warum? Was motiviert Autoren dazu, sich so konsequent mit der Realität auseinanderzusetzen? Mit Blick auf die *Dortmunder Gruppe 61* und ihr Programm, ebenso auf die *Literarische Werkstatt Gelsenkirchen* und darüber hinaus, wäre zu überlegen, ob der Grund hierfür in der Zeit selbst zu suchen ist.

Jasmin Grande

Wolfgang Körner: *Wo ich lebe. Storys und Berichte* / Richard Limpert: *Fragen so nebenbei. Gedichte und Songs* (1975)

Wolfgang Körner
Telegramme nach Boston (Der Monolog der Susanne N.)

Das habe ich mir doch gleich gedacht, es konnte ja nicht anders kommen, es wäre ja ein Wunder gewesen, wenn mir die Calvin einen anderen Platz zugewiesen hätte, aber die setzt nur ihre Lieblinge in den Saal, die anderen müssen mit ihren Kopfhörern acht Stunden auf ihren Stühlen sitzen und sich mit den Teilnehmern herumärgern, verdammt, da fängt es schon wieder an, es ist einfach zum Kotzen, keine Minute hat man Ruhe, ich komme ja schon, jetzt hat er aufgelegt, da ist die Drängellampe wieder, der wird noch mal gewählt haben, als ob die nichts anderes zu tun haben, als Telegramme aufzugeben, die sollen doch Briefe schreiben, aber bitteschön, die müssen es ja wissen, meinetwegen, mein Geld ist es ja nicht, ich komme ja schon, Telegrammaufnahme Düsseldorf, Platz acht, bitte Ihr Ortsnetz, Ihre Anschlußnummer und Ihren Namen, wie bitte, das kann ja kein Mensch schreiben, buchstabieren Sie bitte, natürlich, Pryczibilla, aber wie schreibt man das, legen Sie los, P wie pneumatisch, R wie Rudolf, Y wie Ypsilon, C wie Cäsar, Z wie ... natürlich, wie Zichorie, wenn Sie nicht buchstabieren können, dann suchen Sie sich die Buchstabiertafel, die finden Sie gleich vorn in Ihrem amtlichen Fernsprechbuch, also I wie Ida, B wie Berta, noch mal Ida, zweimal Ludwig, einmal Anton, ich wiederhole Pryczibilla, wissen Sie, es geht mich ja nichts an, aber wenn ich so einen Namen hätte, ich hätte mich längst umschreiben lassen, aber das ist Ihre Sache, Sie halten hier nur den Betrieb auf, jetzt habe ich noch nicht mal Ihr Ortsnetz und Ihre Anschlußnummer, ja, Düsseldorf 329011, ich habe verstanden, jetzt bitte den

Empfänger des Telegramms, Ellen Pryczibilla, das gleiche Pryczibilla wie bei Ihnen, ich meine, auch dreimal husten und zweimal spucken, ja, ich habe verstanden, nach Boston geht das Telegramm, aber natürlich schicke ich Ihr Telegramm über den Leitweg WUN, das haben Sie wohl irgendwann mal aufgeschnappt, aber beruhigen Sie sich, wenn ich es über ITT schicke, dauert es auch nicht länger, Boston also, was, die Straße wissen Sie nicht, also, wenn Sie die Straße nicht wissen, ich glaube nicht, daß das Telegramm dann ankommt, aber mir soll es egal sein, ich schicke es genauso an die Hotelrezeption, aber wenn die in Boston das Hotel *Exelsior* nicht finden, dann ist das Ihre Sache, ich kann nichts dafür, wenn das Telegramm nicht zugestellt wird und bilden Sie sich ja nicht ein, daß Sie Ihr Geld zurückbekommen, wenn Ihre Frau das Telegramm nicht bekommt, das ist doch Ihre Frau, nicht, wenn ich mit jedem Telegramm derartigen Ärger hätte, wie mit Ihrem, ich hätte längst gekündigt, jetzt bitte den Text, natürlich schreibe ich, wie kommen Sie denn dazu, mich danach zu fragen, meinen Sie, ich sitze zu meinem Vergnügen hier in diesem Irrenhaus [...].

Wolfgang Körner: *Telegramme nach Boston (Der Monolog der Susanne N.)*, in: ders.: *Wo ich lebe. Storys und Berichte*. Wuppertal: Hammer 1975 [S. 9–143], S. 53–56, hier S. 53f.

Richard Limpert
Ohne Belang

Den freien Tag zu nützen
um die Arbeitswelt
in den Blick zu rücken
bleibt mir versagt
denn die Toten
von Vietnam
haben Zugang bekommen
die Meldung
schlug mir den Bleistift
aus der Hand

Ein Student wird ermordet
legal und ordentlich
ermordet
notwehr
sagt die Obrigkeit
Juden und Araber
sterben
durch Notwehrmaßnahmen

Morgen koche ich Ammoniak
um magere Erde
mit Nährsalz anzureichern
bei der Herstellung
von Sprengstoff
soll es auch verwendet werden
mein Tun ist ohne Belang
sagen kluge Kulturredakteure

Den Bleistift habe ich aufgehoben
ich erlaube mir
Gefühle zu haben
ich habe die Pflicht
zu schreien

Richard Limpert: *Fragen so nebenbei. Gedichte und Songs*. Wuppertal: Hammer 1975 [S. 145–190], S. 158

Gedanke – Sprung – Entlarvung
Hugo Ernst Käufer: *Standortbestimmungen. Fast Aphorismen* (1975)

Der Bleistiftschreiber. Sein gesamtes Schriftstellerleben lang schrieb Hugo Ernst Käufer (1927–2014) mit dem Bleistift. Deutlich gesetzte, große Buchstaben. Stifte mit starker Mine, damit der schwer kurzsichtige Käufer die Zeichen auf dem Papier erkennen konnte. Das wird auch einer der Gründe sein, weshalb Käufer in seiner 67 Jahre (!) währenden Autorenlaufbahn stets die kleine Form bevorzugte, vor allem Gedichte und Aphorismen. Ein weiterer wichtiger Grund für seine ›Zurückhaltung‹ gegenüber dem ausschweifenderen Text war eine kluge Skepsis: Es würde, so Käufer, ohnehin schon ununterbrochen gesprochen, geschrieben, kurz: kommuniziert und kommentiert, da müsse der Dichter gerade umso behutsamer zu Werke gehen, will er nicht dem Hang zur unbedachten Plauderei und Meinungsmache nachgeben. Die Aufgabe des Schriftstellers sei nicht zuletzt der verantwortungsvolle Umgang mit dem zur Verfügung stehenden Material: den Worten.

Hugo Ernst Käufer, das ist nicht nur der Lyriker und Aphoristiker, das ist ebenso der Gründer der *Literarischen Werkstatt Gelsenkirchen* (s. S. 354), der als Bibliothekar zwei Jahrzehnte lang die Gelsenkirchener Stadtbibliothek leitete und zahllose Buchreihen, Anthologien sowie Gedichtbände in bibliophiler Ausstattung anregte, initiierte, durch Vernetzung, Hinweise zur Finanzierung etc. realisierte und oft genug selbst herausgab, mit Nachworten und bio-bibliografischen Angaben versah. Letztlich sind Wunsch und Ziel bei all diesen Aktivitäten identisch: Die Vermittlung und Förderung anderer Autorinnen und Autoren dient ebenso wie das eigene Schreiben vor allem dem Umgang mit Sprache, der Nachdenklichkeit. Doch Obacht: Die Literatur ist bei Käufer kein Ort des Rückzugs, der versonnenen Nabelschau. Kein Elfenbeinturm, kein Ästhetizismus und auch keine betriebsinterne Feier. Was Käufers Gedichte und Aphorismen ebenso wie die von ihm geförderten Autoren eint, ist der gesellschaftliche Bezug: Die Freiheit der Kunst ist die Freiheit des offenen Diskurses in einem (mehr oder minder) geschützten Raum. In Käufers Selbstverständnis ist der Schriftsteller ein kritischer Beobachter und Kommentator der Gegenwart; doch auch die Schrecken der NS-Vergangenheit werden von ihm immer wieder verhandelt.

Wider das Vergessen, wider das Verdrängen – das wären zwei von zahlreichen weiteren Maximen, die man HEK zuschreiben kann. Käufer selbst aber war gegenüber selbstbewussten hervorgebrachten Parolen (gleich welcher ideologischen Couleur) sehr kritisch eingestellt, wie er in seinen *Autobiographischen Notizen* (1980) notiert: »Von Parolen, auch Schreibparolen halte ich nicht viel. Wir schreiben meistens dem hinterher, was wir uns vorstellen. Die Vorwürfe stimmen fast immer, die Umsetzung schlägt uns ihre Widerhaken ins Fleisch. Ich schreibe, weil mir der Umgang mit der Sprache Spaß macht, mir auch Widerstände bietet und Niederlagen beschert, weil sie mir die Möglichkeit bietet, mich vielleicht selbst zu finden, mit meiner Umwelt Kontakte herzustellen, vielleicht auch zum Nachdenken anzuregen über menschliche, soziale und gesellschaftliche Zustände, die nicht in Ordnung sind.« Hier zeigen sich mehrere der für Käufer charakteristischen Eigenschaften: Kluge Skepsis, pragmatische Nüchternheit, erfahrungsgesättigte Vorsicht gegenüber zu viel Euphorie; aber ebenso freundliche Aufgeschlossenheit zum Austausch, zur gegenseitigen Anteilnahme. Mag sich der tabellarische Lebenslauf Käufers mit seinen zahllosen Ehrungen und Vorsitzen auch wie die Biografie eines Literaturbürokraten lesen, der es sich in den Jurysesseln gemütlich gemacht hat: Nichts trifft weniger auf HEK zu. Er blieb nahbar, bescheiden, neugierig.

Käufer äußerte sich nicht nur zur Literatur, schrieb Würdigungen und Rezensionen, führte Werkstattgespräche, sprach auf Tagungen, bei Ausstellungseröffnungen – er dachte auch über den Aphorismus nach: *Gedanken auf die Sprünge helfen* (2006). Dass diese *Versuche über den Aphorismus*, so der Untertitel, so spät in Käufers Schriftstellerleben verfasst wurden, mag auf den ersten Blick überraschen und kann nicht allein mit den genannten zahlreichen Pflichten erklärt werden. Entscheidend für die eingehendere theoretische Beschäftigung mit dem Aphorismus (in HEKs Bänden aus den 1970er Jahren noch »Aforismus«; eine subversive Distanzaktion gegenüber dem Bildungsbürgertum?) war, dass Käufer sich diesem schriftstellerisch in seinem letzten Lebensjahrzehnt noch einmal sehr intensiv widmete und mehrere Bände innerhalb weniger Jahre publizierte (*Ein Mann ohne Frau ist wie ein Vogel ohne Brille*, 2006; *Auf dem Kerbholz*, 2008; *Kriecher stolpern nicht*, 2011). Käufers *Versuche über den Aphorismus*, in sieben knappen Abschnitten zusammengefasst, sind einerseits eine Art von Zeugnis, das er hier der Öffentlichkeit präsentiert, andererseits schriftstellerische Selbstvergewisserung. Es lässt sich nachschauen, inwieweit Käufer seinem eigenen Anspruch tatsächlich gerecht geworden ist, welche Entwicklungen und Tendenzen es im Laufe der Jahrzehnte in seinem Werk gegeben hat. Und zugleich lässt sich Käufer hier gewissermaßen beim schreibenden Denken beobachten: eine prozessuale Dynamik, die in den Aphorismen und Gedichten Käufers naheliegender Weise nicht gegeben ist – sind diese doch auf Verknappung, Verdichtung angelegt und bilden das Konzentrat eines vorangegangenen Prozesses, der sprachlich so kurz wie möglich und so genau wie nötig gestaltet wird.

Trotz (oder vielmehr: aufgrund) dieser formalen Geschlossenheit sind Aphorismen gelenkig, anschlussfähig, gesprächsbereit, wie Käufer selbst hervorhebt: Sie »sind darauf aus, Gedanken auf die Sprünge zu helfen, sie strafen Wortgesabber Lügen, sie schließen nicht ab, sondern auf, sie zielen auf etwas, schaffen Freunde und Feinde, sind auf Entlarvungen aus, wollen anstoßen, nicht überreden, stellen Widersprüche bloß.« Hier findet sich der eminent politgesellschaftliche Anspruch Käufers noch einmal in Reinform: Der Dialog wird gesucht, doch es wird sich entschieden gegen das »Wortgesabber« in Stellung gebracht. Käufers Aphorismen sind durchaus angriffslustig, kennen keine falsche Rücksichtnahme und nennen die Missstände bewusst beim Namen. In seinem zweitem Aphorismusband *Standortbestimmungen* wird in der Rubrik »Das Volk kann gehen« diese kämpferische, oftmals dekuvrierende Haltung deutlich. Besonders der titelgebende Aphorismus überzeugt durch seine kühne Abgeklärtheit, die die ignorante Selbstbezogenheit einiger der sogenannten Volksvertreter widerspiegelt: »Das Volk hat gewählt / was will das Volk mehr? / das Volk kann gehen«. Drastisch wird Käufer, sobald es um die allgegenwärtige

Verhunzung der Sprache geht, die Manager ebenso eifrig betreiben wie Politfunktionäre: »Toleranz – / die Hure unter den Schlagwörter«. Bloßgestellt wird hier der billige, doch weitreichende Schäden mit sich bringende Missbrauch der Sprache, sei es aus böswilliger Absicht, ideologischer Agitation oder aus falsch verstandenem Moralismus.

Dass von den sogenannten Verantwortlichen durch die korrumpierten Begriffe ein Missbrauch des Denkens betrieben wird, scheint den Autor der Aphorismen besonders zu erzürnen. Und so ist es auch kein Zufall, dass Käufer sich in seinen *Versuchen über den Aphorismus* u. a. auf Kurt Tucholsky, den ebenso wortgewitzten wie scharfzüngigen Satiriker und Aphoristiker der 1920er Jahre, bezieht, der seine Sammlung damals bezeichnenderweise *Schnipsel* nannte: »In seinen Skizzen beobachtete Tucholsky menschliche Bewegungen, im Cafe, in der U-Bahn, irgendwo hielt er aufgefangene Redeweisen fest, beschrieb er die Un-Logik in der Logik der Sprache, redete er der Zeit ins Gewissen, wandte er sich gegen Spießbürgertum und Diktatur.« Das entspricht nun in der Methode nicht Käufers Verfahrensweisen der Textproduktion, doch auch er war natürlich ein aufmerksamer Beobachter seiner eigenen sowie der politgesellschaftlichen Wirklichkeit. Statt Bürgersteige sichtet Käufer in der Rubrik »Zeitgenossen« seines Bandes das Denken der Massen durch Zeitungslektüre, protokolliert die unaufhörliche Flut von Nachrichten, aber auch persönliche Erlebnisse sowie ihm zugetragene Episoden. Sehr schön (und sehr treffend) ist beispielsweise die *Verlagsankündigung*: »Rudolf Heß: Ein Schicksal in Briefen / in vornehmem Geschenkschuber«. Eine kleine, unauffällige Notiz. Neun Wörter. Ob sie nun von Käufer so aufgefunden und zitiert oder aus vergleichbarem Material collagiert oder gar gänzlich frei gestaltet wurden – das ist letztlich nicht wesentlich. Enorm ist, wie mit geringem sprachlichen Aufwand hier die mentale Verfasstheit der Bundesrepublik in ihrer abgründigen Dimension bloßgestellt wird: Unangenehm gestört durch die Frankfurter Auschwitz-Prozesse, wollte man es sich in den 1960er Jahren vor allem im Wohlstand gemütlich machen, durch Nachfragen zur Vergangenheit nicht länger belästigt werden.

Zahlreiche Überzeugungen werden von Käufer demaskiert. Der *Naturmuffel* ist ein an Profit, Effizienzsteigerung und Maximierung interessierter Zeitgenosse: »Es müsse noch vielmehr Straßen gebaut werden / damit endlich die blöden Wiesen verschwinden«. Makler sind für ihre Geldgier bekannt; mit Käufers Wortspiel kippt die Situation ganz leicht ins Surreale: »Ehrlich währt am längsten / sagte der stadtbekannte Makler / und verkaufte das Haus / mit hundert Prozent Gewinn«. Mit diesen Belegen lässt sich nochmals kurz zu Käufers *Versuchen über den Aphorismus* zurückkehren. Dort schreibt er: »Aphorismen sind sprachliche Momentaufnahmen oder anders gesagt: sind Spots, Spotlights, die liebgewordene Volksweisheiten, Redensarten, Sprichwörter, Denkgewohnheiten, Denkmuster, Politisches, Soziales, Gesellschaftliches und Kulturelles aufbrechen, provozieren und in einen neuen überraschenden Kontext bringen wollen.« – Auftrag erfolgreich ausgeführt? Nach den hier präsentierten Aphorismen zu urteilen: Ja, durchaus. Doch gibt es auch Aphorismen in den *Standortbestimmungen*, denen aufgrund des Duktus oder der eminenten Politisierung ihre zeitgenössische Situierung anzumerken ist. Eine Kritik soll dies nicht sein – die

Zeitgenossenschaft ist einem Autor, der eben diese in das Zentrum seines Schreibens stellt, ja kaum zum Vorwurf zu machen. Und selbst bei den nur vor ihrer polithistorischen Folie überzeugenden Texten ist Käufer immer noch zu attestieren, dass die oben erwähnte Abkehr von Parolen nicht nur für das Nachdenken über das eigene Schreiben gilt, sondern ebenso für die Aphoristik Käufers Gültigkeit besitzt: Den Phrasen des Gesellschaftlichen wird nicht in eben solcher Weise geantwortet; sie werden vielmehr seziert, gespiegelt, den Absendern als fragwürdige Mitteilung noch einmal zur Verfügung gestellt.

Zum Tragen kommt bei der literarischen Montage nicht zuletzt der sprachliche Skrupel Käufers, den er in *Standortbestimmungen* in der Rubrik »Das einmalige Wort« thematisiert und reflektiert. Bereits der dort auf der Eingangsseite zu findende Aphorismus ist so knapp wie präzise: »Schreiben = Aktion«. Käufers Schreiben will Handeln sein, will zum Denken (Selbstdenken), zum eigenverantwortlichen Verändern der Zustände anregen. Dabei gibt es jedoch mehrere Prämissen und Gebote, die Käufer sich selbst zu beachten zwingt, beispielsweise: »Den eigenen Formulierungen mißtrauen«. Das klingt in dieser kompakten Form sehr einfach – und ist doch nicht selten eine knifflige Angelegenheit: »Die Buchstaben leicht aneinanderfügen / zu einfachen Worten – / wie schwer das ist«. Dabei macht sich Käufer auch ein wenig über das Gesäusel der Kulturjournalisten lustig, die mit ihren stets gleichen Formulierungen gerade das je Spezifische einer literarischen Arbeit kaum zu würdigen wissen: »Das geschliffene Wort – / als ob Worte Steine wären«.

Käufer, der Organisator und Multiplikator, wusste die Leute im Literaturbetrieb zusammenzubringen, betrieb eine ohne Kalkül und Karrierismus daherkommende Form von Networking. Somit ist klar, dass diesem tagtäglichen Geschäft auch Aphorismen gewidmet werden. Dabei ist Käufer allerdings weder an Nähkästchenplauderei noch an giftigen Attacken interessiert, im Gegenteil: Seine Beobachtungen zum *Geschäft auf Gegenseitigkeit* bleiben meist freundlich-spöttisch. Und ob sich hinter einzelnen Aphorismen nun missliebige Tendenzen oder eine konkrete Person verbergen mag, ist letztlich unerheblich: Käufer geht es um die Aussage. Auch um die unwillkürlich komisch anmutende Vermischung von eigenbrötlerischer Skurrilität und egozentrischer Selbstüberschätzung. Nicht selten fallen dabei Witz und Scheitern unfreiwillig in eins: »Er wird von Party / zu Party gereicht – / er ist Arbeiterdichter«. Doch auch die eigene Person scheint Käufer nicht schützen zu wollen; so liest sich mancher Aphorismus, als möchte er den Schreibenden vor Ritualen wie der *Inventur* bewahren: »Sonntags nach dem Mittagessen / sichtete er wohlgefällig / was er in der Woche über / an großen Dichtungen geschaffen hatte«.

Ein »schlitzohriger Humor«, das ist es, was Käufer in Aphorismen wiederentdecken möchte; man kann ihn den zitierten Beispielen aus den *Standortbestimmungen* attestieren. Und doch werden Käufers Aphorismen glücklicherweise an keiner Stelle – und dies lässt sich für sein Gesamtwerk konstatieren – zu einer seichten Schmunzelstunde; immer wieder schiebt sich der reelle, der bei aller Komik problematische Bezug in den Mittelpunkt: Dies hier ist die einzige Wirklichkeit, die wir haben. In der wir lieben, lernen, lachen, miteinander auskommen müssen. Das geht nicht ohne Widersprüche, Konflikte, Krisen und

Falschheiten ab. Und nicht alle Ungerechtigkeiten, nicht alle Paradoxien lassen sich lösen – schon gar nicht durch die Literatur. Sie kann allenfalls Anstoß, Widerhaken, Nachfrage sein. Hugo Ernst Käufers Aphorismen leisten dies im besten Sinne.

Arnold Maxwill

Hugo Ernst Käufer: *Standortbestimmungen. Fast Aphorismen* (1975)

Lebenslauf

Er wurde
Lehrer
Realschuldirektor
Stadtrat
Kulturdezernent
Doktor
Professor
Parteivorsitzender
nur fröhlicher
und menschlicher
wurde er dabei nicht

Gefunden

Er ging im Walde
so für sich hin
und fand:
2 verbeulte Autos
4 zerfetzte Matratzen
3 verborgene Korbsessel
12 zerrissene Pappkartons
1 beschädigte Waschmaschine
1 zerbrochenes Schaukelpferd
2 unbekleidete Puppen
Diverses
alles leicht verwittert

Auch ein Standpunkt

Ich bin der Größte
nach mir wird lange nichts sein
sagte er ständig zu sich
was kann ich dazu
daß diese Banausen
meine unsterblichen Werke
nicht haben wollen?

Auf der sogenannten Kunstszene
zwischen Hamburg und München
überall die gleiche Langeweile
die gleichen Gesichter
sie tuscheln über Stipendien
lukrative Aufträge, hochdotierte Preise
und die netten Kollegen
die nichts taugen

Ich und ich –
dieser Widerspruch

Die Buchstaben leicht aneinanderfügen
zu einfachen Worten –
wie schwer das ist

Hugo Ernst Käufer: *Standortbestimmungen. Fast Aphorismen.* Dortmund: Wulff 1975, S. 21, 27, 41, 30, 51, 36

»Wir turnen in höchsten Höhen herum«
Peter Rühmkorf: *Walther von der Vogelweide, Klopstock und ich* (1975)

Mir kam es gerade recht, das Büchlein von 1975, Band 65 in Rowohlts ambitionierter Reihe *das neue Buch*, in schriller Neon-Pink-Aufmachung, das Titelbild aus Kostengründen schwarzweiß, aber als eine Montage in forscher Reihung zur Herstellung einer selbstbewussten Traditionslinie: der hochmittelalterliche Reichssänger Walther von der Vogelweide, der empfindsame Rhapsode christlichen Heils und politischer Freiheit im ausgehenden 18. Jahrhundert, Friedrich Gottlieb Klopstock, und schließlich der ungemein formbewusste und so gern die Formen sprengende Dichter der BRD, Peter Rühmkorf. Kongenial wirken Cover und Buchtitel als kühne Eröffnung und Programm für Inhalt, Text und Dichterselbstverständnis.

Etwas anmaßend, diese Gleichsetzung in Rang und Bedeutung, diese unterstellte Erfüllung der historischen Entwicklung der deutschen Dichtkunst im Gipfel der Gegenwart? Keine Frage! Aber gerade diese Frechheit imponierte dem Germanistikstudenten im dritten Semester, der im Erscheinungsjahr von seiner BAföG-Nachzahlung gerade auch die Artemis-Goethe-Taschenbuchausgabe, den Insel-Lessing, die wunderbar günstige kommentierte Fontane-Ausgabe im Ullstein-Verlag erworben und jede Menge DDR-Literatur und Aufbau-Klassiker in Prag ergattert hatte.

In nachstudentenbewegten Zeiten einer allmählich ruhigeren akademischen Verarbeitung, Glättung und Integration von Ansätzen einer linksorientierten Literaturwissenschaft bestand vor allem unter den Studenten damals eine Neigung, das literarisch Vergangene möglichst ruhen zu lassen, dafür aber die *Bottroper Protokolle* (1968; s. S. 325) von Erika Runge und Wallraffs Industrie- und Skandalreportagen (1966; s. S. 279) ein weiteres Mal im Seminar zu debattieren.

Da tritt nun dieser Rühmkorf (1929–2008), durch eigene Lyrik (s. S. 100, 158), politisches Engagement, Literaturkritik (*Leslie Meiers Lyrik Schlachthof*), Essayistik (*konkret*) und eine erstaunliche Sammlung zum proletarisch-literarischen Untergrund (s. S. 304) bestens ausgewiesen, auf den Plan und schlägt einen Bogen über 800 Jahre Verständnis- und Aktualitätsbarrieren hinweg. Er aneignet und anverwandelt sich diesen fahrenden Lied- und Spruchdichter der Stauferzeit, macht dann Zwischenstation beim emphatisch-heroischen Odendichter der Vorklassik und Vorromantik, der im Wechsel von Pathos, hohem Ton und Sprödigkeit ebenfalls aus großer Ferne seinen feinsinnigen Subjektivismus feiert, um schließlich beim höchst eigenen Dichter-Ich, bei sich selbst, zu landen.

Gegenübergestellt über die Jahrhundertgrenzen hinweg werden drei literarische Privat- und Einzelunternehmer, deren seismografisches Dichter-Ich jeweils auf porösem Untergrund einer ins Rutschen gekommenen Welt grundlegende Wahrheiten und Einsichten formuliert, um diese alsdann in Versform auf den jeweiligen Kunst- und Unterhaltungsmarkt zu werfen. Unübersehbar sind die Gemeinsamkeiten. Rühmkorf spricht von Erzeugern, Erfindern, Urhebern und Selbstvertreibern in einer Person, deren »erstes Produktionsmittel« aber, »von Fiedel, Dinte und Schreibmaschine einmal abgesehen«, stets »der eigene Kopf« sei und bleibe. Weitere Parallelen werden herausgestellt. Die Beschreibungen der Dichterkollegen geraten unter der Hand zu vielsagenden Bruchstücken eines Porträts des Autors selbst.

Klopstocks Verhältnis zur Französischen Revolution, zum Ende hin ein »herzlich ambivalentes«, den Terror des Wohlfahrtsausschusses klar verurteilend, die Errungenschaften aber nie in Frage stellend, erinnert nicht zufällig an Rühmkorfs Stellung zur Studentenbewegung und ihre spätere Ausfransung in den bewaffneten Kampf gegen den kapitalistischen Staat. Bei Walther ist es vor allem die ungesichert frei schwebende Existenz des herumziehenden Spielmanns, die ihn den mittelalterlichen Berufskollegen so aktuell und nahe erscheinen lässt. Wie ein Schausteller oder Hausierer ist er abhängig von der Gunst, Laune und Mode des höfischen Marktes.

Kunst und Leben werden da (um 1200 wie in der Gegenwart) zu einer nicht ungefährlichen Zirkusnummer, zu einem ständigen Hochseilakt. Das Gedicht *Hochseil*, inzwischen längst ein Rühmkorf-Klassiker, beschreibt dann auch das historische und aktuelle Dichterleben als einen ständigen Akrobatikakt und eine anhaltende Überlebensübung: »Das Hochseil als Sinnbild für die immer gefährdete, die ständig schwankende Basis. Die Kunst ist ein Gleichnis«, wie der Autor sein Gedicht im Buch selbst kommentiert.

Wovon bei Erscheinen des Buches damals mehr Wirkung ausging, vom unerschrockenen Anlauf auf ein ganzes Lyrikjahrtausend oder vom sozioökomischen Handwerkszeug einer klassentheoretischen Literaturanalyse, mit der sich Rühmkorf hier, wie immer auch sprachlich glänzend, seinen Vorläufern im mühsamen Geschäft der Lyrikproduktion annähert, vermag ich heute nicht mehr zu sagen. Fest steht, mit Rühmkorf konnte man Walther und Klopstock lesen und lieben lernen.

Dem Buch sind zahlreiche Gedichte der behandelten Autoren beigegeben, aus eigener Feder fügt er 21 ganz neue Werke an. Immerhin 14 Gedichte gestattet er Klopstock, darunter natürlich Hymnisches zur Französischen Revolution, aber auch das berühmte *Rosenband*, *Die frühen Gräber* und die Ode *Der Zürichersee*, das vielleicht schönste Dokument gemeinschaftsstiftender Geselligkeitsliteratur und Ausdruck hehrsten Freundschaftskults in dieser stark gefühlsbetonten Zeit im Schatten der Aufklärung.

Beim Wiederlesen bin ich erstaunt, was er gerade der Klopstock-Biografie und dem disparaten Werk dieses unheilig frommen Jungerotikers und späten Gesinnungsrevolutionärs (der *Messias* mühelos neben dem *Freyheitskrieg* und den *Jakobinern*) an Sprengkraft und Spannung bis zur Überdehnung entlockt. Was mir fehlt, ist die *Frühlingfeier*, ist der berühmte »Tropfen am Eimer«, wodurch der Name des Dichters, spätestens aber durch den Werther-Brief vom 16. Juni mit Lottes nachgewitterlichem Diktum, zur Chiffre einer ganzen Generation und Epoche wird.

Von Walther von der Vogelweide präsentiert und kommentiert Rühmkorf immerhin 34 von mehr als 200 überlieferten Gedichten. Zieht er für Walthers Selbstporträt »Ich saz ûf eime steine«, das die Manessische Liederhandschrift in das kolorierte Dichterbildnis überträgt, die Übersetzung von Peter Wapnewski heran, so überträgt er die weiteren Werke Walthers selbst. Rühmkorf, wohlwissend um die eigene Kunstfertigkeit und einen nicht selten expressiven Gestaltungsdrang, um sein ironisches Jonglieren durch die sozialen und historischen Sprachebenen, hielt seine eigene Lyrik für nahezu unübersetzbar: »Ich bin ziemlich beschränkt auf dieses eine Land zugeschnitten.« Bei Walther gelingen ihm jedoch scheinbar mühelos leichte Nachdichtungen in gebundener Sprache, die zwar auf die philologische Genauigkeit der Prosaübertragung verzichten, in ihrer sozialen und mentalen Transferleistung über die Zeiten hinweg aber dem unruhigen Geist der Krisenepoche des Interregnum zwischen Kaiser Heinrich VI., gest. 1197, und Friedrich II., Kaiserkrönung 1220, und dem Selbstgefühl dieses lyrischen Propagandisten der Reichsidee sehr nahe kommen.

Und Rühmkorf führt, nein, er lockt mit munterer Frische, pointierter Schärfe und Hellsichtigkeit ins Mittelalter hinein. Er berichtet vom »lyrischen Leitartikler« am Hof Philipps von Schwaben, nennt ihn einen »Feiertagspoeten«, der für das »ausgeglichene Binnenklima« des Hofes, sprich: für das Damenprogramm, zuständig gewesen sei. Er beschreibt Walthers Gedichte als »höfische Unterhaltungsartikel«, macht einen Text gar zum »Einstandsepos«, billigt seiner Dichtung im Kontext des höfischen Zeremoniells einen gewissen »Beurkundungszauber« zu. Zugegeben, bei Klopstock gelingen ihm Einordnung und Deutung des Dichterphänomens nicht ganz so bruchlos, fällt die Analyse der »Interdependenzen von ökonomischen Fundamentalerschütterungen und nervösem Überbaugeflacker« etwas weniger farbig und reich aus, gerade so, als sei ihm nach der Walther-Parade ein wenig die Luft ausgegangen.

Das Gemeinsame und Verbindende der drei behandelten Dichtergestalten liegt in ihrer andauernden wirtschaftlichen Gefährdung, ihrem ständigen Ausgesetztsein in die Risikosphäre eines instabilen und ungesicherten Kulturbetriebs, hier wie dort. In politischen Krisenzeiten ist der Dichter als »literarischer Wanderarbeiter« unterwegs und formuliert aus persönlicher Not heraus und stellvertretend für die Welt die Nöte dieser Welt. Ganz gleich, ob er dies wie Walther – als »stellungslos gewordener Schlagerdichter und Coupletverfasser« zwischen dem Babenberger Hof zu Wien und der Wartburg des Landgrafen Hermann von Thüringen hin und her tingelnd – tut oder ob er sich im sicheren Gefolge von Kaiser Friedrich bewegt; das Lied der individuellen Entfremdung und der Unhaltbarkeit der Zustände wirkt durch die Zeiten universal.

Auch Klopstocks wirtschaftliche Experimente im Seidendruck und seine Pläne für eine gemeinnützige Sozietätsdruckerei zur Absicherung von Autorenrechten sind Ausdruck seiner Verunsicherung als Dichter, dem als Rettungsanker die Staatspension und der Fürstendienst am dänischen Hof winken. Walther und Klopstock kamen nicht umhin, Huldigungsgedichte zu verfassen. Rühmkorf blieb dies erspart. Aber Vorsicht! An die Stelle höfischer Gönner und Förderer sind heute kaum weniger lastende Schutzmäntel bürgerlicher Mäzene und die sanfte Bürde einer institutionellen Preisgeldbürokratie getreten. Auch da werden Erwartungshaltungen formuliert.

Mich selbst hat Peter Rühmkorf mit seiner prägnanten Darstellung von Walthers Leben und Werk vor 40 Jahren tief hineingelotst in die Welt der mittelalterlichen Literatur. Was sich zunächst wie eine studienordnungsbedingte Fluchtperspektive vor der Linguistik ausnahm, wurde dem Kandidaten zum großen Thema (Hauptseminararbeit zu Gottfrieds *Tristan*, mündliches Examen über Wolframs *Parzival*). Und das 18. Jahrhundert mit seinen in die Dichtkunst entlaufenen Pfarrhaussöhnen, es wurde mir, wenn auch nicht gerade durch Klopstock, so doch durch die vielen sprachgewaltig an den Verhältnissen leidenden Zeitgenossen des jungen und mittleren Goethe, zur Lieblingsepoche.

Was an Rühmkorfs Buch bis heute beeindruckt, ist sein radikal begeistertes Plädoyer für eine uneingeschränkte Subjektivität von Dichtung und ihre generelle Freiheit in Inhalt, Form und Ausdruck jenseits aller vermeintlichen Anforderungen und Bedrängungen aus Gesellschaft und Politik. Zugeständnisse in Anspruch, Gestaltungsvielfalt und Adaption von Tradition darf es nicht geben. Alles ist erlaubt. Indienstnahme, Tabus und Berührungsängste werden nicht hingenommen. Rühmkorf spricht von einem unangepassten, ja »widerständlichen Subjektivismus«, fordert um der Wahrheit und Glaubwürdigkeit willen eine dissidentische Grundhaltung, einen existentiellen Bezug, verlangt Unerbittlichkeit.

Teils findet Rühmkorf diese Forderungen bei Walther (»des Reiches genialste Schandschnauze«) und Klopstock (»Revolutionssänger«) verwirklicht. Doch darf und muss er hier weitergehen als seine hochgeschätzten Vorläufer. Immer behält im dialektischen Prozess von Geist und Welt für ihn das Subjektive den Vorrang. Das war bei Rühmkorf nicht immer so. Er spricht sogar »von der Geburtsstunde des neuen Ich-Gefühls mit Zerfall der Studentenbewegung«. Auch das ist eine Art von Emanzipation.

Seit den *Merseburger Zaubersprüchen* hat das Gedicht als säkularisierte Form des Gebets unzählige Entwicklungen durchlaufen. Diese »wahrhaft archaische Mitteilungsform«, dieses »durch keine Entmutigung zu bremsende Bedürfnis nach Versifikation menschlicher Leiden und Leidenschaften«, sie waren Rühmkorf auch nach dem Erscheinen des Drei-Dichter-Buches ein immer neuer Grund und Aufruf, bis an die Grenzen des Sagbaren zu gehen. Seine großen Gedichtbände *Haltbar bis Ende 1999* (1979), *Einmalig wie wir alle* (1989) und *Wenn – aber dann. Vorletzte Gedichte* (1999) sollten erst deutlich später erscheinen. Seinen Dichterkollegen hat er immer wieder einfühlsame und scharfsinnige Porträts gewidmet, 2012 postum unter dem Titel *In meinen Kopf passen viele Widersprüche* erschienen. Auch dieser Titel ist ein Rühmkorf-Zitat und natürlich Programm.

Manfred Beine

Peter Rühmkorf: *Walther von der Vogelweide, Klopstock und ich* (1975)

Am 28. September des Jahres 1197 war der deutsche König und römische Kaiser Heinrich VI. in Messina gestorben. Was uns heute womöglich als bloßes Personalproblem erscheint, war Ende des 12. Jahrhunderts ein Herrschaftsproblem ganz allererster

Ordnung. Sogleich mit Vakantwerden des Kaiserthrones begann der alte staufisch-welfische Streit um die Führungsrolle im Regnum neu zu entbrennen. Der Barbarossasohn Philipp von Schwaben (Bruder des verstorbenen Heinrich VI.) *und* der Sohn Heinrichs des Löwen, der Welfe Otto von Poitou, bemühten sich in einem einzigartigen Finanzwettstreit die Gunst der deutschen Wahlfürsten zu erkaufen und schonten dabei weder ihre Familienschätze noch ihre Erbländereien. Schon am 8. März 1198 hatte der staufische Philipp in Mühlhausen eine repräsentative Lobby zusammengebracht, um sich zum römischen König krönen zu lassen; aber am 12. Juli des gleichen Jahres ließ sich der Welfe in Aachen (nach Reichsbrauch und -gesetz dem »richtigen Ort«) von einer gewiß ebenbürtigen Fürstenschar auf den Thron heben. [...]
Damit standen sich ein volles verhängnisreiches Jahrzehnt lang zwei Macht- und zwei Rechtsansprüche entgegen, die für das Reich den permanenten Bürgerkrieg bedeuteten und bei deren Widerstreit einzig die Landesfürsten die Nutznießer blieben. [...]
Fast von einem Tag auf den nächsten ist der heitere Minnespuk für den Vogelweider verflogen. Die alles andere als erfreulichen Aussichten, die sich einem stellungslos gewordenen Schlagerdichter und Coupletverfasser auftun, öffnen ihm aber gleichzeitig den Blick für die Misere der Welt, und in einem fast magischen Beziehungszauber beginnt er die Zerrüttung seiner eigenen wirtschaftlichen Basis *und* die politischen Wirren im Reich ineins zu sehen. [...]
Der Dichter, der eben noch sein Genüge in der Verfertigung höfischer Unterhaltungsartikel fand und sich allenfalls einen Extraspaß aus der Kollegenbeschimpfung machte, prompt mit dem Verlust seiner sozialen Identität setzt das zerspaltene Selbstverständnis ein gleichsam höheres frei, und aus den Trümmern einer Kleinkünstlerexistenz erhebt sich eine ganz neue, allerdings platonische Ansprüchlichkeit: das selbstgewählte Mandat, für das Reich zu singen. In dialektischer Verklammerung bedeutet die Geburtsstunde patriotischer Hochgefühle also gleichzeitig den Schlupftermin eines neuen Ich-Bewußtseins. Erst jetzt bekommt das Wort »Ich« für den Dichter einen bislang unerhörten Intonationswert. Erst von jetzt an wagt das Ich-persönlich sich mit in die Waagschale der politischen Bedenkungen zu werfen: »*Ich* hôrte ein wazzer diezen« – »*Ich* sach mit mînen ougen« – »*Ich* saz ûf eime steine«!
Da wir den großen Ich-, beziehungsweise Reichs-Gesang bereits eingangs zu Gehör gebracht haben, möchten wir nur noch ergänzen, daß die neue Reichsthematik einer soliden materiellen Motivation keineswegs entbehrte, will heißen einer gewandelen Auftragslage entsprang. Als Leopold VI. im Spätsommer 1198 nach Mainz reisen muß, um seine Belehnung mit Österreich offiziell vom König beglaubigen zu lassen, führt er auch den Dichter in seiner Reisegesellschaft mit, wohl um den vom Kammersänger zum Reichsanwalt Avancierten gnädigst weiterzuvermitteln. Immerhin hat sich *der* inzwischen nicht nur auf ein neues idealistisches Motiv, sondern auf eine ganz konkrete Herrschaft eingesungen, den staufischen Philipp, an dessen Hof wir ihn bald als Feiertagspoeten und lyrischen Leitartikler wirksam werden sehen.

Ez gienc eins tages als unser hêrre wart geborn
von einer maget dier im ze mouter hât erkorn,
ze Magdeburc der künec Philippes schône.
dâ gienc eins keisers bruoder und eins keisers kint
in einer wât, swie doch die namen drîge sint:
er truoc des rîches zepter und dir krône.
er trat vil lîse, im was niha gâch:
im sleich ein hôhgeborniu küneginne nâch,
rôs âne dorn, ein tûbe sunder gallen.
diu zuht was niener anderswâ:
die Düringe und die Sahsen dienten alsô dâ,
daz ez den wîsen muosten wol gevallen.

Hochseil

Wir turnen in höchsten Höhen herum,
selbstredend und selbstreimend,
von einem I n d i v i d u u m
aus nichts als Worten träumend.

Was uns bewegt – warum? wozu? –
den Teppich zu verlassen?
Ein nie erforschtes Who-is-who
im Sturzflug zu erfassen.

Wer von so hoch zu Boden blickt,
der sieht nur Verarmtes/Verirrtes.
Ich sage: wer Lyrik schreibt, ist verrückt,
wer sie für wahr nimmt, wird es.

Ich spiel mit meinem Astralleib Klavier,
v i e r f ü ß i g – vierzigzehig –
Ganz unten am Boden gelten wir
für nicht mehr ganz zurechnungsfähig.

Die Loreley entblößt ihr Haar
am umgekippten Rheine ...
Ich schwebe graziös in Lebensgefahr
grad zwischen Freund Hein und Freund Heine.

Peter Rühmkorf: *Walther von der Vogelweide, Klopstock und ich*. Reinbek bei Hamburg: Rowohlt Tb. 1975, S. 21–23, 60, 178 (© Rowohlt Verlag)

Anhang

Autorenregister

Zu bio-bibliografischen Angaben sei generell auf das LWL-Autorenlexikon (www.autorenlexikon-westfalen.de) verwiesen. Im Register entfällt in Einzelfällen der Untertitel bei Überlänge; Literatur- und Inhaltsverzeichnis nennen die Titel vollständig.

Hädecke, Wolfgang
Leuchtspur im Schnee. Gedichte (1963) 248–250

Hartung, Harald
Hase und Hegel. Gedichte (1970) 366–367
Reichsbahngelände. Gedichte (1974) 435–437

Homann, Ludwig
Geschichten aus der Provinz. Erzählungen (1968) 313–317

Horbelt, Rainer
Die Zwangsjacke. Roman (1973) 416–419

Huelsenbeck, Richard
Mit Witz, Licht und Grütze. Auf den Spuren des Dadaismus (1957) 121–124

Jägersberg, Otto
Weihrauch und Pumpernickel. Ein westpfählisches Sittenbild (1964) 251–254
Nette Leute. Roman (1967) 297–300
Der Waldläufer Jürgen. Geschichte (1969) 351–354

Jansen, Erich
Aus den Briefen des Königs. Gedichte (1963) 226–228

Johannimloh, Norbert
En Handvöll Rägen. Plattdeutsche Gedichte (1963) 229–232
Wir haben seit langem abnehmenden Mond. Gedichte (1969) 362–363

Käufer, Hugo Ernst
Wie kannst du ruhig schlafen ...? Zeitgedichte (1958) 132–135
Käufer Report (1968) 322–325
(Hg.) *Beispiele Beispiele. Texte aus der LWG* (1969) 354–359
Standortbestimmungen. Fast Aphorismen (1975) 490–494

Kessemeier, Siegfried
gloipe inner dör. gedichte in sauerländischer Mundart (1971) 377–380

Kleßmann, Eckart
Einhornjagd. Gedichte (1963) 242–245

Körner, Wolfgang
Nowack. Roman (1969) 342–347
Ein freier Schriftsteller. Marginalien zum Literaturbetrieb (1973) 408–412
Wo ich lebe. Storys und Berichte (1975) 485–489

Kramp, Willy
Brüder und Knechte. Ein Bericht (1965) 263–266

Küther, Kurt
Ein Direktor geht vorbei. Gedichte eines Bergmanns (1974) 453–454

Le Fort, Gertrud von
Die Frau und die Technik (1959) 152–154

Limpert, Richard
Über Erich. 1933–1953. Bericht (1972) 385–388
Fragen so nebenbei. Gedichte und Songs (1975) 485–489

Manger, Jürgen von
Bleibense Mensch! Träume, Reden und Gerede des Adolf Tegtmeier (1966) 283–287

Marchwitza, Hans
Mein Anfang. Erzählungen (1950) 40–44

Meister, Ernst
Zahlen und Figuren. Gedichte (1958) 128–131
Die Formel und die Stätte. Gedichte (1960) 166–171
Flut und Stein. Gedichte (1962) 210–215
Sage vom Ganzen den Satz. Gedichte (1972) 391–395

Neumann, Walter
Stadtplan. Erzählungen (1974) 438–443
(Hg.) *Im Bunker. 100 x Literatur unter der Erde* (1974) 469–473

Pestum, Jo
Der Kater jagt die grünen Hunde (1968) 339–342

Pfeiffer, Otti
Widerworte aus der Küche (1972) 389–391
In dieser Haut. Kurztexte (1974) 438–443

Pielow, Winfried
Verhältniswörter. Gedichte. (1972) 395–400

Rauner, Liselotte
Der Wechsel ist fällig. Gedichte (1970) 364–365

Reding, Josef
Nennt mich nicht Nigger. Geschichten (1957) 105–109
Der Mensch im Revier (1967) 294–296
Menschen im Ruhrgebiet. Berichte – Reden – Reflexionen (1974) 455–460

Reger, Erik
Zwei Jahre nach Hitler. Fazit 1947 (1947) 28–32

Rühmkorf, Peter
(mit Werner Riegel) *Heiße Lyrik* (1956) 100–105
Irdisches Vergnügen in g. 50 Gedichte (1959) 158–162
Über das Volksvermögen. Exkurse in den literarischen Untergrund (1967) 304–308
Walther von der Vogelweide, Klopstock und ich (1975) 495–500

Runge, Erika
Bottroper Protokolle (1968) 325–330

Schallück, Paul
Wenn man aufhören könnte zu lügen. Roman (1951) 45–48
Die unsichtbare Pforte. Roman (1954) 84–87
Engelbert Reineke. Roman (1959) 140–145
Zum Beispiel. Essays (1962) 195–201
Lakrizza und andere Erzählungen (1966) 275–279
Hierzulande und anderswo. Gedichte (1974) 438–443

Schamoni, Ulrich
Dein Sohn lässt grüßen. Roman (1962) 190–195
Alle Jahre wieder. Spielfilm [Regie: Ulrich Schamoni] (1967) 301–304

Schimanek, Jürgen
Na, komm! Babetts schwerer Weg ins Glück (1969) 347–351

Schirmbeck, Heinrich
Ärgert dich dein rechtes Auge. Aus den Bekenntnissen [...] (1957) 115–118
Träume und Kristalle. Phantastische Erzählungen (1968) 308–313

Schwarze, Hans Dieter
Tröste, blasse Straße. Gedichte (1956) 93–96
sterben üben – was sonst. epigrammatisches (1973) 413–415

Semmer, Gerd
(Red.) *Der Deutsche Michel* (1953–1957) 79–83

Sieburg, Friedrich
Chateaubriand. Romantik und Politik (1959) 136–140

Somplatzki, Herbert
Muskelschrott. Roman (1974) 428–432

Streletz, Werner
Der ewige Säufer. Texte aus einem kaputten Kohlenpott (1975) 477–480

Struck, Karin
Klassenliebe. Roman (1973) 424–428
Die Mutter. Roman. (1975) 473–477

Sylvanus, Erwin
Korczak und die Kinder. Ein Stück (1959) 155–158

Thiekötter, Hans
(Hg.) *Neue Lyrik in Westfalen* (1957) 109–114

Tuch, Hannes
Chronos und der Waldläufer (1951) 49–54

Valentin, Thomas
Hölle für Kinder. Roman (1961) 180–185
Die Fahndung. Roman (1962) 201–205
Die Unberatenen. Roman (1963) 220–225
Natura morta. Stilleben mit Schlange. Roman (1967) 290–294
Ich bin ein Elefant, Madame. Spielfilm [Regie: Peter Zadek] (1968) 330–334
Jugend einer Studienrätin. Ausgewählte Erzählungen [...] (1974) 443–448

Vollmer, Walter
Westfälische Städtebilder. Berichte und Betrachtungen (1963) 232–238

Wallraff, Günter
»Wir brauchen dich«. Als Arbeiter in deutschen Industriebetrieben (1966) 279–282

Warsinsky, Werner
Kimmerische Fahrt. Roman (1953) 73–77

Werkkreis Literatur der Arbeitswelt (Hg.)
Schichtarbeit. Schicht- und Nachtarbeiterreport (1973) 420–424
Der rote Großvater erzählt. Berichte und Erzählungen (1974) 448–452
Dieser Betrieb wird bestreikt. Berichte (1974) 465–469

Winckler, Josef
Der tolle Bomberg. Spielfilm [Regie: Rolf Thiele] (1957) 125–127

Wintjes, Josef / Göhre, Frank / Degener, Volker W.
(Hg.) *Ulcus Molles Scenen-Reader. Texte & Dokumentation* (1971) 381–384

Wolff, Horst
(Hg.) *Lotblei. Junge Autoren* (1962) 206–210

Wollschläger, Hans
Karl May in Selbstzeugnissen und Bilddokumenten (1965) 267–271
(Übers.) *Ulysses* von James Joyce (1975) 481–485

Literaturverzeichnis

Aufgeführt werden die besprochenen Titel in ihrer Erstausgabe. Zahlreiche der Bände sind in späteren Auflagen, in Taschenbuchausgaben, teils auch über Werkausgaben immer noch verfügbar. Weitere Titel und Angaben zur Sekundärliteratur liefert die *Chronik zur westfälischen Literatur 1945–1975.* 2 Bde. Bielefeld: Aisthesis 2016, [Bd. 2: 1961–1975], S. 860–877.

Atlas, zusammengestellt von deutschen Autoren. Berlin: Wagenbach 1965.

Aloni, Jenny: *Gedichte.* Ratingen: Henn 1956.
Aloni, Jenny: *Zypressen zerbrechen nicht. Roman.* Witten/Berlin: Eckart 1961.
Aloni, Jenny: *Jenseits der Wüste. Erzählungen.* Witten/Berlin: Eckart 1963.
Aloni, Jenny: *Der Wartesaal. Roman.* Freiburg: Herder 1969.

Althaus, Peter Paul: *In der Traumstadt. Gedichte.* Karlsruhe: Stahlberg 1951.
Althaus, Peter Paul: *Dr. Enzian. Gedichte.* Karlsruhe: Stahlberg 1952.
Althaus, Peter Paul: *Flower Tales. Laßt Blumen sprechen. Gedichte.* Karlsruhe: Stahlberg 1953.

Bender, Hans (Hg.): *Mein Gedicht ist mein Messer. Lyriker zu ihren Gedichten.* 2., erw. Aufl. München: List 1961.

Berens-Totenohl, Josefa: *Die Stumme. Roman.* Essen: Spael 1949.
Berens-Totenohl, Josefa: *Die heimliche Schuld. Roman.* Balve: Zimmermann 1960.

Bergenthal, Josef (Hg.): *Westfälische Dichter der Gegenwart. Deutung und Auslese.* Münster: Regensberg 1953.
Bergenthal, Josef (Hg.): *Sonderbares Land. Ein Lesebuch von westfälischer Art und Kunst.* Münster: Regensberg 1955.

Bruns, Ursula: *Dick und Dalli und die Ponies. Die Geschichte zweier handfester Mädchen und eines Jungen, aus dem auch noch etwas wurde.* Freiburg (Br.): Herder 1952.

Claudius, Eduard: *Grüne Oliven und nackte Berge. Roman.* Zürich: Steinberg 1945.
Claudius, Eduard: *Gewitter. Erzählungen.* Potsdam: Rütten & Loening 1948.

Dahinten, Egon (Hg.): *stockholmer katalog der dortmunder gruppe 61.* Stockholm: Deutsches Kulturinstitut Stockholm [1970].

Degener, Volker W.: *Du Rollmops. Roman.* Dortmund: Wulff 1972.

Degenhardt, Franz Josef: *Spiel nicht mit den Schmuddelkindern. Balladen, Chansons, Grotesken, Lieder.* Hamburg: Hoffmann und Campe 1967.
Degenhardt, Franz-Josef: *Zündschnüre. Roman.* Hamburg: Hoffmann und Campe 1973.

Denneborg, Heinrich Maria: *Jan und das Wildpferd.* Berlin: Dressler 1957.

Döhl, Reinhard: *missa profana* [erste Fassung], in: *prisma* 4 (1959).

Domke, Helmut: *Feuer, Erde, rote Rose. Westfalen und Land an der Ruhr.* München: Prestel 1959.

Endrikat, Fred: *Sündenfallobst. Verse zum fröhlichen Genießen.* Berlin: Blanvalet 1953.

Gluchowski, Bruno: *Der Durchbruch. Roman.* Recklinghausen: Paulus 1964.
Gluchowski, Bruno: *Der Honigkotten. Roman.* Recklinghausen: Paulus 1965.

Göhre, Frank: *Costa Brava im Revier. Texte und Materialien.* Recklinghausen: Bitter 1971.
Göhre, Frank: *Gekündigt. Roman.* Starnberg: Weismann 1974.

Grisar, Erich: *Kindheit im Kohlenpott.* Karlsruhe: Volk und Zeit 1946.

Grün, Max von der: *Männer in zweifacher Nacht. Roman.* Recklinghausen: Paulus 1962.
Grün, Max von der: *Irrlicht und Feuer. Roman.* Recklinghausen: Paulus 1963.
Grün, Max von der: *Zwei Briefe an Pospischiel. Roman.* Neuwied: Luchterhand 1968.
Grün, Max von der / Schwarze, Hans Dieter: *Feierabend. Dreh- und Tagebuch eines Fernsehfilms.* Recklinghausen: Paulus 1968.
Grün, Max von der: *Am Tresen gehn die Lichter aus. Erzählungen.* Reinbek: Rowohlt 1974.

Homann, Ludwig: *Geschichten aus der Provinz. Erzählungen.* Frankfurt am Main: Fischer 1968.

Hädecke, Wolfgang: *Leuchtspur im Schnee. Gedichte.* München: Hanser 1963.

Hartung, Harald: *Hase und Hegel. Gedichte.* Andernach: Atelier 1970.
Hartung, Harald: *Reichsbahngelände. Gedichte.* Darmstadt: Bläschke 1974.

Horbelt, Rainer: *Die Zwangsjacke. Roman.* Düsseldorf: Concept 1973.

Huelsenbeck, Richard: *Mit Witz, Licht und Grütze. Auf den Spuren des Dadaismus.* Wiesbaden: Limes 1957.

Jägersberg. Otto: *Weihrauch und Pumpernickel. Ein westpfählisches Sittenbild.* Zürich: Diogenes 1964.
Jägersberg, Otto: *Nette Leute. Roman.* Zürich: Diogenes 1967.
Jägersberg, Otto: *Der Waldläufer Jürgen. Geschichte.* Stierstadt im Taunus: Eremiten-Presse 1969.

Jansen, Erich: *Aus den Briefen des Königs. Gedichte.* Köln: Kiepenheuer & Witsch 1963.

Johannimloh, Norbert: *En Handvöll Rägen. Plattdeutsche Gedichte mit hochdeutscher Übersetzung.* Emsdetten: Lechte 1963.
Johannimloh, Norbert: *Wir haben seit langem abnehmenden Mond. Gedichte.* Darmstadt: Bläschke 1969.

Käufer, Hugo Ernst: *Wie kannst du ruhig schlafen ...? Zeitgedichte.* Bochum: Kleff 1958.
Käufer, Hugo Ernst: *Käufer Report.* Krefeld: Pro 1968.

Käufer, Hugo Ernst (Hg.): *Beispiele Beispiele. Texte aus der Literarischen Werkstatt Gelsenkirchen.* Recklinghausen: Bitter 1969.
Käufer, Hugo Ernst: *Standortbestimmungen. Fast Aphorismen.* Dortmund: Wulff 1975.

Kessemeier, Siegfried: *gloipe inner dör. gedichte in sauerländischer Mundart. Nebst hochdeutscher Übersetzung.* Leer: Schuster 1971.

Kleßmann, Eckart: *Einhornjagd. Gedichte.* Stuttgart: Deutsche Verlags-Anstalt 1963.

Körner, Wolfgang: *Nowack. Roman.* Düsseldorf: Rauch 1969.
Körner, Wolfgang: *Ein freier Schriftsteller. Marginalien zum Literaturbetrieb.* Düsseldorf: Concept 1973.
Körner, Wolfgang: *Wo ich lebe. Storys und Berichte.* Wuppertal: Hammer 1975.

Kramp, Willy: *Brüder und Knechte. Ein Bericht.* München: Biederstein 1965.

Küther, Kurt: *Ein Direktor geht vorbei. Gedichte eines Bergmanns.* Wuppertal: Hammer 1974.

Le Fort, Gertrud von: *Die Frau und die Technik.* Zürich: Arche 1959.

Limpert, Richard: *Über Erich. 1933–1953. Bericht.* Mülheim an der Ruhr: Anrich 1972.
Limpert, Richard: *Fragen so nebenbei: Gedichte und Songs.* Wuppertal: Hammer 1975.

Manger, Jürgen von: *Bleibense Mensch! Träume, Reden und Gerede des Adolf Tegtmeier.* Gütersloh: Bertelsmann 1966.

Marchwitza, Hans: *Mein Anfang. Erzählungen.* Potsdam: Rütten & Loening 1950.

Meister, Ernst: *Zahlen und Figuren. Gedichte.* Wiesbaden: Limes 1958.
Meister, Ernst: *Die Formel und die Stätte. Gedichte.* Wiesbaden: Limes 1960.
Meister, Ernst: *Flut und Stein. Gedichte.* Neuwied: Luchterhand 1962.
Meister, Ernst: *Sage vom Ganzen den Satz. Gedichte.* Neuwied: Luchterhand 1972.

Neumann, Walter (Hg.): *Im Bunker. 100 x Literatur unter der Erde. Texte und Daten von 110 deutschen und ausländischen Autoren*: Recklinghausen: Bitter 1974.

Pestum, Jo: *Der Kater jagt die grünen Hunde. Kommissar Katzbach klärt einen rätselhaften Fall. Detektiverzählung.* Würzburg: Arena 1968.

Pfeiffer, Otti: *Widerworte aus der Küche.* Dortmund: Wulff 1972.
Pfeiffer, Otti: *In dieser Haut. Kurztexte.* Wuppertal: Hammer 1974.

Pielow, Winfried: *Verhältniswörter. Gedichte.* Darmstadt: Bläschke 1972.

Rauner, Liselotte: *Der Wechsel ist fällig. Gedichte.* Recklinghausen: Bitter 1970.

Reding, Josef: *Nennt mich nicht Nigger. Geschichten.* Recklinghausen: Paulus 1957.
Reding, Josef: *Der Mensch im Revier.* Recklinghausen: Paulus 1967.
Reding, Josef: *Menschen im Ruhrgebiet. Berichte – Reden – Reflexionen.* Wuppertal: Hammer 1974.

Reger, Erik: *Zwei Jahre nach Hitler. Fazit 1947 und Versuch eines konstruktiven Programms aus der zwangsläufigen Entwicklung.* Hamburg / Stuttgart: Rowohlt 1947.

Rühmkorf, Peter / Riegel, Werner: *Heiße Lyrik.* Wiesbaden: Limes 1956.
Rühmkorf, Peter: *Irdisches Vergnügen in g. 50 Gedichte.* Hamburg: Rowohlt 1959.
Rühmkorf, Peter: *Über das Volksvermögen. Exkurse in den literarischen Untergrund.* Reinbek: Rowohlt 1967.
Rühmkorf, Peter: *Walther von der Vogelweide, Klopstock und ich.* Reinbek: Rowohlt 1975.

Runge, Erika: *Bottroper Protokolle.* Frankfurt am Main: Suhrkamp 1968.

Schallück, Paul: *Wenn man aufhören könnte zu lügen. Roman.* Opladen: Middelhauve 1951.
Schallück, Paul: *Die unsichtbare Pforte. Roman.* Frankfurt am Main: S. Fischer 1954.
Schallück, Paul: *Engelbert Reineke. Roman.* Frankfurt am Main: Fischer-Bücherei 1959.
Schallück, Paul: *Zum Beispiel. Essays.* Frankfurt am Main: Europäische Verlags-Anstalt 1962.
Schallück, Paul: *Lakrizza und andere Erzählungen.* Baden-Baden: Signal 1966.
Schallück, Paul: *Hierzulande und anderswo. Gedichte.* Wuppertal: Hammer 1974.

Schamoni, Ulrich: *Dein Sohn lässt grüßen. Roman.* Berlin-Grunewald: Herbig 1962.
Schamoni, Ulrich (Regie): *Alle Jahre wieder. Spielfilm.* Produktion: Peter Schamoni. Deutschland 1967.

Schimanek, Jürgen: *Na, komm! Babetts schwerer Weg ins Glück.* Darmstadt: Melzer 1969.

Schirmbeck, Heinrich: *Ärgert dich dein rechtes Auge. Aus den Bekenntnissen des Thomas Grey. Roman.* Darmstadt: Schneekluth 1957.
Schirmbeck, Heinrich: *Träume und Kristalle. Phantastische Erzählungen.* Frankfurt am Main: Societäts-Verlag 1968.

Schwarze, Hans Dieter: *Tröste, blasse Straße. Gedichte.* Emsdetten: Lechte 1956.
Schwarze, Hans Dieter / Grün, Max von der: *Feierabend. Dreh- und Tagebuch eines Fernsehfilms.* Recklinghausen: Paulus 1968.
Schwarze, Hans Dieter: *sterben üben – was sonst. epigrammatisches.* Dortmund: Wulff 1973.

Semmer, Gerd: *Der Deutsche Michel* [Zeitschrift]. Düsseldorf: Progreß 1953–1957.

Sieburg, Friedrich: *Chateaubriand. Romantik und Politik.* Stuttgart: Deutsche Verlags-Anstalt 1959.

Somplatzki, Herbert: *Muskelschrott. Roman.* Hg. unter Mitarbeit der Werkstatt Essen. Frankfurt am Main: Fischer 1974.

Streletz, Werner: *Der ewige Säufer. Texte aus einem kaputten Kohlenpott.* Bottrop: Literarisches Informationszentrum 1975.

Struck, Karin: *Klassenliebe. Roman.* Frankfurt am Main: Suhrkamp 1973.
Struck, Karin: *Die Mutter. Roman.* Frankfurt am Main: Suhrkamp 1975.

Sylvanus, Erwin: *Korczak und die Kinder. Ein Stück.* St. Gallen: Tschudy 1959.

Thiele, Rolf (Regie): *Der tolle Bomberg. Spielfilm.* Produktion: Gero Wecker. Deutschland 1957.

Thiekötter, Hans (Hg.): *Neue Lyrik in Westfalen.* Münster: Aschendorff 1957.

Tuch, Hannes: *Chronos und der Waldläufer.* Rheinhausen: Verlagsanstalt Rheinhausen 1951.

Valentin, Thomas: *Hölle für Kinder. Roman.* Hamburg: Claassen 1961.
Valentin, Thomas: *Die Fahndung. Roman.* Hamburg: Claassen 1962.
Valentin, Thomas: *Die Unberatenen. Roman.* Hamburg: Claassen 1963.
Valentin, Thomas: *Natura morta. Stilleben mit Schlangen. Roman.* Hamburg: Claassen 1967.
Valentin, Thomas: *Jugend einer Studienrätin. Ausgewählte Erzählungen, Gedichte, Fernsehspiel.* Düsseldorf: Claassen 1974.

Vollmer, Walter: *Westfälische Städtebilder. Berichte und Betrachtungen.* Gütersloh: Bertelsmann 1963.

Wallraff, Günter: *»Wir brauchen dich«. Als Arbeiter in deutschen Industriebetrieben.* München: Rütten & Loening 1966.

Warsinsky, Werner: *Kimmerische Fahrt. Roman.* Stuttgart: Deutsche Verlags-Anstalt 1953.

Werkkreis Literatur der Arbeitswelt (Hg.): *Schichtarbeit. Schicht- und Nachtarbeiterreport.* Frankfurt am Main: Fischer 1973.
Werkkreis Literatur der Arbeitswelt (Hg.): *Der rote Großvater erzählt. Berichte und Erzählungen von Veteranen der Arbeiterbewegung aus der Zeit von 1914 bis 1945.* Frankfurt am Main: Fischer 1974.
Werkkreis Literatur der Arbeitswelt (Hg.): Dieser *Betrieb wird bestreikt. Berichte über die Arbeitskämpfe in der BRD.* Frankfurt am Main: Fischer 1974.

Wintjes, Josef / Göhre, Frank / Degener, Volker W. (Hg.): *Ulcus Molles Scenen-Reader. Texte & Dokumentation der neuen deutschsprachigen Szene.* Bottrop: Literarisches Informationszentrum 1971.

Wolff, Horst (Hg.): *Lotblei. Junge Autoren.* Emsdetten: Lechte 1962.

Wollschläger, Hans: *Karl May in Selbstzeugnissen und Bilddokumenten.* Reinbek: Rowohlt 1965.
Wollschläger, Hans (Übers.): *Ulysses* von James Joyce. Frankfurt am Main: Suhrkamp 1975.

Zadek, Peter (Regie): *Ich bin ein Elefant, Madame. Spielfilm.* Produktion: Ernst Liesenhoff. Deutschland 1968.

Nachweise

Die jeweils für den Textauszug herangezogene Erstveröffentlichung findet sich immer am Schluss unter Angabe der konkreten Seitenzahlen; alle verwendeten Erstausgaben finden sich zudem im Literaturverzeichnis. Das Register (S. 502–508) ermöglicht ein rasches Auffinden aller vom jeweiligen Schriftsteller bzw. von der jeweiligen Schriftstellerin im Band besprochenen Publikationen.

Die Herausgeber danken allen, die für das vorliegende Publikationsprojekt die Abdruckrechte erteilten. Neben den Autorinnen und Autoren, die hier aufgrund des begrenzten Textraums nicht einzeln aufgeführt werden, geht ein Dank an die Institutionen und Verlage, insbesondere an: Wagenbach Verlag, Berlin; Rimbaud Verlag, Aachen; Suhrkamp Verlag, Berlin; Diogenes Verlag, Zürich; Rowohlt Verlag, Reinbek bei Hamburg; Wallstein Verlag, Göttingen; Arno Schmidt Stiftung, Bargfeld, und an die Liselotte und Walter Rauner Stiftung, Bochum. Zu danken ist weiterhin den zahlreichen Nachkommen, die freundlicherweise ihre Erlaubnis zum Abdruck eines Textauszugs gaben: Hans Althaus, Köln; Eva Denneborg, Essen; Barbara Döhl, Stuttgart; Jaroslawa Claudius, Potsdam; Kai Degenhardt, Hamburg; Jennifer von der Grün, Dortmund; Katharina Kramp, Ibbenbüren; Michael Küther, Bottrop; Inge Seeger, Potsdam; Ulrike Schamoni, Berlin; Karin von Wangenheim, Reisbach; sowie allen Rechteinhabern, die nicht namentlich genannt werden möchten.

Die LWL-Literaturkommission hat sich nach besten Kräften um die Einholung der Abdruckrechte bemüht. Leider war nicht in allen Fällen der Ansprechpartner zu ermitteln bzw. einwandfrei zu klären, ob Rechte noch in Anspruch genommen werden. Rechteinhaber werden daher ggf. gebeten, sich in Verbindung zu setzen mit: LWL-Literaturkommission für Westfalen, Salzstr. 38, 48143 Münster.

Danksagung

Die Herausgeber danken allen Verlagen, Stiftungen sowie weiteren Rechteinhabern für die erteilten Abdruckgenehmigungen (siehe oben) sowie allen Beiträgerinnen und Beiträgern für ihr Interesse und ihre rege Beteiligung am vorliegenden Band.

Zu danken ist weiterhin Claudia Ehlert, die als Ansprechpartnerin in der LWL-Literaturkommission für Westfalen nicht nur die Kommunikation mit allen Beiträgerinnen und Beiträgern übernahm und die Verteilung der Essays organisierte, sondern auch souverän mit großer Geduld und Akribie die Genehmigungen zum Abdruck der Textauszüge einholte.

Ebenfalls unerlässlich war die Kooperation mit dem Dortmunder Fritz-Hüser-Institut: Hanneliese Palm ermöglichte großzügig die Nutzung der dortigen Bibliotheksbestände. Zuletzt ist dem restlichen Team der Literaturkommission – namentlich Sonja Lesniak, Melanie Suttarp, Fiona Dummann, Eva Poensgen – zu danken, das für Recherchearbeiten etc. zur Verfügung stand.

Beiträgerinnen und Beiträger

Moritz Baßler, geb. 1962, Professor für Neuere deutsche Literatur an der WWU Münster. Studium der Germanistik und Philosophie, 1993 Promotion, bis 2003 wiss. Assistent in Rostock. Publikationen zur Klassischen Moderne, Literaturtheorie, Gegenwartsliteratur, Popkultur und zum Realismus.

Manfred Beine, geb. 1955 in Marienfeld, Leiter der Stadtbibliothek und des Stadtarchivs Rietberg. Seit 2003 Organisator der Veranstaltungsreihe »Literatur in Rietberg«, zahlreiche Veröffentlichungen zur Orts- und Regionalgeschichte.

Anna-Lena Böttcher studierte Germanistik und Geschichte an der WWU Münster und war stud. Volontärin in der LWL-Literaturkommission für Westfalen. Sie ist arbeitet als Lehrerin in Münster.

Marianne Brentzel, in Westfalen aufgewachsen, studierte in Berlin Politologie, nahm aktiv an der Studentenbewegung teil. Bekannt wurde sie mit der Biografie der *Nesthäkchen*-Autorin Else Ury. 2014 erhielt sie für ihr Gesamtwerk den *Literaturpreis Ruhr*.

Georg Bühren, geb. 1955, Lehramtsstudium der Germanistik und Kunst, ab 1978 freier Autor u. a. für die Radioprogramme des WDR, seit 1983 Produzent von Dokumentarfilme für den WDR, den NDR und den SWF, seit 1987 Hörfunkdramaturg in der Hörspielabteilung des WDR in Köln.

Peter Bürger, geb. 1961 in Eslohe, seit 2003 als freiberuflicher Publizist tätig. Bearbeiter des Christine-Koch-Mundartarchivs. Autor einer sauerländischen Mundartliteraturgeschichte (bislang 4 Bde.).

Valerie Buntenkötter, geb. 1992, studiert an der WWU Münster den Master of Arts Germanistik.

Rainer W. Campmann, geb. 1944, arbeitete in verschiedenen Berufen, u. a. war er Matrose, Stahlwerker und Journalist. Er lebt als Schriftsteller in Bochum, schreibt Gedichte, Erzählungen, Essays und ist zudem Lektor und Herausgeber.

Volker W. Degener, geb. 1941, Schriftsteller, war bis 2001 im Polizeidienst des Landes NRW als Fachlehrer, Pressesprecher und Kommissariatsleiter tätig. Er schreibt Romane, Kurzgeschichten, Hörspiele, Kinder- und Jugendbücher.

Laura Deuper, geb. 1991, studiert an der WWU Münster im Master Germanistik, Philosophie und Klassische Philologie und arbeitet als studentische Hilfskraft im Sonderforschungsbereich »Kulturen des Entscheidens«.

Fiona Dummann, geb. 1989, studiert im Master Literaturwissenschaft an der Universität Bielefeld und arbeitet zurzeit als studentische Volontärin in der LWL-Literaturkommission für Westfalen.

Jürgen Egyptien, Prof. Dr. phil., Literaturwissenschaftler, Herausgeber, Literaturkritiker und Schriftsteller, geb. 1955, Studium der Germanistik und Politikwissenschaft, 2004 Ernennung zum apl. Prof.; seit 1985 Publikation von Gedichten, Erzählungen, Kurzprosa und Essays.

Claudia Ehlert, geb. 1990, Studium der Kultur- und Sozialanthropologie, Germanistik, DaF und Kulturpoetik in Münster und Pachuca (Mexiko). Sie ist freie Mitarbeiterin im Museum für Westfälische Literatur (Kulturgut Haus Nottbeck) und stud. Volontärin in der LWL-Literaturkommission.

Reinhard Finke, geb. 1945, kam 1959 aus familiären Gründen ›aus der Ostzone in den Westen‹. Lebt als pensionierter Deutsch- und Geschichtslehrer in Bochum.

Karin Füllner, Dr. phil., Programmleiterin des Heinrich-Heine-Instituts Düsseldorf und Lehrbeauftragte an der Heinrich-Heine-Universität Düsseldorf seit 1976, Vorstandsmitglied der Heinrich-Heine-Gesellschaft. Veröffentlichungen insbesondere zum Dadaismus und zur Heine-Zeit.

Gerald Funk, geb. 1962, lebt als freier Redakteur und Lektor in Marburg. Von 2000 bis 2013 war er wissenschaftlicher Mitarbeiter der Arbeitsstelle Büchner-Ausgabe an der Philipps Universität Marburg. Seit 2006 ist er Mitherausgeber und Redakteur der Literaturzeitschrift *Am Erker*.

Walter Gödden, Prof. Dr., Geschäftsführer der LWL-Literaturkommission für Westfalen und wissenschaftlicher Leiter des Museums für Westfälische Literatur (Kulturgut Haus Nottbeck), zudem Literaturredakteur der Kulturzeitschrift *Westfalenspiegel* und Vorsitzender der Nyland-Stiftung.

Jasmin Grande, Dr. phil., stellv. Leiterin des Instituts »Moderne im Rheinland« an der Heinrich-Heine-Universität, Mitarbeiterin am Institut für Kunstgeschichte und Lehrbeauftragte in der Germanistik. Arbeitsschwerpunkte: Forschungsfeld ›Moderne‹ zwischen den Disziplinen, das Rheinland als Kulturregion, Kulturgeschichte des Ausstellens, Phantastik und Realismus.

Friedrich Grotjahn, freier Schriftsteller, bis 1991 evangelischer Gemeinde- und Studentenpfarrer, seitdem Hörfunkjournalist und Autor, Mitglied im *Verband deutscher Schriftsteller* und in der *Kogge*.

Jochen Grywatsch, Dr. phil., wissenschaftlicher Referent der LWL-Literaturkommission für Westfalen, Leiter der Droste-Forschungsstelle. Herausgeber des *Droste-Jahrbuchs* und der Reihe *Aufgeblättert. Entdeckungen im Westfälischen Literaturarchiv*. Zahlr. Publikationen und wissenschaftliche Beiträge.

Dirk Hallenberger, Dr. phil., geb. 1955, wiss. Mitarbeiter am Institut für Germanistik der Universität Duisburg-Essen. Veröffentlichungen zur Sprache und zur Literaturgeschichte des Ruhrgebiets, Herausgeber von Revier-Reportagen, -Erzählungen und -Erinnerungen.

Stephanie Heimgartner, Dr. phil., Studium der Germanistik, Romanistik, Politikwissenschaft in Heidelberg, Bologna und Halifax (Kanada), arbeitete zunächst als Verlagslektorin und seit 2009 als Dozentin für Allgemeine und Vergleichende Literaturwissenschaft an der Ruhr-Universität Bochum.

Horst Hensel, geb. 1947 in einer Arbeiterfamilie im Ruhrgebiet. Volksschule, Lehre, Gesellenprüfung, Tätigkeit als Arbeiter. Zweiter Bildungsweg, Studium, Promotion, Tätigkeit als Lehrer. Veröffentlichte als Schriftsteller rund 30 Bücher.

Till Huber, Dr. phil., geb. 1978, arbeitet als Wissenschaftlicher Mitarbeiter am Institut für Germanistik der Universität Oldenburg. Promotion 2015 an der WWU Münster. Lehrtätigkeit an den Universitäten Hamburg und Münster. Forschungs- und Veröffentlichungsschwerpunkte: Popmusik und Popliteratur, Ästhetizismus und ›Dekadenz‹ um 1900, Diskurse des Depressiven.

Volker Jakob, Referatsleiter des Bild-, Film- und Tonarchivs im LWL-Medienzentrum für Westfalen. Studium der Germanistik und Geschichte in Saarbrücken. Promotion 1982. Er publiziert zu verschiedenen Themen der Zeit- und Landesgeschichte, insbesondere zur Filmgeschichte.

Thomas Kade, geb. 1955, lebt in Dortmund als Sozialpädagoge, Buchhändler und Autor. Veröffentlichung mehrerer Gedichtbände und Theaterstücke.

Thomas Kater studierte an der WWU Münster im Studiengang Master of Arts Germanistik und Philosophie.

Uwe-K. Ketelsen, geb. 1938, Germanist in Bochum, Fachrichtung: Sozialgeschichte der Literatur, speziell der Aufklärung und der antimodernen Tradition seit 1900. Zahlreiche entsprechende Publikationen, zudem zum Theater und zur Ruhrgebietsliteratur.

Sylvia Kokot, gelernte Buchhändlerin, Studium der Allgemeinen und Vergleichenden Literaturwissenschaft und Medienwissenschaft an der Ruhr-Universität Bochum; 2014–2015 wiss. Volontärin in der LWL-Literaturkommission für Westfalen; heute wiss. Mitarbeiterin an der Professur für Mediengeschichte und Kommunikationstheorie an der Ruhr-Universität Bochum.

Josef Krug, geb. 1950, Studium der Soziologie, Arbeit u. a. in einer interkulturellen Bildungseinrichtung. Er ist Mitglied im *Verband deutscher Schriftsteller* und der *Europäischen Autorenvereinigung Die Kogge*. Schreibt Lyrik, erzählende Prosa, Essays. 1999 Preisträger der Liselotte und Walter Rauner-Stiftung zur Förderung der Lyrik in NRW.

Arnold Maxwill, geb. 1984, Studium der Germanistik, Geschichte, Philosophie und Kunstgeschichte in Münster und Wien. Er lebt und arbeitet als Lektor und Literaturwissenschaftler in Dortmund.

Kerstin Mertenskötter, 1986 in Beckum geb., promoviert an der WWU Münster im Fachbereich Neuere deutsche Literatur zur Dramatik des 18. Jh.s, arbeitete als stud. Volontärin in der LWL-Literaturkommission und ist zurzeit in der Geschäftsstelle der Annette von Droste-Gesellschaft tätig.

Philipp Pabst studierte Germanistik, Geschichte und Philosophie sowie Komparatistik/Kulturpoetik in Münster und Neapel. Seit 2012 wiss. Mitarbeiter am Lehrstuhl von Prof. Baßler (Neuere deutsche Literatur) an der WWU Münster. Zurzeit arbeitet er an seiner Dissertation über Populärkultur in der Literatur der Nachkriegszeit.

Rieke Paetsch, geb. 1986 in Duisburg, derzeit Studium im Master of Arts Komparatistik an der WWU Münster. Forschungsschwerpunkte: Gegenwartsliteratur, Literatur des 20. Jahrhunderts, Gender, Interkulturalität & Intermedialität.

Hanneliese Palm, geb. 1953, Diplom-Archivarin am Hauptstaatsarchiv Düsseldorf und am Stadtarchiv Dortmund. Seit 1997 Fritz-Hüser-Institut für Literatur und Kultur der Arbeitswelt in Dortmund, seit 2005 Institutsleiterin. Veröffentlichungen zur Literatur der Arbeitswelt.

Katharina Paul, geb. 1991, studiert im Master British, American and Postcolonial Studies an der WWU Münster.

Heinrich Peuckmann lebt als Schriftsteller in Bergkamen. Er veröffentlicht Krimis, Kinderbücher, Erzählungen, Romane, Reportagen, Essays, Theaterstücke, Hörspiele und Gedichte; u. a. Mitglied des *PEN*, des *Verbands deutscher Schriftsteller* und der *Europäischen Autorenvereinigung Die Kogge.*

Eva Poensgen, geb. 1990 in Euskirchen, Studium der Lateinischen Philologie, Germanistik und Kulturpoetik in Münster. Sie ist stud. Hilfskraft am Institut für Erziehungswissenschaften und stud. Volontärin in der LWL-Literaturkommission für Westfalen.

Gerd Puls, geb. 1949, arbeitete als Werbekaufmann, Lehrer und Schulleiter. Seit 1971 Ausstellungen in NRW und Veröffentlichungen, überwiegend Lyrik, in Zeitungen, Zeitschriften, Anthologien sowie im Hörfunk.

Nils Rottschäfer promovierte mit einer Arbeit zu Arnold Stadler und ist zurzeit wiss. Mitarbeiter am Institut für Deutsche Sprache und Literatur der Universität Köln. Verfasser einer Chronik zu Leben und Werk Hilles (2010).

Steffen Stadthaus promovierte mit einer Arbeit zum Generationsdiskurs nach dem Zweiten Weltkrieg. Zahlreiche essayistische und literaturwissenschaftliche Beiträge in Zeitschriften und Magazinen.

Enno Stahl, Autor, Kritiker, Kulturwissenschaftler. Wissenschaftlicher Mitarbeiter im Heinrich-Heine-Institut Düsseldorf, Beiträge in Zeitungen und Radiosendern, Buchveröffentlichungen, zuletzt der Roman *Winkler, Werber* (2012).

Hartmut Steinecke, Prof. Dr. phil., Studium der Germanistik, Geschichte und Philosophie, 1966 Dissertation über Hermann Broch, 1973 Habilitation, bis zur Emeritierung 2005 Professor für Neuere deutsche Literatur an der Universität Paderborn. Gründer des Jenny Aloni-Archivs.

Rolf Stolz, geb. 1949, Autor und Fotograf, bisher 26 Bücher (Romane, Erzählungen, Kurzprosa, Gedichte, Essays), als Fotograf seit 2001 Ausstellungen in Deutschland und Rumänien. Verschiedene literarische Stipendien.

Thomas Strauch, 1981–1994 als Autor, Regisseur und Produzent von Fernsehfeatures für den WDR tätig, ab 1990 Dozent für Medienpraxis an der Universität Essen, ab 2004 für die Studiengänge der Medienwissenschaften und den Studiengang Populäre Musik und Medien der Universität Paderborn.

Werner Streletz, geb. 1949 in Bottrop, lebt und arbeitet in Bochum, Schriftsteller und Kulturjournalist; veröffentlicht Lyrik, Prosa, Hörspiele, Theaterstücke; mehrfach ausgezeichnet, 2008 mit dem *Literaturpreis Ruhr*.

Gisbert Strotdrees, Studium der Geschichte, Germanistik und Pädagogik in Münster und Bielefeld, seit 1988 Redakteur in Münster, seit 2003 Lehrbeauftragter an der Universität Münster. Zahlreiche Veröffentlichungen zur Geschichte der Landwirtschaft und der ländlichen Gesellschaft.

Frank Stückemann, geb. 1962, seit 1991 Pfarrer in Soest-Meiningsen, 2008 Promotion über den luth. Landpfarrer und Volksaufklärer Johann Moritz Schwager, Herausgabe von dessen Werken, Veröffentlichungen zu Autoren der Aufklärung und des Vormärz, zudem Literaturübersetzungen.

Ralf Thenior, geb. 1945 in Bad Kudowa (Schlesien), lebt in Dortmund; Lyriker, Erzähler, Essayist, Herausgeber, Übersetzer, Hörspiel- und Featureautor, Kinder- und Jugendbuchautor, zahlreiche Buchveröffentlichungen.

Michael Vogt, Dr. phil., studierte Germanistik, Romanistik und Geschichtswissenschaft in Münster und Bielefeld. Bis 2013 als Verleger tätig. Veröffentlichungen vor allem zur Literatur des Vormärz und zur experimentellen Gegenwartsliteratur.

Amelie Voita studierte an der WWU Münster den Master Komparatistik/Kulturpoetik. Sie hat seit 2014 bereits an mehreren Projekten der LWL-Literaturkommission für Westfalen mitgewirkt.

Hermann Wallmann, geb. 1948, Studium der Germanistik und Erziehungswissenschaft. Er arbeitete bis 2012 als Gymnasiallehrer in Münster-Wolbeck. Zudem freier Literaturkritiker und Vorsitzender des Literaturvereins Münster. Seit 1995 Künstlerischer Leiter des Lyrikertreffens Münster; seit 1998 Mitglied im deutschen *PEN*.

Ellen Widmaier lebt als freie Schriftstellerin in Dortmund. Studium der Germanistik, Philosophie und Sozialwissenschaften in Bochum und München. Zahlreiche Preise und Stipendien.

Martin Willems, geb. 1984, arbeitet im Rheinischen Literaturarchiv des Heinrich-Heine-Instituts. Er schreibt Literaturkritiken für die *junge Welt*, *Rocks*, *taz* und *konkret* sowie literatur- und archivwissenschaftliche Aufsätze.

Joachim Wittkowski, Lehrer am Städtischen Gymnasium Selm, Fachleiter am Zentrum für schulpraktische Lehrerausbildung Hamm und Lehrbeauftragter am Germanistischen Institut der Ruhr-Universität Bochum. Er arbeitet u. a. zur Geschichte und Gegenwart der Literatur im Ruhrgebiet.

Winfried Woesler, geb. 1939, 1981–2004 Professur für Literaturwissenschaft an der Universität Osnabrück. Herausgeber der Historisch-kritischen Annette von Droste-Hülshoff-Ausgabe. 1979–1993 Mitverantwortlicher Leiter der *Lyrikertreffen Münster.*

Volker Zaib, geb. 1959, Diplom-Sozialwissenschaftler und Diplom-Archivar, Berufsschullehrer am Karl-Schiller-Berufskolleg Dortmund. Erschließung des Nachlasses Max von der Grün im Fritz-Hüser-Institut Dortmund.

Martin Zehren, geb. 1974, ist Historiker, Journalist und Redakteur des Kulturmagazins *Westfalenspiegel.*